박윤선 성경주석

개역개정판

신약주석
히브리서·공동서신

A Commentary on THE EPISTLE TO THE HEBREWS and THE GENERAL EPISTLE

신약주석 히브리서 · 공동서신

발 행 일 2022년 6월 27일

지 은 이 박윤선

펴 낸 곳 도서출판 영음사
주　　소 서울특별시 강남구 광평로 56길 8-13, 1406호
전　　화 02-3412-0901
팩　　스 02-3412-1409
이 메 일 biblecomen@daum.net
등　　록 2008년 4월 21일 제2021-000311호

디 자 인 디자인집(02-521-1474)

ISBN 978-89-7304-174-9(03230)

※ 책 값은 뒷표지에 있습니다.
※ 잘못된 책은 구입처에서 교환하여 드립니다.

박윤선 성경주석

개역개정판

신약주석
히브리서·공동서신

A Commentary on THE EPISTLE TO THE HEBREWS and THE GENERAL EPISTLE

박윤선 지음

도서출판 **영음사**

예수 그리스도는 어제나 오늘이나 영원토록 동일하시니라(히 13:8)

Ἰησοῦς Χριστὸς ἐχθὲς καὶ σήμερον ὁ αὐτὸς καὶ εἰς τοὺς αἰῶνας

머리말

신구약 성경 본문을 번역하고 주석하는 과정에는 수천 년이 소요되었다. 올바르게 해석된 것도 그 자체로 완결되지는 않았으며 그에 대해 새로운 응용과 추론이 오늘날까지고 지속되고 있다. 또한 오늘날에 이르기까지 명확하게 해석되지 않는 난해구 가운데 시대가 변천함에 따라 새로운 문헌 자료나 연구 방법을 통해 조금씩 해결되는 것들도 있다. 따라서 성경 주석 작업은 앞으로도 계속되어야 하고 실제로 지금도 전 세계적으로 지속되고 있다.

더욱이 성경 말씀을 그릇되게 해석하는 고등비평 신학자들의 저작이 계속 출간됨에 따라 이에 대응하는 올바른 답변도 계속 나와야만 한다. 그런 작업들을 통해 성경에 지금까지 숨겨져 있던 진리들이 발견되기도 한다. 결국 진리들을 이처럼 새롭게 깨달음으로써 그 시대는 그만큼 유익을 얻게 된다. 일례로 칼 바르트의 실존주의 신학이 대두되면서 정통주의 신학자들은 성경의 진리가 실존주의와는 반대되는 것임을 발견하게 되었다.

본 주석서는 칼빈주의 정통 신학의 관점에서 다른 학설들을 비판하였다. 독자들께서는 이 주석서에서 오탈자로 인하여 글의 뜻이 잘못된 것이 있더라도 너그럽게 양해해 주시기 바라며, 읽으시는 가운데 성령님의 감동으로 은혜받으시기를 바라는 바다.

박윤선

신약주석
히브리서

A Commentary on THE EPISTLE TO THE HEBREWS

목차

설교

특별참고

서론

I. 히브리서 저작자론

1. 테르툴리아누스(Tertullian)는 본서의 저작자를 바나바라고 하였다(De Pudicitia, 20). 이 주장이 어떤 사람들의 지지를 받고 있는 이유는 바나바가 레위인이었으므로(행 4:36) 구약의 의식 문제를 깊이 다룬 본서를 썼을 만하다는 것이다. 그뿐 아니라 바나바는 유대인과 바울을 연결시키려는 목적으로도 본서를 저술하였을 것이라고 본다.[1] 노바티아누스(Novatian)도 본서를 바나바의 저술이라고 하였다.[2] 많은 근대 학자들(Wieseler, Ritschl, Keil, Blass, Barlet, Wickam, Dibelius, Cadoux, Riggenbach, Bornhaüser)도 바나바를 본서의 저작자로 생각한다(Philip E. Hughes). 그러나 고데(F. Godet)는 바나바 저작설을 반대하면서 본서에 바나바의 이름이 전혀 거론되지 않은 것

1) John D. Davis, Dictionary of the Bible, 296.

2) Souter, The Text and Canon of the N. T., 177.

이 그 이유라고 주장했다.[3)]

2. 2세기 말에 이르러 판테누스(Pantaenus)가 본서를 사도 바울의 저작으로 보았고, 3세기에는 동방의 교회들(안디옥을 중심으로 한 지방 교회들)도 이 견해를 받았다. 판테누스의 제자 알렉산드리아의 클레멘스(Clement of Alexandria)는 말하기를, 본서는 본래 사도 바울이 히브리어로 저술한 것을 훗날 어떤 사람이 헬라어로 번역한 것이라고 하였다.

근대의 학자들 중에도 본서를 바울의 저술이라고 주장하는 이들이 있으며, 그들의 논증은 다음과 같다. ① 그리스도론이 바울의 가르침과 유사하다는 것. 곧 그리스도의 성품이 하나님의 형상이라는 사상(히 1:3; 고후 4:4), 그리스도께서 만물을 창조하셨다는 사상(히 1:10; 골 1:16), 하나님께 대한 그리스도의 순종(히 5:8; 빌 2:8) 등이다. ② 성령의 역사에 대한 사상이 바울과 유사하다는 것(히 2:4; 고전 12:11). ③ 새 언약에 대한 사상이 바울과 유사하다는 것(히 9:15; 고후 3:6), ④ 신앙을 강조한 것이 바울과 유사하다는 것(히 11:8-10, 12; 17-19; 롬 4장; 갈 3:6-9). ⑤ 합 2:4을 인용한 점이 바울의 기록과 같다는 것(히 10:38; 롬 1:17; 갈 3:11). ⑥ "완전"이란 단어가 서로 유사한 뜻으로 쓰였다는 것("장성한", 히 5:14; "온전히", 빌 3:15). ⑦ 이스라엘의 광야생활을 신약 교회에 대한 경고로 사용한 점이 바울과 같다는 것(히 3:7-11; 고전 10:1-11). ① 본서의 종결 부분이 바울의 저작인 사실을 암시한다는 것. 곧 기도를 부탁한 것(13:18), 평화의 하나님이란 사상(히 13:20; 롬 15:33; 살전 5:23), 디모데에 대한 언급(13:23) 등을 그 근거로 든다.

그러나 본서는 바울의 서신들과 다른 특징들을 지니고 있기도 하다. ① 본서에 바울의 이름이 저작자로 기록되지 않은 점. 바울은 그의 모든 저서

---

3) Idem.

(13권)에 자기 이름을 기록하였다. 일설에 의하면, 바울이 유대인과 그리 좋은 사이가 아니었기 때문에 자신의 이름을 밝히지 않았다고 하지만, 본서의 내용을 보면 저자와 독자 사이는 대체로 친근해 보인다. ② 본서에 그리스도께서 "대제사장"이신 사실이 강조된 점. 바울은 그의 모든 서신에서 그리스도의 죽으심과 부활하심을 강조했으나, 하늘에서 수행되는 그리스도의 대제사장직에 대하여는 두드러지게 말하지 않았다. ③ 구약을 인용할 때 그 말씀의 저작자에 대하여 침묵한 점. 바울은 그의 모든 서신에서 구약을 인용할 때 그 저작자를 분명히 말하였다.

3. 빌립 휴스(Philip E. Hughes)에 의하면, 하르낙(Harnack)은 본서의 저자를 브리스길라와 아굴라라고 하면서 본서의 자료가 주로 브리스길라의 것이라고 한다. 그러나 그가 브리스길라를 본서의 저자로 내세울 만한 아무런 증거도 제시하지 못하였다.[4]

4. 루터는 본서의 저자를 아볼로라고 하였다. 이 학설을 지지하는 학자들은 그 가능성을 다음과 같은 사실에서 발견한다. 곧 아볼로는 구약에 능했는데(행 18:24), 본서의 구약 사용이 능숙한 것으로 보아 아볼로를 그 저작자로 생각할 수 있다는 것이다. 또 아볼로는 알렉산드리아의 학자였으므로(행 18:24), 그가 필론(Philo)의 영향을 받아서 본서에 "지으시는 이"(δημιουργός)란 말을 썼을 것이라고 한다(히 11:10). 필론의 철학에서는 신을 우주 만물의 조성자(Craftsman, 창조자가 아님)로 생각하면서 "데미우르고스"(δημιουργός)라는 명칭으로 불렀지만 용법에 있어서는 융통성 있게 사용되었다.

기독교의 교부 문헌에서도 이 명칭을 정통 기독교의 하나님(우주만물의

---

4) A Commentary on The Epistle to The Hebrews, 26.

창조자)을 지칭하는 데 사용한 적이 있다. 더욱이 히브리서 11:10의 사상이 내세의 작성자(현세를 고쳐 조립하시는 원리로 새롭게 하시는 자)를 염두에 둔 것임을 생각할 때 그 명칭이 자연스럽게 사용될 만도 하다. 그렇다면 이 술어가 반드시 필로의 세계관을 가진 것이라고 할 이유가 없다.[5)]

5. 칼빈은 (본서에 대한 그의 주석 서론에서) 본서의 저작자가 누구인지 알 수 없으나 본서가 사도적(apostolical) 문서인 것만은 확실하다고 하였다. "사도적 문서"라 함은 사도의 지도하에 기록된 글이라는 뜻이다. 또한 칼빈은 (히 2:3과 13:23에 대한 그의 해석에서) 누가나 클레멘스를 본서의 저자로 생각해 보기도 하였다. 이러한 여러 견해 가운데 필자는 칼빈의 견해에 동조한다.

II. 히브리서를 기록한 장소와 연대

본서가 유대인 그리스도 신자들을 상대로 기록되었다는 것은 거의 확실하다. 그것은 본서에 구약의 제사 제도가 광범위하게 취급된 것으로 보아 알 수 있다. 저자는 본서를 기록할 당시까지도 구약의 제사 제도에 지나친 애착을 가지고 있는 유대인들에게 신약의 탁월성을 역설한 것이라고 생각된다. 그 유대인들의 거주지를 확실히 알 수는 없으나 근대 학자들은 히 13:24에 근거하여 그들이 로마 지방에 거주했을 것이라고 한다(Westein, Alford, Holtzmann, Zahn).

본서가 기록된 연대에 대하여는 자세히 알 수 없으나 본서가 기록되던 때에 디모데가 살아 있었던 사실(13:23)로 보아, 주후 1세기 이전으로 추정된

---

5) Philip E. Hughes, A Commentary on The Epistle to The Hebrews, 1977, 23-24.

다. 본서에 구약의 제사 제도에 대한 말씀이 많음에도 불구하고 예루살렘 멸망이나 성전 파멸에 대한 말씀은 전혀 없다. 이것을 보면 본서가 주후 70년(예루살렘이 멸망한 해) 이전에 기록된 것으로 생각된다.

Ⅲ. 히브리서 내용분해

1. 그리스도께서 선지자들보다 탁월하심(1:1-3)

1) 하나님의 아들(1:1-2)

2) 만유의 후사요 창조자(1:2)

3) 하나님의 본체의 형상이시요, 만물의 섭리자시요, 속죄자시요, 하나님 우편에 계신 자(1:3)

2. 그리스도께서 천사들보다 탁월하심(1:4-2:18)

1) 구약으로 증명됨(1:4-14)

2) 아들로 말미암은 구원의 위대함(2:1-4)

3) 천사들은 그리스도의 구속의 대상이 아님(2:5-18)

3. 그리스도는 모세보다 탁월하심(3:1-4:13)

1) 모세와 그리스도가 비교됨(3:1-6)

2) 광야에서 범죄한 이스라엘이 전감이 됨(3:6-4:2)

3) 안식에 들어가기 위한 신자의 믿음과 순종(4:3-11)

4) 하나님의 말씀의 성격(4:12-13)

4. 그리스도께서 아론보다 탁월하심(4:14-10:18)

1) 승천하신 대제사장(4:14-16)

2) 그리스도의 대제사장 격(5:1-10)

3) 신자들에게 주신 경고(5:11-6:8)

4) 신자들에게 끝까지 참고 견디라고 함(6:9-20)

5) 멜기세덱의 반차대로 되신 대제사장(7:1-28)

6) 옛 언약보다 새 언약이 우수함(8:1-9:10)

7) 그리스도의 구속은 절대로 완전함(9:11-10:18)

5. 그리스도께서 새롭고 산 길로서 탁월하심(10:19-12:29)

1) 참된 성소에 들어감에 대하여(10:19-25)

2) 배교의 위험(10:26-31)

3) 신자들에게 참고 견디라고 함(10:32-39)

4) 구약시대 신자들의 모범(11:1-40)

5) 탁월하신 그리스도의 모범(12:1-4)

6) 신자들이 받는 징계의 가치(12:5-13)

7) 교회생활에 대한 교훈(12:14-17)

8) 율법과 은혜의 비교(12:18-24)

9) 두려움으로 하나님을 섬기라는 권면(12:25-29)

6. 결론적 권면, 요구, 인사(13:1-25)

1) 여러 가지 책임(13:1-6)

2) 인도자에 대한 충성(13:7)

3) 유대주의 이단설을 주의시킴(13:8-14)

4) 교회생활의 몇 가지 중요한 측면(13:15-17)

5) 기도 부탁(13:18-19)

6) 교회를 위한 기원(13:20-21)

7) 권면을 잘 받아 달라고 함(13:22)

8) 디모데에 관한 소식(13:23)

9) 문안에 관한 말씀(13:24)

10) 축도(13:25)

참고문헌

1. Barth, Karl. Kirchliche Dogmatik.

2. Bavinck, H. Gereformeerde Dogmatiek.

3. Bunyan, John. Pilgrim's Progress.

4. Calvin's Commentary on Hebrews.

5. Dods, Marcus. The Expositor's Greek Testament. The Epistle to The Hebrews.

6. Grosheide, F. W. Algemeene Canoniek van Het Nieuwe Testament.

7. Grosheide, F. W. Kommentaar op het Nieuwe Testament, ⅩⅡ.

8. Hughes, Philip E. A Commentary on The Epistle to The Hebrews.

9. Knight, W. B. Three Thousand Illustrations for Christian Service.

10. Lunemann, G. Meyer's Commentary on The New Testament, The Epistle to The Hebrews.

11. Moffatt, James. International Critical Commentary on The Epistle to The Hebrews.

12. Moody, D. L. Notes from My Bible.

13. Murray, Andrew. The Holiest of All.

14. Vos, Geethardus. Selfdisclosure of Jesus.

15. Westcott, B.F. A Commentary on The Epistle to The Hebrews.

16. Young's Concordance.

제 1 장

⚜ 내용분해

1. 그리스도 예수께서 선지자들보다 탁월하심(1-3절)
   1) 선지자들의 불완전한 사역의 중복성(1절)
   2) 예수님의 완전하신 사역의 단회성(2절)
   3) 예수님의 탁월하신 지위(2-3절)

2. 그리스도 예수께서 천사들보다 탁월하심(4-14절)
   1) 예수님은 하나님의 특별하신 아들("아름다운 이름")이심(4-5절)
   2) 천사들은 예수님께 경배하는 자들임(6절)
   3) 천사들은 예수님께 수종드는 자들임(7절)
   4) 예수님은 기름부음 받으신 천국의 왕이심(8-9절)
   5) 예수님은 천지의 창조주, 곧 하나님이심(10-13절)
   6) 천사들은 성도들을 섬기는 자들임(14절)

⚜ 해석

1-3절. 그리스도께서 선지자들보다 탁월하심.

1 옛적에 선지자들을 통하여 여러 부분과 여러 모양으로 우리 조상들에게 말씀하신 하나님이. "여러 부분과 여러 모양으로"란 어구가 헬라어 원문에는 이 구절 앞부분에서 강조되고 있다. 이것은 구약 계시가 불완전하고, 부분적이고, 따라서 중복적인 사실을 현저하게 지적하려는 강조 문체이다. 구약의 모든 선지자들의 예언이 참되지만 그것은 신약 계시로 성취됨으로써 완성될 계시였다(참조, 히 11:40). 신약의 그리스도는 모든 계시의 목표요, 절정인 것이다. 그러므로 신약 계시를 받은 신자들은 마땅히 그 계시의 절대적 완전성을 알아야 한다. 보배를 소유한 자가 그것을 보배로 알 때에 더욱 기쁘지 않겠는가!

2 이 모든 날 마지막에는 아들을 통하여 우리에게 말씀하셨으니 이 아들을 만유의 상속자로 세우시고 또 그로 말미암아 모든 세계를 지으셨느니라. "이 모든 날 마지막"이란 말(ἐπ' ἐσχάτου τῶν ἡμερῶν τούτων)은 구약의 선지자들이 사용한 것으로, 종말관적 술어인 "마지막 날"(אַחֲרִית הַיָּמִים)을 헬라어로 번역한 것이다. 구약의 선지자들이 생각한 "마지막 날"(욜 2:28)은 그리스도의 초림부터 시작된 것이다. 그리고 이 "마지막 날"의 최종은 그리스도의 재림 때이다. 그러므로 신약 시대 신자들은 그 초기부터 "마지막 날"로 가는 길에 오른 것이다. 우리는 어느 시점에 "마지막 날"이 닥칠지 모르므로 두려움과 소망 가운데 재림을 기다려야 한다.

"아들을 통하여 우리에게 말씀하셨으니." 헬라어 원문에 "아들을 통하여"란 말(υἱῷ)이 관사 없이 사용된 것은 이 말이 그리스도의 지위를 가리키기 때문이다. 다시 말해 이 구절이 밝히려는 것은, 신약 계시는 부분적인 인간적 대언이 아니라 "계시의 주인공이 나타나심"이라는 것이다. 하나님께서 우리에게 아들을 주신 것은 그 이상 더 큰 선물을 생각할 수 없는 크나큰 것이다. 이는 전무후무한 큰 선물이요 계시이다. 본서의 저자가 하나님께서 아들을 통하여 말씀하셨음을 증거한 목적은 신약 시대 신자들로 하여금 신약 계시의 위대함을 평가하게 하려는 것과 아들을 통하여 말씀하신 완전한 은총을 받게 하려는 것이다. 이 은총은 율법으로 죄를 깨닫는 정도와 같은 외형적인 것이 아니고 성령께서 우리의 심령 속에 오셔서 말씀해 주시는 생명과 능력의 역사다(참조. 롬 8:2-4). 이 일이 "아들"(예수 그리스도)의 말씀 운동이다.[6] 이 은혜를 받는 신자는 그리스도와 성령 안에서 자신의 죄 문제를 해결받고 구원을 얻는다(롬 8:1).

"만유의 상속자로 세우시고 또 그로 말미암아 모든 세계를 지으셨느니라." 이 문구부터는 신약 계시의 위대함을 설명하기 위해 신약 계시자이신 그리스도의 위대하심에 대하여 말한다. "만유의 상속자"란 말(κληρονόμον πάντων)은 "모든 것을 기업으로 소유하는 자"란 의미이다. 인간이 만물을 선하게 소유하고 통치할 권리를 받았으나(창 1:28-30), 범죄한 후에는 그 축복을 누리지 못하게 된 것이다(참조. 창 3:17-18; 롬 8:18-19). 그러나 그리스도께서 인류를 구속하셨으므로 신자들에게는 만유의 상속권도 그리스도로 말미암아 완전히 회복되도록 되어 있다(롬 4:13-17; 고전 3:21-23; 골 1:20).

"모든 세계를 지으셨느니라" 세계와 만유는 그리스도께서 창조하셨다. 나사렛 예수는 단순히 인간이신 분이 아니라 우주를 창조하신 위대하신 하나님 자신이시다. 그러므로 ① 그를 구주로 모시는 자의 마음은 그만큼 큰 자랑이 있어야 하고(고전 1:31), ② 그의 말씀을 받은 자는 그를 전적으로 신뢰해야 한다.

3 이는 하나님의 영광의 광채시요 그 본체의 형상이시라. 이것은 그리스도와 성부의 관계를 보여 주는 말씀이다. "광채"란 말(ἀπαύγασμα)은 빛의 반영을 의

---

6) Andrew Murray, The Holiest of All, 1965, 36.

미한다. 칼빈은 말하기를, "하나님의 영광을 우리의 눈으로 감당할 수 있게 하시기 위하여 그리스도께서 이런 반영의 형태로 오셨다."라고 하였다. 만일 하나님의 영광이 인간에게 직접적으로 보여진다면 인간은 죽을 수밖에 없다(딤전 6:16). 그리스도는 인성을 입으신 신성으로서 우리와 친근한 교제를 가지시기 위해 영광의 "광채"로 오셨다.

"그 본체의 형상." "본체"란 말로 번역된 "휘포스타세오스"(ὑποστάσεως)는 위격을 의미하는데, 이 구절에서는 '실체', '본질' 등의 의미를 가지는 "우시아"(οὐσία)와 같은 뜻으로 사용되었다(Westcott). 그리고 "형상"으로 번역된 헬라어(χαρακτήρ)는 현상을 의미하는데, 칼빈은 이것을 '보이지 않는 하나님의 보이는 형태'라고 설명하였다. 예수 그리스도는 성부 하나님이 보여지신 것이니, 그로 말미암아 하나님 아버지에 대한 지식이 완전히, 또는 참되이 나타났다.

그의 능력의 말씀으로 만물을 붙드시며 죄를 정결하게 하는 일을 하시고. 이것은 그리스도께서 본래 지으신 만물을 유지하시며 정결케 하시는 그의 사역을 가리킨다. 그는 그 지으신 만물이 사람의 죄로 더러워졌다 하여 그것을 버리시지 않고 도리어 그것을 유지하시며 인간(특히 그의 백성)을 구원하시는 속죄사역으로 그것을 정화시키신다(슥 14:20; 골 1:20; 계 21:5). 이것이 그가 만물을 새롭게 하시는 사랑의 역사다.

높은 곳에 계신 지극히 크신 이의 우편에 앉으셨느니라. 예수님께서는 구속사역을 완성하신 후에 하늘에 계신 하나님 우편에 앉으셨다(막 16:19; 히 10:12. 참조. 롬 8:34; 엡 1:20; 골 3:1). 이것은 그가 천국의 왕좌에 앉으셨다는 말씀이다.

신약 계시가 구약 계시보다 탁월한 이유는, 그 계시자 자신이 ① 만유의 상속자, ② 만유의 창조자, ③ 하나님의 영광과 본체의 계시자, ④ 만유의 보존자요 속죄자, ⑤ 천국의 왕이시기 때문이다. 우리가 그리스도의 이런 칭호들을 추상적, 혹은 신학적 용어로만 인정한다면 우리 신앙에 아무런 유익을 얻지 못한다. 이런 칭호들은 그리스도의 존재와 사역에 대한 진술이므로, 우리가 이를 믿고 하늘에 속한 일들을 위해 땅에 속한 삶을 희생해야 한다. 그래야 그리스도께서 이 명칭들의 내용을 우리가 깨닫게 해 주신다. 기독교 인식론의 주요 원리는 "먼저 믿어 순종한 다음에 그 진리를 분명하게 깨닫는" 원리이다. 그에 대한 분명하고 바른 지식은 우리 신앙의 양식이 되고, 우리는 그 신앙대로 그의 구원의 능력과 영적 교제를 체험한다.

4-14절. 그리스도께서 천사들보다 탁월하심.

4 그가 천사보다 훨씬 뛰어남은 그들보다 더욱 아름다운 이름을 기업으로 얻으심이니. "기업으로 얻으심"은 내세에 일어나는 일이 아니라 창세전에 된 일이다(2절 해석 참조). "아름다운 이름"은 특별한 의미로 '하나님의 아들'을 가리킨다. 이것은 다음 구절이 알려준다. 일반적 의미의 '하나님의 아들'이란 칭호는 천사들에게도 쓰였다(욥 1:6; 38:7).

그러나 유대인은 피조물인 천사들을 필요 이상으로 높이는 관념이 있었다. 예컨대 사해 지역의 쿰란(Qumran) 집단(주전 2세기경)은 왕이신 메시아와 제사장이신 메시아 두 분이 천사장 미가엘에게 종속할 것이라고 생각했다.[7] 피조물을 지나치게 높이는 것은 그만큼 창조주이신 그리스도의 영광을 낮추는 죄악이다. 그러므로 히브리서 저자는 그 오류를 교정하여 그리스도의 위대하심을 드러낸다.

5 하나님께서 어느 때에 천사 중 누구에게 너는 내 아들이라 오늘 내가 너를 낳았다 하셨으며 또 다시 나는 그에게 아버지가 되고 그는 내게 아들이 되리라 하셨느냐. 이 구절과 다음 구절은 예수 그리스도께서 하나님의 아들이심을 강조한다. 이 부분에서 세 번이나 그 명칭을 사용한 것은 그리스도께서 하나님의 아들이시므로

---

7) Philip E.Hughes. A Commentary on The Epistle The Hebrews. 1977, 52-53.

그 안에 있는 신자들도 하나님의 아들들이 된다는 것을 역설한 것이다. 즉 그리스도는 우리의 대리자이시므로 그의 진리를 받아 거듭난 자들(요 8:35; 18:37; 벧전 1:3, 23) 역시 하나님의 아들들이 된다(롬 8:14-16; 갈 3:26; 4:6-7).

"너는 내 아들이라 오늘 내가 너를 낳았다." 이 말씀은 시 2:7을 인용한 것인데, 다윗이 왕위에 오르게 된 것을 가리킨 동시에 그리스도의 영적 왕위에 대한 모형적 예언이다(Calvin). "너는"이란 말(σύ)은 강세를 가진 것이어서 "유독히 네가"라는 의미를 가진다. "낳았다"는 표현은 그리스도께서 부활 승천하셔서 하나님 우편에 앉으시게 됨을 가리킨다(참조. 행 13:33; 히 5:5). "나는 그에게 아버지가 되고 그는 내게 아들이 되리라." 이 말씀은 삼하 7:14에서 솔로몬 왕을 가리킨 말을 인용한 것이다. 이는 솔로몬 왕을 메시아의 모형으로 생각한 것이다. 여기서도 "그는"이란 말(αὐτός)이 강조되어 "유독히 그는"이란 뜻이 되는데, "그"가 특수한 의미에서 하나님의 아들이심을 지적한다.

6 또 그가 맏아들을 이끌어 세상에 다시 들어오게 하실 때에. 이 문구의 헬라어(ὅταν δὲ πάλιν εἰσαγάγῃ τὸν πρωτότοκον)는 "또다시 그가 그 맏아들을 세상에 들어오게 하실 때에"라고 번역되어야 한다. 킹제임스 성경(King James Version)의 번역에 따르면, 여기서 "또다시"란 말은 뒷부분에서 다시 다른 성구(시 97:7)를 인용한다는 의미이다. "맏아들을 세상에 들어오게" 하신다는 것은 예수 그리스도의 오심을 의미한다. 구약에서는 그리스도의 오심에 대하여 초림과 재림을 동일하게 취급한다. "맏아들"이란 말(πρωτότοκος)에 대하여 옛날 교부들은 다음과 같이 해석하였다. 독생자란 말 "모노게네스"(μονογενής)는 하나님의 신성에 독점적 참여자임을 표시하고, "맏아들"이란 말 "프로토토코스"(πρωτότοκος)는 부활하신 인성으로서의 머리 된 자를 가리킨다고 하였다(참조. 롬 8:29; 히 2:10).

하나님의 모든 천사들은 그에게 경배할지어다. 이것은 시편 97:7을 인용한 말씀인데, 여기서 "천사"란 말 "엘로힘"(אֱלֹהִים)은 '신들'이란 의미이다. 이것이 천사들을 의미했기 때문에 70인역(LXX)은 이것을 "천사들"(ἄγγελοι)이라고 번역했다. 그러므로 천사들은 경배를 받을 자가 아니라 그리스도께 경배할 자이다.

7 또 천사들에 관하여는 그는 그의 천사들을 바람으로, 그의 사역자들을 불꽃으로 삼으시느니라 하셨으되. 이 말씀은 시편 104:4를 인용한 것인데, 하나님께서 천사들로 하여금 때를 따라 바람이나 불꽃을 일으키게 하심을 의미한다(참조. 출 3:2). 이처럼 천사의 지위는 그리스도와 대등한 것이 아니라 시종자에 불과함을 지적한다.

8-9 아들에 관하여는 하나님이여 주의 보좌는 영영하며 주의 나라의 규는 공평한 규이니이다 주께서 의를 사랑하시고 불법을 미워하셨으니 그러므로 하나님 곧 주의 하나님이 즐거움의 기름을 주께 부어 주를 동류들보다 뛰어나게 하셨도다 하였고. 이 구절들은 시편 45:6 이하를 인용한 말씀인데, 메시아 왕에 대한 송영이다. 이 말씀을 인용한 이유 역시 그리스도께서 천사들보다 탁월하시다는 데 있다.

"하나님이여 주의 보좌는 영영하며." 여기서 "주"(그리스도)를 "하나님"(אֱלֹהִים)으로 호칭함에 따라 그리스도가 바로 하나님이신 사실이 나타난다. 그리스도 예수님이 하나님이시라는 말씀을 우리가 하나의 개념이나 추상적 사상으로만 여긴다면, 우리는 불신자와 다를 바 없다. 우리가 그리스도를 하나님으로 알고 믿는다는 것은 ① 그리스도께서 우리의 가장 깊은 부분에까지 구원의 역사를 이루실 줄로 알고 우리의 영혼으로 그에게 예배하는 것이고(요 4:24), ② 그리스도 예수님을 우리의 영원하신 왕으로 믿는 것이고(빌 2:9-11; 계 17:14), ③ 성령을 무한히 받으시고(요 3:34) 우리에게 성령을 주시는 분으로 믿는 것이다(행 2:33; 10:38). 우리는 그가 주시는 은혜를 받기 위해 마음 문을 활짝 열어야 한다.

10-12 또 주여 태초에 주께서 땅의 기초를 두셨으며 하늘도 주의 손으로 지으신 바라 그

것들은 멸망할 것이나 오직 주는 영존할 것이요 그것들은 다 옷과 같이 낡아지리니 의복처럼 갈아입을 것이요 그것들은 옷과 같이 변할 것이나 주는 여전하여 연대가 다함이 없으리라 하였으나. 이 구절들은 시편 102:25-27을 인용한 것인데, 창조자, 곧 그리스도에 관한 시다. 그는 창조자시요 영원히 스스로 존재하시는 분이시니 피조물인 천사들보다 탁월하실 것이다.

이 시는 얼핏 보면 그리스도와 연관 지을 수 없는 듯하다. 그러나 칼빈은 같은 시편 15-16절의 "뭇 나라가 여호와의 이름을 경외하며… 여호와께서 시온을 건설하시고"란 말씀이 신정 국가의 왕이신 그리스도에 관한 것이므로, 이 구절들(25-27절)도 그리스도와 관련되었다고 보는 것이 자연스럽다고 하였다. 그리스도 예수님이 창조주이신 사실은 우리에게 그의 구원 사역이 완전하심을 알려준다. 우리는 이 사실을 하나의 관념으로 취급하지 말고 믿음으로 그에게 순종해야 한다. 우리가 체험적으로 순종할 때에만 비로소 그것을 가슴 깊이 깨닫게 된다. 가슴 깊이 깨닫는 지식은 언제나 그리스도에 대한 신앙, 사랑, 순종으로 얻어진다.

13 어느 때에 천사 중 누구에게 내가 네 원수로 네 발등상이 되게 하기까지 너는 내 우편에 앉아 있으라 하셨느냐. 이 말씀은 시편 110:1을 인용한 것인데, 그리스도께서 부활 승천하셔서 주가 되심으로써 천국의 모든 대적들이 멸망하고 하나님 나라가 완성될 것을 예언한 것이다. 또한 이 말씀은 그리스도를 만유의 주로 증거한 것으로, 그가 천사들보다 탁월하심을 내세운 것이다.

14 모든 천사들은 섬기는 영으로서 구원 받을 상속자들을 위하여 섬기라고 보내심이 아니냐. 이 말씀도 천사들은 숭배의 대상이 아님을 보여 준다. 천사들은 성도들을 영적으로 수종들며 돕도록 세움을 받았다.[8)]

---

8) 마 18:10. 참조, 창 19:16-17; 왕하 6:15-17; 시 34:7; 91:11-12; 단 6:22; 눅 16:22; 행 5:17-19; 12:6-9.

제 2 장

⚜ 내용분해

본 장은 천사보다 탁월하신 예수님에 대한 앞 장 말씀의 연속이다.

1. 천사로 말미암아 주신 말씀(율법)과 그리스도 예수의 말씀과의 대조(1-4절)
   1) 복음(예수님의 말씀)을 떠나지 말라고 함(1절)
   2) 복음을 등한히 여기는 것의 위험(2-4절)

2. 천사들은 구속의 영광에 참여하지 못함(5-18절)
   1) 구속의 주 예수님이 낮아지심과 고난받으심으로 완전하여지심(5-10절)
   2) 구속의 주님과 구속받은 자들과의 연합(11-14절)
   3) 그 연합의 결과는 마귀와 사망이 없게 하는 것임(14-15절)
   4) 이 구원에 참여하는 자는 천사들이 아니고 믿는 사람들임 (16-18절)

⚘ 해석

1-4절. 신약 계시의 교훈을 엄중하게 받으라고 함.

1 그러므로 우리는 들은 것에 더욱 유념함으로. "우리는 모든 들은 것에 더욱 유념함으로"란 말의 헬라어(δεῖ περισσοτέρως προσέχειν ἡμᾶς τοῖς ἀκουσθεῖσιν)를 직역하면, "모든 들은 것을 우리가 더욱 간절히 삼갈 수밖에 없는 필연성 아래 있나니"라고 할 수 있다. 신약 계시의 위대함을 생각할 때(1:1-14) 그 말씀을 받은 자들은 그것을 잃지 않으려고 힘쓸 수밖에 없다. "삼간다"는 것은 복음을 깨달으려고 힘쓸 뿐 아니라 또한 그 깨달은 대로 믿어 순종하는 것을 가리킨다. 복음을 들은 자는 율법을 들은 자보다 더욱 삼가야 한다.

우리가 흘러 떠내려가지 않도록 함이 마땅하니라. "흘러 떠내려간다"는 말(παραρυῶμεν)은 배가 정박지(碇泊地)에서 풀려 정처 없이 유리하게 되는 것을 말한다.

2 천사들을 통하여 하신 말씀이 견고하게 되어 모든 범죄함과 순종하지 아니함이 공정한 보응을 받았거든. "천사들을 통하여 하신 말씀이 견고하게 되어." 이 말은 천사들을 통하여 보내 주신 율법(행 7:53; 갈 3:19)도 권위가 있다는 말씀이다. "견고하게 되어"라는 말(βέβαιος)은 사람들이 그 말씀을 지키도록 하나님의 권위로 확정하셨다는 의미이다.

3-4 우리가 이같이 큰 구원을 등한히 여기면 어찌 그 보응을 피하리요 이 구원은 처음에 주로 말씀하신 바요 들은 자들이 우리에게 확증한 바니 하나님도 표적들과 기사들과 여러 가지 능력과 및 자기의 뜻을 따라 성령이 나누어 주신 것으로써 그들과 함께 증언하셨느니라. "이같이 큰 구원을… 어찌 그 보응을 피하리요." 이 말은 "하나님의 벌을 피할 길이 없다"는 뜻이다. 예수 그리스도는 유일한 구원의 길이시므로 그분 밖에서는 하나님의 진노를 피할 길이 없다(요 14:6; 행 4:12).

"등한히 여긴다"는 말(ἀμελέω)은 '완고하게 가벼이 여김'을 가리킨다.[9] 마 22:5에서 '왕의 연회'(복음을 들을 기회를 비유함)에 두 번이나 초청을 받은 자들이 그것을 "돌아보지도 않은" 행동이 이 말로 표현되었다. 히브리서 저자는 신약의 구원사역이 절대적으로 진실함을 진술하고, 이런 구원을 등한히 여긴 자는 다시 구원받을 가망이 없다고 단언한다. "처음에 주로 말씀하신 바요"란 것은 이 구절들이 말해 주는 복음의 삼중 신빙성 중 하나다. 곧 복음의 시작이 "주"(예수님)로 말미암았고, 후대의 어떤 사람으로 말미암지 않았다는 것이다. 예수님을 가리켜 "주"(τοῦ κυρίου)라고 한 것은 그를 하나님이라고 함과 같다.

"들은 자들이 우리에게 확증한 바니." 이것도 복음의 신빙성을 말하는 것으로, 사도들의 증거를 가리킨다. "확증한다"는 말(βεβαιόω)은 '확립한다', '견고하게 한다'라는 의미를 가진다. 4절에 "하나님도 표적들과 기사들과 여러 가지 능력과… 성령이 나누어 주신 것으로써 그들과 함께 증언하셨느니라"고 한 말씀도 복음의 신빙성을 말하는 것으로, 사도들이 전도할 때에 하나님께서 이적들과 성령님의 감화하시는 권능을 통하여 동역해 주신 사실을 가리킨다.

"표적"(σημείοις)이나 "기사"(τέρασιν)는 같은 초자연적 사건인데, "표적"은 그것의 영적 의미를 가리키고, "기사"는 그것의 경이로움을 가리킨다. "여러 가지 능력"은 "표적들과 기사들" 이외의 다른 초자연적 사건들을 총괄하여 말한다. "성령이 나누어 주신 것"은 신자들이 받은 각각 다른 은사들(고전 12:4-7)을 의미할 것이다.

복음의 삼중 신빙성은 우리의 신앙을 강화시킨다. ① 이 땅에 참사람으

---

9) F. W. Grosheide, ἀμελεῖν is het opzettelijk verwaarloozen. -Kommentaar op Het Nieuwe Testament, De Brief Aan De Hebreen En De Brief Van Jakobus 1927, 85.

로 오신 주 예수님은 "선하고" 또 "충성된"(진실하신) 증인이었다(딤전 6:13; 계 1:5). 천하에 예수님처럼 선하고 진실하신 분은 없다. ② 목격한 증인들("들은 자들"이란 친히 보고 들은 자들임)은 사도들이었다 . 그들은 성령을 충만히 받았으므로 바로 보고, 바로 깨닫고, 바로 전하였다(참조. 행 1:8; 10:41; 고전 9:1). ③ 보이지 않는 세계에서의 증거 운동도 사도들과 함께 하셨는데, 그것은 하나님 아버지의 증거였다. 그것은 기이한 일들(기적들과 성령의 역사)이었다. 복음에 대한 보이지 않는 세계의 움직임(증거)은 앞에서 언급한 증거 운동(예수님의 말씀, 사도들의 증거)의 결실이다. 복음 전파는 초자연적 구원을 전함인데, 거기에 초자연적 세계가 호응하였고, 동조하였고, 확인하였다.

5-18절. 그리스도로 말미암아 완성된 인간.

이 점에 있어서 저자는 우리에게 시편 8편의 인생관을 알려 준다. 곧 잠시 동안(현세에 있을 동안) 천사만도 못하던 인생이 그리스도로 말미암아 완성되어, 내세에 이르면 만물도 그에게 복종하게 된다는 것이다. 이같이 인생이 완성되는 것(10절, 구원됨)은 인류의 대표자이신 예수 그리스도의 수난과 부활 승천으로 말미암아(9-10절) 이루어지는 현상이다. 이 혜택은 물론 하나님의 택한 백성에게 국한된 것이다. 이처럼 그의 구속하시는 은총으로 말미암아 신자들이 그(예수 그리스도)와 같이 되는 것이 하나님 뜻에 합당하다. 즉 예수님은 한편으로는 아담의 자손이시므로, 같은 아담의 자손들을 대표하여 그들의 죄책을 지시기에 합당하다(11-18절). 아담의 자손이 아니면 아담의 자손들의 죄책을 부담할 자연적 합리성을 가지지 못한다.

5 하나님이 우리가 말하는 바 장차 올 세상을 천사들에게 복종하게 하심이 아니니라. 여기서 "우리가 말하는 바 장차 올 세상"이란 것은 1:2의 "만유의 상속자"란 말에 암시되었고, 또 2:3의 "구원"이란 말씀이 포함하는 영광의 세계를 가리킨다. 그리스도께서 만유의 상속자로서 완전히 나타나실 세계, 혹은 우리의

구원이 완성되는 세계는 동일한 내세를 말한다. 이 내세의 영광은 천사들을 위한 것이 아니라 인간을 위한 것이다. "복종하게 하심"(ὑπέταξεν)은 '소속되게 하심'을 의미한다.

6 그러나 누구인가가 어디에서 증언하여 이르되 사람이 무엇이기에 주께서 그를 생각하시며 인자가 무엇이기에 주께서 그를 돌보시나이까. 이것은 시편 8:4-6을 염두에 두고 한 말씀이다. "누구인가가 어디에서 증언하여 이르되." 이 말은 히브리서의 저자가 구약의 말씀을 인용하면서 사용한 것이다. 그가 그 인용 구절의 저자의 이름을 대부분 밝히지 않은 것은 유대인 그리스도 신자들이 구약의 모든 말씀을 하나님의 말씀으로 알고 있었기 때문이다(P. Hughes). 히브리서의 저자는 구약의 말씀을 직접 혹은 간접으로 하나님의 말씀이라고 하면서 히브리서의 여러 구절에 인용하였다.[10] "사람"(ἄνθρωπος)이란 말과 "인자"란 말은 한편으로는 일반적인 사람을 가리키고 또 겸하여 구주 예수님을 가리킨 것이다. 저자가 이처럼 한 가지 말씀을 이중 의미로 사용한 이유는 인류(특히 택한 백성)와 구주 예수가 하나이기 때문이다. 예수님은 인류의 대속자요 머리이시기 때문에 이 둘은 하나다.

7-8 그를 잠시 동안 천사보다 못하게 하시며 영광과 존귀로 관을 씌우시며 만물을 그 발 아래에 복종하게 하셨느니라 하였으니 만물로 그에게 복종하게 하셨은즉 복종하지 않은 것이 하나도 없어야 하겠으나 지금 우리가 만물이 아직 그에게 복종하고 있는 것을 보지 못하고. "잠시 동안"이란 말(βραχύ τι)은 "조금"이란 의미뿐이고 "잠시"라는 의미는 없다고 한다(Westcott). 그러나 휴스(P. G. Hughes)는 이것이 앞의 두 가지 의미를 가진다고 말한다.

"천사"로 번역된 시편 8:5의 히브리어(אֱלֹהִים)도 "하나님" 혹은 '신들'이란

---

10) 참조, 1:5, 6, 7; 8-9; 10-12, 13; 2:6-8, 12, 13; 3:7-11, 15; 4:3,4, 5, 7; 5:5, 6; 6:14; 7:17, 21; 8:5; 8-12; 9:3-5, 20; 10:5-7, 15-16; 17;37-38; 12:5-6, 20, 21, 26; 13:5, 6.

말이다. 70인역(LXX)은 이것을 "천사들"(ἀγγέλους)이라고 번역했는데, 히브리서에 그대로 인용되었다. 크로샤이데는 말하기를, 이 "천사들"이란 말이 하나님의 보좌를 둘러싼 영물들을 가리킨다고 하면서, 영물들은 하나님의 본질과 어느 정도 동일시되기 때문에 히브리 원문("하나님"이라고 한 것)과 70인역("천사들"이라고 한 것)은 실질적으로 일치한다고 했다. 이것은 일리가 있는 해석이다. 어쨌든 엘로힘(אֱלֹהִים)을 "신들"이라고 번역할 수도 있으니, 그런 경우엔 "천사들"을 의미한다.

"그를 잠시 동안 천사보다 못하게 하시며." 이 말은 예수님의 낮아지심을 가리킨다. "영광과 존귀로 관을 씌우시며 만물을 그 발 아래에 복종하게 하셨느니라"는 예수님의 부활 승천을 의미한다. "지금 우리가 만물이 아직 그에게 복종하고 있는 것을 보지 못하고." 이 말은 이 세상의 정세를 보면, 만물 통치의 영광이 사람에게 있음을 볼 수 없고(아담이 타락했기 때문에), 다만 한 사람 예수님에게서 그런 현상을 대표로 볼 뿐이다. 예수님은 이 세상에서 천사보다 못한 자리로 낮아지셔서 고난을 받으셨으나, 부활 승천하셔서 만유를 통치하시는 영광을 얻으셨다. 그것은 그가 인류의 대표자로서 얻으신 승리이므로, 누구나 그를 믿고 따르기만 하면 장차 동일한 영광에 들어가게 된다(롬 8:17; 고전 3:21-23; 6:2-3).

9 오직 우리가 천사들보다 잠시 동안 못하게 하심을 입은 자 곧 죽음의 고난 받으심으로 말미암아 영광과 존귀로 관을 쓰신 예수를 보니 이를 행하심은 하나님의 은혜로 말미암아 모든 사람을 위하여 죽음을 맛보려 하심이라. "하나님의 은혜로 말미암아 모든 사람을 위하여 죽음을 맛보려 하심이라"란 말씀은 그리스도 예수께서 인류의 대표자로 고난받으신 일에 대한 해설이다. "모든 사람을 위하여"란 말(ὑπὲρ παντός)은 '각 사람을 위하여'란 의미이다. 그 이유는 판토스(παντός)가 관사 없이 사용되었으므로, "모든 사람"이 아니고 '각 사람' 이란 뜻을 가지기 때

문이다.[11] 그렇다면 예수님의 죽으심은 우리 각 사람을 위하여 죽으신 것이다. 그리고 이 말은 만인 구원론, 곧 그리스도께서 인류 중 한 사람도 빼놓지 않고 모든 사람을 위하여 죽으셨다는 의미를 내포하지 않는다. 16절의 "아브라함의 자손을 붙들어 주려 하심이라"라는 말씀이 만인 구원론(혹은 보편적 구원론)을 지지하지 않는다. "죽음을 맛보려 하심이라." 이 말씀은 예수님이 단순히 죽음을 경험하신 것이 아니라 죽음의 비참한 내막, 고통스러운 진상(眞相)까지 경험하신다는 의미이다. 웨스트코트(westcott)는 말하기를, "사람은 죽음을 당하되 죄로 어두워져서 죽음의 의미를 완전히 파악하지 못한다. 그러나 예수님은 무죄하시므로 죽음을 당하실 때에 그것의 비절하고 참절한 의미를 인식하셨다"고 하였다.[12]

10 그러므로 만물이 그를 위하고 또한 그로 말미암은 이가 많은 아들들을 이끌어 영광에 들어가게 하시는 일에 그들의 구원의 창시자를 고난을 통하여 온전하게 하심이 합당하도다. 이 구절은 앞에 있는 대속의 원리가 진리임을 논증한다(6-8절 해석 참조). "만물이 그를 위하고"란 어구(δι' σν τὰ πάντα)는 "만물이 그이 때문이고"라고 번역하는 것이 옳다. 즉 만물이 그를 위하여 있다는 의미이다. 모든 도리와 법칙의 표준은 사람에게 있지 않고, 우리를 위하여 만유를 지으신 하나님께 있다. 무엇이 선하다면 그 선한 이유는 그것이 하나님께서 행하시는 것이기 때문이다. 그가 행하시는 것은 모두 다 선하다. 선의 표준은 하나님이시다. 인류 구원과 그 구원 방법은 그 제정자가 하나님이시기 때문에 우리가 절대적으로 믿을 만하다.

"많은 아들"이란 것은 아담의 "많은 자손"이란 말인데, 인간이신 예수님을 설명하는 특별한 "한 아들"(아담의 한 자손), 즉 인류의 대표자로 생각한

---

11) Grosheide, πᾶς zonder lidwoord beteekent ieder. -Kommentaar op Het Nieuwe Testament, XII, 1927, p. 94.

12) Christ, in his sinlessness, perfectly realized its awfulness.

사실에 대조시킨 표현이다. 10절 이하에 밝힌 것은, 아담의 자손으로 태어나지 않으면 아담의 자손들의 대표자, 또는 책임자가 될 수 없다는 것이다. 이것은 마치 한 가족의 책임자가 그 가족 중 한 사람인 것과 같다. "영광에 들어가게 하시는 일"은 아담의 자손들을 구원하여 부활의 영광으로 인도하시는 일을 말한다. 이 일은 구주 예수님이 고난을 받으심으로 이루신 것이다.

"합당하도다"란 말(ἔπρωπων)에 대하여 크로샤이데는 다음과 같이 설명했다. "이것은 운명적 필연성이거나 도덕적 당연성을 가리키지 않고 공의를 나타내시기 위한 하나님의 뜻 때문에 당연함을 의미한다." 그는 또 말하기를 "이 글자가 과거 미완료형인 것으로 볼 때, 그것이 오래전에 결정되었고, 또 그대로 반드시 성취되기 위해 움직임을 표시한다."라고 하였다.[13)]

11 거룩하게 하시는 이와 거룩하게 함을 입은 자들이 다 한 근원에서 난지라 그러므로 형제라 부르시기를 부끄러워하지 아니하시고. 이 구절은 앞 절에 언급된 구속자가 그 구속받는 자들과 동류성(同類性)을 가지지 아니하면 안 됨을 해설한다. 사망에 넘겨진 인류는 인류의 대표자 한 사람을 통해서만 대속되고 구출된다. 인류의 죄책 부담자는 반드시 인류 안에서 나와야 했다. 그러므로 예수님도 참사람으로서 인류의 일원이었다.

"거룩하게 하시는 이와 거룩하게 함을 입은 자들이 다 한 근원에서 난지라"라는 말은 구속자 예수님과 구속받는 자들이 모두 아담의 자손임을 설명한다. 이후의 모든 구절들은, 이 사실이 구속 설계에 필요한 것임을 길게 말씀한다.

12-13 이르시되 내가 주의 이름을 내 형제들에게 선포하고 내가 주를 교회 중에서 찬송하리라 하셨으며 또 다시 내가 그를 의지하리라 하시고 또 다시 볼지어다 나와 및 하나님께서

---

13) Grosheide, Het imperf. doet denken aan het besluit Gods zoo was het gereed gemaakt, zoo moest het gebeuren.- Ibid., 96.

내게 주신 자녀라 하셨으니. 이 두 구절은 구약에서 인용된 것으로, 앞 절에서 말한 '구속자'와 '구속받는 자들'의 인간적 동류성을 확증한다.

"내가 주의 이름을 내 형제들에게 선포하고." 이 말씀은 유명한 메시아 예언 시구인 시편 22:22을 인용한 것이다. 핵심은 메시아가 그의 백성인 신자들을 "형제"라고 부른 것이다. 메시아는 그 인성 면에서 신자들과 같다고 한 것이 예언적 진리이다.

"내가 그를 의지하리라." 이 말씀은 이사야 8:17을 인용한 것인데, 선지자 이사야가 이스라엘 민족에게 하나님의 심판을 예언한 후에 선포한 말씀이다. 여기서 이사야는 메시아의 입장에서 말했는데, 메시아가 하나님을 "의지하리라"고 한 것은 인간으로서 하신 행위이므로 그는 이 점에서도 그의 신자들과 동류성을 가진 것이 분명하다.

"나와 및 하나님께서 내게 주신 자녀라 하셨으니." 이 말씀은 이사야 8:18을 인용한 것인데, 이 구절 역시 메시아 자신과 그의 구속을 받은 자들과의 연관성을 보여 주는 예언이다. 이 예언의 내용은, 이스라엘 민족이 장차 하나님의 벌을 받게 되지만 선지자 자신과 그에게 속한 사람들은 남게 된다는 말씀이다. 이 점에 있어서 선지자는 그와 그 제자들(자녀들)을 동일시했다. 그것은 메시아와 그 백성이 하나라는 사상을 모형으로 가르친 셈이다.

14-15 자녀들은 혈과 육에 속하였으매 그도 또한 같은 모양으로 혈과 육을 함께 지니심은 죽음을 통하여 죽음의 세력을 잡은 자 곧 마귀를 멸하시며 또 죽기를 무서워하므로 한평생 매여 종 노릇 하는 모든 자들을 놓아 주려 하심이니. 이 두 구절은 앞의 구절과 같이 메시아가 그 백성과 하나 된 목적을 논한다. 메시아도 그의 백성들처럼 육신에 참여하시는 의미로 사람의 몸을 입으셨으니, 그 목적은 그가 그의 백성을 위해 죽으셔서 죽음을 폐하심으로 그들을 죽음에서 해방하시려는 것이다. 따라서 육신이 되시지 않고는 그가 이 일을 하실 수 없다.

"죽음을 통하여… 마귀를 멸하시며." 다시 말하면, 예수님께서 육신을 입으셨기 때문에 죽으실 수 있고 또 사실상 죽으심으로 마귀를 이기셨다. 예수님의 죽으심은 죽음을 죽이시는 죽음이다(Luther). 마귀가 사망의 세력을 잡았으나 그것은 인류의 죄를 벌하시는 하나님의 경륜에 이용된 것뿐이다. 그리고 그 세력은 예수님의 죽으심으로 폐지되었다(요 12:31; 16:11; 요일 3:8; 계 20:10). 그 결과로 하나님의 백성은 구원받았다. 이처럼 하나님은 공의를 행하시는 데 정확하시고 또 그의 백성에 대한 사랑을 실현하시는 데에도 완전하시다. 이것이 공의와 사랑의 입맞춤이 아닌가(참조. 시 85:10).

"또 죽기를 무서워하므로 한평생 매여 종 노릇 하는 모든 자들을 놓아 주려 하심이니." 인간은 사실상 한 번밖에 죽지 않지만 일생을 통하여 무수히 죽음을 맛보며, 한평생 죽음의 공포에 싸여 있다. 이것이 사망의 노예다. 그러나 그리스도 신자들은 이 노예 생활에서 해방된다.

16 이는 확실히 천사들을 붙들어 주려 하심이 아니요 오직 아브라함의 자손을 붙들어 주려 하심이라. 이 말씀은 앞(14-15절)에서 말한 성육신의 이유를 좀 더 자세히 설명한 것이다. 구주께서 육신을 입지 않으시면 왜 구속 사역을 못하시는가? 그 이유는 구속받는 자들이 천사들이 아니고 아브라함의 자손, 즉 혈육인 까닭이다. 혈육이 타락한 값은 혈육으로만 갚아진다.

"붙들어 주려 하심"이란 말(ἐπιλαμβάνεται)의 시리아어 역본은 '가진다'는 뜻이다. 옛 라틴어 역본과 불가타 역본도 이것과 일치한다. 그렇다면 이 번역문들의 의미는 그리스도께서 천사의 특성을 취하지 않으시고 아브라함의 자손 즉, 인간의 특성(혈육)을 취하셨다는 것이다. 모든 교부들도 이 구절에서 이런 의미를 찾았다. 칼빈도 이 해석을 채택하였다. 왜 히브리서의 저자는 여기서 "천사"에 관하여 말하는가? 그것은 천사가 메시아의 나라에서 중보적 역할을 한다는 그 당시의 이단을 막으려는 것이다.

설교 예수님이 죽으신 결과(14-16절)

1. 마귀를 멸하심(14절)

마귀는 예수님을 죽임으로써 자기가 승리할 줄 알았다. 그는 유다의 마음에까지 들어가서(요 13:27) 역사하여 예수님을 죽음에 넘기도록 하였던 것이다. 이것이 하나님이 예정하신 대로 된 것이다(행 4:28). 그러나 예수님은 그의 죽으심으로 승리하셨다. 마귀는 하나님의 지혜를 도무지 알지 못했던 것이다. 이것을 보면, 하나님의 이 지혜(예수님을 죽게 하심으로 신자들을 구원하심)는 깊고도 깊은 것이어서 멸망하는 자들에게는 어리석게 보인다(고전 1:18). 그러나 이것은 만세 전에 미리 정하신 것이니(고전 2:7), 에베소서 3:9은 "영원부터 만물을 창조하신 하나님 속에 감추어졌던 비밀의 경륜"이라고 한다. 이 지혜야말로 하나님 자신의 깊은 뜻이니, 그 지혜를 실현하시기 위하여 하나님 자신이 피를 흘리신 것이다. 구속의 진리(지혜) 앞에서는 마귀가 자멸하게 된다. 루터는 이 지혜를 가리켜 "죽음을 죽이는 죽음"이란 뜻으로 말하였다. 성경에는 이같이 역설적인 원리가 표현되어 있다. "모세가 광야에서 뱀을 든 것같이 인자도 들려야 하리니"(요 3:14)란 말씀도 있다(민 21:9 참조). 이것은 뱀의 독을 뱀으로 소멸시킨다는 진리가 아닌가? 그런데 마귀는 왜 이 진리에 대하여 무지한가? 그가 이사야의 예언(사 53장)을 모르는 것인가? 또한 양의 피로 속죄제를 드리라고 하신 하나님의 계시를 모르는 것인가? 그가 "여자의 후손은 네 머리를 상하게 할 것이요 너는 그의 발꿈치를 상하게 할 것이니라"고 하신 말씀(창 3:15 하)을 모르는 것인가? 우리는 이 점에 관해 생각해 보아야 한다. 바울은 말하기를, "만일 우리 복음이 가리었으면 망하는 자들에게 가리어진 것이라"고 한다(고후 4:3). 마귀의 정체는 본질적으로 어두움이고 거짓이기 때문에 그들이 빛을 싫어하기도 하지만 깨닫지도 못한다. 성경은 가르치기를, 선한 일에 지혜로운 것은 하나님 백성의 본질이고, 악한 일에 지혜로운 것은 마귀의 속성이라고 한다(롬 16:19 참조). 그러므로 내가 성경을 깨닫지 못하는 것이 멸망의 요소임을 알고 각성해야 한다. 마귀가 성경의 글자는 알지 모르나 신학적으로는 성경을 모른다. 혹시 마귀가 성경에서 구속의 도리를 안다고 할지라도 그는 하나님을 대적할 뿐 하나님을 사랑하지 않으므로 하나님의 말씀에 순종하지 않는다. 그는 본질적으로 하나님께 대항하기 때문에 하나님을 대적하기 위해서라면 지옥에 뛰어 내려가는 것도 감행한다.

2. 죽음의 종들을 해방하심(15절)

인간은 항상 죽음의 공포를 느끼면서 행동한다. 본문은 죽음을 두려워하는 것이 원칙적으로 잘못이라는 의미가 아니다. 죽음은 두려운 것이다. 그러나 죽음을 인간 존재의 본연이고 인간 존재의 본질이라고 하는 실존주의자들은 죽음 자체를 "위로"라고 한다. 스텐버거(Stenberger)는 "죽음에 대하여 위로하는 말을 집어치우라. 죽음 자체가 위로다."라고 하였고, 하이데거(Heidegger)는 "죽음은 우리와 동질이고 동반자다."라고 하였다. 이런 말은 추상적일 뿐 현실과 다르다. 실존주의자 바울 틸리키도 비관적으로 기쁨 없이 죽지 아니하였는가? 성경은 죽음을 두려운 것으로 취급하고 그 해결책을 세운다.

그렇다면 죽음의 공포는 무엇인가? "죽기를 무서워하므로"란 말(φόβος θανάτου)은 "죽음의 공포로"라고 개역되어야 한다. 이것은 여러 가지가 종합된 공포로, ① 건강에 손해를 입을 것을 두려워하여 날마다 음식을 섭취하는 것, ② 사소한 일로 염려하는 것. 영국의 캐서린 팔 여왕은 손톱을 지나치게 깎고 염려하다가 죽었다. ③ 경미한 병을 과도히 염려하는 것, ④ 죽음의 상징이라고 할 수 있는 어두움을 무서워하는 것, ⑤ "죽음"이란 말도 듣기 싫어하는 심리. 프랑스의 어떤 왕은 명령하기를, "내 앞에서는 죽음이란 말도 쓰지 말라"고 했다.

이 모든 공포심은 결국 사람의 마음 상태의 발작인 것이다. 마음속에 죽음의 요소가 있기 때문에 불안하고, 그것이 계속 공포심으로 번져 나가는 것이다. 그것은 결국 생명 결핍에서 생기는 부작용이다. 인생이 그 존재 속에 죽음을 안고 있으니 무엇이든 두렵지 않겠는가? 시체를 내 몸에 묶어 놓고 있으면 내 마음이 어떻겠는가? 바울은 "오호라… 이 사망의 몸에서 누가 나를 건져 내랴"고 탄식하였다(롬 7:24). 그렇다면 사람이 그 존재 속에 죽음의 요소를 안고 있다는 말이 무슨 뜻인가? 그것은 생명의 반대 요소를 지녔다는 것이다. 생명은 무엇인가? 화란의 칼빈주의 변증학자 스킬더(K. Schilder)는 죽음과 반대되는 인간 존재에 대하여 다음과 같이 말한다. "성경에 의하면 생명은 움직이는 존재다. 생명은 하나님과의 평화 속에 존재하는 것(existeeren onder-Gods-vrede)이다."[14)]

해방한다는 것은 무엇인가?

1) 우주적 해방(Cosmic freedom). 예수님께서 말씀하시기를, 예수님이 죽으심으로 마귀가 쫓겨났다고 하신다(요 12:31; 16:11). 따라서 이제 신자에게는 죽음도 유익한 것이 되었다(고전 3:22: 빌 1:21).

2) 진리로 해방됨. 예수님은 "너희가 내 말에 거하면 참 내 제자가 되고 진리를 알지니 진리가 너희를 자유롭게 하리라"(요 8:31-32)고 하셨다. 우리가 우주적 해방을 믿어 그 해방이 내게 실현되게 하려면 하나님의 말씀이 내 마음에 역사하게 해야 한다. 우주적 해방을 믿는다고 하면서도 마음은 여전히 불안한 때가 있다. 그런 불안은 성경(하나님의 말씀)으로 극복해야 한다. 하나님의 말씀은 우리로 하여금 주님의 승리를 누리게 하는 비결이다.

3) 노력으로 해방을 누림. 성경에는 "피하라"는 말이 많다. 이제는 놓였으

---

14) Heidelbergsche Catechismus, III, 1950. p. 442.

니 피하라는 말이다.

쇠사슬이 끊어졌으니 자유를 누리려면 피해야 한다. ① 정욕을 피할 것(딤후 2:22), ② 우상을 피할 것(고전 10:14; 요일 5:21), ③ 음행을 피할 것(고전 6:18). 피해야 할 죄는 피함으로 우리가 담대해지고 또 힘을 얻는다.

쇠사슬이 끊어졌으니 자유를 누리려면 대적해야 한다. ① 마귀를 대적할 것(약 4:7; 벧전 5:9), ② 죄를 대적할 것(히 12:4), ③ 후퇴하지 말 것(히 10:38-39). 하나님의 전신 갑주의 구조를 보면 등을 보호하는 부분이 없다(엡 6:14-17 참조). 대적하여 싸울 것과는 싸워야 우리 자신이 힘을 얻고 반드시 승리를 거둔다 (그리스도께서 이기셨기 때문이다).

17-18 그러므로 그가 범사에 형제들과 같이 되심이 마땅하도다 이는 하나님의 일에 자비하고 신실한 대제사장이 되어 백성의 죄를 속량하려 하심이라 그가 시험을 받아 고난을 당하셨은즉 시험 받는 자들을 능히 도우실 수 있느니라. 이 두 구절은 앞 절들의 말씀에 이어서 그리스도께서 성육신하신 이유를 더욱 자세히 해설한다. 그리스도께서 육신이 되시지 않으면 대제사장의 직무를 이행하실 수 없는 사실이 또 하나의 이유다. 대제사장은 하나님의 백성을 위해 "하나님의 일"(τὰ πρὸς τὸν θεόν=하나님과 관계된 일들)을 돌보아 주는 자이므로, 그 직무를 맡을 자는 "자비"와 "충성"을 겸비해야 한다. 그리스도께서 육신이 되신 것은 우리를 체휼하시는 행동(자비의 행위)의 기본이며, 그 위에 충성을 더하여 고난을 받으신 결과, ① 우리를 속죄하여 주시고(17절), ② 하나님 앞에서 우리를 위하여 중보하신다(18절).

설교 그리스도의 인성의 중요성(14-18절)

어떤 사람들은 "천하 만민의 구주께서 인생이 되신 것은 만족스럽지 않다. 그는 일개 인생으로서 시간과 공간의 제재를 받으셨고, 현대인들은 그를 보지도 못하였다. 근 2,000년 전에 유대 땅에 태어났던 나사렛 사람이 현대인들에게도 구주가 된다니 웬 말이냐?"라고 질문한다. 2세기의 이단자 마르키온(Marcion)도 이런 어두운 생각의 충동으로 예수님의 인간성을 부인하여 말하기를 "예수는 진정한 사람이 아니고 사람처럼 보이기만 한 이상한 형상이었다."라고 하였다. 그가 이렇게 말한 까닭은, 그의 생각에는 천하 만민의 대구주(大救主)이신 하나님의 아들께서 악에 복속한 물질적 인간이 될 이유가 만무하다는 것이다. 즉 구주께서는 물질, 시간, 공간의 제한을 받는 인간으로 오실 수 없다는 것이다. 그러나 이것은 진리와 정반대이다. 하나님께서는 그의 아들을 무한에서 유한으로 낮추시고, 영광에서 고난으로 낮추심으로 천하 만민과 만물에 구원의 능력이 무한히 미칠 수 있도록 경륜하셨다(빌 2:5-11 참조). 그의 인간성은 다음과 같은 구원 효과를 가져왔다.

1. 인류를 죽음의 공포에서 놓아주심(14-15절)

이 본문은 사람들이 죽음을 가장 두려워하는 사실을 말해 준다(15절). 그들이 죽음을 두려워하는 이유는, 죽음이 인류의 무서운 원수이기 때문이다(고전 15:26). 죽음은 인간의 본능이 아니고 인간 밖에서 온 원수다(본능적으로 무서운 것이 아니다). 죽음은 사람의 죗값으로 온 벌이다(창 2:17; 3:19). 그러므로 인간의 죽음 문제는 대신 죽어 주는 자 없이는 해결될 수 없다. 이것은 죄 없으신 하나님만이 해결하실 수 있다. 그런데 하나님은 영이시니 죽으실 수 없으므로 그가 대신 속죄의 죽음을 당하시기 위하여 인간성을 취하셨다. 이 점에 있어서 하나님의 아들 그리스도의 인성은 매우 중요하다.

2. 인류가 하나님과 화목케 하심(17-18절)

그리스도는 그의 인성으로 하나님과 사람 사이에 중보자(대제사장)가 되셔서 사람과 하나님 사이를 막고 있는 장벽과 같은 죄 문제를 해결해 주셨다. 즉 그는 자비와 충성(진실성)으로 우리의 구원 문제를 해결하셨다. 그리스도께서 진정한 인성을 취하셨으므로 우리와 밀접해지셨고, 그는 우리와 형제가 되시기를 부끄러워하시지 않았다(2:11). 그러나 2세기 말엽에 있었던 가현설(Docetism) 이단자들은 그리스도의 진정한 인성을 부인하였다. 그들의 주장은 하나님과 세상(또는 물질)은 이원론적으로 대립되어 있으므로 하나님께서 사람이 되셨다는 것은 믿을 수 없다고 한다. 그러나 이 같은 주장은 물질개악설로, 성경과 부합되지 않는다. 하나님은 창조자이시고 물질과 세상은 피조물이므로 물질 자체가 악한 것은 아니다. 가현설이 하나님을 높인다고 내세운 주장은 도리어 하나님의 뜻을 왜곡한다. 이후에 나온 아폴리나리스(Apollinaris) 이단은 가현설의 형태보다 교묘하게 그리스도의 인성을 부인하였다. 영혼 없는 인성 곧, 육체만을 그리스도의 성육신과 연관 지은 것이다. 이런 학설은 성경이 가르치는 그리스도의 인성의 진정성, 완전성과 반대된다. 아폴리나리스의 뒤를 이어 그 이단은 단성론(Monophysitism)의 형태로 헬라 교회와 기타 동방 교회(안디옥 교회)에 좋지 못한 영향을 끼쳤다. 단성론은 예수님께 하나님의 성품밖에 없다고 주장한다. 따라서 단성론은 구원론에서 그리스도와 신자들 간의 밀접성과 친근성을 무너뜨린다. 이런 그리스도론은 가현설이나 마르키온(Marcion)이 말한 것과 같이 하나님과 사람의 관계를 멀어지게 했고, 따라서 단성론이 유행했던 헬라 교회와 기타 동방 교회에도 별세한 성도를 경배하는 그릇된 풍속이 생기게 되었다. 이런 폐단에 대한 비판은 칼 아담(Karl Adam)의 저서 〈우리의 형제 그리스도〉에 명백히 나타나 있다.[15] 이 책에서 칼 아담은 예수님의 인성을 희박하게 하는 그릇된 사상 운동을 반대하여 말하기를, "이런 운동은 그노시스 철학이나 러시아 정통교회의 단성론을 배경으로 한다. 단성론이 유행한 교회에서는 그리스도의 인성에서 비롯되는 따뜻한 중보적 도우심을 느끼지 못하기 때문에 두려움과 소원한 기분으로 별세한 성도를 경배하는 헛된 일이 만연했다."라고 하였다. 우리는 하나님의 아들이 인성을 취하신 사실을 믿고 은혜의 보좌 앞에 담대히 나아갈 수 있다(히 4:15-16 참조).

15) Karl Adam, Christus, unser Bruder,pp.57-61; 63-64.

제 3 장

내용분해

본 장과 다음 장에서는 모세보다 탁월하신 예수님을 생각케 함으로 독자들의 신앙을 격려한다.

1. 예수님을 깊이 생각하라고 함(1-6절)
   1) 예수님과 모세의 일반적 유사점(2절)
   2) 예수님의 탁월성(3-6절)

2. 예수님의 탁월성을 감안한 신자들의 주의건(7-19절)
   1) 안식에 들어가려면 강퍅해지지 말 것(7-13절)
   2) 시작할 때 확신한 것을 끝까지 붙잡을 것(14-19절)

⚜ 해석

1-6절. 모세는 사환으로서 충성했으나 그리스도는 아들로서 충성하셨음.

1 그러므로 함께 하늘의 부르심을 받은 거룩한 형제들아 우리가 믿는 도리의 사도이시며 대제사장이신 예수를 깊이 생각하라. "하늘의 부르심을 받은 거룩한 형제들." 이 부르심은 전도자의 복음 전파를 경유한 것이기는 하지만 하나님에게서 온 것이다. 그러므로 그것을 "하늘의" 것이라고 한다. 이 부르심의 목적도 하늘나라로 데려가려는 것이다. "거룩한 형제들"이라고 함은 그들의 생활이 전적으로 거룩해졌다는 의미가 아니고 그들이 거룩해지기 위하여 세상에서 구별되었음을 가리킨다.

"믿는 도리"란 말로 번역된 헬라어(ὁμολογία)는 '일치된 의견'을 의미한다. 그러므로 이것은 교회의 공동고백, 즉 공동체로서의 신앙 고백을 가리킨다고 볼 수 있다. 따라서 예수님을 "사도" 또는 "대제사장"이라고 한 것은 개인적 의견이 아니고 교회가 공동으로 고백하던 진리이다.

"사도"(ἀπόστολος)는 '보내심을 받은 자'란 의미인데, 하나님에게서 보내심을 받아서(요 17:3, 18) 하나님의 말씀을 전하는 자이고(요 3:32-34), "대제사장"은 인간 편에서 하나님께 인간들의 사정을 아뢰어 인간을 돕는 자이다[16](히 5:1 참조).

"깊이 생각하라"는 말(κατανοήσατε)은 계속 마음에 두고 생각하는 것을 의미한다. 사람들이 자기들의 구원 문제에 대하여 무관심한 것 역시 그들의 부패상이다. 그러므로 여기서 예수님에 대하여 깊이 생각하도록 독자들을 깨우친 것은 매우 중요하다.

---

16) Bengel, qui Dei causam apud nos aqit causam nostram apud Deum agit.

2 그는 자기를 세우신 이에게 신실하시기를 모세가 하나님의 온 집에서 한 것과 같이 하셨으니. "세우신 이"란 말(ποιήσαντι)은 조성자를 의미할 수 있으나, 여기서는 직분으로 세워 주신 자, 곧 그를 사도와 대제사장으로 세워 주신 '성부'를 가리킨다.

"신실하시기를 모세가… 한 것과 같이 하셨으니." 예수님을 모세와 비교한 이유는, 유대인 신자들 사이에서 모세가 비범한 인물로 알려져 있었기 때문이다(민 12:1-8; 신 34:10-12). 히브리서의 저자가 예수님을 천사들보다 탁월하시다고 말한 다음에 그를 인간 중 가장 위대한 인물과 비교한 것은 매우 자연스럽다. 그러나 이 비교는 모세를 표준으로 삼으려는 것이 아니고, 다만 독자들에게 예수님의 충성을 만분의 일이라도 이해시키려는 의미에서 모세의 충성을 예로 든 것뿐이다. "하나님의 온 집"이란 말은 이스라엘 전 민족을 가리킨다(민 12:7). 예수님의 충성은 모세의 그것과 비교될 수 없을 만큼 위대하다(참조. 요 7:16; 12:49; 14:10; 17:4).

3 그는 모세보다 더욱 영광을 받을 만한 것이 마치 집 지은 자가 그 집보다 더욱 존귀함 같으니라. 여기서 "집"은 천국을 비유한다. 천국의 건설자는 예수님이시요, 모세는 천국에 참여하는 한 사람이다. 그러므로 예수님과 모세 사이의 격차는 천양지차다.

4 집마다 지은 이가 있으니 만물을 지으신 이는 하나님이시라. 이 말씀은 보편적 원리에 근거하여 천국(교회)의 원리를 도출한다. 어떤 집이든지 그것을 지은 자가 있는 것처럼, "만물"(특별히 천국의 모든 것)을 지으신 이는 하나님, 즉 예수 그리스도시다.

설교 하나님의 만물 창조를 믿으라(4절)

성경은 전반에 걸쳐 하나님께서 만물을 창조하셨다고 말씀한다. 이 진리는 우리 신앙의 기본이므로 성경 초두(창 1:1)에 나온다. 본문 4절에서는 이 진리를 변증적으로 설명한다. 곧 "집마다 지은 이가 있으니 만물을 지으신 이는 하나님이시라"고 했으니 날카롭게 분석한 말씀이다. 우리는 이 말씀을 믿어야 성경의 다른 말씀들도 믿을 수 있다. 다른 한편으로는 우리의 신앙을 적대하는 사상(진화론)을 경계해야 한다. 우리는 성경 말씀에 근거하여 창조주 하나님을 믿으며, 그것이 신앙의 유일한 방법이다. 그 이유는 성경이 곧 하나님의 말씀이기 때문이다. 누구든지 성경으로 말미암아 이 신앙을 가진 후에는 진화론의 그릇됨을 확실히 알게 된다.

1. 진화론은 생물의 한 종류가 변하여 완전히 다른 종류가 될 수 있다고 가정한다

진화론자들은 사람과 원숭이가 같은 뿌리인 것처럼 주장한다. 그것은 망설이다. 우리는 외모를 따라 무엇을 판정하면 안 된다. 사람과 원숭이는 외모도 다르지만 그 외에도 천양지차로 다른 요소들을 지니고 있다. 원숭이는 인류가 연구하여 발명한 것을 언제든 연구해 내지 못한다. 그뿐 아니라 원숭이는 사람이 가지는 종교를 가질 수도 없다. 그러므로 진화론자 다윈(Darwin) 자신도 그레이(Gray) 박사에게 보낸 편지에 "나는 이 훌륭한 우주, 특별히 인간의 성품을 볼 때에 그것이 맹목적 세력의 결과라고 생각하고 만족할 수 없다."라고 기록하였고, "나는 이 세계가 우연의 결과라고 생각할 수 없다"고도 기록하였다. 다윈의 이 말은 진화론의 자멸이다. 그런데도 사람들은 무엇 때문에 이같이 모순된 학설을 진리인 것처럼 생각하고 남들에게 가르치는가? 우리는 홀로 진리를 말씀해 주는 성경으로 돌아가야 한다. 창세기 1:1에 말하기를 "태초에 하나님이 천지를 창조하시니라" 하였고, 시편 33:6에는 "여호와의 말씀으로 하늘이 지음이 되었으며 그 만상을 그의 입 기운으로 이루었도다" 하였고, 시편 121:1-2에는 "내가 산을 향하여 눈을 들리라 나의 도움이 어디서 올까 나의 도움은 천지를 지으신 여호와에게서로다"라고 하였다.

2. 진화론이 인류에 끼치는 해독

이 사상은 많은 사람들로 하여금 ① 심판주가 없다는 착각을 가지게 하여 기탄없이 범죄하게 만들며, ② 하나님의 형상으로 지음받은 인생의 존귀성을 무시하게 되어 이웃 사람을 위한 진정한 희생적 사랑을 무가치한 것으로 알게 하며, ③ 만물을 하나님의 소유로 인정하지 않고 인간의 마음대로 그것을 주장할 수 있는 줄로 착각하게 되어 남들을 위해서 그것들을 사용해야 된다는 절대적 신념을 가지지 못하게 하며, ④ 이 세상이 전부인 것으로 착각하게 되어 내세를 믿지 못하게 하며, ⑤ 모든 것은 다 변한다고 주장하게 되어 예로부터 내려오는 일정한 진리와 윤리 도덕을 굳게 붙잡지 않게 한다. 따라서 그들의 사상은 윤리 도덕적으로 방랑하여져서 제멋대로 가는 자들이 된다. 이 모든 사실로 볼 때, 진화론은 인류를 망치는 사상이다. ⑥ 진화론의 가르침은 생물의 진화가 약육강식의 원리로 되어 간다고 하는데, 이것을 역사관에 채용하는 자들은 결국 독재주의를 빚어낸다. 히틀러(Adolf Hitler)는 다윈(Charles Darwin)의 진화론을 따라 나치 독재주의를 빚어낸 것이다. 공산주의 독재 역시 진화론에서 나온 것이다. 칼 마르크스(Karl Marx)는 주장하기를, 인류 역사는 자동적으로 진화되는 것을 피할 수 없다고 하였다. 이 주장의 결과로, 인간은 하나님 앞에서 죄인이므로 회개하지 않으면 안 된다는 사실을 무시하고 인간의 자율주의에 의한 투쟁을 낙관하게 한다. 이 같은 역사 철학은 결국 대중을 노예로 만드는 당 독재주의로 굳어져 인류를 망하게 한다.

5 또한 모세는 장래에 말할 것을 증언하기 위하여 하나님의 온 집에서 종으로서 신실하였고. 여기서 "장래에 말할 것"이라는 것은 그리스도에 대한 예언을 가리킨다. 모세가 그의 교훈으로, 혹은 그의 사역으로 나타낸 것은 신약 시대의 일들을 표지한 것뿐이다. "종"이란 말(θεράπων)은 '기꺼이 감내하는 마음으로

봉사하는 종'을 의미한다.

6 그리스도는 하나님의 집을 맡은 아들로서 그와 같이 하셨으니 우리가 소망의 확신과 자랑을 끝까지 굳게 잡고 있으면 우리는 그의 집이라. "집을 맡은 아들"이신 "그리스도"와 사환인 모세의 지위를 비교할 때, 그 차이는 말로 표현할 수 없다.

"소망의 확신과 자랑을 끝까지 굳게 잡고 있으면 우리는 그의 집이라"라는 말씀은, 내세의 소망으로 인한 "확신"과 "자랑"을 천국에 속하는 자의 특징으로 본 것이다. 칼빈은 이 둘(확신과 자랑)을 신앙의 두 방면으로 보았으니, 그렇다면 히브리서의 저자는 여기서 신앙이 천국에 속한 자의 자격이라고 말한 셈이다. 벵겔(Bengel)은 여기서 말하는 "자랑"(καύχημα)은 신자가 그 원수(죄, 마귀) 앞에서 가지는 마음이라고 하였다. 이런 자랑은 주님으로 인한 자랑이니, 모든 죄의 유혹을 막는 방패가 된다.

7-19절. 타락하지 말라고 경계함.

이 부분에서 7-11절은 시 95:7-11의 인용인데, 다윗이 고대 이스라엘의 반역의 결과를 교훈으로 삼아 자기 시대의 사람들을 경계한 것이다. 이는 또한 신약 시대의 그리스도 신자들에게 주는 예언적 경고이기도 하다. 히브리서의 저자는 그 말씀을 인용하여 자기 당대의 그리스도 신자들을 경계한다.

7 그러므로 성령이 이르신 바와 같이 오늘 너희가 그의 음성을 듣거든. 구약의 말씀을 성령님의 말씀이라고 하는 사상은, 기록된 계시가 곧 하나님의 말씀인 사실을 우리에게 알려 준다(9:8; 10:15)." 오늘"이란 말(σήμερον)은 다윗이 예언적으로 신약 시대를 가리킨 말이다(Meyer).

8 광야에서 시험하던 날에 거역하던 것 같이 너희 마음을 완고하게 하지 말라. "완고하게 한다"(σκληρύνητε)는 것은 하나님의 말씀을 마음에 받아들이지 않으려는 불신앙적인 태도를 말한다. 이스라엘 백성은 광야에서 수시로 하나님의 기적적인 도움을 받으면서도 끊임없이 기적을 요구하였고, 또 하나님의 기적

적인 간섭이 그들의 욕구에 만족스럽지 않을 때에는 불신앙으로 원망하고 불평하였다. 이런 행동이 마음을 완고하게 하는 것이다. 현재까지 받은 하나님의 은혜를 기억하지 않고 문제를 만날 때마다 회의에 빠지는 자는 완고한 자이다(참조. 출 17:1-7; 민 20:1-13).

9 거기서 너희 열조가 나를 시험하여 증험하고 사십 년 동안 나의 행사를 보았느니라. 이스라엘 백성은 강팍하여서 이미 주신 기적적 은혜로 만족하지 않고, 다시금 하나님을 시험하는 의미로 이적을 요구하였다. 곧 기적을 행하시는 참 신이 있는지 없는지 의심하였다. 그래도 하나님께서는 그들을 용서하시면서 다시 기적적인 은혜를 주셨다. 이처럼 그들의 광야생활 40년 동안에 하나님의 기사가 수없이 임했지만 그들은 불신앙적인 삶으로 일관했다. 그 결과 그들은 약속받은 가나안 땅에 들어가지 못하게 된 것이다.

10-11 그러므로 내가 이 세대에게 노하여 이르기를 그들이 항상 마음이 미혹되어 내 길을 알지 못하는도다 하였고 내가 노하여 맹세한 바와 같이 그들은 내 안식에 들어오지 못하리라 하였다 하였느니라. 이 두 구절의 내용은 다윗이 민수기 14:20-25의 말씀을 시편 95편에 인용한 말씀이다. 민수기 본문은 모세의 지도 아래 있던 이스라엘 백성 중 강팍한 자들이 가나안 땅에 들어갈 수 없게 된 것을 가리킨다. 이것은 다윗 시대의 사람들과 신약 시대의 그리스도 신자 모두에게 교훈을 준다(고전 10:5-6 참조). "안식"이란 말(κατάπαυσίς)은 하나님께서 지정해 주신 안식의 땅 가나안을 가리킨다. 그 당시 이스라엘 백성은 광야에서 유리하는 나그네 생활로 평안을 얻지 못하였다. 따라서 일찍이 하나님께서 약속하신 가나안 땅은 그들이 안정을 누릴 수 있는 곳이므로 그 명칭을 "안식"이라고 할 수 있다. 그와 동시에 이 명칭은 가나안 땅이 영원한 안식의 상징인 것을 암시한다.

12 형제들아 너희는 삼가 혹 너희 중에 누가 믿지 아니하는 악한 마음을 품고 살아 계신 하나님에게서 떨어질까 조심할 것이요. "믿지 아니하는 악한 마음." "믿지 않는" 것

은 인생의 기본 죄악이니(요 16:9; 롬 14:23), 그 마음을 "악한 마음"이라고 정의할 수 있다. 이때의 이스라엘 사람들은 과거부터 어느 정도 구약을 알고 있었다. 그러나 예수님을 그리스도로 믿지 않는 한, 그들의 종교 행위는 다 허사였다. 그 이유는 구약의 요점과 목적은 그리스도를 예언함이고, 그 그리스도는 예수님이시기 때문이다. 그러므로 히브리서 저자는 여기서 그들에게 예수 그리스도를 믿어 참되이 하나님께 속하라는 의미로 권면한다.

13 오직 오늘이라 일컫는 동안에 매일 피차 권면하여 너희 중에 누구든지 죄의 유혹으로 완고하게 되지 않도록 하라. "오늘이라 일컫는 동안"은 회개할 수 있는 기회를 가리키는데, 그 기간이 얼마나 길지는 모른다. 회개는 지옥으로 가는 길에서 돌이키는 것이니, 그 이상 중요한 것은 없다. 그러므로 회개의 시기는 이 세상 생명보다 귀하다. 누구든지 회개하기만 하면 이 세상에서의 생명은 죽어도 그의 영혼은 구원을 얻는다.

"매일 피차 권면하여"란 것은 교회 생활의 일면을 보여 준다. 곧 신자들이 하나가 되어 상부상조하는 데 열중해야 할 것을 가리킨다. "피차" 권면하라고 하였으니 이것은 신자들이 서로 신앙을 격려해야 될 것을 가리킨다(참조. 골 1:28-29; 살전 5:14).

"죄의 유혹으로 완고하게 되지 않도록 하라" 여기서 "유혹"이란 말(ἀπάτῃ)은 '속임'을 의미한다. 죄는 사탄의 도구로서 사람을 속여 악을 선으로 착각하게 하고, 해로운 것을 유익한 것으로 착각하게 한다. 그렇게 착각하는 사람은 끝까지 악을 고집하게 된다. 그것이 강퍅이다. 바로의 강퍅이 그런 것 아니었던가?[17] 신자들은 서로 권면함으로써 이같이 강퍅해지는 위험을 면할 수 있다. 개인의 신앙생활도 개인의 힘만으로는 잘 유지될 수 없고 단체의 도움이 필요한 것이다.

---

17) 참조. 출 7:14; 8:15, 32; 9:7, 34; 10:27; 14:8.

14 우리가 시작할 때에 확신한 것을 끝까지 견고히 잡고 있으면 그리스도와 함께 참여한 자가 되리라. 이 점에 있어서 벵겔(Bengel)은 말하기를 "신자는 자기가 완전해지지 못했음을 깨닫고 스스로 '나는 시작하는 자라.' 생각하며 항상 첫 열심을 내야 된다"고 하였다. 인간은 무슨 일이든 처음에는 열심히 하다가 중도에 식어지는 습성이 있다. 그러므로 이 말씀은 우리의 신앙생활에 필요한 경고가 된다.

"그리스도와 함께 참여한 자." 신자들은 그리스도의 집이 될 뿐 아니라(3:6), 그 집에서 그와 더불어 기쁨도 나누어야 된다(Marcus Dods)(참조. 마 25:21; 계 3:21).

15 성경에 일렀으되 오늘 너희가 그의 음성을 듣거든 격노하시게 하던 것 같이 너희 마음을 완고하게 하지 말라 하였으니. 이 구절에서 다시 7-8절의 말씀을 거듭함으로 권면의 간절함을 밝힌다.

16-18 듣고 격노하시게 하던 자가 누구냐 모세를 따라 애굽에서 나온 모든 사람이 아니냐 또 하나님이 사십 년 동안 누구에게 노하셨느냐 그들의 시체가 광야에 엎드러진 범죄한 자들에게가 아니냐 또 하나님이 누구에게 맹세하사 그의 안식에 들어오지 못하리라 하셨느냐 곧 순종하지 아니하던 자들에게가 아니냐. 이 구절들은 이스라엘이 하나님을 노엽게 한 사건들에서 두 가지 경고를 말해 준다. ① 하나님을 노엽게 한 자들은 다른 사람들이 아니라 모세와 함께 애굽에서 나온 자들이다. 그들은 하나님의 이적을 본 자들이었음에도 불구하고 하나님께 순종하지 않았다. ② 하나님을 계속 노엽게 하는 자들은 이 세상에서도 벌을 받는다(17절). 그들은 40년 동안 기적을 보면서도 번번이 죄를 지어 완악해졌으므로 재앙을 받아 죽었다. 그들이 바라보던 안식의 땅 가나안에 들어가지도 못하였다(민 14:20-35 참조).

19 이로 보건대 그들이 믿지 아니하므로 능히 들어가지 못한 것이라. 이 말씀은 앞 절 끝에 있는 "순종하지 아니하던 자들에게가 아니냐"란 말씀을 받은 것으

로, 이스라엘 백성의 불순종을 불신앙과 동일시한 것이다. 생명 있는 신앙은 언제나 순종을 내포한다. 헬라어 원문에서는 "믿지 아니하므로"란 말(δι' ἀπιστίαν)이 이 구절 끝에 놓여서 어순상 강조된다(헬라어 문법대로). 이처럼 히브리서 저자는 안식에 들어가지 못하는 이유가 불신앙밖에 없다고 강력히 지적한다.

설교 신자는 예수님의 집(6-19절)

1. 6절에서 신자들을 예수님의 집이란 뜻으로 말했는데, 그것은 "신자라면 누구든지 예수님을 모시는 자"란 뜻이다. 성경을 어느 정도 아는 것만으로는 신자로서 그 자격을 이룬 것이 아니다. 그는 그의 속에 예수님을 모셔야 한다. 기독교는 이론이 아니며 관념도 아니다. 그리스도 신자는 성경에 순종함으로써 그 말씀의 기쁜 맛을 체험하며 열매를 맺는다. 예수님은 "사람이 나를 사랑하면 내 말을 지키리니 내 아버지께서 그를 사랑하실 것이요 우리가 그에게 와서 거처를 그와 함께 하리라"(요 14:23)고 말씀하셨다. 현대의 많은 그리스도인들이 순종을 등한시하고 관념으로 다 된 줄로 알고 있다. 그들은 사람이 하나님을 모시는 것이 몇몇 특수한 인물들에게 국한된 은혜인 줄로 잘못 생각한다.

2. 신자가 예수님의 집이 되는 방법은 무엇인가? 그것은 본문 6절의 말씀대로 "확신과 자랑을 끝까지 굳게 잡는" 것이다. "확신"은 믿음으로 세상과 마귀를 이길 수 있다고 장담하고 죄와 싸워 나가는 것을 가리키고, "자랑"은 내세의 소망을 자랑하는 것을 가리킨다. 신자는 이 두 가지를 붙잡되 "끝까지 굳게" 잡아야 한다. 이 점에 있어서는 "끝까지"란 말이 중요하다. 끝까지 잡기 위해서는 하나님의 말씀 앞에서 마음을 강퍅케 하지 말아야 한다(8

절). 거듭난 신자라도 하나님의 말씀을 듣기만 하고 결단을 계속 연기할 때는 강퍅해질 위험이 있다. 신앙과 회개의 결단을 후일로 연기하지 말고 그날 그날 행해야 한다(13절). 바나바는 안디옥 교회 신자들에게 권하기를 "굳건한 마음으로 주와 함께 머물러 있으라"(행 11:23)고 하였다. 우리 인생은 모두 다 약한 자들이니(시 62:9), 무엇에 굳게 붙어 있어야 참되게 살기도 하고 이것저것을 할 수도 있다(약 4:15). 우리가 잠시 동안만 주님의 은혜 안에서 즐거워하다가 주님을 떠나게 된다면 그것은 주님께 잠시 동안 아첨한 꼴이 되고(시 78:36), 하나님을 시험해 본 행동이 되고 마는 것이다(참조. 시 78:18, 44, 56).

제 4 장

⚜ 내용분해

본 장은 앞 장에 이어 신자들이 안식에 들어가기 위해서는 불신앙(혹은 불순종)에 빠지지 말 것을 경계한다.

1. 안식 세계에 들어가기 위하여 신앙을 굳게 지키라고 함(1-13절)
   1) 안식에 들어가지 못하는 것을 두려워하라고 함(1-2절)
   2) 안식은 하나님의 성품에서 시작되었기 때문에(하나님과 함께 존재하기 때문에) 영원히 남음(3-11절)
   3) 안식 약속의 말씀은 신자들의 자격을 구비시킴(12-13절)

2. 하늘에 계신 대제사장론의 시작(14-16절)
   1) 그의 자격(14-15절)
   2) 담대히 그의 앞에 나아가라고 함(16절)

⚜ 해석

1-13절. 안식 세계에 들어가기 위하여 신앙을 굳게 지키라고 함.

1 그러므로 우리는 두려워할지니 그의 안식에 들어갈 약속이 남아 있을지라도 너희 중에는 혹 이르지 못할 자가 있을까 함이라. "우리는 두려워할지니" 이 말은 불신앙으로 안식을 무시하다가 그곳에 들어가지 못하게 되는 것을 두려워하라는 것이다. "그의 안식에 들어갈 약속이 남아 있을지라도." 이스라엘 민족이 들어간 안식은 가나안 땅이었다. 그것은 하늘에 있는 안식처에 대한 모형이며 그림자였다. 하늘에 있는 안식은 아직 남아 있다(히 11:16, 40; 12:22).

"이르지 못할 자가 있을까 함이라." 이 말씀은 앞에서 말한 두려움, 곧 우리에게 약속된 하늘의 영원한 안식이 장래의 것으로 남아 있음에도 불구하고 어떤 이들이 오해하여 "그 약속은 이미 이스라엘의 가나안 정복으로 말미암아 성취되었으니 후대인들에게 그 약속의 혜택이 미치지 못한다"고 하며 무시하는 것을 두려워하라는 것이다. "이르지 못한다"는 말(ὑστερέω)은 '뒤떨어진다'는 의미다. 어느 시대의 그 누구에게든지 천국의 안식에 들어갈 기회가 부여되어 있다. 누구든지 죽기 직전에라도 참으로 회개하고 주님을 믿기만 하면 들어갈 수 있다(눅 23:40-43 참조). 그러므로 살아있는 사람이라면 구원을 받아 안식에 들어가는 문제에 있어서 "나는 뒤떨어졌으며 늦어졌다"고 말할 수 없다. 다만 인간은 어느 때에 이 세상을 떠날지 모르므로, 기회가 있는 지금 즉시 회개해야 한다.

2 그들과 같이 우리도 복음 전함을 받은 자이나 들은 바 그 말씀이 그들에게 유익하지 못한 것은 듣는 자가 믿음과 결부시키지 아니함이라. "그들"은 옛날에 광야를 지나던 이스라엘을 가리키고, "우리"는 히브리서 저자 시대의 사람들을 가리킨다. 크로샤이데는 이 구절을 바로 해석하였으니 다음과 같다. "저자는 그 시대 사람들이 복음을 들었다는 사실보다 그들도 옛날의 이스라엘처럼 복음을

들은 후 믿음으로 따르지 않으면 위태하다는 데 역점을 둔다."[18] 복음을 듣는 것은 귀하지만 들은 대로 신앙을 지속하려고 노력하는 것도 중요하다. 그 옛날 이스라엘이 복음을 듣고도 믿음으로 따르지 않은 까닭에 안식에 들어가지 못한 것을 기억하라!

"들은 자가 믿음과 결부시키지 아니함이라" 이 문구의 헬라어(μὴ συγκεκερασμένος τῇ πίστει τοῖς ἀκούσασιν)를 바로 번역하면, "말씀이 그 들은 자들에게 믿음으로 화합되지 않은 까닭이다."이다. 하나님의 말씀이 그들의 신앙으로 말미암아 그들의 심령에 화합하듯 새겨졌어야 그 효능이 발휘되었을 텐데, 그들은 그러지 못했다.

3 **이미 믿는 우리들은 저 안식에 들어가는도다 그가 말씀하신 바와 같으니 내가 노하여 맹세한 바와 같이 그들이 내 안식에 들어오지 못하리라 하셨다 하였으나 세상을 창조할 때부터 그 일이 이루어졌느니라.** 이 구절에서도 다시금 안식이 지나간 것이 아니고 지금도 신자이면 누구나 들어갈 수 있다고 강조한다. "그가 말씀하신 바와 같으니." 여기에 인용된 시편 95:11은 다윗이 자기 시대 사람들을 깨우치면서 옛날에 믿음으로 순종하지 않던 조상들이 안식에 들어가지 못한 사실을 경고하며 말한 것이다.

"세상을 창조할 때부터 그 일이 이루어졌느니라." 이것은 다윗의 말씀이 아니고 히브리서 저자의 논평이다. 이 말씀의 헬라어(καίτοι τῶν ἔργων ἀπὸ καταβολῆς κόσμου γενηθέντων)를 바로 번역하면 다음과 같다. 곧 "세상이 창조된 때부터 그 일들은 완성되었지만." 즉 하나님의 안식은 옛날에 하나님이 우주만물을 창조하신 그 사역이 끝난 때부터 존재했다. 이같이 안식은 하나님의 성품에 근거한 것이며 또 창조 질서(인류의 역사가 시작되기 전)에 근거한 것이다. 따라서 그것은 이후의 어느 한 지역 민족에게만 주어지지 않고 모든

---

18) Kommentaar Op Het Nieuwe Testament, De Bridf Aan De Hebreen En De Brief Van Jacobus, 129.

인류를 대상으로 한다.[19] 따라서 그 후 인류 중 일부(예컨대 이스라엘 민족의 일부)가 그곳에 못 들어갔다고 해서 후대 사람들이 안식에 들어갈 기회가 없어졌다고 할 수 없다. 패역한 이스라엘이 그곳에 못 들어간 것은 그들의 문제이지 안식 세계가 없어서가 아니다.

그렇다면 이 구절 전체의 의미는 안식 세계는 다윗이 그 시대 사람들에게 경고한 말씀으로 미루어 보아, 옛날에 이스라엘이 차지한 가나안 땅을 일컫는 것이 아니고, 하나님께서 창조 후에 친히 들어가신 영원한 세계이니, 가나안 땅을 의미하지 않는다는 뜻이다. 그러므로 안식은 우리 신자들 앞에 있다는 말씀이다. 이에 대하여 히브리서 저자는 4-9절에서 더 자세히 설명한다.

4-9절. 이 구절들은 3절 말씀을 해설하는 것뿐이다.

4 제칠일에 관하여는 어딘가에 이렇게 일렀으되 하나님은 제칠일에 그의 모든 일을 쉬셨다 하였으며. 이 말씀은 "제칠일" 안식 제도가 영원한 안식의 예표로 시작된 사실을 보여 준다. 그것은 세상이 창조된 직후부터 있는 것이니 유대 민족만 위한 것이 아니다. 그 안식은 하나님의 안식인데, 그가 그 창조하신 일을 완성하신 결과로 생긴 것이다(창 2:2; 출 20:11; 31:17). 그의 안식은 아무런 활동이 없는 상태를 가리키지 않고 도리어 그 완성된 만물을 기뻐하시며 보존하시는 활동과 그 영역을 가리킨다(요 5:17 참조). 요컨대 하나님의 안식은 완성된 만물에 대한 그의 복되신 교통이며, 만물에 대한 그의 기뻐하심과 만족하심과 통치하심과 영광 받으심을 말한다. 인간의 목표는 하나님이 누리시는 그 안식에 들어가는 것이다. 거기에 들어가는 것은 그의 삶에서 하나님을 모시고 하나님과 교제하는 정도에 비례하여 실현된다. 그가 이 세상에 대하여 죽고 하나님을 향하여 사는 생활이 강화될수록 하나님의 안식에 들어가

---

19) Charles Hodge, Systematic Theology,III, 1981, 323.

는 걸음도 전진한다. 신자는 이 안식에 들어가기 위하여 제 칠일을 하나님과 사귀는 일에 온전히 드린다. 그가 그날을 그렇게 사용하는 것은 그가 내세에서 누릴 안식의 예표인 동시에 거기에 들어가는 행보를 강화하기 위하여 현세에서 그것을 미리 맛보며 사는 것이다. 그날에는 안식의 핵심인 예배를 드린다. 그 이유는, 인간은 예배를 통하여 하나님과 사귀고, 하나님과의 사귐을 통하여 진정한 안식을 누리기 때문이다. 제칠일에 일하지 말라고 한 것은 일 자체를 죄악시함이 아니고 하나님께 예배하며 육신의 휴식을 도모하기 위함이다(민 28:9-10; 대상 23:31; 대하 2:4; 31:3; 느 10:33: 겔 45:17). 그러므로 우리는 구약의 안식일이 예배 중심으로 제정된 것임을 기억해야 한다. 그뿐 아니라 신약의 주일 제도도 예배 중심이다.

주일을 지키는 제도에는 구약의 안식일 제도와 다른 점들이 있기는 하다. 신약 시대에는 외형적인 요소들이 신자를 속박하지 않는다. 예를 들면 신약 시대의 교회는 날짜(토요일) 문제나(롬 14:5; 골 2:16), 안식일에 모든 처소에서 불도 피우지 말라(출 35:3)고 한 구약의 규정을 지키지 않는다. 이같이 신약 시대의 제칠일을 지키는 방법은 구약시대와 비교할 때 외형적 요소가 조금 달라졌다. 그 이유는 구약의 안식일은 예표적인 반면, 신약의 안식일은 성취이기 때문이다(골 2:16 참조).

5 또 다시 거기에 그들이 내 안식에 들어오지 못하리라 하였으니. 이 구절은 "거기", 곧 시편 95:11의 끝부분을 인용한 말씀인데, 다윗이 민수기 14:23의 말씀을 가지고 자기 시대의 사람들에게 경고한 것이다. 히브리서 저자는 다윗의 말에 근거하여 다음과 같이 말한 셈이다. 즉 다윗 시대의 사람들도 안식에 못 들어갈 것을 두려워한 만큼, 안식은 다윗 이전에 이스라엘이 가나안에 들어간 것으로 끝난 것이 아니라고 볼 수 있다.

6 그러면 거기에 들어갈 자들이 남아 있거니와 복음 전함을 먼저 받은 자들은 순종하지 아니함으로 말미암아 들어가지 못하였으므로. 이 구절은 5절에 대한 해설이다. 5

절의 다윗의 인용 구절인 민 14:23에 의하면, 모세 시대의 어떤 사람들(복음 전함을 먼저 받은 자들)은 안식에 들어가지 못했다. 그렇다면 이후에 그 안식에 들어갈 사람들이 있을 것이라는 의미이다.

"복음 전함을 먼저 받은 자들." 얼핏 보면 이 말씀은 문제가 있는 것 같다. 즉 민수기 본문에서 이 말씀은 모세 시대의 이스라엘 사람들을 염두에 둔 것인데, 당시에 이스라엘에 복음이 전파되었는가 하는 점이다. 그때 이스라엘은 ① 가나안 땅을 기업으로 약속받았는데 그것은 천국의 예표이며, ② 그들이 그 땅을 차지하는 방법이 신앙이었는데 그것은 그리스도를 믿는 것의 모형이었다. 이런 의미에서 그때의 이스라엘 사람들에게 복음이 전파되었음을 알 수 있다.

7 오랜 후에 다윗의 글에 다시 어느 날을 정하여 오늘이라고 미리 이같이 일렀으되 오늘 너희가 그의 음성을 듣거든 너희 마음을 완고하게 하지 말라 하였나니. 다윗은 모세 이후 약 500년이 지난 자기 생존 시대를 "오늘"이라고 하여, 모세에게 주신 하나님의 말씀(안식에 관한 말씀)을 다시 자기 시대에 적용하였다. 그렇다면 안식에 들어가는 문제는 모세의 인도를 받던 그 시대의 이스라엘이 가나안에 들어간 것으로 끝나는 것이 아니다.

"너희 마음을 완고하게 하지 말라." 이 말씀은 다윗이 자기 시대 사람들에게 안식에 들어가기 위해 하나님께 불순종하지 않도록 조심하라는 경고다. "완고하게" 되는 것은 은혜를 많이 받은 자들이 빠지기 쉬운 죄악이다. 그들이 하나님의 은혜를 여러 번 받아서 그것을 대수롭지 않게 여길 뿐 아니라 심령이 굳어져서 깨어 있지 못하는 것이다.

8 만일 여호수아가 그들에게 안식을 주었더라면 그 후에 다른 날을 말씀하지 아니하셨으리라. 이 말씀은 만일 이스라엘이 여호수아의 지도로 가나안 땅에 들어간 것이 최종적 안식이라면 어찌하여 다윗이 자기 시대의 사람들에게 안식에 들어갈 방법을 말했겠는가 하는 것이다. "다른 날"이란 말은 여호수아 시대

가 아닌 다른 시대, 즉 다윗 시대를 말한다.

9 그런즉 안식할 때가 하나님의 백성에게 남아 있도다. 이 말씀은 앞 절의 결론이다. 이스라엘의 가나안 입성이 최후 안식을 의미하는 것이 아니므로 "하나님의 백성"이 누릴 천국의 안식은 여전히 "남아 있다"는 것이다.

10 이미 그의 안식에 들어간 자는 하나님이 자기의 일을 쉬심과 같이 그도 자기의 일을 쉬느니라. 이 구절은 창세기 2:2의 뜻을 가지고 안식의 의미를 밝혀 준다. 인간의 안식은 그가 하나님의 안식에 참여함으로 얻어진다. 즉 인간이 죽어서 하나님의 안식에 참여하는 것은 이 세상의 수고를 떠나 영원토록 하나님을 즐거워하는 것이다(계 14:13). 죽기 전에도 그는 하나님의 안식에 들어가는 보조를 취하는데, 그것은 하나님과 함께하는 그의 생활이다.

"안식에 들어간 자." 여기서 "안식"이란 것은 단지 신자의 심리적 평안을 가리키는 것이 아니고, 하나님 중심의 객관적인 세계를 의미한다. 신자가 그 세계에 들어가는 길은 믿음으로 그리스도와 연합하는 것이다(요 14:6). 달리 말해 그것은 "신자가 자기 육체(인간적 부패성)의 일을 멈추고 그를 위하여 하나님이 일하시도록 자리를 내어 드리는 것이다. 현세에서는 이것이 완성되지 못하지만 그렇게 되기 위해 신자는 계속 힘써야 한다."[20)]

11 그러므로 우리가 저 안식에 들어가기를 힘쓸지니 이는 누구든지 저 순종하지 아니하는 본에 빠지지 않게 하려 함이라. 이 구절은 앞의 모든 말씀의 결론이다. 지금까지 앞에서 말씀한 내용은 안식이 이후에(내세에) 남아 있다는 것이다. 이같이 안식이 남아 있는 만큼, 신자들은 거기에 들어가기 위하여 힘써야 한다.

"순종하지 아니하는 본에 빠지지 않게 하려 함이라." 이 말은 "순종하지 아니하는 전례를 따라 떨어지지 않게 하려 함이라"는 의미다. 순종하지 아니하는 전례는 이스라엘이 광야에서 불순종하고 멸망한 것을 가리킨다. "떨어

---

20) Calvin's N.T. Commentaries, Hebrews and I& II Peter,1976, 48-49.

짐"은 멸망을 의미한다(Calvin).

12-13절. 이 구절들은 신자들이 하나님의 안식 약속을 받은 대로 지키며 힘쓸 이유를 보여 준다. 복음은 무능한 것이 아니고 그것이 닿는 곳에 결단을 내린다. 그 결단은 구원, 혹은 멸망을 가져오는 심판이다. 복음을 믿고 따르면 구원에 이르고 믿고 따르지 않으면 멸망한다. 그러므로 복음을 접하게 되는 시기는 다행스러운 기회이자 커다란 위기이기도 하다. 모든 사람은 있는 힘을 다하여 바른 태도로 이 복음을 받아야 한다.

12 하나님의 말씀은 살아 있고 활력이 있어 좌우에 날선 어떤 검보다도 예리하여 혼과 영과 및 관절과 골수를 찔러 쪼개기까지 하며 또 마음의 생각과 뜻을 판단하나니. 헬라어 원문에는 이 구절 앞부분에 이유 접속사 "가르"(γάρ)가 있다. 그것은 이 말씀이 앞 절의 이유임을 보여 준다. 즉 이 구절은 신자로서 "안식에 들어가기 위해 힘쓸" 이유를 말씀한다. 신자들이 하나님의 안식 약속의 말씀을 소중히 여기고 또 진지하게 생각해야 하는 이유는 그 말씀이 중대하기 때문이다.

"하나님의 말씀"은 여기서는 예수 그리스도 자신(요 1:1)보다 그의 말씀을 가리킨다. 그의 입에서 나오는 말씀을 "검"이라고 한다(계 19:15). 그렇다면 구체적으로 성경 말씀도 검으로 비유될 수 있을까? 성경 말씀도 하나님이 사용하시는 도구로서는 검과 같다고 할 수 있다. 하나님의 말씀(안식 약속의 말씀)은 단순히 문자나 사상이 아니고 살아 계신 하나님으로 말미암아 역사하는 능력을 지니고 있다.

"혼과 영과 및 관절과 골수를 찔러 쪼개기까지 하며." 이 말은 하나님의 말씀이 우리에게 임하면 우리의 죄를 정확히 지적하며 "혼과 영"을 재정비시켜 각각 바르게 작용하도록 만들어 준다는 뜻이다.

13 지으신 것이 하나도 그 앞에 나타나지 않음이 없고 우리의 결산을 받으실 이의 눈 앞에 만물이 벌거벗은 것 같이 드러나느니라. 하나님은 만물을 창조하실 때에도 그의

말씀으로 하셨고, 그것을 유지하실 때에도 그의 말씀으로 하신다. 그러므로 만물은 하나님 앞에 다 드러난다. 더욱이 그의 안식 약속의 말씀이 사람에게 전해질 때에는 그 사람의 영혼의 깊은 내용이 다 드러난다.

그러므로 신자들이 하나님의 말씀(하나님의 안식 약속의 말씀)을 듣게 될 때 명심할 것이 있다. 즉 그 약속의 말씀은 그들의 인격 내면 깊은 곳까지 영향을 준다는 것이다. 그러므로 신자들은 ① 그 약속이 안식을 원하는 자에게는 거기 들어갈 자격까지 구비시켜 주신다는 것을 명심해야 하며, ② 그 약속 앞에서는 외식으로 행하는 것이 용납되지 않는다는 것을 명심해야 한다. 하나님의 약속의 말씀은 사람들의 깊은 내면까지 다 드러내기 때문에 모두 다 하나님께 보여진다.

14-16절. 승천하신 대제사장.

14 그러므로 우리에게 큰 대제사장이 계시니 승천하신 이 곧 하나님의 아들 예수시라 우리가 믿는 도리를 굳게 잡을지어다. "큰 대제사장", "크다"라는 말은 하늘에 계신 대제사장, 곧 "하나님의 아들 예수"를 형용한다. 이스라엘의 대제사장들은 겨우 땅 위의 지성소에 들어갔지만 예수님은 하늘로 올라가셨다. 테오필락토스(Theophylact)는 예수님에 대하여 말하기를, "예수님은 하늘을 통과하며 올라가서 아버지와 함께 앉으셨으니 우리로 하여금 하늘에 들어가도록 하실 수도 있고, 또 약속하신 안식의 기업을 누리게도 하실 수 있다."라고 하였다. "하나님의 아들"이란 말은 그의 신성을 가리키고, "예수"는 그의 인성을 가리킨다. 그러므로 이 두 가지 칭호는 능력과 동정을 구비한 대제사장의 자격이다.

15 우리에게 있는 대제사장은 우리의 연약함을 동정하지 못하실 이가 아니요 모든 일에 우리와 똑같이 시험을 받으신 이로되 죄는 없으시니라. "동정하다"(συμπαθῆσαι)라는 동사는 우리의 감정을 아시고 도우신다는 것을 의미한다. 예수님의 도우심

은 깊고 따뜻하다. 그는 우리의 죄를 사하시며, 우리가 죄에 빠지지 않도록 따뜻하게 도와주신다. 그는 우리와 똑같이 시험을 받으셨지만 죄는 없으신 분임을 기억해야 한다. 죄를 범하신 적이 없으신데도 시험을 겪으셨으므로 그는 죄와 시험의 정체를 우리보다 잘 아신다. 우리는 죄와 시험에 빠진 지 오래되어서 그것들과 동화되었고 어두워졌다. 그래서 우리는 죄와 시험이 얼마나 추악하고 비참한지 잘 모른다. 그러나 예수님은 범죄하신 일이 없기 때문에 그 내용을 다 아시고, 우리와 그것들과의 관계를 잘 끊어 주신다.

16 그러므로 우리는 긍휼하심을 받고 때를 따라 돕는 은혜를 얻기 위하여 은혜의 보좌 앞에 담대히 나아갈 것이니라. 이 말씀은 앞 절의 결론이다. 그리스도 예수는 우리를 동정하시는 대제사장이시므로, 우리는 그의 긍휼을 입을 수 있다. "때를 따라 돕는 은혜"(εὔκαιρον βοήθειαν)는 "정확한 때에 오는 도움"을 의미한다. 예를 들면 신자가 두려움 없이 죽을 수 있는 은혜는 임종 때에 받는다.

"은혜의 보좌." 그리스도께서 우리에게 은혜를 주시기 위하여 지금 하나님 우편에 앉아계시므로, 우리는 그로 말미암아 은혜를 받을 당당한 처지에 있다. "담대히 나아감"은 우리 신자들이 하나님의 약속을 믿고 담대히 기도할 수 있다는 뜻이다.

설교 은혜의 보좌 앞에 담대히 나아갈지어다(14-16절)

은혜의 보좌 앞에 담대히 나아가라는 것은 기도에 힘쓰라는 권면이다. 우리가 힘쓰지 않으면 많은 방해와 지장 때문에 기도하러 나아가지 못한다.

1. 우리의 육신이 기도를 방해함

예수님은 "시험에 들지 않게 깨어 기도하라 마음에는 원이로되 육신이 약하도다"(마 26:41)라고 말씀하셨다. 거듭난 성도의 마음속에는 하나님을 기쁘시게 하고자 하는 선한 뜻이 있는 반면, 그 선한 뜻을 이루지 못하도록 방해하는 육신(부패성)이 있다. 그러므로 우리는 육신과 싸우면서 힘써 기도해야 한다. 로마서 8:7에 말하기를 "육신의 생각은 하나님과 원수가 되나니 이는 하나님의 법에 굴복하지 아니할 뿐 아니라 할 수도 없음이라"고 하였다. 이것은 부패한 인간성이 하나님과 원수가 되어, 하나님의 법을 순종하지 못하게 한다는 것을 말함이다. 그러므로 우리는 기도하는 일에 주력하지 않으면 하나님과 원수 되는 육신의 노예가 되기 쉽다. 우리의 육신은 언제나 노는 것과 편리한 것을 좋아하는 게으름의 소굴이다. 이러한 내면적인 원수가 기도하는 일을 방해한다(갈 5:16-17 참조).

2. 우리의 복잡한 생활이 기도를 방해함

우리는 하루하루 분주한 생활을 이어가고 있다. 그러므로 일정한 규칙대로 기도하지 않으면 기도에 정성을 다하지 못한다. 사도 바울도 규칙적으로 기도했다. 사도행전 16:16에 "우리가 기도하는 곳에 가다가"라고 하였고, 사도행전 16:13에는 "안식일에 우리가 기도할 곳이 있을까 하여 문 밖 강가에 나가"라고 하였다. 이것을 보면 바울은 장소와 시간을 정하여 두고 기도했다는 사실을 알 수 있다. 또한 베드로와 요한도 "제 구 시 기도 시간에" 성전에 올라갔다고 하였다(행 3:1). 예수님도 규칙적으로 기도하셨다(마 14:23). 이같이 우리도 장소와 시간을 정하여 기도해야 할 것이다. 주님께서 새벽에 기도하셨으니 우리도 특히 새벽 기도에 힘써야 할 것이다.

3. 기도 응답이 더디므로 우리의 기도의 힘이 약해짐

하나님께서 기도하는 성도를 사랑하시기 때문에 잠잠하시는 경우가 있다(습 3:17 참조). 우리를 사랑하셔서 우리의 믿음을 연단시키시려고 기도 응답을 지연시키시는 것이다. 마치 예수님께서 수로보니게 여인에게 잠잠하셨던 것과 같다(마 15:23).

4. 하나님이 보이지 않아서 기도를 게을리함

기도를 게을리하는 것은 가장 참되신 이를 무시하는 것이다. 이런 행위는 또한 자기 자신을 속이는 일이 된다. 하나님은 보이지 않지만 모든 것을 존재케 하신(히 11:3) 참 신이시다.

5. 게으른 죄 때문에 기도하러 나아가지 않음

게으름은 보호색 있는 죄다. 몸을 돌본다는 핑계로 게으름을 조장하는 일이 많다. 우리는 정신력으로만 기도에 힘쓸 것이 아니라 몸으로도 힘써야 한다. 몸을 훈련시키지 않으면 마음이 원하는 선을 실행하기 어렵다. 그리고 몸의 힘도 귀한 것이다. 그러므로 전도서 12:1-2에 말하기를, "너는 청년의 때에 너의 창조주를 기억하라 곧 곤고한 날이 이르기 전에, 나는 아무 낙이 없다고 할 해들이 가깝기 전에 해와 빛과 달과 별들이 어둡기 전에, 비 뒤에 구름이 다시 일어나기 전에 그리하라"라고 하였다.

제 5 장

⚜ 내용분해

4:14-10:18까지는 그리스도의 대제사장직에 대한 논술이다.

1. 그리스도는 하늘의 대제사장이심(1-10절)
   1) 대제사장의 일반적 자격(1-4절)
   2) 그리스도의 대제사장 자격의 탁월성(5-10절)

2. 히브리서 저술 당시 독자들의 형편(11-14절)
   1) 그들의 침체상태 (11-12절)
   2) 영적 식물로써 판정되는 신자들의 정도(13-14절)

⚜ 해석

1-2절. 제사장의 첫째 자격은 인간성이다.

1-2 대제사장마다 사람 가운데서 택한 자이므로 하나님께 속한 일에 사람을 위하여 예물과 속죄하는 제사를 드리게 하나니 그가 무식하고 미혹된 자를 능히 용납할 수 있는 것은 자기도 연약에 휩싸여 있음이라. 이 두 구절은 대제사장 자격의 인간성을 설명한다. 인간을 위하여 하나님과 관계된 일을 하는 자는 인간이 아니면 안 된다. 그 이유는, 그런 대제사장만이 모든 "무식하고 미혹한 자(죄인)를 능히 용납(체휼하며 동정하며 짐을 져줌)할 수 있는" 까닭이다. 인간이 아닌 자는 인간의 처지에 대하여 이해와 융통성을 가지지 못한다. 그러므로 하나님의 아들께서 인간의 연약함을 이해하고 돕는 자가 되시기 위해서는 성육신하셔야만 했다.

"용납"이란 말(μετριοπαθεῖν)에 대하여 빈디쉬(Hans Windisch)는 치우치지 않는 정서적 활동이라고 하였고, 크로샤이데는 중용적 성정(Matig gezind zijn)이 있는 활동이라고 하였다. 이것은 하나님과 사람 사이에 중보자의 품성과 처지에서 인간을 포용하는 것이다. 예수님은 이런 품성과 처지를 그의 인성으로 소유하셨으니 그를 대제사장으로 모신 우리는 하나님께로 가는 다리를 가진 셈이다.

3 그러므로 백성을 위하여 속죄제를 드림과 같이 또한 자신을 위하여도 드리는 것이 마땅하니라. 예수님을 제외한 모든 인간은 다 죄인이므로 구약의 대제사장들은 백성을 위하여 속죄제를 드릴 뿐 아니라 자신을 위해서도 그리해야 했다(레 16:6, 15 참조). 그만큼 그는 자기의 연약한 사실 때문에 남들을 동정하게 되었다.

4-6절. 대제사장의 둘째 자격은 하나님이 세워 주신 사실이다.

4 이 존귀는 아무도 스스로 취하지 못하고 오직 아론과 같이 하나님의 부르심을 받은 자라야 할 것이니라. 대제사장은 하나님 앞에 나아가는 자인데, 죄인인 인간이 어떻게 자각으로 이 직분을 취할 수 있겠는가? 다만 그 직위에 서게 해 주시

는 분은 하나님이시며, 아론이 그렇게 세워졌다(민 16:16-18).

5 **또한 이와 같이 그리스도께서 대제사장 되심도 스스로 영광을 취하심이 아니요 오직 말씀하신 이가 그에게 이르시되 너는 내 아들이니 내가 오늘 너를 낳았다 하셨고.** 예수님은 죄가 없으시지만 하나님으로 말미암아 이 직분을 취하시게 되었다. "너는 내 아들이니 내가 오늘 너를 낳았다." 이 말씀은 시 2:7을 인용한 것인데, 부활하신 예수님께서 만유의 왕 되심에 대한 예언인 동시에, 그가 우리의 대제사장으로 세워지실 것도 함축되어 있다(Calvin). 예수님은 이 예언과 같이 하나님으로부터 대제사장으로 세워지셨다.

6 **또한 이와 같이 다른 데서 말씀하시되 네가 영원히 멜기세덱의 반차를 따르는 제사장이라 하셨으니.** 이 말씀은 시 110:4을 인용한 것으로 예수님의 대제사장직을 예언한 것이다. 이 말씀 역시 예수님께서 스스로 대제사장이 되신 것이 아니고, 하나님께서 정하신 대제사장이라는 예언이다.

"멜기세덱의 반차를 따르는 제사장"이란 말은 '멜기세덱의 신분과 유사한 대제사장'이라는 의미다. 곧 ① 멜기세덱은 희생제물인 우양을 가지지 않고 떡과 포도주를 가지고(창 14:18) 나와서 아브라함을 위하여 축복하였다. 그런데 그 제물은 예수님의 몸과 피(떡과 포도즙)를 상징한다. ② 멜기세덱은 왕이면서 제사장을 겸하였으니(창 14:18) 그 점에서도 예수님과 같다. ③ 멜기세덱이 한 번만 제사장의 행위를 하고 자취를 감춘 것은 예수님의 단번 대속의 십자가 희생의 모형으로 볼 수 있다. ④ 멜기세덱의 보편적인(유대적인 것이 아닌) 제사장 자격은 예수님의 그것과 비슷하고(히 4:14), ⑤ 창세기의 기록(창 14:18)대로는 그의 족보가 알려지지 않았다. 이처럼 시작과 끝이 없는 그의 측면도 예수님을 모형으로 간주된다(히 7:3).

7-10절. 이 구절들은 예수님의 대제사장 자격의 두 가지 요소 가운데(사람이신 사실, 하나님이 세우신 사실, 4:15-5:6) 하나인 인성에 대하여 다시 해설

한다. 특히 그것을 다시 역설하는 이유는, 신인 관계에 있어서 그것이 인간 편에서 하나님께로 나아가는 다리를 형성하는 중요한 성품이기 때문이다. 예수님의 인성이 아니면 우리는 하나님과 교통할 아무런 방편도 가질 수 없다. 그러므로 예수님의 인성은 히브리서의 대제사장론에 있어서 요점이 된다.

7 그는 육체에 계실 때에 자기를 죽음에서 능히 구원하실 이에게 심한 통곡과 눈물로 간구와 소원을 올렸고 그의 경건하심으로 말미암아 들으심을 얻었느니라. 이 말씀은 예수님께서 겟세마네에서 눈물로 기도하신 정황에 대한 묘사이다. 여기서 "통곡"이란 말(κραυγῆς)은 "부르짖음"(crying)을 의미하며, 간절한 기도를 가리킨다. 이 문구는 예수님께서 인간으로서 고난당하신 상황을 생생하게 묘사하여 우리로 하여금 인간고에 대한 예수님의 체휼이 어떠하였는지를 알게 한다. 예수님께서 고난당하신 사건은 이 외에도 많은데 유독 겟세마네에서의 고통을 말하는 이유는 무엇일까? 그것은 그 쓰라린 경험이야말로 그의 모든 고난의 절정이었기 때문이다. 그가 십자가에 달리신 사건은 겟세마네에서 당하신 고난의 외형적 발표이다. 세상 죄를 대신 지신 그로서는 이미 겟세마네에서 하나님의 모든 백성들이 받을 지옥의 고통을 그의 심령으로 당하신 것이다. 그러므로 그는 전무후무한 고통 앞에서 인간으로서 눈물을 흘리신 것이다.

"그의 경건하심으로 말미암아 들으심을 얻었느니라." 예수님께서는 하나님을 "경외"하시므로 겟세마네에서 기도하실 때에 하나님의 뜻대로 순종하기를 원하셨다. 하나님께서는 이 기도를 들으시고 그 거룩하신 뜻대로 예수님의 십자가 고난을 통하여 구원 사역을 이루신 것이다.

8 그가 아들이시면서도 받으신 고난으로 순종함을 배워서. 예수님은 하나님의 "아들"이시니 하나님의 신성을 가지신 이로서 하늘의 영광을 누리시기에 합당하시다. 그러나 그는 우리를 위하여 낮아지셔서 영광 대신 십자가의 고난

을 받으셨다(빌 2:6-8). 그 수난은 그가 당연히 받으실 분깃이 아니고 하나님의 뜻을 순종하신 제물로서의 행위이다. 예수님께서 "순종함을 배웠다"고 한 것은, 이 순종의 덕이 없었던 분이 비로소 이 덕을 습득하셨다는 의미가 아니다. 이것은 그런 덕을 그 본질로 소유하신 분으로서 현실 세계에서 하나님 아버지의 지시를 따라 그것을 경험하셨다는 의미이다.

그리스도는 "흠과 티가 없는 어린 양" 같으신 분이다. 그의 "순종"은 능동적 순종(active obedience), 곧 살아 계시면서 율법을 순종하심과 피동적 순종(passive obedience), 곧 수난에 순종하심이다. 이 순종은 하나님의 인격으로 실행하신 순종이기 때문에 그 가치가 무궁하다. 우리는 이와 같은 예수님의 의 때문에 구원을 받는다. 그리스도는 인성을 입으셨으나 그 인격적 주체는 신성, 곧 로고스(λόγος)이시다. 그러므로 그는 범죄할 가능성조차 없으시다. 그뿐만 아니라, 그의 인성도 동정녀 탄생, 곧 이적으로 되셨으므로 범죄할 가능성이 없으시다. 이 말은 그의 인격이 화석과 같이 굳어진 것(petrefact)이라는 의미가 아니다. 스킬더는 말하기를, "그는 항상 신실 불변하시지만 움직임이 없는 것이 아니고 화석도 아니다."라고 하였다.[21)]

9 온전하게 되셨은즉 자기에게 순종하는 모든 자에게 영원한 구원의 근원이 되시고. 그리스도께서 우리를 속죄하신 목적은 우리가 그에게 순종하게 하시기 위함이다. 그 이유는, 하나님 자신이 우리에게 축복이시고, 그 축복에 우리를 포함시키시는 방법은 우리의 순종밖에 없기 때문이다. 여기서 말하는 순종은 신앙을 내포한 순종을 의미한다. 순종이 없는 신앙은 영혼 없는 몸과 같다(약 2:26). 하나님의 뜻에 순종하지 않는 세계에 무슨 축복이 있겠는가? 우주의 존재부터가 하나님의 뜻 때문에 있는 것 아닌가?(계 4:11) 이제 우리가 그의 구원을 받는 것도 그리스도께 순종함으로 이루어진다. 우리는 신앙

---

21) K. Schilder, niet onbeweeglijk, geen petrefact.-Heidelbergische Catechismus, II, 1949, 581.

과 순종을 서로 분리시켜 생각하지 말아야 한다. 신앙 없는 순종은 참된 순종이 아니며, 순종 없는 신앙도 죽은 신앙이다. 이 둘은 서로 분리시킬 수 없으니, 그것은 사람이 살아 있는 동안 몸과 영혼을 분리시키지 못함과 같다.

설교 순종의 중요성(7-9절)

우리는 그리스도 안에서 하나님께 순종해야 한다. 선한 주장만 내세우고 그리스도께 순종하지 않는 자는 참종교를 미신처럼 취급하는 과오를 범하는 자이다. 미신을 따르는 자들은 진리에 순종함 없이 복만 받기 원한다.

1. 성경은 순종을 강조함

우리는 성경에서 순종에 대한 말씀을 많이 본다. 무디(Moody) 선생이 순종에 대하여 성경에서 지적한 것은 다음 몇 가지이다. ① 하나님의 뜻에 순종하는 것이 우리의 생의 목적이고(히 10:7), ② 하나님의 뜻에 순종하는 것이 생명의 양식이고(요 4:34), ③ 하나님의 뜻에 순종하는 것이 진정한(가족과 같은) 사회를 만들고(막 3:35), ④ 하나님의 뜻에 순종하는 것이 교육의 목적이고(시 143:10), ⑤ 하나님의 뜻에 순종하는 것이 진정한 쾌락이고(시 40:8), ⑥ 하나님의 뜻에 순종함으로 영원히 살게 되고(요일 2:17), ⑦ 하나님의 뜻에 순종함으로 하나님의 뜻을 더욱 알게 된다(요 7:17).

2. 참된 영적 체험은 순종하는 생활로 얻음

하나님의 계명에 순종하는 것은 하나님의 사랑을 경험하는 유일한 방법이다. 신자라면 누구나 그 마음속에 진리로 말미암은 평화가 있게 마련이다. 그러나 계명을 지켜야만 그 평화를 누릴 수 있다. 워필드(Warfield)는 두 종류의 평화를 말하였으니 그 하나는 우리의 영혼이 하나님과 화목한 것으로 인한 평화, 곧 기본적인 평화요, 다른 하나는 부가적인 평화니 계명을 지켜 의로운 생활을 함으로써 누릴 수 있는 평화이다. 우리가 하나님의 계명을 지킬 때 하나님의 사랑을 경험할 수 있다. 기독교의 맛을 알려면 기독교의 진리를 실행해야 한다. 출애굽기 23:22에 말하기를 "네가 그의 목소리를 잘 청종하고 내 모든 말대로 행하면 내가 네 원수에게 원수가 되고 네 대적에게 대적이 될지라"고 하였다(삼상 15:22 참조).

설교 순종하자(9절)

1. 순종의 오묘함

예수님도 하나님 아버지께 순종하셨다. 만물의 질서를 생각할 때 인간은 하나님께 순종할 자이다. 인간은 하나님께서 지어 주신 자인데 어찌 그분께 순종하지 않을 수 있겠는가? 만일 사람이 하나님께 순종하지 않는다면, 그것은 그가 하나님과 다투는 것이다. 이사야 45:9-10에 말하기를, "질그릇 조각 중 한 조각 같은 자가 자기를 지으신 이와 더불어 다툴진대 화 있을진저 진흙이 토기장이에게 너는 무엇을 만드느냐 또는 네가 만든 것이 그는 손이 없다 말할 수 있겠느냐 아버지에게는 무엇을 낳았소 하고 묻고 어머니에게는 무엇을 낳으려고 해산의 수고를 하였소 하고 묻는 자는 화 있을진저"라고 하였고, 또 이사야 10:15에 말하기를 "도끼가 어찌 찍는 자에게 스스로 자랑하겠으며 톱이 어찌 켜는 자에게 스스로 큰 체하겠느냐 이는 막대기가 자기를 드는 자를 움직이려 하며 몽둥이가 나무 아닌 사람을 들려 함과 같음이로다"라고 하였다. 천지 만물에는 조직과 질서가 있어서 본말의 분별, 보이지 않는 것과 보이는 것과의 분별, 상하의 분별이 있다.

예수님도 순종을 배우실 만큼 순종은 높은 덕이며 절대적인 덕이다. 그가 이것을 배우시되 힘들여 배우셨으니, 곧 "고난"으로 배우셨다. 그것을 배우셨다고 하였으니, 그것이 깊고 오묘하고 또 복을 주는 덕인 것이 알려지고, 고난을 당하시기까지 하면서 그것을 배우셨다고 하니, 그것이 귀한 것인 줄 더더욱 알 수 있다. 예수님은 "엘리 엘리 라마 사박다니"라고 하셨다(마 27:46). 그는 하나님께서 그를 내어 버리신 처지에서도(지옥과 같은 고통 중에도) 하나님을 향하여 "나의 하나님"이라고 하셨다.

2. 신자들의 이름도 "순종하는 자"임

성경은 신자들을 가리켜, "어린 아이"(마 11:25), 또는 "갓난 아이"와 같다고 하였고(벧전 2:2), 남편에게 "아내"와 같다고 하였고(엡 5:32), 왕에게 "백성"과 같다고 하였고(벧전 2:9), 부모에게 "자녀"와 같다고 하였으며(고후 6:18), "제물"이라고 하였고(롬 12:1), "죄인"이라고도 하였으니(딤전 1:15), 이는 모두 다 순종할 자라는 뜻을 가진다. 이 이름들은 신자들이 하나님께 대하여 또는 교회 안에서 처신할 원리를 보여 준다. 신자를 "왕", "제사장", "선지자"라고 한 것은, 그들이 만물과 죄와 세상에 대하여 그렇게 처신해야 할 것을 가리킨다. 순종한다는 것은 내가 알 수 없는 것에 대해서도 나보다 높으신 이의 말씀대로 따르는 것이다. 신앙은 내가 아는 것을 희생하고 하나님을 따르는 것이다. 신자는 자기의 지식을 첫째로 주장하지 않는다. 그는 먼저 믿고 나중에 깨닫는다. 그는 믿어 "순종"한다(롬 1:5).

1) 불순종은 자유를 파괴함. 사람은 자유를 주장하면서 하나님께 순종하기를 등한히 여긴다. 그러나 사람은 하나님께 순종하기 위하여 지음받았으므로 거기에 진정한 행복이 있다. 사람마다 하나님 앞에서 바른 위치에(순종하는 위치에) 설 때 진정한 개성의 가치가 발휘된다. 그러므로 사람의 진정한 자유는 하나님께 순종하는 것이다. 서양 중세 때 두 가지 자유 운동이 있었는데, 하나는 문예부흥이고, 다른 하나는 종교개혁이다. 문예부흥은 인간의 절대 자유를 부르짖은 결과 프랑스 혁명을 거쳐 공산주의를 탄생시켰다.

그것은 전체주의를 가져오고 자유를 죽인 결과를 낳았다. 그러나 종교 개혁은 사람을 교권주의에서 해방하여 성경에 순종하게 하였다. 이것은 하나님께 순종하기 위한 것이다. 그 결과 진정한 영적 자유를 얻게 되었다. 본문에서도 말하기를 "순종하는 모든 자의 구원"이라고 하였다.

2) 하나님에 대한 사람의 불순종은 그가 마귀화되는 위태한 길이다. 하나님과 마귀 사이에 완충지대는 없다. 로마서 6:16-18에 말하기를 "혹은 죄의 종으로 사망에 이르고 혹은 순종의 종으로 의에 이르느니라 하나님께 감사하리로다 너희가 본래 죄의 종이더니 너희에게 전하여 준 바 교훈의 본을 마음으로 순종하여 죄로부터 해방되어 의에게 종이 되었느니라"고 하였다. 예수님께서 말씀하시기를, "나와 함께 아니하는 자는 나를 반대하는 자요 나와 함께 모으지 아니하는 자는 헤치는 자니라"(마 12:30)라고 하셨다. 소금으로 물고기를 절여 놓지 않으면 그 고기는 썩을 수밖에 없다.

3) 신자의 불순종은 하나님과의 연합을 파괴한다. 아내가 남편에게 순종함으로 한 몸이 된 원리를 유지하는 것같이 그리스도의 신부 된 신자는 그리스도께 순종함으로 그리한다. 몸의 지체들이 순종하면 한 몸의 생명과 건강이 왕성해진다. 그리스도께서 그의 피로 나를 사셔서 자기와 한 몸으로 만드셨고, 다시 살아나셔서 나의 주가 되셨으니(롬 14:7-9; 고전 6:20), 내가 그에게 순종하지 않으면 그의 피와 그의 부활을 거역하는 것 아니겠는가? 그의 피와 그의 부활로 내가 영생하게 되었는데, 내가 어떻게 그의 피와 부활을 거스르겠는가!

3. 주님께 순종하는 것의 구체적 의의

1) 그의 권위에 순종하라. 우리는 천지 만물 중 무엇을 보든지 그 배후에서 움직이시는 주님의 주권을 믿고 두려워해야 한다.

2) 계명과 말씀에 순종하라. 계명은 명령이지 충고가 아님을 기억해야 한

다. 마음에서(은밀한 가운데서)부터 순종해야 영적 왕이신 그에게 순종하는 것이다.

3) 인도자에게 순종하라. 히브리서 13:17에 말하기를 "너희를 인도하는 자들에게 순종하고 복종하라 그들은 너희 영혼을 위하여 경성하기를 자신들이 청산할 자인 것같이 하느니라 그들로 하여금 즐거움으로 이것을 하게 하고 근심으로 하게 하지 말라 그렇지 않으면 너희에게 유익이 없느니라"고 하였다.

10 하나님께 멜기세덱의 반차를 따른 대제사장이라 칭하심을 받으셨느니라. 이 말씀은 6절 해석을 참조하라.

설교 그리스도의 고난(7-10절)

1. 기도의 고난

예수님의 겟세마네 기도는 고난의 기도였다. 그것은 죽을 지경의 고통 중에서도 그 고통을 무릅쓰고 힘써 하신 기도이고(마 26:38; 막 14: 33-34), 기도 응답을 받으신 뒤에도(천사가 와서 힘을 돕는 일이 있은 뒤에도[눅 22:42-44]) 힘쓰고 애써 더욱 간절히 기도하셨으므로 땀이 땅에 떨어지는 핏방울 같이 되었다(눅 22:44). 그는 겟세마네 동산에서 기도하시면서 통곡과 눈물로 간구하셨다. 이 기도는 영혼의 고난의 표현이다. 그가 이처럼 수고하며 기도하신 것은, ① 정성스럽게 바친 기도다. 이 본문의 "올렸고"(히 5:7)란 말(προσενέγκας)은 제물을 바친다는 의미이다. 기도는 제물이므로 수고와 정성으로 드려야 한다. 하나님께 제물을 바쳤던 구약 시대의 제사 제도는 모두 고난의 상징이었다. 속죄제는 피를 흘림으로 성립되었고, 번제는 태우는 것으로 성립되었고, 소제는 곡식을 빻은 가루로 성립되었다. ② 사랑의 증표로 이루어진 기도다. 사랑은 수고를 가져온다(살전 1:3). 그리스도께서는 위기에서도 하나님을 사랑하셨다. 그는 하나님께 버림받은 자리에서도 하나님을 사랑하셨다. 그는 십자가 위에서 "엘리 엘리 라마 사박다니"라고 하셨는데, "엘리"란 말은 "나의 하나님"이라는 뜻이다. 그것은 하나님에 대한 그의 사랑을 암시해 준다. 그가 기도하면서 통곡하신 것은 이런 사랑의 느낌에서 비롯된 일이었다.

2. 순종의 고난

예수 그리스도는 하나님의 아들이시지만 고난으로 순종을 배우셨다고 한다. 이 말씀에서 우리는 깨닫는 것이 있다. 예수님은 하나님의 아들, 곧 하나님이시니 그에게는 불가능한 것이 없지 않은가? 왜 그도 배우셨다고 하는가? 여기서 이른 바 배웠다는 말씀은 ① 그가 순종하시는 피동적 태도를 염두에 둔 것이다. 그는 하나님 아버지께 순종하심에 있어서 지극히 겸손하셨다. 그는 아버지의 지시를 바라보시며 한 걸음 한 걸음 따라가셨다. 요한복음을 보면, 그는 마땅히 하실 일에도 아버지께서 지시하시는 뜻에 맞추어 행하셨다(요 2:4; 7-8). 이 같은 순종은 자신을 지옥에까지라도 내어 주시려는 낮아지심에서 비롯된 것이다. ② 피동적이면서도 기꺼이 감내하는 마음으로 따르는 능동적 행위이다. 배우는 일은 억지로 되지 않는다. 피동적 순종과 능동적 순종을 겸비하신 우리 주님의 순종은 우리의 구원을 완성하시고도 남는 의를 지니셨다.

유명한 메이첸(Machen) 박사가 집회를 인도하려고 다고다 지방에 갔다. 거기서 그는 폐렴에 걸려 세상을 떠나게 되었고, 머레이(John Murray) 교수에게 전보를 쳤다. 그 전보의 내용은 "우리 주님의 피동적 순종과 능동적 순종을 찬송한다."였다. 우리는 신학보다 순종을 더 깊이 배우자.

11-14절. 히브리서의 독자들이 영적으로 둔해진 것을 한탄함. 영적으로 둔해졌다는 것은 죄악으로 굳어진 성품을 말한다(고전 14:20 참조).

11 멜기세덱에 관하여는 우리가 할 말이 많으나 너희가 듣는 것이 둔하므로 설명하기 어려우니라. 히브리서의 저자는 "멜기세덱"이란 인물로 부활 승천하셔서 하늘에서 대제사장직을 수행하시는 예수 그리스도를 증거한다. 신자들은 그리스도의 속죄하심에 대하여는 어느 정도 깨닫지만, 그가 하늘에서 수행하시는 대제사장직에 대하여는 희미하게 안다. 그 이유는, 그것이 보이지 않는 세계의 일이기 때문이다. 신자들이 그 사실을 명확하게 깨닫지 못하는 것은 그들이 영적으로 어두운 탓이다. 신자로서 이런 어두움을 면하려면 그것을 알기를 간절히 사모해야 하며, 모든 것을 주님께 맡기고 순종해야 한다.

12 때가 오래 되었으므로 너희가 마땅히 선생이 되었을 터인데 너희가 다시 하나님의 말씀의 초보에 대하여 누구에게서 가르침을 받아야 할 처지이니 단단한 음식은 못 먹고 젖이나 먹어야 할 자가 되었도다. 이 말씀은 히브리서의 저자가 그 독자들의 영적 생활이 천박한 것을 탄식하는 것이다. 그들은 아직까지 다른 사람이 먹여 주어야 할 만큼 미숙한 처지에 있다. 그들은 아직 남을 먹여 주는 자, 곧 "선생"은 될 수 없다. 그 이유는, 그들이 "단단한 음식을 못 먹을 자가 되어" 있기 때문이다. 즉 그리스도께서 살아 계셔서 현재 하늘에서 대제사장으로 사역하고 계심을 이해하지 못하기 때문이다. 이런 고차원적 지식은 성령의 인도하심을 따라 신실하게 순종하는 삶을 살아가는 자만이 가질 수 있는 것이다. 살아 계신 그리스도를 위하여 희생하며 살아가지 않는 자는 영적 지혜와 능력을 받지 못한다.

13 이는 젖을 먹는 자마다 어린 아이니 의의 말씀을 경험하지 못한 자요. "젖"이란 말은 구원 진리의 초보를 가리키는 비유이다. "의의 말씀을 경험하지 못한 자"란 말은 그들이 '복음에 부합한 의를 실천하지 못한 자'라는 뜻이다. 다시 말하면, 그것은 하나님의 계명을 순종하는 깊이가 얕음을 의미한다. 진정한 영

적 지혜는 하나님께 순종하는 정도에 비례하여 얻어진다. 그 이유는, 하나님은 살아 계셔서 그 말씀을 순종하지 않는 자와는 영적으로 교통하시지 않기 때문이다. 하나님의 말씀과 지혜는 인간의 두뇌로 연구하여 알 수 있는 것이 아니다.

14 **단단한 음식은 장성한 자의 것이니 그들은 지각을 사용함으로 연단을 받아 선악을 분별하는 자들이니라.** "단단한 음식"이란 것은 11절에 언급된 "멜기세덱"에 관한 지식을 가리키는 비유인데, 지금 하늘에서 대제사장으로 역사하시는 그리스도의 영적 교통으로 말미암은 모든 영적 능력과 지혜를 말씀한다. 이것은 어디까지나 성경에 부합하는 영적 체험의 열매이다. "장성한 자"(τελείων)는 완전해지기 위하여 마음을 다하며, 그것을 위하여 다른 모든 것을 버린 신자를 가리킨다(A. Murray).

"지각을 사용하므로 연단을 받아"란 말은 우리가 우리의 손발을 사용하여 자연스럽게 움직이는 것처럼, 하나님의 말씀에 대한 영적 지각을 실행에 옮겨 하나님의 말씀에 순종하는 것이 훈련되는 것을을 가리킨다. 참으로 연단 있는 지식은 체험과 실천을 통해서만 얻어진다. "선악을 분별한다" 함은 하나님의 뜻을 분별함을 의미한다. 그것이 진정한 종교(기독교)의 특징이다. 이교에서는 윤리적 의미가 없는 신의 어수선하고 번잡한 지시를 많이 숭상한다. 그것은 미신이다.

제 6 장

⚜ 내용분해

1. 신앙생활의 장성을 권면함(1-8절)
   1) 전진하라고 함(1-3절)
   2) 타락의 위험(4-8절)

2. 소망을 가지라고 함(9-20절)
   1) 끝까지 참으면서 소망으로 살라고 함(9-12절)
   2) 하나님의 약속은 견고하다고 함(13-20절)

⚜ 해석

1-8절. 독자들에게 신앙생활의 장성을 권면함.

1-2 그러므로 우리가 그리스도의 도의 초보를 버리고 죽은 행실을 회개함과 하나님께 대한 신앙과 세례들과 안수와 죽은 자의 부활과 영원한 심판에 관한 교훈의 터를 다시 닦지

말고 완전한 데로 나아갈지니라. 이 말씀은 신앙의 기초적 교리들을 가지지 말라는 의미가 아니라, 다만 그 기초적 교리를 믿는 데 그치지 말고 영적인 생활과 진리에 관한 지식을 쌓아 장성하라는 것이다. 우리는 다 함께 이 권면을 받아야 한다. 우리 중에는 이미 믿고 있는 진리들을 의심하여 장성하지 못하고 귀한 세월을 허송하는 사람들이 있다. 이런 신자는 자신도 모르게 영적으로 죽어가는 것이다. 영적으로 살았다면 왜 장성하지 않을까? "도의 초보"가 무엇인지 여러 항목으로 표시되어 있다.

1) "죽은 행실을 회개함." "죽은 행실"은 거듭나기 전에 행한 모든 죄악된 행위를 의미한다. 그것을 버리기만 하고 그저 앉아 있으면 안 된다. 적극적으로 주님을 신뢰하고 그와 동행하며 그를 영화롭게 해야 한다.

2) "하나님께 대한 신앙." "신앙"은 신구약 성경이 많이 강조하는 것이다. 심지어 유대인의 격언에도 구약 613계명의 요지는, "의인은 믿음으로 살리라"(합 2:4; 롬 1:17)란 말씀이라고 한다(C. J. Ellicott). 하나님을 믿는 것이 경건의 근본이지만, 더 나아가 지금 하늘에 살아 계신 중보자 예수님을 믿어 생동력 있게 영적인 삶을 살아야 한다. 하나님이 계신 것을 아는 정도의 믿음은 귀신들도 가지고 있다(약 2:19).

3) "세례들." 이 말이 복수명사로 기록된 것은 물세례와 성령세례를 겸하여 표현한 것이다. "세례"(물세례)는 기독교의 중요한 성례이다. 그러나 신자가 주님을 믿은 후에 세례를 받은 것으로 만족하고 있으면 안 된다. 세례를 받은 자는 계속해서 영적인 삶이 장성하도록 힘써야 한다.

4) "안수." 이것은 특별히 초대 교회에 있었던 것으로, 하나님의 은혜를 전달한다는 표시다.[22] 그러나 이것이 필수적인 것은 아니다. 예수님께서 사도들을 세우실 때에도 안수하시지 않았다.

---

22) 창 48:14; 민 27:18; 신 34:9; 마 19:13; 딤전 4:14.

5) "죽은 자의 부활과 영원한 심판." 이 두 가지는 내세에 관한 것이어서 앞에서 언급한 것들보다는 초보적인 교리가 아닌 것처럼 보인다. 그러나 히브리서의 저자는 그것들도 초보적인 것으로 여긴다. 그 이유는, 진정한 기독교 신앙과 경건은 먼저 내세를 믿는 것으로 시작하기 때문이다. "완전한 데로 나아갈지니라." 이것은 신자의 신앙 인격의 윤리적인 완전을 가리키는 것이 아니라, 그리스도께서 하늘에 살아 계셔서 대제사장으로 사역해 주시는 그 혜택을 누리는 것을 가리킨다. 그의 대제사장 사역은 영원하며 구원사역의 완성단계이다(참조. 5:8, 11-14; 7:24-28). 우리가 이런 대제사장의 도움을 받으려면 시종일관 믿음을 견고히 붙잡아야 한다(3:6, 14).

3 하나님께서 허락하시면 우리가 이것을 하리라. "허락하시면"이란 문구의 헬라어(ἐάνπερ ἐπιτρέπω)는 조건적 표현의 강조체이다. 이것은 "허락하시기만 하면"이라고 번역될 수 있다(Marcus Dods). 즉 우리의 신앙이 장성하는 것은 하나님의 도우심을 받아야만 가능하다는 것이다. 신앙을 주시는 이도 하나님이시고(행 16:14; 엡 2:8), 그것을 장성하게 하시는 이도 하나님이시다(참조, 고전 3:5-7). 그러므로 신앙이 장성하기 원하는 자는 모든 면에서 그렇게 되기를 힘쓰되 자력으로 할 수 있는 것처럼 교만하지 말고, 그런 바람이 없는 자처럼 방종하지도 말고, 오직 하나님에 대한 신뢰와 기도와 순종으로 일관해야 할 것이다(빌 3:15 참조). 물론 우리도 필요한 일(하나님의 뜻)을 실행하는 것이 우리에게 유익하지만 그 일을 하면서 자신의 힘을 믿는다면 그것은 암과 같이 가장 위험한 일이 될 것이다.

4-5 한 번 빛을 받고 하늘의 은사를 맛보고 성령에 참여한 바 되고 하나님의 선한 말씀과 내세의 능력을 맛보고도. 여기서 "한 번"이란 말(ἅπαξ)은 '단 한 번'을 의미하는데, 복음을 접한 적이 있었던 사실을 암시한다. "빛을 받고." 이것은 어떤 이들이 복음을 지식적으로만 알 뿐 영적으로는 깨닫지 못한 것을 의미한다. 이것은 인격의 지식적인 부분에 성령께서 역사하신 것이며, 빛의 작용으로 비

유되었다.

"하늘의 은사를 맛보고 성령에 참여한 바 되고." 여기서 "은사" 란 말(δωρεά)은 선물이란 뜻인데 그다음에 나오는 "성령"을 가리킨다(행 2:38; 10:45). 따라서 맛보았다는 것은 그들이 성령을 맛본(γεύομαι, "규오마이") 것을 가리킨다. "맛보았다"는 것은 "참여하였다"는 말과 같은 내용이다. 그들은 이 선물을 맛본 정도일 뿐 그 은혜를 단단히 붙잡은 것은 아니다. 은혜를 맛본 정도에서 멈춘 자들은 아직 위태한 자리에 있다고 할 수 있다.

"하나님의 선한 말씀과 내세의 능력을 맛보고도." 이 말씀은 복음과 기적을 가리킨다(참조. 고전 12:10; 히 2:4; 벧전 1:25). 여기에도 "맛본다"는 말(γεύομαι)이 나온다. 맛본 정도는 신앙에 깊이 들어간 것이 아니다. 복음의 은혜를 맛보기만 한 자들은 시작만 하고 전진하지 않는 자들이므로 위태하다. 택함을 받은 자들은 복음과 능력을 맛볼 뿐 아니라 시험과 역경을 통과하면서 주님을 따라간다(참조. 마 7:13-14; 눅 9:23).

6 타락한 자들은 다시 새롭게 하여 회개하게 할 수 없나니 이는 그들이 하나님의 아들을 다시 십자가에 못 박아 드러내 놓고 욕되게 함이라. 이 말씀에서 우리가 의문을 가지게 되는 것은, 영적 은혜를 받은 자가 어떻게 완전히 타락할 수 있는가 하는 점이다. 칼빈은 말하기를, 영적 은혜를 받은 자라도 하나님의 자녀로 택함을 받지 못한 자면 타락할 수 있다고 하였고, 또 자녀가 아닌 자라도 4-5절에 기록된 대로 영적 은혜에 어느 정도 참여할 수 있다고 하였다.[23] 오직 하나님께서 택하신 자녀는 중생의 은혜를 받은 후 완전히 타락하지 않는다.[24] 그러나 하나님께서 교회의 회중 가운데 택함을 받지 않은 자들에게도 어느 정도

---

23) Why He should not grant the reprobate also some taste of His grace, why He should not radiate their minds with some sparks of His light, why He should not give them some perception of His goodness and in some sort engrave His word on their heart ? Mark 4:17.

24) 눅 22:32; 요 6:39-40; 10:28-29; 17:2, 6, 11-12; 롬 8:30; 11:29; 빌 1:6; 살전 5:23; 살후 3:3; 벧전 1:4-5; 요일 3:9.

은혜를 주셔서 참된 자녀들과 섞여 있게 하신다. 이것은 마치 밭에 알곡과 가라지가 섞여 있음과 같다. 칼빈은 말하기를, 교회에 두 종류의 사람들이 섞여 있도록 하신 하나님의 목적은 참된 신자들로 하여금 두려워하며 겸비하게 하려는 데 있다고 하였다. 진정한 신자들은 함께 영적 은혜를 받았던 자가 타락한 것을 볼 때 스스로 넘어질까 두려워하며 더욱 깨어 있게 될 것이다.

"다시 새롭게 하여 회개하게 할 수 없나니." 이 말은 영적 은혜를 체험한 자가 타락하게 되면 그를 성령으로 새롭게 할 수 없다는 의미이다(참조. 막 3:29; 히 10:26, 29). "그들이 하나님의 아들을 다시 십자가에 못 박아 드러내 놓고 욕되게 함이라." "그들이"란 말(ἑαυτοῖς)은 "자신들에 관하여는"이라고 개역해야 한다. 이 문구의 뜻은 그들의 타락 행위가 결국 자기 자신들이 하나님의 아들을 다시 십자가에 못 박는 것과 같음을 의미한다는 것이다. "하나님의 아들을 다시 십자가에 못 박는다" 함은 유대인들이 예수님을 참 메시아로 알지 않고 속이는 자로 여겨 그를 십자가에 못 박아 죽이기까지 모욕한 것처럼 배교자들의 행위 역시 그리스도를 속이는 자로 여기는 것처럼 배반하는 것이므로 그것이 유대인들의 행위와 다를 바 없다는 의미이다.

7 땅이 그 위에 자주 내리는 비를 흡수하여 밭 가는 자들이 쓰기에 합당한 채소를 내면 하나님께 복을 받고. 이 구절에서는 인간을 밭으로 비유하였다. 인간이 우로같이 항상 내리는 하나님의 은혜를 잘 섭취하여 결실하면 복을 받는다. 이것은 하나님의 은혜를 섭취(흡수)하고 장성하여 목표했던 열매를 맺는 신자를 가리킨다. 곧 "시작할 때에 확신한 것을 끝까지 견고히 잡는" 신자들이니(3:14) 그들이 그리스도의 집이요, 택함을 받은 자들이다.

8 만일 가시와 엉겅퀴를 내면 버림을 당하고 저주함에 가까워 그 마지막은 불사름이 되리라. "가시와 엉겅퀴"는 인간에게 미치는 저주의 결과이다(창 3:17-18). 여기서 이 둘은 인간의 부패한 행실을 비유한다. 그러므로 이 구절의 의미는 이렇

다. 곧 그리스도 신자라 할지라도 선한 행실을 내지 못하고 도리어 부패한 행실을 낸다면, 그는 택함을 받지 못한 자인 것이 드러난다. 그는 멸망할 수밖에 없다.

9-12절. 이 구절들은 독자들을 칭찬하고 격려한다. 1-8절에 나타난 위협이 여기서 칭찬과 위안으로 급변한다. 선한 스승은 제자들의 단점을 말하며 엄하게만 대하지 않고, 그들의 장점을 인정하여 그 의기를 살리며 그들이 용기를 얻게 한다.

9 사랑하는 자들아 우리가 이같이 말하나 너희에게는 이보다 더 좋은 것 곧 구원에 속한 것이 있음을 확신하노라. 히브리서 저자는 여기서 그가 염두에 둔 독자들이 1-8절에 기술된 배교자들과 같지 않다는 사실을 말한다. 그가 이 점을 밝히는 것은 그들의 낙심을 예방하기 위함이다. 신자에게는 교만도 금물이지만 낙심도 금물이다. "이보다 더 좋은 것 곧 구원에 속한 것"이란 말씀의 헬라어(τὰ κρείσσονα καὶ ἐχόμενα σωτηρίας)를 직역하면 "보다 좋은 것들과 구원에 동반되는 것들"이라고 할 것이다. 이것은 구약 시대의 은혜보다 더 좋은 신약 시대의 축복을 의미한다. 그러므로 이 문구의 뜻은, 그들이 신약 시대의 축복과 구원에 참여하게 되었다는 것이다.

10 하나님은 불의하지 아니하사 너희 행위와 그의 이름을 위하여 나타낸 사랑으로 이미 성도를 섬긴 것과 이제도 섬기고 있는 것을 잊어버리지 아니하시느니라. 이 구절의 헬라어 원문은 이유접속사(γάρ)로 시작하여 앞 절의 이유를 보여 준다. 이 말씀은 사람이 그가 행한 행위의 대가로 구원을 받는 것처럼 보인다. 그러나 실상은 그렇지 않고, 그들에게 구원받을 믿음이 있는 증거로써 그들의 선행이 수반됨을 말한다. 그들의 소망이 빈약했기에(11-12절) 이런 권면을 받은 것이다.

"그의 이름을 위하여 나타낸 사랑"이란 것은 '하나님의 영광을 위하여 행한 사랑'을 의미하며, 곧 신앙적으로 행한 사랑을 말한다. 사랑은 신앙에서 비롯되어야 순전하고 건전하다. 신앙 없이 사랑하려면 행해지지도 않고, 설령 행한다 해도 조화와 같이 생명이 없다.

11 **우리가 간절히 원하는 것은 너희 각 사람이 동일한 부지런함을 나타내어 끝까지 소망의 풍성함에 이르러.** 이 구절은 히브리인 신자들의 소망이 부족했기 때문에 그 부분을 치료하기 위하여 깨우쳐 주는 말씀이다. 히브리서의 저자는 앞 절에서 말한 것과 같이 그들이 사랑에 힘쓰는 것과 같은 노력(혹은 근면)으로 풍성한 소망을 가져야 한다고 말한다. 그들은 미래의 모든 것을 성경(약속)대로 이루어 가실 살아 계신 하나님을 바라보는 데 강해져야 한다. 소망을 소유한 자가 전진한다. 여기서 "소망"이란 것은 그리스도의 재림을 직접 가리킨 것이 아니고, 미래의 모든 일들이 하나님의 약속대로 될 것을 바라보는 것을 의미한다. 이런 소망을 가진 자가 신앙생활에서 장성한다.

12 **게으르지 아니하고 믿음과 오래 참음으로 말미암아 약속들을 기업으로 받는 자들을 본받는 자 되게 하려는 것이니라.** 이 구절은 앞 절의 말씀을 좀 더 밝히 나타내는 설명이다. "게으르지 아니하고 믿음과 오래 참음으로." 약속하신 것을 성취하시는 하나님의 방법은 일반적으로 오랜 세월에 걸쳐 이루어진다.[25)] 따라서 신자들이 미래에 대한 하나님의 약속이 성취되는 것을 바라볼 때에는 내세의 기업을 약속으로 받고 소망을 가졌던 족장들처럼 되어야 한다. 옛날의 족장들(아브라함, 이삭, 야곱)은 메시아와 내세의 기업을 약속으로 받았을 뿐 그것이 실현되는 것을 보지 못했다. 그러나 그들은 소망 중에 참으면서 견디었다. 신약 시대의 신자들은 구약 시대의 족장들이 바라보던 약속의 실현을 본 자들이라고 할 수 있다. 예컨대 그 약속의 핵심인 그리스도의 오심을 족장들은 보지 못하였다. 그러나 그리스도 신자들에게는 그 약속이 이미 성취되어

---

25) Chrysostom, Homiliae, XI, 1 Col. 89(310),quoted by Luther, Luther's Works, Vol. 29, 1968, 185.

역사적인 사실이 되었다. 그러므로 그들은 다시 하나님께서 미래에 관한 약속들도 반드시 성취하실 것을 확신하고 소망을 가지게 된다. 그리스도께서 이미 오셔서 내세의 구원이 성취되도록 속죄하여 주셨으니, 우리는 내세의 약속도 이미 이루어진 현실처럼 믿고 바라보아야 한다. 내세의 영광은 필연적으로 신자들에게 임한다.

설교 완전한 데로 나아가자(1-12절)

이 본문의 "완전한 데"란 것(τελειότητα)은 하늘에 살아 계신 그리스도의 대제사장 사역을 가리킨다. 우리가 이 완전하신 예수님께 나아가려면,

1. 교리적 신앙 위에 실천적 신앙이 있어야 함(1-8절)

우리는 성경적이고 바르게 선포된 교리를 무시하지 않는다. 그것은 우리의 믿음을 체계 있게 고백하며 확실하게 선포하여, 우리 마음을 바른 방향으로 정하게 해 준다. 그렇지만 우리는 그것을 넘어 살아 계신 대제사장, 곧 완전하신 구원자 예수 그리스도 안에 들어가야 한다. 이것은 개념이나 지식운동이 아니고 신앙적 결단과 순종에 임하는 생명 운동이다(롬 12:1 참조). 이 세상은 하나님과 원수 되었기 때문에(약 4:4) 우리가 그리스도께로 가지 않으면, 죽음의 세상으로 끌려가게 된다. 죽은 물고기는 흐르는 물을 따라 떠내려가지만 살아있는 물고기는 물을 거슬러 올라간다. 살아 계신 대제사장 예수님은 진리대로 사는 진실한 자와 함께하신다. 개념과 지식에만 머물러 있는 자들은 살아 움직이는 세계, 곧 지금도 하늘에서 살아 계시는 대제사장을 외면하는 자들이다. 그런 자들은 타락하기 쉽다.

2. 소망에 부요한 생활이 있어야 함(9-12절)

하늘에 살아 계신 대제사장 예수님은 얼마든지 우리의 짐을 져 주신다. 그가 거기서 우리를 위하여 항상 기도하신다는 말씀(7:25)이 그 뜻이다(시 68:10 참조). 그러므로 우리는 무슨 일이든 그를 믿고 바라보면서 전진해야 한다. 왜 소망 없는 자처럼 근심과 걱정에 사로잡혀서 세월을 보내는가? 하나님께서 그를 사랑하는 자에게는 모든 것이 합력하여 선을 이루도록 해 주시겠다고 하신 말씀(롬 8:28)을 믿고 전진하자. 우리는 영원한 약속을 기업으로 받은 자들이 아닌가! 약속을 기업으로 받았다는 것은 아직 실현되지 않은 약속들을 실현된 것처럼 귀히 여긴다는 의미도 가진다. 하나님의 말씀은 실재(實在)와 같다(히 11:1 참조).

13-20절. 이 구절들은 앞에서 말한 소망의 이유를 아브라함의 행적으로 설명한다. 아브라함이 믿은 것은 인간의 말이 아니라 하나님의 약속과 맹세이다. 신실하신 하나님께서 약속하시고 또 맹세로 보증하셨는데, 신약 시대의 신자들은 그 약속의 성취를 보고 믿게 되었다.

13 하나님이 아브라함에게 약속하실 때에 가리켜 맹세할 자가 자기보다 더 큰 이가 없으므로 자기를 가리켜 맹세하여. "맹세"는 말의 진실을 보장하는 것이다. 따라서 맹세하는 자는 자기보다 높은 자의 이름에 의지한다. 그러나 하나님께서는 자기보다 더 큰이가 없으므로 "자기"를 가리켜 맹세하셨다(창 22:16 참조).

14 이르시되 내가 반드시 너에게 복 주고 복 주며 너를 번성하게 하고 번성하게 하리라 하셨더니. 이 말씀은 창세기 22:17을 인용한 것인데, 외아들 이삭을 아끼지 않고 번제로 바치기까지 순종한 아브라함에게 주신 하나님의 약속이다. 이 약속은 하나님께서 그 전에도 주셨던 것(창 13:16; 15:4-5; 17:2)을 또다시 확인하신 것이다. 그가 그 약속을 확고히 이루어 주시겠다는 의미에서 반복적으로 말씀하셨으니, 이것은 약속이면서도 이미 이루어진 사건처럼 확실한 것

이다. 이 약속은 아브라함의 혈통으로 후손들(이스라엘 민족)이 번성할 것을 가리키지만, 궁극적으로는 그의 자손으로 나실 그리스도로 말미암아 신자들이 무수히 번성할 것을 예언한다(롬 4:16-18; 23-24). 그러므로 이 약속은 그리스도 신자들의 구원을 예언한 것이다. 이 말씀은 하나님께서 그에게 순종하는 자들에게 약속하시는 은혜가 현실과는 대조적이라는 사실을 우리에게 보여주시는 것이기도 하다. 곧 한 아들을 통해서도 큰 민족(또는 무수한 그리스도 신자들)을 이루시는 축복이다.

우리가 또다시 소망을 가지는 것은, 비록 죄인이지만 믿고 순종하기만 하면 하나님께서 우리를 의인으로 여겨 주신다는 사실이다. 그리고 다른 이(죄인)들도 그와 같은 방법으로 의롭게 여겨 주실 것을 소망하게 된다. 그는 우리의 현실과는 대조적인 큰 은혜를 주신다. 그는 믿고 순종하는 자를 사랑하신다.

15 그가 이같이 오래 참아 약속을 받았느니라. 아브라함은 오래전부터 하나님의 약속(네 자손이 번성하리라는 것과 네 자손으로 말미암아 천하 만민이 복을 받으리라는 것)을 받고(창 12:2-3; 13:16; 15:4-5; 17:2; 18:18) 모든 시련을 겪으며 믿음을 지켜 왔다. 15절의 내용은, 하나님께서 다시금 그 약속을 아브라함에게 재확인해 주셨다는 것이다.

아브라함이 이 재확인된 약속(창 22:17)을 받기 전에 이미 오래 참으며 믿음을 지켜 온 사실은 창 12:1-22:10에 나타나 있다. 그가 약속을 믿는 데 있어서 어떤 때에는 약해진 것처럼 보이기도 하나(창 17: 17-18), 그런 때에는 하나님께서 그에게 말씀을 주셨고(창 17:19-22), 그는 그 말씀에 순종하였다(창 17:23-27). 이처럼 하나님의 말씀을 듣고 다시 힘을 얻는 것도 오래 참는 믿음이다. 그는 외아들을 번제로 드리라는 하나님의 명령도 순종하였는데(창 22:1-10), 그 일에도 믿고 참는 노력이 작용하였다(히 11:17-19 참조).

16-17 사람들은 자기보다 더 큰 자를 가리켜 맹세하나니 맹세는 그들이 다투는 모든 일

의 최후 확정이니라 하나님은 약속을 기업으로 받는 자들에게 그 뜻이 변하지 아니함을 충분히 나타내시려고 그 일을 맹세로 보증하셨나니. 이 구절들은 이유 접속사(γάρ)로 시작되어 앞 절에서 언급된, 아브라함이 받은 약속을 해설한다. 아브라함이 외아들을 번제로 바친 뒤에 약속을 받았다는 것은 약속의 성취를 받았다는 내용과 같은 뜻이다. 그 이유는, 그 약속은 하나님께서 자기를 가리켜 맹세까지 하시면서 말씀하셨기 때문이다. 그 약속이야말로 "기업" 자체와 같은 강한 약속이었다. 그런 의미에서 히브리서의 저자는 "약속을 기업으로 받는 자들"(τοῖς κληρονόμοις τῆς ἐπαγγελίας)이란 문구를 사용하였다.

18 **이는 하나님이 거짓말을 하실 수 없는 이 두 가지 변하지 못할 사실로 말미암아 앞에 있는 소망을 얻으려고 피난처를 찾은 우리에게 큰 안위를 받게 하려 하심이라.** 아브라함이 받은 하나님의 강한 약속 역시 우리가 소망해야 할 대상이다. 그 이유는 아브라함에게 약속하신 내용의 궁극적 성취가 그리스도에게서 실현되는 것이기 때문이다. 그렇다면 아브라함에게 주신 약속은 동시에 신약 시대 신자들에게도 주어진 셈이다. 그러므로 그 약속은 아브라함에게만 맹세로 임한 것이 아니라 우리에게도 그렇게 임한 것이다. 따라서 우리가 바라보는 내세의 약속(신약이 보여주는 약속)은 맹세로 확보된 것인 만큼, 우리는 넉넉히 그것을 신뢰하고 안위를 받는다.

"이 두 가지 변하지 못할 사실." 이것은 앞에서 말씀한 것과 같은 하나님의 약속 및 그것을 확보하는 맹세를 말한다(Grosheide, de beloft en de eed). "소망을 얻으려고 피난처를 찾은 우리." 이것은 내세의 소망을 바라보는 그리스도 신자들을 가리킨다. 그들은 내세의 소망을 신뢰하기 때문에 이 세상에서는 아무것도 의지하지 말고 오직 하나님만 의지해야 하며, 하나님만을 도피성으로 삼아 그를 향하여 영적으로 달음질해야 한다.

19-20 **우리가 이 소망을 가지고 있는 것은 영혼의 닻 같아서 튼튼하고 견고하여 휘장 안에 들어 가나니 그리로 앞서 가신 예수께서 멜기세덱의 반차를 따라 영원히 대제사장이 되어**

우리를 위하여 들어 가셨느니라. 앞 절에서는 하나님이 약속하신 내세의 소망이 이중 확보의 신실성을 지니기 때문에 우리는 그 소망에 용기와 안위를 받는다고 하였다. 여기서는 그 소망의 작용과 위치를 말씀한다. 그 소망의 작용은 풍랑과 같은 시험과 환난이 많은 이 세상의 영혼들에게 "닻"과 같아서 절대적인 안전이 보장된다는 것이다. 그리고 그 소망의 위치는 "휘장 안", 곧 하늘의 지성소에 있다. 그것이 하늘의 지성소에 있다고 하는 이유는, 소망의 성취자이신 그리스도께서 그것을 하늘에서 성취하시려고 하늘의 지성소에 들어가셨기 때문이다. 우리의 영혼의 "닻"이 하늘에 있으니 세상의 그 무엇도 이 닻을 뽑을 수 없다.

제 7 장

⚜ 내용분해

4:14부터 예수님의 대제사장직에 대한 설명이 계속되고 있는데, 본 장에서는 멜기세덱과 예수님의 유사성을 지적한다.

1. 멜기세덱 제사장 제도(1-14절)
   1) 왕이요 제사장인 멜기세덱(1-3절)
   2) 멜기세덱의 위대함(4-10절)
   3) 멜기세덱의 제도와 레위의 제도(11-14절)

2. 멜기세덱과 같은 새로운 대제사장 제도의 탁월성(15-28절)
   1) 계명의 법을 좇지 않고 영원한 능력을 좇기 때문에(15-19절)
   2) 하나님의 맹세 때문에(20-22절)
   3) 그 영원성 때문에(23-25절)
   4) 하늘의 대제사장이기 때문에(26-28절)

✣ 해석

1-3절. 멜기세덱의 역사.

1 이 멜기세덱은 살렘 왕이요 지극히 높으신 하나님의 제사장이라 여러 왕을 쳐서 죽이고 돌아오는 아브라함을 만나 복을 빈 자라. 히에로니무스(Jerome)는 "살렘"을 '살림'과 같다고 하면서, 그곳이 세겜 지역에 있고 멜기세덱 왕궁의 유적까지 자기 시대에 있다고 하였다.[26] 그러나 성경은 살렘을 시온과 동일시했으므로(시 76:2), 히에로니무스의 학설은 신빙성이 없다. "살렘"은 예루살렘의 약호이다. "멜기세덱"이 "왕"이면서 "제사장"인 사실은 그리스도의 모형이 된다(시 110편). "지극히 높으신 하나님의 제사장"(창 14:18 참조). "지극히 높으신 하나님"이란 성호는 참신이신 여호와를 가리킨다. 아브라함이 섬긴 신이 이 여호와이시다(창 14:22). 칼빈은 말하기를, 멜기세덱의 거주지가 소돔과 고모라(죄악이 가득한 지방)에 가까운 곳임에도 불구하고 그가 여호와를 섬긴 것으로 보아 그는 탁월한 이로 생각된다고 하였다.

"여러 왕을 쳐서 죽이고 돌아오는 아브라함을 만나 복을 빈 자라." 소돔 왕을 중심으로 한 다섯 왕이 엘람 왕 그돌라오멜을 중심으로 한 네 왕에게 패전하여 약탈을 당했는데, 아브라함이 그 침략자들을 밤중에 기습하여 격파하였다(창 14:1-16). 아브라함이 승전하고 돌아오는 길에 멜기세덱이란 제사장이 아브라함을 만나 하나님의 이름으로 축복하였다(창 14:19).

2 아브라함이 모든 것의 십분의 일을 그에게 나누어 주니라 그 이름을 해석하면 먼저는 의의 왕이요 그 다음은 살렘 왕이니 곧 평강의 왕이요. 아브라함은 멜기세덱의 축복을 받고 감사하는 뜻으로 그에게 전리품의 "십분의 일"을 나눠주었다(창 14:20).

"의의 왕." 히브리서의 저자가 멜기세덱의 이름 뜻을 번역해서 말한 이유

---

26) P. E. Hughes, A Commentary on The Epistle to The Hebrews, 1977, 246.

는, 멜기세덱이 이 점에 있어서도 예수님의 예표였다는 것을 지적하려는 까닭이다. "평강의 왕." 이것도 그가 예수님의 예표가 되는 자격이다(사 9:6 참조). 멜기세덱이 "의의 왕"이며, "평강의 왕"이었던 사실은 그리스도 왕국의 특징인 의와 평강을 예언한다(롬 14:17).

3 아버지도 없고 어머니도 없고 족보도 없고 시작한 날도 없고 생명의 끝도 없어 하나님의 아들과 닮아서 항상 제사장으로 있느니라. 멜기세덱에 관한 자세한 기록은 창세기 14:18-20에 있는데, 그 부모나 족보에 대하여는 아무런 언급이 없다. 이것은 멜기세덱이 초자연적 인물이라는 것도 아니고 천사라는 의미도 아니다. 이 침묵은 성령에 의한 기록상 침묵에 불과한 것이다(Herveus). 다시 말하면, 성령께서 멜기세덱으로 장차 오실 그리스도를 예표하시려고 그의 족보에 대하여는 창세기 저자로 하여금 기록하지 않도록 하셨다는 것이다. 칼빈도 이 부분의 말씀을 이와 유사하게 해석하였다. 그는 여기서 말한 "아버지도 없고"란 말(ἀπάτωρ)의 "없고"란 표현에서 "알려지지 않은 아버지"(an unknown father)란 뜻을 택하고 다음과 같은 요지로 말하였다. 창세기 14:18에 있는 멜기세덱에 관한 기록이 그의 족보에 대하여는 침묵하였다. 이 침묵은 실수도 아니고 아무 생각 없이 그렇게 된 것도 아니다. 이것은 창세기 저자가 목적의식을 가지고 그렇게 한 것이다. 그것은 장차 오실 메시아(그리스도)의 시작과 끝이 없으심에 대한 모형으로서 멜기세덱을 사용하려고 그렇게 한 것이다. 창세기 저자가 다른 인물들에 대하여는 그들의 족보를 역설하다시피 기록했는데, 왜 멜기세덱의 족보에 대하여는 아무 목적 없이 침묵하였겠는가? 히브리서 저자는 여기서 멜기세덱의 족보가 없는 것에는 예언적 의미가 있다고 풀이한다. 그것은 그가 예수님의 신성을 예표한다는 의미에서 주목된다는 것이다. "닮아서"로 번역된 헬라어(ἀφομοιόω)는 "유사하여", 혹은 "비슷하여"라고 개역할 수 있다. 멜기세덱이 하나님의 아들(예수)과 흡사하다는 것은 부분적으로 그렇다는 것이다. 필립 휴스(Philip Hughes)에 의하

면, 히에로니무스는 "족보도 없고"란 말을 결혼하지도 않고 자식을 낳지도 않았다는 뜻으로 해석하여 신약 시대의 교역자가 결혼하지 않아야 된다고 주장하였다고 한다.[27] 히에로니무스의 이 주장은 교역자들이 특수 계급이고 제사장인 것처럼 잘못 이해한 데서 비롯된 것이다. 하나님을 섬기는 데는 교역자나 평신도나 마찬가지이다(벧전 2:9 참조). 그들은 다 함께 각기 은사에 따라 봉사한다(고전 12:28). 구약 시대의 특수 계급으로서의 제사장은 예수 그리스도로 말미암아 성취되었다. 이제는 그리스도만이 우리의 중보자이신 대제사장이시다. 그러므로 신약 시대의 교역자들은 구약 시대의 제사장의 계승자가 아니다.

4-10절. 멜기세덱과 레위 계통의 제사장직과의 비교.

4 이 사람이 얼마나 높은가를 생각해 보라 조상 아브라함도 노략물 중 십분의 일을 그에게 주었느니라. "높다"라는 개념은 대체로 지위나 명예를 가지고 생각하지만, 이 본문이 의미한 것은 그렇지 않다. 여기서 "높다"고 번역된 헬라어(πηλίκος)는 '크다'는 뜻이며, 윤리적으로 위대한 것을 말한다.

"이 사람이 얼마나 높은가를 생각해 보라." 히브리서 저자는 예수님의 제사장직이 레위 계통의 제사장직보다 탁월함을 설명하기 위해 멜기세덱 제사장과 레위 계통의 제사장들을 비교한다. ① 멜기세덱이 레위 계통의 제사장들의 조상인 아브라함보다 위대한 사실로 증명되고(4-7절), ② 성경이 증거한 대로(5:6; 6:20), 멜기세덱으로 예표되신 그리스도는 살아 계신 분이지만, 레위 계통의 제사장들은 죽은 자들이며(8절), ③ 레위 계통의 제사장들은 아브라함의 후손이다. 따라서 아브라함이 멜기세덱에게 십분의 일을 바칠 때에 그들도 아브라함의 대표 행위와 함께 십분의 일을 멜기세덱에게 바친 것

27) Philp Hughes, Cmmmentary on The Epistle to The Hebrews, 1977. 249.

이다(9-10절).

"조상 아브라함도 노략물 중 십분의 일을 그에게 주었느니라." 정의를 위한 전쟁에서 얻은 전리품은 불의한 것이 아니다. 그러므로 아브라함이 그것을 제사장에게 줄 수 있었다. 이같이 "십분의 일"을 바치는 일은 오랜 옛날부터 있어 온 거룩한 제도이다. 그것을 바치는 자는 축복을 더 받는다(말 3:10).

5 **레위의 아들들 가운데 제사장의 직분을 받은 자들은 율법을 따라 아브라함의 허리에서 난 자라도 자기 형제인 백성에게서 십분의 일을 취하라는 명령을 받았으나.** 레위 계통의 제사장들은 동족인 이스라엘 백성에게서 십분의 일을 받았다. 그러나 그것은 그들이 일반 백성보다 우월했기 때문이 아니다. 그들은 일반 백성과 같이 아브라함의 자손이다. 그들이 십분의 일을 받은 것은 율법에 제정된 대로 실행된 것뿐이었다(민 18:21, 26). "아브라함의 허리에서 난 자"란 말은 제사장들도 이스라엘 백성들보다 높지 않다는 것이다. 즉 그들이 다 함께 '아브라함의 자손들'이란 의미이다.

6 **레위 족보에 들지 아니한 멜기세덱은 아브라함에게서 십분의 일을 취하고 약속을 받은 그를 위하여 복을 빌었나니.** "약속을 받은 그"는 모든 택한 백성의 조상이 되게 하리라는 약속을 받은 아브라함을 가리킨다.

7 **논란의 여지 없이 낮은 자가 높은 자에게서 축복을 받느니라.** "논란의 여지 없이." 이 말의 헬라어(χωρὶς δὲ πάσης ἀντιλογίας)는 "어떤 반대도 할 수 없는 말인데"라고 직역될 수 있다. "낮은 자"란 말(ἔλαττον)은 "보다 작은 자"라고 번역할 수 있고, "높은 자"란 말(κρείττονος)은 "보다 큰 자"라고 번역할 수 있다. 성경에서 "크다", 혹은 "작다"라고 하는 것은 직위의 관점보다 성결을 기준으로 말씀하는 것이다(참조. 마 11:11; 고전 15:9; 엡 3:8). 천국에서는 겸손한 자가 크고(잠 15:33), 자기를 높이는 자는 낮은 자(작은 자)로 간주된다(마 23:11-12). 그렇다면 윤리적 의미에서 멜기세덱은 아브라함보다 "큰 자"인가? 그는 예수 그리스도의 예표이므로 아브라함보다 큰 자라고 할 수 있다. 또한 본문

이 그를 가리켜 "큰 자"라고 하였으니 우리는 그렇게 알 뿐이다. 축복한다는 것은 기도하는 자로서 상대방이 하나님의 은혜를 받도록 기원하는 것이다. 이삭이 그 아들 야곱을 축복하였고(창 27:27), 야곱은 그 손자들(에브라임과 므낫세)을 축복하였다(창 48:15). 명백한 사실은 이 족장들이 경건에 있어서 그 어린 자손들보다 큰 자였다는 것이다(히 11:20-21 참조).

예수 그리스도는 윤리적으로 완전하신 중보자의 자격으로 우리를 축복하신다. 우리가 그리스도만 높이고 우리 자신은 낮출수록 우리에게 임하는 그의 축복은 더욱 많아진다.

8 또 여기는 죽을 자들이 십분의 일을 받으나 저기는 산다고 증거를 얻은 자가 받았느니라. 이 말씀도 그리스도를 예표하는 멜기세덱 제사장이 레위 계통의 제사장들보다 탁월함을 증거한다. "여기는… 저기는"이란 말(ὧδε…ἐκεῖ δέ)은 두 종류의 제사제도를 대조하는 것이다. 즉 레위 계통의 제사장들에 관한 말씀은 이렇고, 멜기세덱 제사장에 관한 말씀은 저렇다는 것이다(Grosheide). 성경을 보면, 레위 계통의 제사장들은 모두 다 사망의 지배를 받았다. 그러나 멜기세덱의 제사장은 영원하여 다함이 없는 생명의 제사장이라고 증거한다(시 110:4). 히브리서에는 멜기세덱이 죽지 않는 사람인 것처럼 묘사되었다(히 7:3). 그러나 그 묘사는 멜기세덱의 제사장직이 레위 계통처럼 대를 잇거나 상속되는 방식으로 성립된 것이 아님을 지적하는 것뿐이다. 그것은 단번에 나타나 영구히 성립되는 그리스도의 대제사장직을 예표한다. 이런 의미에서 멜기세덱(그의 제사장직을 염두에 둔 명칭)은 죽지 않는 자로 증거되고 있다.

9-10 또한 십분의 일을 받는 레위도 아브라함으로 말미암아 십분의 일을 바쳤다고 할 수 있나니 이는 멜기세덱이 아브라함을 만날 때에 레위는 이미 자기 조상의 허리에 있었음이라. 이 말씀도 멜기세덱의 제사장직이 레위 계통의 제사장직보다 탁월함을 지적한다. 아브라함이 멜기세덱에게 십분의 일을 바쳤다. 그 사건은 아브라

함이 그 제사장(멜기세덱)보다 작다는 증표이다. 그뿐 아니라 그것은 레위 계통의 제사장들도 멜기세덱보다 작다는 사실을 증거한다. 그 이유는, 아브라함이 십분의 일을 바칠 때에 그들(아직 세상에 나지 않고 그 조상 아브라함 속에 있던 자손들)을 대표하여 바친 것이기 때문이다. 멜기세덱의 제사장직은 예수님의 제사장직을 예표하는 의미에서 위대하다. 그렇다면 그 예표의 실물(예수님의 대제사장직)이야 더없이 위대할 것이다.

앤드류 머레이(Andrew Murray)의 말을 요약하여 옮기면 다음과 같다. 성경에 나타난 멜기세덱의 위치는 성경의 단일성과 영감에 대한 놀라운 증거가 된다. 멜기세덱이 아브라함을 축복한 사건은 창 14:18-20의 세 구절에 기록되어 있을 뿐이다. 그런데 그 사건이 있은 후 천 년이 지난 뒤에 하나님께서 그 사건과 관련된 말씀을 다윗이 해석하여 예언하게 하셨다. 곧 "여호와는 맹세하고 변하지 아니하시리라 이르시기를 너는 멜기세덱의 서열을 따라 영원한 제사장이라 하셨도다"(시 110:4)라는 말씀이다. 그리고 그 뒤에 또다시 천 년이 지났을 때(신약 시대의 초기) 하나님께서는 그 말씀(시 110:4)이 예수 그리스도로 말미암아 성취된 사실을 히브리서 저자가 알게 하시고 그로 하여금 놀라운 해설을 하게 하셨다. 이것을 보면, 하나님께서는 멜기세덱과 아브라함이 관련된 계시를 가지고 2,000년 동안 그대로 보존하시다가 마침내 인류로 하여금 그것이 실현되는 것을 보게 하신 것이다.

11-14절. 이 부분에서는 율법으로 성립된 제사장직 제도는 폐지되고, 무궁한 생명의 힘으로 성립된 제사장직이 일어나리라는 예언(시 110편)을 해석하고 그 성취를 논한다.

11 레위 계통의 제사 직분으로 말미암아 온전함을 얻을 수 있었으면 (백성이 그 아래에서 율법을 받았으니) 어찌하여 아론의 반차를 따르지 않고 멜기세덱의 반차를 따르는 다른 한 제사장을 세울 필요가 있느냐. "온전함"이란 말의 헬라어(τελείωσις)는 "목표에 도달

함"을 의미하므로, 택하신 백성을 구속하시려는 목적이 완성됨을 가리킨다. 크로샤이데는 말하기를, "히브리서의 기본 사상 가운데 한 가지는 구약이 바라보던 목표가 신약의 예수로 말미암아 완성되었다는 것이다."라고 하였다.[28)]

"백성이 그 아래에서 율법을 받았으니." 이 문구는 그 앞 문구의 부속구로서 괄호 안에 있다. 그 의미는 레위 계통의 제사장 제도에 율법이 포함되어 있다는 것이다. 즉 이 둘(제사장 제도와 율법)은 하나이므로 존폐의 운명을 함께한다. 그러므로 히브리서의 저자는 레위 계통의 제사장직의 성격을 말함과 동시에 율법의 성격도 언급하였다. "다른 한 제사장을 세울 필요가 있느냐." 이 말씀은 시 110:4을 논제로 한 것이다. 레위 계통(아론의 반차)의 제사장 제도가 구속을 완성할 수 있다면, 왜 시 110:4에서 멜기세덱의 반차를 따른 새로운 제사장의 필요성을 말했겠는가? 그 이유는 레위 계통의 제사장과 율법이 다 불완전하여 바뀔 여지를 갖고 있기 때문이다.

12 제사 직분이 바꾸어졌은즉 율법도 반드시 바꾸어지리니. 이 구절의 헬라어 원문에는 앞에 이유 접속사(γάρ, "왜냐하면")가 있어서 이 구절이 앞 절의 근거가 된다. "제사 직분이 바꾸어졌은즉." 신약 시대에 이르러 예수님께서 죽었다가 부활 승천하시게 되자 그가 하늘에서 영원한 대제사장이 되시고, 기존의 레위 계통의 대제사장직은 폐기되었다는 말씀이다(22-28절 참조). 여기서 우리가 명심할 것이 있다. 곧 레위 계통의 제사장들이 예수님과 전혀 상관없는 것이 아니고, 그들이 예수님의 대제사장직에 대한 예표였다는 것이다(10:1). 그 예표는 예수님의 대제사장 사역으로 성취되어 끝났다. 그러므로 신약 시대의 목사, 장로 등은 구약의 제사장직이 아니다. 신약 시대에는 모든

---

28) een der grondgedachten van den brief is,dat door Jezus in de neuwe bedeeling het te,loj is bereikt, waarop de oude bedeeling hoopte. -Grosheide, Komentaar op Het Nieuwe Testa-ment. XII, 1927, 200.

신자들(직분이 있건 없건)이 다 제사장이고(벧전 2:9), 예수님만이 특별한 제사장, 곧 중보자이시다. 목사, 장로들이 스스로 생각하기를 "우리는 일반 신자들보다 높은 특별한 제사장이다."라고 한다면 그것은 그들 스스로가 자신들을 예수님과 동등하다고 하는 외람된 위치를 취하는 것이다. 특별한 제사장은 예수님뿐이시다. 오늘날 개신교회의 목사, 장로는 일반 신자들과 마찬가지로 각기 받은 은사대로 봉사하는 직분이다(고전 12:4-31 참조).

"율법도 반드시 바꾸어지리니." 이것은 율법이 완전히 폐지된다는 말씀이 아니고 발전적인 해소로(성취 형태로) 탈바꿈한다는 것이다. 예를 들면 구약 시대에 율법으로 제정되었던 할례나 의식 법규들이나 절기 등(장막절 같은 것)을 신약 시대에는 지키지 않게 된 것이다(빌 3:2-3). 이제는 믿음의 법이 있을 뿐이다(롬 3:27). 히브리서 9:10에도 말하기를 "이런 것은 먹고 마시는 것과 여러 가지 씻는 것과 함께 육체의 예법일 뿐이며 개혁할 때까지 맡겨둔 것이니라"고 한다. 여기서 "개혁할 때"란 말은 신약 시대를 가리킨다.

13 이것은 한 사람도 제단 일을 받들지 않는 다른 지파에 속한 자를 가리켜 말한 것이라. 헬라어 원문에는 이 구절 앞부분에도 이유 접속사(γάρ)가 있다. 그러므로 이 구절은 "왜냐하면"이란 말로 시작해야 한다. 앞 절에서 레위 계통의 제사장직과 율법은 바뀔 수밖에 없다고 하였다. 그 이유는 시편 110:4의 말씀("멜기세덱의 반차를 따르는 다른 한 제사장"이 일어나리라고 한 말씀)이 레위 지파 외에 다른 지파에서 새로운 제사장이 날 것을 의미하였기 때문이다. 앞의 성구에서 다윗은 자기 자신을 메시아 왕의 모형으로 말하였다. 메시아 왕이 나실 지파는 레위 지파가 아니라 유다 지파였다(창 49:8-10). 그런데 유다 지파는 한 사람도 제단 일을 받든 일이 없다. 즉 그 지파에서는 제사장이 난 적이 없다. 그럼에도 불구하고 레위 지파 이외의 "다른 지파"(유다 지파)에서 영원한 제사장이 나리라고 예언하였다. 그것은 그 제사장이 레위 계통의 제사장과 다르다는 의미이다. 그 예언이 성취되는 때에 레위 계통의 제사장 제도는 폐

지된다는 것이다.

14 우리 주께서는 유다로부터 나신 것이 분명하도다 이 지파에는 모세가 제사장들에 관하여 말한 것이 하나도 없고. 이 구절은 앞 절 말씀의 확실성을 역사적 사실로 증명한다. 이 구절 앞부분에도 "왜냐하면"이란 접속사(γάρ)가 있다. 시편 110:4의 말씀이 레위 지파 외에 다른 지파에서 영원한 제사장이 나리라고 예언했는데, 과연 주 예수는 그 예언대로 유다 지파에서 나셨다.

율법의 대표자 모세는 유다 지파에 속한 자도 구약의 제사장이 될 수 있다고 말한 적이 없다. 그러나 다윗은 유다 지파에서 새로운 제사장이 일어나리라고 예언하였다. 그것은 모세의 율법과 다른 별도의 제사장 제도이다(롬 3:21 참조).

15-17절. 이 구절들은 새로운 제사장직의 성격이 레위 계통의 그것과 다름을 말한다. 그 다른 점은 그것이 기존처럼 "육신에 속한 한 계명의 법"대로 되는 것이 아니고, "불멸의 생명의 능력"으로 사역하는 것이다. 이것은 유명한 예언(시 110:4)이 이루어진 결과다.

15 멜기세덱과 같은 별다른 한 제사장이 일어난 것을 보니 더욱 분명하도다. 이것은 12절의 말씀("율법도 반드시 바꾸어지리니")대로 된 것이 분명하다는 의미이다. 다시 말하면, 구약의 외형적인 율법 제도가 멜기세덱과 같은 대제사장(예수님) 때문에 영적인 것으로 변경될 것이 분명하다는 것이다. 그 이유는, 제사 직분의 성격이 달라짐에 따라서 거기에 수반되는 모든 규례들도 변하기 때문이다.

16 그는 육신에 속한 한 계명의 법을 따르지 아니하고 오직 불멸의 생명의 능력을 따라 되었으니. 여기서 "육신에 속한 한 계명의 법"이란 말은 세상의 규칙이나 외형적으로 구성된 종교적 규례 같은 것을 가리킨다. 예를 들면, 레위 계통의 제사 제도에서 인간인 제사장, 물질로 된 성전시설, 생축으로 성립되는 제물 등

을 염두에 둔다. “계명의 법”과 “무궁한 생명”은 서로 대조된다. “계명의 법”은 주로 외형적(육체를 대상으로 함)으로 사역하여 보편적으로는 사람들에게 생명을 주지 못한다. 그러나 “불멸의 생명”의 사역은 보편적으로 또는 내면적으로 사람들에게 역사하여 생명을 주며 영원히 변하거나 쇠하지 않는 구원 운동이다(롬 8:1-4 참조). 사람이 이 축복을 받지 못하는 이유는 불신앙 때문이다.

17 증언하기를 네가 영원히 멜기세덱의 반차를 따르는 제사장이라 하였도다. “증언하기를”이란 말의 헬라어(μαρτυρεῖται γάρ)는 “왜냐하면 증거하시기를”이라고 개역해야 한다. 이것은 앞 절에 있는 “불멸의 생명의 능력”의 이유를 소개한다. 이 구절의 “영원히”란 말은 우선적으로 그리스도, 곧 하늘의 대제사장의 불변성(무궁한 생명)을 말한다. 또한 이 구절은 시편 110:4의 인용인데, 거기서는 “증거하기를”이라고 하지 않고 “여호와는 맹세하고 변하지 아니하시리라”(נִשְׁבַּע יְהוָה וְלֹא יִנָּחֵם)고 하였다. 이렇게 히브리 원문에는 더 자세하게 또는 강하게 예언의 머리말이 나왔다(필자의 시편 주석 110편 참조).

“멜기세덱의 반차를 따르는 제사장.” 여기서 “반차”란 말(דִּבְרָה)은 ‘제도’란 뜻으로 생각될 수 있다(신약에서는 헬라어 τάξις). 멜기세덱의 제도는 그리스도께서 멜기세덱에게 예표되었던 대로 신약 시대에 이 세상에 오셨으므로, 그가 멜기세덱처럼 ① 참된 왕이시라는 것과(히 7:1; 계 19:16), ② 영원무궁하신 하늘의 대제사장이시라는 것이다(4:14; 7:3).

18-28절. 이 구절들은 예수님의 제사장직의 탁월성을 네 가지 요소로 논술한다. ① 그 제사장직의 사역이 우리를 완전하게 함(18-19절), ② 그 제사장직은 하나님의 맹세로 세워진 것이기 때문에 변할 수 없음(20-21절), ③ 그 제사장직에 계신 예수님은 언제나 살아계시며 사역하심(22-25절), ④ 그 제사장직에 계신 예수님은 아무 흠이 없으시고 하늘보다 높으신 하나님의 아

들이시므로 단번에 자기를 드려 언제나 속죄의 효과를 내심(26-28절).

18 전에 있던 계명은 연약하고 무익하므로 폐하고. "전에 있던 계명"이란 것은 구약의 제사 제도와 관련된 모든 규례들을 가리킨다(9:9-10 참조). "연약하고 무익하므로." 이것은 그 규례들이 과거에도 무익하였다는 의미가 아니다. 그 규례들이 예표했던 실물이 왔으니 그것들은 이제 빈 껍질같이 되어버렸다는 의미에서 무익하다는 것이다. 이제는 "더 좋은 소망"(19절), 곧 하늘의 대제사장을 따라 사는 것이 유일한 살 길이다. 옛 계명과 현재의 더 좋은 소망의 대조는 다음과 같이 표현될 수 있다. 곧 약속과 성취, 그림자와 실체, 연약함과 능력, 지나가는 것과 영구한 것, 불완전한 것과 완전한 것의 대조이다.[29)]

19 (율법은 아무 것도 온전하게 못할지라) 이에 더 좋은 소망이 생기니 이것으로 우리가 하나님께 가까이 가느니라. "율법은 아무 것도 온전하게 못할지라." 이 말씀의 헬라어(οὐδὲν γὰρ ἐτελείωσεν ὁ νόμος)는 "왜냐하면 율법은 아무것도 온전케 하지 못하였기 때문이다"라고 개역해야 한다. 이 말씀은 옛 계명이 폐지된 이유를 다시 뒷받침한다. "온전하게 못했다"는 것은 우리를 하나님과 더불어 연합하게 하지 못했다는 뜻이다(롬 8:3 참조).

"이에 더 좋은 소망이 생기니" 이 말씀의 헬라어(ἐπεισαγωγὴ δὲ κρείττονος ἐλπίσος)를 개역하면, "그러나 탁월한 소망이 가입되었으니"이다. 이것은 그리스도께서 주시는 구원이 완성되는 길이 열렸다는 의미이다.

"이것으로 우리가 하나님께 가까이 가느니라." 이 말씀은 구속운동의 최후 목표를 보여 준다. 우리는 하나님을 우리에게로 모셔 오려 하지 말고 우리가 하나님께 나아가야 한다. 그는 우리가 그에게로 향하고 그에게로 나아가기를 원하신다. 그 이유는, ① 그는 언제나 우리가 그의 의지에 순종하기를 원하시며, ② 그는 우리가 보이는 모든 세계를 초월하여 마침내 보이지 않는

---

29) P. Hughes, Commentary on The Epistle to The Hebrews, 1977, 266.

그의 세계로 옮겨지기를 원하시기 때문이다.

그렇다면 우리가 하나님께 나아가는 일은 우리의 힘으로 가능할까? 이 일은 난제같이 생각된다. 그러나 이것을 문제시할 필요는 없다. "이것으로"란 말(δι' ἧς)은 우리의 힘 외에 별도의 방법론을 보여 준다. 즉 그 앞에 언급된 "더 좋은 소망"으로 말미암는다는 것이다. 또한 "더 좋은 소망"이란 것은 하늘에 살아 계신 예수님의 현재의 대제사장 사역을 가리킨다. 이 예수님께서 우리에게 성령을 주셔서 우리가 하나님께 가까이 나아갈 수 있게 해 주신다. 우리는 믿음과 소원에 진실하기만 하면 된다.

20-21절. 이 구절들 역시 예수님의 제사장직의 탁월성에 관해 말한다. 곧 그 제사장직의 제정 원리가 그 직분의 영원성을 확보해 준다는 것이다. 그 제정 원리는 "맹세로" 된 것인데, 그것은 그 제정자의 의지가 그 제정에 대하여 영원불변하다는 것이다.

20 또 예수께서 제사장이 되신 것은 맹세 없이 된 것이 아니니. 이것은 시편 110:4의 "여호와는 맹세하고 변하지 아니하시리라"란 어구를 염두에 둔 말씀이다. 하나님께서 맹세하시면서 말씀하신 사실은 영원히 변하지 않으실 것을 나타낸다. 히브리서 6:13, 17-18에 의하면, 하나님의 말씀도 진실한데 맹세까지 하신 것은 "두 가지 변하지 못할 사실"을 드러내는 것이다. 하나님께서 예수님을 멜기세덱의 반차를 따르는 제사장으로 세우실 때에 맹세로 하신 것은 의미심장하다. 그것은 그가 그 제사장을 통하여 그 백성에게 복 주시는 일을 실행하실 때, 자기 자신을 담보물로 하실 것을 가리키는 것이다. 이 축복은 그만큼 신실하게 약속되었다.

21 (그들은 맹세 없이 제사장이 되었으되 오직 예수는 자기에게 말씀하신 이로 말미암아 맹세로 되신 것이라 주께서 맹세하시고 뉘우치지 아니하시리니 네가 영원히 제사장이라 하셨도다). 레위 계통의 제사장들은 "맹세 없이" 세워졌다. 그것은 그들의 제사장직이 변천되

고 임시적일 것을 암시한 것이다. 따라서 그 제사장직은 장차 올 예수님의 제사장직의 그림자와 같은 것이었다(히 9:24; 10:1). "주께서 맹세하시고 뉘우치지 아니하시리니"란 것은 시편 110:4의 말씀을 인용한 것이다(20절 해석 참조).

22 이와 같이 예수는 더 좋은 언약의 보증이 되셨느니라. "이와 같이"로 번역된 헬라어(κατὰ τοσοῦτο)는 '그만한 정도로'(according to that degree)란 뜻이다. 예수님은 하나님의 맹세로 영원한 제사장으로 지정되셨으므로(앞 절 말씀) 그만큼 공고하게 구원의 언약을 보장하신다.

"언약"이란 것(διαθήκη)은 하나님께서 인간과 계약을 맺으시되, ① 하나님이 먼저 인간을 찾아오셔서 구원해 주시기로 약속하시는 것이며, 또한 ② 하나님의 단독역사(God's-monergism)으로 그 계약을 성취해 가시는 것이다. 이것은 인류 사회에서 사람들끼리 체결하는 일대일 계약(συνθήκη)과 다르다. 그러므로 이 언약은 "더 좋은 언약"이라고 불린다. 이 언약에서 예수님은 인간이 져야 할 짐을 대신 부담하심으로써, 이 언약의 보증이 되신다.

"보증"이란 말(ἔγγυος)은 '담보'(surety)를 의미한다. 이것은 중보자(μεσίτης)보다 더 무거운 책임을 지는 것이다(8:6; 9:15; 12:24). 이것은 중보자가 보증한 책임을 직접 져 주는 것을 가리킨다.[30] 따라서 예수님은 우리의 중보자이시고, 겸하여 담보가 되셨다.

23-25 제사장 된 그들의 수효가 많은 것은 죽음으로 말미암아 항상 있지 못함이로되 예수는 영원히 계시므로 그 제사장 직분도 갈리지 아니하느니라 그러므로 자기를 힘입어 하나님께 나아가는 자들을 온전히 구원하실 수 있으니 이는 그가 항상 살아 계셔서 그들을 위하여 간구하심이라. 이 구절들은 다시 레위 계통의 제사장직과 예수님의 제사장직을 대조시킨다. 전자는 그 일을 맡은 자들의 죽음 때문에 계속 교체되었

---

30) F. F. Bruce, The Epistle to The Hebrews,1977, 151.

다. 그것은 그 제사장직의 불완전성을 나타낸다. 그러나 후자는 영원히 하나님 우편에 살아 계셔서 사역하신다. 그것은 그 백성을 위한 그의 기도가 끊임없음을 의미한다. 따라서 그 백성은 영원히 계속적으로 생명의 은혜를 받을 수 있다. 다만 이 위대한 제사장과 늘 가까이 연합하는 신자(그를 "힘입어 하나님께 나아가는 자")만이 이 끊임없는 축복을 받는다. 그와 가까이 연합하려면 영적으로 이 세상의 모든 것을 다 버리는 것처럼 그 모든 것들에 애착하지 않고 주 예수님만 믿어야 한다.

26-28절. 이 구절들은 예수님께서 완전무결하신 대제사장이심을 논증한다. 그의 완전무결하심 역시 그의 제사장직이 레위 계통의 제사장직보다 탁월하신 면이다.

26 이러한 대제사장은 우리에게 합당하니 거룩하고 악이 없고 더러움이 없고 죄인에게서 떠나 계시고 하늘보다 높이 되신 이라. "우리에게 합당하다" 함은, ① 하나님 아버지께서 우리 대신 그를 기쁘게 받으시기 때문이고, ② 그가 우리 죄인들을 성화시키실 능력을 소유하셨기 때문이다.[31)]

"거룩함"은 하나님과 사귀시는 그의 사귐이 완전하심을 의미하고, "악이 없음"은 그가 죄악을 경험하시지 않은 것을 가리키고(고후 5:21), "더러움이 없음"은 하나님 앞에 거리낌이 될 만한 아무 결점도 없음을 의미한다(레 21:1; 22:9). "죄인에게서 떠나 계심"은 그의 삶이 죄인들을 구원하시려고 죄인들과 사귀시면서도(마 9:10-11) 죄인들에게 물들지 않으신 것을 가리킨다.

이 모든 덕은 이 땅에서의 삶을 위해 구비되었던 그의 완전하신 대제사장 자격이다.

"하늘보다 높이 되신 이"란 말은 그가 승천하셔서 하나님 우편에 앉아

---

31) Luther's Works, Vol. 29, 1968, 196.

그 백성을 위하여 기도하시는 것을 염두에 둔 한 말이다. 이같이 히브리서는 예수님께서 승천하셔서 우리를 위해 하시는 일에 대하여 역설한다(히 1:3-4; 4:14; 6:20; 8:2; 12:2).

27 그는 저 대제사장들이 먼저 자기 죄를 위하고 다음에 백성의 죄를 위하여 날마다 제사 드리는 것과 같이 할 필요가 없으니 이는 그가 단번에 자기를 드려 이루셨음이라. 레위 계통의 제사장들이 날마다 새롭게 제물을 드린 이유는 그 제사장직이 불완전하기 때문이었다. 그러나 예수님은 그렇게 하실 필요 없이 한 번 죽으심으로 자기 자신을 제물로 드려 영원한 효과를 발생하신다. 그 이유는, 그가 절대적으로 완전한 제사장이기 때문이다.

여기서 "단번에"라고 번역된 헬라어 "에파팍스"(ἐφάπαξ)란 말은 "하팍스"(ἅπαξ)란 말(역시 "단번에"란 뜻)의 강조체이다.[32] 이것은 "영원토록 단 한 번만"(once for all)을 의미한다.

28 율법은 약점을 가진 사람들을 제사장으로 세웠거니와 율법 후에 하신 맹세의 말씀은 영원히 온전하게 되신 아들을 세우셨느니라. 여기서 "사람들"이란 복수는 불완전한 많은 제사장들을 암시한다. 이는 "아들"이란 단수명사와 대조된다. 그는 영원한 대제사장이시다. "맹세의 말씀"에 대하여는 앞의 20절 해석을 참조하라. "영원히 온전하게 되신 아들"은 곧 20-27절 말씀이 보여 주는 자격을 말한다. 이같이 완전하신 대제사장 예수님께서 지금도 우리를 위하여 하늘에서 사역하신다. 앤드류 머레이(A. Murray)는 말하기를, "이 아름다운 말씀들을 하나의 비유인 것처럼 오해하지 말라. 그것들은 우리의 일상생활에서 가장 실제적인 것들을 의미한 말씀이다. 하나님께서 우리로 하여금 불가능한 생활을 가능케 하시려고 이런 대제사장을 주셨다. 곧 우리로 하여금 그 아들 안에서 감성과 이성을 초월한 초자연적 생활을 하게 하신 것이다."라고

---

32) F.F. Bruce, The Epistle to The Hebrews, 1977, 156.

하였다.

설교 우리의 대제사장 예수님(26-28절)

인간은 죄인이므로 하나님 앞에 직접 나아갈 수가 없다. 그에게는 대제사장이 필요하다. 따라서 제사장 제도는 심지어 이단 종교에도 나타난다.[33] 이단 종교는 거짓된 것이다. 그러나 그것은 벙어리의 입놀림과 같이 인간의 요구가 어떠하다는 것만은 나타낸다. 인간은 하나님 앞에서 참된 대제사장이 자기를 위하여 하나님께 복을 빌어 주기를 원한다. 그렇다면 참된 대제사장은 누구인가? 그는 예수님이시다.

1. 예수님이 참되신 대제사장이심이 예언 성취로 증명됨

1) 예표로 예언되었음. 창세기 14:14-20에 기록된 대로 주전 2,000년경에 멜기세덱이란 기이한 인물이 대제사장으로 잠깐 나타났던 것이 우리의 주목을 끈다. 성경 말씀대로(시 110:4; 히 7:1-10) 그는 예수 그리스도를 예표한 것이다. 하나님은 이렇게 구주 예수님의 오심을 오래전에 미리 준비하셨다. 이 사실은 우리의 믿음을 강화해 준다. 예수님이 이 세상에 오신 것은 이처럼 근거 깊고 기초 든든한 사실에 기반한다. 그뿐 아니라 이런 사건은 하나님의 진실성을 우리에게 보여줌으로써 우리의 신앙을 강화해 준다. 인간은 시시각각 변하는 거짓된 존재다. 약속한 것도 몇 시간 후에는 어기고 잊어버리는 일이 많다. 그러나 하나님은 몇천 년을 앞두고 인간과 더불어 약속하시기도 하시고, 또 몇천 년 후에라도 잊지 않으시고 그 약속을 반드시 이루신다. 우리는 모든 것을 버리고라도 이렇게 신실한 예언의 성취로 오신 예수님

33) Bavinck. Geref.,III. 357.

을 믿어야 한다.

2) 그림자같이 간접적으로 예언되었음. 구약 시대의 레위 계통의 제사장들은 율법과 함께 예수님의 그림자였다(11-25절). 또한 그들은 불완전하였다. 그러나 그것은 하나님의 백성이 그 불완전한 것들로 완전을 바라보게 하는 예언적 계시이기도 하다.

2. 예수님은 의와 평강의 왕이심(2절)

누구든 짐승이 아닌 진정한 사람이라면 의를 사모한다. 의 없이 평강만 원하는 것은 짐승과 같다. 천국은 의와 평강 모두를 온전히 누릴 수 있는 곳이다(롬 14:17). 예수님은 이 두 가지를 소유하시고 또 이 두 가지로 다스리시는 살아 계신 왕이시다. 이로 말미암아 우리는 소망을 가진다.

3. 예수님은 축복의 권위자이심(4-10절)

일반 신자들도 다른 사람을 위하여 기도는 할 수 있으나 축복은 하지 못한다. 축복은 직접 복을 전달하는 권위 있는 일이다. 원천적으로 예수님만이 이 일을 하실 수 있다. 그가 이 일을 하신다. 족장들과 사도들도 축복하기는 하였지만(마 10:12-13; 히 11:21), 그것은 예수 그리스도의 중보 사역 밑에서 성립된 것이다. 그렇다면 누가 예수님의 축복을 받을 수 있는가? 그리스도를 믿고 이 축복을 받기 원하는 자가 받는다(계 22:17 참조). 이는 은혜로만 가능하다.

4. 예수님의 대제사장직의 효능은 완전하며 무궁함

예수님은 하나님의 아들이시므로 하늘보다 높으시다(26절). 그는 하나님이시다. 그뿐 아니라 그는 땅에 오셔서도 범죄하시지 않고 도리어 십자가로 승리하셨으니(골 2:15; 히 7:26-27상), 하나님 앞에서 더욱 흡족한 중보자가 되셨다. 그러므로 그의 제사는 단 한 번만으로 완전하고(27하), 영원토록 유효하다(28하). 히브리서 9:25-26에 말하기를 "대제사장이 해마다 다른 것의 피로써 성소에 들어가는 것같이 자주 자기를 드리려고 아니하실지니 그리하면 그가 세상을 창조한 때부터 자주 고난을 받았어야 할 것이로되 이제 자기를 단번에 제물로 드려 죄를 없이 하시려고 세상 끝에 나타나셨느니라"고 하였다. 이처럼 주님의 단회적 제사는 영원토록 효과를 발생시킨다.

제 8 장

⚜ 내용분해

본 장부터 10:18까지는 예수님께서 그의 대제사장직을 실행하시는 것에 대하여 말한다. 그 요점은 이 제사장직은 이 세상에서 가시적인 방식으로 실행하시는 것이 아니라, 그의 승천 후 하늘에서 영적인 방식으로 실행하신다는 것이다. 다시 말하면, 그것은 레위 계통의 제사 행위처럼 "하늘에 있는 것의 모형"(5절)이 아니고, 하늘의 제사 행위 자체다.

1. 예수님의 제사 행위의 영역(1-2절)
2. 예수 그리스도의 제사장직의 성격(3-4절)
3. 레위 계통의 대제사장직과 예수님의 대제사장직과의 대조(5-7절)
4. 새 언약의 내용(8-13절)

해석

1-2절. 예수님의 제사 행위의 영역

1-2 지금 우리가 하는 말의 요점은 이러한 대제사장이 우리에게 있다는 것이라 그는 하늘에서 지극히 크신 이의 보좌 우편에 앉으셨으니 성소와 참 장막에서 섬기는 이시라 이 장막은 주께서 세우신 것이요 사람이 세운 것이 아니니라. 이 두 구절의 말씀을 요약하면 이렇다. 즉 "이러한 대제사장, 곧 하늘에서 엄위의 보좌 우편에 앉으신 자요 성소와 참장막에 부리는 자가 우리에게 있는 것이라."

여기서 "성소와 참 장막"이란 것은 성소, 곧 참 장막이란 뜻을 가진다. 그렇다면 "참 장막"은 무엇을 가리키는가? ① 오웬(J. Owen)의 말에 의하면, 이것은 그리스도의 인간성인데 거기 하나님이 임재해 계시다고 하였고(골 2:9), ② 라피데(a Lapide)는 이것을 기독교회라 하였고, ③ 스피크(C. Spicq)는 이것이 하늘들을 지나서 있는 하나님이 계신 곳을 가리킨다고 하였다. 이 대제사장은 하나님 우편에 앉으신 왕이시면서 또한 하늘의 성소, 곧 "참 장막"에서 사역하시는 대제사장이시다. 히브리서 저자가 말하려는 요지는, 예수님께서는 하늘에서 왕이시고 또 대제사장이시란 말씀이다. 그는 무력한 분이 아니고 우리의 요구를 채워 주실 만유의 주요, 인간관계에 냉정한 왕이 아니라 인간을 체휼하시며 봉사하시는 분, 곧 대제사장이시다. 이같이 그는 완전하시다.

여기서 "섬기는 이"란 말(λειτουργός)은 하나님 앞에서 사역하는 자를 가리킨다. 크로샤이데는 말하기를 "이것은 윗사람에게 부름받은 봉직자를 의미하는 것이므로, 제사 사역에 봉직하는 자를 가리키기에 적합하다"고 하였다.[34] 예수님은 지금 하늘에서 하나님이 주신 대제사장직에 봉사하신다.

---

34) Kommentaar op Het Nieuwe Testament, XII, 1927, 220.

3-4절. 예수 그리스도의 제사장직의 성격.

3 대제사장마다 예물과 제사 드림을 위하여 세운 자니 그러므로 그도 무엇인가 드릴 것이 있어야 할지니라. 이 구절은 헬라어에서 "가르"(γάρ "왜냐하면")로 시작하기 때문에 앞 절의 "섬기는 이"란 명칭의 이유를 보여 준다. 왜 예수님을 가리켜 봉직자라고 할까? 그 이유는, 그도 기존의 제사장처럼 하나님 앞에 예물을 드리기 때문이다.

"그도 무엇인가 드릴 것이 있어야 할지니라." 이 말씀의 헬라어 원문(ὅθεν ἀναγκαῖον ἔχειν τι καὶ τοῦτον ὃ προσενέγκῃ)을 웨스트코트는 다음과 같이 번역하였다. "이 대제사장 역시 무엇을 드릴 필요가 있었다."[35] 이 번역의 끝부분이 과거사인 것이 중요하다. 예수님은 이 필요에 의하여 자기의 몸을 십자가에 속죄제물로 드리신 것이다. 그것이 영원한 가치 있는 제물이다. 계시록에서 종종 예수님을 "어린 양"이라고 함이 이 뜻이다.

4 예수께서 만일 땅에 계셨더라면 제사장이 되지 아니하셨을 것이니 이는 율법을 따라 예물을 드리는 제사장이 있음이라. 이 구절은 앞 절(1-3절)에 이어서 예수님께서 승천하신 후에 비로소 그의 대제사장 사역이 실현됨을 밝힌다. 그는 하늘의 대제사장이시고 땅 위의 레위 계통의 대제사장이 아니다(참조. 요 14:16; 16:7).

5-7절. 레위 계통의 대제사장직과 예수님의 대제사장직과의 대조.

5 그들이 섬기는 것은 하늘에 있는 것의 모형과 그림자라 모세가 장막을 지으려 할 때에 지시하심을 얻음과 같으니 이르시되 삼가 모든 것을 산에서 네게 보이던 본을 따라 지으라 하셨느니라. "그들이 섬기는 것"은 곧 레위 계통의 제사장들(율법을 좇아 예물

---

35) It was necessary that this high priest also should have something to offer.

을 드리는 제사장들)의 제사 행위를 말한다. 여기서 "모형"이란 말(ὑπόδειγμα)은 모방으로 보이는 형상을 가리킨다. 구약의 제사장직과 그 설비는 하늘의 것(예수님의 제사장직과 그 설비)을 모방한 형상이다. 그러므로 그것의 사역은 하늘의 것, 곧 예수님의 제사장 사역을 예표하는 정도이다. "모세가 장막을 지으려 할 때에 지시하심"(출 25:40 참조). 구약의 제사 제도가 하늘의 제사 제도에 대한 모방인 것이 분명하다. 그 이유는, 모세로 말미암아 제정된 구약의 장막 제작도 하늘의 것을 모방한 것이기 때문이다.

이 구절에 나와 있는 "하늘에 있는 것의 모형과 그림자"나 "네게 보이던 본"이란 말씀은 플라톤(Platon) 철학에서 말하는 이데아 세계의 원형에 대한 현상계의 모방을 가리키는 것이 아니다. 플라톤의 이데아는 추상적인 반면, 히브리서 저자는 하나님의 창조적 성격을 지닌 구체적인 구원 계획에 대하여 말한다. 이 계획은 그리스도를 중심으로 한 하나님의 뜻으로, 하늘에서 창세전에 작정되었다(벧전 1:19-20). 그것이 구약 시대에는 모세에게 그림자와 모형으로 계시되었다. 그러나 그것의 종말관적 성취로서의 그리스도 사건(역사적 사건이기는 하지만)도 하늘의 참된 것이다(참조. 요 3:12-15; 히 10:1). 그 이유는, 그리스도 예수께서 곧 하나님이시기 때문이다.

6 그러나 이제 그는 더 아름다운 직분을 얻으셨으니 그는 더 좋은 약속으로 세우신 더 좋은 언약의 중보자시라. "그는 더 아름다운 직분을 얻으셨으니"란 말씀은 예수님께서 구약의 제사장직보다 아름다운 제사장직을 받으셨다는 것이다. "더 아름다운"이란 말은 외관적 우수성을 가리키고, "더 좋은"이란 말은 내면적 우수성을 가리킨다(Westcott). "더 좋은 언약"은 8-12절에 기록된 것과 같으니, 곧 하나님께서 은혜를 베푸시는 방법의 우수함을 가리킨다. 이 점에 대하여 칼빈은 주목할 만한 해석을 하였다. 그는 말하기를 "사도가 여기서 염두에 둔 것은 축복의 본질에 관한 것이 아니고 그것의 방법에 관한 것이다. 다시 말하면, 구약 시대나 신약 시대에 있어서 축복의 질은 같다. 둘 다 그리

스도로 말미암아 얻는 동일한 구원을 약속한다. 그러나 그 축복을 베푸는 방법은 다르다."라고 하였다.

"언약"(διαθήκη)은 신인 양편이 서로 맺은 언약을 의미한다. 하나님과 사람의 언약은 언제나 하나님 편에서 주도하시고 인간은 피동적 처지에 선다. 이것이 하나님의 단독역사(monergism)의 은혜의 원리이다. 따라서 새 언약에서 하나님이 구원을 주시는 방법은 9-12절이 보여 주는 바와 같다. 이같이 하나님께서 그 백성을 구원하심에 있어서 언약 체제를 채용하신 의의는, ① 우리 인생을 기계로 보시지 않고 자유의지를 소유한 자, 곧 인격으로 보심이고, ② 인간 편에서 그 언약이 요구하는 대로 믿음으로 순종해야 한다는 것이고, ③ 하나님께서 그 약속하신 구원을 어김없이 주신다는 것을 가리킨다.

"중보"란 말은 헬라어로 "메시테스"(μεσίτης)인데, 크로샤이데는 이를 가리켜 "언약의 실행을 보증하는 자"라고 하였다.[36] 예수 그리스도는 하나님과 사람 사이에 중립하시어 하나님 앞에서는 사람을 대신하여 사람이 지킬 믿음과 순종을 보증하시며 그것을 위하여 기도하시고, 사람 앞에서는 그들이 하나님을 알게 하시며 믿음으로 순종하게 하신다.

7 저 첫 언약이 무흠하였더라면 둘째 것을 요구할 일이 없었으려니와. 이 말은 구약 종교가 완전했다면, 신약 종교가 불필요했을 것이라는 의미이다.

설교 더 좋은 약속(1-7)

그리스도 신자들이 받을 완성된 구원이 지금은 약속 형태로 되어 있다(롬 8:24-25 참조). 그러나 이 약속이 우리에게 현실처럼 기쁨을 준다. 그 이유는 다음과 같다.

---

36) de man die uitvoering van het testament waarborgt,-Kommentaar op Het Nieuwe Testament,XII, 1927, 227.

1. 예수님은 현재 살아 계신 우리의 대제사장이심(1상)

본문 1절에서 "우리에게 있다는 것이라"란 말씀은 "우리가 소유한다"(ἐχόμεθα)는 뜻으로, 두 가지 의미에서 우리를 긴장시킨다. 그 하나는 우리의 소유란 것이고, 다른 하나는 현재에 그렇다는 것이다. 이것은 우리에게 생생한 현실로 다가온다. 이 말씀 앞에서 우리의 심장은 기쁘게 뛰고 심령은 평안해진다. 이제는 여기가 우리의 살 자리이다.

2. 예수님은 위엄의 보좌 우편에 계신 대제사장이심(1하)

여기서 "위엄"이란 말(μεγαλωσύνη)은 '크다'는 뜻으로 하나님의 위대하심을 가리킨다. 이것은 권세와 권능의 광대하심을 염두에 둔 말이다(시 145:3-5; 유 1:25). 예수님께서 이런 보좌 우편에 앉으셨다는 것은 그가 그런 큰 권세와 권능을 받아서 땅 위의 성도들을 도우신다는 것이다. 그가 거기 앉으신 목적이 이 일을 하시기 위해서다. 그는 대제사장이시고 또한 왕이시다. 그렇기에 그가 우리를 돕는 데 필요한 것이라면 무엇이든지 동원하실 수 있다.

3. 예수님은 참 장막에서 사역하심(2-7절)

구약 시대의 성막이나 성전도 하나님의 지시대로 건축되었으므로(5절), 그때의 백성이 그 제도를 믿고 그들의 문제 해결을 부탁할 수 있었다. 그러나 이제 예수님이 사역하시는 곳은 "참 장막"이다. 이것은 하나님께서 친히 지으신 것이므로 최종적으로 완전할 뿐 아니라 그림자(구약의 성전 제도)와 대조되는 실물이다. 이것은 물리적으로 접촉하는 것이 아니라 영과 진리로만 접촉할 수 있다(요 4:21-24). 여기서 우리는 우리의 인격을 바쳐야 한다. 신자가 외형적인 교회 활동으로만 만족한다면 그것은 아직도 구약 시대의 성전 제도에 머물러 있는 것과 다를 바 없다. 그들은 기독교를 아직 모르는 자들이다.

8-13절. 이 부분에서는 예레미야 31:31-40을 인용하면서 새로운 제사 제도(예수님으로 말미암은 것)의 구원 방법이 얼마나 우수한 것인지를 확인시킨다. 그 우수성은 이러하니, ① 하나님께서 인간에게 영적으로 율법을 지킬 능력을 주셔서 그것을 지키게 하시고(히 8:10), ② 누구나 사람의 권면보다 성령의 역사로 말미암아 하나님을 알게 되고(11절), ③ 전 세계의 많은 사람들이 하나님을 알게 되고(11하), ④ 그의 백성이 범죄하여도 계속해서 죄를 사해 주시며, 그 언약을 변함없이 성취해 가시는 것이다(12절). 이처럼 새 언약은 영적이며 보편적이고 끊임없이 죄를 사해 주시는 특징을 갖는다. 이것은 예레미야가 예언한 그대로 예수님으로 말미암아 이루어진 것이다.

8 그들의 잘못을 지적하여 말씀하시되 주께서 이르시되 볼지어다 날이 이르리니 내가 이스라엘 집과 유다 집과 더불어 새 언약을 맺으리라. "그들의 잘못을 지적하여 말씀하시되." 여기서 "그들"이란 말은 예레미야 시대의 이스라엘 백성을 가리킨다. 예레미야는 자기 시대의 사람들이 하나님의 언약(모세를 통하여 주신 것)을 지키지 않은 허물을 지적하면서 장래의 새 언약에 대하여 예언하였다. "날이 이르리니." 이것은 신약 시대가 올 것을 내다보고 한 말이다. 이 말은 10절의 "그 날 후에"란 말(אַחֲרֵי הַיָּמִים הָהֵם)과 같은 뜻이다.

"내가 이스라엘 집과 유다 집과 더불어 새 언약을 맺으리라." 하나님께서 신약(新約)의 구원사역을 예언하시면서 "나"란 말씀을 많이 하신다(9절에 세 번, 10절에 네 번). 이것은 구원운동에 있어서 그의 단독역사를 강조하시는 의미이다. 따라서 그의 구원사역이 순전히 은혜로 이루어지고 결코 실패하지 않는다는 의미도 이 말씀에서 암시되고 있다. 여기서 "이스라엘 집과 유다 집"이란 말씀은 하나님의 백성 전체를 가리킨다. 여기서 그들이 분열되었던 것이 예수 그리스도 안에서 연합될 것(슥 11:7)을 가리킨다. 그 결과 그들이 이방에게 축복이 되리라는 것이다(슥 8:13). 이것은 창 12:3의 성취이다. 이 예언과 같이 예수 그리스도께서 오셔서 사도들(유다와 이스라엘 사람들)을 택하여 보내심으로 유다와 이스라엘 사람들이 먼저 복음을 받아 이방으로 진출하여 구원의 복음을 세계에 전한 것이다.

"새 언약을 맺으리라"라는 문구에서 "언약"이란 것(διαθήκη)은 하나님이 일방적으로 솔선하셔서 그 백성을 찾아오시어 구원해 주시기로 약속하시고, 그것을 실행할 책임도 그가 홀로 담당하심을 가리킨다. 따라서 이것은 은혜에 속한다. 이것은 이 세상 사람들이 동등한 자격으로 서로 언약하는 것과 다르다. "맺으리라"(συντελέσω)라는 말은 아우구스티누스의 해석과 같이 완전히 끝마치는 것(Consummation)을 의미하므로(De Spir.et Lit., XIX), 신약 복음의 최후적 충족성을 가리킨다.

9 또 주께서 이르시기를 이 언약은 내가 그들의 열조의 손을 잡고 애굽 땅에서 인도하여 내던 날에 그들과 맺은 언약과 같지 아니하도다 그들은 내 언약 안에 머물러 있지 아니하므로 내가 그들을 돌보지 아니하였노라. "애굽 땅에서 인도하여 내던 날에 그들과 맺은 언약과 같지 아니하도다." 그때 세운 언약(출 24:1-8; 히 9:18-20)도 은혜언약이었으나 예레미야를 통하여 예언된 "새 언약"과 다른 요소가 있었다. 그 다른 점은 하나님의 율법이 그 백성의 심령에 기록하여 주시는 심각성을 갖지 못한 것이었다.

"그들은 내 언약 안에 머물러 있지 아니하므로 내가 그들을 돌보지 아니하였노라." 이것은 이스라엘이 하나님의 계명을 끝까지 지키지 않아 하나님께 버림을 당하여 외국으로 포로 되어 갔던 것을 가리킨다.

10 또 주께서 이르시되 그 날 후에 내가 이스라엘 집과 맺을 언약은 이것이니 내 법을 그들의 생각에 두고 그들의 마음에 이것을 기록하리라 나는 그들에게 하나님이 되고 그들은 내게 백성이 되리라. "내 법을 그들의 생각에 두고 그들의 마음에 이것을 기록하리라" 이 말씀은 하나님께서 그들에게 성령을 주셔서 그들이 진리로 거듭날 것을 가리킨다(겔 36:26 참조). "나는 그들에게 하나님이 되고 그들은 내게 백성

이 되리라." 이것은 그들에게 영생을 주시겠다는 약속과 같다. 하나님을 소유한 것이 영생의 복이다(참조. 사 12:2-3; 요 11:25; 14:6; 계 21:6-7).

11 또 각각 자기 나라 사람과 각각 자기 형제를 가르쳐 이르기를 주를 알라 하지 아니할 것은 그들이 작은 자로부터 큰 자까지 다 나를 앎이라. 사람들이 하나님을 알게 되는 것이 외형적인 교훈이나 권면에 의한 것이 아니고 성령의 내면적인 역사에 의하여 실현된다는 의미이다. 이 말씀은 외형적인 증거 운동을 제외시키는 것이 아니고 신약 시대의 성령운동이 풍성할 것을 강조하는 것뿐이다.[37](참조. 사 2:3-4; 11:9)

12 내가 그들의 불의를 긍휼히 여기고 그들의 죄를 다시 기억하지 아니하리라 하셨느니라. 이것은 하나님의 긍휼이 완전하심을 보여 준다. 이것이 신약의 복음으로 나타난 그의 긍휼이다(참조. 마 1:21; 9:12-13; 고후 5:21).

13 새 언약이라 말씀하셨으매 첫 것은 낡아지게 하신 것이니 낡아지고 쇠하는 것은 없어져 가는 것이니라. 이것은 그리스도로 말미암아 신약이 성립됨에 따라서 구약식 제사 제도와 율법이 새롭고 영적인 것으로 교체됨을 가리킨다.

설교 구약과 신약의 관계(6-13절)

사람들은 종종 구약과 신약의 관계를 오해한다. 옛날의 이단자 마르키온(Marcion)은 구약의 하나님이 신약의 하나님과 다르다고 하였고, 또한 구약성경을 배척하였다. 그것은 그릇된 사상이다. 구약과 신약은 서로 긴밀한 관계를 가지고 있다.

1. 신약은 구약보다 우월함

6절에 보면, 신약을 가리켜 "더 아름다운" 것, "더 좋은 약속", "더 좋은

---

37) Keil-Delitzsch, Commentary on The Old Testament, 8, Jeremiah-Lamentations, 1980, 40.

언약"이라는 의미로 말하였다. 이같이 신약을 구약과 비교하여 "더 좋다"고 한 말씀은 히브리서의 특징이며, 7:19, 22, 9:23, 12:24에서도 그와 같은 표현을 발견할 수 있다. 신약이 구약보다 우월하다고 한 이유는, 구약의 계시 방식은 임시적인 데 비하여 신약의 그것은 완전하여 영구한 까닭이다. 히브리서는 예수님 자신의 영원불변하심을 말하였고(13:8), 그가 주시는 구원이 영원하다고 하였고(5:9), 그의 제사장직이 영원하다 하였고(7:24), 그의 속죄의 효과가 영원하다 하였고(9:12), 그가 주시는 기업이 영원하다 하였고(9:15), 그의 나라가 흔들리지 않는다고 하였고(12:28), 그의 언약이 영원하다고 하였다(13: 20). 그리스도로 말미암은 계시와 구원이 영원하다는 것은 곧 그것들이 완전무결하다는 뜻을 포함한다. 그러므로 우리는 완전한 신약적 계시와 구원을 전적으로 믿고 의지하고 안식하자. 그리고 구약 시대의 성도들 중 가장 큰 자보다 더 큰 축복을 받은 것에 감사하자(마 11:11).

2. 신약은 구약의 연속이고 반대되거나 모순되는 것이 아님

8-13절은 신약이 구약 예언의 성취로 나타난 것이라는 의미로 말한다. 곧 신약은 이미 구약에 예언 형태로 들어 있었다. 그러므로 그 둘은 서로 상충되지 않는다. 구약은 신약의 중보자이신 예수님과 위배되는 것이 아니라 예수님을 위한 것이다. 그러므로 예수님은 구약을 인용하실 뿐 아니라, 구약이 자기에게서 성취되었다고까지 말씀하셨다(마 5:17). 그런데 우리가 그의 산상 설교에 나타나는 "옛 사람에게 말한 바… 너희가 들었으나 나는 너희에게 이르노니"(마 5:21-22, 27-28, 33-34, 38-39, 43-44)라고 하신 말씀들을 구약을 위반하는 말씀이라고 할 수 있을까? 스티븐스(Stevens)는 그렇게 보았으나 그것은 오해이다.

이 어구들의 헬라어(ἠκούσατε ὅτι ἐρρέθη τοῖς ἀρχαίοις)를 직역하면 "옛 사람들에게(이렇게) 이른 바 되었다는 말을 너희가 들었나니"라고 할 수 있다.

이것은 구약을 반대하는 의미가 아니라 바리새인들이 구약을 오해하고 잘못 가르친 것을 반대하는 것이다. 예수님께서 산상보훈에 보이신 율법은 구약의 율법 본래의 정신을 말씀하신 것이다. 바리새인들은 율법의 표면만 보았을 뿐 아니라 잘못 보고 잘못 가르쳤지만, 예수님은 그 구약 율법의 정신을 드러내시어 말씀하신 것이다. 바리새인들은 율법을 깊이 보지 못하였다. 그들은 율법을 단편적으로 보고 원칙을 보지 못했으며, 그것의 외형만을 보고, 핵심은 보지 못했다. 따라서 그들은 율법에 대하여 그릇된 해석을 많이 하였던 것이다.

3. 신약이 임하매 구약은 물러섬

구약의 모든 제도들은 신약으로 완성되고 끝났다. 이것은 구약 성경이 신약 시대에는 성경적 권위를 잃는다는 의미가 아니다. 구약의 예언이 신약으로 성취되었으나, 그것은 계속 하나님의 말씀으로서 권위를 가지며 신약 시대의 성도들에게 믿음을 준다. 예언은 그것이 이루어진 시대의 사람들에게 믿음을 굳게 해 주는 작용을 한다(롬 15:4, 요 13:19 참조). 여기서 우리가 생각하려는 것은, 신약 시대에는 하나님께서 그 백성을 구약적 의식이나 제도로 인도하시지 않는다는 것이다. 신약 시대에는 구약의 성전 제도가 폐지되고 세계 각국에 복음으로 교회를 세우는 운동이 있을 뿐이다. 구약 시대의 토요일 안식을 지키는 법도 변하여, 신약 시대에는 주일을 지킨다. 이 시대에는 구약 시대의 유대인처럼 할례를 주장하지도 않는다. 이와 같은 변천은 신약 성경에 명백히 기록되기도 했다. 그러나 어떤 것들은 그런 기록 없이도 신약의 포괄적인 원칙에 의하여 섭리적으로 변천되었다.

제 9 장

⚜ 내용분해

1. 구약의 성전(1-5절)
2. 임시적 제사 의식(6-10절)
3. 그리스도께서 이루신 영원한 속죄(11-14절)
4. 신약의 중보자(15-22절)
5. 완전한 속죄제물(23-28절)

⚜ 해석

1-5절. 구약 시대의 성막과 그 설비

1 첫 언약에도 섬기는 예법과 세상에 속한 성소가 있더라. "섬기는 예법"(δικαιώματα λατρείας)이란 것은 '제사 예법에 관한 법규'를 의미한다. 저자는 이런 예법도 예수님께서 오심으로 그 예표로서의 사명을 다하고 물러갔다고 설명한다(8:13).

"세상에 속한 성소"(τὸ ἅγιον κοσμικόν)는 땅 위에 있는 물리적이고 변천성 있는 성전을 가리킨다. 이것은 하늘에서 비롯되고, 영적이고, 영원성 있는 신약의 성소와 대조되는 말이다. 히브리서 저자는 옛 성소가 예수님의 오심으로 말미암아 폐지될 운명을 가졌다는 것을 생생하게 느끼고 있다. 예수님이 오심으로 옛 성소가 쓸모없어지는 것은 인위적으로 그렇게 되는 것이 아니고 하나님의 섭리에서 기인된 것이다. 이런 의미로 저자는 2-7절에서 성막 안의 모든 시설과 제사 예법에 대하여 말한다. 그는 실물의 그림자였던 구약 제도가 필연적으로 퇴장하는 것을 합리적인 것으로 본다.

2 예비한 첫 장막이 있고 그 안에 등잔대와 상과 진설병이 있으니 이는 성소라 일컫고. "첫 장막"은 장막의 첫 부분을 의미하는데 그 안에 성소가 있다. "등잔대"에 대하여는 출애굽기 25:31; 37:17-24을 참조하고, "상과 진설병"에 대하여는 레위기 24:5-9을 참조하라. "진설병"은 언제나 놓여 있는 열 두 덩어리의 떡이다. 그것은 하나님의 백성이 항상 하나님께 의의 열매를 드려야 할 것을 상징한다. 그러나 그보다는 그리스도의 상하신 몸을 상징하는 성찬을 의미한다는 루터의 의견이 더 적합하다(Luther's Works, 29, p.201).

3 또 둘째 휘장 뒤에 있는 장막을 지성소라 일컫나니. "둘째 휘장"은 성소와 지성소 사이에 있는 것으로, 예수님의 육체를 상징한다(히 10:20. 출 26:31-35 참조). 그러면 첫째 휘장은 어디 있었는가? 그것은 성전 뜰에서 성소로 들어갈 때 통과하는 곳에 있었다(출 35:15).

4 금 향로와 사면을 금으로 싼 언약궤가 있고 그 안에 만나를 담은 금 항아리와 아론의 싹난 지팡이와 언약의 돌판들이 있고. "금향로."(참조. 출 30:1-10; 37:25-28; 40:5, 26). 이것은 솔로몬 성전에도 있었고(왕상 7:48; 대하 4:19), 헤롯이 지은 성전에도 있었다고 한다(Jos., de Bello Jud).

"금으로 싼 언약궤." 이것은 솔로몬 성전에까지 전해졌으나(왕상 8:1-10), 갈대아 사람들이 침략해 왔을 때 상실되었다. 그러므로 헤롯 성전에는 그것이 없었다. “만나를 담은 금항아리”(출 16:31-34 참조). “만나”는 하루이상 보존할 수 없는 음식이었으나(출 16:19-20), 하나님의 명령대로 보관된 것(출 16:31-34)은 1,000여 년 동안 상하지 않고 그대로 보전되었다. 만나를 이렇게 보관한 이유는, 하나님께서 이스라엘 백성에게 나타내신 그의 사랑과 권능을 후대까지 증거하기 위해서였다. “아론의 싹 난 지팡이”(민 17:1-13 참조). 아론의 지팡이에 싹이 났던 일은 아론이 참된 대제사장이라는 사실을 반역자들에게 증거하기 위한 것이었다. “언약의 돌판들”(참조. 출 25:16; 신 10:1-2). 크리소스톰은 말하기를 “이같이 법궤 안에 보관된 몇 가지는 이스라엘의 반역 행위를 과거의 교훈으로 기억하게 하는 의의(意義)가 있는 것들이다. 곧 ‘만나’는 그들이 원망한 사건을 기억시키고, ‘아론의 지팡이’는 그들이 아론을 시기한 사건을, ‘돌판들’은 그들이 우상을 만들었던 사건을 기억시킨다.” 라고 하였다.

* * * * *

{특별참고}

9:4의 난제 해설

얼핏 보면 4절 말씀에 몇 가지 난제들이 있다. 그러나 브루스(F. F. Bruce)에 의하면, 이 난제들도 다음과 같이 쉽게 해결된다.[38]

첫째, “향로”로 번역된 헬라어 “튀미아테리온”(θυμιατήριον)은 ‘향단’을 의미한다. 헬라어에 “향로”란 뜻이 있는 말은 “퓌레이온”(πυρεῖον)이다(70인역,

38) The Epistle to The Hebrews, 1977. 184-189.

레 16:12; 민 16:6, 17-18, 37-39, 46). 그렇다면 이것은 향을 두는 단을 가리키는데 필론(Philo)도 이것을 '향단'이란 뜻으로 사용한 바 있다.[39] 그런데 여기서 난제가 되는 것은 향단이 성소에 있었는데(출 30:6) 히브리서 본문은 그것이 지성소에 있다고 말한 점이다. 그러나 이 문제는 다음과 같이 해결된다. 왕상 6:22을 보면, 향단은 지성소에 속한다고 하였다. 곧 "내소에 속한 제단의 전부를 금으로 입혔더라"고 하였다. 그뿐 아니라 히브리서 본문의 "있고"란 말(ἔχουσα)은 '가진다'(having)는 뜻이므로 향단이 성소에 있으면서도 지성소에 속해 있음을 보여 준다. 이 향단은 대속죄일에 지성소 사역에만 중요하게 사용된다.

둘째, "그 안에 만나를 담은 금항아리와 아론의 싹 난 지팡이"가 있다고 하였는데, 여기서 문제가 되는 것은 "그 안에", 곧 "언약궤 안에"(법궤 혹은 증거궤 안에)란 말이다. 출애굽기 16:34과 민수기 17:4을 보면, 만나 항아리와 싹 난 지팡이는 증거궤 앞에 놓여 있었다는 인상을 준다. 그러나 이 문제도 다음과 같이 해결된다. 곧 출애굽기 16:34의 "증거판 앞에"란 말이나 민수기 17:4의 "증거궤 앞에"란 말의 히브리어(לִפְנֵי הָעֵדֻת)는 똑같이 '증거 앞에'란 뜻이다. 즉 언약궤 안에 있는 "증거"("언약의 돌판들", 곧 십계명을 기록한 증거판들) 앞에 두었다는 것이니, 그것들이 언약궤 안에 있었던 것이 분명하다.

셋째, 또 한 가지 문제가 되는 것은, 역대하 5:10과 열왕기상 8:9을 보면, "궤(언약궤) 안에는 두 돌판 외에 아무 것도 없으니"라고 하였는데, 이것이 히브리서 본문과 어떻게 조화될 수 있는가 하는 것이다. 그러나 이 문제는 쉽게 해결된다. 곧 이스라엘이 가나안땅에 들어갈 때에는 언약궤가 이런 것들을 포함하였으나, 후에 이스라엘이 블레셋에게 언약궤를 빼앗겼던 일이 있었으므로(삼상 4:21), 이런 것들이 원수의 손에 의하여 없어졌을 수 있다.

---

39) Who is Heir of Divine Things? 226; Life of Moses, II, 94,101.

5 **그 위에 속죄소를 덮는 영광의 그룹들이 있으니 이것들에 관하여는 이제 낱낱이 말할 수 없노라.** 이 말씀은 법궤 위에 영화로운 그룹들이 있어서 속죄소, 곧 시은소를 덮었다는 말이다. "속죄소"는 법궤를 가리는 것으로서, 금으로 만든 것이다(출 25:17 참조). 히브리 원어로는 카포레트(כַּפֹּרֶת)라고 하며 "덮는 것"(covering)을 의미한다. 그러므로 그것은 죄를 가려 주는 일을 하는 장소, 곧 속죄소를 가리킨 적당한 명사이다. "그룹들"은 하나님의 보좌에 둘러 있는 영물들이며(계 4:6-8), 거기 하나님께서 임재하고 계심을 상징한다(출 25:18 참조).

* * * * *

{특별참고}

성소와 지성소의 비품에 대한 루터의 해석

루터는 성소와 지성소 비품의 상징적 의미를 말했다. 그중 몇 가지는 틀림없어 보인다. 예를 들면, 등대의 "일곱 등"은 하나님의 말씀을 상징한다고 하였고(벧후 1:19), "진설병"은 원수 앞에서 성도를 도와주시는 하나님의 위로의 상징이므로(시 123:5), 성찬과 관련된 것이라고 하였고, "속죄소"는 그리스도를 상징한다고 하였고(롬 3:25), "휘장"은 그리스도의 몸을 상징한다고 하였다(히 10:20 하반).

그러나 그 밖의 몇 가지는 억지스러운 해석이라고 생각된다. 예를 들면, "법궤"는 썩지 않는 아카시아나무로 제조되었으므로, 이것은 부패하지 않은 동정녀에게서 탄생하신 그리스도를 상징한다고 한 것과, "아론의 싹 난 지팡이" 역시 임신할 수 없는 동정녀에게서 탄생하신 그리스도를 상징한다

고(사 11:1) 한 것 등이다.[40)]

6-10절. 구약 시대 제사의 성격.

6-7 이 모든 것을 이같이 예비하였으니 제사장들이 항상 첫 장막에 들어가 섬기는 예식을 행하고 오직 둘째 장막은 대제사장이 홀로 일 년에 한 번 들어가되 자기와 백성의 허물을 위하여 드리는 피 없이는 아니하나니. 이 구절들은 앞(1-5절)에서 진술한 것과 같은 성소(첫 장막)와 지성소(둘째 장막)의 요점을 말한다. 곧 성소에는 제사장들이 들어갈 수 있고, 지성소에는 대제사장만 1년에 한 번 들어갈 수 있다는 것이다. 이것은 구약 시대의 경건의 특징을 말해 준다. 곧 하나님께서 그때도 죄인들을 오라고 부르셨지만 그들이 너무 가까이 가는 것은 허락하시지 않았다(Andrew Murray). 이와 같은 제한은 예수 그리스도께서 십자가에 죽으심으로 폐지되었다. 그가 십자가에서 운명하신 때에 성소의 휘장이 위에서부터 아래까지 찢어져 지성소로 통하는 길이 열리게 된 사실은 이 제한이 폐지된 것을 상징한다(마 27:51).

"대제사장이 홀로 일 년에 한 번 들어가되." 여기서 "일 년에 한 번"이란 것은, 대제사장이 대속죄일에 한 번 이상 지성소에 들어간 사실을 부인하는 것이 아니다(레 16:12, 16). 이런 어법은 그날 하루에 몇 차례 지성소에 출입한 것을 하나의 행동으로 본 표현이다.

"피 없이는 아니하나니." 본 장에 "피"(αἷμα)라는 말이 열두 번 나온다. 그만큼 히브리서의 저자는 구약 시대 제물의 요점이 "피"라는 사실을 지적한다. 그는 그 피가 오실 그리스도의 보혈을 상징한다고 생각하였을 것이다(히 9:14; 10:1).

8 성령이 이로써 보이신 것은. 이 문구의 헬라어(τοῦτο δηλοῦντος τοῦ

---

40) Luther's Works, Vol. 29, 1968, 200-203.

πνεύματος τοῦ ἁγίου)는 "성령이 보이시는 것은 이것이니 곧"이라는 말이다. 구약의 성막 제도(후에 성전 제도)와 제사 제도는 성령님의 지시대로 된 것이다. 모세는 성막에 대한 지시를 보았고(8:5), 다윗은 성전에 대한 지시를 보았다(대상 28:12). 이같이 구약 시대에도 여호와의 종교는 계시 의존적인 성격을 지녔다. 참된 종교에서 신앙이란 것은 초자연을 상대한다. 이 세상과 인간 수준의 것들은 우리가 의지할 것이 되지 못한다.

첫 장막이 서 있을 동안에는 성소에 들어가는 길이 아직 나타나지 아니한 것이라. 다시 말하면, 구제도의 제사로는 하나님과 사람과의 완전한 교제가 성립될 수 없게 하는 것이 성령님의 뜻이었고, 또 그렇게 계시된 것이다. 그 당시 대제사장만은 지성소에 들어갈 수 있었지만 그것 역시 몇 가지 엄격한 제한 아래에서 가능하였다(7절). 여기서 "첫 장막"은 성전 전체를 가리키지 않고 지성소(혹은 내소)에 들어가기 전 일반 제사장들이 사역하는 장소이다. 그것이 서 있는 것은 하나님께 나아가는 길이 제한되어 있다는 의미이다(6-7절 참조). 그리고 여기에 "성소"로 번역된 헬라어(τῶν ἁγίων)는 "지성소"로 개역되어야 한다.

9 이 장막은 현재까지의 비유니 이에 따라 드리는 예물과 제사는 섬기는 자를 그 양심상 온전하게 할 수 없나니. 여기서 "현재까지의"란 말의 헬라어(εἰς τὸν καιρὸν τὸν ἐνεστηκότα)를 바로 번역하면 "현시대를 향한"(혹은 현시대를 위한)이다. 그러므로 이 문구의 의미는 구제도의 제사와 그 설비가 현시대, 곧 신약 시대의 그것을 예표하는 비유라는 것이다.

"섬기는 자를 그 양심상 온전하게 할 수 없나니." "양심"(συνείδησιν)이란 말은 10절의 "육체"(σαρκός)란 말과 대조되는 것으로, 외모("육체")와 반대되는 심령을 가리킨다고 할 수 있다. 구제도의 제사 예법은 심령 깊은 데까지 구속을 실현하지 못하였다. 이 말씀은 구약 시대 신자들이 구원을 받지 못했다는 의미가 아니다. 다만 구제도의 사역 성격이 비교적 불완전하다는 것뿐이다.

10 이런 것은 먹고 마시는 것과 여러 가지 씻는 것과 함께 육체의 예법일 뿐이며 개혁할 때까지 맡겨 둔 것이니라. "먹고 마시는 것", "여러 가지 씻는 것"은 구약의 모든 예법에 관한 것이니, 레위기 10:9, 11:25, 28, 16:4, 24, 민 6:3, 8:7, 19:17, 시편 119:4을 참조하라. 구약의 종교 행사들은 이런 모든 예법들과 일례로, 육체의 예법(형식적 제도)에 불과하다. 이것은 신약 제도(참 것, 즉 실체)를 예표하다가 그 실체가 올 때에 발전적으로 해소된 것이다.

"개혁할 때까지 맡겨 둔 것이니라." 여기서 "개혁"이란 말로 번역된 헬라어(διόρθωσις)는 "새로운 질서"라고 번역될 수 있다(F. F. Bruce). "맡겨 둔 것"으로 번역된 헬라어(ἐπικείμενα)는 "실시한 것" 혹은 "설치한 것"으로 개역되어야 한다.

11-14절. 그리스도께서 이루신 영원한 속죄.

① 대제사장으로서 사용하신 장막(11절), ② 그의 속죄제물인 그의 피(12상), ③ 그가 들어가신 지성소(12하), ④ 그 속죄제의 효과(13-14절).

11 그리스도께서는 장래 좋은 일의 대제사장으로 오사 손으로 짓지 아니한 것 곧 이 창조에 속하지 아니한 더 크고 온전한 장막으로 말미암아. 그리스도께서는 장래의 아름다운 일 곧, 신약적 구원의 대제사장으로 오셨다는 말씀이다. 여기서 "장래"란 말(μελλόντων)은 시내산 사본(א)이 지지하는데, 사본상 차이가 있는 말이다. 어떤 사본(B, Syr)은 이 말 대신에 "이루어진"(γενομένων)이라고 했는데, 곧 예수 그리스도로 말미암아 이미 이루어진 구원을 가리킨다. 웨스트코트(Westcott)는 이것을 채용했다.

"손으로 짓지 아니한… 장막." 칼빈은 이 "장막"이 "그리스도의 몸"이라고 하였다. 그러나 다른 학자들은 이 문구가 하나님이 계신 "하늘 성전"을 의미한다고 말한다.[41] 그리스도께서 대속의 제물로 자기 자신을 드리시고 또 부활 승천하셔서 하늘 성전에서 우리를 위해 계속 기도하신다.

12 염소와 송아지의 피로 하지 아니하고 오직 자기의 피로 영원한 속죄를 이루사 단번에 성소에 들어가셨느니라. "영원한 속죄를 이루사 단번에 성소에 들어가셨느니라." 이 문구는 다음과 같이 개역되어야 한다. 곧 "영원한 대신 속죄를 이루신 후에 단번에 지성소에 들어가셨느니라." 레위 계통의 대제사장은 일 년에 한 번 지성소에 들어가곤 하였다. 그가 지성소에 들어가기 전에 먼저 하는 일은 희생제물의 피로 속죄를 이루는 것이었다(레 16:3-28). 그와 같이 예수님도 먼저 자기의 피(죽으심)로 하나님 백성의 속죄를 완성하신 후 다시 살아나셔서 승천하셨다. 그것이 하늘 지성소에 들어가신 행동이다. "단번에"(ἐφάπαξ)란 말은 중요하다. 이것은 그리스도의 속죄사역의 절대완전성을 말해 준다. 그 제물은 완전하므로 중복적으로 드릴 필요가 없고, 단회적 헌납으로 영원한 효과를 가진다.

13-14 염소와 황소의 피와 및 암송아지의 재를 부정한 자에게 뿌려 그 육체를 정결하게 하여 거룩하게 하거든 하물며 영원하신 성령으로 말미암아 흠 없는 자기를 하나님께 드린 그리스도의 피가 어찌 너희 양심을 죽은 행실에서 깨끗하게 하고 살아 계신 하나님을 섬기게 하지 못하겠느냐. 이 구절들은 제물로서의 예수님 자신의 가치에 대하여 설명하고 있다. "염소와 황소의 피"는 속죄제물의 요점이었다(레 1:5). 그리고 "암송아지의 재"는 시체를 만진 사람을 정결케 하는 예식에 사용되었다(민 19장). "육체를 정결케" 한다 함은 외형적이고 의식적인 정결을 의미한다.

"영원하신 성령"(πνεύματος αἰωνίου)이란 말은 "영원하신 영"이라고 개역되어야 한다. 이 말은 그리스도의 신성(神性)을 가리킨다(Delitzsch). 그리스도에게는 신성과 인성이 있는데, 그 위격의 주체는 신성이시다. 죽음을 당하

---

41) Philp E. Hughes, Commentary on The Epistle to The Hebrews, 1977, 289-290.

신 예수님의 주체적 격위는 그의 신성, 곧 하나님 자신이시다. 그리스도의 수난은 한 인간으로서의 수난이 아니라 하나님으로서의 수난이므로, 그 속죄의 효과가 무한하다. 한 사람의 희생은 무수한 동물들의 희생보다 귀하고, 하나님 아들(신성을 주격으로 하신 예수님)의 죽음은 무수한 인간들의 죽음보다 비교할 수 없이 귀한 희생의 가치를 가진다.

"너희 양심을 죽은 행실에서 깨끗하게 하고." 곧 양심의 정화는 앞 절에서 말한 육체적 정화와 대조되는 것이다. 구약 시대의 육체적 정화는 신약 시대에 얻을 영적 정화를 예표하던 의식적 정화로 성립되었던 것이다. "양심"이란 말에 대하여는 9절에 있는 해석을 참조하라.

"죽은 행실"이란 말은 죄로 인하여 죽은 상태(엡 2:1)에서 나오는 행실이다. 그것은 모든 부패한 생각과 말과 행동을 말한다. 이 "죽은 행실에서 깨끗하게" 한다 함은, ① 대속적 정화, 곧 칭의의 정화를 중심 요소로 한 것이다. 구약의 제사 제도에서 얻는 정화도 이런 대속적 의미가 있다. 따라서 그것의 완성인 신약의 제사 제도에서 얻는 정화가 대속적 요소를 제외할 리 없다. ② 주관적 정화, 곧 성령으로 말미암아 죄인에게 실현되어 가는 성화이다.

"살아 계신 하나님을 섬기게 하지 못하겠느냐." 살아 계신 참하나님은 우상과 달라서 죄인들이 다가갈 수 없다. 그들은 먼저 예수님의 피를 믿어 죄 문제를 해결받은 후에 살아 계시고 참되신 하나님께 나올 수 있다. 예수 그리스도의 보혈로 죄 사함을 받은 자들은 누구나 하나님께 나아갈 수 있고 또 그를 섬길 수 있다.

예수님의 피의 능력에 대하여는 성경이 수없이 말씀한다. 그 피는

① 우리를 구속하셨고(벧전 1:19), ② 우리가 서로 가까워지게 하였고(엡 2:13), ③ 우리를 죄에서 해방하였고(계 1:5), ④ 우리로 하여금 하나님과 화목하게 하였고(골 1:20), ⑤ 우리를 의롭다 하시게 하였고(롬 5:9), ⑥ 우리를 모든 죄에서 깨끗케 하였고(요일 1:7), ⑦ 우리를 거룩하게 하였고(히 13:12),

⑧ 우리가 승리하게 하였고(계 12:11), ⑨ 우리의 죄 사함을 성립시켰다(마 26:28). 그 죄 사함은 완전한 사죄니 ① 하나님께서 그 피를 믿는 우리의 죄를 기억도 안 하시리라 하였고(렘 31:34), ② 우리의 죄를 동(東)이 서(西)에서 먼 것같이 멀리 치워 버리신다 하였고(시 103:12), ③ 우리의 죄를 그의 등 뒤에 던지신다 하였고(사 38:17), ④ 우리의 죄를 완전히 도말하신다 하였고(사 44:22), ⑤ 우리의 죄를 깊은 바닷속에 던지신다 하였고(미 7:19), ⑥ 우리의 죄를 찾을지라도 발견되지 않도록 처분하신다 하였고(렘 50:20), ⑦ 우리의 죄를 가리워 주신다고 하였다(시 32:1).[42]

하나님을 섬기는 것은 인생의 유일한 목적이요, 최대의 복락이요, 또 최고의 특권이다. 하나님께서 이것을 위하여 인간을 지으셨고, 또 이것을 위하여 인간을 구속하셨다(창 1:27; 계 22:3).

15-22절. 이 구절들은 예수님께서 중보자(언약을 맺을 때 중개적으로 관여하는 인물)로서 새 언약을 확고 불변하게 세우신 것을 말한다. 앞(13-14절)에 있는 대로 예수님의 피는 죄인들을 완전히 대속하신다. 그리하여 예수님으로 말미암아 하나님과 사람 사이에 새로운 언약이 확고히 성립되었으며 율법으로 정죄되었던 사람을 구원하시는 일을 완성하셨다.

15 이로 말미암아 그는 새 언약의 중보자시니 이는 첫 언약 때에 범한 죄에서 속량하려고 죽으사 부르심을 입은 자로 하여금 영원한 기업의 약속을 얻게 하려 하심이라. "이로 말미암아 그는 새 언약의 중보자시니." 곧 예수님께서 그의 보배로운 피를 흘리셨으므로 하나님과 사람 사이의 새 언약을 성립시킨 중보자가 되셨다는 말이다. 그는 대제사장이 되실 뿐 아니라(11-14절), 중보자가 되신다.

"첫 언약 때에 범한 죄"란 문구(τῶν ἐπὶ τῇ πρώτῃ διαθήκῃ παραβάσεων)에

42) Moody, Notes from My Bible, 184, 196-197.

대해 웨스트코트(Westcott)는 이것을 구약 시대의 범죄로 보지 않고, 어느 시대 어느 나라 사람이든지 하나님이 주신 율법을 거역한 범행을 가리킨다고 하였다. "부르심을 입은 자"는 유효하게 하늘의 부름을 받은 자(3:1), 곧 택한 백성을 가리킨다. 그리스도의 중보역사는 오직 택한 백성을 상대로 하신다. "영원한 기업"에 대하여는 1:2 해석을 참조하라. 택한 백성은 그리스도와 연합했으므로 그의 기업에 동참한다(롬 8:11). 그 기업은 내세의 복된 생명과 천국을 가리킨다.

16-17 유언은 유언한 자가 죽어야 되나니 유언은 그 사람이 죽은 후에야 유효한즉 유언한 자가 살아 있는 동안에는 효력이 없느니라. 유언으로 번역된 헬라어(διαθήκη)는 히브리서의 사상에 비추어 "언약"으로 번역하는 것이 합당하다. 16-22절까지는 그리스도의 중보역사가 피(죽음)로 실행되어 하나님과 사람 사이의 새 언약을 확고 불변하게 보증하셨다는 것이다. 여기서는 "피"라는 것으로 언약의 불변성을 보장한다. 피는 그 언약의 책임자의 죽음을 상징한다. 언약하고 죽은 자는 맺어진 언약을 변경시킬 수 없다. 그리스도께서 죽으신 것은 그가 하나님과 사람 사이에 맺어 주신 새 언약의 영구불변을 확보하는 의미도 가진다. 우리는 이같이 변하지도 않고 썩지도 않는 언약 아래에서 영생의 복을 얻게 되었다.

18-22 이러므로 첫 언약도 피 없이 세운 것이 아니니 모세가 율법대로 모든 계명을 온 백성에게 말한 후에 송아지와 염소의 피 및 물과 붉은 양털과 우슬초를 취하여 그 두루마리와 온 백성에게 뿌리며 이르되 이는 하나님이 너희에게 명하신 언약의 피라 하고 또한 이와 같이 피를 장막과 섬기는 일에 쓰는 모든 그릇에 뿌렸느니라 율법을 따라 거의 모든 물건이 피로써 정결하게 되나니 피흘림이 없은즉 사함이 없느니라(참조. 출 24:4-8; 레 16:14-15). 이 구절들은 모세가 시내산 아래에서 하나님이 지시하신 언약(혹은 계약)을 세울 때 행한 일을 염두에 두고 한 말씀이다. 그 언약 때에 피를 뿌림은 무엇을 의미하는가? 스미스(Robertson Smith)는 이것을 하나님과 그 백성의 연합

을 의미한다고 하였다. 그가 이같이 해석하는 이유는, 그 계약 당시 희생제물의 피 절반은 제단에 뿌리고(출 24:6, 8), 나머지 절반은 백성에게 뿌렸기 때문이다. 그러나 보스(Geerhardus Vos)는 다음과 같이 정확한 의견을 발표하였다. "만일 그 희생의 피가 하나님과 사람의 연합을 의미한다면, 그 피를 반씩 제단과 백성에게 뿌리는 의식 사이에 다른 순서, 곧 언약서를 백성에게 낭독하고, 순종 서약을 받는 순서를 끼워 넣을 이유가 있겠는가? 그러므로 스미스(Smith)의 견해는 수용하기 어렵다. 이 희생의 피는 차라리 죄의 장벽을 소멸(속죄)하는 의미를 가진 것이다."라고 하였다. 이것이 전통적인 해석이다. 피를 먼저 제단에 뿌려 백성의 죄의 장벽을 소멸한 뒤에, 그들이 여호와께 나아갈 수 있다(출 19:22).

23-28절. 그리스도의 완전하신 속죄.

① 그리스도께서 그 피로 먼저 하늘의 모든 것들을 정화하신다(23절). 그리스도께서 들어가신 성소는 하늘이다(24절). ② 그리스도께서 하나님 앞에 드리신 제물은 자기 자신이다(24절). ③ 그리스도께서 거기 들어가시는 횟수는 단 한 번이다(25-28상). ④ 그리스도께서는 필연적으로 돌아오실 것(영광으로 다시 세상에 오심)이다.

23 그러므로 하늘에 있는 것들의 모형은 이런 것들로써 정결하게 할 필요가 있었으나 하늘에 있는 그것들은 이런 것들보다 더 좋은 제물로 할지니라. "하늘에 있는 것들의 모형"은 구약 시대의 성막과 기구들과 백성이다. 그것들은 송아지와 염소의 피 같은 것으로 깨끗해졌다. "하늘에 있는 그것들"(αὐτὰ δὲ τὰ ἐπουράνια). 이것들은 하늘에 속하는 모든 것들이니 곧 하늘에 가기로 되어 있는 땅 위의 교회 및 하늘의 성소를 가리킨다. 대제사장 예수님은 그 피로써 하늘에 올라갈 모든 백성을 "정결케" 하시고, 하나님과 화목하게 하신다. 또한 하늘의 성소 자체는 불결하지 않지만 그곳에 갈 사람들(죄인이었던 자들)과의 관계 때문에

그곳도 그리스도의 피로 정결케 하신다. "더 좋은 제물"은 예수님의 피를 가리킨다.

24 그리스도께서는 참 것의 그림자인 손으로 만든 성소에 들어가지 아니하시고 바로 그 하늘에 들어가사 이제 우리를 위하여 하나님 앞에 나타나시고. 헬라어 원문에는 이 구절 앞부분에 "왜냐하면"(γάρ)이란 이유접속사가 있다. 그 이유의 내용이 그다음에 나온다. "그리스도께서는 참 것의 그림자인 손으로 만든 성소에 들어가지 아니하시고." 이 말씀의 헬라어 원문(οὐ γὰρ εἰς χειροποίητα εἰσῆλθεν ἅγια χριστός, ἀντίτυπα τῶν ἀληθινῶν)은 "왜냐하면 그리스도께서 손으로 만든 성소, 곧 참 것들의 모형에 들어가지 아니하시고"라고 개역해야 한다. 이것은 예수님께서 부활 승천하신 것을 염두에 두고 하는 말씀이다.

"우리를 위하여 하나님 앞에 나타나시고." 그가 "하나님 앞에 나타나심"은 우리를 대신하여 그 자신을 하나님 앞에 헌납하심이니, ① 인간 된 우리가 하나님과 화목하게 하시기 위해 하나님 앞에 우리를 대표하여 열납되심이고, ② 하나님 앞에서 우리를 위하여 대신 기도하시는 자가 되심이다.

25-27 대제사장이 해마다 다른 것의 피로써 성소에 들어가는 것 같이 자주 자기를 드리려고 아니하실지니 그리하면 그가 세상을 창조한 때부터 자주 고난을 받았어야 할 것이로되 이제 자기를 단번에 제물로 드려 죄를 없이 하시려고 세상 끝에 나타나셨느니라 한 번 죽는 것은 사람에게 정해진 것이요 그 후에는 심판이 있으리니. 예수님은 완전 무궁하신 속죄 제물의 가치를 가지신 분이므로 많은 사람들을 대신하셨어도 여러 번 속죄의 죽음을 당하실 필요가 없었다. 그는 한 번의 죽으심으로 많은 사람들이 받을 심판을 대신 담당하셨다. 그것은 마치 마땅히 죽을 인생이 한 번만 죽음으로 심판대 앞에 서는 것과 유사하다. 많은 인류의 대표자이신 예수님의 그 한 번 죽으심의 가치는 그 많은 사람의 죽음을 대신 담당하시고도 남는다. 그러므로 그의 속죄의 죽음은 말세(신약 시대, 히 1:1)에 한 번만으로 족하다.

28 이와 같이 그리스도도 많은 사람의 죄를 담당하시려고 단번에 드리신 바 되셨고 구원에 이르게 하기 위하여 죄와 상관 없이 자기를 바라는 자들에게 두 번째 나타나시리라. "이와 같이"란 말은 사람이 한 번 죽고 그 뒤에는 심판을 받는 것과 같은 원리라는 의미이다. 즉 그리스도께서 한 번 죽으셨으니 그 뒤에 오는 것은 그의 재림이라는 것이다. 그는 심판을 받으시려고 오시는 것이 아니라 심판하시려고 오신다.

"죄와 상관없이"란 말은 그리스도와 관련된 것으로, 곧 그가 재림하실 때에는 그의 백성의 죄를 위하여 고난받으실 필요가 없다는 것이다. 그 이유는, 그가 첫 번째 오셔서 고난을 받으시고 죽으신 것이 하나님의 모든 백성을 속죄하고도 남기 때문이다. "두 번째 나타나시리라." 이 말씀은 대제사장이 지성소에 들어갔다가 다시 밖에서 기다리는 백성들에게로 돌아오듯이, 예수 그리스도께서 다시 하늘로부터 이 땅에 재림하신다는 것이다.

제 10 장

⚜ 내용분해

1. 예수님의 대제사장직에 관한 말씀을 마침(1-18절)
   1) 실물의 그림자 같은 구약의 제사 제도(1-4절)
   2) 예수님의 몸으로 제물을 삼으신 새로운 제도(5-10절)
   3) 하늘에 좌정(座定)하신 대제사장(大祭司長)(11-18절)

2. 실제적 권면의 일부(19-39절)
   1) 믿음으로 담대히 하나님께 나아갈 것(19-25절)
   2) 퇴보와 타락의 위험(26-31절)
   3) 전날과 같이 핍박 중에 담대하며, 참으며, 믿으라고 함(32-39절)

⚜ 해석

1-4절. 실물의 그림자 같은 구약의 제사 제도.

1 율법은 장차 올 좋은 일의 그림자일 뿐이요 참 형상이 아니므로 해마다 늘 드리는 같은 제사로는 나아오는 자들을 언제나 온전하게 할 수 없느니라. 여기서 "장차 올"이란 말은 구약 시대 율법의 견지에서 측정된 미래이다. 오늘(신약 시대) 우리에게는 이미 지나간 과거가 된다(그리스도 사건). "좋은 일의 그림자" 곧 구약 계시인 율법은 예수님의 신약 구원운동의 그림자란 말이다. "그림자"가 컴컴하고 희미하게 실물을 나타내는 것처럼, 율법(구약 계시)은 신약 계시를 희미하게 예표한다. 특별히 구약에서 제물을 드린 법은, 신약의 그리스도로 말미암은 진정한 속죄를 예표해 준 정도이다.

"나아오는 자들을 언제나 온전하게 할 수 없느니라." 곧 실체로 오신 그리스도 없이 구약의 예표적 제도만으로는 하나님께 나아오는 자들의 속죄를 완전히 이루지 못한다는 것이다.

2 그렇지 아니하면 섬기는 자들이 단번에 정결하게 되어 다시 죄를 깨닫는 일이 없으리니 어찌 제사 드리는 일을 그치지 아니하였으리요. 앞 절에서 말한 사실이 참되지 않다면, 하나님의 성전에 나아와 제물을 드린 자들이 한 번 제물을 드린 것만으로 완전히 속죄되었을 것이라는 가상논법이다. 그러나 앞 절에서 말한 바와 같이 율법은 완전히 속죄하지 못한다.

"죄를 깨닫는 일이 없으리니." 여기서 "죄를 깨닫는"다 함은, 헬라어대로 "죄들에 대한 양심을 가지는 것"(ἔχειν ἔτι συνείδησιν ἁμαρτιῶν)이라고 할 수 있다. 이것은 죄로 인하여 받을 벌에 대한 근심을 의미한다. 신약 시대에 그리스도의 속죄를 믿는 자는 이런 근심을 가지지 않아야 한다. 만일 근심한다면 그것은 그리스도의 속죄사역을 무효로 돌리는 불신앙이다. 그렇다고 해서 신자가 죄를 두려워하지 않고 방심해도 된다는 것은 아니다. 그는 마땅히 죄를 미워하고, 또 두려워해야 하지만, 그것에 대한 해결책을 완전히 얻지 못한 것처럼 끝없는 근심에 빠지지는 말아야 한다. 그러나 구약 시대에는 죄에 대한 근본적 해결 방침이 아직 완전히 계시되지 않았으므로, 죄벌로 인한 근심이 끝이 없어서 제물 드리기를 거듭하게 된 것이다.

3 **그러나 이 제사들에는 해마다 죄를 기억하게 하는 것이 있나니.** 곧 구약 시대에는 대제사장이 1년에 한 번 대속죄의 제사를 드릴 때 백성은 그 해에 지은 죄를 기억하고 그것을 속죄하도록 하였다. 그것은 예수님께서 단번에 죽으셔서 모든 죄를 속량하신 것과 다르다. 예수님은 해마다 우리의 죄를 대속하시기 위하여 죽으실 필요가 없다(9:25-26).

4 **이는 황소와 염소의 피가 능히 죄를 없이 하지 못함이라.** 이것은 앞 절의 이유를 보여 준다. "황소와 염소의 피"는 장차 오실 예수 그리스도의 피를 예표적으로 상징할 뿐, 속죄의 실제적 효과를 완전히 가져오지는 못한다. 그것들은 주로 외형적인 정결을 성립시킬 뿐이었다(9:13). 외형적인 정결은 영적인 것을 상징하는 것이므로, 참 것의 그림자가 될 뿐이다(9:23; 10:1).

5-10절. 이 부분에서는 옛 제사장의 불완전함 때문에 새 제사장(예수님)이 오시게 된 사실을 말씀한다.

5 **그러므로 주께서 세상에 임하실 때에 이르시되 하나님이 제사와 예물을 원하지 아니하시고 오직 나를 위하여 한 몸을 예비하셨도다.** "세상에 임하실 때에"(εἰσερχόμενος εἰς τὸν κόσμον)란 말씀은 그리스도가 육신을 입으실 때부터 세상에 계시는 시대를 가리킨다. 이 구절부터 7절까지 인용된 시 40:6-7 말씀은 다윗이 예수 그리스도의 예표적 모형인 처지에서 말한 것이다. 그러므로 히브리서 저자는 그것을 예수 그리스도의 자기증언처럼 인용했다.

"제사와 예물을 원하지 아니하시고." 이것은 하나님께서 구약 시대에 세우신 의식적 제사 제도의 임시적 필요성을 부인하신다는 의미가 아니라 다만, ① 다윗이 보기에 하나님께서 우리의 의식적 제사보다는 순종을 기뻐하신다는 뜻이며, ② 의식적 제사는 신약 시대의 제사 제도처럼 영적인 역할을 할 수 없다는 측면에서 그것의 무효를 말한 것이다.

“나를 위하여 한 몸을 예비하셨도다.” 이 문구는 시편 40:7의 인용인데 그 히브리 원문(אָזְנַיִם כָּרִיתָ לִּי)을 직역하면, “당신께서 내 귀를 뚫었나이다”이다. 이것은 영원히 종노릇하기를 원하는 자의 귀를 송곳으로 뚫는 풍속에 대한 관용구다(출 21:6 참조). 곧 그리스도의 예표인 다윗은 하나님의 종으로 순종하기를 원하였고, 또 하나님은 다윗이 그렇게 하도록 그를 사용하셨다는 의미이다.

히브리서의 저자는 이 문구를 70인역(LXX)대로 인용한 것인데, 얼핏 보면 그 뜻이 히브리 원문과 판이하다. 그러나 해석가들은 두 문구를 조화시켜 말하기를, 70인역에서 “몸을 예비 하셨도다”라고 한 것은 종의 몸(귀를 송곳으로 뚫는 몸)을 이루어 주셨다는 의역이라고 한다. 이것은 오실 그리스도를 예표하는 시구다. 그리스도께서 성육신하심으로 종의 형상을 이루신 것이다(빌 2:7).

6 번제와 속죄제는 기뻐하지 아니하시나니. 다윗의 시대에도 이런 번제와 속죄제물을 하나님께 드리는 일이 계속되었다. 그러나 그것이 오용될 때 다윗은 그것을 무용한 것으로 생각하였다. 이러한 다윗의 사상은 구약 시대의 외형적 제사 행위를 바르게 판단한 것이다. 곧 그 당시의 번제와 속죄제를 하나의 상징으로 보고, 장차 올 영적인 것을 예언하는 것으로 간주해야 한다.

7 이에 내가 말하기를 하나님이여 보시옵소서 두루마리 책에 나를 가리켜 기록된 것과 같이 하나님의 뜻을 행하러 왔나이다 하셨느니라. 여기서 “내가”란 것은 다윗으로 예표된 그리스도 자신을 가리킨다.“두루마리 책”은 무엇을 의미하는가? 칼빈은 이것을 율법책이라고 하였다. 그리스도께서는 율법 아래 나시고 또 우리를 대신하여 율법을 완수하시기 위하여 이 세상에 오셨다.

8-9 위에 말씀하시기를 주께서는 제사와 예물과 번제와 속죄제는 원하지도 아니하고 기뻐하지도 아니하신다 하셨고 (이는 다 율법을 따라 드리는 것이라) 그 후에 말씀하시기를 보시옵소서 내가 하나님의 뜻을 행하러 왔나이다 하셨으니 그 첫째 것을 폐하심은 둘째 것을 세우

려 하심이라. 이 구절들은 앞에 인용된 다윗의 시를 해설한다. 곧 그 다윗의 시(40:6-7)는 그리스도께서 구주로 오실 것을 예언한 것이다.

"내가 하나님의 뜻을 행하러 왔나이다 하셨으니." 이 말씀은 그리스도께서 그 백성을 대신하여 하나님의 뜻을 실행하러 오신다는 것을 예언한다. 인류가 멸망하게 된 원인은 하나님의 뜻을 거역했기 때문이다. 그러므로 이제 그들이 구원받을 길은 대속자가 와서 그들을 대신하여 하나님의 뜻을 행하시는 것뿐이다. 참된 행복과 구원은 오직 하나님의 뜻을 순종하는 데 있다. 그리스도께서는 과연 이 예언대로 오셔서 자기 생명을 버리시기까지 하시며 하나님의 뜻에 순종하셨다(마 26:39).

"그 첫째 것을 폐하심은 둘째 것을 세우려 하심이라." "첫째 것"은 구약 시대의 의식적 제사 제도를 가리키고, "둘째 것"은 그리스도로 말미암은 영적 제사 제도를 가리킨다. 앞에서 언급한 시편 말씀에, 하나님께서 제사와 예물 등을 기뻐하시지 않는다고 하였는데, 그것은 첫째 것을 폐하시리라는 의미이다. 그리고 "하나님의 뜻을 행하러 왔나이다" 함은 둘째 것, 곧 그리스도로 말미암은 제사 제도가 왔다는 의미이다.

10 이 뜻을 따라 예수 그리스도의 몸을 단번에 드리심으로 말미암아 우리가 거룩함을 얻었노라. "이 뜻을 따라"란 것은 앞에 인용한 시구에서 말한 것처럼, 그리스도를 사람의 몸으로 이 세상에 보내시는 하나님의 뜻을 가리킨다. "단번에 드리심"은 그리스도 자신이 영원한 속죄제물이시므로 그 단회적 헌납이 영원히 효과를 낸다는 의미이다.

11-18절. 하늘에 좌정하신 대제사장 예수.

11-12 제사장마다 매일 서서 섬기며 자주 같은 제사를 드리되 이 제사는 언제나 죄를 없게 하지 못하거니와 오직 그리스도는 죄를 위하여 한 영원한 제사를 드리시고 하나님 우편에 앉으사. "매일 서서." 레위 계통의 제사장들은 매일 분주하게 계속해서 제물

을 드렸다. 이것은 12절의 "그리스도는… 앉으사"라는 말씀과 대조된다.

그리스도께서는 땅 위에서 영원히 효과 있는 단 한 번의 속죄 제사를 드리셨다. 그가 이렇게 사역을 마치신 후 이 일에 무언가를 더하실 일이 없으셨기에 앉으셨다. 때가 이르면 그는 원수(사탄)를 심판하러 오신다. 그때까지는 그가 하나님 우편에 앉아 계신다. 그의 앉으심은 아무것도 하지 않는 것을 의미하지 않고, 다만 더 이상 하나님 백성의 속죄를 위한 수난과 희생과 죽임을 당하시는 일이 없는 영원한 승리를 상징한다.

13 그 후에 자기 원수들을 자기 발등상이 되게 하실 때까지 기다리시나니. "기다리시나니" 예수님께서 "하나님 우편에 앉으"셔서 최후 심판을 기다리시는 이유는 무엇인가? 그는 왜 재림을 서두르지 않으실까? 심판주로서 어떠한 자격이 준비되지 못한 까닭인가? 그런 것이 아니다. 그가 십자가에 못 박혀 죽으신 것이 이미 사탄에 대한 심판이었다(요 12:31; 16:11, 33). 그가 기다리시는 이유는 더 많은 사람들을 구원하시려는(벧후 3:9) 그의 긍휼 때문이다.[43)]

14 그가 거룩하게 된 자들을 한 번의 제사로 영원히 온전하게 하셨느니라. 이 말씀은 10절의 내용을 앞 절의 이유로 삼는다. 헬라어 원문에는 이 구절 앞부분에 "왜냐하면"이란 이유 접속사(γάρ)가 있다. 그러므로 이 구절은 앞 절의 "기다리시나니"라고 한 말씀의 이유문이다. 예수님께서 하나님 우편에 앉으셔서 더 이상 인류의 죄를 대속하기 위한 희생과 고난을 당하실 필요가 없다고 하였는데(13절), 그 이유는, 그가 자기 몸으로 제물을 삼으신 그 한 번의 완전한 제사로 그의 백성을 영원토록 완전히 구속하셨기 때문이다.

"거룩하게 된다" 함은 신자들의 양심문제가 그들의 신앙(예수님의 피를 믿음)으로 해결됨을 가리키고, "온전하게 하심"은 그들이 하나님께 나아가는 데 아무 하자가 없게 되었다는 것이다.

---

43) P.E. Hughes, Commentary on The Epistle to The Hebrews, 1977. 402.

15-17 또한 성령이 우리에게 증언하시되 주께서 이르시되 그 날 후로는 그들과 맺을 언약이 이것이라 하시고 내 법을 그들의 마음에 두고 그들의 생각에 기록하리라 하신 후에 또 그들의 죄와 그들의 불법을 내가 다시 기억하지 아니하리라 하셨으니. 이것은 예레미야 31:33 이하의 인용으로, 예수 그리스도로 말미암은 새로운 제사 제도에 대한 예언이다. "성령이 우리에게 증거하시되." 이 말씀은 성경이 곧 하나님의 말씀 자체라는 확증이다.

"내 법을 그들의 마음에 두고." 여기서 "마음"이란 말로 번역된 헬라어(καρδία)는 "심장"을 의미한다. 심장은 인격의 생명이 되는 한 부분으로, 사랑과 생동력의 원천이라고 할 수 있다. 거기에 하나님의 율법을 받은 자는 그것을 사랑하게 된다. 이 은혜는 특별히 신약적 구원사역에서 주어진다. "생각에 기록하리라." 하나님의 율법이 생각에 기록된다면 영원히 잊혀지지 않을 것이다. 그렇게 된다는 것은 계명을 기꺼이 감내하며 지키려는 사랑의 작용이다(요 14:21). "그들의 죄와 그들의 불법을 내가 다시 기억하지 아니하리라."(참조. 미 7:18-19; 히 8:9-12).

18 이것들을 사하셨은즉 다시 죄를 위하여 제사 드릴 것이 없느니라. 여기서 "이것"이란 말(τούτων)은 "이것들"이라고 직역되었는데, 앞 절에 있는 "그들의 죄와 그들의 불법"을 가리킨다. 이 구절의 뜻은 16-17절에 예언된 것과 같이, 그리스도께서 믿는 자들의 속죄를 완전히 이루셨으므로, 다시는 속죄 제사가 필요하지 않다는 것이다.

19-25절. 여기서는 실제 행위를 권면하면서 당당하게 하나님 앞에 나아가자고 한다.

19 그러므로 형제들아 우리가 예수의 피를 힘입어 성소에 들어갈 담력을 얻었나니. 여기서 "성소"로 번역된 헬라어(τῶν ἁγίων)는 "지성소"라고 개역되어야 한다. 이것은 하늘에 있는 지성소, 곧 하나님이 계신 곳을 가리킨다. 예수님의 피를

힘입어야만 그곳에 담대히 들어갈 수 있다. 그의 피는 "하나님의 피"라고 성경이 말씀한다(행 20:28 참조). 이는 그 피의 값이 무한하고 또 무궁하다는 의미이다(히 7:16). 이런 의미에서 칼빈은 말하기를 "그리스도의 피는 부패하지 않고 아무것도 섞이지 않은 순결로 계속 흐르기 때문에 세상 끝날까지 우리를 만족시킨다." 하였고, 또 말하기를 "그리스도의 피는 하늘과 땅에 퍼져 나가기 위하여 계속 하나님 앞에서 흐른다. 그것이 우리에게 계속 주어지는 그의 생명이다."라고 하였다.[44] 이같이 그리스도의 피가 계속 흐른다는 칼빈의 개념은 영적 의미로 말하는 것이며, 물리적 의미가 아니다.

"담력"이란 말(παρρησία)은 하나님의 성결하신 위엄 앞에서(히 12:19)도 거리낌 없이 당당히 행하는 정신 자세를 가리킨다. 이것은 물론 예수 그리스도의 피 공로 의식에서 비롯된다(참조. 엡 3:12; 히 4:16).

20 그 길은 우리를 위하여 휘장 가운데로 열어 놓으신 새로운 살 길이요 휘장은 곧 그의 육체니라. 이 구절은 신자로 하여금 당당히 하나님께 나아가게 하는 한 가지 근거를 보여 준다. "휘장"은 이 구절 끝에 말씀하신 것과 같이 예수님의 육체를 비유한다. 그렇다면 우리가 하나님 앞으로 담대히 나아가게 하는 길이 이 "휘장 가운데로" 열렸다는 의미는 무엇인가? 그것은 구약 성전의 지성소에 들어갈 때 통과하게 되는 휘장을 염두에 둔 말씀이다. 지성소에 들어가려면 그 휘장을 통과해야만 했던 것처럼, 신자들이 하나님 앞에 나아가려면 예수님의 십자가 공로를 힘입어야만 한다. 예수님이 십자가에 못 박히신 직후에 성전의 휘장이 찢어진 것은 이 뜻을 보여 주기 위한 하나의 상징적 의미가 담긴 사건이다(마 27:51). 이 사건은 신자들이 하나님께 당당히 나아가게 되는 첫째 근거가 된다. "새로운"이란 말(πρόσφατον)은 '신선한'을 의미한다. 이 세상의 모든 길들은 피로하고 괴롭지만, 하늘 가는 길(예수님을 따르는 길)은 바

---

44) Calvin's Commentaries, Hebrews and I&II Peter, 1976, 141.

르게 가기만 하면 갈수록 신선한 맛을 준다. "살 길"이란 말은 생명 없는 규칙이나 의식이 아닌 '살아 계신 예수님 자신'을 가리킨다고 해석된다. 그는 과거의 역사적인 인물이 아니고 다시 살아나신 구주로서 우리의 길이시다(요 14:6). 우리가 그 안에서 그로 말미암아 그와 함께 하늘로 가는 것이다.[45)]

"휘장은 곧 그의 육체." 그리스도의 성육신은 우리로 하여금 하나님을 알게 하는 기이한 사실인 동시에, 인간이 하나님의 거룩하시고 위엄한 빛(히 12:9)에 직접 닿지 않도록 가리우는 휘장과 같다고 생각된다(딤전 6:10 참조). 하나님의 거룩하신 빛이 인간에게 직접 비추이면 인간은 죽는다(출 19:21). 그리스도의 성육신은 우리가 죽음의 위험 없이 하나님을 보게 해 주는 자비로운 휘장이다(요 14:9 참조).

21 또 하나님의 집 다스리는 큰 제사장이 계시매. 이 구절은 신자가 당당히 하나님께 나아가게 하는 둘째 근거를 보여 주는 것으로, 곧 하늘에 대제사장 예수님이 계시다는 것이다. 우리 신자들을 하나님 앞에서 항상 변호하시는 대제사장이 거기 계시는 한, 우리는 하늘 아버지께로 나아가는 데 거리낌이 없다.

22 우리가 마음에 뿌림을 받아 악한 양심으로부터 벗어나고 몸은 맑은 물로 씻음을 받았으니 참 마음과 온전한 믿음으로 하나님께 나아가자. 이 구절은 우리가 하나님께 당당히 나아가게 하는 셋째 근거를 보여 준다. "마음에 뿌림을 받아 악한 양심으로부터 벗어나고 몸은 맑은 물로 씻음을 받았으니." 이 말씀의 헬라어 원문(ῥεραντισμένοι τὰς καρδίας ἀπὸ συνειδήσεως πονηρᾶς καὶ λελουσμένοι τὸ σῶμα ὕδατι καθαρῷ)을 바로 번역하면 이렇다. 곧 "마음에 뿌려 악한 양심을 씻고 맑은 물로 몸을 씻어가지고"라고 한다. 이는 주님의 말씀과 성령으로 인격(마음과 몸)을 정결케 함을 비유한다(겔 36:25-27; 요 15:3). 좀 더 자세히 해석

---

45) P.E. Hughes, Commentary on The Epistle to The Hebtews, 1977, 407.

하면 다음과 같다.

여기서는 하늘 성소(즉 하나님이 계신 곳)에 가는 자의 개인적인 자격 준비에 대하여 말한다. 맑은 물로 마음과 몸을 씻음에 대하여 말하였으니(상반절), 이것은 구약적인 표현을 사용하면서 신약적인 내용을 보여 준다. 구약시대에는 하나님께 나아가는 제사장들이 먼저 자기를 씻는 의식적 순서를 실행하였다(출 29:4, 21; 40:29-32). 이와 같은 예표의 신약적 성취는 그리스도의 피와 성령에 의한 신자들의 성화로 이루어진다. 히브리서 저자는 구약의 외형적인 예표와 신약의 내면적인 성취를 연결시켜 말하였기 때문에 구약적 표현과 신약적 표현이 서로 섞여 나왔다. 이 점에서도 구약과 신약은 하나이고 서로 연결된다.

"참 마음과 온전한 믿음"은 마음과 몸, 즉 전인격이 성령에 의하여 씻음받은 결과로 이루어진다. "참 마음"은 그리스도께 대하여 두 마음이 아닌 순전한 마음(genuine heart)을 갖는 것이며, "중생의 씻음"으로 이룬 것이다(딛 3:5). 그리고 "온전한 믿음"(πληροφορίᾳ πίστεως)은 '믿음의 충만'(fullness of faith)을 의미한다. 이것은 하나님이 계심을 믿을 뿐 아니라(히 11:6), 신자가 그에게로 가는 길이 열려 있음(10:20)을 믿는 믿음이라는 해석이 있다(Marcus Dods). 그러나 그런 분석적인 해석보다 "흔들리지 않는 든든한 믿음"을 의미한다(Philip Hughes).

설교 하나님께로 나아가자(19-22절)

신자가 하나님께로 나아갈 수 있게 하는 방침은 분명하게 계시되어 있다. 그것은 다음과 같다.

1. 예수님의 피를 힘입어 담력을 얻음(19절)

예수님의 피는 사실상 심판주의 피다. 심판주가 나를 위하여 피를 흘려 주셨으니 그 피를 믿는 나를 그가 정죄하시겠는가? 그가 피를 흘리신 목적은 나로 하여금 그를 믿게 하려는 것이다. 그러므로 "믿으라"고 하신 말씀에 응하여 믿는 나를 그가 박대하시지 않는다.

2. 우리가 걸어갈 새로운 살 길이 열렸음(20절)

그 길은 휘장이 위에서부터 찢어져서 열렸으니(막 15:38), 곧 하나님이 여신 길이다. 그러므로 그 길은 하나님께서 우리로 하여금 그에게 나아가도록 우리에게 권세를 주신(authorized) 길이다. 그 길은 바로 예수님을 죽음에 내어 주심으로써 여신 길이다.

3. 하나님의 집에 큰 제사장이 계심(21절)

1) 그는 우리를 도우심. 그가 살아 계셔서 우리를 위하여 기도하시나니(롬 8:34), 우리는 그의 도우심을 받아 하나님께 나아갈 수 있다. 유한하고 죄 많은 인생은 무한한 영적 세계에 대하여 무지하므로, 이 일에 있어서는 무한하시고 살아 계신 하나님 아들의 기도의 도우심을 받아야 한다. 그는 우리의 믿음을 보시고 더욱 도와주신다(마 9:2). 우리가 믿음으로 하늘나라의 길로 가기만 하면 그의 도우심을 받을 수 있다. 그 길을 간다는 것은 우리가 진실하게 그를 믿는 것을 의미한다. 진실한 믿음은 꾸준한 노력과 수난으로 이루어진다. 그 이유는, 그런 단련을 경유해야 인간의 허위성(렘 17:9)이 제거되고 신앙이 순화되기 때문이다. 우리의 대제사장 예수님은 가만히 있으면서 힘쓰지 않는 자들을 돕지 않으신다.

2) 그는 우리가 사모할 분이심(시 73:25). 우리는 큰 대제사장 예수님을 만나 뵙기 위해서라도 고난을 무릅쓰고 하늘 성소에 들어갈 간절한 소원을 품

어야 한다. 그분이 얼마나 좋으신가? 이 세상에서는 찾아볼 수 없는 진실을 그분에게서 만날 수 있으며, 이 세상에서는 찾아볼 수 없는 참된 사랑, 참된 겸손, 참된 능력을 그분에게서 발견할 수 있다.

4. 신자의 개인 자격(22절)

하늘 성전에 들어가려면 신자로서의 자격이 준비되어야 한다. 그것은 그가 예수님의 보혈로 확실히 씻음을 받아 참마음과 온전한 믿음을 가져야 된다는 것이다(22절 해석 참조). 사람은 마음에 없는 일을 하지 못한다. 성령으로 거듭난 자의 마음은 하늘에 속한 마음(heavenly minded)을 가진다. 그는 세상에서 살지만 그 마음은 하나님께 있어야 한다. 산 속 나뭇가지에 앉아 있는 비둘기의 마음이 콩밭에 있는 것과 마찬가지이다. 골 3:2-3은 말하기를 "위의 것을 생각하고 땅의 것을 생각하지 말라 이는 너희가 죽었고 너희 생명이 그리스도와 함께 하나님 안에 감추어졌음이라"고 한다.

23 또 약속하신 이는 미쁘시니 우리가 믿는 도리의 소망을 움직이지 말며 굳게 잡고. 여기서 "미쁘시니"란 말(πιστὸς γάρ)은 "미쁘시므로"라고 개역해야 한다. 하나님의 미쁘심, 곧 그의 신실하심의 영향력은 인간의 신실함과 달라서 창조력을 가진다. 그것을 참으로 알고 접촉한 사람들은 인격적으로 변화를 받는다. 다시 말하면, 내세를 약속하신 하나님의 신실하심(미쁘심)은 신자들로 하여금 그 약속하신 소망을 받아들이게 하시며, 그들이 그 소망을 지키도록 해 주실 수도 있다.

24-25 서로 돌아보아 사랑과 선행을 격려하며 모이기를 폐하는 어떤 사람들의 습관과 같이 하지 말고 오직 권하여 그 날이 가까움을 볼수록 더욱 그리하자. 이 두 구절은 앞 절이 말한 대로 내세의 소망을 굳게 잡는 방법을 말하며, 이는 곧 신자들이 서로 돌아봄과 집회를 지속하는 것이다. "돌아보아"(κατανοῶμεν)란 말은 "자세

히 살펴보는 것"을 의미한다. 곧 다른 사람들의 영적 생활이 성장하는 것을 자세히 살펴 도우라는 말씀이다. 우리는 그리스도의 지체(肢體)들이므로, 나 개인이 잘되려면 다른 사람들도 잘되어야 할 연대 관계에 있다.

"모이기를 폐하는 어떤 사람들의 습관과 같이 하지 말고." 고금을 막론하고 종종 교회의 집회를 없애자는 사람들이 있다. 그것은 주로 두 가지 동기로 생긴다. ① 핍박자들의 주목을 피하려는 것과, ② 교회 없이 단독으로 신앙생활을 하려는 것이다. 그러나 신자는 자기 홀로 신앙생활을 할 수 없고, 그리스도의 모든 지체들(교회의 모든 신자들)과 합력해야만 한다는 것을 잊어서는 안 된다. 신자는 교회의 집회 생활을 통해서만 신앙의 건전한 성장을 얻게 되는 것이다. 따라서 우리는 주님이 오실 날이 가까울수록 더욱 집회를 장려해야 한다. 그 이유는, 세상 끝날이 가까울수록 세상에 죄악이 왕성하여지므로 신자가 타락하기 쉽기 때문이다.

설교 모이기를 힘쓰라(25절)

그리스도 신자는 교회를 통하여 그리스도 복음의 증거를 받게 되었으므로, 교회를 어머니같이 여겨야 한다. 교인들의 모임은 교회의 본질적인 요소다.

1. 교회는 모임으로 신앙생활에 영적 권위의 제재와 감시를 받음

교회가 모이지 않고 개인행동이 방치되면, 신자들의 신앙은 타락하고 신앙운동도 문란해진다. 신앙운동은 언제나 교회 안에서 이루어져야 한다. 그렇지 않으면, 각 개인 신자들의 행위도 허무해지고, 진리의 전승도 건전하고 안전하게 이루어지지 않는다. 그러므로 개인 중심의 신앙운동은 반드시 가까운 장래에 폐단을 가져온다.

2. 교회는 모이기를 힘씀으로 그 복음운동이 왕성해짐

이 세상의 보편적인 일에서도 사람들이 합심하여 뭉치면 강해지고, 흩어지면 약해지는 법이다. 그뿐 아니라 예수님께서는 개인 신자보다 모인 신자들과 함께 계시기를 약속하셨다(마 18:19-20). 그러므로 합심하여 모인 신자들의 단체가 영적으로 왕성해지는 것이 확실하다.

3. 교회의 집회는 하나님의 말씀을 중심으로 하고, 그것을 전하며 가르치는 기회이므로 신자들은 그 집회를 자주 가져야 함

하나님의 말씀을 먹지 못하는 신자들은 신앙생활을 유지할 수 없다. 하나님의 말씀은 여러 가지 귀한 작용을 한다. ① 사람이 그것으로 말미암아 거듭나며(벧전 1:23), ② 거듭난 신자가 그것으로 자라나며(벧전 2:2), ③ 그것으로 말미암아 신자의 심령과 행실이 깨끗해지며(시 119:9; 요 15:3), ④ 그것으로 말미암아 신자가 거룩해지며(요 17:17), ⑤ 그것으로 말미암아 신자가 하늘의 광명을 받으며(시 119:105), ⑥ 그것으로 말미암아 신자가 보호를 받으며(엡 6:17), ⑦ 그것이 인간을 심판한다(요 12:48).[46]

이렇게 귀중한 하나님의 말씀이 전파되는 교회의 모임은 생명같이 귀하다. 미국의 유명한 초대 대통령 워싱턴(Washington)은 그의 일평생 동안 교회 출석에 빠진 일이 없었다고 한다.

26-31절. 여기서는 타락의 위험을 보여 준다.

26 우리가 진리를 아는 지식을 받은 후 짐짓 죄를 범한즉 다시 속죄하는 제사가 없고. "짐짓 죄를 범"한다 함은 어떤 성질의 범죄를 의미하는가? 이것은 헬라어(῾Εκουσίως ἁμαρτανόντων)로 '짐짓 죄를 범하는 상태(그런 범죄를 계속함)에 있

46) Moody, Notes from My Bible, 194.

은 즉'이라고 하는 내용을 가진 말이다. 이런 말이 민수기 15:30에도 있다. 이런 죄는 성령님을 훼방하는 죄와 같은 배교죄로서, 성령님이 하시는 일인 줄 알고도 시기나 그 밖의 악한 마음 때문에 그 일을 계속 반대하는 행동을 말한다. 이 점에서 문제가 되는 것은, 진리(복음)를 깨달은 자가 이렇게 타락할 수 있는가 하는 것이다. 칼빈은 말하기를 "택함을 받지 못한 자도 어느 정도 진리를 알 수 있으나 그가 택함을 받지 못하였기 때문에 타락하는 것이다." 라고 하였다(히 6:4-6 해석 참조).

"다시 속죄하는 제사가 없고"란 것은 짐짓 범죄한 자, 곧 배교자가 당할 비운이다. 마지막 최선의 구원 방침(그리스도로 말미암은 구속)을 배척한 자에게 다른 무슨 구속의 방침이 있겠는가? 그러므로 이 말씀은 그리스도로 말미암은 구원 계획의 절대적인 완전성을 암시하는 동시에, 누구나 그것을 배척하면 별 수 없이 영원한 비애와 멸망에 떨어지고 만다는 것이다.

27 오직 무서운 마음으로 심판을 기다리는 것과 대적하는 자를 태울 맹렬한 불만 있으리라. 이 구절은 배교자가 당할 또 한 가지를 말해 준다. "무서운 마음으로 심판을 기다리는 것." 이 문구의 헬라어(φοβερὰ δέ τις ἐκδοχὴ κρίσεως)를 직역하면 "심판의 어떤 무서운 전망"이다. 여기서 "어떤"(τις)이란 말은 그 무서움을 형언할 수 없는 것을 염두에 둔 것이다. "기다리는 것"이란 말은 크로샤이데(Grosheide)의 견해대로 그 심판을 받을 자의 주관적 심리 현상이 아니고, 그의 앞에 놓여 있는 형벌의 객관적인 실상을 가리킨다. 그러므로 이 말은 "전망"이라고 번역하는 것이 더욱 좋다.

"맹렬한 불"(πυρὸς ζῆλος)은 "시기의 불"이란 말이다. 이것은 남편이 정조 없는 아내를 향하여 발하는 분노의 시기처럼 타는 진노의 불을 의미한 듯하다.

28 모세의 법을 폐한 자도 두세 증인으로 말미암아 불쌍히 여김을 받지 못하고 죽었거든. 이것은 특히 우상 숭배 죄(이것 역시 배교죄다)에 관하여(신 17:2-7), 사람의

확증을 받고 엄하게 벌하는 것을 말한다. 이것을 보아도 하나님을 배반한 죄로 인하여 받을 벌이 얼마나 큰지 알 수 있다.

29 하물며 하나님의 아들을 짓밟고 자기를 거룩하게 한 언약의 피를 부정한 것으로 여기고 은혜의 성령을 욕되게 하는 자가 당연히 받을 형벌은 얼마나 더 무겁겠느냐 너희는 생각하라. 이 말씀은 배교죄에 대한 삼중 묘사이다. 이 묘사에서 히브리서 저자는 그 죄상의 모순성을 지적한다. 곧 그것은 ① 하나님의 아들을 마땅히 경배해야 하는데 도리어 짓밟고, ② 거룩한 피(그리스도의 보혈)를 믿고 거룩히 여겨야 하는데 도리어 속되게 여기고, ③ 은혜로 사역하시는 성령님께 감사해야 하는데 도리어 참람한 생각으로 훼방하는 행위이다.

이러한 묘사에 의하면, 배교죄는 다음과 같은 몇 가지 특징을 가진다. ① 짓밟는 것. 이것은 전에 믿던 예수님을 떠날 뿐 아니라 공개적으로 모욕하는 것이다. ② 부정한 것으로 여김. 이것은 예수님의 보혈을 죄인의 피로 여기는 사상의 극단적 악화이다. ③ 욕되게 함. 이것은 참람하여 성령님의 은혜를 인정하지 않고 멸시하는 것이다. 이것을 보면 배교자가 어떤 자인지 알 수 있다.

30 원수 갚는 것이 내게 있으니 내가 갚으리라 하시고 또 다시 주께서 그의 백성을 심판하리라 말씀하신 것을 우리가 아노니. 헬라어 원문에는 이 구절 앞부분에 "왜냐하면"이란 이유 접속사(γάρ)가 있어서 앞 절(배교자들의 받을 벌이 무섭다는)의 이유를 지적한다. 이 구절은 신 32:35-36의 인용이다. 이것은 배교자(하나님의 원수)가 하나님께서 보복하시는 벌을 받게 될 일에 대한 확증이다.

"그의 백성을 심판하리라." 곧 하나님께서 교회에서 알곡과 가라지를 갈라내듯이 반드시 그 원수는 벌하신다는 말씀이다. 이것을 보면, 교회 안에도 하나님의 원수가 확실히 있다는 것을 알 수 있다.

31 살아 계신 하나님의 손에 빠져 들어가는 것이 무서울진저. 사람이 하나님을 섬김으로 그의 손 안에 빠지는 것은(삼하 24:14) 무궁한 행복이지만, 영원히 사

함받을 수 없는 죄로 인하여 그의 손 안에 빠지는 것은 무한한 불행이다.

32-39절. 이 구절들은 전에 잘한 것을 회상하여 현재에 다시 용기를 일으키며 살라는 말씀이다. 우리가 전에 잘한 것을 생각하여 교만하면 안 되지만, 전에도 하나님의 은혜로 되었으니, 지금도 될 수 있다고 믿고 담력을 가지는 것은 합당하다.

32 전날에 너희가 빛을 받은 후에 고난의 큰 싸움을 견디어 낸 것을 생각하라. 히브리서 저자는 26-31절에서 이 서신을 받을 신자들 중에서 배교자가 생기는 것을 엄히 경계하였다. 이어서 그는 그들을 위안하며 격려한다. 곧 그는 그들이 과거에 잘한 것을 떠올리게 함으로써 현재에 용기를 내게 한다. 그리스도는 어두운 이 세상의 빛이시다. 이 세상의 것은 무엇이든지, 심지어 종교들까지도 어두움이다. 거기서는 참하나님을 모른다. 그것과 정반대되는 것이 그리스도의 복음과 그 말씀이다. 따라서 이 둘은 서로 충돌한다(눅 12:51-53 참조).

히브리서의 독자들, 곧 유대인 그리스도 신자들은 자기 민족에게 핍박을 받았다. 그 민족은 바리새교의 영향권에 속하여 예수님께서 메시아라는 사실을 인정하지 않았다.

33 혹은 비방과 환난으로써 사람에게 구경거리가 되고 혹은 이런 형편에 있는 자들과 사귀는 자가 되었으니(계 11:7-10 참조). "구경거리가 되고." 이 말은 다음과 같은 비극을 생각하게 한다. 타키투스(Tacitus)의 기록에 의하면, 로마 네로황제의 핍박 때에는 신자들에게 맹수의 가죽을 입혀서 개들이 물어 찢게 한 일도 있었다. 불신자들은 그런 것을 구경거리로 여겼다(Anals, XV, 44). 유대인들이 각국에 흩어져 살았는데 믿지 않는 유대인들이 이방인들과 모의하여 믿는 유대인들을 가혹하게 핍박하였다(참조. 행 13:45; 14:2, 19; 17:13).

"이런 형편에 있는 자들과 사귀는 자." 이것은 "그렇게 된 사람들과 사귀는 자들"이라고 개역해야 한다. 그리스도를 위하여 핍박받는 자를 동정하며 사귀는 일도 그 고난에 동참하는 일이다. 그 이유는, 동일한 고난을 받기로 각오하지 않고는 그런 동정과 교제를 할 수 없기 때문이다.

34 너희가 갇힌 자를 동정하고 너희 소유를 빼앗기는 것도 기쁘게 당한 것은 더 낫고 영구한 소유가 있는 줄 앎이라. 이 말씀은 신자들이 핍박받는 자와 사귀며 동정하게 된 이유를 보여 준다. 그들이 그렇게 한 이유는, 이 세상이 빼앗을 수 없는 내세의 영구한 기업을 소유했기 때문이다(마 6:20; 눅 12:33).

35 그러므로 너희 담대함을 버리지 말라 이것이 큰 상을 얻게 하느니라. "담대함"이란 말(παρρησίαν)은 구원의 확신 때문에 생기는 담력을 가리킨다. 타고난 육체적인 담력을 말하는 것이 아니다.

"큰 상"은 신자가 장차 받을 내세의 영광이고(롬 8:18), 썩지 않고 더럽지 않고 쇠하지 않는 기업이고(벧전 1:4), 영광의 면류관이다(딤후 4:8). 이 상을 바라보는 자는 자신의 공로를 조금도 생각하지 않는다. 그는 최선의 노력을 다하면서도 무슨 일이든 그것이 잘되게 하시는 이는 오직 하나님뿐이시라고 믿는다. 그러므로 그는 하늘의 상도 하나님이 거저 주시는 것이라고 생각한다.

36-39절. 이 구절들은 오래 참는 덕을 장려한다.

36 너희에게 인내가 필요함은 너희가 하나님의 뜻을 행한 후에 약속하신 것을 받기 위함이라. 얼핏 보면 이 말씀은 행위로 구원받는다는 교리처럼 보인다. 그러나 이것은 그런 의미의 말씀이 아니다. 믿음으로 구원을 얻는 성도들이 일생 동안 만나는 많은 어려움들을 하나님의 뜻대로 선하게 통과하도록 도우시는 이도 하나님이시다(참조. 빌 1:6; 골 1:9-12). "약속하신 것을 받"는다 함은, 하나님께서 내세에 대하여 약속하신 대로 신자는 마침내 그것(내세)을 받는다는 의미이다.

37-38 잠시 잠깐 후면 오실 이가 오시리니 지체하지 아니하시리라 나의 의인은 믿음으로 말미암아 살리라 또한 뒤로 물러가면 내 마음이 그를 기뻐하지 아니하리라 하셨느니라. 이 두 구절은 합 2:3 이하의 인용인데, 하박국 선지자가 장래 침략해 올 갈대아 군대를 눈앞에 놓고 이스라엘 백성에게 경고한 것이다. 이스라엘에게 임할 이 외국의 침략은 하나님의 벌이었으므로, 그것은 하나님의 오심을 대리한 셈이었다. 또한 이 말씀은 예수님의 재림에 대한 예언이기도 하다.

39 우리는 뒤로 물러가 멸망할 자가 아니요 오직 영혼을 구원함에 이르는 믿음을 가진 자니라. "뒤로 물러가 멸망할 자"는 결국 멸망으로 향하여 간다.

설교 믿음에 대하여(37-39절)

1. 믿음의 생명

"믿음"이란 말의 헬라어는 "진실"을 의미하는 피스티스(πίστις)이다. 하나님은 자기를 의뢰하되 진실하게 의뢰하는 자를 상대하신다. 그는 중심에 진실함을 원하신다(시 51:6).

외식과 가면은 믿음이 아닐 뿐 아니라, 믿음의 원수요 또 방해물이다. 외식과 가면이 있는 곳에는 믿음이 없고, 믿음의 성장도 없다. 그러므로 성경은 믿음을 주력하여 가르치는 동시에 외식을 원수로 여긴다. 외식의 상징인 바리새인은 예수님의 유일한 적이었다. 존 번연(J. Bunyan)은 말하기를, "외식하는 사람은 밖에서는 성자요, 집에서는 마귀다."라고 하였다.

2. 믿음의 내용

믿음은 성령에 의하여 그리스도를 믿고 하나님과 내세를 믿는 것이다. 테니슨(Tennyson)은 다음과 같은 시를 지었다.

"믿음은 시끄러운 말 가운데서도 동요하지 않으며,
시비를 다투는 가운데서도 홀로 명랑한 태도를 가지고 있도다.
믿음은 가장 못된 것을 통해서 반짝이는 가장 좋은 것을 내다보며,
해가 하루 밤 동안만 감추인 것을 보는도다.
그것은 겨울 싹을 통하여 여름을 찾아 내다본다.
그것은 꽃이 지기 전에 실과를 맛보고,
소리 없는 종달새 알에서 종달새의 노래를 듣고,
신기루를 보고 샘물을 찾는도다"(Ancient Sage, Line 7).

그렇다! 믿음은 계시하신 진리에 근거하며, 성령으로 미래의 소망을 가지고 또 확신한다. 스펄전(Spurgeon)은 말하기를, "회개, 믿음, 영적 생활, 거룩한 소원, 하늘을 사모하는 마음, 말할 수 없는 탄식은 성령이 우리 안에서 일하시는 표이다. … 성령이 우리에게 부어 넣어 주신 이 생활은 우리에게 인쳐 주신 하나님 나라의 인(印)이다. 우리는 꿈이나 환상이나 신비한 음성이나 열광적인 기분을 요구할 필요가 없다."라고 하였다. 하나님과 더불어 교통할 수 있는 것은 내세 영광의 분명한 요소이다.

3. 믿음에 방해되는 것

1) 보이는 것만 믿겠다는 마음. 모든 참된 지식이 작용하는 밑바탕은 보이지 않는 것을 믿으며 나아가는 신념이다. 다시 말해 그것은 다 보이지 않는 것을 믿는 것에서 시작한다. 과학은 자연 현상의 근본을 알지 못한다. 그러나 과학은 그것을 알지 못하면서도 그렇게 믿고 그 연구를 진행시킨다. 그러므로 신념을 종교적인 원리로만 국한하여 생각하면 안 된다. 다시 말하면, 종교계에서 신념을 가진다고 해서 누구든지 종교계의 원리는 믿을 수 없는 것이라고 하지 못할 것이다. 모든 지식 작용은 기존의 신념을 기초로 하는 것이다.

2) 자아를 믿으려는 마음. 잠언 28:26에 "자기의 마음을 믿는 자는 미련한 자요 지혜롭게 행하는 자는 구원을 얻을 자니라"라고 하였고, 잠언 26:12에는 "네가 스스로 지혜롭게 여기는 자를 보느냐 그보다 미련한 자에게 오히려 희망이 있느니라" 하였고, 예레미야 17:9에는 "만물보다 거짓되고 심히 부패한 것은 마음이라"고 하였다.

3) 죄를 사랑하는 마음. 죄는 우리가 하나님을 모르게 하고 또 믿지 못하게 한다. 죄만 없으면 이 세상 사람들이 다 하나님을 믿고 섬길 것이다. 그러므로 우리는 하나님을 향하여 우리의 마음문을 활짝 열고 죄를 모두 청산해 버려야 한다. 이렇게 정신생활, 육체 생활, 그 어느 부문을 막론하고 우리는 하나님과 거리를 두지 말아야 한다. 죄를 회개함으로 주님을 영접하여 그가 우리의 삶 전부를 주관하시게 해야 한다. "무릇 내가 사랑하는 자를 책망하여 징계하노니 그러므로 네가 열심을 내라 회개하라 볼지어다 내가 문 밖에 서서 두드리노니 누구든지 내 음성을 듣고 문을 열면 내가 그에게로 들어가 그와 더불어 먹고 그는 나와 더불어 먹으리라"(계 3:19-20). 회개하지 않는 것은 하나님을 향하여 담을 쌓는 일이며 문을 닫는 일이다. 하나님과 우리 사이를 막는 것은 오직 죄뿐이다. 이사야 59:1-2에 말하기를 "여호와의 손이 짧아 구원하지 못하심도 아니요 귀가 둔하여 듣지 못하심도 아니라 오직 너희 죄악이 너희와 너희 하나님 사이를 갈라 놓았고 너희 죄가 그의 얼굴을 가리어서 너희에게서 듣지 않으시게 함이니라"라고 하였다. 무디는 말하기를 "만일 우리 집 수도에서 물이 나오지 않는다면, 그것은 수원지나 강의 물이 마른 까닭이 아니라, 우리 집 파이프에 고장이 생긴 까닭이다."라고 하였다. 하나님은 회개하지 않는 자의 죄를 미워하신다. 바빙크는 말하기를 "만일 하나님께서 죄를 벌하시지 않는다면, 그것은 하나님께서 선악을 동일시하시는 것이고 자신을 거역하시는 것이다. 하나님이 하나님이시기 위하여 반드시 죄를 벌하신다."라고 하였다.

우리와 하나님 사이에 담을 막는 것은 우리의 죄악이다. 인간은 누구든지 죄만 없으면 하나님을 믿게 될 것이다. 그렇다면 이 담을 헐어 버리는 방법은 무엇인가? 그것은 회개이다. 회개는 무엇인가? 곧 상한 심령을 가지는 것이다. 상한 심령은 무엇인가? 그것은 하나님의 말씀으로 우리의 돌 같은 심령을 파괴하는 것이다. 시 34:18에 말하기를 "여호와는 마음이 상한 자를 가까이 하시고 충심으로 통회하는 자를 구원하시는도다"라고 하였고, 시편 51:17에는, "하나님께서 구하시는 제사는 상한 심령이라 하나님이여 상하고 통회하는 마음을 주께서 멸시하지 아니하시리이다"라고 하였고, 시 147:3 에는 "상심한 자들을 고치시며 그들의 상처를 싸매시는도다"라고 하였다. 스펄전은 "만일 우리가 우리 죄를 자백하면 그는 미쁘시고 의로우사 우리 죄를 사하시며 우리를 모든 불의에서 깨끗하게 하실 것이요"(요일 1:9)란 말씀을 읽고, 두려워 떨면서 그대로 하나님께 죄를 고할 때에 그의 심령에 사죄의 평강을 받았다고 한다.

제 11 장

✤ 내용분해

본 장은 앞 장의 실제적 권면(10:19-39)중 "믿음"이란 말에 이어지는 것이다. 특히 신앙생활에 대한 역사적 고찰을 다룬다.

1. 신앙의 성질(1-3절)
2. 홍수 전 선진들의 믿음(4-7절)
3. 아브라함과 사라의 믿음(8-12절)
4. 하늘 고향을 바라보는 믿음(13-16절)
5. 족장들의 믿음(17-22절)
6. 모세의 부모의 믿음(23절)
7. 모세의 믿음(23-28절)
8. 홍해를 건넌 사건 및 여리고성 정복과 관련된 믿음(29-31절)
9. 기타 믿음의 모범(32-38절)
10. 결론(39-40절)

⚜ 해석

1-3절. 믿음의 성질.

1 믿음은 바라는 것들의 실상이요 보이지 않는 것들의 증거니. 여기서 "실상"이란 말(ὑπόστασις)에는 다음과 같은 의미가 있다.

1) "받쳐주는 것"(prop)을 의미함. 그러므로 이 신앙은 아직 실현되지 않은 소망을 염두에 두고 그것을 따라 살도록 받쳐준다. 이 받쳐주는 작용은 하나님의 약속(신구약 성경 말씀)과 신자의 마음이 화합할 때 일어난다(4:2). 사람이 제힘으로는 하나님의 말씀을 믿기 어려워도 성령으로 말미암아 마음속에서 하나님의 말씀을 꿀과 송이꿀보다 더 달게 느끼게 된다(시 19:10). 다시 말하면, 그에게는 하나님의 말씀이 마치 양을 향한 목자의 음성처럼 반가운 말씀이 되며(요 10:4), 하나님의 말씀에 대하여 사랑으로 반응하게 된다. 그 사랑은 심히 뜨거워서 그의 생활 전부를 지배한다. 사랑은 죽음같이 강하다(아 8:6). 그야말로 그 사랑이 그의 온 인격을 받쳐준다.

2) 성경에 기록된 대로 "실상" 또는 실체를 의미함. 신앙은 그 바라보는 실체를 붙잡은 것과 같은 가치를 가졌기 때문에 그것을 "실상"이라고 한다. "실상"이란 것은 신앙이 바라보는 대상인데 직접적인 대상이 있는 동시에 궁극적인 대상이 있다. 예를 들면 이스라엘 사람들이 7일 동안 여리고성 주위를 돌 때 그 신앙이 바라보는 직접적인 대상은 "성이 무너지는 것"이었다. 그러나 그들이 바라보았을 궁극적 대상은 하나님이었다. 신자는 그 신앙에 의하여 얻어질 직접적인 대상에 머물지 말고, 그 궁극적 대상인 하나님을 바라보아야 한다. 혹여 그가 그 바라던 직접적인 대상(실상)을 얻지 못한다 해도, 그는 궁극적 대상, 곧 하나님을 모신 것으로 만족해야 한다. 또 한 가지 예를 들면, 신자가 하나님의 권능으로 병 낫기를 바라보며 기도할 수 있다. 그러나 그 질병이 고쳐지지 않을 수 있다. 그런 경우에도 그는 믿음의 실상을 얻지

못했다고 할 수 없다. 그가 궁극적 대상(실상), 곧 하나님을 더욱 믿게 되는 한 그 믿음도 역시 실상이다. 요컨대 신자는 바라보는 것들의 실상이 하나님이라는 사실을 기억해야 한다.

"보이지 않는 것들의 증거." "보이지 않는 것들"은 하나님과 그의 능력과 하늘에 있는 것들을 가리킨다. 이들은 우리의 눈으로 볼 수 없다. 그러나 이들에 대하여 하나님이 우리 마음속에 주신 믿음이 그 증거가 된다. 그 이유는, 믿음이란 것은 단순한 심리 작용이 아니고, 하나님의 말씀과 성령으로 말미암은 선물이기 때문이다. 그러므로 그것은 헛되지 않다. 믿음이 선물이란 의미에서 고린도전서 12:9에 말하기를, "다른 사람에게는 같은 성령으로 믿음을" 주셨다 하였고, 에베소서 2:8에는, 믿음은 "너희에게서 난 것이 아니요 하나님의 선물이라"고 하였다. 믿고자 하는 자가 믿음이 하나님의 선물인 줄 알고 하나님을 바라볼 때, 그의 믿음의 태도는 반 이상 성립되어 있는 셈이다. 믿음을 인간의 부패한 마음(렘 17:9)으로 보려고 하면 언제든지 실패한다. 오직 "믿음은 들음에서 나며 들음은 그리스도의 말씀으로 말미암"는다(롬 10:17). 하나님으로부터 받은 참믿음을 소유한 자는 반드시 그 믿는 대로 초자연적인 성취를 보게 되며, 그것이 바로 보이지 않는 것들의 참된 증거이다.

2 **선진들이 이로써 증거를 얻었느니라.** 곧 믿음의 선진들이 신앙으로 인하여 보이지 않는 것들에 대한 증거를 얻었다는 말이다. 그들이 얻은 증거들은 3절 이하에 하나씩 열거된다. 보이지 않는 것들에 대하여는 우리가 알아서 믿음에 이르는 것이 아니라, 믿음으로 알게 되는 것이다. 그 대표적인 예를 들면, 죽음을 보지 않고 승천한 사건(5절), 가족들이 구원받은 사건(7절), 늙어서 단산하였던 자가 잉태하게 된 사건(11절), 홍해를 육지같이 건넌 사건(29절), 주위를 돌며 여리고성을 무너뜨린 사건(30절) 등이다.

3 **믿음으로 모든 세계가 하나님의 말씀으로 지어진 줄을 우리가 아나니 보이는 것은 나**

타난 것으로 말미암아 된 것이 아니니라. 이것은 신앙의 한 가지 결과다. 이 점에 있어서 믿음으로 안다은 무엇을 의미하는가? 오늘날 신자가 하나님을 믿을 때 모든 세계가 하나님의 말씀으로 창조된 것이 직접 계시에 의하여 알려진다는 것인가? 그런 뜻이 아니다. 이것은 창세기 앞부분에 기록된 하나님의 말씀을 믿음으로 말미암아 만물이 하나님의 피조물이라는 사실을 알게 된다는 것이다.

"믿음"이란 것은 이미 인류에게 주어진 하나님의 계시를 전제한다. "믿음"이란 말 자체가 하나님의 말씀을 믿는다는 것이다(롬 10:17). 다시 말하면, 믿음은 인간 측에서 막연하게 하나님을 찾아가는 막연한 신념이 아니다. "믿음"이란 것은 하나님 측에서 사람을 찾으시는 부르심에 응답하는 것이다. 하나님께서 사람을 찾으시는 부르심은 기독교의 성경 외에 그 어디서도 찾을 수 없다. 모든 다른 종교의 경전은 사람이 연구해 낸 인간의 사상이므로 신과 인간의 대화(dialogue)가 아닌, 인간 스스로의 독백(Monologue)이다. 그러나 성경은 하나님께서 사람을 찾으시는 대화적인 말씀이다. 그것에 대한 우리의 응답이 곧 믿음이다.

설교 믿음에 대하여 1(1-3절)

믿음은 하나님의 계시(성경)에 대한 심리적 또는 행동적 응답이다. 우리가 계시하신 진리를 믿고 또 그대로 성취될 것을 바라보면, 그것은 미신이 아니고 참된 소망이 된다. 그 이유는, 그 사상과 행동이 진리에 근거하기 때문이다. 이것은 어두움이 없는 빛의 생활이다. 신앙은 진리(하나님의 말씀)만을 따르는 생각과 말, 혹은 행동이다.

존 번연(J. Bunyan)이 저술한 천로역정을 보면 "크리스천"과 함께 천성으로 가던 "신실"이란 자(신앙)가 "허화시"(虛華市)를 지나가게 되었다. 그곳은 어떤 곳인가? 번연은 말하기를, "그곳에서는 헛된 사치품들을 많이 파는데, 그것들은 집들, 땅들, 직업들(trades), 장소들, 영광들, 관직들, 소유권들, 나라들, 왕국들, 정욕의 대상들, 쾌락의 대상들, 기생들, 창녀들, 처자들, 주인들, 종들, 생명들, 피, 몸들, 영혼들, 은, 금, 진주, 보석 등이다."라고 하였다. 이곳을 "크리스천"과 "신실"이라는 두 사람이 통과하는데 어떤 사람이 "너희는 무엇을 사겠는가?"라고 물었다. 그때 이들은 엄숙히 대답하기를 "우리는 진리를 사겠다"고 하였더니 그 허화시의 상인들이 이들을 업신여기며 잡아서 때리고 가두었다. "신실"은 거기서 핍박을 받다가 순교하였다.

신앙은 진리만 찾고 또 진리만 믿기를 원한다. 우리가 믿는 것은 오직 믿을 만한 것, 곧 진리(성경)이다. 그렇다면 신앙적 진리는 무엇인가? 그것은 자연 계시의 진리보다 더욱 든든한 것이며, 성경이 보여 주는 하나님의 말씀이다.

자연 계시의 진리도 일반적인 신념의 대상이 된다. 예를 들면, 밝다는 것, 덥다는 것, 아프다는 것 등이다. 이 진리들도 우리가 증명하지 않고 믿게 되는 것들이다. 우리는 이런 기본 원리들 위에 과학을 세운다. 이런 기본 원리들에 대한 신념이 없다면 과학이 있을 수 없다. 그러므로 과학도 어떤 면에서 신념이라고 할 수밖에 없다. 그 이유는, 과학에서 신념이 그 출발의 기본이 되기 때문이다. 바빙크는 말하기를 "신념은 과학의 권위요 기본이다."[47]라고 하였다.

더욱이 참된 종교적 신앙이 상대하는 복음진리는 과학적 진리와 달라서 인간이 자신의 지식으로 찾을 수 없으며, 자신의 의지로 믿을 수도 없다. 이것은 인간이 자기를 부인해야만 알 수 있고 또 믿을 수 있다. 다시 말하면, 이것은 하나님이 주시고 또 믿게 해 주시는 진리로, 성경 진리, 곧 선지자와 사도가 전한 내용이다. 이 진리는 자연 계시보다 더욱 확실하며, 역사가 이 사

---

47) Goloof is de grondslag der maatschappijen, het fundament der Wetenschap.

실을 증명한다. 과학적 진리를 위하여 죽은 자는 거의 없으나, 복음진리를 위하여 죽은 자들의 수는 셀 수 없이 많다. 이처럼 복음진리에 대한 확신이 강한 이유는 무엇인가? 그것은 두 가지 이유에 근거하였다고 생각된다.

1. 복음 진리에 대한 신념은 자율적인 것이 아니고 타율적인 것이기 때문이다.

다시 말하면, 이 신념은 그 대상이 인간의 생각이 아니고 하나님의 약속, 곧 성경이기 때문이다. 나는 내 생각을 믿지 못한다. 내 생각은 언제든지 변할 수 있기 때문이다(잠 28:26 참조). 그러나 나는 하나님의 말씀인 성경은 언제든지 어떤 희생을 지불할지라도 믿을 수 있다. 그 이유는, 성경의 말씀은 다 참되고 변하지 않기 때문이다. 우리 모두는 다음과 같이 말할 수 있다. 곧 "모든 사람들이 성경을 안 믿어도 나는 믿겠다. 내가 성경을 안 믿어도 나는 믿겠다." 부패한 나 (옛사람)는 성경을 안 믿으려 하지만, 중생한 나(새사람)는 성경을 기쁘게 믿는다. 우리가 이런 신앙고백을 할 수 있는 이유는, 성경은 하나님의 말씀이기 때문이며, 그 말씀은 인간의 인정으로 성립되는 것이 아니라 독자적으로 진리임을 증거하고, 또 독자적으로 성립하기 때문이다. 이것이 칼빈의 말대로 "아우토피스토스"(αὐτόπιστος)적인 권위이다. 곧 이것은 독자적 신임성 있는 권위이다. 이것은 마치 빛이 빛 자체를 스스로 증거하고 어두움이 자신을 증거해 줄 것을 요구하지 않는 것과 같으며, 흰색이 검은색 가운데서 그 흰색으로 스스로를 증거하는 것과 같다.

2. 복음 진리에 대한 확신이 강한 또 한 가지 이유는 복음 진리에는 성령의 증거가 동반하기 때문이다.

이레나이우스(Irenaeus)는 이러한 성령의 증거를 가리켜서 농작물이 풍성히 자라게 하는 '이슬'이나 '비'와 같다 하였고, 아우구스티누스(Augustine)는 그의 "내적 은혜"(Gratia interna)라는 저서에서 신앙을 발생시키는 분은 오직 하나님이시라고 했으니, 이는 성령의 내적 증거를 가리킨 것이다. 성경, 곧 사도의 전도를 가지고 오시는 성령의 내적 증거 없이는 아무도 믿음을 가질 수 없다. 칼빈은 성령의 내적 증거를 특정한 사람들에게만 있는 사적 경험이 아니고, 모든 신자가 다 가지고 있는 공적인 경험으로 보았다. 바빙크(Bavinck)는 말하기를 "누군가 '왜 믿느냐'고 물으면 우리의 답은, '하나님이 성경에 말씀하셨기(Deus dixit) 때문이다.'라고 할 것이다. 또다시 묻기를, '성경이 하나님의 말씀이라는 것을 어떻게 믿을 수 있는가?'라고 하면, 우리의 답은, '우리 안에서 역사하시는 성령의 내적 증거 때문에 그렇게 믿어진다'고 할 것이다." 하였다. 그는 다시 말하기를 "아버지가 그 자식에게 아버지의 권한을 증명하지 않아도 그 권위가 서는 것처럼, 성경은 교회에 대하여 오늘날까지 하나님의 말씀의 권위를 가지고 있다. 이것은 모든 신자들을 그 권위 아래 두었고, 그 신자들 중에는 가장 위대하고 고상한 영혼들이 있다. 이 세상 그 어떤 권력이 성경의 권위에 비교될 수 있겠는가? 성령의 증거는 이 세상의 지혜에 대한 십자가의 미련함의 승리요, 인간의 지혜에 대한 하나님의 지혜의 승리다. 이런 의미에서 성령의 내적 증거는 유일하고 독점적인 변증적 가치를 가진다. 이것이 세상을 이기는 승리, 곧 믿음이다."라고 하였다. 그는 다시 "이 성령의 증거로 말미암은 신앙은 맹목적으로 알지 못하는 것에 순종하는 것이 아니고, 성령의 감화에 의하여 성경에 있는 불가항력적 진리를 깨닫고, 의지적으로 또는 지적으로 활발하게 순종하게 되는 것이다."라고 하였다.[48)]

그런데 우리가 육체로 있는 동안에는 복음(예수)에 대한 우리의 신앙이 약해 보인다. 그렇다고 해도 우리는 이 신앙을 무시하지 말아야 한다. 이는 우리나라에 와 있는 외국 영사관들의 배후에 그들의 국가의 권세가 있는 것과 같다. 신앙의 힘이 우리 속에서 약해 보이는 이유는, 그것의 원수들이 많

48) G.D., I, 1928, 551-553.

기 때문이다. 그것은 우리의 육체에 속한 사상으로, ① 보이지 않는 것을 배척하려는 경향과, ② 규범적 사상(진리의거 사상, 권위 배경 사상)을 배척하고 자율 사상을 택하려는 경향과, ③ 이 세상의 경험과 원리를 최고로 생각하고 영원한 세상을 바라보지 못하는 경향 등이다.

이렇게 복음 신앙은 우리 속에서 가장 험하고 강한 세력들 속에 있다. 그러므로 이같이 난처한 자리에서 복음 신앙을 가지려면, 신자의 심령에서 계속 전투가 일어난다. 따라서 우리의 신앙은 강한 힘을 가져야 하지만, 그 힘이 미약하여도 무시하면 안 된다. 그것이 비록 미약해 보여도 우리는 그것을 가장 힘 있는 것으로 여기고 존중해야 한다. 그 이유는 그것이 하나님에게서 비롯되었으며, 세상을 이기는 힘으로 간주되기 때문이다(요일 5:1, 4). 반면에 그 원수들은 비진리에 속했으며 허망하다. 그러므로 우리는 그것들을 불신임하고, 미약한 듯한 우리의 신앙을 더욱 굳게 붙잡아야 한다.

설교 믿음에 대하여 2(1-3절)

본 장에는 "믿음"이란 말이 많이 나온다. 그것은 인간의 막연한 신념을 의미하지 않는다. 믿음은 언제든지 하나님의 계시, 곧 성경을 전제로 하며 순전히 은혜의 선물이다(엡 2:8). 그러므로 우리가 본 장을 읽으며 깨달을 수 있는 것은, 그 말씀이 믿음으로 승리한 사람들을 칭찬하였다기보다(눅 16:15), 사람에게 믿음을 주신 하나님을 칭송한다는 것이다. 우리가 만일 본 장에서 믿음의 영웅들을 찾아보는 것에 그친다면, 그것은 하나님의 뜻을 완전히 오해하는 것이다.

1. 믿음의 객관성

본문 1절에 말하기를, "믿음은 바라는 것들의 실상이요 보이지 않는 것들의 증거니"라고 한다. 여기서 "실상"이라는 말은 실물을 의미한다. 우리가 하나님 말씀을 믿을 때 아직 실현되지 않은 소망의 대상이 우리에게 실물처럼 확실하다는 것이 이 구절의 의미이기도 하다. 하나님의 말씀은 언제나 참된 것을 말하고, 막연한 이상을 가르치지 않는다. 믿음의 행동은 하나님의 말씀을 믿는 것이므로, 반드시 그대로 이루어질 "실상"을 파악하고 움직이는 것이다. 그것은 반드시 목적지까지 정확하게 간다.

철새가 그 목적지를 향하여 날아가는 것은 결단코 헛되지 않다. 그것은 아직 경험하지 못한 미지의 세계를 따라가는 것이며, 날아가는 도중에 많은 기후의 변동과 폭풍우 때문에 곤란을 당한다. 그러나 결국에는 그 모든 난관을 돌파하면서 목적지를 향하여 날아간다. 신자들이 보이지 않는 하늘나라의 소망을 하나님의 말씀으로 파악하고 믿음으로 행하는 것이 이와 같다. 그들의 이 같은 행위는 본능에 의한 것이 아니고, 자기들은 상상할 수도 없는 진실하신 하나님의 말씀에 의존한 것이다.

2. 믿음의 주관성

앞에서 말한 바와 같이 신자들의 신앙 행위는 본능으로 움직이는 것이 아니라, 하나님의 말씀에 의하여 움직인다. 그렇다고 해서 그 움직임이 주관적인 의욕과 자발적인 소원을 제외하는 것은 아니다. 신앙은 우리의 심리에서 단절되지 않는다. 그것은 우리의 심리가 성령으로 말미암아 새로워져서 하나님의 말씀과 화합한 데서 일어나는 것이다(4:2). 말씀으로 새로워진 사람은 말씀을 사랑하되 자기의 살과 뼈와 같이 사랑한다. 그 이유는, 새로워진 생명 자체가 말씀의 역사로 말미암기 때문이다. 따라서 신자는 말씀을 믿을 때 그만큼 친화력을 가지고 믿는다. 그는 주리고 목마른 육체가 음식이나 음료를 요구하는 것처럼, 하나님의 말씀을 갈망한다. 그에게는 하나님의 말씀을 믿는 것이 유일한 즐거움이요 기쁨인 것이다. 따라서 그의 신앙행위는 사실상 본능으로 움직이는 것 이상의 자발성을 가지며 또 가져야 한다. 신자에게 있어서 하나님의 말씀은 어디까지나 타자(하나님께 속하였음)이지만, 자기가 그 말씀으로 거듭났으므로 자신에게 주관적으로 파악된다.

4 믿음으로 아벨은 가인보다 더 나은 제사를 하나님께 드림으로 의로운 자라 하시는 증거를 얻었으니 하나님이 그 예물에 대하여 증언하심이라 그가 죽었으나 그 믿음으로써 지금도 말하느니라. "가인"은 땅의 산물로 하나님께 드리고 "아벨"은 처음 난 양과 그 기름을 드렸다(창 4:3-4). 아벨이 드린 제물이 가인의 것보다 우수한 이유는 무엇인가? 그것은 두말할 것 없이 아벨에게는 믿음이 있었고 가인에게는 믿음이 없었기 때문이다. 칼빈이 말한 것과 같이, 아벨의 제물은 그의 믿음으로 성화되었다.

그러면, 아벨의 믿음은 어떤 믿음이었는가?

1) 하나님께서 계시하신 말씀을 그대로 실행한 믿음. 그것은 인간의 사색으로 제물의 필요성을 느끼는 어떤 신념이 아니다. 성경이 말하는 "믿음"이란 하나님의 말씀을 받아들이고, 그것에 대하여 응답하는 태도와 행동을 의미한다. 아벨은 하나님의 계시에 따라 양의 첫 새끼와 그 기름을 제물로 바쳤다. 이점에 있어서 우리는 그의 제물이 후대의 모세로 말미암아 제정된 것과 일치함을 볼 수 있다. 이것은 우연한 일치가 아니라, 거기에 하나님의 일정한 계시의 연속성이 있는 것이다. 레위기 27:26에 말하기를, "오직 가축 중의 처음 난 것은 여호와께 드릴 첫 것이라 소나 양은 여호와의 것이니"라고 하였다.[49] 기름도 역시 하나님이 지정하신 귀한 제물이다.[50]

2) 하나님께 속죄제물을 드린 믿음. 아벨은 "양의 첫 새끼와 그 기름"을 드

---

49) 참조. 출 13:12-13; 34:19-20; 신 12:6, 17; 14:23; 15:19; 33:17; 느 10:36.

50) 참조. 출 29:13-14; 레 3:3, 9, 14, 16-17; 4:8-9, 19, 26, 31, 35; 6:12; 7:3-4, 23-25, 30-31, 33; 8:16, 25-26; 9:10, 19-20, 24; 10:15; 17:6; 민 18:17.

렸다고 하였는데(창 4:4) 그것은 속죄제물이다(출 29:13-14). 속죄제물은 모든 제물의 기본이다. 아벨이 양을 제물로 드린 그 당시는 사람에게 짐승의 고기 먹는 것을 허락하시기 전이었다(창 1:29-30. 창 9:3 참조). 그러므로 아벨이 양을 잡아서 하나님께 제물로 드릴 때에는 오직 속죄의 신앙으로 그리하였을 것이다. 피흘림이 없은즉 사함이 없으므로(히 9:22), 그는 무엇보다도 먼저 사죄를 받기 위하여 희생제물을 드렸을 것이다. 그 희생제물(짐승의 생명을 희생하여 드림)은 장차 오실 예수 그리스도의 속죄적 희생을 예표한 것이다(히 10:1).

3) 하나님의 계시에 대한 그의 믿음은 형식적인 것이 아니고 진실한 것임. 가인이 드린 "땅의 산물"도 후대의 모세의 제사 제도에서 제외되지는 않았다(레 2:1-16 참조). 그러나 이때에 가인의 제사행위는 형식적이었던 것이 드러난다. 하나님께서 "가인과 그의 제물은 받지 아니하신지라"고 한 것에서(창 4:5), "가인과 그의 제물"이라는 말(אֶל־קַיִן וְאֶל־מִנְחָתוֹ)을 통해 가인 자신도 하나님의 기쁨의 대상이 아니었음을 알 수 있다. 그는 형식적으로 제사를 드렸다. 그뿐 아니라 아벨에 대하여 분을 발하였고(창 4:5 하반), 또 죽이기까지 하였다(창 4:8). 이런 행동은 제사를 드리기 전에 이미 그의 인격에 잠재해 있었을 것이다. 그는 하나님의 말씀(계시)에 대하여 진실하게 믿지 않고 외식하였다. 이와 반대로 아벨은 하나님이 기뻐하신 인격이었다. 그것은 "여호와께서 아벨과 그의 제물은 받으셨으나"(מִנְחָתוֹ וַיִּשַׁע יְהוָה אֶל־הֶבֶל וְאֶל־)란 말씀(창 4:4하)이 증명한다. 하나님이 그를 기뻐하신 것은 그의 타고난 본성이 선해서가 아니라 그의 진실한 신앙 때문이었다. 칼빈은 말하기를, 그의 심령이 그의 믿음으로 말미암아 순결해졌다고 한다.[51]

"하나님이 그 예물에 대하여 증언하심이라." 우리는 하나님께서 예물을

---

51) Calvin's Commentaries, Hebrews, I & II Peter, 1976, 160.

받으신 증표가 무엇으로 나타났는지 알 길이 없다. 하늘에서 내린 불이 그 제물을 태웠다는 전설이 있으나, 성경에는 그런 말이 없으므로 믿기 어렵다.

"그가 죽었으나 그 믿음으로써 지금도 말하느니라." 순교자는 죽음으로써 세상에 진리를 전하고 또 그 진리를 확신케 한다. 아벨은 모든 순교자들의 첫 모본이다. 그의 순교 때문에 후대의 많은 성도들이 주님께 충성하는 것을 배웠다.

아벨은 가인과 더불어 투쟁하는 제사를 유지하였으니 그것은, ① 습관적인 것이 아니고 내면적이고 영적인 것이었다. 습관이라는 것은 기계화된 행동으로서 무의미한 것이다. ② 편리주의와 안일주의가 아니고 진리를 지키기 위한 희생이었다. 제사는 본질적으로 긴장과 희생이 요구된다(삼하 24:24 참조).

5-7절. 에녹의 믿음(5-6절)과 노아의 믿음(7절).

5-6 믿음으로 에녹은 죽음을 보지 않고 옮겨졌으니 하나님이 그를 옮기심으로 다시 보이지 아니하였느니라 그는 옮겨지기 전에 하나님을 기쁘시게 하는 자라 하는 증거를 받았느니라 믿음이 없이는 하나님을 기쁘시게 하지 못하나니 하나님께 나아가는 자는 반드시 그가 계신 것과 또한 그가 자기를 찾는 자들에게 상 주시는 이심을 믿어야 할지니라(창 5:21-24 참조). 5절에 언급된 "믿음"은 무엇을 말하는가? 그것은 6절에서 설명하는 것처럼, 신자들에게 구원을 주시는 심판주가 계시다는 사실을 믿는 신앙이다.

"그가 계신 것과." 이것은 막연하게 어떤 신의 존재를 추측하는 자연신학적 신관을 가리키지 않는다. 여기서는 말씀으로 자기를 계시하신 참하나님 여호와께서 살아 계심을 믿는다는 것이다. 에녹은 아담의 후손으로서(유 1:14) 장수하였던 조상들로부터 전승되어 온 하나님의 말씀을 잘 알았을 것이다.

"자기를 찾는 자들"이란 말(τοῖς ἐκζητοῦσιν αὐτόν)은 하나님을 부지런히 찾는 자들, 곧 간절히 기도하는 자들을 가리킨다(참조. 창 4:26; 암 5:6; 롬 10:13). "상 주신"다 함은 그 찾는 자들의 공로를 생각하는 것이 아니고, 궁극적으로 그들 속에서 역사하신(빌 2:13) 성령의 열매에 대하여 갚아 주시는 것이니 이것도 은혜이다(고전 4:7 참조).

에녹이 하나님을 기쁘시게 하였다는 말씀에 대하여 가경은 말하기를, 그가 하나님과 인류 사이에 중보자가 될 만큼 완전하였다고 한다(1 Enoch 71:14). 그러나 성경은 그의 믿음을 말하였을 뿐이다. 그는 주님을 찾는 자였고 중보자는 아니었다(히 11:5-6).

설교 에녹과 천국(5-6절; 참조. 창 5:3-24)

우리는 본문에 있는 대로, "믿음으로 에녹은 죽음을 보지 않고 옮겨졌으니 하나님이 그를 옮기심으로 다시 보이지 아니하였느니라"고 한 말씀으로 에녹이 천국에 간 사실을 알 수 있다. 그러나 이 간단한 말씀이 무게 있는 진리인 것은, 창세기가 진리문서이기 때문이다.

1. 창세기는 죽음에 대하여 진리대로 바로 말함

창세기 5:5-31에는 죽었다는 말이 많이 나온다. 그와 같이 사람들의 죽음을 기술한 목적은 아담과 그 자손에게 예고한 하나님의 말씀(창 2:17)이 그대로 이루어진다는 것을 보여 주려는 것이다. 이 기록은 위대한 신자들도 "죽었다"고 말할 뿐이고, 죽음 이후에 그들이 어떤 복을 누렸는지에 대해서는 아무 말도 없다. 이처럼 죽음에 대한 낙관적 해설이 별로 없는 이유는, 죽음 자체로 죽음의 사명을 나타내려는 까닭이다. 성경은 다른 부분에서도 진실한 성도들의 죽음에 대해 번번이 낙관적 해석을 붙이지 않고 지나간다. 그것은 그들이 사후에 영생의 복을 받지 못하였다는 의미가 아니다. 그것은 죽음의 자연적 계시만 그대로 나타내려는 기록 방식이다. 죽음의 자연적 계시는 사람들로 하여금 ① 인간의 무상을 느끼게 하며, ② 비애를 느끼게 하며, ③ 공포를 느끼게 하며, ④ 심판을 느끼게 하여, 여호와를 기억하는 삶을 살게 한다(전 7:2-4 참조).

2. 이 진리 문서는 인간의 사후 복락을 말하기도 함

창세기 5:21-24에 있는 에녹의 승천 사건은 모든 다른 성도들의 죽음도 복되다는 사실을 예언하는 것이다. 이것은 인간이 믿음으로 하나님을 기쁘시게 하면 별세할 때에 하나님 나라로 옮겨진다는 사실을 명백히 계시한다. ① 하나님이 에녹을 데려가셨다고 함. 이것은 이 세상 밖에 다른 좋은 세계, 곧 하나님과 함께 사는 즐거운 세계가 있음을 가르친다. 시 43:4에 "그런즉 내가 하나님의 제단에 나아가 나의 큰 기쁨의 하나님께 이르리이다"하였고, 시 16:11에는, "주의 앞에는 충만한 기쁨이 있고"라고 하였다. ② 에녹이 육체를 가지고 그곳에 갔다고 함. 그곳은 단지 관념(觀念)의 세계가 아니라, 구체적이고 영화롭게 된 몸이 생활하는 나라이다. 예수님은 말씀하시기를 "내 아버지 집에 거할 곳이 많도다 그렇지 않으면 너희에게 일렀으리라 내가 너희를 위하여 거처를 예비하러 가노니 가서 너희를 위하여 거처를 예비하면 내가 다시 와서 너희를 내게로 영접하여 나 있는 곳에 너희도 있게 하리라"(요 14:2-3)고 하셨다. 하나님은 우리의 몸과 영혼을 지으셨고 또한 구원하신다.

7 믿음으로 노아는 아직 보이지 않는 일에 경고하심을 받아 경외함으로 방주를 준비하여 그 집을 구원하였으니 이로 말미암아 세상을 정죄하고 믿음을 따르는 의의 상속자가 되었느니라. "아직 보이지 않는 일에 경고하심을 받아." 하나님께서 노아에게 방주를 지으라고 명령하신 것(창 6:13-15)은 홍수가 있으리라는 경고(창 6:7)보다

훨씬 후에 주셨지만 여전히 미래에 대한 것이었다. 그러므로 그 말씀은 듣는 자의 마음을 움직여 행동을 취하게 하기 어렵다. 그 사건은 장차 일어날 일이므로 홍수에 대한 공포심이 생겨나기 어렵고, 노아 시대의 세상은 심히 부패하였으므로 그의 마음이 고독한 경건 생활에서 떠나기 쉬운 환경이었다.

"경외함으로 방주를 준비하여." 노아는 어려운 가운데서도 홍수가 있으리라는 하나님의 말씀을 믿고 방주를 지었으니, 그것이 그의 신앙을 입증한다. 신앙이란 것은 이렇게 아직 보이지 않고 믿기 어려운 것을 하나님의 말씀에 근거하여 믿는 것이다. 신앙은 하나님의 말씀을 사실로 여긴다.

"세상을 정죄하고." 이때에 노아가 하나님의 말씀대로 방주를 지은 것은 그 시대 인류에게 장차 있을 홍수 심판을 경고하는 것이었다. 그런데 그들이 끝까지 노아의 전도(벧후 2:5)를 불신하고 회개하지 않다가(마 24:38-39) 멸망을 당하였으니, 그것이 그들의 정죄받은 상태이다. 다시 말하면, 노아는 하나님의 말씀을 그대로 전했지만 그때의 모든 사람들은 그것을 반대했고, 결국 하나님의 말씀이 승리했으니, 그들은 무언중에 정죄를 받은 셈이다.

오늘날 그리스도 신자들도 노아와 같이 예수님의 말씀 편에 서서 그 말씀을 믿고 전한다면 끝까지 반대하는 불신자들을 결국 정죄하는 자리에 서게 된다. 그 이유는, 그들이 전한 말씀이 심판 때에 그 반대자들을 정죄하기 때문이다(요 12:48 참조).

"믿음을 따르는 의의 상속자"는 믿음으로 말미암는 칭의의 의를 확실히 받아 소유하는 자를 가리킨다. "상속자"란 말(κληρονόμος)로 보아 그가 얻은 의는 자기의 노력으로 된 것이 아니고 하나님께서 은혜로 주신 기업인 것이 분명하다.

8-19절. 아브라함과 사라의 믿음.

8 믿음으로 아브라함은 부르심을 받았을 때에 순종하여 장래의 유업으로 받을 땅에 나

아갈새 갈 바를 알지 못하고 나아갔으며. "부르심을 받았을 때에"란 말(καλούμενος)은 "부르심을 받을 때에"라고 번역해야 한다. 이 말씀은 부르심을 받은 즉시 순종하였다는 의미를 암시한다. "갈 바를 알지 못하고 나아갔으며"란 것은 아브라함의 신앙의 특징을 보여 준다. 곧 하나님의 말씀만 따라가며(창 12:4) 알지 못하는 장래를 전지전능하신 하나님께 맡기는 신앙이다.

9 믿음으로 그가 이방의 땅에 있는 것 같이 약속의 땅에 거류하여 동일한 약속을 유업으로 함께 받은 이삭 및 야곱과 더불어 장막에 거하였으니. 아브라함은 약속하신 땅을 얻으려고 고향을 떠난 나그네였음에도 조급하지 않았다. 그는 4대 만에야 그 약속의 땅을 차지하게 된다는 하나님의 말씀(창 15:12-21)에도 만족하면서 나그네 생활로 지내는 것을 싫어하지 않았다. 이는 그가 약속자, 곧 하나님의 신실하심을 알았기 때문이다. 하나님께서는 오랜 세월을 경과하면서도 변하시지 않고 마침내 그 약속을 이루신다. 그것은 신자인 우리의 육신이 죽은 후에도 우리에게 선을 이루실 그의 신실하심도 알려 준다(겔 1:6 참조).

10 이는 그가 하나님이 계획하시고 지으실 터가 있는 성을 바랐음이라. 본 절을 헬라어 원문대로 직역하면, "이는 그가 터들이 있는 도시를 바라본 까닭이다. 그 도시는 하나님이 그 설계자요 그 건축자이시다."라고 할 것이다. "터가 있는"이란 말이 앞에서 강조되고 있다. 그것은 그 "도시"의 영원 불변성을 역설하는 것이다. 이 "성"은 천성이다(계 21:14 참조). 아브라함이 이 세상에서 기쁜 마음으로 나그네 생활을 하게 된 이유는, 그가 영원한 천성을 그 본향으로 알고 사모한 까닭이다.

11 믿음으로 사라 자신도 나이가 많아 단산하였으나 잉태할 수 있는 힘을 얻었으니 이는 약속하신 이를 미쁘신 줄 알았음이라. 어떤 사본(א, A)의 헬라어 원문에는 "단산하였으나"란 말이 없고, "나이가 지나갔으나"라고 하였을 뿐이다. 사라는 그에게 아들이 있으리라는 천사의 말이 믿어지지 않아서 속으로 웃었다(창 18:12). 그러나 여호와의 책망을 받고 마음을 돌이켰다(창 18:13-15).

12 이러므로 죽은 자와 같은 한 사람으로 말미암아 하늘의 허다한 별과 또 해변의 무수 한 모래와 같이 많은 후손이 생육하였느니라. 아브라함뿐 아니라 사라에게도 믿음이 있었기에, 그처럼 노쇠하여 죽은 듯한 사람(아브라함)에게서 많은 자손들이 나게 되었다는 말이다(롬 4:19 참조). 이것은 하나님의 권능으로만 이루어진 일이다. 그러므로 공연히 혈통을 자랑하는 유대인들은 정신을 차리고 이 점을 바로 알아야 한다. 그들은 이 점에서 오직 하나님께 감사하고 그분만 믿어야 한다(창 13:16; 15:5; 22:17; 26:4; 32:12; 출 32:13; 신 1:10).

여기서 한 가지 난제가 있다. 아브라함이 그때에 죽은 자와 같았다면, 어떻게 사라가 죽은 후에 그가 후실을 취하여 다시 많은 아들을 얻게 되었을까?(창 25:1-2 참조) 그러나 이 문제는 다음과 같이 해결된다. 즉 아브라함이 백 세가 되었던 시절에는 건강이 쇠약하였다가 그 후에 다시 회생하였던 것이라고 생각된다.

13 이 사람들은 다 믿음을 따라 죽었으며 약속을 받지 못하였으되. 여기서 말하는 "이 사람들"은 앞에 진술된 아브라함, 이삭, 야곱, 사라 등이다. 이들이 "믿음을 따라 죽었"다는 것은 무슨 뜻인가? 이것은 본 장에 많이 나오는 "믿음으로"란 말(pi,stei)의 의미와 다르다. "믿음으로"란 말은 생활과 행동에서 나타나는 영적 결단을 말한다. 반면에, "믿음을 따른"다는 것은 기존의 신앙 원리에 순응한다는 것이다.[52] 이와 같은 신앙의 원리에 의하여 족장들이 약속이 실현되는 것을 보지 못하고도 죽음을 잘 이기게 되었다. 그들은 죽음 건너편의 영광의 세계(메시아의 나라)를 조금(멀리서) 내다보고도 죽음을 잘 극복하였다. 야곱은 임종하면서 말하기를, "나는 죽으나 하나님이 너희와 함께 계시사 너희를 인도하여 너희 조상의 땅으로 돌아가게 하시려니와"(창 48:21)라고 하였다(창 50:24 참조). 야곱 자신이 가나안 땅에 들어가지는 못하였으나

52) P. E. Hughes, Commentary on The Epistle to The Hebrews, 1977, 477.

그 땅을 주시겠다고 하신 하나님의 약속을 믿고 바라보았다. 그 땅은 천국 기업의 그림자로 해석된다(참조. 롬 15:4; 고전 10:1-11). 야곱이 "나는 죽으나 하나님이"라고 한 것은 의미심장하다. 그는 약속하신 하나님께 매달리면서 별세한 셈이다.

그것들을 멀리서 보고 환영하며. 이것은 그들이 "믿음을 따르는" 마음으로 받은 은혜였다. 하나님은 진리를 믿으며 따르는 자들에게 참된 비전(vision)을 생동력 있게 부어 주신다. 여기서 말하는 "그것들"이란 것은 하나님의 약속들의 내용을 가리킨다. 그것은 궁극적으로 팔레스타인 땅이 아니고 메시아의 나라, 곧 영광의 내세를 가리킨다. 예수님은 말씀하시기를, "너희 조상 아브라함은 나의 때 볼 것을 즐거워하다가 보고 기뻐하였느니라"(요 8:56)고 하셨다. "환영한다"는 말(ἀσπασάμενοι)은 "기쁘게 인사한다"는 뜻이다. 이것을 보면 족장들이 메시아의 나라(영광의 내세)의 그림자였던 가나안 땅을 바라보는 심리와 함께 영광의 내세를 더 흥미 있게 바라보았던 것을 알 수 있다. 그들이 영광의 내세에 대하여 무지하였을 리 없다. 그들의 조상 에녹은 몸을 입은 채로 승천하였다. 그뿐 아니라 하나님께서 그들을 찾아오셔서 말씀하셨다. 하나님께서 계신 곳이 하늘나라이다. 야곱은 자기 개인의 구원을 기다린다고 말한 적도 있다(창 49:18).

또 땅에서는 외국인과 나그네임을 증언하였으니. 이것도 그들이 "믿음을 따라" 행한 것을 보여 준다. "외국인과 나그네." 이 말은 그들의 본향이 땅에 있는 것이 아니라는 의미이다. "외국인과 나그네"란 말이 "땅"이란 말과 대조되어 나온 것이 의미심장하다. 아브라함이 자기를 "나그네"라고 하였고(창 23:4), 야곱이 그리하였고(창 47:9), 이스라엘이 가나안 땅에 정착한 지 오랜 후에 다윗도 그렇게 말하였다(시 39:12).

"증언하였으니." 이 말의 헬라어(ὁμολογήσαντες)를 바로 번역하면 "고백(Confession)하였으니"란 말이다.

14 그들이 이같이 말하는 것은 자기들이 본향 찾는 자임을 나타냄이라. 헬라어 원문에는 이 구절 앞부분에 이유접속사(γάρ)가 있다. 그러므로 앞 절에서 말한 대로 이 구절은 족장들이 "그것들을 멀리서 보고 환영"한 이유를 보여 준다. "본향"이란 말(πατρίδα, "아버지의 처소")은 히브리서 저자가 분석적으로 밝힌 것과 같이 갈대아 우르가 아니라(15절), "하늘에 있는 것"이다(16절). 그렇다면 이것은 영의 아버지(하나님)께서 계시는 곳을 가리킨다. 하나님은 "모든 영의 아버지"이시다(12:9. 전 12:7 참조).

15-16 그들이 나온 바 본향을 생각하였더라면 돌아갈 기회가 있었으려니와 그들이 이제는 더 나은 본향을 사모하니 곧 하늘에 있는 것이라 이러므로 하나님이 그들의 하나님이라 일컬음 받으심을 부끄러워하지 아니하시고 그들을 위하여 한 성을 예비하셨느니라. 영광의 내세를 믿는 자들은 참하나님을 믿고 또 사랑하는 자들이다. 하나님이 계시지 않는 내세는 "더 나은"(κρείττονος) 곳이 아니다. 그들이 하나님을 믿고 사랑한다면 그들은 영적으로 산 자들이다. "하나님은… 살아있는 자의 하나님"이시다(눅 20:38).

설교 아브라함과 천국(9-10, 13-16절)

1. 천국에 속한 자와의 만남

사람이 천국을 믿는 데 있어서 그곳에 있는 자와 만나는 것이 어떤 도움이 되기도 한다. 천국을 반대하던 사람들이 꿈에라도 천국에 간 자를 만나면 그 마음이 부드러워져서 천국을 믿게 되는 일이 있다(하나님이 사용하신 꿈에 한하여). 미국 시카고에 사는 불신자가 있었다. 그의 사랑하는 어린 딸이 예수를 믿고 죽었는데 그 아버지는 그의 딸이 천국에 간 것을 믿지 않았다. 그런데 어느 날 밤 꿈속에서 그가 강가에 서 있는데 그의 딸이 강 건너편에 가까이 와서 "아버지 여기로 건너오세요." 하며 부르는 소리를 듣다가 잠이 깨었다. 그는 그 꿈을 깬 다음부터 예수 그리스도를 믿었다고 한다. 우리가 꿈을 믿을 수는 없으나 어떤 꿈이 우리의 마음을 부드럽게 만드는 것은 사실이다(마 27:19 참조). 물론 앞에 언급한 사람이 내세를 믿게 된 것은 성령으로 말미암은 것이다. 그와 동시에 그가 꿈속에서 죽은 딸에 대한 애정에 끌려 그의 마음이 부드러워진 것도 사실이다.

아브라함은 여러 번 천국에서 온 천사들을 만났고 오랜 시간 이야기도 하였으니(창 18:2), 그가 이 세상 밖에 있는 천국을 생각하지 않았겠는가? 이는 우리가 외국인을 볼 때 외국의 실재를 생각하게 되는 것과 같다.

2. 하나님과의 만남

창세기에 있는 아브라함에 관한 기록에는 천국에 대하여 직접 말한 것이 없다. 그러나 그것은 아브라함이 천국에 대하여 무지했기 때문이 아니다. 천국에 대한 아브라함의 개념이 특별하였기 때문이다. 아브라함은 천국과 하나님을 나누어 생각하지 않았을 것이다(천국이 장소인 것은 믿었을 것이다). 우리가 천국을 하나님과 분리하여 생각할 때 위험한 사색에 떨어진다. 결혼하는 신부는 신랑과 떨어진 새 가정을 생각할 마음조차 가지지 않는다. 그는 신랑을 좋아하는 마음과 함께 그와 꾸리는 새 가정이 좋을 거라 생각한다. 그와 같이 하나님이 계시는 곳이 바로 천국이다. 그러므로 우리는 천국을 먼저 생각한 후에 하나님을 생각해야 하는 것이 아니고, 하나님과 상관없는 천국도 생각하지 않아야 한다. 만일 그런 생각을 한다면, 그것은 하나님을 떠난 상태에도 좋은 것이 있다는 이원론이요, 우상 숭배의 그릇된 사상이다. 성경은 (구약에서 특히) 천국을 말하는 대신 하나님 자신이 천국인 것처럼 말하였다. 시편 90:1에, "주여 주는 대대에 우리의 거처가 되셨나이다" 하였고, 이사야 26:4에는, "너희는 여호와를 영원히 신뢰하라 주 여호와는 영원한 반석이심이로다" 하였고, 신명기 33:27에는, "영원하신 하나님이 네 처소가 되시니 그의 영원하신 팔이 네 아래에 있도다"라고 하였다.

이 성구들은 우리로 하여금 하나님께서 우리의 기업이심을 깨닫게 한다. 하나님은 아브라함에게 말씀하시기를 "두려워하지 말라 나는 네 방패요 너의 지극히 큰 상급이니라"(창 15:1)고 하셨다. 하나님 자신이 아브라함에게 선물이 되신 것이었다. 하나님 안에 부족함이 없으니 아브라함에게 무슨 불행이 있겠는가! 그러므로 우리는 아브라함이 천국에 대하여 자세히 말하지 않았다고 해서 이상히 여길 것이 없다. 천국은 하나님이 지으신 것이요 하나님이 계신 곳이므로, 우리는 하나님만 모시면 된다. 아브라함에게는 하나님이 모든 것의 모든 것이었다. 그는 언제나 어디서나 하나님을 빼놓고는 아무것도 생각할 수 없을 만큼 하나님께서 그의 전부가 되셨던 것이다. 그가 그만큼 하나님을 바로 보았기 때문에 독자 이삭도 드릴 수 있었다. "그가 하나님이 능히 이삭을 죽은 자 가운데서 다시 살리실 줄로 생각한지라 비유컨대 그를 죽은 자 가운데서 도로 받은 것이니라"(히 11:19).

3. 천국에 갈 수 있게 한 아브라함의 신앙

그는 갈대아 우르에서 갈 바를 알지 못하고 떠났다(8절). 이것이 그의 믿음이다. 그러나 그보다도 그가 본래의 고향(갈대아 우르)은 물론 약속받은 땅(가나안)도 연연하지 않고 하늘나라를 사모하였다(9-10절). 우리도 이 세상 곧, 결국에는 멸망할 이 세상을 떠나야 한다. 우리는 내세를 보지 못하지만 하나님께서 이 세상을 사랑하지 말고 떠나라고 명령하셨으므로, 이 땅을 떠나서 천국을 사모해야 한다. 또한 우리는 하나님의 말씀으로 만족해야 한다. 우리는 천국의 내용을 다 모르지만 부분적으로(고전 13:9-12) 참되이 알고 사모한다. 아메리카를 발견한 콜럼버스(Columbus)가 처음부터 그 땅의 형편을 잘 알고 시작한 것은 아니었다. 그는 큰 바다를 건너면 땅이 있을 거라는 증거 있는 지식만 가지고 핀다, 니나, 산타 마리아 범선을 가지고 대서양을 건너기 시작했다. 1492년 8월 3일에 출범하여 그해 10월 12일에 이르러 비로소 나뭇가지가 떠내려오고 육지에 사는 새들이 보였고, 그것들이 육지가 있다는 증거임을 알고 기뻐하며 안심하였다. 그 전에는 선원들이 폭동을 일으키며 돌아가자고까지 하였으나, 콜럼버스는 참고 나아갔던 것이다. 그의 일행은 결국 산살바도르라는 섬에 상륙하였다. 우리가 천국에 대하여 비록 부분적으로만 알고 있으나 그것은 확신할 만큼 참된 증거 있는 지식이다.

4. 아브라함이 천국에 간 사실과 예수님의 증거

예수님께서 말씀하시기를, "죽은 자의 부활을 논할진대 하나님이 너희에게 말씀하신 바 나는 아브라함의 하나님이요 이삭의 하나님이요 야곱의 하나님이로라 하신 것을 읽어 보지 못하였느냐 하나님은 죽은 자의 하나님이 아니요 살아 있는 자의 하나님이시니라 하시니"(마 22:31-32)고 하셨다. 이 말씀의 뜻은, 하나님께서 모세에게 "나는… 아브라함의 하나님, 이삭의 하나님, 야곱의 하나님이니라"(출 3:6)고 말씀하시던 그때에 아브라함이 천국에 살아 있음을 의미하셨다는 것이다. 우리는 아브라함이 천국에 간 사실을 생각하고, 아브라함의 믿음을 좇는 자들도 천국에 간다는 사실을 기억해야 된다(롬 4:12, 16). 마 8:11-12에 말하기를, "또 너희에게 이르노니 동 서로부터 많은 사람이 이르러 아브라함과 이삭과 야곱과 함께 천국에 앉으려니와 그 나라의 본 자손들은 바깥 어두운 데 쫓겨나 거기서 울며 이를 갈게 되리라"고 하였다.

17-19 아브라함은 시험을 받을 때에 믿음으로 이삭을 드렸으니 그는 약속들을 받은 자로되 그 외아들을 드렸느니라 그에게 이미 말씀하시기를 네 자손이라 칭할 자는 이삭으로 말미암으리라 하셨으니 그가 하나님이 능히 이삭을 죽은 자 가운데서 다시 살리실 줄로 생각한지라 비유컨대 그를 죽은 자 가운데서 도로 받은 것이니라. "아브라함은 시험을 받을 때

에 믿음으로 이삭을 드렸으니"란 문구의 의미는, 이삭을 제물로 바치라는 하나님의 명령을 들은 아브라함이 그 말씀을 받자마자 즉시 순종하여 이삭을 드렸다는 것이다. "시험을 받을 때에"(πειραζόμενος)라는 현재 분사는 그 시험과 헌납의 동시성을 암시한다. 하나님께서 시험적으로 아브라함에게 독자를 제물로 바치라고 하실 때에 아브라함은 주저하지 않고 즉시 순종하였다. 이것은 그의 강한 신앙의 표현이다.

"약속들을 받은 자로되 그 외아들을 드렸느니라." "약속"은 하나님께서 아브라함에게 허다한 후손들을 보리라고 하신 그 말씀이다(창 15:4-5). 이때에 아브라함에게는 다른 아들이 없고 독자 이삭뿐이었는데 그를 번제물로 드린다면 허다한 후손들을 보리라는 약속이 어떻게 성취될 수 있겠는가? 여기서 하나님의 명령은 아브라함에게 모순성을 가지고 임한 것처럼 보였다. 이것은 난제였다. 그러나 아브라함은 그것을 문제시하지 않고 하나님께 이삭을 번제로 바쳤다. 그의 이 같은 결단은 그의 부활 신앙에서 나온 것이다(히 11:19). 죽은 사람의 부활과 같은 일은 그가 이미 이삭의 출생 사건에서 체험한 것이다. 곧 그는 늙어서 죽은 자와 같았는데(12절) 그에게서 이삭이 출생하게 하신 이가 하나님이었다. 이 기적을 본 그는 이삭이 죽었다가도 하나님의 능력으로 다시 살 수 있을 것이라 믿었다. 그러므로 그의 신앙은 자기에게서 난 것이 아니고 하나님의 은혜와 능력 때문에 생긴 것이다.

20-22절. 이삭, 야곱, 요셉의 믿음.

20 믿음으로 이삭은 장차 있을 일에 대하여 야곱과 에서에게 축복하였으며. 이삭은 야곱에게 속아서 그에게 장자의 축복 기도를 하였다(창 27:5-30). 그의 기도가 이렇게 착각을 내포하였음에도 불구하고 하나님은 들어주셨다. 그러나 여기서 두 가지 고려할 것이 있다. ① 하나님의 뜻 문제. 하나님께서는 여기서도 당신의 뜻을 이루시기 위해 그 기도를 들어주신 것이다. 야곱이 에서를

이기리라는 것은 그들이 나기도 전에 하나님께서 예정하신 것이다(창 25:23. 롬 9:12-13 참조). 하나님께서는 인간(기도자)의 실수를 용서하시면서까지 반드시 자신의 뜻을 이루신다. 그러므로 기도 응답은 그 기도 내용이 하나님의 뜻을 이루는 것인지에 달려 있다(요일 5:14-15). ② 믿음 문제. 여기서 "믿음으로"란 말이 중요하다. 이 말이 어순상 앞부분에 기록되었으니 강조체다. 그때에 이삭의 믿음은 진실하였다는 사실이 여기에 강조되었다. 하나님께서는 우리의 중심이 진실하기를 원하신다(시 51:6).

21 믿음으로 야곱은 죽을 때에 요셉의 각 아들에게 축복하고 그 지팡이 머리에 의지하여 경배하였으며. 이 구절에서 우리가 주목할 만한 것은 야곱이 "죽을 때에" 경건하게 생활했다는 사실이다. 사람의 경건은 노년에 이르면서 쇠하기 쉬운데 야곱은 그렇지 않았다. "지팡이 머리에 의지하여 경배하였으며." 이것은 창세기 47:31의 사건을 가리킨 것이다. 여기서는 "지팡이 머리"라고 하였으나 창세기 본문에는 "침상 머리"라고 하였다. "침상 머리"(רֹאשׁ הַמִּטָּה)라고 번역한 것은 마소라(A. D. 6-7세기) 본문을 따른 것이고, "지팡이 머리"(τὸ ἄκρον τῆς ῥάβδου αὐτοῦ)라고 한 것은 70인역(B. C. 2세기)이 채택한 것(רֹאשׁ הַמַּטֶּה)을 따른 것이다. 이 두 가지 가운데 어느 것을 취하든지, 그것은 늙어 죽어가는 몸으로서 하나님께 경배한 것을 의미한다. 이런 경건은 우리의 모범이 될 만하다. 신자들은 노년에도 경건함이 쇠하지 않아야 한다.

조지 뮬러(G. Müller)는 몸은 비록 약했으나 70세에 선교를 시작하여 17년 동안 계속하였는데, 세계를 여덟 차례나 순회하였다. 그뿐 아니라 그는 고아원 사업을 계속하면서 92세까지 살았다. 그는 젊었을 때부터 몸이 허약하고 질병이 있어서 군에 입대도 하지 못했다. 그래서 사람들은 그가 일찍 죽을 것이라고 말하기도 하였다. 그러나 그는 장수하면서 주님의 일을 많이 하였다. 그가 92세 때 말하기를, "나는 70년 전과 다를 바 없이 매일 힘 있게 일한다."라고 하였다. 그는 자기가 그처럼 강건한 힘을 유지하는 비결에 대하여 세 가지를 말하였다. 곧 ① 하나님과 사람에게 잘못하는 일이 없이 맑은 양심으로 살기를 힘썼다는 것과, ② 성경을 사랑하였고, 또한 성경이 자기의 온몸에 계속 힘을 공급한 사실과(잠 4:20), ③ 하나님의 일을 하면서 늘 기쁨을 느낀 것이라고 하였다. 그 기쁨이 그를 모든 염려와 걱정에서 구원해 주었다고 한다.

신자가 늙을 때까지 경건에 힘쓰면 그 육체에도 유익하며 그의 영력이 쇠하지 않는다. 사람이 늙었다고 쓸모없어지는 것이 아니라, 젊었을 때 할 수 없던 좋은 일들을 늙어서 하게 되기도 한다. 크랜머(Cranmer)라는 순교자는 60세에 이르러 비로소 순교할 만큼 진리에 대한 깨달음을 얻었다고 한다.

22 믿음으로 요셉은 임종시에 이스라엘 자손들이 떠날 것을 말하고 또 자기 뼈를 위하여 명하였으며. 여기서 "임종시에"라는 말이 귀하다. 임종시에도 신앙이 떨어지지 않고 굳세게 움직였다는 사실과 미래의 광명을 내다보았다는 사실이 여기에 암시되어 있다. 요셉은 애굽에서 권세와 영광을 누리면서도 그의 조상에게 주신 하나님의 약속을 잊지 않았다. 그 약속의 내용대로 이스라엘에게 말하여 주었다. 그 이유는, 그가 그 약속의 성취를 바라보며 믿었기 때문이다(창 50:24-25 참조). 그가 자기의 해골을 애굽에서 가지고 나가라고 부탁한 이유도, 하나님의 약속대로 이스라엘이 애굽에서 떠날 것을 믿은 까닭이다. 그는 애굽에서 누린 행복한 삶의 현실 가운데서도 하나님의 출애굽 약속에 대한 신념을 잃지 않았다. 그는 임종 때에 신앙으로 말하기를, "나는 죽을 것이나 하나님이 당신들을 돌보시고 당신들을 이 땅에서 인도하여 내사 아브라함과 이삭과 야곱에게 맹세하신 땅에 이르게 하시리라"고 하였다(창 50:24).

여기서 "나는 죽을 것이나 하나님이"(אָנֹכִי מֵת וֵאלֹהִים)란 말이 대단히 중요하다. 이 말에는 두 가지 중요한 뜻이 있다.

1) 하나님의 약속이 성취될 것을 생각하니 자기 죽음은 문제될 것 없다

는 것. 그는 하나님의 약속 위에서 죽어 거기에 묻혔고 거기서 영생하였다. 그의 마음에 생각나는 것은 하나님의 약속밖에 없었다. 하나님의 약속이 그의 생의 터전이요 환경이었다. 하나님의 약속은 이스라엘 백성이 가나안 땅에 들어간다는 것과 메시아 약속인 것이다. 메시아 약속이야말로 우주 만물을 새롭게 하시겠다는 약속인데, 그 약속이 성취됨에 따라 개인의 죽음 문제는 자동적으로 해결된다. 이렇게 믿은 요셉은 "나는 죽을 것이나"란 말을 소망과 기쁨이 넘치는 마음으로 하였을 것이다.

2) "나는 죽을 것이나 하나님이"란 말은 요셉이 자기를 중심으로 생각하지 않고 하나님을 중심으로 생각한 것을 보여 준다. 곧 그 자신은 죽어도 하나님이 살아 계셔서 요셉 자신과 하나님의 모든 백성을 위하여 일해 주실 것이므로 그것으로 만족한다는 것이다. 다시 말하면, "나는 죽을 것이나 하나님이"란 말은 약속을 성취하시는 분은 하나님뿐이시라는 뜻이다. 인간은 지나치게 자기가 무언가를 할 수 있을 것이라 생각한다. 그러나 요셉은 그렇게 생각하지 않는 의미에서 이 말을 하였다. 이 말을 하면서 죽는 그의 심령에는 평화가 넘쳤을 것이다. 내가 무엇을 한다는 생각은 자기를 하나님 자리에 놓는 교만이다.

23-28절. 모세의 부모와 모세의 믿음.

23 믿음으로 모세가 났을 때에 그 부모가 아름다운 아이임을 보고 석 달 동안 숨겨 왕의 명령을 무서워하지 아니하였으며. "아름다운 아이임을 보고." 사도행전 7:20에서는 "하나님 보시기에 아름다운"(ἦν ἀστεῖος τῷ θεῷ)이라고 하였다. "그 부모"는 무엇보다도 하나님 기준에서의 아름다움을 식별할 줄 아는 믿음의 지혜가 있었다. 그들은 모세에게서 그런 아름다움을 발견한 것이다. 신자는 언제나 하나님이 기뻐하실 아름다움을 소중히 여겨야 한다.

"석 달 동안 숨겨 왕의 명령을 무서워하지 아니하였으며"(출 2:1-2 참조).

① 그들은 하나님께서 기뻐하시는 아름다움을 소유한 자가 결코 무가치하게 희생되지 않을 것을 믿었기에, 왕의 명령을 무서워하지 않고 아기를 보호하였다. 물론 하나님이 기뻐하시는 아름다움을 분별한 것은 성령으로 말미암은 지혜였다. ② 하나님이 기뻐하시는 아름다움을 소유한 자는 장래에 하나님의 일을 맡을 인물이므로 그 부모는 아기 모세를 보호하기 위해서 자신들의 생명도 아끼지 않았다. 이와 같은 그들의 두려움 없는 행위도 신앙이다.

24 믿음으로 모세는 장성하여 바로의 공주의 아들이라 칭함 받기를 거절하고. "장성하여." 모세는 갓난아이 때 애굽의 바로 왕궁에 입양되어 자라났다(출 2:1-10). 성경이 말한 대로 그가 장성했을 때(출 2:11)는 그가 애굽의 학문을 다 배우고 그 말과 행사가 능하게 된 때이며, 그의 나이 40세가 된 때이다(행 7:22-23).

"공주의 아들이라 칭함 받기를 거절하고." 모세가 애굽 공주의 양자로 애굽 왕궁에 계속 머물렀다면 왕이나 기타 권좌에 올라갔을 것이다. 그러나 그는 그것을 버린다는 의미에서 왕궁을 떠났다.

25-26 도리어 하나님의 백성과 함께 고난 받기를 잠시 죄악의 낙을 누리는 것보다 더 좋아하고 그리스도를 위하여 받는 수모를 애굽의 모든 보화보다 더 큰 재물로 여겼으니 이는 상 주심을 바라봄이라. "하나님의 백성과 함께 고난 받기를." 모세가 애굽의 왕궁 생활을 포기한 것은 그의 선택이자 결단이었다. 그는 다른 사람의 강요나 충동으로 움직였던 것이 아니고, 분별할 줄 모르는 어린아이처럼 잠시 동안 떠돌아다니며 방랑하였던 것도 아니다. 그는 그때 장성한 사람으로서 행동한 것이었다. 그의 이와 같은 결단은 많은 것을 분명하게 고민하고 헤아린 결과였다. ① 하나님의 백성(ὁ λαὸς τοῦ θεοῦ). 곧 하나님께서 택한 백성을 위한 고난이 그에게는 무엇보다 귀하게 생각되었던 것이다. 이것은 하나님을 우주만물보다 더 귀하게 여기는 믿음의 가치관이다. ② 그리스도를 위하여 받는 능욕을 그는 무엇보다 소중하게 여겼으므로 이와 같은 결단을 내리게 되었다.

여기 기록된 "그리스도"란 말에 대하여 해석가들의 의견이 갈린다. ① 바이스(Weiss)는 말하기를, 구약 교회는 성육신 이전의 그리스도께서 세우신 것이므로, 구약 시대에 하나님의 백성을 위한 모세의 고난은 실질적으로 그리스도를 위한 것이었다고 한다. ② 모세가 이스라엘을 구원해 내는 출애굽 사역은 사실상 세상의 구주이신 예수님의 구원사역의 예표이다(고전 10:4, 6, 11). 그러므로 출애굽 사역의 목표는 신약의 그리스도를 지향한다. 구약 시대의 하나님께 속한 백성의 수난도 신약의 그리스도의 고난과 일맥상통한다고 할 수 있다. 이 둘째 해석이 옳다고 생각된다(참조. 요 15:18; 골 1:24).

27 믿음으로 애굽을 떠나 왕의 노함을 무서워하지 아니하고 곧 보이지 아니하는 자를 보는 것 같이 하여 참았으며. 이 사건에 대하여 두 가지 해석이 있다. ① 이것이 모세가 미디안으로 도망간 사건을 가리킨다고 하는 학설이다. 그러나 이 해석은 성립될 수 없다. 본문에는 모세가 "왕의 노함을 무서워하지 아니하"였다고 했는데, 미디안으로 도망한 그의 동기는 공포심이었다(출 2:14. 출 2: 11-15 참조). 그뿐 아니라 출애굽 기사는 모세의 이 행동이 그의 믿음이라고 말하지 않는다. ② 이 사건은 모세가 이스라엘을 인도하여 애굽에서 떠난 것을 가리킨다는 학설. 이 해석이 타당하다고 생각된다. 칼빈과 기타 학자들이 이 해석을 주장한다. 휴스(Hughes)에 의하면, "애굽을 떠나"란 문구에는 두려움이 암시되지 않았으므로 안정적이고 든든한 마음의 행동(a sedate act of mind)을 가리킨다. 그뿐 아니라 애굽을 떠났다는 기록이 유월절을 제정했다는 말과 직접 연결되는 것도 이 해석을 유리하게 한다. 그 두 사건이 사실상 동시에 실행된 것이다(출 12-13장 참조).[53]

28 믿음으로 유월절과 피 뿌리는 예식을 정하였으니 이는 장자를 멸하는 자로 그들을 건드리지 않게 하려 한 것이며. 이 말씀은 출애굽기 12장에 기록된 행사에 대한

---

53) P. E. Hughes, A Commentary on The Epistle to The Hebrews, 1977, 497-498.

것이다. 모세가 "피 뿌리는" 예식을 행한 것이 믿음이라고 할 수 이유는 다음과 같다. 그 예식은 보이지 않는 미래의 구원(이스라엘의 장자들이 죽지 않게 함)을 보장한다고 하나님이 말씀하셨는데(출 12:21-23), 모세는 그 말씀에 순종하였다. ① 인간의 생각으로는 납득되지 않는 것이라 할지라도 그것이 하나님의 말씀이라는 권위에 순종하는 것이 믿음이다. ② 피 뿌리는 예식은 구원사적 진리이다. 다시 말하면 그것은 무의미한 일이 아니고 신약 시대의 그리스도를 예언하기 위한 것이다. 즉 유월절 양의 피는 신약의 그리스도의 피를 예표한다. 신약에서 그리스도를 가리켜 "어린 양"이라고 한 것은 그가 유월절에 희생되었던 어린 양과 같이 속죄를 위해 이 세상에 오셨다는 뜻이다(요 1:29, 36; 고전 5:7; 벧전 1:19). 구원의 진리를 순종한 것이 믿음이다.

설교 모세의 믿음(24-28절)

이 부분에서는 모세의 위대한 믿음을 소개한다. 그의 믿음은

1. 거절하는 믿음

모세는 바로의 공주의 아들이라 칭함 받는 것을 거절하였다(24절). 이것은 명예와 권세를 거절한 것을 의미한다. 많은 사람이 명예와 권세를 좋아한다. 그들은 그것을 위험하게 생각하지 않는다. 사람이 그것들을 가지면 공연히 마음이 교만하여 허수아비 노릇을 하게 된다. 그는 전과 똑같은 사람이지만, 명예와 권세를 차지한 후에는 다른 사람을 무시하는 자가 되어 버린다. 그는 사람 구실을 못한다. 옛날 중국에서 요(堯) 임금이 다스리던 때에 있던 일이다. 요가 천하를 허유(許由)에게 맡기고자 하여 그 말을 전하자, 허유는 귀가 더럽혀졌다고 하면서 시냇물에 가서 귀를 씻었다. 그때 마침 소부(巢父)라는 사람이 소를 끌고 와서 물을 먹이려다가 허유가 귀를 씻은 이유를 알고

그런 물을 소에게 먹일 수 없다고 하며 상류로 올라가 먹였다. 시냇물 주인은 이 소식을 듣고 "내 시냇물을 더럽혔구나."라고 하였다고 한다. 우리는 무엇이 우리의 인격을 손상시키는지 바로 알고, 그것을 거절할 줄 알아야 한다. 우리가 하나님 외에 다른 무엇의 노예가 되는 순간은, 곧바로 우리 자신이 잘못되는 순간이다.

2. 고난받기를 좋아하는 믿음(25절)

고난과 안락 중에서 고난을 택하는 사람은 별로 없을 것이다. 그러나 알고 보면, 안락보다 고난을 택하는 것이 지혜로운 일이다. "나" 자신의 일을 위한 고난은 "나" 자신에게서 멈출 정도로 사소하다. 그러나 하나님의 일을 위한 고난은 그 가치가 "나" 자신의 범위를 넘어선다. 내가 이런 고난을 받을 때에는 주님이 먼저 그 일을 당하시며(요 15:18), 나는 주님과 더욱 가까워진다(벧전 4:14). 그러므로 바울은 말하기를, "내가 그리스도와 그 부활의 권능과 그 고난에 참여함을 알고자 하여 그의 죽으심을 본받아"(빌 3: 10)라고 하였다. 이 세상의 많은 학문 중 부활의 권능을 배우는 공부가 가장 귀하다. 또한 부활의 능력은 그리스도를 위해 고난을 당하는 자가 배운다.

3. 그리스도를 위하여 능욕을 받는 믿음(26절)

1) 남모르게 은혜와 힘을 얻는 비결. 빙산은 넓은 바다에서 바람과 반대 방향으로 흐른다고 한다. 그 원인은 빙산 거의 전부가 물속에 들어 있어서, 바다 밑의 물이 흐르는 대로 따라가기 때문이다(어떤 바다에서는 바다 밑의 물이 수면과 반대로 흐른다고 한다). 그와 같이 우리가 그리스도 안에 거하는 것이 확실하다면, 그 생활의 동력이 그 방면으로 더 강하기 때문에, 외형적으로 받는 능욕은 문제가 되지 않는다. 이 세상에서 신자가 그리스도 때문에 무고한 능욕을 받으면 신앙은 더 힘을 얻는다. 그것이 우선되는 상급이다.

2) 머지않아 상급으로 바뀜. 마땅히 받지 않아야 할 능욕은 머지않아 없어진다. 큰 거짓말은 육지에 떨어진 고기와 같아서 얼마 후에 사라진다. 그뿐 아니라 신자가 그리스도 때문에 애매하게 훼방을 받으면 하늘나라에서 상급이 크다(마 5:11-12).

4. 참고 견디는 믿음(27절)

사람이 옳은 일을 시작한 뒤에 그것을 끝까지 해 나가는 것은 어렵다. 좋은 일에는 방해와 장애가 있다. 따라서 그러한 난관들을 돌파하려면 다른 힘의 도움이 필요하다. 그것은 보이지 않는 하나님을 보는 것같이 믿음으로 공급받는 능력이다. 우리가 보이지 않는 하나님을 보는 것같이 믿으려면 하나님의 은혜를 체험해야 한다. 모세는 40년 동안 미디안 광야에서 신앙생활의 체험을 쌓았다. 호렙산 떨기나무 불꽃 가운데 나타나신 여호와의 사자를 보기도 하였고(출 3:1-4), 애굽에서 하나님이 나타내신 열 가지 재앙도 체험하였다(출 7:1-12:36). 신자들은 신앙생활에서 영적 체험을 많이 얻어야 한다. 특별히 신약 시대에는 신자가 이적과 기사를 체험하는 것보다 심령 속에서 성령의 은혜를 체험하는 것이 무엇보다 귀하다. 이것은 진실한 믿음과 쉬지 않고 기도하는 것과 기꺼이 감내하는 순종으로 받는 것이다.

5. 하나님의 지시대로 순종한 믿음(28절)

모세는 하나님의 지시대로 순종하여 문설주에 피를 뿌리는 유월절 예식을 정하였다. 그것은 하나님의 말씀대로 반드시 재앙이 내릴 것을 믿고 순종한 믿음이다. 그뿐 아니라 그것은 오실 그리스도의 속죄의 피가 유월절로 예표된 것을 믿은 신앙이라고 할 수 있다.

29-31절. 홍해를 건넌 믿음과 여리고성 정복과 관련된 믿음.

29 믿음으로 그들은 홍해를 육지 같이 건넜으나 애굽 사람들은 이것을 시험하다가 빠져 죽었으며. 여기서 "그들은… 건넜으나"라는 동사(διέβησαν)는 분명한 복수 형태로, 모세의 믿음만 아니라 이스라엘 백성들의 믿음도 가리킨다. 사실상 그때 홍해를 건넜던 백성들의 믿음은 모세의 지도하에서 성립되었다. 그때의 이스라엘 백성들은 홍해를 건너기 얼마 전까지는 믿음이 없었을 뿐 아니라 도리어 모세를 원망했었다(출 14:10-12). 그런 그들이 이후에는 모세의 권면을 듣고 순종하였다. 바다가 갈라진 것은 모세가 지팡이를 들고 손을 바다 위로 내밀 때 이루어졌다. 그때 이스라엘 백성들은 그 갈라진 바다 가운데로 통과한 것뿐이다. 그렇다면 그들의 믿음은 무엇으로 성립되었는가? 그것은 신앙의 지도자 모세의 말씀으로 말미암아 받은 것이다. 그들이 바다 가운데로 걸어갈 때 물이 좌우에 벽과 같이 쌓여 있었음에도 불구하고(출 14:22), 끝내 순종하여 언덕 저편까지 걸어간 것이다. 만일 그들에게 신앙이 없었다면, 그 쌓인 물을 두려워하여 건너가지 못했을 것이다. 실제로 애굽 군대가 믿음 없이 그 길로 걸어갈 때에는 좌우의 벽과 같던 물이 무너져서 그 바다가 다시 합하여 흘렀다(출 14:26-29). 일반적으로 대중의 신앙은 지도자로 말미암아 열린 길을 따라가는 정도에 그친다. 출애굽기 14:14에 모세가 말한 것과 같이, 그들은 "가만히" 따라가는 자들이 된 것이다.

"애굽 사람들은 이것을 시험하다가 빠져 죽었으며." 그들이 이처럼 비참해진 것은 여호와 하나님이나 모세를 믿는 마음이 전혀 없이(출 14:31), 다만 이스라엘 백성의 뒤를 좇아가려는 목적으로만 그 갈라진 바다 가운데로 들어갔기 때문이다. 신앙 없이 권능 있는 일을 해 보려는 것은 다 하나님을 시험하는 것이고, 하나님 앞에서 범죄하는 것이다.

30 믿음으로 칠 일 동안 여리고를 도니 성이 무너졌으며. "여리고성"이 무너진 사건에 관한 이스라엘 백성의 신앙에 대하여 우리는 다음과 같이 생각할 수 있다. 곧 그들이 그때에 여호와 하나님이 명하신 대로 순종했다는 사실이다(수

6:8-20). 7일 동안 성 주위를 도는 것만으로 그 성이 무너진다는 것은 믿기 어려운 일이었다. 그 이유는, 그 성이 아주 견고하였기 때문이다. 여리고성은 햇볕에 말린 벽돌을 두 겹으로 쌓아 올린 것이었다. 바깥성의 두께가 6척(尺)이었고, 거기서 12척 공간을 두고 다시 안성이 있었는데 그것 역시 12척 두께였다. 그리고 높이는 18척이었다(고적에서 이와 같은 사실이 발견된다). 이처럼 견고한 성이 사람들이 그 주위를 돈다고 해서 무너질 수 있겠는가? 그러나 그때의 이스라엘 백성들은 여호수아를 통한 하나님의 말씀대로 그것이 무너질 거라고 믿었다. 하나님의 약속을 믿으면 그런 능력이 나타날 수밖에 없다. 그 이유는, 하나님께서 그렇게 되게 하시겠다고 약속하셨기 때문이다.

여리고성을 7일 동안 도는 것은 고생스러운 일이 아니다. 그러나 그렇게 하면 성이 무너질 거라는 믿음을 가지는 것은 어려운 일이었다. 그 믿음 자체가 벌써 이적인 것이다. 그것은 성령께서 주신 마음이다. 고전 12:9에 말하기를, "같은 성령으로 믿음을" 주신다고 하였다. 하나님께서 우리를 통하여 어떤 큰일을 이루실 때에는 우리에게 먼저 믿음을 주신다.

31 **믿음으로 기생 라합은 정탐꾼을 평안히 영접하였으므로 순종하지 아니한 자와 함께 멸망하지 아니하였도다.** 수 2:8-11을 보면 "라합"의 신앙 고백이 기록되어 있다. 그것은 그가 이스라엘을 통하여 나타난 여호와 하나님의 기적의 소식을 듣고 이스라엘이 승리할 것을 믿은 것이다. 그는 여호와 하나님을 믿고 이스라엘을 도와주었다. 그가 전쟁 중에 그렇게 행한 것은 결단 있는 신앙이다. 여리고의 다른 사람들도 라합처럼 하나님의 기적에 관하여 들었지만(수 2:8-11), 그들은 하나님께 불순종하는 마음을 그대로 가졌다. 어떤 사람들은 라합이 행한 일, 즉 그녀가 정탐꾼을 숨기고 거짓말한 사실(수 2:4-6)을 옳지 않게 생각한다. 어떤 주석가는 말하기를, "하나님의 율법에 비추어 볼 때 그 여자는 거짓말을 했다고 생각된다. 그러나 그 여자에게 신앙이 있었으므로, 그 죄가 용서되었다."라고 한다. 그러나 이 해석은 받아들이기 어렵다. 전쟁

중의 윤리는 평상시의 그것과 조금 달라서 예외 법규를 가진다. 예를 들면 하나님께서 여호수아에게 복병 전술을 명하신 것과 같은 것이다(수 8:2. 수 8:1-23 참조).

본 장에 기생 라합의 신앙이 기록된 것은, 이방 사람도 믿음을 가질 수 있고, 또한 모든 신앙 높은 자들의 수준에 참예할 수 있다는 진리를 표시하려는 것이다.

설교 라합의 신앙(31절)

라합은 기생이었으나 여호와 하나님을 믿음으로써 여리고성이 멸망할 때에 구원을 받았다. 사람이 하나님을 믿음에 있어서는 그의 신분이 문제되지 않는다.

1. 라합의 신앙은 위험을 무릅쓴 의지적 결단이었음(수 2:4)

그는 이스라엘의 두 정탐꾼을 숨겨 주었다. 이런 결단은 그가 하나님을 택하는 신앙에서 비롯된 것이다. 모압 여자 룻도 모압에서 유다로 돌아오며 하는 말이 "어머니의 하나님이 나의 하나님이 되시리니"(룻 1:16)라고 하였다. 라합의 행동은 의지적으로 취해진 것이다. 신앙은 지식을 무시하지 않으나 어느 정도 아는 데 근거하여 캄캄한 미래를 향해 뛰어나간다. 이것은 하나님이 살아계심을 알고 그에게로 나아가는 행동이다. 이렇게 행함으로써 우리는 하나님의 살아 계심을 체험하게 된다. 신앙은 무분별주의도 아니지만, 미온적으로 지식 탐구에만 머무르는 것도 아니다. 신앙은 결단이며 의지이다. 신자의 이 같은 결단은 단 한 가지를 아는 것에서 비롯된다. 그것은 어떻게 하는 것이 하나님께 속하는 것인지 파악하는 것이다. 하나님은 언제나 성결과 의와 진리의 편이 되어 주신다.

2. 라합의 신앙은 들음에서 났음(수 2:8-11)

그는 이스라엘이 승리하게 하신 여호와의 위대하심에 대하여 들었다. 여기서 "우리가 들었음이니라"고 한 말(10절)과 "우리가 듣자"란 말(11절)은 의미심장하다. 기독교의 복음은 들음으로 믿어지는 것이다(롬 10:17). 복음은 그것을 들은 자들이 전할 때에 하나님의 이적 기사가 따르며 확증한 것이다. 히 2:3에 말하기를, "들은 자들이 우리에게 확증한 바"라고 하였다. 무엇으로 확증했는가? 그다음 구절이 설명하는 것처럼 "표적들과 기사들"로 확증하였다. 복음 전파와 동반된 표적과 기사는 그 전파되는 복음의 구원 능력을 확증한다. 라합도 능력의 하나님에 대하여 들었다. 이 점에 있어서 그의 신앙을 칭찬할 만하다. 그는 많이 들은 것은 없었으나 들은 그것을 믿었다. 사람이 하나님에 대해 많이 들으면 모든 것이 명확해지는 확신을 가진다. 그러나 들은 것이 적으면 사모하는 신앙을 가질 수 있다. 사모하는 신앙도 뜨겁고 힘이 있다. 라합의 환경은 모두 불신자들로 꽉 차 있었다. 그는 여호와를 믿고 나아갈 때 고독했을 것이다. 그러나 고독은 사모하는 힘이 강하다.

3. 라합은 계약을 지켰음(수 2:17-21)

정탐꾼들은 장차 라합과 그의 가족을 살려 줄 언약의 표로 그의 집 창문에 붉은 줄을 매라고 하였다. 라합은 후에 그 약속을 지켰다. 그것은 언약의 표를 지킨 것이었다. 그가 그 약속을 지키려 할 때에 믿음의 시험도 받았을 것이다. 곧 "여리고성이 전멸되는 판국에 어떻게 이 붉은 줄 하나로 구원을 받겠는가?" 하는 의심도 일어났을 수 있다. 그러나 그는 약속대로 그 붉은 줄을 창문에 매어 두었다. 그것이 신앙이다.

우리는 예수님의 보혈을 믿으면 구원받는다는 말씀을 안다. 그러나 그 믿음 때문에 구원받는다는 것에 대하여는 모를 수 있다. 곧 그런 믿음이 그렇게 힘이 되는 이유이다. 그 믿음 때문에 내가 세상 사람들이 보기에 현재 크게 잘된 것도 없다. 믿지 않는 자와 마찬가지로 나도 병들고 또 죽을 것이다. 그런데 믿음이 무엇이기에 장차 나로 하여금 멸망하지 않게 하는가? 내가 그리스도의 보혈을 믿는 것은 하나님의 언약을 순종하는 일이다. 신자도 어떤 때에는 갑갑한 일을 당하며, 믿음이 흔들리는 위험도 당한다. 언약은 표로만 나타나 있기 때문이다. 그러나 하나님이 주신 언약은 실제와 같다는 사실을 믿는 신자들은 이런 시험들을 이기게 된다.

32-38절. 사사들과 기타 성도들의 믿음.

32 내가 무슨 말을 더 하리요 기드온, 바락, 삼손, 입다, 다윗 및 사무엘과 선지자들의 일을 말하려면 내게 시간이 부족하리로다. "기드온"에 관하여는 사사기 6-8장을 읽고, "바락"에 관하여는 사사기 4-5장, "삼손"에 관하여는 사사기 13-16장, "입다"에 관하여는 사사기 11-12장을 각각 참조하라. 이들은 신앙으로 하나님의 지시와 권능에 의하여 이스라엘의 원수를 이긴 사람들이다. 그때에 이스라엘의 원수들은 미디안, 가나안, 블레셋, 암몬 등이었다.

1) "기드온"의 믿음. 기드온은 농부였는데(삿 6:11), 하나님께서 그에게 나타나셔서 그가 미디안 족속과의 접전에서 이길 수 있다는 것을 믿게 하셨다(삿 6:12-40). 요컨대 하나님께서 그에게 믿음을 주셨다. 그러므로 그는 인간의 지혜를 쓰지 않고 오직 하나님의 지시대로 병사들을 모으고(삿 7:2-8) 작전도 하여 마침내 대적인 미디안을 이겼다(삿 7:9-23).

2) "바락"의 믿음. 그는 이스라엘의 압제자 가나안 군대장관 시스라의 군대를 격파하였다(삿 4:1-24). 그는 장군이면서도 자기의 전략을 쓰지 않고 하나님의 지시만 따르려고 여선지자 드보라의 지도에 순종하였으니, 그것이 신앙이다(삿 4:6-8).

3) "삼손"의 믿음. 그는 나지르 사람의 생활을 굳게 지키는(이것은 하나님이 그에게 정하여 주신 것이다) 동안 하나님이 주시는 힘을 유지하였다. 따라서

그는 자기에게 있는 힘이 하나님에게서 온다는 것을 확신하였다(삿 16:28. 삿 15:15-17 참조). 이것을 보아 그의 신앙도 하나님께서 믿게 하여 주셔서 믿어진 신앙이다.

4) "입다"의 믿음. 입다가 이스라엘의 원수 암몬 자손들을 물리치기 위하여 하나님께 서원한 것은 그의 신앙이다. 하나님과 서약할 수 있는 것은 믿음의 용단이다. 그야말로 언약하시는 하나님과 더불어 언약식으로 관계를 명확하게 하는 신앙이다(삿 11:30-31). 그는 승전한 후에 하나님 앞에서 그 서약을 지켰다(삿 11:32-40). 어떤 사람들은 입다가 서약을 지킨 것이 성경적이지 않다고 한다. 곧 입다가 승전하고 돌아올 때에 자기 집 문에서 나와 그를 영접하는 딸을 그 서약한 대로 죽여서 희생 번제로 드렸다는 것이다. 그러나 사사기 11:31에 "번제"로 번역된 히브리 원어(עוֹלָה)는 제단에 "올려놓는다"는 뜻일 뿐, 태워서 바친다는 뜻을 가지지 않는다. 그뿐 아니라 37절에 "나의 처녀로 죽음을 인하여 애곡하겠나이다"라는 문장의 히브리 원어(עַל־בְּתוּלַי וְאֶבְכֶּה)는 "나의 처녀인 까닭에 울리이다"라고 개역되어야 한다. 그러므로 이것은 그 여자가 처녀로 하나님께 바쳐질 것을 슬퍼함이다. "죽음"이란 말이 히브리 원문에는 없다. 그러므로 본문 내용으로 보아 입다의 딸이 동정녀로 일평생 바쳐진 것뿐이고 죽은 것은 아니다.

사람의 생명을 죽여 바치는 것은 여호와 앞에 가증스러운 것이다(레 18:21; 20:2-5; 신 12:31; 18:10). 사람을 죽여서 바치는 것은 우상을 섬기는 풍습이었다. 하나님께서 그와 같이 악한 풍속대로 이스라엘에서 행하도록 하셨을 리 만무하다. 여자들이 동정녀로 한평생을 바치고 성전에서 봉사하는 규례가 이스라엘에 있었으므로(출 38:8; 삼상 2:22). 입다의 딸도 그렇게 되었을 것이다. 입다 자신이 율법을 모른 사람도 아니었으므로, 율법을 어기는 이교적 맹세를 하지 않았을 것이다. 입다가 경솔한 사람이 아니라는 것은, 그가 암몬 왕과 평화를 교섭하였다가 성사되지 못한 뒤에 비로소 전쟁을 시작한 것을 보아 알 수 있다.

우리는 입다의 서원 실행에서 배울 것이 있다. 그것은 그가 서원한 것은 해로울지라도 지킨 사실이다. 시편 15:4에, "그의 마음에 서원한 것은 해로울지라도 변하지 아니하며"라고 하였다. 신자는 진리이신 그리스도를 따르는 자이므로 거짓을 독약과 같이 멀리 해야 한다.

5) "다윗"의 믿음. 그의 믿음에 대하여 다음 몇 가지를 말할 수 있다. 첫째, 블레셋 대장 골리앗을 물맷돌로 넘어뜨린 것은 여호와를 믿는 그의 신앙으로 말미암은 것이다(삼상 17:46-49. 삼상 17:36-37 참조). 둘째, 그는 모든 환난 가운데서도 낙심하지 않고 끝까지 하나님을 의지하였다(삼상 30:6 참조). 셋째, 그는 하나님을 두려워한 자였다. 그러므로 자기를 죽이려는 사울을 끝까지 아꼈다(삼상 24:6 참조). 넷째, 그는 기도의 사람이었다. 시편 109:4에 그는 말하기를, "나는 사랑하나 그들은 도리어 나를 대적하니 나는 기도할 뿐이라"고 하였다. 이 네 가지는 중점적으로 간추린 것이다.

6) "사무엘"의 믿음. 그의 믿음은 그의 기도생활로 알려졌다. 사무엘은 기도의 사람이었다(시 99:6). 그는 기도로 블레셋 군대를 물리쳤다(삼상 7:5-11). 그는 이스라엘 백성을 위하여 기도하기를 쉬는 것을 큰 죄로 여겼다(삼상 12:23).

7) "선지자들"의 믿음. 그들의 신앙을 일일이 논하려면 각 개인에 따라 특색이 있겠으나, 그들이 하나님 앞에서 받은 말씀을 그대로 전한 굳센 믿음에 있어서는 모두 일치한다. 이 일에 있어서 그들은 고난을 개의치 않았고, 사람을 두려워하지 않았다. 그 용기는 그들의 타고난 기품 때문이 아니라 그들이 하나님의 말씀을 확신했기 때문이었다.

33-35상. 앞 절(32절)에 기록된 신앙가들의 믿음의 성과들을 말함.

33 그들은 믿음으로 나라들을 이기기도 하며 의를 행하기도 하며 약속을 받기도 하며

사자들의 입을 막기도 하며. "나라들을 이기기도 하며." 기드온은 미디안족을, 입다는 암몬족을, 다윗은 블레셋과 아말렉과 여부스와 에돔족들을 각각 정복하였다. "의를 행하기도 하며." 이것은 하나님 백성의 지도자들로서 백성을 의롭게 통치한 것을 염두에 둔 말씀이다. 특별히 사무엘의 의로운 정치에 대해서는 사무엘상 12:4을 참조하라. 의로운 정치는 하나님의 말씀을 믿고 순종하는 정치가에게만 가능하다. "약속을 받기도 하며." 이것은 하나님의 축복 약속을 받은 자들이 마침내 그대로 축복받은 사실을 말한다. "사자들의 입을 막기도 하며." 이것은 다니엘과 관계된 사건이며(단 6:7-23), 다윗과(삼상 17:34) 삼손(삿 14:6)도 관계가 있다.

34 **불의 세력을 멸하기도 하며 칼날을 피하기도 하며 연약한 가운데서 강하게 되기도 하며 전쟁에 용감하게 되어 이방 사람들의 진을 물리치기도 하며.** "불의 세력을 멸하기도 하며." 이것은 단 3:19-30에 기록된 대로 사드락, 메삭, 아벳느고가 화형에서 기적적으로 보호를 입은 것을 가리킨다. "칼날을 피하기도 하며." 이것은 원수의 살해를 면하게 된 것을 가리킨다. 예컨대 모세, 다윗, 엘리야, 엘리사 등이 그렇게 되었다(참조. 출 18:4; 왕상 19:10; 왕하 6:14-23; 시 144:10). "연약한 가운데서 강하게 되기도 하며." 이것은 신체에 관한 것도 되지만 심령에 관한 것도 해당된다. 삼손의 경우(삿 16:28), 히스기야의 경우(사 38장), 다윗의 경우(삼상 30:1-6; 시 6:3, 8; 22:21) 등이다. "이방 사람들의 진을 물리치기도 하며."(시 18:34 참조).

35 **여자들은 자기의 죽은 자들을 부활로 받아들이기도 하며.** 여기서 말한 "여자들"은 사르밧 땅 과부와 수넴 여자를 가리켰을 것이다. 그런데 얼핏 보면, 사르밧 땅 과부는 불신앙으로 말한 부분도 있는 것 같다. 열왕기상 17:18에 말하기를, "여인이 엘리야에게 이르되 하나님의 사람이여 당신이 나와 더불어 무슨 상관이 있기로 내 죄를 생각나게 하고 또 내 아들을 죽게 하려고 내게 오셨나이까"라고 하였다. 이 말씀을 보면 그 여자가 하나님의 사람 엘리야를

완전히 이해하지 못한 듯하다. 그러나 그 여자에게도 신앙이 있었다. 그것은 그 여자가 엘리야의 말에 순종하여 그를 대접한 사실로 증명된다(왕상 17:8-16). 그뿐 아니라 그녀는 엘리야를 "죄를 생각나게" 하는 영적 권위자로 인정하였다. 그러나 엘리야가 그녀의 죽은 아들을 살려 준 후에야 그녀는 고백하기를 "내가 이제야 당신은 하나님의 사람이시요 당신의 입에 있는 여호와의 말씀이 진실한 줄 아노라"(왕상 17:24)고 하였다.

선지자 엘리사를 대접한 수넴 여자는 어떤 신앙을 가졌는가? 그 여자는 자기의 어린아이가 죽었을 때 갈멜산에 있는 선지자 엘리사를 데려왔다. 그는 엘리사를 사용하시는 하나님의 권능으로 말미암아 그 죽은 아이가 살아날 거라 믿었다(왕하 4:21, 30).

35하-38절. 이 구절들은 신자들이 세상의 박해를 견딘 사실들을 열거한다.

35-37 또 어떤 이들은 더 좋은 부활을 얻고자 하여 심한 고문을 받되 구차히 풀려나기를 원하지 아니하였으며 또 어떤 이들은 조롱과 채찍질뿐 아니라 결박과 옥에 갇히는 시련도 받았으며 돌로 치는 것과 톱으로 켜는 것과 시험과 칼로 죽임을 당하고 양과 염소의 가죽을 입고 유리하여 궁핍과 환난과 학대를 받았으니. 여기서 "어떤 이들"이란 말은 정확히 누구를 가리키는지 알 수 없다. "더 좋은 부활"이란 것은 이 세상 생명으로 부활된 것(예컨대 엘리사가 다시 살린 아이의 경우)보다 좋은 것으로, 곧 마지막 날에 그리스도로 말미암는 영광의 부활이다. 끔찍한 형벌 앞에서 구차하게 살기 위하여 신앙을 떠나 배교하면, 이런 귀한 부활을 받지 못한다. 예부터 오늘날까지 많은 순교자가 있었다. 순교는 확실한 신앙의 산물이다.

"채찍질"(참조. 렘 20:2; 마 10:17; 27:26). 마카베오하 7:1, 5:17을 참조하라. "결박과 옥에 갇히는 시련"(참조. 왕상 22:27; 렘 20:2). "돌로 치는 것"(참조. 왕상 21:1-14; 대하 24:21; 마 21:35). "톱으로 켜는 것." 전설에 의하면, 이사야가 톱으로 켜는 핍박을 받아 순교하였다고 한다. 그러나 성경에 기록되지 않았으므로 확실히 알기 어렵다.

"시험과 칼로 죽임을 당하고." "시험"이란 것은 수난당하는 자가 변절하도록 어떤 유혹거리를 던지는 핍박이다. "칼로 죽임을 당하고"에 대하여는 사무엘상 22:18, 열왕기상 19:10을 참조하라.

"양과 염소의 가죽을 입고 유리하여." 주님을 위하여 핍박을 받는 자들이 쫓겨나서 이같이 거친 옷을 입고 다니는 것을 의미한다. 이들은 사실상 사회의 안전 보장을 빼앗기고 주님만 의지하며 다니는 자들이었다.

38 (이런 사람은 세상이 감당하지 못하느니라) 그들이 광야와 산과 동굴과 토굴에 유리하였느니라. "이런 사람은 세상이 감당하지 못하느니라"란 문구의 헬라어(ὧν οὐκ ἦν ἄξιος ὁ κόσμος)를 직역하면, "세상이 이들보다 값이 없으되"라고 할 수 있다. 그러므로 이 의미는 이들에게는 온 세계를 주어도 부족한데, 있을 곳이 없어서 떠돌아다녔다는 것이다.

설교 하나님의 승리(33-38절)

신자들이 "믿음으로" 행하였다는 것은 하나님께서 하셨다는 말과 같은 것이다. 이렇게 보는 이유는, 성경이 그렇게 말하기 때문이다. 그러므로 이 부분에 기록된 빛나는 신앙 행적들은 사람의 승리가 아니고 하나님의 승리였다.

1. "믿음으로"란 말의 은혜 성격

본문에 기록된 선진들의 신앙 행적들은 믿음을 전제로 한다. 사람의 심리적인 노력이 믿음을 형성하는 것이 아니다. 노력은 은혜를 사모하는 것의 구체적 표현으로서, 그 소원의 진실성의 증표에 불과하다. 사람이 일을 경영할 수는 있어도 그 일을 이루시는 이는 하나님이시다. 믿음은 하나님의 선물이다. 다윗이 전쟁 중에 용기를 얻은 것은 인간의 힘이 아니었다. 시글락에 우거한 동지들의 자녀들과 자기의 자녀들이 아말렉 군대에게 사로잡혀 갔을 때(삼상 30:1-5 참조)에도, 그의 부하들이 그를 배반하여 돌로 치려고 하였으나 그는 낙심하지 않고 도리어 힘을 얻었다(삼상 30:6). 이러한 그의 용기는 하나님이 주셨다고 성경이 우리에게 알려 준다. 즉 "그의 하나님 여호와를 힘입고 용기를 얻었더라"고 한 말씀이 그 뜻이다. 믿음은 하나님이 주신다(엡 2:8. 눅 17:5 참조).

2. 신앙 행적들의 은혜 성격

믿음의 행적들 중에 어떤 것들은 성도의 악전고투한 모습을 보여 준다. 본문 33-38절에 열거된 신앙 행적들은 대략 16건인데 그 가운데 몇 가지 예를 들면 다음과 같다.

다니엘이 사자굴에 던져지기까지 결코 굽히지 않는 그의 신앙은 죽으며 죽으리라는 각오에서 비롯된 것이었다. 바벨론 왕 다리오의 신하들이 왕 이외의 어느 신에게든지 무엇을 구하면 그 사람을 사자굴에 던져 넣기로 건의하고 왕의 허락을 받아 금령을 선포하였다. 그런 다음 그들은 다니엘의 기도 생활을 주시하였다. 그러나 다니엘은 "이 조서에 왕의 도장이 찍힌 것을 알고도 자기 집에 돌아가서는 윗방에 올라가 예루살렘으로 향한 창문을 열고 전에 하던 대로 하루 세 번씩 무릎을 꿇고 기도하며 그의 하나님께 감사"하였다(단 6:10).

또한 다니엘의 세 친구 사드락, 메삭, 아벳느고는 바벨론 왕 느부갓네살이 세워 놓은 금신상에 절하지 않는다는 이유로 풀무불 가운데 던져졌다(단 3:13-23). 그들이 풀무불에 던져지기까지 얼마나 무서운 위협과 유혹과 고통을 당했겠는가? 그러나 그들은 끝까지 굴하지 않고 신앙의 절개를 지켰다. 그들은 왕의 명령을 두려워하지 않고 말하기를 "느부갓네살이여 우리가 이 일에 대하여 왕에게 대답할 필요가 없나이다 왕이여 우리가 섬기는 하나님이 계시다면 우리를 맹렬히 타는 풀무불 가운데에서 능히 건져내시겠고 왕의 손에서도 건져내시리이다 그렇게 하지 아니하실지라도 왕이여 우리가 왕의 신들을 섬기지도 아니하고 왕이 세우신 금 신상에게 절하지도 아니할 줄을 아옵소서"(단 3:16-18)라고 하였다.

그렇다면 이들에게 이 같은 시험과 핍박이 고통거리였을까? 그렇지 않았다고 생각된다. 그 이유는, 그들은 사자굴이나 풀무불에 던져지는 무시무시하고도 끔찍한 시험 앞에서 도리어 여유 있었고, 담대하였고, 평안을 유지하였기 때문이다. 이들의 담대함과 투지와 지조는 결국 하나님이 주신 것이다(롬 9:15-16 참조). 연약한 인생을 강하게 하여 주시는 이가 하나님이시다. 그러므로 우리는 모든 신앙인들의 승리를 그들 자신의 힘으로 되었다고 보지 않고 하나님의 힘으로 되었다고 본다. 이렇게 볼 때에 우리 자신도 영적 활기를 얻는다. 그렇게 하지 않을 경우, 우리는 앞으로 있을 환난을 생각하면서 자포자기할 생각을 가지게 되기 쉽고, 또 은혜도 못 받는다.

다니엘이 사자굴에 던져졌을 때에 이미 사자들의 입이 봉해져 있었다. 그것은 하나님께서 천사를 보내어 그렇게 하신 것이었다(단 6:22-23). 그리고 사드락, 메삭, 아벳느고가 풀무불에 던져졌을 때에도 하나님께서 보내신 천사의 보호로 그들은 조금도 상하지 않고 구원을 받았다(단 3:24-27).

39-40절. 결론: 구약 시대 신자들과 신약 시대 신자들과의 관계.

39 이 사람들은 다 믿음으로 말미암아 증거를 받았으나 약속된 것을 받지 못하였으니. 곧, 앞에서 언급한 모든 구약시대 신자들이 그 신앙에 의하여 하나님의 놀라운 역사를 체험하였지만, 약속 성취, 곧 그리스도 예수님이 땅에 오시는 것(예수님의 초림)을 보지는 못하였다는 것이다.

40 이는 하나님이 우리를 위하여 더 좋은 것을 예비하셨은즉 우리가 아니면 그들로 온

전함을 이루지 못하게 하려 하심이라. 헬라어 원문에는 이 구절 앞부분에 "이는"이란 말이 없다. 이 구절은 하나님께서 우리를 위하여 구약 시대보다 "더 좋은" 신약 시대를 예비하셨다는 말씀이다. 이 말씀 속에는 신약 시대를 살고 있는 우리가 구약 시대의 모든 신자들보다 더 잘 믿어야 한다는 암시도 들어 있다.

"우리가 아니면 그들로 온전함을 이루지 못하게 하려 하심이라." 여기서 "온전함을 이룬"다는 말(τελειωθῶσιν)은 구약 시대 성도들의 구원의 완성을 염두에 두고 하는 말이다. 신약 시대의 우리가 체험한 그리스도의 속죄가 실현되지 않았다면, 구약 시대의 성도들이 바라보던 바가 실현되지 못하였을 것이다.

제 12 장

⚜ 내용분해

본 장은 앞 장에서부터 이어지는 실제적 권면이다.

1. 믿음의 개척자 또는 완성자이신 예수(1-3절)
2. 징계는 자녀들이 받을 특전(4-8절)
3. 징계를 달게 받자(9-13절)
4. 교회에 필요한 두 가지 덕(14-17절)
5. 땅에 있는 시내산과 하늘의 시온산과의 대조(18-24절)
6. 율법보다 복음을 더욱 경건함과 두려움으로 순종하자(25-29절)

⚜ 해석

1-3절. 믿음의 개척자요 완성자이신 예수.

1 이러므로 우리에게 구름 같이 둘러싼 허다한 증인들이 있으니 모든 1)무거운 것과 얽

매이기 쉬운 죄를 벗어 버리고 인내로써 우리 앞에 당한 경주를 하며. "구름같이"란 말은 많다는 의미이다. "증인"이란 말의 헬라어 "마르튀로스"(μάρτυρος)는 '증거자' 혹은 '순교자'를 의미한다. 이 단어가 관중을 의미하지는 않는다. '관중'이란 단어는 따로 있는데, 그것은 "테아타이"(θεαταί)라고 한다. 이 많은 증인들은 앞 장에서 말한 구약의 모든 참된 신자들을 가리킨다. 이들이 하늘에 가기까지 걸어간 모든 신앙 행적들은 땅 위의 성도들에게 하나님의 살아 계심을 힘있게 증거한다. 이 증거를 보는 자들은 모든 난관을 무릅쓰고 참으면서 신앙의 전선에서 분투할 마음을 얻는다.

"무거운 것"은 '거치는 것'을 의미하는데 이 세상 염려와 욕심 같은 것이다. 그런 것은 신자로 하여금 전진하지 못하게 한다. 그뿐 아니라, 그것들은 그로 하여금 넘어지게 하는 올무가 되기 쉽다. "얽매이기 쉬운 죄"란 말로 번역된 헬라어(τὴν εὐπερίστατον ἁμαρτίαν)는 '단단히 붙어서 얽매는 죄'란 뜻이다. 이런 것은 보통 죄악이 아니고 고질적인 죄악이다.

"인내"란 말(ὑπομονή)은 소극적으로 견디는 것과 적극적으로 이겨 나아가는 것을 일컫는 말이다. 그러면 인내의 힘은 어디서 오는가? 그것은 2-3절이 보여준 대로 예수님을 바라보는 데서 온다.

"우리 앞에 당한 경주를 하며." 신자들의 생활을 경주에 비유한 이유가 무엇인가? 그것은 경쟁의식이 아니다. 경쟁의식은 신앙생활에 해롭다. 우리의 신앙생활은 우리 자신을 낮출 때 성장한다. 신약에서 신앙생활을 경주에 비유한 이유는, 신앙생활에는 장애물이 있어서, 힘쓰고 애써야 승리하기 때문이다. 바울은 그 장애물이 자기 자신이라는 의미에서 말하기를 "나는 달음질하기를 향방 없는 것 같이 아니하고 싸우기를 허공을 치는 것 같이 아니하며 내가 내 몸을 쳐 복종하게" 한다고 하였다(고전 9:26-27). 우리가 우리 자신을 쳐서 복종시키는 것이 바로 영적 경주의 중요한 요소이다.

2 믿음의 주요 또 온전하게 하시는 이인 예수를 바라보자. "믿음의 주"란 말(τὸν τῆ

ς πίστεως ἀρχηρόν)은 '믿음의 창작자'란 뜻이다. 그리고 "온전케 하시는 이"란 말(τελειωτήν)은 헬라어 원문의 문법상 그 앞의 "믿음"이란 말과 관련되어 믿음을 '완성시켜 주시는 자'란 의미이다.

"바라보자"란 말(ἀφορῶντες)은 직역하면, '바라보면서'란 뜻으로, 헬라어 원문에서는 앞 절 하반절에 나와 있는 "인내"란 말을 뒷받침한다. 곧 심령의 눈을 고정시켜 다른 것들은 보지 않고 예수님만 보라는 뜻이다. 그렇게 하는 것이 인내의 힘을 소생케 한다는 것이다. 이것은 단순하게 믿는 신앙이고, 힘 있는 신앙이다. 사람이 예수님을 바라보지 않고 자기의 의를 바라보면 율법에 속한 자가 되므로, 능력을 받지 못하고 저주를 받을 것이다.

예수님은 자신이 인내의 본을 보여 주시고(2하) 또한 인내할 수 있게 하는 믿음을 주신다. 이런 의미에서 본문은 "믿음의 주요 또 온전케 하시는 이인 예수"라고 하였다. 예수님은 그 자신이 하나님이시지만 기적으로 우리의 구원을 이루심보다는 인내로 그것을 이루셨다. 이것을 보면 인내는 기적보다 귀하다. 그러므로 하나님은 우리가 기적을 기대하기보다는 인내의 길을 가도록 계시하여 주신다. 그리고 그 길을 가는 데 필요한 믿음을 공급하여 주신다. 그러므로 우리는 이와 같은 주님을 바라보아야 한다. 이와 같은 주님을 바라보는 것은 무미건조한 일이 아니라, 살아 계신 주님의 역사를 기다리는 가장 흥미 있는 일이다. 이런 의미에서 기독교의 인내라는 것은, 이교의 소망 없고 괴롭기만 한 고행과는 다르다.

그는 그 앞에 있는 기쁨을 위하여. 칼빈은 여기서 "위하여"로 번역된 헬라어 "안티"(ἀντί)가 '대신에'란 뜻을 가진다고 말한다. 그럴 경우에는 예수님께서 누리실 만한 즐거움을 십자가의 수난으로 대치하셨다는 뜻이 나온다. 그러나 브루스(F. F. Bruce)는 그런 뜻은 문맥에 부합하지 않는다고 하였다.[54] 헬라어

---

54) F. F. Bruce, The Epistle to The Hebrews, 1977, 353.

'안티'가 본 장 16절에서도 '위하여'란 뜻으로 사용되었다. "즐거움"이란 것은 이 구절 끝에 나온 말씀이 알려 준다. 그것은 그가 "하나님 보좌 우편에 앉으셨"기(하나님의 백성의 구원을 완성하기 위한 승리) 때문이다. 그렇다면 이것은 예수님의 이기적인 기쁨이 아니고, 자기 백성의 구원이 완성되었기 때문에 가지시는 기쁨이다.

십자가를 참으사 부끄러움을 개의치 아니하시더니. 십자가에 못 박히시는 예수님의 마음에는 사랑이 불타고 있었다. 그는 그 고난을 마지못하여 당하신 것이 아니라, 사랑하시는 백성을 그 원수(죄악과 마귀)의 손아귀에서 구하시기 위해 감수하신 것이다. 곧 그는 십자가를 지시는 부끄러움을 짓밟아 버리듯이 무시하시고 감수하신 것이다.

하나님 보좌 우편에 앉으셨느니라. 10:11-12에 대한 주석을 참조하라. 부활 승천하신 예수님께서 하나님 우편에 앉아 계신다는 말씀은 마 26:64; 막 16:19; 눅 22:69; 엡 1:20; 골 3:1; 히 1:3; 10:12; 계 3:21; 시 110:1에도 있다(참조. 롬 8:34; 행 7:56; 벧전 3:22).

설교 신앙의 경주(1-2절)

1. 구름같이 둘러싼 많은 증인을 명심하자

여기서 "증인"이란 말의 헬라어는 "마르튀론"(μαρτύρων)으로, '증거자'란 뜻이다. 증거자는 증거를 본 사람들이다. 법정에서도 증인 자격은 직접 본 목격자가 아니면 안 된다. 11장에 기록된 증인들은 믿음으로 증거를 받은 자들이다. 선진들이 이로써(믿음으로써) 증거를 확실히 얻었다.

2. 모든 무거운 것을 벗어버리자

"무거운 것"(ὄγκος)은 '거치는 것'을 의미한다. 신앙생활을 방해하는 것은 무엇보다도 자기 자신이므로, 자기를 부인하고 자기 십자가를 지고 주님을 따라야 된다(마 16:24). 십자가를 진다는 것은 자기를 쳐 복종시키는 것이다. 바울은 말하기를, "나는 날마다 죽노라"고 하였다(고전 15:31). 십자가를 진다는 것은 더 무거운 것을 지는 것이 아니다. 내가 십자가를 지면 십자가가 나를 져 준다.

3. 얽매이기 쉬운 죄를 벗어버리자

"얽매이기 쉬운 죄"는 붙어서 떨어지지 않는 죄 혹은 단단히 얽어매는 죄이다. 이것에 걸리면 나오기 어려운 죄이다. 이것은 가까이 붙어 있는 죄이다. 죄는 멀리 있는 것이 아니다. 아일랜드 해안에서 큰 배가 파선된 적이 있다. 그것은 지남침이 방향을 달리했기 때문이다. 빙산이 1/8만 보이는 것처럼 죄는 우리에게 작은 것같이 보이지만 그 정체는 깊이 숨어 있다. 뱀새끼를 사육하는 흑인이 있었다. 그는 종종 사람들에게 뱀이 그의 팔에 칭칭 감기는 것을 구경시켰다. 그런데 하루는 뱀이 그의 팔을 물어서 그가 죽었다. 죄를 사랑하는 것이 이와 같다. 우리는 죄를 벗어 버려야 한다.

4. 자신을 이기는 경주를 하자

예수님은 능력이 많으신데 왜 인내로 구원 역사를 이루셨을까? 권능보다 인내가 귀하다. 기적보다 인내가 귀하다. 바라본다는 것은 예수님께 집중하는 것이다. 이것은 단순한 것이다. 참는 것은 죽은 규칙을 지키는 것이 아니라 긴장하며 주님의 간섭을 바라보는 것이다.

3 너희가 피곤하여 낙심하지 않기 위하여 죄인들이 이같이 자기에게 거역한 일을 참으신 이를 생각하라. 앞 절과 이 구절은 예수님의 믿음으로 순종하시는 생활을 세 단계로 밝혔으니, 곧 소망을 가지심, 고난을 참고 견디심, 그 결과로 하늘 상

급을 받으심이다. 예수님을 바라보라는 이 권면에 있어서 특히 그의 인내를 주요 제목으로 가진다.

설교 믿음으로 전진하자(1-3절)

생명은 성장하며 전진하는 법이다. 성장과 전진이 없으면 열매가 없고 소망도 없다. 물도 흐르지 않고 한 곳에 고여 있기만 하면 마침내 부패한다. 그러면 전진의 비결은 무엇인가?

1. 죄를 벗어버림(1하)

인류를 타락시키며 망하게 하는 것은 불신앙(무거운 염려)과 죄악이다. 이것은 성경이 처음부터 끝까지 가르치는 중요한 진리이다. 그렇다면 본문이 말한 염려의 무거운 것은 어느 정도로 무거운 것을 의미하는가? 그것은 무저갱에까지, 다시 말하면, 무한히 깊은 데까지 우리를 빠뜨리는 무거움이다. 사람은 이 무거움 때문에 하나님께 올라갈 수 없고 영원한 절망 상태에까지 떨어진다.

2. 경주하듯이 전진함

경주자는 경주의 끝을 계속 기억하고 뛰며 또 있는 힘을 다하여 뛴다. 그와 같이 우리 그리스도 신자들도 언제나 우리 마음을 하늘에 두어야 한다. 그리고 늘 믿는 일에 긴장하여 최선을 다해야 한다. 이것이 기쁨 없는 피로한 생활이겠는가? 아니다. 우리는 이런 생활에서 하늘의 기쁨을 받아 누린다. 최선을 다하는 신자는 늘 성령이 주시는 놀라운 힘을 받게 된다.

우리는 이와 같은 생활을 인내로 유지하며 또 완성하게 된다. 우리가 명심할 것은 인내가 마침내 소망을 낳는다는 것이다(롬 5:4). 이것은 천하를 소유하는 것보다 귀하다. 신앙의 인격은 천하보다 귀하지 않은가! 내가(내 인격) 망하고 천하를 가진들 무슨 유익이 있겠는가? 인내가 나의 인격을 완성하는 것이니(약 1:2-4) 그것이 얼마나 귀한가!

우리는 고난도 잘 참아야 되지만 평안도 잘 참아야 한다. "평안"이란 것의 문제점이 무엇이기에 참아야 되는가? 우리가 너무나 잘 아는 대로, 평안은 우리로 하여금 방심케 하여 썩게 하는 독약과 같은 것이다. 이같이 참는 힘도 예수 그리스도께 받는 것이니, 진심으로 그를 바라보자!

설교 경주자와 같은 신자(1-3절)

1. 무거운 것들과 죄를 버림으로 힘을 얻음(1하)

여기서 말하는 "무거운 것"(ὄγκος)은 무엇인가? 죄는 아닐지라도 신앙에 방해되는 요소들이 많은데 그것들이 다 무거운 것이다. 예를 들면, 재물이나 명예나 기타 육신의 자랑거리들이다. 사도 바울은 그 자신이 "율법의 의로는 흠이 없는 자"라고 자랑했으나, 그런 명예도 다 버렸다(빌 3:5-8). 하나님보다 사람들의 인정을 받으려고 동분서주하는 것은 신앙을 거스르는 어리석음이다. 무디 선생이 한번은 무거운 짐을 등에 지고 강단에 서서 회중에게 질문하기를 "내가 이런 짐을 지고 설교할 수 있겠습니까?"라고 하였다고 한다.

신자는 죄를 버려야 힘을 얻는다. 죄는 영적인 능력을 방해하므로(롬 7:14-24; 갈 5:16-17), 신자는 희생을 지불하면서도 결단성 있게 끊어야 된다(참조, 마 5:29-30).

2. 인내해야 힘을 얻음(1절 끝)

신자가 인내하면 연단을 받고, 연단을 받으면 내세의 소망을 내다보는 영적 지혜를 얻는다.

3. 주님을 바라봄으로 힘을 얻음(2절)

"믿음의 주"란 말(ἀρχηγόν)은 믿음의 "개척자"란 의미이다. 주님은 개척자이실 뿐 아니라 믿음의 완성자도 되신다. 그는 보이는 하나님이시니 우리가 그를 믿지 않고 누구를 믿겠는가? 그는 하나님께로 가셨으니, 우리는 그만 따르기를 원한다. 그가 우리를 사랑하시되 그의 생명까지 버리셨으니, 우리는 그만 믿기를 원한다. 그는 약속의(구약의) 성취자시니, 그의 신실하심 때문에 우리는 그만 따르기를 원한다.

"바라보자"란 말(ἀφοράω)은 '눈을 고정시키자'란 뜻이다. 이것은 일시적 관망이 아니고 계속 주의하며 보는 것을 가리킨다(빌 3:8-14 참조). 이것은 목적의 단일성을 가리킨다. 이것은 줄곧 예수만 믿어야 할 것을 가리킨다. ① 우리는 의심의 공격을 받을 때 주님을 신뢰해야 되며, ② 내 힘이 약할 때에 그를 신뢰해야 되며, ③ 그를 믿는 것이 가장 어렵다고 생각될 때에 그를 믿어야 되며, ④ 그리스도를 의지하는 것이 제일 좋으니 그를 믿어야 되며, ⑤ 예수의 마음이 유일한 안식처이니 그를 신뢰해야 한다.

4-8절. 징계는 자녀들이 받는 특권.

4 너희가 죄와 싸우되 아직 피흘리기까지는 대항하지 아니하고. 신자들의 고난은 그들의 허물을 고치는 치료제가 된다. 사람은 난관을 당해 보아야 자기의 단점을 발견하게 되고 또 그것과 싸울 기회를 가진다. 히브리서를 받을 유대인 신자들도 핍박을 받고 잘 견디었으나(히 10:32-34), 죽음을 각오하는 자리에는 나아가지 못하고 점점 힘을 잃으며 후퇴하던 중이었다(10:39 참조).

5-6 또 아들들에게 권하는 것 같이 너희에게 권면하신 말씀도 잊었도다 일렀으되 내 아들아 주의 징계하심을 경히 여기지 말며 그에게 꾸지람을 받을 때에 낙심하지 말라 주께서 그 사랑하시는 자를 징계하시고 그가 받아들이시는 아들마다 채찍질하심이라 하였으니. 이것은 구약성경(잠 3:11-12)에서 인용된 것인데, 징계를 감수해야 하는 첫째

이유를 보여 준다(둘째 이유는 9-10절). 즉 "징계"는 하나님께서 그 사랑하시는 자녀들에게 선한 목적으로 주신다는 것이다(욥 5:17-18 참조).

여기서 "징계"라는 말의 헬라어 파이데이아(παιδεία)는 "훈련"을 의미한다. 그러므로 이 부분에서 징계하신다는 말은 벌하신다는 개념과 다르다. 이 훈련은 물론 올바른 신앙 인격을 양성하시기 위한 것이다.

하나님께서는 우리를 훈련시키실 때 고난과 시련으로 하신다. 우리는 고난과 시련에 의하여, ① 우리 인격의 내면의 부패상과 약점들을 깨닫게 되는데, 그것은 쉽게 낙심하는 것, 원망하는 것, 발악하는 것과 같은 죄악들이다. ② 이 훈련을 받을 때는 우리가 극기를 배울 기회가 된다. 지혜로운 자는 이때 믿음을 작동시키며 또 인내를 연습한다. ③ 이 훈련의 때에 우리가 죄를 자백하며 그 죄를 버리게 된다. 시편 기자는 말하기를, "고난 당하기 전에는 내가 그릇 행하였더니 이제는 주의 말씀을 지키나이다"라고 고백하였다(시 119:67. 시 119:71 참조). ④ 이 훈련의 때에 우리가 겸손해지며, ⑤ 하나님께 기도하여 그의 구원을 체험하게 된다(시 50:15 참조).

7-8 너희가 참음은 징계를 받기 위함이라 하나님이 아들과 같이 너희를 대우하시나니 어찌 아버지가 징계하지 않는 아들이 있으리요 징계는 다 받는 것이거늘 너희에게 없으면 사생자요 친아들이 아니니라. 신자가 잠시 동안 환난과 곤고를 당해도 사람들은 그를 하나님이 미워하신다고 속단한다. 그것이 현대 교계의 사고방식인 것 같다. 신자가 오랫동안 환난과 곤고를 받을 경우에는 그러한 속단이 더욱 심하다. 그러나 히브리서 저자는 하나님의 사랑과 징계를 동일시한다.

"너희가 참음은 징계를 받기 위함이라." 헬라어 원문(εἰς παιδείαν ὑπομένετε)은 "징계를 받기 위함이라"란 문구가 앞에 있는 강조체다. 인내하는 것은 징계, 곧 훈련을 받기 위함이다. 내가 참는 것은 남에게도 유익하지만 우선 나 자신에게 유익하다. 그것이 나의 신앙 인격을 훈련시켜 준다. "징계"는 하나님이 사랑하시는 아들들에게 더 잘 찾아오는 것이다. 그러므로 그것을 받는 자가 그것을 가볍게 여겨도 안 되지만 그것 때문에 낙심해도 안 된다. 하나님의 징계를 받는 자는 기회를 잃지 말고 기꺼이 감당하려는 마음으로 그것을 받는 것이 복되다.

9-13절. 징계를 달게 받자.

9-10 또 우리 육신의 아버지가 우리를 징계하여도 공경하였거든 하물며 모든 영의 아버지께 더욱 복종하며 살려 하지 않겠느냐 그들은 잠시 자기의 뜻대로 우리를 징계하였거니와 오직 하나님은 우리의 유익을 위하여 그의 거룩하심에 참여하게 하시느니라. 이 구절들은 징계를 감수해야 할 둘째 이유를 보여 준다(첫째 이유는 5-6절, 셋째 이유는 11절). 그것은 곧, 육신의 아버지보다 영의 아버지께 더욱 복종해야 하기 때문이다. 육신의 아버지는 혹 진리에 의거하지 않고 자기중심으로 그의 아들을 징계할 수 있지만, 영의 아버지는 완전한 진리로 우리를 징계하신다. 그가 우리를 징계하시는 것은 우리가 영원히 그와 함께 있게 하시려는 중대한 목적 때문이다.

"모든 영의 아버지"란 말은 하나님을 가리키는 명칭이다. 그것은 그가 우리의 육신을 창조하신 사실을 배제하지 않는다. 이 문구에 대한 해석들 중 중요한 것은 다음과 같다. ① 사람이 생겨날 때마다 그의 영혼은 유전되는 것이 아니고 그때그때 하나님이 직접 창조하신다는 뜻이다(Thomas Aquinas). ② 하나님께서 우리를 예수님의 피로 구속하여 영적으로 살게 하신 것을 가리킨다. 구속된 생명은 영적인 것이므로(롬 8:14), 그 생명을 주시는 하나님을 가리켜 "영의 아버지"라고 하였다(John Brown, Hughes). 이것은 특히 그가 우리와 관계하시는 주요한 부분, 곧 영혼 관계를 본위로 하여 불리는 명칭이다(마 10:28).

11 무릇 징계가 당시에는 즐거워 보이지 않고 슬퍼 보이나 후에 그로 말미암아 연단 받은 자들은 의와 평강의 열매를 맺느니라. 이것은 징계를 감수해야 할 셋째 이유를

보여 준다. “무릇 징계가 당시에는 즐거워 보이지 않고 슬퍼 보이나.” 육체를 즐겁게 하지 않는 것이 반드시 좋지 못한 결과를 가져오는 것은 아니다. 성경은 “죽는 날이 출생하는 날보다 나으며”라고 말씀한다(전 7:1). 죽음과 슬픔 앞에서 “마음에 유익”한 것이 중요하다(전 7:3). “그의 노염은 잠깐이요 그의 은총은 평생이로다 저녁에는 울음이 깃들일지라도 아침에는 기쁨이 오리로다”(시 30:5). “자기를 치는 자에게 뺨을 돌려대어 치욕으로 배불릴지어다 이는 주께서 영원하도록 버리지 아니하실 것임이며 그가 비록 근심하게 하시나 그의 풍부한 인자하심에 따라 긍휼히 여기실 것임이라”(애 3:30-32).

“의와 평강의 열매를 맺느니라.” “의와 평강의 열매”는 의의 열매가 곧 평강이란 말이다. 모든 징계는 의를 세우기 위한 것인데, 징계를 감수하는 의로운 생활은 마침내 그 열매로써 평강을 누린다. 천국운동은 그리스도의 의를 중심으로 한다. 거기에 진정한 평강이 있다(참조. 사 32:17; 롬 14:17; 벧후 3:13).

12 그러므로 피곤한 손과 연약한 무릎을 일으켜 세우고. 이 구절과 다음 절은 징계를 감수하라는 말씀의 결론이다. 이 구절은 사 35:3의 말씀에 근거한 듯하다. 이것은 전투력(손)과 전진력(무릎)의 생성과 강화를 격려한다. 우리의 자력으로는 영적 싸움에서 우리의 피로를 극복할 수 없다. 그것은 하나님의 신실하신 말씀에 근거하고 성령의 도우심을 입어야만 할 수 있다.

13 너희 발을 위하여 곧은 길을 만들어 저는 다리로 하여금 어그러지지 않고 고침을 받게 하라. 크리소스토모스는 말하기를, 이 구절 말씀은 신자들이 몸소 바르게 행함으로써 믿는 듯하면서 의심하는 사람들(저는 다리)을 교정시켜 주라는 의미인 것 같다고 하였다. 그러나 칼빈은 말하기를, “이것은 ‘너희’(온 교회)가 하나님의 뜻에 합당하게 바르게 행하여 너희의 비틀거림을 교정하라는 의미이다.”라고 하였다. 동시에 두 길을 밟으려는 다리는 비틀거리기 쉽고 또 넘어지기 쉽다. 그러므로 우리는 하나님의 말씀에 순종하는 유일한 길을 가야만 실족하지 않는다.

설교 징계에 대하여(5-13절)

우리는 하나님의 징계로 인한 고난을 받음으로써 죄를 깨닫게 되고, 하나님의 율법이 참으로 좋은 줄 알게 되어 그대로 순종할 마음이 생긴다. 시편 119:71에 말하기를 "고난 당한 것이 내게 유익이라 이로 말미암아 내가 주의 율례들을 배우게 되었나이다"라고 하였고, 또 119:67에는 말하기를 "고난 당하기 전에는 내가 그릇 행하였더니 이제는 주의 말씀을 지키나이다"라고 하였다. 어떤 성도는 고백하기를 "진정한 눈물은 영혼을 아름답게 만든다."라고 하였다(True tears make souls beautiful). 욥은 시련을 받는 중에 말하기를 "볼지어다 하나님께 징계 받는 자에게는 복이 있나니"라고 하였다(욥 5:17). 그러므로 우리는 5절 말씀과 같이 징계를 소홀히 여기지 말고, 또한 그것으로 인하여 낙심하지도 말아야 한다. 우리는 징계를 받는 동안, 그것이 우리에게 따끔한 사명을 가지고 온 것을 알지 못하고 그럭저럭 무감각하게 지내기 쉽다.

1. 징계는 하나님의 사랑을 받는 기회임(6-8절)

누군가에게 하나님의 징계가 있다면, 그것은 하나님께서 그를 사랑하신다는 표이다. 그 이유는, "주께서 그 사랑하시는 자를 징계하시고 그가 받아들이시는 아들마다 채찍질하심이라"고 하였기 때문이다(6절). 그러므로 클레르보의 성 베르나르두스(St. Bernard)는 기도하기를, "주여 나에게 노하시옵소서."라고 하였다.

2. 징계는 권위에 순종하는 기회임(9-10절)

인간에게는 그가 순종해야 할 권위가 있다. 그 하나는 육체의 아버지요, 또 하나는 영의 아버지, 곧 하나님이시다. 권위를 무시하는 자들은 멸망을 받는다(벧후 2:9-19).

히브리서 12:9-10에 말하기를, "우리 육신의 아버지가 우리를 징계하여도 공경하였거든 하물며 모든 영의 아버지께 더욱 복종하며 살려 하지 않겠느냐 … 하나님은 우리의 유익을 위하여 그의 거룩하심에 참여하게 하시느니라"고 하였다. 이 말씀은 육체의 아버지와 영의 아버지를 대조한다. 우리는 육체의 아버지가 징계할 때에도 그를 거역할 수 없다. 그 이유는, 육체의 아버지는 우리와 혈연적 관계이며, 출생의 근원이기 때문이다. 그러므로 부모에게 순종하는 자들은 복을 받는다(엡 6:1-3). 우리가 육신의 아버지에게도 이렇게 복종하여야 하는데, 하물며 모든 영의 아버지께 얼마나 더욱 복종하여야 하겠는가?

미국의 초대 대통령 워싱턴이 독립전쟁에서 승리하고 모든 장교들과 함께 연회석에 모였을 때, 한 유명한 프랑스 장교가 워싱턴의 모친에게 "어떻게 이런 아들을 길렀습니까?"라고 물었다. 그러자 그 모친은 "나는 그에게 복종을 가르쳤습니다."(I taught him to obey)라고 하였다. 부모의 권위를 아는 옳은 일로 말미암아 전쟁에서 위대한 승리를 차지할 수 있었던 것이다. 하물며 하나님께 순종하는 것이야 더 말할 것이 있겠는가!

구세군이 번창하던 시기에 사관들은 선교 사명에 불타서 어디로 보내든지 무조건 순종하는 아름다운 덕이 있었다고 한다. 설교가 자웨트(Jowett)는 말하기를, "한번은 구세군 사관 70명이 상부로부터 외국 선교를 위해 명령을 받았다. 그때 그들은 어디로 보내지는 것인지 물어보지도 않고 기쁘게 순종했다."라고 하였다. 이렇게 하나님의 말씀을 두려워하며 순종하는 자들은 반드시 복을 받는다.

3. 징계는 장래에 유익을 얻을 기회임(11-13절)

본문 11절에 말하기를 "무릇 징계가 당시에는 즐거워 보이지 않고 슬퍼 보이나 후에 그로 말미암아 연단 받은 자들은 의와 평강의 열매를 맺느니라" 라고 하였다. 이 말씀은 우리가 징계를 받을 때에 그 당시의 아픈 것만을 생각하지 말고, 그 뒤에 평강의 열매가 있을 것을 생각하라는 것이다. 우리가 현재 아무리 평안하고 좋다고 해도 그것 때문에 장차 좋지 못하게 된다면, 그것을 아낌없이 내던질 마음이 있어야 한다. 우리는 소망 가운데 사는 자들이다. 우리는 그 무엇을 하든 미래에 좋은 것이 오기를 희망하고 있다. 그것이 우리가 사는 이유이다. 그러므로 장래에 평강의 열매를 가져오는 징계를 잘 참아 나갈 수 있다. 우리는 언제나 영원이라는 것을 앞에 놓고 결정해야 한다. 영원토록 좋은 것을 생각할 때에는 현재의 고난은 아무것도 아닌 것이다. 우리는 영원과 현재를 비교할 줄 알아야 한다. 현재에 아무리 중요한 것이라도 영원에 비하면 가치가 없는 것이며, 썩어질 것에 불과하다.

14-17절. 교회에 필요한 두 가지 덕.

14 모든 사람과 더불어 화평함과 거룩함을 따르라 이것이 없이는 아무도 주를 보지 못하리라. 교회는 그리스도와 한 몸이니, 거기 속한 신자들은 화합하여 하나가 되는 것이 가장 필요하다. 그러나 그것만으로는 부족하다. 교회는 마땅히 성결(교리적 성결과 도덕적 성결)해야 한다. 성결이 없는 단합으로는 이 세상 단체는 될지언정, 진정한 교회는 이루지 못한다.

여기서 "모든 사람과 더불어 화평함"은 교회 안에 모든 지체된 자들과 화목한 것을 가리킨다. 그리고 "거룩함"(ἁγιασμός)은 신자를 성화시키시는 살아 계시는 그리스도의 역사를 말한다(2:11; 10:10, 14, 29; 12:10; 13:12. 고전 1:30 참조).

여기서 "따르라"(διώκετε)는 말이 중요하다. 화목 운동도 신자들이 그것을 붙잡으려고 따라다니듯이 계속 힘써야만 은혜로 성립된다. 또한 그리스도께서 베푸시는 성화의 은혜도 그들이 간절한 마음으로 받기를 계속 힘써야 받는다(빌 2:12-14 참조). 하나님의 은혜는 누구나 값없이 거저 받는 것이지만 간절히 사모하며 구하는 자만이 받는다(계 22:17 참조).

"이것이 없이는 아무도 주를 보지 못하리라" 여기서 "이것"이란 것은 그 앞 절의 말씀, 곧 "거룩함"을 가리킨다(참조. 마 5:8; 요일 3:3). 화평과 성결이 구비된 자라야 성도의 자격을 지닌 자이다. 교회도 이 두 가지를 지켜야 건강하다. 야고보도 이 두 가지를 역설하였다(약 3:17-18).

15-17 너희는 하나님의 은혜에 이르지 못하는 자가 없도록 하고 또 쓴 뿌리가 나서 괴롭게 하여 많은 사람이 이로 말미암아 더럽게 되지 않게 하며 음행하는 자와 혹 한 그릇 음식을 위하여 장자의 명분을 판 에서와 같이 망령된 자가 없도록 살피라 너희가 아는 바와 같이 그가 그 후에 축복을 이어받으려고 눈물을 흘리며 구하되 버린 바가 되어 회개할 기회를 얻지 못하였느니라. 이 구절들이 말한 대로 화평과 성결에 반대되는 네 종류의 사람들이 있으니, ① "은혜에 이르지 못하는 자", ② "쓴 뿌리", 곧 그릇된 교훈을 비밀히 전하는 자, ③ "음행하는 자", ④ "망령된 자", 곧 천국의 복을 이 세상의 즐거움보다 소홀히 여기는 자이다.

"은혜에 이르지 못하는 자"는 그리스도의 복음을 진심으로 알지 못하고 믿지도 못하면서 교회에 나오는 사람으로, 중생하지 못한 자이다. "이르지 못하는 자"란 말(ὑστερῶν)은 현재분사로서, "이르지 못하는" 상태의 계속성을 가리킨다. 중생하지 못한 사람이 교회에 왔다가 후에 중생의 은혜를 받는 것은 매우 좋은 일이다. 그러나 중생하지 못한 자가 계속 교회생활을 하면서 교회의 성별된 행사와 직무에 참여할 경우, 그는 교회의 성결과 화합을 어지럽힌다. 이런 사람은 교회의 골칫거리이다. 그러므로 우리는 교회에 이런 자가 없기를 기도해야 한다.

"쓴 뿌리"는 구약 시대에 이스라엘 가운데에서 하나님의 백성을 비밀히 유인하여 우상과 다른 신을 따르게 한 악인을 가리켰다(신 29:18). 그런 자는 뿌리처럼 깊이 묻혀 있어서 교훈이나 악한 사상으로 교회의 화평과 성결을 해하는 자이다. "음행하는 자" 역시 교회의 성결과 화평을 손상시키는 일이 많다. "망령된 자"란 말(βέβηλος)은 '하늘의 것을 존중하지 않는 자'를 의미한다(딤전 1:9; 4:7; 딤후 2:16). 이런 자도 교회의 성결과 화평에 반대로 행하는 자이다(창 25:33 참조).

18-24절. 땅에 있는 시내산과 하늘의 시온산의 대조.

18-19 너희는 만질 수 있고 불이 붙는 산과 침침함과 흑암과 폭풍과 나팔 소리와 말하는 소리가 있는 곳에 이른 것이 아니라 그 소리를 듣는 자들은 더 말씀하지 아니하시기를 구하였으니. 이 말씀은 다음과 같이 개역되어야 한다. "왜냐하면 너희가 와 있는 곳은 만질 만한 불붙는 산이 아니며, 검은 구름과 어두움과 폭풍과 나팔소리(있는 곳)도 아니며 듣는 자들이 더 이상 듣기를 원치 않는(정도로 엄한) 말씀소리(있는 곳)도 아니라"(여기 괄호 안은 헬라어 원문에 없으나 이해를 돕기 위해 삽입한 것이다).

이 말씀의 요지는, 신약 시대 신자들이 관련된 구원사역이 외형적으로 엄하게 나타났던 구약의 그것과 다르다는 것이다. 구약의 것은 모세가 율법과 언약을 받을 때의 위엄 있는 광경으로 상징된다(출 19:16-19).

여기서 말하는 "만질 수 있고 불이 붙는 산"이란 문구에서 "만질 수 있는"이란 말(ψηλαφωμένῳ)은 구약의 외형적 성격을 지적한다. 히브리서 저자는 이 말로 율법과 복음을 대조시킨다. 율법은 외형적 위엄으로 사역하는 반면에 복음은 영적으로 은혜를 베푸는 것이다. 따라서 복음의 효과는 율법에 비하여 말할 수 없이 크다.

"듣는 자들은 더 말씀하지 아니하시기를 구하였으니." 이것은 이스라엘이 율법을 받던 그때의 광경이 너무 위엄 있었으므로, 하나님께서 직접 주시는 말씀보다 모세의 중보적 대언(代言)이 요구되었된 사실을 가리킨다(출 20:19; 신 5:25-27). 모세의 율법은 이런 외형적인 권위를 가지고 임하였으나,

예수님의 복음은 은혜로 심령 속에 들어가 정복하는 큰 능력을 가졌다.

20 이는 짐승이라도 그 산에 들어가면 돌로 침을 당하리라 하신 명령을 그들이 견디지 못함이라(출 19:12 참조). 무죄한 짐승도 시내산 입법의 위엄 아래에 서지 못하였는데, 죄 있는 인간이야 말할 것이 무엇이겠는가. 그러므로 그때의 이스라엘은 그 자리를 감당하기 어려워했다. 그러나 예수님의 복음은 죄인들을 부르시되 아버지가 잃은 자식을 기다리듯 한다. 따라서 이 간장을 녹이는 듯한 사랑을 버리는 것은 더욱 두렵고 위태하다.

21 그 보이는 바가 이렇듯 무섭기로 모세도 이르되 내가 심히 두렵고 떨린다 하였느니라(신 9:19 참조). 이것은 모세가 율법을 받을 때의 광경이 얼마나 무서웠는지를 독자들에게 상기시키는 것이다. 그다음 말씀들을 읽어 보면, 사실상 복음은 그 거역하는 자에게 율법보다 더욱 무서운 것임을 지적한다(25-29절).

22 그러나 너희가 이른 곳은 시온 산과 살아 계신 하나님의 도성인 하늘의 예루살렘과 천만 천사와. 이 구절부터 24절은 모세의 율법보다 탁월한 복음사역의 완전성을 말한다. 율법의 사역은 형체적이어서, 그 효과가 사람을 하늘에까지 들어가게 하는 완전성을 가지지 못했다. 그러나 복음은 영과 사람으로 신자들에게 임하여 그들을 이미 하늘에 앉아 있게 한 것과 같다(엡 2:6).

"너희가 이른 곳." 그곳이 어떤 곳인지는 이후의 아홉 가지로 진술된다. 그 아홉 가지는 모두 이 세상 건너편 영적 세계의 상황을 가리킨다.

"천만 천사"와 "온전하게 된 의인의 영들"이 있는 곳은 이 세상이 아니다. 그렇다면 히브리서 저자가 이 글을 쓸 때 염두에 둔 독자들("너희")이 이미 그곳(내세)에 이르렀다(προσεληλύθατε)는 표현은 문제가 된다. 그들이 이 세상에 살아 있음에도 불구하고 그런 표현이 그들에게 해당될까? 그러나 그들에 대한 이런 진술은 영적으로 가능하다. 그들이 몸으로는 이 세상에 거주하고 있지만 영적인 차원에서는 하나님이 계신 저 세상과 닿아 있다. 브루스

(F. F. Bruce)는 이와 동일하게 주석하였다.[55] 그는 "이르렀다"는 말에서 '개종'(conversion)이란 뜻을 끌어낼 수도 있다고 말하였다.[56] "시온산"이란 것은 예루살렘을 의미하나, 여기서는 천국을 비유한다(히 11:10 참조).

23 하늘에 기록된 장자들의 모임과 교회와 만민의 심판자이신 하나님과 및 온전하게 된 의인의 영들과. "하늘에 기록된 장자들의 모임." 참된 신자들은 누구나 영원한 기업의 후사(1:2 해석 참조), 곧 "장자"의 이름을 가지신 그리스도와 연합했으므로, 그와 함께 동일한 기업을 누린다. 이런 의미에서 그들도 장자인 셈이다(1:6 해석 참조). "모임"이란 말(πανήγυρις)은 '함께 즐기는 집회'를 의미하므로 '연회'를 가리킨다. 심마쿠스(Symmachus)는 구약에서 "하그"(חַג, "연회")이란 말을 헬라어의 이 글자로 번역하였다. 그러므로 이 말은 하늘나라에 가 있는 성도들이 영적으로 즐거워하는 모임을 가리킨다.

한국 교계에서 어떤 교단들은 하나의 소속 치리 기관인 총회를 "장자 총회"라고 부르면서 그 기관을 교회(즉, 교단)보다 존엄시한다. "장자들의 총회"는 하늘에 있는데 무슨 근거로 그 명칭을 가져다 쓰는지 알 수 없다. 더욱이 자신들의 교파가 다른 교파보다 우수하다는 자만심으로 그 명칭을 사용한다면 그것은 성경적이지 않다. 예수 그리스도 외에 누가 "장자"일 수 있는가?(참조. 롬 8:29; 골 1:15, 18; 히 1:6; 계 1:5) 신자들을 "장자"라고 하려면 모든 참된 신자들을 차별 없이(참으로 그리스도를 믿는 조건 아래에서)모두 다 "장자"라고 해야 한다.

"교회"는 그 앞에 있는 "총회"란 말을 설명한 것이다. 이것은 하나님을 중심으로, 하나님의 선택을 받은 자들이 모인 단체이다. 신자는 잠시도 개인주의로 사는 사람이 아니고, 영원토록 그리스도의 몸 된 교회의 한 지체로 사

---

55) The Epistle to The Hebrews, 1977, 372-375.

56) Ibid., 372.

는 자이다. 그는 다른 신자들과 화합함으로써, 비로소 영적 생명을 유지할 수 있다.

"만민의 심판자이신 하나님." 땅 위의 신자들은 하늘나라를 이미 받은 것과 같으니(요 5:24), 심판을 받을 자들이 아니라 심판주 하나님이 계신 곳에서 함께 거하는 복을 누리는 셈이다. 히브리서의 저자는 이처럼 그 당시 그리스도 신자들의 구원을 이미 완성된 것과 마찬가지로 본 것이다. 그가 이렇게 생각한 것은 그들이 믿는 예수 그리스도는 지극히 위대하시다는 사실을 알기 때문이다.

"온전하게 된 의인의 영들." 이들은 죽기까지 예수님을 믿음으로 말미암아 구속함을 완전히 얻은 하늘나라의 성도들을 가리킨다.

24 새 언약의 중보자이신 예수와 및 아벨의 피보다 더 나은 것을 말하는 뿌린 피니라.

"새 언약의 중보"(8:6 해석 참조). "아벨의 피"는 복수를 요구하는 부르짖음이었으나(창 4:10), 예수님의 피는 그 원수 된 자들, 곧 모든 죄인들의 죄를 사하는 무궁한 효과가 있는 부르짖음의 보혈이다(고후 5:14; 히 9:22). 그렇다면 이 말은 이 보혈이 저 세상, 곧 영광의 나라인 천국에 가 있다는 말인가? "더 나은 것을 말하는 뿌린 피"란 문구의 지배적인 사상은 "더 낫게 말하는"(κρεῖττον λαλοῦντι)이란 것이다. 히브리서 저자가 여기서 표현하려는 것은 주님의 보혈이 물질 형태로 천국에 가 있다는 것이 아니라, 그곳에도 성도들의 죄를 사하는 보혈의 보장이 지속된다는 것이다.

설교 그리스도인들의 분깃(18-24절)

1. 감각의 대상이 아님(18-21절)

구약의 계시는 계몽적이다. 그것은 땅의 것으로 경고하여 사람들을 두렵게 함으로써 그들을 깨우쳤으며, 또 그들의 행동을 단속하기도 하였다. 그 계시는 상징적인 외형적 표현으로서 만질 만한 것이고 또 눈으로 볼 만한 것이었다. 그러나 ① 성경은 보이는 것은 잠깐이라고 말한다(고후 4:18). ② 보이는 것은 말초신경에 호소하는 것이다. 이것은 깊이가 없다.

2. 안식의 처지(22-24절)

1) 시온산과 살아 계신 하나님의 도성(22상). 신약의 복음을 믿는 자는 시온산이 요동치 않는 것처럼 안전하다(시 125:1-2). 그뿐 아니라, 그의 안전성은 하나님의 도성과 같이 동요하지 않는다(참조. 히 11:9-10, 13-16).

2) 천만 천사들의 기쁜 회합(22하). 천사들은 그리스도 신자들을 보호하는 영적 존재다. 이 영적 존재들이 세상에 있는 신자들을 보호할 뿐 아니라(마 18:10), 그들이 세상을 떠날 때에도 그들을 보호한다(눅 16:22). 우리가 천사들의 보호를 체험하려면 주님을 위해 고난을 받아보아야 한다(시 91:9-13 참조).

3) 하늘에 기록된 장자들의 모임(23상). "장자"란 것은 첫째 부활에 참예할 자들을 말하는 것이다(약 1:18; 계 14:4). 구약 시대에는 이스라엘이 하나님의 맏아들이라고 불렸는데(출 4:22), 그것은 그들이 하나님을 섬겼기 때문이다(출 13:2, 12; 23:19). 구약 시대와 신약 시대의 참된 신자들은 다 그리스도와 함께 후사가 되는 특권을 받았다(롬 8:17).

지상 교회에 있어서 그 소속 기관인 "총회"란 것은 성경 본문이 말한 "장자들의 모임"과 다른 것이다. ① 이것은 사도 시대의 교회들이 어떤 중요한 문제를 해결하기 위하여 예루살렘으로 대표들을 보내어 모이게 했던 사건(행 15장)에 근거하여 후대의 교회들이 제정한 것이다. 성경을 보면 이것은 일시적인 것이고 상주하는 단체는 아니었다. ② 그것은 교회의 한 작용에 불과한 것이고 교회의 기본이 아니다. 교회는 아무리 작고 약해도 교회이다.[57] ③ 총회가 교회의 일시적 회합으로서 성경대로 무엇을 결정할 경우에는 교회에 어떤 면에서 유익을 줄 수 있다. 그러나 만일 총회가 성경대로 바로 결정하지 않으면 교회를 해롭게 한다. ④ 교회가 총회를 위하여 있는 것이 아니고 총회가 교회를 위하여 있다. ⑤ 교회는 독자적으로도 교회이지만,[58] 다른 교회들과의 연합과 교통에 힘쓰는 것이 필요하다. 이 연합 행위는 어떤 회의적인 결정 없이도 섭리적으로 이어졌다. 그러나 이 연합 운동은 그 자체와 다른 교회의 유익을 위한 것이다.

4) 모든 것의 심판자이신 하나님(23하). 심판이 없는 곳은 불안하지만 모든 것을 심판하시는 하나님이 계신 곳이 천국이요, 거기에 평강이 있다. 하나님의 보좌가 구원받은 자들에게는 은혜의 보좌이지만(히 4:16), 택하심을 받지 못한 자들에게는 심판의 보좌이다.

25-29절. 더욱 경건함과 두려움으로 복음에 순종하자.

25 너희는 삼가 말씀하신 이를 거역하지 말라 땅에서 경고하신 이를 거역한 그들이 피하지 못하였거든 하물며 하늘로부터 경고하신 이를 배반하는 우리일까보냐. "말씀하신 이"는 1:2에 있는 바와 같이, 그 아들을 통하여 복음을 계시하시는 하나님을 가리킨다(2:3 참조). 이 말의 헬라어(λαλοῦντα)는 '항상 말하기를 계속하는 자'를 의미한다. 신약의 복음은 영원한 진리니(계 14:6), 시대에 따라 변하지 않고 언제나 동일한 내용을 말해 준다.

"땅에서 경고하신" 것은 모세를 통하여 외형적 방법으로 율법을 주신 것이고, "하늘로부터 경고하신"것은 하나님의 아들(하늘)로 말미암아 복음을

57) H. Bavinck, Reasonable Faith, 1956, 539.

58) H. Bavink, Reasonable Faith, 1956, 539.

계시하신 것이다. 칼빈은 다음과 같이 말하였다. "율법은 그림자의 형태로 복음과 동일한 진리(구속의 진리)를 포함하였다. 그러나 그 사역 방식에서는 인생들의 구속을 완성하지 못하고, 다만 그들에게 구속을 받는 데 필요한 준비 훈련을 줄 뿐이다. 다시 말하면, 그것은 외형적 방법(땅의 방법)에 의하여 그들로 하여금 구속의 진리를 관망하게 할 뿐이고, 그들을 높이 하늘로 인도하지는 못한다."라고 하였다.

"우리일까보냐." 큰 은혜를 배척하는 자는 더 엄한 벌을 받는다는 것이다 (2:1-4 참조).

26 그 때에는 그 소리가 땅을 진동하였거니와 이제는 약속하여 이르시되 ㄹ)내가 또 한 번 땅만 아니라 하늘도 진동하리라 하셨느니라. 곧, 율법이 임할 때에는 그 계시의 음성이 "땅을 진동"하는 엄중함을 보였다는 것이다. 여기서 "약속"이란 것은 그 이하 말씀을 가리키는데 학개 2:6의 내용이다. 그것은 율법에 속한 명령과는 성질이 다르다. 명령은 외형적으로 임하는 제재인 것에 반하여, "약속"은 영적으로 임하는 은혜이다. 그러나 실질적으로는 그 내용이 더 엄중하다.

"또 한 번 땅만 아니라 하늘도 진동하리라." ① 율법을 주신 때에는 "땅만" 진동하는 엄중함을 지녔지만, 복음을 주실 때에는 땅과 "하늘"이 함께 진동할 엄중함을 지닌다. ② 율법은 그 사역이 땅 위의 인간의 생활에 미쳤으나, 복음은 신자들의 영원한 하늘에서의 삶까지 완성한다.

27 이 또 한 번이라 하심은 진동하지 아니하는 것을 영존하게 하기 위하여 진동할 것들 곧 만드신 것들이 변동될 것을 나타내심이라. "이 또 한 번이라 하심은." 이 문구는 앞 절의 "또 한 번"이란 말을 설명하려고 인용한 것이다. 여기서 "한 번"(ἅπαξ)이란 것은 '오직 한 번', 곧 최종적인 단회성을 지녔다는 것을 밝힌다. 곧 하나님께서 신약의 계시로 천국을 완성하시기 위하여 모든 것들을 단한 번에 완전히 변경하신다는 의미이다(벧후 3:6, 10-13 참조).

"진동하지 아니하는 것." 히브리서의 저자는 우선 그리스도의 신약적인 구원방법의 불변성도 그의 마음에 두었을 것이다. 즉 그리스도의 대제사장 사역과 중보자 사역은 영원한 것이다(히 7:16-17). 따라서 성경은 그 안에서 구원받은 자들도 영존한다고 말한다(요일 2:17). 또한 구원이 완성된 영광의 나라도 영원하다(단 2:44; 계 22:3-5).

"진동할 것들 곧 만드신 것들이 변동될 것." 이것은 천지 만물을 가리킨다. 그것들은 장차 변화를 받게 된다(참조. 시 102:25-27; 히 1:1-12). 예수님의 말씀(마 19:28)에 "세상이 새롭게 된다"는 것 역시 같은 의미이다. 베드로후서 3:10에 보면, "하늘이 큰 소리로 떠나가고 물질이 뜨거운 불에 풀어지고 땅과 그 중에 있는 모든 일이 드러나리로다"라고 하였다. 이런 일들은 예수 그리스도의 재림 때에 일어날 것이다.

28 그러므로 우리가 흔들리지 않는 나라를 받았은즉 은혜를 받자 이로 말미암아 경건함과 두려움으로 하나님을 기쁘시게 섬길지니. 여기서 "흔들리지 않는 나라"란 것은 천국을 의미한다.

29 우리 하나님은 소멸하는 불이심이라. 이 말씀은 비유로, 하나님은 "불" 같은 진노의 소유자란 의미이다(신 4:24 참조). 그는 죄와 끝까지 회개하지 않는 자들을 멸하신다.

제 13 장

내용분해

본 장도 10:19부터 계속 이어지는 실제적 교훈의 연속이다.

1. 도덕적 권면(1-6절)
2. 모본을 따름(7절)
3. 신약 시대의 제사(8-16절)
4. 인도자에 대한 순종(17절)
5. 기도를 청원함(18-19절)
6. 축원과 송영(20-21절)
7. 개인의 정황(22-23절)
8. 인사와 축원(24-25절)

⚜ 해석

1-6절. 도덕적 권면.

1 **형제 사랑하기를 계속하고.** 여기서 "형제"란 말은 혈통으로 형제 된 자가 아니고 그리스도를 믿는 신자를 가리킨다. 이 점에 있어서 히브리서 저자가 특히 역설한 것은 "계속"(μενέτω)하라는 말이다. 우리가 어떤 사람을 일시적으로 사랑하는 것은 비교적 쉽지만, 그 사랑을 계속한다는 것은 별개의 문제이다. 상대방이 신자라면, 그가 동일한 주님의 피로 구원을 받았으니, 나는 그와 동질감을 느낀다. 따라서 나는 그를 계속 사랑할 수 있다. 문제는 상대방에게 단점과 허물이 있을 때 나의 사랑이 중단될 가능성이 있다는 것이다. 그런 때에 사랑이 계속되게 하기 위해 알아야 할 것이 있다. ① 나도 단점과 허물이 있다는 것, ② 상대방도 나와 같이 하나님의 형상으로 지음받았다는 것, ③ 상대방의 신앙 인격이 장성하도록 나로서 해야 할 책임이 있다는 것이다.

2 **손님 대접하기를 잊지 말라 이로써 부지중에 천사들을 대접한 이들이 있었느니라.** 사도 당시에는 주님의 복음을 위하여 박해를 받으며 이리저리 떠돌아다니는 신자들이 많았다. 그러므로 저자는 "손님 대접"을 반드시 하라고 역설하였다. 아브라함과 그 가족은 이 책임을 잘하였다. 창 18:1-8에 기록된 대로 아브라함은 찾아온 손님 세 사람을 접대하는 데 최선을 다하였다. 그는 그들이 초면이었음에도 불구하고 열심으로 성의껏 그들을 대접하였다. 뛰어다니면서 그들을 도와주기도 하였다(2, 6, 7절). 후에 알게 된 대로 그 세 사람은 두 천사와 천사의 모습으로 오신 여호와였다(17, 20, 22, 26절). 그리스도를 믿는 지극히 작은 자를 대접한 것도 하늘에서는 그리스도를 대접한 것으로 간주된다(마 25:40).

3 **너희도 함께 갇힌 것 같이 갇힌 자를 생각하고 너희도 몸을 가졌은즉 학대 받는 자**

를 생각하라. 이것은 남을 내 몸과 같이 사랑하는 기독교 사랑(마 22:39)의 실현이다. 이렇게 해야 하는 이유는, "너희도 몸을 가졌은즉"이란 말씀이 설명한다. 곧 자기도 한 몸 된 교회에 속하였다는 말씀이다. 우리는 함께 그리스도의 몸 된 교회에 속한 지체들이므로, 다른 지체가 불안할 때 같은 불안을 느끼고 동정해야 한다. "너희도 몸을 가졌은즉"이란 말(ὡς καὶ αὐτοὶ ὄντες ἐν σώματι)은 "너희 자신들도 몸 안에 있은즉"이라고 번역함이 합당하다. 여기서 "몸"은 교회를 가리킨다(Calvin). "학대받는 자"라는 말은 앞의 "갇힌 자"란 말을 다르게 표현한 것이다.

4 모든 사람은 결혼을 귀히 여기고 침소를 더럽히지 않게 하라 음행하는 자들과 간음하는 자들을 하나님이 심판하시리라. "모든 사람은 결혼을 귀히 여기고"란 문구의 헬라어(Τίμιος ὁ γάμος ἐν πᾶσιν)를 직역하면, "혼인은 모든 것들 가운데 귀하니"란 말씀이다. 그것이 "귀하다" 함은 영광스럽게 여겨야 할 제도라는 의미이다. 일남 일녀의 결합은 하나님께서 정하신 귀한 제도이니, 부끄러운 것으로 생각할 것도 아니고, 절제 없이 천하게, 불결하게 행할 일도 아니다. 그러므로 뒤이어 "침소를 더럽히지 않게 하라"(음행하지 말라)고 말씀한다. 이 점에 대하여는 데살로니가전서 4:3-8을 참조하라.

5 돈을 사랑하지 말고 있는 바를 족한 줄로 알라 그가 친히 말씀하시기를 내가 결코 너희를 버리지 아니하고 너희를 떠나지 아니하리라 하셨느니라. "돈을 사랑하지 말고." 이 말씀('Αφιλάργυρος ὁ τρόπος)은 마음이나 행동이 돈을 사랑하는 데 기울어지지 않게 하라는 의미이다. 이렇게 하는 비결은 그 이하의 말씀과 같이 자기 소유에 자족할 줄 아는 것이다. 이것은 수입을 위해 노력하는 것을 일률적으로 정죄하는 것이 아니다. 돈을 탐하여 그것의 노예가 됨으로써 하나님을 둘째로 여기는 탐심을 금하는 말씀이다. 누구든지 탐심에 끌리지 않고 자기 수입에서 그때그때 자족하면서, 선한 사업을 위하여 물질을 모으는 것은 정당하다.

"그가 친히 말씀하시기를 내가 결코 너희를 버리지 아니하고." 이 말씀의 출처는 성경에서 찾을 수 없다. 다만 이와 유사한 말씀을 창세기 28:15, 신명기 31:6, 여호수아 1:5, 역대상 28:20에서 볼 뿐이다. 이 인용은 성경 전체에서 사상적으로 뽑은 듯하다. 하나님께서는 신자들을 물질적으로도 도우시되 반드시 그리하신다. 그러므로 그는 그 있는 소유에서 만족할 수 있다. 그는 그 소유가 커서 만족하는 것이 아니라 그의 생활을 보장하시는 하나님을 인하여 그리할 것이다.

6 그러므로 우리가 담대히 말하되 주는 나를 돕는 이시니 내가 무서워하지 아니하겠노라 사람이 내게 어찌하리요 하노라. 이 구절은 앞 절의 결론이다. 하나님께서 신자를 도우시기 때문에(앞 절) 그는 가난을 두려워할 필요가 없다. 이것은 시편 118:6의 인용이다.

7-8절. 모범을 따름.

7 하나님의 말씀을 너희에게 일러 주고 너희를 인도하던 자들을 생각하며 그들의 행실의 결말을 주의하여 보고 그들의 믿음을 본받으라. 이 구절은 신자들로 하여금 선배들의 아름다운 생활을 회상함으로써 영적 유익을 얻게 한다. "그들의 행실의 결말"이란 것은 지도자들의 순교나 기타 모범적 행실을 가리킨 듯하다. 주님을 위하여 충성한 사람의 행적은 하나님의 은혜로 이루어졌다. 그러므로 우리가 그것을 생각할수록 우리에게 신앙의 담력을 준다.

8 예수 그리스도는 어제나 오늘이나 영원토록 동일하시니라. 예수님은 진리이시므로 영원히 변하지 않으신다. 그러므로 신자들은 그의 복음을 굳게 잡아야 한다. 그들은 예수 이외의 다른 교훈, 예컨대 유대주의자들의 외형적이고 의식적인 음식물 구분에 매일 필요가 없다.

9-16절. 신약 시대의 제사.

9 여러 가지 다른 교훈에 끌리지 말라 마음은 은혜로써 굳게 함이 아름답고 음식으로써 할 것이 아니니 음식으로 말미암아 행한 자는 유익을 얻지 못하였느니라. "마음은 은혜로써 굳게 함이 아름답고." 이것은 하나님께서 거저 주신 복음의 은혜(예수님께서 우리를 대속하신 은혜)로만 우리가 죄 용서를 받아 양심의 평안을 얻을 수 있다는 말씀이다. "음식으로써 할 것이 아니니." 사도 시대에 예수님의 복음을 믿는다고 하는 유대인 중에는 여전히 율법대로 제물(예컨대 감사하는 평안제의 제물-레 7:15)이나 유월절의 양고기 같은 것을 먹어야 신앙 양심상 평안을 얻을 수 있다고 한 자들이 있었다. 그러므로 히브리서의 저자는 이것을 반대하면서 불변의 그리스도 신앙으로 충분하다고 역설한다(히 13:8).

"행한 자"란 말(περιπατήσαντες)은 유력한 사본들(ℵ*, A)에서 현재사로 보고 "행하는 자들"(περιπατοῦντες)이라고 읽는다. 웨스트코트(Westcott)는 이것을 채용했다. 그렇다면 이 문구의 의미는 구약 시대에 그렇게 "행한 자"가 유익을 얻지 못하였다는 의미가 아니고, 사도 당시에 여전히 그렇게 "행하는 자들"이 있는데, 그들은 유익을 얻지 못한다는 의미일 것이다.

10 우리에게 제단이 있는데 장막에서 섬기는 자들은 그 제단에서 먹을 권한이 없나니. "우리에게 제단이 있는데." 이것은 속죄제, 곧 자기의 몸으로 제물을 삼아 드리신 예수 그리스도의 십자가 희생을 가리킨다. 이 속죄제의 영적 혜택은 "장막에서 섬기는 자들"에게는 허락되지 않는다. 곧 예수님의 속죄 사역이 끝났는데도 생축을 제물로 하는 구약식 제사를 의뢰하는 자들은 예수님의 속죄의 혜택과 상관이 없다. 그 이유를 다음 구절들이 해설한다.

11-13 이는 죄를 위한 짐승의 피는 대제사장이 가지고 성소에 들어가고 그 육체는 영문 밖에서 불사름이라 그러므로 예수도 자기 피로써 백성을 거룩하게 하려고 성문 밖에서 고난을 받으셨느니라 그런즉 우리도 그의 치욕을 짊어지고 영문 밖으로 그에게 나아가자. 이 구절들은 앞 절의 이유를 설명하는 말씀으로, "이는"(γάρ)이란 이유 접속사로 시작된다. 이 부분의 요점은 제물 되었던 생축이 예수 그리스도를 예표한 것

이다(엡 5:2 참조). 구약 시대의 제사 제도에서 생축의 육체가 영문 밖에서 처리되었던 것처럼, 그리스도는 예루살렘 성문 밖에서 죽으셨다. 이렇게 구약의 제사법은 그리스도에게서 성취되고 끝났다. 그러므로 아직도 구약의 제사의식을 고집하는 유대주의자들(히 13:9)은 그리스도를 부인하는 자들이다. 그들은 그리스도의 속죄 혜택에 참여하지 못한다(10절의 "장막에서 섬기는 자들은… 먹을 권한이 없나니"란 말씀의 뜻). 그러므로 신약 시대에 진정한 속죄의 혜택을 받으려면 그리스도를 믿고 따라야 한다. 그 길은 "치욕을 짊어지고 영문 밖으로 그에게 나아가"는 길이다(13절). 우리가 치욕을 지고 주님을 따를 수 있는 이유는 다음 절(14절)의 말씀과 같이 우리가 영원히 거할 본향이 이 세상이 아니고 내세이기 때문이다.

14 우리가 여기에는 영구한 도성이 없으므로 장차 올 것을 찾나니. 헬라어 원문에는 이 구절 앞부분에 "왜냐하면"이란 이유 접속사(γάρ)가 있다. 이것은 우리가 "영문 밖으로 그에게 나아가"야 할(13절) 이유를 보여 준다.

"영문 밖으로" 나간다는 것은 "거룩한 도성"으로 알려졌던 예루살렘 밖으로 나간다는 말과 같다. 예수님을 쫓아낸 예루살렘은 이제는 사실상 거룩한 도성이 아니며, 따라서 영구한 도성이 아니다. 그것은 이제부터 장망성(망할 도성)이다. 신자들은 거기서 나와 영구한 도성을 지향하고 찾는다. 이것은 막연한 노력이 아니고 "하나님이 계획하시고 지으실 터가 있는 성"이다(11:10).

15-16 그러므로 우리는 예수로 말미암아 항상 찬송의 제사를 하나님께 드리자 이는 그 이름을 증언하는 입술의 열매니라 오직 선을 행함과 서로 나누어 주기를 잊지 말라 하나님은 이같은 제사를 기뻐하시느니라. 이 구절들은 앞의 사상을 받아서 내린 결론이다. 곧 우리의 제물은 율법대로 드린 의식적인 것이 아니라 "찬미"의 제물이고, "선을 행함"의 제물이란 말씀이다. "찬송의 제사"는 입술뿐 아니라 선행이 동반되는 한, 무엇보다도 중요한 것이다. 그것은 시냇가에 있는 나무가 시절을

따라 과실을 맺음과 같다(시 1:3).

설교 그리스도 신자의 신분(13-16절)

그리스도 신자의 신분은 제사장이다. 본문 15절에 "항상 찬송의 제사를 하나님께 드리자"란 말씀이 이 사실을 확증한다. 신자 자신이 제사장이라는 의식을 가지는 것이 중요하다. 그가 성경대로(벧전 2:9) 제사장 의식을 가질 때 다른 사람을 경유할 필요 없이 직접 그리스도께 나아가는 특권을 유지한다.

1. 그리스도 신자가 제사 드리는 행동

그것은 치욕을 지고 영문 밖으로 나아가는 것이다(13절). 예수님은 구약 시대의 제물(짐승의 육체)처럼 내버려지셨다. 구약 시대에 성전에서 제사장이 사용한 제물(짐승의 육체)을 성문 밖에서 불태워 버렸듯이, 예수님도 성문 밖에서 희생되셨다. 이것은 이 세상에서는 그가 버려지신 것을 가리킨다.

예수님과 운명을 함께하는 그리스도 신자는 성문 밖(영문 밖)까지 주님을 따라 나아가야 한다. 그는 예수님을 죽인 이 세상에 애착을 가지지 말고 영원한 나라에 소망을 가져야 한다. 우리는 세상에서 나아가는 행렬에 참여해야 한다(14절). 이것이 구약의 제사 행위와 다르다. 구약의 제사 행위는 피를 가지고 일정한 장소로 들어갔으나 신약의 제사 행위는 신자(교역자와 평신도 모두) 자신이 제물이 되어 밖으로 나아간다. "나아가는" 것이 그의 사명의 특징이다. 그는 땅끝까지 이르러 증인이 되려고 나아간다. 오직 그는 그리스도와 함께 나아간다. 그에게는 그리스도가 생명이고 거처이고 집이고 전부가 되신다. 사도 바울은 말하기를 "내게 사는 것이 그리스도니 죽는 것도 유익함이라"(빌 1:21)고 하였다.

2. 제물의 종류

1) 입술의 열매를 드려야 함(15절). 신약 시대의 제사장은 그리스도 신자 자신이고 제물도 그들 자신이다(벧전 2:9; 롬 12:1). 그러므로 그들의 말이 하나님의 말씀(성경)대로 사는 삶의 표현이라면, 그 역시 제물이다. 말은 우리 인격에서 가장 중요하다. 사람이 짐승과 다른 것은 말을 하는 것이라고도 할 수 있다. 사람이 말에 열매를 맺으면 참사람이라고 불린다. 사람은 말 한마디로 살기도 하고 죽기도 한다(잠 18:21). 그가 말을 책임 있게 할 때에 그의 입술에는 열매가 있다(잠 18:20). 순교자는 말을 책임 있게 하는 사람이므로 그는 죽은 후에도 말하는 자가 된다(히 11:4). 말은 그 사람의 인격을 그대로 드러낸다. 그러므로 약 3:2에 말하기를 "만일 말에 실수가 없는 자라면 곧 온전한 사람이라"고 하였다.

특별히 신자가 "입술의 열매"로서 신령한 노래를 하나님께 드리려면 그의 심령에 노래가 있어야 한다. 본문에 있는 "찬송의 제사"란 말이 이것을 가리키기도 한다. 우리의 심령 속에 그리스도로 인한 즐거움만 있으면 우리는 확신 있는 자요, 힘 있는 자요, 말에도 실천력이 있는 자가 된다.

2) 나눠 주는 선행이 있어야 함(16절). 여기서 말하는 "나눠 주기"(κοινωνία)는 여러 가지 형태가 있을 것이다. 신자들 사이에서 물질로 서로 돕는 것도 있다. 성경에는 주는 것이 받는 것보다 복이 있는 말씀이 있는데(행 20:35), 예수님께서 친히 하신 말씀이다. 남에게 주는 것이 나에게 손해가 아니라 도리어 보탬이 된다. 그러므로 신자는 이 일을 기꺼이 감당하는 마음으로 하게 된다. 교회를 통해서 구제하는 것이 이 "나눠 주기" 운동에 있어서 중요하지만, 그 밖에 내 마음이 원하는 대로 은밀하게 구제하는 것도 중요하다. 잠언 19:17에 "가난한 자를 불쌍히 여기는 것은 여호와께 꾸어 드리는 것이니"라고 하였다. 예수님께 칭찬받은 선한 사마리아 사람이 실행한 "나눠주기" 운동은 길을 가다가 행한 것이었다(눅 10:33). 교회라는 기관을 유지하기 위하

여 헌금을 장려하는 것은 좋지만 그 이유로 가난한 자를 구제하는 일을 등한히 한다면 그것은 바리새식 고르반 죄를 범하는 것이 아니겠는가?(막 7:11-12 참조)

17 너희를 인도하는 자들에게 순종하고 복종하라 그들은 너희 영혼을 위하여 경성하기를 자신들이 청산할 자인 것 같이 하느니라 그들로 하여금 즐거움으로 이것을 하게 하고 근심으로 하게 하지 말라 그렇지 않으면 너희에게 유익이 없느니라. 이 말씀은 교회의 인도자들에게 순종할 것을 권면한다. 여기서 "순종"(Πείθεσθε)이란 말은 교훈과 지도에 따라가는 것이고, "복종"(ὑπείκετε)이란 말은 아프게 경계하는 말에 굴종하는 것이다. 헬라의 주석가 에스티우스(Estius)는 이 점에 관해 다음과 같이 말하였다. "감독이 도덕적으로 부족하여도 신자들은 그에게 순종하여라. 그러나 그가 공적으로 교리를 어기어 가르치거든 순종하지 말아라. 그 이유는, 교리를 어기는 자는 교회의 원수이기 때문이다."

"경성하기를 자기들이 청산할 자인 것 같이 하느니라." 교회의 참된 지도자는 자기의 행위가 하나님 앞에 책임질 일임을 알고 진실하게 행한다. 이런 경우, 신자들은 그 지도자를 알아주고 또 그에게 순종하며 복종해야 한다. "즐거움으로 이것을 하게 하고 근심으로 하게 말라." 신자들의 순종과 협력을 얻지 못하는 지도자는 마음에 기쁨이 없다. 누구든지 근심이 가득 찬 마음을 가지고는 직무상 능률을 내지 못한다. 그것은 마치 기름으로 돌아가는 기계에 기름을 바르지 않고 돌리는 것과 같다. 그러므로 그 지도자를 근심시키는 신자들은 자기들 자신을 스스로 해하는 것이다.

설교 순종의 대상이 될 만한 교역자(17절)

신약 교회는 하나님 앞에서 받은 은사에 따라 직분의 제도가 있어서 교회를 다스리는 목사와 장로가 있다. 이 직분이 어떤 권세는 아니지만 하나님이 주신 은사의 작용이다. 그러므로 하나님으로부터 은사를 받은 교역자에게 한하여, 신자들은 그의 옳은 사역에 순종해야 한다.

교역자는 그 받은 은사에 의하여 다음과 같은 귀한 사역을 하고 있다.

1. 영혼을 위하여 일함

그는 인간의 힘으로는 사람들의 영혼을 취급할 수 없다는 것을 알고 다른 사람들의 영혼을 위하여 하나님 앞에 나아가 기도한다. 기도하는 것이 그의 일의 대부분이다. 하나님께 부탁하고 안심하는 것이 그의 일이다. 영혼을 하나님께서만 취급하실 수 있다는 의미에서 "아버지 내 영혼을 아버지 손에 부탁하나이다"라고 하신 예수님의 말씀(눅 23:46)을 그는 늘 기억한다. 영혼의 참된 목자는 미쁘신 조물주뿐이시다(벧전 2:25). 이 사실을 아는 교역자는 우선 자기 자신의 영혼도 그에게 맡기고(벧전 4:19), 담대하게 하나님의 뜻을 위하여 나아가면서 고난을 개의치 않는다. 많은 교역자들이 자기의 수단과 인격적 감화로 영혼들을 자기에게로 이끈다. 그것은 도리어 실패이다. 교역자는 사람의 영혼을 하나님께로 인도해야 한다. 그러기 위하여 (1) 그는 영혼들을 하나님께 부탁해야 되며, (2) 자기 자신도 성령의 감화를 받고 일해야 한다. 그렇게 해야 다른 영혼들을 하나님께로 인도하게 된다. 성령의 감화가 있는 일꾼이 귀하다. 바울은 그런 사람이었다(고후 6:6).

2. 하나님의 양 떼를 위하여 경성함

이것은 잠자던 자가 깬 것과 같은 심리를 말한다. 잠자다가 깬 자는 그 자던 중에는 알지 못하였던 것들을 알게 된다. 그와 같이 신자는 예수 그리스도를 믿은 후에는 새로운 인생관을 가진다. 그는 보이지 않는 영적 세계를 보이는 물질세계보다 중요하게 생각하며 내세를 현세보다 중요하게 생각한다.

그뿐 아니라 그는 자기를 거부하고 하나님 중심으로 산다. 그러므로 그는 다른 사람들을 볼 때 그 사람들의 외모보다 그 사람들의 영혼의 가련한 처지를 본다. 그러므로 이같이 깬 사람은 모든 죄 많은 사람들을 보면서 그들을 불쌍히 여긴다. 그는 심지어 자기를 괴롭히는 자들에 대해서도 오히려 사랑을 베풀 만한 여유를 가지고 있다.

교역자들은 교우들의 일을 자기 일과 같이 생각한다. 그는 그들의 형편을 잘 살펴서 알 뿐만 아니라 다스리는 수고를 해야 한다. 그가 이 일을 하려면 영적으로 늘 깨어 있어야 한다. 그런데 깨어 있어서 다스리는 일을 한다는 것은 말할 수 없는 큰 수고이다. 국가는 사람을 법으로 다스리지만 교역자는 자신의 모범으로 양떼를 다스린다. 그가 경건에 모범이 되기 위해서는 피 흘리기까지 애쓰며 죄를 대적해야 한다. 그리고 다스리는 일에 있어서 교역자는 교인들을 권면하지 않으면 안 된다. 권면하는 일은 상대방을 선한 일로 이끄는 것도 포함한다. 우리가 남을 권면하는 것은 참으로 고통스러운 일이다. 많은 사람들이 권면을 잘 받지 않고 도리어 권면하는 자에게서 멀어지는 결과가 많다. 그렇다고 해서 교역자로서 그런 권면을 안 할 수도 없다. 게다가 그는 자기의 괴로움을 남들에게 말하지도 못하는 입장이다.

18-19절. 기도를 청원함.

18-19 우리를 위하여 기도하라 우리가 모든 일에 선하게 행하려 하므로 우리에게 선한 양심이 있는 줄을 확신하노니 내가 더 속히 너희에게 돌아가기 위하여 너희가 기도하기를 더욱 원하노라. 이 두 구절은 히브리서의 저자가 신자들에게 자기를 위하여 기도해 달라고 부탁한 말씀이다. 18절은 기도를 청하는 근거이다. "선하게 행"하는 그가 교회를 위하여 선한 일을 하는 것이므로, 신자들에게 기도를 청할 만하다. 또 그런 기도는 하나님께서도 응답하실 만하다.

20-21절. 축원과 송영.

20 양들의 큰 목자이신 우리 주 예수를 영원한 언약의 피로 죽은 자 가운데서 이끌어 내신 평강의 하나님이. "양들의 큰 목자." 예수님은 하나님의 백성을 위하여 전적으로 목숨을 희생하셨고(요 10:15), 그들의 구원을 전적으로 책임지시고, 또 그대로 이루셨으므로, 그는 "큰 목자"이시다(벧전 5:4 참조). 일반 교역자들은 그와 비교도 안 된다. 그들은 일반 신자와 마찬가지로 몸(교회)의 지체들 중 하나이다. 그들은 평신도들과 마찬가지로 예수님이 주신 은사에 따라서 하나님의 양(하나님의 백성)을 위하여 봉사하는 자들이다(고전 12:14-31 참조). 양도 그들의 양이 아니다. 그들은 주장하는 자세를 취하지 말아야 한다(벧전 5:3). 은사에 따라서 봉사하는 데는 일반 신자도 그들과 마찬가지이다. 여기에는 등급이 없다. 등급(계급) 의식은 예수님이 엄하게 금하셨다(마 23:5-12).

이 구절과 그다음 절은 신자들을 위한 저자의 기도이다. "이끌어 내"셨다고 한 것은 부활시켜 하늘에 올리신 일을 의미한다. 그 일을 "영원한 언약의 피"로 하셨다고 한 것은, 예수 그리스도께서 높아지신 것이 그가 십자가에 죽으시기까지 낮아지신 사실 때문이라는 것이다. 다시 말하면, 예수님께서 하늘 위에 만유의 주님으로 높여지신 것은 그가 땅에서 속죄의 피를 흘려 죽으셨기 때문이라는 것이다(빌 2:6-11). "영원한 언약"이란 말에 대하여는 히브리서 8:6의 해석을 참조하라.

21 모든 선한 일에 너희를 온전하게 하사 자기 뜻을 행하게 하시고 그 앞에 즐거운 것을 예수 그리스도로 말미암아 우리 가운데서 이루시기를 원하노라 영광이 그에게 세세무궁토록 있을지어다 아멘. "온전하게 하사"(καταρτίσαι). 웨스트코트(Westcott)는 이 말을 조화를 이루는 완성의 의미로 보았다. 그렇다면 저자의 이 기도는 신자들이 모든 선행에서 조화를 이루며 성장하기를 원한 것이다. 사람이 선을 행하면서, 하나를 얻고 하나를 잃는 식으로 기형적으로 발달하면 덕을 끼치지 못한다.

"그 앞에 즐거운 것을 예수 그리스도로 말미암아 우리 가운데서 이루시기를 원하노라" 함은, 앞의 "모든 선한 일에 너희를 온전하게" 하시는 내면적 원인이 되는 하나님의 영적 사역이다. 그가 우리 속에 그의 기뻐하시는 선한 마음과 능력을 이루어 주셔야만, 비로소 우리는 모든 선을 행할 수 있다(엡 2:10 참조).

22-23절. 부탁과 소식.

22 형제들아 내가 너희를 권하노니 권면의 말을 용납하라 내가 간단히 너희에게 썼느니라. 이것은 "간단"한 문서, 곧 히브리서를 지루하게 생각하지 말고 잘 받아 달라는 부탁이다.

23 우리 형제 디모데가 놓인 것을 너희가 알라 그가 속히 오면 내가 그와 함께 가서 너희를 보리라. 히브리서의 저자는 "디모데"가 옥에서 놓였다는 기쁜 소식을 이 편지 수신자들에게 전한다.

여기서 "우리 형제 디모데"라고 한 말은 히브리서의 저자가 누구인지 대략 추측하게 한다. 그가 바울이라면 문서의 끝 인사란에서 그저 디모데라고 하였을 것인데, "형제"란 말을 부가한 것을 보면 저자가 바울이 아니고 그의 제자급에 속한 사람으로 추측된다. 칼빈은 이 말에 근거하여 히브리서의 저자는 누가나 클레멘스(빌 4:3)였을 것이라고 한다. 그리고 그는 히브리서에 대한 그의 주석에서 번번이 히브리서를 사도의 글이라고 하였다. 그것은 사도의 제자급인 사람이 히브리서를 썼다고 믿는 그의 입장에서 할 수 있는 말이다. 사도의 제자급에서 내놓은 문서는 사도적(apostolic) 권위에 속한다는 것이 교회의 기본적이고 전통적인 사상이다. 마가복음과 누가복음도 사도의 제자들이 저작한 것이지만 사도적 권위에 속한 문서라고 인정된다.

24-25절. 인사와 축원.

24-25 너희를 인도하는 자들과 및 모든 성도들에게 문안하라 이달리야에서 온 자들도 너희에게 문안하느니라 은혜가 너희 모든 사람에게 있을지어다. 이 구절들은 사도의 문안과 축도이다. 여기서 "은혜"란 것은 언제든지 우리를 도울 준비가 되어 있는 것이다(4:16). 필립 휴스(Philip Hughes)는 그것이 우리로 하여금 원수의 공격을 이기게 하여 끝까지 구원받게 하는 힘이라(13:9)고 해석하였다.[59)]

---

59) A Commentary on The Epistle to The Hebrews, 1977, 594.

신약주석
공동서신

A Commentary on THE GENERAL EPISTLES

공동서신 주석

총 목차

서론

I. 공동 서신이라는 명칭의 이유

"공동 서신"이란 것은 야고보서, 베드로전서, 베드로후서, 요한1서, 요한2서, 요한3서, 유다서를 포함한 책의 이름이다. 메이어(Mayor)에 의하면, 이 서신들을 "공동 서신"이라고 부른 역사적 유래는 맨 처음 에우세비오스(Eusebius)가 야고보서를 공동 서신 중 하나라고 말한 데서부터 시작되었다. 그리고 라오디게아(Laodicea) 공의회와 카르타고(Carthage) 공의회가 이 명칭을 공식적으로 인정하였다. "공동 서신"이란 명칭에서 "공동"이라고 번역된 "카톨리콘"(καθολικῶν)이란 헬라어는 '보편적'이란 뜻이다. 이 서신들은 어느 일정한 지교회를 상대로 기록된 것이 아니고, 보편적 성격을 띤 글이므로 "공동 서신"이란 명칭을 가지게 된 듯하다. 또한 이 명칭은 모든 교회들이 정경으로 받은 공식적 성경이라는 의미도 된다.[60]

---

60) J.B. Mayor, The Epistle of St. James, introduction.

II. 공동 서신의 정경성

베드로전서와 요한1서는 처음부터 아무런 문제 없이 교회가 정경으로 받았으나, 그 밖의 다섯 서신(야고보서, 베드로후서, 요한2서, 요한3서, 유다서)은 얼마 동안 논쟁 서신(Antilegomena)이 되었었다. 그것은 그 서신들의 저작자가 확실히 사도였는지 여부를 결정하기 어려웠기 때문이다. 그러나 4세기에 이르러 교회가 이 서신들을 사도들의 저술이라고 믿게 되었다.

1. 야고보서의 정경성

이 점에 있어서 잠시 야고보서의 내용적인 정경성을 확실히 하고 싶다. 어떤 사람들은 이 책의 사상이 바울의 이신칭의론과 다른 경향이 있다고 하여, 야고보서의 정경성을 부인하였다. 그러나 야고보와 바울은 실상 서로 다른 신학을 가진 것이 아니었다. 그들은 같은 일에 대하여 각각 서로 다른 면으로 본 것뿐이다. 바울은 "믿음으로만 구원을 얻는다"고 할 때에, 행함이 있는 믿음, 곧 생명이 있는 믿음에 대하여 말하였고, 야고보는 생명이 없는 믿음을 책망한 것뿐이다. 야고보도 믿음으로만 구원받는 교리에 대하여 전혀 말하지 않은 것은 아니다(약 1:17-18).

2. 베드로전서의 정경성

베드로전서의 문체는 사도행전에 있는 베드로의 설교와 유사하다. 그뿐 아니라, 베드로전서의 저작자는 마가와 실루아노와 가까이 지냈는데(벧전 5:12-13), 후대의 문헌에서 그들이 베드로를 도와준 조력자들이었음을 알 수 있다. 무엇보다 이 책 앞부분에 베드로의 이름이 등장하는데, 그것은 베드로전서가 사도 베드로의 저술임을 확언하는 것이다.

3. 베드로후서의 정경성

베드로후서는 앞부분에서 시몬 베드로의 저작이라고 선언하였고(1:1), 또한 저작자 자신이 예수님과 함께 변화산 위에 있었던 경험을 가졌다고 말한다. 그러므로 베드로후서는 사도 베드로의 저술로서 정경인 것이 분명하다.

4. 요한1서의 정경성

요한1서의 문체와 사상은 요한복음과 매우 유사하다. 특별히 이 책 앞부분에 있는"말씀"(lo,goj)이란 말은 요한복음에도 나온다. 그 외에도 "생명"이란 말(요일 1:2; 요 1:4), "빛"이란 말(요일 1:5; 요 1:4, 5, 7, 8, 9), "어두움"이라는 말(요일 1:6; 요 1:5), "이긴다"는 말(요일 2:14; 5:4; 요 16:33), "태초부터 계신 이"라는 말(요일 2:14; 요 1:1), "영생"이란 말(요일 2:25; 요 3:16; 5:24; 6:40; 12:25; 17:3; 20:31), "그리스도 안에 거한다"는 사상(요일 2:24; 3:6; 요 15:5-7), "하나님께로부터 난 자"라는 사상(요일 3:9; 요 1:12; 3:3, 5, 6, 7), "서로 사랑하라"는 계명(요일 3:23; 요 13:34), "계명을 지킴으로 기도 응답을 받는다"는 사상(요일 3:22; 요 14:14, 15), "물"과 "피"에 대한 사상(요일 5:8; 요 19:34), "아들을 믿는 자에게 영생이 있다"는 사상(요일 5:12, 13; 요 5:24; 20:31) 등이 있다. 그러므로 요한1서는 명백히 요한복음을 저술한 사도 요한의 저작이며 정경임이 확실하다.

5. 요한2서와 요한3서의 정경성

요한2서의 문체와 사상은 요한1서와 유사한 것으로 보아, 사도 요한의 저작임을 알 수 있다. 그리고 요한3서의 내용은 요한2서와 유사한 인상을 준다. 그뿐 아니라, 그 표현들은 사도 요한의 어투이다. 예컨대 요한3서 3절의 "진리"(ἀληθείᾳ)란 말 6절과 12절의 "증언"(μαρτυρεῖν)란 말, 11절의 "하나님께 속"한다는 말(ἐκ τοῦ θεοῦ ἐστιν), "하나님을 뵈옵지 못하였"다는 말(οὐχ ἑώρακεν τὸν θεόν), 12절의 "너는 우리의 증언이 참된 줄을 아느니라"란 말(οἶδας ὅτι ἡ μαρτυρία ἡμῶν ἀληθής ἐστιν) 등이 모두 사도 요한의 어투이다. 그러므로 요한2서와 요한3서는 사도의 글임이 분명하므로 정경에 속한다.

6. 유다서의 정경성

유다서의 정경성에 대하여는 유다서 주석 서론을 참조하라.

신약주석
야고보서

야고보서 주석

목차

본문주석

설교

서론

I. 저작자 문제

야고보서의 저자를 "하나님과 주 예수 그리스도의 종 야고보"(1:1)라고 했는데, 이 야고보는 어느 야고보인가?

1. 그가 세베대의 아들이 아닌 것은 확실하다. 그 이유는, 그는 일찍이 순교하였기 때문이다(행 12:2). 뿐만 아니라 믿음으로만 구원을 얻는다는 바울의 교리가 어떤 사람들에게 오용됨을 시정하는 경향도 있는 야고보서가 바울의 선교가 시작되기도 전에 저술되었을 리 없다.

2. 어떤 사람들은 야고보서의 저자가 예수님의 동생 야고보라고 한다. 그 이유는, 신약의 12사도에는 속하지 않으면서 사도급의 중직을 띠고 사역한 "주의 아우 야고보"라는 인물에 대하여 신약에서 많이 말씀하고 있기 때문이다(행 12:17; 15:13; 21:18; 고전 15:7; 갈 1:19).

3. 또 어떤 사람들은 야보고서의 저자가 알패오의 아들 야고보, 곧 사도 중 한 사람이라고 한다. 그러나 크로샤이데(Grosheide)는 말하기를, 그가 야고보서를 썼다면, 사도임에도 불구하고 그 직명을 야고보서에 기입하지 않았을 리가 없다고 한다. 그렇지만 칼빈은 서슴지 않고 야고보서의 저자가 알패오의 아들 야고보라고 하였다.

우리는 과거로부터 이어진 정통 교회의 전승에 따라, 야고보서가 사도적 권위로 하나님의 말씀을 전하는 정경 서신임을 확신한다.

II. 정경 문제

야고보서의 정경 문제에 관하여 고대 교회에서 다소 논쟁이 있었으나, 마침내 정경으로 알려졌다. 교부들의 인용은 다음과 같으니, ① 로마의 클레멘스(AD 95), 헤르마스의 목자서(AD 110-140 저술), 이레나이우스(AD 130 출생) 등의 글에 야고보서를 인용한 암시가 있고(J. B. Mayor), ② 오리게네스(Origen)는 확실히 야고보서를 인용하였고, ③ 에우세비오스(AD 4세기)는 야고보서가 쟁론 서신 중 하나인 것만은 인정하면서도 그 자신은 야고보서를 정경으로 여기고 인용하였다. 예컨대 4:11, 5:13 등이다. ④ 히폴리투스(Hippolytus, AD 170? -235) 역시 2:13을 인용하였다. ⑤ 특히 야고보서가 정경에 속하는 유력한 증거는, 야고보서가 기록된 팔레스타인과 가장 가까운 시리아 교회가 야고보서를 정경으로 여긴 것이다. 제2세기에 이루어진 시리아어 역본에 야고보서가 포함되었는데, 칼빈은 이것을 가리켜 야고보서가 정경인 유력한 증거라고 하였다.

Ⅲ. 내용분해

1. 문안(1:1)

2. 환난에 대하여(1:2-12)

3. 시험에 대하여(1:13-18)

4. 하나님의 말씀을 잘 섭취하고 행하라고 권면함(1:19-2:26)

5. 교회 지도자들의 교만과 시기와 분쟁을 경계함(3:1-4:17)

6. 여러 가지 교훈(5:1-20)

   1) 불의한 부자들을 엄히 경계함(1-6절)

   2) 주님의 강림을 인내로 기다리라고 함(7-11절)

   3) 맹세하지 말라고 함(12절)

   4) 고난과 희락의 때에 처하는 방법(13절)

   5) 병자를 위하여 기도하라고 함(14-18절)

   6) 미혹되어 진리를 떠난 자를 바른길로 인도함(19-20절)

참고문헌

1. Barth, K. Kirchliche Dogmatik.

2. Bunyan, J. Pilgrim's Progress.

3. Calvin's Commentaries, James and Jude.

4. Grosheide, F. W. Kommentaar op Het Nieuwe Testament XII.

5. Knight, W, B. Three Thousand Illustrations for Christian Service.

6. Moody. D. L. Notes from My Bible.

7. Vos, G. Self Disclosure of Jesus.

8. Young's Concordance.

제 1 장

내용분해

1. 문안(1절)
2. 환난에 대하여(2-12절)
3. 시험에 대하여(13-18절)
4. 말씀을 잘 듣고 준행할 것(19-27절)

해석

1 **하나님과 주 예수 그리스도의 종 야고보는 흩어져 있는 열두 지파에게 문안하노라.**
여기서 "하나님"이란 말은 아버지 하나님을 가리키는데, "예수 그리스도의 종"은 동시에 아버지 하나님의 종이다."흩어져 있는 열두 지파"는 다른 나라에 분산되어 있는 유대인 그리스도 신자들을 의미한다.

2-12절. 시험 혹은 환난에 대하여.

2 내 형제들아 너희가 여러 가지 시험을 당하거든 온전히 기쁘게 여기라. 여기서 "온전히"란 말(Πᾶσαν)은 "모든"이란 의미를 가진다. 그러므로 알포드(Alford)는 이 말을 '여러 가지'라는 의미로 해석하였다. 시험도 여러 가지(ποικίλοις)가 있지만 그 여러 가지 시험을 이기는 승리로 인한 기쁨도 여러 가지이다. 그러므로 각종 시험을 당하면 거기에 나타날 여러 가지 기쁨을 맛볼 줄 알라는 것이다. 여기서 "시험"이란 말(πειρασμός)은 신앙 인격을 시험하는 어려움과 환난 같은 것들을 가리킨다. 크로샤이데에 의하면 이 단어가 '시험과 유혹'이란 뜻으로 쓰이지만(참조. 1:12; 마 6:13, 26; 41), 여기서는 '시련'이란 뜻으로 해석하는 것이 문맥에 부합한다. 이 단어가 신약의 다른 곳에서도 '시련'이란 뜻으로 사용된 실례가 있다(눅 22: 28; 행 20:19; 벧전 1:6; 4:12; 계 3:10). 여기서 '시련'이란 것은 그 시대의 그리스도 신자들이 만났던 여러 가지 사회적 제재였을 것이다.[61)]

3-4 이는 너희 믿음의 시련이 인내를 만들어 내는 줄 너희가 앎이라 인내를 온전히 이루라 이는 너희로 온전하고 구비하여 조금도 부족함이 없게 하려 함이라. 이 구절들은 모든 시험들(환난, 고통 등)을 기꺼이 감내하는 마음으로 감당해야 할 이유를 보여준다. 왜 우리가 시험을 기꺼이 감내해야 할까? 그 이유는, 그렇게 한 결과로 귀한 "인내"의 덕을 이루기 때문이다. 인내는 우리로 하여금 옳은 길을 끝까지 가게 하여, 신앙 인격이 "온전함"(구원)에 이르게 한다(마 24:13).

5-8절. 앞에서 시험을 통과하는 방법이 인내라고 하였는데(3절), 여기서 다시 한 가지 방법을 제시한다. 그것은 지혜이다.

5 너희 중에 누구든지 지혜가 부족하거든 모든 사람에게 후히 주시고 꾸짖지 아니하시

---

61) kommentaar op Het Nieuwe Testament XII, 1927, 431.

는 하나님께 구하라 그리하면 주시리라. 여기서 "부족하거든"(λείπεται)이란 말이 앞 절의 "부족함"(λειπόμενοι)이란 말을 받았다고 생각된다. 그렇다면 그 맥락은 다음과 같을 것이다. 신자의 인격이 온전해지려면 시련들을 잘 통과하면서 인내를 배워야 한다. 그것이 "지혜"이다. 이 지혜가 부족한 자는 그것을 하나님께 구해야 한다.

이 구절은 주시기를 좋아하시는 하나님의 특성을 세 가지로 보여 준다. ① 모든 사람에게 차별 없이 주심. 누구나 그를 신뢰하고 그에게 구하면 그의 응답을 받는다. ② 후히 주심. "후히"란 말(ἁπλῶς)은 '단순히'란 의미로, 무엇을 남에게 줄 때 주고자 하는 단순한 마음으로 주고 다른 의도를 갖지 않는 것을 의미한다. ③ 꾸짖지 아니하심. "꾸짖는다" 함(ὀνειδίζοντος)은 무엇을 주면서 불쾌한 모습을 보이거나, 혹은 주기를 거부하는 태도를 말한다. 인간은 아무리 후한 사람이라도 너무 여러 번 요청을 받으면 그를 점점 싫어한다. 그러나 하나님은 우리가 믿음으로 구할수록 기뻐하신다.

6 **오직 믿음으로 구하고 조금도 의심하지 말라 의심하는 자는 마치 바람에 밀려 요동하는 바다 물결 같으니.** 이것은 앞 절에 이어서 기도의 방법을 보여 주는 말씀이다. 기도는 하나님께서 주시겠다고 약속하신 것을 구하는 것이므로, 그가 주실 것을 믿으며 해야 한다. 하나님께서 약속하신 말씀이 믿어지지 않는다면, 그는 병적 심리를 가진 자이다. 하나님은, ① 모든 참된 것의 창조자시요, ② 인간과 진정한 구속의 계약을 맺으시고, 그대로 여러 천 년 동안 성취하여 오시는 무한히 진실하시며 사랑 많은 구주이시니 우리는 그를 믿어야 한다.

"의심하는 자는⋯ 바다 물결 같으니." "의심"이란 말(διακρινόμενος)은 '갈린다' 혹은 '다툰다'라는 의미를 가진다. 신자에게는 단순한 신뢰만 있을 뿐, 심리적 내분이 없다. 만일 믿는 마음이 있는데도 다른 한편으로는 "과연 그럴까?" 하는 생각이 든다면, 그것은 심리적 내분이며, 참된 믿음에 합당치 않다. "바다"는 불안을 상징한다(사 57:20). 신앙이 부족한 자는 심령에 안정이 없고, 그의 행동에도 일관성이 없으며, 삶에도 평화가 없다.

7-8 이런 사람은 무엇이든지 주께 얻기를 생각하지 말라 두 마음을 품어 모든 일에 정함이 없는 자로다. 신앙이 없는 자는 하나님을 불신하는 무서운 죄를 범하는 셈이다. 그런 사람의 기도는 응답될 수 없다.

설교 기도자의 마음(2-8절)

기도자는 그 마음의 초점을 하나님께 맞추어야 한다.

1. 지혜를 주시는 하나님께 초점을 맞추자(5상)

이 본문에서 말씀한 "지혜"는 우리가 일반적으로 말하는 지혜와 다르다. 그것은 본문 5절의 "부족하거든"이란 어구와 4절의 "부족함이 없게"란 어구가 나란히 언급되면서 5절의 "부족"이란 말이 4절의 "부족"이란 말을 받은 것에서 알 수 있다. 즉 4절의 "인내를 온전히 이루라 이는 너희로 온전하고 구비하여 조금도 부족함이 없게 하려 함이라"란 말씀은 참는 덕을 가리킨다. 그러므로 5절의 말씀은 환난과 고통 가운데서 잘 참는 것이 신자의 지혜이므로 그 지혜를 구하라고 한 것이다. 이 지혜는 "위로부터" 주시는 것으로서 성결과 화평을 유지하게 한다(약 3:17 참조). 하나님은 특별히 우리가 환난과 고통 가운데서 거룩하여지도록 섭리하신다. 그는 우리의 육신의 형편보다 영혼의 상태에 더욱 관심을 기울이신다. 이것은 추상적인 것이 아닌, 하나님의 현실이다. 우리는 고난과 역경 가운데서 하나님을 만나야 한다. 거기서 우리 마음의 초점을 하나님께 맞추어 잘 참는 "지혜"를 구해야 한다.

2. 후히 주시는 하나님께 초점을 맞추자(5하)

우리는 하나님께서 기도하는 자에게 후히 주시는 분이라는 것을 알아야 한다. 그는 우리에게 후히 주시는 아버지이시다. 그가 우리의 기도를 응답하시는 방법은 오묘하여 우리로서 알기 어려운 부분도 있다.

1) 하나님은 이적보다 평범한 섭리적 방법으로 우리의 기도를 응답하시는 일이 많다. 간혹 새신자가 믿음을 갖게 하시기 위하여 이적을 행하시는 경우도 있지만, 일반적으로는 신자의 장성을 위하여 고난을 사용하신다.

2) 하나님은 우리의 영혼 위주로 우리의 기도를 응답하신다. 그는 우리의 마음속에 이적을 일으키시기 위해 역사하신다. 휘트필드는 신앙생활을 잘 하려고 "거룩한 모임"(Holy Club)이란 단체에 들어가서 규칙적인 생활을 하였다. 그러나 그의 허탈한 마음은 채워지지 않았다. 때로는 울기도 하고, 금식도 하고, 이마를 마루에 대고 엎드려서 오랫동안 탄식하며 기도하였다. 그런데 그의 심령이 그와 같은 형편에 놓인 것도 하나님이 주신 것이었다. 후에 그의 마음은 무거운 짐을 벗어 놓은 듯한 시원함과 샘솟는 기쁨이 넘쳤는데, 그는 그것이 하나님의 은혜라고 간증하였다. 이같이 하나님의 역사는 우리 마음에 허전함과 괴로움이 깃들도록 간섭하시는 때도 있다.

3) 하나님은 우리의 믿음의 연단을 위해 우리의 기도를 천천히 응답하실 때가 있으며, 또한 때를 따라 돕는 은혜로 채워 주시므로 우리가 그것을 기도 응답인 줄 느끼지 못할 때도 있다. 그의 뜻은 우리의 뜻과 다르며, 그의 행사는 기이하여 우리가 알 수 없는 깊은 내용도 있다(사 55:8-9 참조).

4) 하나님은 우리가 구하는 것을 주시지 않는 방법으로 우리의 기도를 응답하신다. 즉 그가 우리의 상황을 바꾸어 주시지 않고 그대로 두실 때에는 우리가 그의 자비를 느끼지 못한다. 그는 우리의 미래의 참된 유익을 아시기에, 우리의 요구대로 응답해 주시지 않는 것이다. 어린아이는 해로운 것도 모르고 요구하나 부모는 그 아이의 유익을 위해서 세심히 살피며 돌아본다. 그러나 어린아이는 부모의 그 사랑을 깨닫지 못한다.

3. 변하지 않는 믿음으로 하나님께 초점을 맞추자(6-8절)

우리 신자들에게는 의심이 없어야 한다. 의심은 믿음의 원수인데, 우리가 원수를 집에 들일 수 있겠는가? 우리가 믿는다는 것은 하나님을 믿는 것이다. 하나님은 우리 가운데 친히 오신 참하나님이시다. 그는 우리의 현실 중에서도 가장 중요한 현실이시다. 그는 우리가 들어가는 무덤에까지 들어오셨다. 우리는 성경을 믿음으로 그를 믿는다. 나는 항상 이런 말을 한다. 즉 "세상 사람들이 다 성경을 안 믿어도 나는 믿겠다. 내가 안 믿어도 나는 믿겠다." 즉 내 속에 있는 부패와 악한 사상이 성경을 안 믿으려 해도 나의 중생한 영혼(참되고 의로운 사상)은 성경을 받아들인다는 말이다.

설교 기도자의 마음 자세(5-8절)

미국 연방수사국(FBI)의 국장 존 에드거 후버(J. Hoover)는 말하기를 "거국적으로 기도하는 나라의 광경은 원자탄을 터뜨리는 것보다 두렵다"고 하였다. 그러나 기도자의 마음 자세가 중요하다. 그것은 다음과 같아야 한다.

1. 하나님을 후히 주시는 하나님으로 알아야 함(5절)

하나님께서 우리에게 후하시다는 사실은 여러 방면으로 말할 수 있다. 그가 우리에게 아버지로 자신을 제공하신 것이 그의 후하신 사랑이다. 우리가 지혜를 받아 하나님의 사랑을 깨닫을 때 이 사실을 알게 된다.

하나님은 우리의 아버지로서(히 12:9) 가장 좋은 것을 우리에게 주고 싶어 하신다. 그는 우리에게 ① 물질보다 성령의 은혜를 주시기 원하시고, ② 이 세상의 것보다 내세의 것을 주시기 원하시며, ③ 우리의 뜻보다 하나님 자신의 뜻대로 무엇이든 이루어 주시기를 원하신다. 그런데 우리는 우리의 악한 욕심과 소원대로 기도한다. 따라서 우리는 하나님을 엄하신 분으로 잘못 안다. 불효자는 선한 아버지를 기뻐하지 않고 멀리하기 마련이다. 그 이유는 자기의 악한 소원을 아버지가 이루어 주시지 않기 때문이다. 그러나 그 아버지는 참으로 유익한 것이라면 무엇이든지 그 아들에게 주기를 원하는 후한 아버지이다.

2. 믿음으로 기도해야 됨(6-8절)

본문은 우리가 구하는 것을 하나님이 반드시 주신다는 사실을 믿어야 된다고 말한다. 물론 우리가 믿어야 하는 것은 하나님의 뜻에 합당한 것이다. 그것은 이미 실현된 것처럼 믿을 수 있다(요일 5:15 참조). 하나님께서 당연히 자기의 뜻을 이루시지 않겠는가! 그러나 어떤 경우에는 우리가 하나님의 뜻을 알기 어려운 때도 있다. 그런 경우에는 내가 하나님의 뜻을 모르지만 하나님의 뜻대로 이루어 주시기를 기도할 수 있다. 우리는 하나님께서 그의 뜻을 어느 때에 어떤 방법으로 이루실지 모르지만, 믿고 기도해야 한다.

변증학자 스킬더(K. Schilder)는 말하기를 "논리는 신앙 문제에 합당한 해답을 주지 못한다. 신앙은 논리와 다르다. 신앙은 하나님의 계시와 약속에 따라 그를 받아들이는 것이다."라고 하였다.[62]

설교 의심하지 말아라(5-8절)

베드로는 물위로 걸어오시는 예수님께서 오라고 하신 말씀을 믿고, 용기를 내어 배에서 물위로 내려섰다. 그러나 그는 조금 걸어가다가 바람을 보고 무서워 빠지고 말았다(마 14:22-33). 처음에 베드로는 예수님의 능력을 풍랑보다 크게, 바다보다 크게 보았다. 그런데 바람이 그의 감각에 부딪치면서 그

---

62) Heidelbergsche Catechismus, III, 1950, 24.

에게 그릇된 정보를 주었고, 예수님의 능력보다 바람이 더 커 보이게 되었다. 처음에는 신앙의 사람이었던 그가 그만 감각의 종이 되어 결국 실패하였다. 우리도 날마다 이런 경험을 한다. 신자들은 일시적으로 사경회에 참석하거나 홀로 성경을 읽거나 기도하다가 진리를 깨닫고 신앙의 용기를 얻는다. 그러다 현실(세상) 바람에 부딪치면 "과연 내가 깨달은 진리가 옳은 것일까?" 생각하게 된다. 그때에는 그 깨달았던 진리가 현실보다 작아 보이는 동시에, 그 진리가 마음에서 사라져 버릴 위험이 있다. 이런 심리 상태를 만드는 것은 의심이다. 우리는 이런 의심을 정복해야 한다.

1. 의심을 정복하는 소극적 방법

한 나라가 다른 나라를 치려면 먼저 그 나라의 실정을 조사하여 그 나라의 약점, 혹은 강점을 잘 알아야 한다. 그렇다면 우리는 모든 인생이 하나님을 믿지 못하게 하는 "의심"이란 나라의 실태를 알아보아야 한다. 의심은 인간의 감각에 근거한다. 그런데 인간의 감각은 어떤 것인가? 그것은 우리가 절대적으로 신뢰할 만큼 정확하게 작용하는가? 그렇지 않다. 감각으로 얻는 지식은 주로 조건적인 것이고 절대적인 것이 아니다. 따라서 그것은 변할 수 있다. 가령 지리학에 대한 지식만 보아도 수천 년 전에는 바다였던 곳이 오늘날에는 육지가 되기도 한다. 동일한 지점이 옛날에는 바다요, 오늘날에는 육지인 것이다. 사람의 목숨도 옛날에는 수백 년 동안 살 수 있었으나, 오늘날에는 "인생 칠십이 고래희"(人生七十古來稀)라고 한다. 또한 현대 과학의 지식은 어떠한가? 그것은 물질의 용도를 아는 것뿐, 물질 자체를 아는 것이 아니다. 그 물질이 어디서 생겼는지, 어떻게 성립되는지, 어디로 가는지 알지 못하는 것이 과학이다. 그렇다면 과학자도 대자연 앞에서 무식하다는 것을 고백하지 않을 수 없다. 즉 인간의 감각적 지식은 우물 안의 개구리가 하늘을 보는 것과 다름없는 것이다. 그러므로 감각적 지식은 단편적으로나 원리적으로 진리 판단의 척도가 될 수 없다. 그것은 극히 불완전하게 현상계에서만 사용되는 것이다. 이것을 기반으로 한 의심은 우리가 믿을 수 있는 것이 아니다. 따라서 성경 진리에 대한 의심이 일어날 때, 우리는 그것을 문제시할 필요가 없다.

2. 의심을 정복하는 적극적 방법

의심을 정복하는 적극적인 방법은 예수님의 부활에 나타났다. 우리는 진리(혹은 하나님)를 찾을 때 감각적 지식을 의존하지 말아야 한다. 그와 동시에 우리는 그것을 자격 있는 적대자로도 생각하지 말아야 한다. 그 이유는 앞에서 이미 언급했다. 따라서 우리는 의심이 믿을 만하지 않다는 것을 잘 알고 있다. 그러나 우리는 그것만으로 만족할 수 없다.

이제 우리는 감각 지식의 한계를 넘어서 들어온 진리, 곧 초자연적인 사실을 보려 한다. 우리는 그것으로 우리의 신앙을 성립시키는 동시에 의심을 완전히 정복한다. 또한 우리는 의심의 국경을 돌파하고 들어온 진리, 곧 초자연적 사실을 보려 한다. 그것으로 우리는 우리의 신앙을 성립시키는 동시에 의심을 완전히 정복한다. 의심의 국경을 돌파하고 들어온 것은 예수님의 부활이다. 부활은 자연 법칙에 속하지 않는다. 그러나 옛날부터 지금까지 일어난 모든 사건 중에서, 예수님의 부활 사건처럼 확실하고 참된 것으로 증명된 것은 없다. 이것은 너무도 참되기 때문에, ① 사도들의 의심을 깨뜨렸고, ② 낙심한 사도들이 죽음을 무릅쓴 전도 열정으로 불붙게 하였고, ③ 예수님을 십자가에 못 박은 원수들도 예수님의 부활 사실을 인정하지 않을 수 없었다(행 6:7). 사도 바울은 본래 예수님의 큰 원수였으나 예수님의 부활을 증거하기 위하여 가장 많이 수고한 사람이 되었다(고후 11:23-33). 우리는 이같이 확실한 사실에 대한 기록을 직접 목격한 자들, 곧 사도들에게 받았다. 이 기록은 순전하게 보존되어 우리의 손안에 들어왔다. 이렇게 확실한 사실을 우리가 믿지 않을 수 없다. 혹 그 사실과 우리 사이에 놓인 긴 시간 때문에 우리의 믿음이 무덤덤하게 보일 수 있으나, 그렇다고 하여 그것이 불신앙은 아니다. 그뿐 아니라 우리에게 오신 성령님께서 우리의 신앙을 굳게 하시기 때문에 시간적인 거리로 인한 장애도 없어진다.

설교 일정 불변하는 의지적 신앙(5-8절)

인격은 지, 정, 의 세 요소로 이루어지는데, 그중에서도 의지가 그 중심이 되어야 한다.

1. 의지적으로 지식을 절제함

사람이 지식만 추구하다 보면 회의주의에 빠진다. 우주는 자연계의 이치와 도덕적인 법칙을 가지고 있으며, 이 법칙들은 하나님께서 주신 자연 계시의 말씀이다. 다시 말해 말씀이 있는 곳에는 인격이 있는 법이다. 그러므로 인간은 뜻을 정하고 천지의 주재자, 곧 하나님을 믿어야 한다. 그것이 인간의 합당한 선택이다. 회의주의를 이기려면 의지적인 행동이 필요하다. 볼테르(Voltaire) 같은 철학자들은 그렇게 하지 않았기 때문에 일생 동안 회의주의에 빠져 불행하게 된 것이다.

2. 의지적으로 감정을 통솔해야 됨

인간은 정서적인 면에서도 의지의 통제를 받아야 한다. 그렇지 않으면, 방탕한 생활을 하거나 무절제한 감정생활을 하게 되어 불신앙에 떨어지게 된다. 방탕한 생활은 결국 패망을 가져온다. 그리고 무절제한 감정생활로 흐르는 자는 불량한 자가 되고 만다.

3. 의지적으로 영적인 기준을 지킴

의지적인 선택의 기준은 하나님의 말씀이다. 우리는 하나님의 말씀을 깨달은 대로 변함없이 믿음을 지켜야 한다. 하나님의 말씀을 기준 삼아 의지적으로 신앙생활을 했던 사람들은 모두가 승리했다.

다니엘은 메대와 바사의 법도 두려워하지 않고 불굴의 믿음으로 기도한 선지자였다. 이것은 의지적 행동이다(단 6:10). 암스트롱(Samuel Chapman Armstrong)은 일평생 "불가능을 성취하라"(Achieve the impossible)라는 믿음의 표어를 가지고 산 사람이다. 그는 말하기를, 할 수 없는 것을 하는 것이 생의 영광이라고 하였다. 그는 흑인 교육 사업에 크게 성공한 신앙 인물이었다. 그는 또한 기도의 인물로, 이 세상에서 기도가 가장 위대한 것이라고 생각하였다. 또한 그는 "희생이 없는 일은 하나님의 뜻을 이루는 데 있어서 무가치하다."라고 하였다.

9-11절. 어떤 사람들은 이 구절들이 앞 절과는 상관이 없는 듯하다고 한다. 그러나 이 구절들은 앞에 있는 말씀에 관하여 시험거리를 참는 방법을 보여 준다. 그것은 내세를 중심으로 하는 삶이다. 삶의 목표가 이 세상인 경우에는 모든 시험들이 올 때 동요하지 않을 수 없다.

9 낮은 형제는 자기의 높음을 자랑하고. 곧 비천하고 사회적인 지위가 없는 사람도 그리스도를 믿음으로 구속함을 받아서 영원한 내세의 기업을 누릴 하나님의 자녀로 높아졌다. 그것은 자랑할 만한 일하다. ① 이렇게 "자랑하는" 것은 그가 받은 영광의 기업을 감사하는 마음이고, ② 자기 자신은 낮추고 겸손히 주님만을 자랑하는 것이다(롬 15:17; 고전 1:31; 고후 10:17; 갈 6:14; 빌 3:3).

10 부한 자는 자기의 낮아짐을 자랑할지니 이는 그가 풀의 꽃과 같이 지나감이라. 부자가 회개하고 그리스도를 믿으면 새로운 깨달음으로, ① 낮아진다. 이제 그

는 가난한 신자들과 한 반열에 서게 되었다. 그것은 이 세상 기준으로 볼 때 낮아진 것이다. ② 자랑거리가 바뀌었다. 그가 전에는 헛된 재물을 자랑했다(딤전 6:17 참조). 그러나 이제는 영원한 내세를 기준으로 살게 되었다(딤전 6:19 참조). 이것이 그의 참된 자랑거리이다.

11 이 구절은 앞 절 말씀에 이어, 부자는 믿음으로 영적 행복에 이른 것만을 자랑하고, 재물은 자랑할 필요가 없는 이유를 조금 더 밝힌다.

해가 돋고 뜨거운 바람이 불어 풀을 말리면 꽃이 떨어져 그 모양의 아름다움이 없어지나니 부한 자도 그 행하는 일에 이와 같이 쇠잔하리라(사 40:6-7 참조). "해가 돋고 뜨거운 바람이 불어 풀을 말리면"이란 것은, 팔레스타인의 기후를 염두에 두고 한 말씀이다. 팔레스타인에는 사막에서 불어오는 뜨거운 바람 때문에 풀이 마르곤 한다(겔 17:10; 렘 18:17; 호 13:15; 욘 4:8).

"부한 자도 그 행하는 일에 이와 같이 쇠잔하리라." 부자가 돈을 사랑하여 많은 죄를 범하면(딤전 6:10), 그의 인격이 망하게 된다. 그뿐 아니라, 머지않아 그의 사랑하던 재물이 이 모양 저 모양으로 다 날아가 버리게 된다. 그러므로 시편 39:6에 말하기를, "재물을 쌓으나 누가 거둘는지 알지 못하나이다"라고 하였다.

12 시험을 참는 자는 복이 있나니 이는 시련을 견디어 낸 자가 주께서 자기를 사랑하는 자들에게 약속하신 생명의 면류관을 얻을 것이기 때문이라. 여기서 "시험"이란 말(πειρασμός)은 1:2에 나온 "시험"과 같은 단어다. 여기서도 시험을 의미하지 않고 '시련'을 의미한다. 1:2의 같은 말 해석을 참조하라.

"참는다"는 말(ὑπομένει)은 '극기'의 의미보다 하나님이 주신 소망을 기다리며 환경적인 어려움을 극복하는 적극적 노력을 가리킨다(롬 5:3-4 참조). 이와 같은 의미로 네덜란드의 주석가 크레다너스(S. Greijdanus)는 말하기를, 참는다는 것은 핍박, 고통, 환난, 죽음 등의 어려움 때문에 예수를 떠나지 않

고 그것 때문에 더욱 단단히 예수 안에 머무르는 것이라고 한다.[63]

"이는 시련을 견디어 낸 자가"(δόκιμος)는 "연단되었다"는 뜻, 혹은 '인정을 받았다'는 뜻이다. "주께서 자기를 사랑하는 자들에게." 신자가 주님을 사랑하는지 여부는 시험을 견디어 내는 것으로 알 수 있다. "약속하신 생명의 면류관을 얻을 것이기 때문이라." 면류관이란 것은 경기장에서 승리한 사람이 상급으로 받는 것이다. "생명의 면류관"이라고 한 것은 '생명의 상급'을 의미한다. 얼핏 보면 여기에 문제가 있는 것 같다. 영생하는 생명은 신자가 예수님의 공로로 거저 받는 것인데, 왜 여기서는 신자가 시험을 잘 이긴 것에 대한 상급인 것처럼 말씀하는가? 이것은 하나님께서 신자로 하여금 그의 은혜로 시험을 통과하게 하신 결과를 설명한 말씀이다. 즉 하나님이 신자에게 믿음을 주시고(빌 1:29), 그로 하여금 그 믿음으로 시험을 이기게(요 16: 33; 요일 5:4) 하신 후에 생명의 면류관을 주신다는 것이다.

13-18절. 시험의 유래에 대하여.

여기서 "시험"이란 것은 앞(2, 12절)에서 진술된 것과는 다른 것으로, 죄악의 유혹을 가리킨다. 하나님은 악의 유혹을 받지 않으시므로 사람들을 악의로 시험하지도 않으신다. 따라서 우리가 악에게 끌릴 때에는 모든 책임을 자신에게 지우고 스스로를 경계하는 데 만전을 기해야 한다. 인간이 시험을 받는 이유는 그의 욕심 때문이다. 시험의 1단계는 죄악이 충동하여 그를 끌어내는 것이고, 2단계는 그것이 그를 혼미하게 하여 옳고 그름을 분별하지 못하게 함으로써 악한 일을 옳은 일로 착각하게 하는 것이다. 그것은 점차 악화되어 범죄와 사망을 가져온다. 우리의 가장 큰 원수는 밖에 있는 것이 아니라 우리의 마음속에 숨어 있으므로 무엇보다도 이것을 정복해야 한다. 앞

---

63) Kommentaar op Het Nieuwe Testament, III^2, 1941, 994.

에서 말한 것처럼, 시험은 사람에게서 발생하는 것이고 하나님에게서 오는 것이 아니다. 따라서 우리는 이러한 사실을 잘 알고 속지 말아야 한다. 하나님께서는 사람을 악으로 이끄시지 않고, 항상 선한 은총을 베푸신다. 그는 해와 달과 별들을 창조하신 하나님이시고, 자신에게 어두움(악)이 없으시므로(요일 1:5) 인생들을 악으로 시험하시지 않고 그들에게 오직 완전한 "선물"을 주실 뿐이다. 해와 달에 그늘이 있을지언정, 하나님의 빛(선)은 변하지 않으시고 언제나 선한 "선물"을 주신다. 또한 그는 선하셔서 복음으로 우리를 거듭나게 하신다.

13 사람이 시험을 받을 때에 내가 하나님께 시험을 받는다 하지 말지니 하나님은 악에게 시험을 받지도 아니하시고 친히 아무도 시험하지 아니하시느니라. 여기서 "시험"(πειραζόμενος)이란 말은 앞 절의 "시험"(δόκιμος)이란 말과 다른 뜻을 가진다. 곧 앞 절에서는 밖에서 오는 고난을 의미하고, 여기 있는 것은 인간의 마음속에 일어나는, 범죄하려는 충동을 가리킨다(Calvin). 인간은 이런 시험을 받을 때 그 책임을 하나님께 전가하면 안 된다. 그것은 ① 자기 속에 있는 악한 기질을 옳은 것으로 보는 착각이고, ② 그 악한 기질의 발작을 방임하는 위험이고, ③ 하나님을 범죄의 인도자로 아는 악한 생각이다. "하나님은 악에게 시험을 받지도 아니하시고 친히 아무도 시험하지 아니하시느니라" 하나님은 악을 행할 충동, 곧 시험을 받지 않으시므로 인간을 악으로 시험하시지도 않는다는 뜻이다. 악에 빠지지 않는 하나님께서 어떻게 그런 악을 행하시겠는가?(J. B. Mayor) 누구든지 시험이 일어난 책임이 자기에게 있다는 것을 인정하지 않는 자는 자기 자신을 지키지 못한다. 따라서 그런 자는 그 시험에 빠져 넘어지며 범죄하게 된다.

14 오직 각 사람이 시험을 받는 것은 자기 욕심에 끌려 미혹됨이니. 이것은 앞 절 말씀이 이어지는 것으로, 시험의 유래를 설명한다. 여기 나오는 "시험"(πειράζεται)이란 말도 사람을 악한 데로 유인하는 악한 심리의 충동을 의

미한다. "욕심"이라는 말(ἐπιθυμία)은 자연스러운 소원, 곧 의욕을 가리키지 않고 '금지된 것을 욕심부리는 심리'(desire for what is forbidden)를 의미한다.[64] "끌려"란 말은 사람이 그 악한 욕심 때문에 옳은 길에서 이탈되는 것이고, "미혹됨"은 한 걸음 더 나아간 범죄 행위를 말한다.

15 욕심이 잉태한즉 죄를 낳고 죄가 장성한즉 사망을 낳느니라. 시편 7:14에도 이와 유사한 말씀이 있다. 이 말씀은 "욕심"이란 것이 겉으로 나타나는 "모든 죄악의 근원"이라는 의미이다. 그리고 그것의 발전과 결과가 얼마나 무서운지에 대한 의미도 이 말씀에 암시되어 있다. 그러므로 신자는 그의 마음속에 숨어 있는 "욕심"(악한 소원)부터 죽여야 한다.

야고보의 이 같은 진술에서 우리는 다음과 같은 추론을 끌어낼 수 있다. 곧 사람의 욕심이 잉태한다는 것은 그 사람이 그 죄를 사랑하여 죄와 하나가 되었다는 의미이다. 태아와 산모가 한 몸 아닌가? 이것은 이사야의 말씀과도 유사한 점을 지닌다. 이사야 59:4-5에 말하기를 "악행을 잉태하여 죄악을 낳으며 독사의 알을 품으며 거미줄을 짜나니 그 알을 먹는 자는 죽을 것이요 그 알이 밟힌즉 터져서 독사가 나올 것이니라"고 한다.

"죄가 장성한즉 사망을 낳느니라." 죄가 계속해서 양성화되고 구체화되는 사실을 염두에 둔 것이다. 그 범죄자가 끝까지 회개하지 않으면 결국 사망하게 된다. "사망"은 먼저 영적 사망으로, 그 사람은 참생명이신 하나님과 교통이 없어진다(엡 2:1). 그다음은 몸의 사망이니 그가 비록 이 세상에서 장수한다 할지라도 참된 삶의 맛은 못 느끼는 저주받은 삶이다. 그 몸은 장차 지옥에서 멸망한다(마 10:28).

16-17 내 사랑하는 형제들아 속지 말라 온갖 좋은 은사와 온전한 선물이 다 위로부터 빛들의 아버지께로부터 내려오나니 그는 변함도 없으시고 회전하는 그림자도 없으시니라.

---

64) Thayer's Greek-English Lexicon of The New Testament, 1962, 238.

이것은 앞 절 말씀에 이어서, 신자들이 시험을 받을 때 그것이 하나님에게서 온 것으로 착각하지 말라고 부탁하는 말씀이다. 하나님은 우리를 악으로 시험하지 않으시고 오히려 모든 좋은 선물을 우리에게 주신다. "은사"란 말(δόσις)은 "주시는 행동"을 의미하고, "선물"이란 말(δώρημα)은 주신 선물 자체를 의미한다. 하나님이 인간에게 은혜를 주시는 행위는 선하여, 전혀 불순한 동기나 부족한 태도가 없으시다. 만약 그가 주신 선물은 완전하지만 주시는 행동이 선하지 못하다면 불완전하다고 할 수 있다. 그러나 그의 선물뿐 아니라 그것을 주시는 그의 행동까지도 선하시다.

"빛들의 아버지"란 것은 하나님께서 모든 빛의 창조자이시므로, 그 자신은 더욱 빛이시라는 의미를 가진다. 이것은 "귀를 지으신 이가 듣지 아니하시랴 눈을 만드신 이가 보지 아니하시랴"(시 94:9)라고 한 논법과 유사하다. 그는 "빛"(선하심에 대한 비유)이시므로 그에게는 어두움(거룩하지 못한 것)이 전혀 없으시다. 그러므로 그는 인간을 악으로 시험하는 것 같은 좋지 못한 일을 하시지 않는다. 하나님을 "빛"에 비유한 말씀은 성경의 다른 곳에도 있다(시 119:105; 사 60:1, 19-20; 말 4:2; 요일 1:5; 계 21:23).

"그는 변함도 없으시고 회전하는 그림자도 없으시니라." 곧 하나님의 선하심은 '변함이 전혀 없으시다'는 뜻이다. 그의 선하신 성품이 스스로 변하시는 일도 없고, 사람들의 변화에 따라 바뀌는 일도 없으시다. 비유컨대 그분께는 다른 물체의 회전 때문에 받는 그림자(일식 같은 것)도 없으시다는 것이다(참조. 말 3:6; 히 13:8).

18 그가 그 피조물 중에 우리로 한 첫 열매가 되게 하시려고 자기의 뜻을 따라 진리의 말씀으로 우리를 낳으셨느니라. 헬라어 원문에는 이 구절 앞부분에 "그의 자의적 소원으로"(of His own wish)란 말(βουληθείς)이 있는데, 이것이 맨 앞에서 강조되었다. 이 중요한 문구가 한글 성경에는 빠졌다. 하나님은 마지못하여 인류에게 선을 베푸시는 것이 아니고 자원하셔서, 또는 주권적으로 선을 베푸신

다. 이 구절은 앞 절 말씀들과 관련되어 하나님께서 우리를 위하여 행하신 선한 일이 무엇인지를 밝혀 준다. 그것은 그가 그의 자의대로(무조건적으로), 또는 그의 진리로써 우리를 거듭나게 하시어 그의 자녀들로 삼으셨다는 것이다.

"첫 열매"라는 것은 하나님께 바쳐진 사람을 가리키는데(출 22:29), 여기서는 신자들을 가리킨다. 크로샤이데도 다음과 같이 말하였다. 곧 "첫 열매는 모든 열매 중 가장 좋은 것인데 수확물 전체를 대표한다. 그것은 신약에서 그리스도와 신자들에게 붙인 명칭이다(롬 8:23; 11:16; 16:5; 고전 15:20, 23; 16:15)."라고 하였다.[65]

앞에서 말한 것처럼 선하신 하나님께서 악으로 사람을 시험하시지 않으실 것은 명백하다(약 1:13). "진리의 말씀"(λογῳ ἀληθείας)은 그리스도에 대한 구원의 복음을 가리킨다(참조. 엡 1:13; 약 3:14).

19-27절. 하나님의 말씀을 잘 듣고 행하는 자가 되라고 함.

19 내 사랑하는 형제들아 너희가 알지니 사람마다 듣기는 속히 하고 말하기는 더디 하며 성내기도 더디 하라. 여기서 "듣기는 속히 하고"란 것은, 특히 복음을 들음에 있어서 민첩하게 청종하라는 것이지, 유언비어를 재빨리 받아들이라는 것이 아니다. 떠도는 말을 지나치게 습득하는 자는 도리어 경박한 누설자가 되고, 또 마음에 안정을 얻지 못한다.

"말하기는 더디 하며 성내기도 더디 하라." 여기서 "더디 하라"라고 번역된 헬라어(βραδύς)는 '둔하다'(dull), 혹은 '느리다'란 뜻이다. 그렇다면 여기서 말하는 "말하기는 더디 하라"는 것은 무슨 뜻인가? 마땅히 할 말을 안 하는 것을 권하는 것이 아니고 경솔하게 말하지 말라는 뜻이다. 그리고 "성내기도 더디 하라"는 것은 천천히 분노를 발하는 것은 용납된다는 의미가 아니다.

---

65) Kommentaar op Het Nieuwe Testament, XII, 1927, 443.

이것은 성급한 분노를 금하는 말씀이다. 성급한 분노는 혈기의 분노이다(참조. 잠 10:19; 29:20; 전 5:1-2). 사람이 성급하게 분노하지 말아야 하는 이유는 시간이 감에 따라 그의 분노가 가라앉을 수도 있고, 문제되었던 일이 해결되기도 하기 때문이다.

20 사람이 성내는 것이 하나님의 의를 이루지 못함이라. "성내는 것"은 정신에 혼란을 일으켜 자기 영혼을 더럽힌다. 따라서 그런 때의 기도는 하나님께 상달되지 않는다(딤전 2:8). 그러므로 하나님의 도우심으로만 이루어질 수 있는 의가 혈기와 분노 때문에 성립되지 못한다. 사람들은 흔히 의분을 빙자하여 혈기와 분노를 터뜨리곤 한다.

21 그러므로 모든 더러운 것과 넘치는 악을 내버리고 너희 영혼을 능히 구원할 바 마음에 심어진 말씀을 온유함으로 받으라. "모든 더러운 것"이란 말은 그다음에 나오는 "넘치는 악"이란 말과 같은 내용이다. 이것은 사람의 마음에서 입으로 나가는 악한 말을 가리킨다. 악한 말은 마음속에서 넘쳐 나오는 악이다. 야고보서의 저자 야고보는 말을 인격의 가장 중요한 부분으로 간주한 것이다(3:1-12). 그가 말을 이처럼 중요하게 생각한 것은 그가 친히 예수님의 말씀에서 배운 것이다. 예수님은 말씀하시기를, "입에서 나오는 것들은 마음에서 나오나니 이것이야말로 사람을 더럽게 하느니라 마음에서 나오는 것은 악한 생각과 살인과 간음과 음란과 도둑질과 거짓 증언과 비방이니 이런 것들이 사람을 더럽게 하는 것이요"(마 15:18-20)라고 하셨다. 예수님의 이 말씀을 분석하면, 사람의 입에서 나오는 말이 바로 악한 생각인데, 그것이 "살인"(미워하는 생각), "음란"(음탕한 말), "도적질"(남의 것을 빼앗는 속이는 말), "훼방" 등이라는 것이다.

"마음에 심어진 말씀"(τὸν ἔμφυτον λόγον)은 복음을 들을 때 마음에 받아들여진 하나님의 말씀을 가리킨다. 신자는 그 받아들여진 말씀을 잘 영접("받으라"는 헬라어 δέξασθε의 뜻)해야 거듭난 그의 생명이 잘 자라나게 된다.

"온유함"(πραΰτητι)은 사람이 자기 자신을 이겨 나가면서 순종하는 태도를 가리킨다.

설교 사람마다 명심할 것(19-21절)

본문 19절 앞부분에 "너희가 알지니"(ἴστε οἶδα의 2인칭 명령법)란 말이 있다. 이것은 '알라'라는 뜻이다. 그러므로 이 설교의 제목을 "명심할 것"이라고 하였다.

1. 듣기를 속히 함(ταχύς, hasty)

이것은 유언비어를 속히 들으라는 것이 아니고, 자기 자신에 대한 비평을 듣는 데 힘쓰라는 것도 아니다. 바울은 사람에게 판단받는 것을 매우 작은 일이라고 하며 주님의 판단만을 중요시하였다.(고전 4:3-4). 나 자신이 비방받을 일이 있다면 비방을 받아 마땅하므로 그것을 문제시할 필요는 없다. 도리어 내가 사람들에게 높임을 받는 것은 하나님 앞에 미움을 받는 것이라고 예수님께서 말씀하셨으므로(눅 16:15), 그것이 문제가 될 것이다.

그러면 "듣기는 속히 하라"는 것은 무엇을 의미하는가? 그것은 설교를 속히(ταχύς, hasty) 들으라는 뜻이다. 이 해석은 21절의 "마음에 심어진 말씀을 온유함으로 받으라"는 말씀이 뒷받침한다. 이것은 들어서 받은 말씀이라도 또 들으라는 의미이기도 하다. 한 번 들었다고 스스로 다 되었다 여기지 말고 온유하게 다시 들어야 한다. 온유의 덕이 있는 자는 지속성 있게, 열심히 하나님의 말씀을 들을 것이다. 왜 설교 말씀을 열심히 들어야 하는가? 참설교자는 심혈을 기울여서 그가 깨달은 말씀을 전하기 때문이다. ① 미국 캘리포니아에 있는 은혜교회(Grace Church)의 알렉산더 맥아더(A. McArthur) 목사는 주일 낮 설교 준비에 40시간을 사용한다고 한다. 또한 순교자 주기철 목사는 월요일부터 토요일까지 설교 준비에 주력하였다고 한다. ② 조지 뮬러(George Müller)는 설교하기 전에 계속 기도하다가 그의 마음속에 기쁨이 임할 때 일어나서 설교하였다고 한다.

2. 감정에 치우치지 말 것

"말하기는 더디 한다"는 것은 감정적으로 말하는 것이 아니다. 평안한 마음으로 생각하면서 말하는 것이다. 말이 과격하면 그것이 노를 격동한다(잠 15:1). "성내기도 더디 하라"는 말씀 역시 평안을 잃지 않고 의분을 가지는 것이다. 감정적으로 터지는 분노는 남과 나를 망친다. 그런 분노는 문제를 만든다. 다시 말하면, 분노를 남에게 쏟으면 남도 실족하고 나도 망한다. 분노를 내 속에 깊이 품어도 그렇게 된다. 그러므로 성경은 말하기를, "해가 지도록 분을 품지 말고 마귀에게 틈을 주지 말라"고 한다(엡 4:26-27). 이 말씀을 개역하면, "네가 분노하는 동안에 해가 지지 않게 하라"는 것이니, 적어도 밤에는 분노를 버리고 서로 위로하라는 뜻이다. 밤이 되면 사람이 쉬어야 하는데, 쉬는 시간까지 분노하며 보낼 정도가 되면 그 사람을 마귀가 주장하여, ① 사랑하던 사람을 미워하게 되고, ② 누구의 말도(하나님의 말씀도) 듣지 않고 지옥에라도 뛰어들려는 고집을 가지게 된다. 이런 때에는 "사랑"으로 분노를 해결해야 한다. 사랑은 주는 것(giving)이다. 주는 행동을 실천하기까지 그 마음이 괴로울 수 있다. 그러나 주고 난 후에는 기쁨이 온다.

다윗은 나발을 향한 분을 얼른 그쳤으나(삼상 25:32-33). 압살롬은 아버지를 향한 분노를 계속 품고 있다가 그것이 폭발한 결과 망하고 말았다(삼하 13:22, 23-29). 사람이 분내는 것으로는 의를 이루지 못한다. 마귀가 그 틈을 타서 크게 역사하기 때문에 의를 이룰 수가 없다.

22-25절. 행하는 자가 돼라.

1) 듣기만 하고 행하지 않는 자는 스스로 속이는 자이다(22절). 듣기만 하고 마는 자는 그 들은 바가 옳다고 스스로 생각하면서도 그대로 행하지 않았으니, 그는 자기 자신에게 이중생활을 하는 자이다.

2) 듣기만 하고 행하지 않는 자는 자기를 잊어버리는 자가 된다(23-24절). 그는 자기의 가치를 잊은 자요, 자기의 위험을 잊은 자이다. 인간의 가치도 하나님의 말씀이 보여 주지만 그의 위험(죄로 인한 지옥의 위험)도 하나님의 말씀이 알려 준다. 그러나 누구든지 하나님 말씀의 "거울"을 보고도 거기서 떠나면, 그는 자기 영혼이 천하보다 귀하다는 사실을 모르고 내버리는 자이다. 자기 영혼을 기억하고 구원시키는 자는 하나님의 말씀(자유하게 하는 온전한 율법)을 기억하고 지키는 자다.

22 너희는 말씀을 행하는 자가 되고 듣기만 하여 자신을 속이는 자가 되지 말라. 야고보는 19절에서 "듣기는 속히" 하라고 권면하였다. 거기에 더하여 그는 이 편지의 독자들이 듣기만 하고 실행은 하지 않을 것을 염려하여 이 구절 말씀을 부가하였다. "행하는 자"란 말(ποιηταί)은 계속 행하는 자를 가리킨다. 하나님의 말씀을 듣기만 하고 행하지 않는 것은, 그 말씀이 약속하는 구원을 소망하면서 받지는 않는 모순된 태도이다.[66] 이러한 자는 "자신을 속이는 자"이다.

23 누구든지 말씀을 듣고 행하지 아니하면 그는 거울로 자기의 생긴 얼굴을 보는 사람과 같아서. 옛날의 거울은 철물로 만들어졌기 때문에 거기에 비추인 형상이 희미하였다(고전 13:12). 이같이 하나님의 말씀을 듣기만 하고 행하지 않는 자는 그것으로 말미암아 얻은 지식이 희미하다. 곧 하나님의 말씀을 듣기만 하면 그 말씀에 대한 희미한 지식을 얻을 뿐이고, 그 참된 맛을 알게 되는 오묘한 지경에는 들어가지 못한다. 하나님 말씀의 참맛은 그것을 실행하는 자

---

66) Grosheide, Kommentaar op Het Nieuwe Testament, XII, 1927. 446.

만이 맛볼 수 있다.

이 점에 있어서 우리가 제외할 수 없는 것이 있다. 곧 하나님의 말씀을 듣기만 하는 자는, 그 말씀으로 말미암아 자기 자신에 대해 얻게 되는 지식도 희미하다는 것이다. 그것은 자기의 얼굴을 보는 정도의 얕은 지식이고, 자기의 영혼을 보는 깊은 지식이 아니다. 일설에, "생긴 얼굴"이란 말의 헬라어(τὸ πρόσωπον τῆς γενέσεως)는 인생의 표면적인 부분, 곧 겉으로 드러나는 면모를 의미한다고 한다(Von Hofmann, Windisch).

누구든지 스스로 하나님의 말씀을 행하려고 힘쓰다 보면 자기의 부패와 연약과 실패를 알게 된다. 따라서 그는 자기의 전적 부패를 시인한다. 그는 "만물보다 거짓되고 심히 부패한 것은 마음"이라고 확신하게 된다(렘 17:9 참조). 이 단계에서 심각한 고민도 하게 된다. 결국 자기를 비롯한 모든 인류는 그리스도를 믿어야만 구원받을 수 있다는 사실을 알게 된다. 그리하여 그는 인간이란 그런 존재이고 자기 자신도 그렇다는 것을 잊지 않는다.

24 제 자신을 보고 가서 그 모습이 어떠했는지를 곧 잊어버리거니와. 이것은 하나님의 말씀을 듣기만 하고 행하지 않는 자에게는 그 진리를 아는 지식의 역사와 효과가 그에게 머물지 못하고 금방 사라진다는 것이다. 이런 사람은 마치 길가에 있는 밭과 같다(마 13:4). 그런 사람은 하나님의 말씀을 듣기만 할 뿐 그것을 마음속 깊이 새기지 못하여 곧바로 잃어버린다. 하나님의 말씀은 순종하는 자에게만 그 말씀이 그의 것이 되고 또 영원히 복된 열매를 가져온다.

25 자유롭게 하는 온전한 율법을 들여다보고 있는 자는 듣고 잊어버리는 자가 아니요 실천하는 자니 이 사람은 그 행하는 일에 복을 받으리라. 이 구절은 듣기만 하고 행하지 않는 자(22-24절)와 달리 말씀을 실천하는 자의 행복을 가리킨다. "자유롭게 하는 온전한 율법"(νόμος τέλειος τὸν τῆς ἐλευθερίας)은 외부의 제재 때문에 행하게 되는 율법이 아니라, 신자의 거듭난 심령으로 자원하여 행하는 복음적 율법을 가리킨다. 이것은 그리스도의 법, 혹은 믿음의 법인데, 구약에 그

것이 오리라고 예언되어 있다(렘 31:33. 고후 3:17 참조). 구약의 율법이 예언적이고 외형적인 반면에, 신약의 복음적 율법은 그것의 완전한 성취이므로(마 5:17), "온전한 율법"(νόμος τέλειος)이라고 할 수 있다(히 9:11 참조). 이렇게 율법을 보는 야고보의 사상은 사도 바울과 일치한다(롬 13:10; 갈 5:1, 13-14).

"들여다보고 있다"는 말(παραχύψας…καὶ παραμείνας)은 헬라어의 직역대로 '들여다보며 머문다'는 의미이다. 곧 복음적으로 율법을 행하여 그 안에 거주하는 영적 생활을 가리킨다.

"이 사람은 그 행하는 일에 복을 받으리라." 사람이 하나님의 율법을 냉랭한 마음으로 듣기만 하면 복을 받을 수 없고, 그것을 행해야 순종하게 하시려고 율법을 주신 하나님께 복을 받는다는 것이다.

이 구절의 말씀을 볼 때, 야고보서의 저자는 기독교 복음을 믿는 신자인 것이 명백하다. 스피타(Spitta)라는 학자는 야고보서가 기독교적 특색이 없는 유대적인 문서라고 하였다. 그러나 메이어(Mayor)와 찬(Zahn) 등이 그 학설을 반대하였다. 야고보서에는 기독교적인 특색을 나타낸 구절들이 많다(1:9, 18, 21, 25, 27; 2:12; 4:4-5; 5:14).

26-27절. 참된 경건.

26 누구든지 스스로 경건하다 생각하며 자기 혀를 재갈 물리지 아니하고 자기 마음을 속이면 이 사람의 경건은 헛것이라. 여기서 "경건하다"로 번역된 헬라어 "트레스케이아"(θρησκεία)는 외형적인 예배의식을 가지는 태도 같은 것으로, "종교적"이라고 개역되어야 한다(King James Version). 헬라어로 "경건하다"는 말은 "유세베이아"(εὐσέβεια)이다. 이것은 하나님에 대한 신자의 내면적 경외를 가리킨다.

야고보가 여기서 "트레스케이아"(θρησκεία), 곧 사람들의 종교적 태도나 예배 행위 자체를 부인하는 것은 아니다. 그는 여기서 하나님의 말씀을 지키지 않으면서 종교적 태도만 가지는 위선자들을 공격하는 것이다. 스스로 종교적이라고 생각하는 자는 자신이 생각하는 대로 되지 못하였는데도 된 줄로 아는 자다. 즉 자기 자신에 대하여 이중 생활하는 자이다. 참된 종교는 진리이신 하나님을 상대하는 것이므로 진실이 그 본질이 되어야 한다. 그러므로 사람들의 외식적 종교 행사는 헛되다.

27 하나님 아버지 앞에서 정결하고 더러움이 없는 경건은 곧 고아와 과부를 그 환난중에 돌보고 또 자기를 지켜 세속에 물들지 아니하는 그것이니라. 여기서 "하나님 아버지"란 문구는 구속하시며 사랑하시는 하나님을 가리킨 것이므로, 이 구절 말씀은 신약 종교의 특색을 분명하게 드러낸다. 여기서 야고보는 진정한 경건을 말하면서 그것의 감시자가 "하나님 아버지"라고 한다. "하나님 아버지 앞에서"란 말씀이 그 의미다. 이같이 진정한 종교(혹은 경건)는 신본주의이다.

"고아와 과부를 그 환난 중에 돌보고." 진정한 종교는 인간에게 사랑으로 행한다. 사랑은 종교적 윤리의 근본이다. 그것이 없는 종교는 미신 종교이다. 미신 종교인은 윤리 도덕을 내버린 채 신의 축복을 받으려 하는 자이다. 이 구절에서 "고아와 과부"를 도와주는 것을 언급한 것은 불쌍히 여기는 모든 행위를 대표하여 한 말씀이다. 하나님은 이런 불쌍한 자들을 특별히 돌보신다(욥 31:17-18;, 시 68:6; 사 1:17, 23; 렘 5:28).

"자기를 지켜 세속에 물들지 아니하는 그것이니라." 이 말씀은 진정한 경건의 또 한 가지 면을 보여 준다. 그것은 성결이다. 다른 사람을 사랑하는 것만으로는 참된 경건이 성립될 수 없다. 인본주의도 사람을 귀히 여길 것을 강조한다. 성결은 경건의 주요한 요소이다. 여기서 "세속"이란 말은 헬라어로 코스모스(κόσμος)라고 하는데, 사람이 그것을 사랑하면 하나님과 원수가 된다고 한다(약 4:4). 그렇다면 "세속"은 무엇인가? 사상적으로 ① 내세를 부인하고 이 세상을 가장 중요하게 생각하며(시 17:14), ② 하나님이 없다고 하며(시 10:4), ③ 정욕을 따라 사는 것이다(요일 2:16).

제 2 장

⚜ 내용분해

1. 사람을 외모로 차별하지 말라고 함(1-13절)
   1) 믿음과 사람 차별은 서로 용납될 수 없음(1-4절)
   2) 빈부를 차별하는 것은 하나님의 처사를 거스르는 것임(5-7절)
   3) 사람을 차별하는 것은 율법을 범하는 것임(8-11절)
   4) 가난한 자를 긍휼히 여기라고 함(12-13절)

2. 믿음과 행실(14-26절)
   1) 행함이 없는 믿음은 무익함(14-17절
   2) 행함은 참믿음의 증거임(18절)
   3) 행함이 없는 믿음은 귀신들의 믿음과 같음(19절)
   4) 믿음은 행함과 함께 있어야 됨(20-25절)
   5) 행함이 없는 믿음은 죽은 것임(26절)

⚜ 해석

1-13절. 외모로 사람을 차별하지 말라고 함.

1 내 형제들아 영광의 주 곧 우리 주 예수 그리스도에 대한 믿음을 너희가 가졌으니 사람을 차별하여 대하지 말라. "내 형제들아." 신자들을 이렇게 부르는 것은 야고보서의 저자인 야고보의 특징이라고 할 수 있다(2:14; 3:1; 5:7). 그 당시 교계에 빈부와 기타 문제로 사람을 차별하는 경향이 있었다. 이를 교정하려 한 야고보는 모든 신자들은 "주 예수 그리스도를 믿는" 동일한 믿음을 받았으므로 "형제"라는 것을 상기시킨다.

"영광의 주." "영광"이란 말(τῆς δόξης)을 이 구절 끝부분의 "믿음"이란 말과 연관 지어서 영광(그리스도의 영광)을 믿는 믿음이라고 풀이하기도 한다(Syriac Peshito, Zahn, Schlatter). 어떻게 해석되든지 그 의미에는 큰 차이가 없다. 영광이란 말 자체는 주님의 재림의 영광을 가리킨다. 재림을 유일한 소망으로 가지는 신자는 사람들을 높이거나 낮추지 않을 것이다.[67] 참된 신자는 재림 때의 심판의 영광을 바라보는 자이므로, 그의 앞에서는 이 세상의 큰 영광도 그 빛을 나타내지 못할 것이다. 그러므로 그는 이 세상의 영광을 소유한 부자를 부러워하지 않을 것이다.

"사람을 차별하여 대하지 말라." 이 말씀은 사람의 외형적인 조건, 예컨대 빈부, 귀천 등에 따라서 사람을 차별 대우하지 말라는 것이다. 사람의 외모를 보고 차별하는 것은 그 사람의 영혼보다 의복, 소유, 외형을 더 귀하게 여기는 잘못이다.

2-3 만일 너희 회당에 금 가락지를 끼고 아름다운 옷을 입은 사람이 들어오고 또 남루한 옷을 입은 가난한 사람이 들어올 때에 너희가 아름다운 옷을 입은 자를 눈여겨 보고 말하

---

67) Grosheide, Kommentaar op Het Nieuwe Testament XII, 1927. 451.

되 여기 좋은 자리에 앉으소서 하고 또 가난한 자에게 말하되 너는 거기 서 있든지 내 발등상 아래에 앉으라 하면. 이 구절들은 옷차림새를 보고 사람을 차별하는 악행을 묘사한다. "눈여겨보고"란 말(ἐπιβλέπω)은 "존경하면서 쳐다보는 것"을 의미한다. "거기 서 있든지 내 발등상 아래에 앉으라." 이것은 가난한 자를 천대하는 교만한 말이다. 교회에서 이같이 가난한 자를 업신여기거나 천대하는 일이 있다. 가난한 자에 대하여 관심을 가지지 않고, 소홀히 대하는 태도가 이와 같은 천대이다.

4 너희끼리 서로 차별하며 악한 생각으로 판단하는 자가 되는 것이 아니냐. 이것은 그들이 인간을 하나님의 말씀을 기준으로 보지 않고, 자기들 나름대로 심판자가 된 것이다(3:11 참조). 그것은 그들의 참람한 죄악이다(3:12). 사람들은 가난한 자들을 무시하지만 하나님께서는 그들과 다르게 도리어 가난한 자들을 택하여 구원하시는 일이 많다. 또 잠 19:17에 보면, "가난한 자를 불쌍히 여기는 것은 여호와께 꾸어 드리는 것이니 그의 선행을 그에게 갚아 주시리라"고 하였다. 하나님께서는 이처럼 가난한 자들을 기억하신다. 그런데 인간은 도리어 가난한 자를 괄시한다. 이것은 하나님의 뜻을 정반대로 거스르는 것이요, 그들이 타락한 증거이다.

5 내 사랑하는 형제들아 들을지어다 하나님이 세상에서 가난한 자를 택하사 믿음에 부요하게 하시고 또 자기를 사랑하는 자들에게 약속하신 나라를 상속으로 받게 하지 아니하셨느냐. "세상에서 가난한 자"란 말(τοὺς πτωχοὺς τῷ κόσμῳ)은 "세상적으로는 가난한 자들"이라고 개역해야 한다.

"택하사"란 말(ἐξελέξατο)은 그다음 말들("부요", "상속")과 관련되어 있다. 즉 믿음에 부요하게, 또는 상속을 받도록 택하셨다는 뜻이다. 하나님의 이러한 선택은 전적으로 그의 주권 행사다. 사람 편의 그 어떤 조건에도 의존하시는 것이 없었다. 다시 말하면, 가난한 자들이 그리스도를 잘 믿게 된 것은 하나님께서 그들을 선택하셨기 때문이다. 그들이 천국을 상속받게 된 것도 마찬가지이다. 바울도 말하기를, 하나님께서 미련한 자, 약한 자, 천한 자, 멸시받는 자, 없는 자를 택하시어 천국에 들어가게 하신다고 하였다(고전 1:26-29). 이 진리는 교회 역사에 분명하게 성취되었다. 고대로부터 하나님의 능력 있는 성도들은 가난하고 핍박받은 인물들이었다. 그들이 가난하게 되고 핍박을 받으면서도 낙심하지 않은 이유는, 그들이 이미 받은 천국 보화가 너무 귀한 것이기 때문이다. 땜장이로 예수를 믿은 존 번연(John Bunyan)은 주님을 위하여 12년 동안 감옥에 갇히기도 했다.

"또 자기를 사랑하는 자들에게 약속하신 나라를 상속으로 받게 하지 아니하셨느냐." 하나님께서 천국의 시민권을 아무에게나 주신 것이 아니다. 하나님을 사랑하는 자들에게만 주셨다. 그러나 그것은 그들이 하나님을 사랑한 대가로 주어진 것이 아니다. 하나님께서 그들이 하나님을 사랑하도록 택하셨기 때문에 그렇게 할 수 있었다는 의미이다.[68]

"상속"으로 번역된 헬라어(κληρονόμους)는 '유업을 받을 자들'을 의미한다. 이 말은 상반절의 "가난한 자"과 관련되어 있다. 믿음이 부요한 가난한 자들은 하나님의 자녀들이며, 따라서 그들은 자녀가 부모의 재산을 상속하듯이 천국을 유업으로 받을 자들이다(마 19:29; 딛 3:7; 히 1:14).

6-7 너희는 도리어 가난한 자를 업신여겼도다 부자는 너희를 억압하며 법정으로 끌고 가지 그들은 너희에게 대하여 일컫는 바 그 아름다운 이름을 비방하지 아니하느냐. 이 구절들은 ① 신자가 일반적으로 믿지 않는 부자를 멸시해야 된다는 의미가 아니고, ② 그들이 신자들을 박해한 죄를 생각하여 그들에 대한 대우를 낮추라는 의미도 아니다. 이 구절의 요점은 교회가 부자들을 대할 때 그들이 부자라는 이유로 가난한 자보다 높일 필요가 없다는 것이다. 그 이유는 영적으로 그들은 복음을 핍박하는 자들이므로 천국에서 높임을 받을 수 없기

---

68) Grosheide, Kommentaar op Het Nieuwe Testament, XII, 1927, 455.

때문이다.

"부자는 너희를 억압하며 법정으로 끌고 가지 아니하느냐." 테오도르 찬(Theodor Zahn)은 여기서 "부자"란 말이 물질적으로 부유한 신자들을 가리킨다고 하지만, 그러한 해석은 자연스럽지 않다. 메이어(Mayor)는 말하기를, "여기서 '부자'는 믿지 않는 유대인으로서 부유한 자들을 가리킨다"고 하였다(행 13:45 참조).

"너희에게 대하여 일컫는 바 그 아름다운 이름." 이러한 문구는 구약에서도 찾아볼 수 있다. 곧 "내 이름으로 일컫는 내 백성"이다(대하 7:14; 렘 14:9; 암 9:12). 그러므로 이것은 그리스도 신자들의 명칭인 "크리스티아노스"(χριστιανός), 곧 '그리스도인'을 가리킨다(행 11:26). 부자들이 그리스도 신자를 핍박하는 이유는, ① 그들은 이 세상에 만족하므로 내세 중심의 종교, 곧 기독교를 멸시하기 때문이며(행 16:19-21), ② 그들은 이 세상에서 권력을 잡았으므로 교만해져서 그것으로 사람을 압제하게 되기 때문이다(행 13:50).

8-13절. 이 구절들은 앞(1-7절)에서 말한 것처럼, 사람을 외모로 판단하지 말아야 할 두 가지 이유를 말한다. 왜 사람을 외모로 판단하면 안 되는가? 그 이유는 ① 외모로 사람을 판단하는 것은 한 가지 율법을 위반한 것이지만 사실상 율법 전체를 범한 죄와 같기 때문이며(8-11절), ② 신자들은 자유의 율법, 곧 하나님의 자비로 정죄를 면하게 되었으므로 다른 사람들을 외모로 무자비하게 판단하면 안 되기 때문이다

8 너희가 만일 성경에 기록된 대로 네 이웃 사랑하기를 네 몸과 같이 하라 하신 최고의 법을 지키면 잘하는 것이거니와. "너희가 만일… 네 이웃 사랑하기를 네 몸과 같이 하라 하신." 이것은 레 19:18을 염두에 둔 말씀이다. 신자가 다른 사람을 자기 자신처럼 사랑해야 하는 이유는 다른 사람도 자기처럼 하나님의 형상으로 지음받았기 때문이다(창 1:27; 약 3:9). ① 다른 사람이 하나님의 형상이므

로 나에게 그가 존엄스럽게 생각되고, ② 그가 나와 똑같은 하나님의 형상이므로 또 하나의 "나 자신"으로 느껴질 수밖에 없다. 이기적인 자는 이 세상에서 자기 혼자만 사람인 것처럼 행동하는 자이다. 그것은 있는 것도 없다고 하는 무지이다.

"최고의 법을 지키면 잘하는 것이거니와." 여기서 "최고의 법"이란 말(νόμος βασιλικός)은 "왕적 율법"이라고 번역된다. 크로샤이데는 이 "왕적"이란 말이 율법("네 이웃 사랑하기를 네 몸과 같이 사랑하라")의 탁월성을 의미한다고 하였다.[69]

9 만일 너희가 사람을 차별하여 대하면 죄를 짓는 것이니 율법이 너희를 범법자로 정죄하리라. 사람을 외모로 차별하는 것(사랑이 아니고 사람을 천대하는 것)은 이 왕적 율법을 범하는 죄이다.

10-11 누구든지 온 율법을 지키다가 그 하나를 범하면 모두 범한 자가 되나니 간음하지 말라 하신 이가 또한 살인하지 말라 하셨은즉 네가 비록 간음하지 아니하여도 살인하면 율법을 범한 자가 되느니라. "율법"은 유일신이신 하나님의 의지적 표현이다. 그러므로 모든 법령은 동일한 입법자이신 하나님의 뜻에 근거한다. 따라서 그 일부분을 어긴 자는 전체를 어긴 셈이다. 다시 말하면, 하나님의 율법의 어느 한 조항을 어기는 것은 곧바로 그것의 입법자이신 하나님을 거스른 죄이므로, 근본적인 의미에서 그 모든 조항을 범한 것이다. 그러므로 우리가 이 조항, 혹은 저 조항을 지켰다고 해서 율법을 완전히 지켰다고 생각하면 안 된다. 그런 율법관은 하나님의 법을 하나의 외형적 규범집으로만 여기는 착오다. 기독교 율법관은 율법을 "자유의 율법"으로 보며, 그 실행은 진정으로 하나님을 중심으로 하는 사랑의 정신으로만 표현된다. 우리가 이 조항, 저 조항의

---

69) basilikoi, Niet omdat ze van een koning, Maar om de uitnemendheid van haar karakter. -Kommentaar op Het Nieuwe Testament, XII, 1927, 456.

외형적 실행 여부로 판단받는 것보다는, 우리의 마음과 생활이 어느 정도의 사랑에 이르렀는지를 기준으로 판단받아야 한다(J. B. Mayor).

12 **너희는 자유의 율법대로 심판 받을 자처럼 말도 하고 행하기도 하라.** "자유의 율법대로" 행하는 것은 복음적으로 율법을 바로 보고 주님을 사랑하여 그의 계명을 지키는 것이다. 이것이 바울이 말한 "그리스도 의 법"이다(갈 6:2). 우리가 율법을 사랑과 기쁨으로 지켜야 하는 이유는, 율법을 주신 이가 우리를 사랑하시는 구주이신 까닭이다. 기쁨 없는 고행으로 계명을 지키는 것은 율법주의자들의 행위이다. 그들은 ① 살아 계신 하나님을 섬기려는 감사의 마음 없이 다만 그 계명의 조항에만 열중하며, ② 계명을 지킨 공로로 구원을 받을 거라 생각하며, ③ 계명의 정신을 존중하지 않고 그 형식만 추구하다가 도리어 그 정신에 배치되는 해석과 행동으로 기울어지게 된다. 그리스도인들 중에서도 이런 그릇된 율법주의로 믿음도 잃고 계명도 범하는 일이 있다. 율법주의는 하나님의 진리가 아니므로 하나님은 그것을 주장하는 자들과 함께하시지 않는다. 따라서 그들은 결국 실패한다.

예수님은 신자가 주님을 사랑하는 차원에서 그의 계명을 지켜야 된다고 하셨다(요 14:21-24). 우리는 주님을 폭군으로 오해하지 말고 "나"를 대신하여 피 흘려 죽으셨다가 다시 살아나신 구주로 믿고 그를 사랑함으로 그의 계명을 기쁘게 지켜야 한다.

칼빈은 종교 개혁 때문에 핍박을 받아 제네바에서 쫓겨났고, 스트라스부르(Strassburg)로 망명하여 그곳에 있는 교회에서 설교하였다. 그는 1555년에 십계명을 가지고 설교하였는데 십계명에 곡조를 붙여 교인들이 십계명 찬송가를 부르게 하였고, 예배 시간에는 십계명 찬송가를 두 번씩 부르게 했다. 곧 죄를 자복하는 순서 뒤에 십계명의 앞부분(제1계명부터 제4계명까지)을 찬송하였고, 이어서 기도 순서가 후에 뒷부분(제5계명부터 제10계명까지)

을 찬송하였다고 한다.[70)]

13 긍휼을 행하지 아니하는 자에게는 긍휼 없는 심판이 있으리라 긍휼은 심판을 이기고 자랑하느니라. 헬라어 원문에는 이 구절 앞부분에 "왜냐하면"이란 접속사(γάρ)가 나온다. "자유의 율법"을 지키는 자는 "긍휼"을 행한다. 그는 언제나 그의 죄를 용서하신 주님을 기억한다. 그래서 그는 늘 다른 사람들을 용서할 준비가 되어 있다. 그는 예수님이 말씀하신 "악한 종"의 비유(마 18:21-35)를 기억하고 행한다. 이같이 다른 사람들을 긍휼히 여기는 행동은 주님이 속죄하여 주심을 믿는 그의 신앙이 구체적으로 표현되는 것이다. 이 신앙이 심판을 이기고 자랑한다. 이것은 사실상 주님의 사죄의 은혜가 심판을 이기고 자랑한다는 말과도 같다.

14-26절. 행함이 없는 믿음은 죽은 믿음임.

14 내 형제들아 만일 사람이 믿음이 있노라 하고 행함이 없으면 무슨 유익이 있으리요 그 믿음이 능히 자기를 구원하겠느냐. 이 구절부터 26절까지는 앞에서(1:27; 2:12-13) 말한 것처럼 "믿음"은 반드시 긍휼과 함께해야 함을 논술한다. 신자들 중에는 자칭 믿음이 있노라 하고 스스로 위안을 받는 자들도 있다. 그러나 그들은 자기들에게 참으로 믿음이 있는지 알아보아야 한다. 그것을 알려면 자기에게 행함(사랑 혹은 긍휼)이 있는지 보아야 한다. 믿음과 행함은 서로 밀접한 관계를 가지고 있다. 신자의 믿음은 하나님이 주신 은혜의 선물(그리스도)을 받는 것이고, 그 행실은 다른 사람들에게 사랑을 주는 것이다. 누구든지 하나님에게서 참으로 받은 것이 있는 자에게는 다른 사람들에게 내어 주는 사랑이 있다.

"행함이 없으면 무슨 이익이 있으리요." 야고보의 이러한 사상은 바울의

---

70) Het Gepredikte Woord, Preeken Van Johannes Calvin, Deel VI, 6. Vertaald door J. Bouma en W. H. Vegt.

신학과 다름이 없다. 그는 말하기를, "또 산을 옮길 만한 모든 믿음이 있을지라도 사랑이 없으면 내가 아무 것도 아니요"(고전 13:2)라고 하였다.

"그 믿음이 능히 자기를 구원하겠느냐." 곧 말로는 믿는다고 하면서 그 믿음을 증거하는 행실이 없다면, 그런 거짓된 믿음의 소유자는 구원받을 수 없다는 것이다. 사람의 행실이 그의 구원의 공로는 될 수 없으나 구원을 얻게 하는 믿음의 증거는 된다.

15-17절. 이 구절들은 행함이 없는 믿음의 한 가지 실례를 든다. 곧 입술로는 좋은 말을 하면서 사랑은 행하지 않는 것이다. 사람이 말만으로 다른 사람을 봉사하는 일은 많다. 그러나 물질적 도움이 시급한 자에게 평안히 지내라고 말만 하는 것은 도리어 가증스럽다. 그 이유는, 그가 그 불쌍한 자를 물질적으로 도울 여유가 있음에도 불구하고 도와주지는 않고 말만 좋게 하기 때문이다. 그는, ① 물질을 사람보다 더 사랑하는 마비된 양심의 소유자요, ② 동정한다는 명예만을 좋아하는 자니, 외식과 간사함을 소유한 자이다. 참된 신자는 그 선행이 양적으로 충분하지 못할지라도 질적으로 양심적으로 행하며, 외식과 간사함을 일삼지 않는다. 야고보가 말한 신행일치는 행실의 양을 말하는 것이 아니고 그 질을 말하는 것이다.

15-17 만일 형제나 자매가 헐벗고 일용할 양식이 없는데 너희 중에 누구든지 그에게 이르되 평안히 가라, 덥게 하라, 배부르게 하라 하며 그 몸에 쓸 것을 주지 아니하면 무슨 유익이 있으리요 이와 같이 행함이 없는 믿음은 그 자체가 죽은 것이라. 여기서 야고보는 좋은 행실이 없는 믿음은 죽은 믿음임을 보여 주기 위하여 행함 없는 친절한 말이 무익한 예를 든다.

"행함이 없는 믿음은 그 자체가 죽은 것이라." 믿음이 죽었다는 뜻은 무엇인가? 그것은 죽은 자와 같이 믿음이 아무 선한 동작을 하지 못함을 가리킨다. 구원을 얻게 하는 믿음은 반드시 사랑의 행동을 가진다는 사상은 바울도 가지고 있었다. 그는 갈라디아서 5:6에서 "그리스도 예수 안에서는 할례나 무할례나 효력이 없으되 사랑으로써 역사하는 믿음뿐이니라"고 하였다.

18 어떤 사람은 말하기를 너는 믿음이 있고 나는 행함이 있으니 행함이 없는 네 믿음을 내게 보이라 나는 행함으로 내 믿음을 네게 보이리라 하리라. 여기서 "어떤 사람은 말하기를"(ἐρεῖ τις)이라는 것은 증거 없이 자칭 신자라고 주장하는 것을 온유하게 책망하는 표현이다. 이 구절 말씀은 행실이 곧 믿음이라는 뜻이 아니다. 여기 나타난 야고보의 이론은, 신자의 선한 행실이 믿음의 증거라는 것뿐이다. 선한 행실이 있는 자는 그것으로 그의 믿음을 증거할 수 있다. 그러나 선한 행실이 없는 자는 그럴 수 없다. 야고보는 이 사실을 지적하기 위하여 본문에 두 사람의 처지를 가상적으로 진술한다.

19 네가 하나님은 한 분이신 줄을 믿느냐 잘하는도다 귀신들도 믿고 떠느니라. "네가 하나님은 한 분이신 줄을 믿느냐." 이 말은 관념적인 믿음을 염두에 둔 것이고, 하나님을 의뢰하는 믿음(πίστις εἰς τὸν θεόν)을 말하는 것이 아니다. 그리고 "믿음의 역사"(살전 1:3)를 소유하지 못한 믿음은 "귀신들"도 소유하고 있다고 한다. 하나님에 대한 마귀의 믿음 정도의 믿음을 가진 사람이 구원받지 못한다는 것은 너무도 확실하다. "귀신들"(δαιμόνια). 천사들이 타락하여 "귀신"이 되었으며(벧후 2:4; 유 1:6), 이들은 마귀, 곧 사탄(계 20:2)에게 속한 무리이다(참조, 마 12:26). 그들의 타락에 대한 역사는 계 12:7-9에 있다. 그러므로 그들은 하나님을 가까이에서 체험한 자들이다. 그러나 그들은 하나님을 사랑하지 않는다.

구원받게 하는 믿음은 하나님을 머리로만 인정하는 것이 아니며, 진정한 경배심이 없는 공포도 아니다. 구원받게 하는 믿음을 가진 자는 하나님을 사랑함은 물론이고, 하나님의 백성도 사랑한다. 이처럼 진정한 신앙은 선한 행위와 분리되지 않는다.

설교 귀신들의 믿음(18-19절)

1. 귀신들의 믿음의 내용

그들은 철저하게 "하나님은 한 분"이라고 믿는다. 신약성경은 이 사실을 내포하고 있다. 막 5:7에 의하면 귀신들이 하나님을 가리켜 "지극히 높으신 하나님"이라고 하였다(참조. 눅 8:28; 행 16:17). 그들이 하나님을 지극히 높으신 신으로 알았다는 것은 자기들도 그의 통치 아래 있음을 말해 준다. 이러한 지식은 그들의 체험적 지식이다. ① 그들은 본래 천사들이었으나 본분을 지키지 않은 죄로 벌을 받아 하늘에서 쫓겨났고, 이후 그들의 활동은 흑암에 갇혀 있도록 제재를 받게 되었다(벧후 2:4; 유 1:6). ② 그들이 완전히 버림받은 이유는, 하나님의 택하심을 받지 못했기 때문이다. 딤전 5:21에 "택하심을 받은 천사들"이 있다고 한 것으로 보아 택하심을 받지 못한 천사들도 있는 것이 확실하다(Calvin). 이처럼 귀신들은 일찍이 하나님의 주권을 인식하였으므로, 유일하신 참하나님을 잘 알고 있다. 하늘에 전쟁이 있었는데, 미가엘이 자기 사자들과 함께 사탄의 무리와 싸웠다. 그때 마귀의 무리가 패하였으니 그들은 하나님이 어떤 분이신지를 잘 알고 있다(계 12:7-9).

야고보가 사용한 "귀신들도"란 문구(καὶ τὰ δαιμόνια)에서 "도"란 헬라어 카이(καί)가 중요하다. 왜 여기서 "도"(καί)란 말이 사용되었는가? 이것은 역사적 신앙(historical faith), 곧 교리적 신앙만이 우리 신앙의 표준이 아니라는 것을 강조하는 것이다. 교리적 신앙쯤은 영원히 버림받은 마귀의 무리도 가지고 있기 때문이며, 역사적 신앙(교리적 신앙)이 아무리 강해도 그것이 관념적인 확신으로 남아 있는 한, 구원을 가져오지 못한다는 것이다.

2. 귀신들의 믿음에 대한 평가

야고보서 2:19은 말하기를 "네가 하나님은 한 분이신 줄을 믿느냐 잘하는도다 귀신들도 믿고 떠느니라"고 한다. 그들이 떨고 있는 심리는 무엇인가? 그것은 그들에게 하나님을 사랑하려는 갈망이 전혀 없기 때문이다. 거듭난 사람에게는 하나님을 사랑하려는 갈망이 있다. 온전한 사랑은 두려움을 내어 쫓는다(요일 4:18). 떨기만 하는 믿음은 참믿음이 아니다. 참된 믿음은 떨기도 하지만 기뻐하기도 한다. 시편 2:11은 말하기를, "여호와를 경외함으로 섬기고 떨며 즐거워할지어다"라고 한다. 귀신들이 하나님을 두려워하기만 하는 이유는, 그들이 하나님을 사랑하지 않을뿐더러 사랑하려고 하지도 않기 때문이다. 스킬더(K. Schilder)는 귀신들의 믿음에 대하여 말하면서, "그들은 그들에게도 알려진 계시의 절대적 신임성을 믿었기 때문에 떨었다. 그러나 그것은 성경이 의미한 신앙이 아니다. 참신앙은 하나님 자신을 탐하며 소유하기를 원한다. 그러나 귀신들은 하나님에 대한 객관적 지식을 확신하면서도 주관적으로 하나님을 받아들이지 않는다"고 하였다.[71] 그는 다시 말하기를, "귀신들은 교리에 대하여 확신한다. 그러나 그들에게는 그 교리의 작성자요 교리의 내용이신 주님을 향한 사랑이 없다"고 하였다.[72]

우리가 스스로 속아서 그리스도보다 다른 것을 더 사랑하면 하나님 앞에서 떨기만 하는 자가 될 것이다. 하나님에 대한 사랑 없이 그분을 두려워하기만 하는 자는 하나님을 대적하는 자이다. 신자는 하나님을 사랑하기 때문에 그를 신뢰한다. 인격적인 신뢰는 상대방과의 언약과 사랑을 느낌으로써 생겨난다. 하나님은 마귀와 언약하신 것이 없다.

20-25절. 이 부분에서는, 진정한 신앙에는 그 결과로 선한 행실이 반드시 따른다는 의미에서 아브라함과 라합의 행적을 들어 말씀한다. 아브라함

---

71) Heidelbergsche Catechismus, Z. 7, Vr. 21, 1949, 430.

72) Ze zijn overtuigd van een „dogma", als b. v. dat God een is, doch ze zijn niet in liefdebrand gezet vanwege den Persoon, die van het dogma Auteur en Inhoud is.-Ibid., 430.

의 행적에 대하여는 창세기 12-13장을 참조하고, 라합의 행적에 대하여는 여호수아 2장을 참조하라. 이 점에 있어서 한 가지 주의할 것은, 야고보서의 저자인 야고보의 신행일치론은 질적 관찰에서 본 것이고 양적 관찰에서 본 것이 아니라는 것이다. 야고보의 이론은 사람마다 아브라함의 행적과 같이 철저하지 못하면 구원받지 못한다는 것이 아니다. 야고보가 의미한 것은 신자의 믿음이 아브라함과 같이, 또는 라합과 같이 참된 열매를 맺어야 된다는 것이다.

20 아아 허탄한 사람아 행함이 없는 믿음이 헛것인 줄을 알고자 하느냐. 믿음과 행실은 분리시켜 말할 수 없다. 진정한 믿음은 그 안에 선한 행실을 포함한다. 진정한 믿음은 믿는 대로 행한다.

하지만 이 세상에는 믿는다고 하면서 선을 행하지 못하는 자들이 많다. 그 원인이 무엇인가? ① 믿는다고 하지만 그가 참으로 믿지 않기 때문이다. ② 진정으로 믿기는 하지만 그가 연약하기 때문이다. 사람들은 조상 때부터 부패하여 의를 행하는데 연약하다. 그러나 그들이 전심으로 노력한다면 그 노력이 믿음 있는 증표가 된다. 하나님은 우리의 노력(진실)을 보시고 우리를 도와주셔서 우리로 하여금 의의 열매를 맺도록 해 주신다. ③ 참으로 믿기는 하지만, 그의 성격에 결함이 있기 때문이다. 신자가 좋은 일을 많이 행하면서도 그에게 어떤 고질적인 결함이 오래도록 남아 있으면 그것 때문에 과오를 범하게 된다. 그러나 그것도 기도와 노력을 통하여 점차 개선될 수 있다.

21 우리 조상 아브라함이 그 아들 이삭을 제단에 바칠 때에 행함으로 의롭다 하심을 받은 것이 아니냐. "아브라함"은 믿음의 조상이므로, 믿음의 교리를 논하면서 아브라함의 행적을 찾아보는 것은 자연스럽다. 아브라함에 대한 칭의 선언은 그가 독자 이삭을 하나님께 바치는 순종 사건이 있기 전에 이미 이루어졌다(창 15:6). 그것을 보면, 칭의는 믿음에만 관련이 있고 행실과는 전혀 관계가 없는 것이다. 그러나 그 칭의는 선한 행실(이삭을 하나님께 드린 일)을 그 증거

로 나타낸다. 이런 의미에서 아브라함이 받은 칭의는 이와 같은 그의 행실로 인하여 주어졌다고도 말할 수 있다.

22 **네가 보거니와 믿음이 그의 행함과 함께 일하고 행함으로 믿음이 온전하게 되었느니라.** 이 구절의 뜻은 아브라함에게 주신 칭의가 그의 행실로 완성되었다는 것이 아니고, 다만 그의 믿음이 그의 행실로 완성되었다는 것이다. 칭의는 미완성 단계가 없다. 그것은 단번에 완성되며 진정한 믿음만을 근거하여 선언된다. 그러나 선한 행실을 씨앗처럼 내포한 그 믿음은 선한 행실이 실현될 때 완성된다.

믿음과 행실은 논리적으로는 두 가지로 분석되지만 사실상 나눌 수 없다. 이것은 나무와 그 뿌리의 생리와 같다. 나무는 행실과 같고 뿌리는 신앙과 같은데, 나무는 본래 뿌리 속에 있다가 후에 나온 것이다. 우리는 아브라함의 행실(독자 이삭을 번제물로 하나님께 드림)이 그가 의롭다 함을 받던(창 15:6) 때에 이미 그의 믿음 속에 있었던 것이라고 보아야 한다. 그것이 후에 이삭의 사건으로 전개된 것뿐이다. 야고보는 이 점을 강조한다. 그러나 그는 그것을 칭의에 요구되는 공로로는 생각하지 않는다. 그는 그것(행위)을 참신앙의 본질로 본 셈이다. 이는 나무가 뿌리의 본질인 것과 마찬가지이다.

23 **이에 성경에 이른 바 아브라함이 하나님을 믿으니 이것을 의로 여기셨다는 말씀이 이루어졌고 그는 하나님의 벗이라 칭함을 받았나니.** 헬라어 원문에는 "이에"란 말이 없고, "또한"(καί)이란 말이 있을 뿐이다. 그리고 "이루어졌고"로 번역된 헬라어(ἐπληρώθη)의 뜻은, 창세기 15:6에 일찍이 하나님께서 아브라함에게 선언하신 칭의가 그가 독자를 드린 후에 공공연하게 인정되었다는 의미이다. 이것은 마치 그리스도께서 부활하시기 전에도 하나님의 아들이었지만 그가 부활하심으로써 그렇게 인정되신 것(롬 1:4)과 같은 원리이다. 만일 야고보가 이 진정한 신앙이 진정한 행위를 포함하게 된 유래를 말할 상황이었다면 그는 행위도 하나님의 은혜로 주시는 선물이라고 말했을 것이다.

"하나님의 벗이라 칭함을 받았나니."(참조. 대하 20:7; 사 41:8).

24 이로 보건대 사람이 행함으로 의롭다 하심을 받고 믿음으로만은 아니니라. 이 말씀은 이론으로만 믿는다고 하면서 행함이 없는 신앙으로 구원을 받는다고 생각하는 그릇된 사상을 반박한다. 야고보가 앞에서 아브라함을 표본으로 말한 것처럼, 칭의는 어떤 면에서 행함으로 말미암는다고 할 수 있다. 그 이유는, 진정한 신앙은 선을 행할 수 있는 영적 생명을 가진 것이기 때문이다. 그러나 우리는 이점에 있어서 야고보의 사상을 오해하지 말아야 한다. 야고보는 우리의 선한 행실이 의롭다 하심을 받을 공로가 된다는 의미로 말하지 않는다. 의롭다 하심을 받을 공로는 오직 예수 그리스도께서 십자가에 죽으신 대속뿐이다. 신자의 선한 행실은 믿음의 증거이며, 그 믿음의 생명이므로 중요하다. 그 의미에서 칭의는 어떤 면에서 행함으로 받는다고 할 수 있다. 이것이 야고보가 의미한 바이다.

25 또 이와 같이 기생 라합이 사자들을 접대하여 다른 길로 나가게 할 때에 행함으로 의롭다 하심을 받은 것이 아니냐. "라합"은 이스라엘의 하나님에 대한 소문을 듣고 이스라엘의 승리를 믿었다. 그 신앙은 마침내 이스라엘의 정탐꾼들을 보호하는 선한 행실로 나타났다.

라합의 신앙에 대하여는 여호수아 2:8-11에 기록되었다. 그는 일찍이 여호와께서 이스라엘과 함께 싸우시며 승리하신 사실에 대하여 소식을 들은 것뿐이고, 그가 직접 경험한 것은 없었다. 그는 또한 자기에게 찾아온 이스라엘의 정탐꾼에게도 이 사실을 확인해 보지 않았다. 그러나 그는 이스라엘의 하나님이 이 세상에서 유일하신 참하나님이라고 믿었다(11절 끝). 믿음은 들음에서 난다는 말씀(롬 10:17)과 같이 그는 하나님을 믿는 데 있어서 소식을 듣는 것 외에 무엇을 더 요구하지 않았다. 그는 하나님에 대한 진리를 믿는 일에 매우 개방적이었다. 이렇게 믿은 그의 믿음이 바로 정탐꾼들을 숨겨 주는 선한 행실로 나타났다. 이런 행실도 아브라함의 경우에서처럼

(약 2:22 해석 참조) 믿음의 완성을 의미할 뿐이고 믿음과 별도의 근원을 가진 것이 아니다. 다시 말하면, 그의 믿음과 행실은 이원론적인 것이 아니다. 여기서도 다시 믿음을 뿌리로 비유하고 행실을 나무로 비유할 수 있다. 뿌리와 거기서 난 나무는 한 몸이다. 뿌리가 죽으면 나무도 죽고, 또 나무를 뿌리에서 계속 끊어 버리면 뿌리도 죽는다. 그러므로 믿음에서 나온 선한 행실은 믿음의 일부이다(22절 해석 참조). 야고보는 행위의 믿음을 강조한 것뿐이니, 이신칭의(믿음으로 의롭다 함을 얻음)를 반대한 것이 아니다.

26 영혼 없는 몸이 죽은 것 같이 행함이 없는 믿음은 죽은 것이니라. 야고보는 여기서 진정한 "믿음"을 논하지 않고, "행함이 없는 믿음", 곧 이론적 신앙을 말하였다. 그런 믿음은 겉으로 나타나는 형식뿐이므로 사람의 "몸"에 비유된다. 그리고 여기서 "행함"이란 것은 단지 외형적 행동만이 아니라 그 실행 능력까지 가리킨다. 그러므로 그것은 "영혼"으로 비유된다. 따라서 행함이 없는 믿음은 성립되지 못한다.

믿음과 행실의 관계를 간추려 보면 다음과 같다.

1) 믿음은 선행을 발생시킨다. 우리에게 그리스도를 믿는 신앙이 생기면 우선 마음속에 악한 생각들이 사라진다. 그러므로 바울은 데살로니가전서 1:3에서 믿음은 선행의 원천이라는 의미에서 "믿음의 역사"란 표현을 사용하였다. 이런 의미에서 볼 때 믿음과 행위는 서로 단절되어 있지 않고 서로 독립된 것도 아니다.

2) 선을 행하지 않으면 믿음이 식는다. 신자가 믿는다고 하면서 선을 행하지 않으면 그의 믿음도 병들고 죽을 지경의 위험에 떨어진다. 그러므로 하나님의 말씀은 신자들의 행위를 강조한다(고전 13:1-3 참조).

3) 선한 행실 자체가 구체적인 믿음이기도 하다. 믿음은 사람의 마음 한 귀퉁이에 갇힌 것이 아니고 때로는 인격 전체로 움직인다. 이것을 가리켜 인격적 신앙이라고 할 수도 있다.

제 3 장

⚜ 내용분해

1. 언사에 대하여 명심할 것(1-12절)
   1) 언사가 인격 전체에 영향을 줌(1-6절)
      ① 말의 입의 재갈과 같음(3절)
      ② 배의 키와 같음(4절)
      ③ 작은 불과 같음(5-6절)
   2) 혀의 패역성(7-12절)
      ① 길들일 수 없음(7-8절)
      ② 이율배반의 모순된 지체임(9-12절)

2. 지혜에 대하여 명심할 것(13-18절)
   1) 온유한 실행주의의 중요성(13절)
   2) 세상적이며 마귀적인 지혜(14-16절)
   3) 위에서 오는 지혜(17-18절).

⚜ 해석

1-12절. 이 구절들은 사람들이 언사에 주의해야 될 것을 경고한다.

1 내 형제들아 너희는 선생된 우리가 더 큰 심판을 받을 줄 알고 선생이 많이 되지 말라. 스승이 더 큰 심판을 받을 위험성이 있다는 말씀이다. 어떤 경우에 그러한가? ① 많은 교훈을 맡은 자로서 책임을 감당하지 못할 경우(눅 12:47), ② 야망과 외식으로 범하는 죄가 많을 경우(마 23:1-7), ③ 다른 사람들이 죄에 빠지게 한 경우(막 9:42)이다. 이상의 모든 죄들은 말로 다른 사람들을 지도할 때 생긴다.

2 우리가 다 실수가 많으니 만일 말에 실수가 없는 자라면 곧 온전한 사람이라 능히 온 몸도 굴레 씌우리라. 헬라어 원문에는 이 구절 앞부분에 이유 접속사(γάρ)가 있어서, 이 구절 이하가 앞 절의 이유임을 밝힌다. 우리가 함부로 선생이 되려고 하지 말아야 할 이유는, 우리에게 실수가 많고, 특히 말의 실수가 더욱 많기 때문이다.

"말에 실수가 없는 자라면 곧 온전한 사람이라." 이것은 말에 실수가 없는 만큼 다른 면의 실수도 없다는 뜻이다. 왜냐하면 사람의 말은 그의 마음의 표현이기 때문이다. 사람의 마음이 완전하다면 그 사람의 인격이 완전하다고 할 수 있다. 모든 죄악은 마음에서 나온다.

3-6절. 혀는 지극히 작은 것이지만 행위에 큰 영향을 준다. 그것을 잘 사용하는 것은 말의 행방을 주관하는 작은 "재갈"과 배의 항해를 지배하는 작은 "키"처럼 우리를 바른길로 인도한다. 그러나 그것은 잘못 사용하는 경우에는 많은 나무를 태우는 작은 "불"과 같다.

3 우리가 말들의 입에 재갈 물리는 것은 우리에게 순종하게 하려고 그 온 몸을 제어하는 것이라. 말(馬)은 다루기 어려운 짐승 중 하나다. 그러나 작은 "재갈"을 그 입

에 물려서 그 행동을 견제하면 원하는 방향으로 지도할 수 있다. 이같이 인간은 그 혀를 잘 통제할 때 그의 행위 전체를 바르게 이끌 수 있다. 어떤 사람이 말을 선하게 하였다면 원칙적으로 그의 행동도 그와 일치하게 된다. 만일 그의 행동이 말과 일치하지 않는다면 그의 말이 사실상 선하였던 것이 아니고 외식하는 마음의 표현이었다고 판정할 수 있다. 우리는 말한 것만큼 행동에 책임을 느끼는 심령이 되어야 한다.

4 **또 배를 보라 그렇게 크고 광풍에 밀려가는 것들을 지극히 작은 키로써 사공의 뜻대로 운행하나니.** 선박은 큰 물체이지만 때로는 광풍 때문에 제재하기 어려울 때가 있다. 그러나 작은 "키"를 조종함으로써 그것이 잘 가게 할 수 있다(잠 27:16 참조).

5 **이와 같이 혀도 작은 지체로되 큰 것을 자랑하도다 보라 얼마나 작은 불이 얼마나 많은 나무를 태우는가.** "혀"는 몸의 작은 부분이지만 그것이 잘못 사용되면 당사자뿐 아니라 다른 사람들에게도 큰 손해를 준다는 것이다.

6 **혀는 곧 불이요 불의의 세계라 혀는 우리 지체 중에서 온 몸을 더럽히고 삶의 수레바퀴를 불사르나니 그 사르는 것이 지옥 불에서 나느니라.** "혀는 곧 불이요 불의의 세계라." 이 말은 "혀"는 비록 작지만 "불"과 같아서(잠 16:27) 하나의 크고 불의한 세계처럼 많은 악을 쏟아낸다는 의미이다.

"온 몸을 더럽히고." 분노하며 악한 말을 하는 자는 몸에 독이 생겨서 위장과 심장과 뇌를 해롭게 할 뿐 아니라, 그 인격의 도덕적 성품도 파괴된다. "삶의 수레바퀴"란 말(τροχὸν τῆς γενέσεως)은 인간의 일생을 가리킨다. 인간의 일생을 "바퀴"에 비유하는 이유는, 그것이 쉬지 않고 돌아가기 때문이다. 그러므로 악한 혀는 사람의 온몸을 더럽힐 뿐 아니라, 그의 일평생을 망하게 할 위험이 있다.

"그 사르는 것이 지옥 불에서 나느니라." 이 말은 혀의 격분이 지옥의 불길과 같다는 것이다. 사탄은 땅 위에서 각종 죄악의 불을 피우고, 그 불은 혀로 말미암아 쉽게 일어난다. 혀는 지옥의 불(악독)을 붙잡아서 가열시키는 도구이다(Calvin).

7 여러 종류의 짐승과 새와 벌레와 바다의 생물은 다 사람이 길들일 수 있고 길들여 왔거니와. 헬라어 원문에는 이 구절 앞부분에 이유 접속사(γάρ)가 있어서, 앞 절에서 말한 대로 악한 혀가 불과 같은 이유를 말한다. 곧 "혀"는 통제하기 어렵다는 것이다. 악한 혀가 이처럼 위험하다는 것을 아는 사람은 힘을 다하여 자기의 혀를 제재할 것이다. 우리의 혀는 마치 길들이기 어려운 짐승이나 벌레보다 더 위험한 것이므로, 우리는 그것을 항상 지켜야 된다(시 141:3 참조).

8 혀는 능히 길들일 사람이 없나니 쉬지 아니하는 악이요 죽이는 독이 가득한 것이라. 사람의 "혀"는 선한 말만 하도록 길들여지지 않는다. 그것은 언제나 틈을 노리며 주인의 뜻을 거슬러서 움직이려 한다. "쉬지 아니하는 악"이라는 말은 '제어할 수 없는 악' 이라는 의미이다. 크로샤이데는 말하기를, "혀가 무슨 일을 할지는 그것을 소유한 자신도 알지 못한다."라고 하였다.[73] "죽이는 독이 가득한 것이라"(참조. 시 140:3; 롬 3:13-14).

9-12절. 이중으로 사용되는 혀의 모순성. 거듭난 후에 우리는 우리의 혀가 다시 악화되지 않도록 주의해야 한다. 우리가 혀를 악하게 사용하고, 그 혀로 다시 하나님을 찬송(하나님을 경배하는 모든 말. 예컨대 기도, 설교, 찬송 등)할 수는 없다.

9 이것으로 우리가 주 아버지를 찬송하고 또 이것으로 하나님의 형상대로 지음을 받은 사람을 저주하나니. 하나님은 자기가 지으신 만물에게 찬송을 받기 원하신다. 특히 그의 "형상대로" 지으신 인간에게서 그리하시기를 원하신다. 인간이 범죄한 후에는 그에게 있는 하나님의 형상이 선을 행하지 못하지만 그럼에도

---

73) Men weet nooit wat de tong doen zal.-Kommentaar op Het Nieuwe Testament, XII, 1927, 473.

여전히 짐승과는 다른 소질을 가지고 있다(Calvin). 그러므로 우리는 인간을 저주(훼방)하면 안 된다. 하나님을 참으로 경배하는 사람은 사람을 저주하는 것을 두려워한다.

10 한 입에서 찬송과 저주가 나오는도다 내 형제들아 이것이 마땅하지 아니하니라. 여기서 "저주"란 말은 앞 절에 이미 나온 것으로, 인간이 인간을 저주하는 것을 염두에 둔 말이다. 인간이 인간을 저주하는 것은 어떤 의미에서 간접적으로 하나님을 저주하는 것과 같다. 그 이유는, 인간이 하나님의 형상대로 지음받았기 때문이다. 그러므로 인간을 저주한 입술로 하나님을 참되게 찬송하지 못한다. 누가 그런 입술로 하나님을 찬송하였다고 해도, 진정한 의미에서는 그것이 성립되지 않는다.

11-12 샘이 한 구멍으로 어찌 단 물과 쓴 물을 내겠느냐 내 형제들아 어찌 무화과나무가 감람 열매를, 포도나무가 무화과를 맺겠느냐 이와 같이 짠 물이 단 물을 내지 못하느니라. 이 구절들은 한 입에 찬송과 저주가 공존할 수 없다는 사실을 자연물로 예를 든다. 앞에서 말한 것과 같은 이중인격은 하나님께 드리는 찬송도 무효가 되게 만든다. 신자들이 찬송을 통하여 하나님의 은혜를 받으려면 이 말씀을 기억하고 지켜야 한다. 찬송의 재능을 소유한 찬양대원은 더욱 그렇게 해야 한다.

설교 혀를 지켜라(1-12절)

1. 신실하게 행하여 한 입으로 두말하지 말 것

진실하지 않은 모든 말은 다 불결하다. 말이 많으면 배신이 많을 수 있다. 진리의 종은 입이 신실해야 한다. 그렇지 않으면, 그가 전하는 진리도 사람들이 믿어주지 않는다.

2. 거룩하게 구별된 것들을 속된 것처럼 경솔히 말하지 말 것

거룩하게 구별된 것들에 대한 말을 신중하게 하지 않으면 그것들에 대한 행위도 신중하지 않게 될 수 있으므로 위험하다.

3. 간사하게 말하지 말 것

재미있는 이야기도 간사한 말이 될 위험성이 있다. 그러므로 그것을 조심해야 한다. 농담도 그러하다. 교역자들이 서로 모일 때 깨끗한 농담은 할 수 있으나, 조심하지 않으면 그 모임이 간사한 말의 훈련장이 된다.

4. 악담하지 말 것

이것은 입으로 사람을 죽이는 독을 뿜는 것이므로, 죽을 자를 살려야 할 교역자가 그런 독한 말을 하면 안 된다.

5. 어리석고 고지식한 말을 주의할 것

직언하는 것이 잘못은 아니지만 지혜 없이 함부로 말하게 되면 불화를 가져온다.

6. 음해하지 않도록 주의할 것

이것은 남이 모르게 혀로 누군가를 해롭게 하는 것이다. 아우구스티누스의 생활 표어는 "그 자리에 없는 사람의 말을 하지 말 것"이었다. 로마서 1:29에서도 "수군수군하는" 말을 엄금하였다. 미리암은 모세를 은밀히 비방하다가 한센병에 걸렸다(민 12:1-3, 10. 시 101:5 참조).

7. 잡담하지 않도록 주의할 것

남의 일에 간섭하는 말 같은 것이 잡담이다. 잠 26:17에 "길로 지나가다가 자기와 상관 없는 다툼을 간섭하는 자는 개의 귀를 잡는 자와 같으니라" 고 하였다.

8. 다문 입술을 주의할 것

할 말을 안 하는 입술도 악하다. 이사야 56:10-11에, "이스라엘의 파수꾼들은 맹인이요 다 무지하며 벙어리 개들이라 짖지 못하며 다 꿈꾸는 자들이요 누워 있는 자들이요 잠자기를 좋아하는 자들이니 이 개들은 탐욕이 심하여 족한 줄을 알지 못하는 자들이요"라고 하였다.

9. 자랑하는 말을 하지 않도록 주의할 것

자기를 자랑하는 말은 언제나 나오려 한다. 시편 12:3에, "여호와께서… 자랑하는 혀를 끊으시리니"라고 하였다.

10. 아첨하지 않도록 주의할 것

아첨은 히브리어로 미끈미끈하다는 뜻이다. 즉 그것은 하기도 쉽고 듣기도 쉽다. 그러므로 그것을 듣지 말고 충성된 말을 들어야 한다(잠 26:6 참조).

11. 능욕하지 않도록 주의할 것

이런 말은 충고할 때 나오기 쉬우므로 조심해야 한다.

12. 떠들지 않도록 주의할 것(엡 4:31)

잠언 15:1에 "유순한 대답은 분노를 쉬게 하여도 과격한 말은 노를 격동하느니라"고 했다.

13. 비방하지 말 것

사람들은 남을 비방하기 좋아한다. 비방하면서 "비방은 아니지만"이라고 하는 사람이 많다. 사실상 그것은 거짓말까지 겸한 비방이다(참조. 엡 4:29, 31; 5:4; 딤후 2:23; 3:3; 약 3:9; 5:9).

14. 강단에서 진리를 말하지 않는 입술을 주의할 것

교역자는 강단에서 하나님의 말씀만 전해야 한다. 그러므로 그는 무엇보다 먼저 설교를 준비하는 일에 힘써야 한다. 그는 진리의 말씀으로 일하는 자이므로, 꾸준히 설교 준비를 해야 한다. 바른 설교를 하지 못하면 목사의 자격을 상실한다.

13-18절. 선생인 자가 가져야 할 진정한 지혜.

13 너희 중에 지혜와 총명이 있는 자가 누구냐 그는 선행으로 말미암아 지혜의 온유함으로 그 행함을 보일지니라. 야고보서의 저자인 야고보는 그 당시의 신자들 중에서 지도자(선생)가 되기를 원하는 사람이 많은 것을 좋게 여기지 않았다(1절). 지도자라는 자들이 교만하고 선한 행위는 없이 스스로 높은 체하였으므로 그는 그런 사람들을 꾸짖어 "지혜와 총명이 있는 자가 누구냐"라고 하였다.

"선행으로 말미암아 지혜의 온유함으로 그 행함을 보일지니라"란 말씀을 개역하면, "선하고 아름답게 살면서 지혜로운 온유함으로 그러한 행실을 드러내라"고 할 것이다. 이 말씀은 두 가지를 강조한다. 곧 행함과 온유이다. 의를 행하지는 않고 말만 하는 지도자는 참된 지도자가 아니라는 것이다. 그뿐 아니라 의를 행하면서도 온유하게 행해야 된다는 것이다. 누구든지 의를 행한다고 하면서 교만하면 그것은 무효로 돌아갈 뿐 아니라, 도리어 의를 빙자하여 교만의 죄를 범하는 것이다. 그것은 지혜가 아니다. 온유하게 행하는 것이 지혜이다.

14 **그러나 너희 마음 속에 독한 시기와 다툼이 있으면 자랑하지 말라 진리를 거슬러 거짓말하지 말라.** 이것은 당시에 지혜롭다고 하는 선생들의 시기하고 분쟁하는 행동을 금하는 말씀이다. "시기와 다툼"은 무지한 행동임에도 불구하고, 사람들은 그런 행동을 하면서 스스로를 지혜롭다고 여긴다. 그것은 뻔뻔하게 진리를 위반하는 행동이다.

15 **이러한 지혜는 위로부터 내려온 것이 아니요 땅 위의 것이요 정욕의 것이요 귀신의 것이니.** 이 세상에서 명예나 이권을 얻기 위하여 시기하고 다투는 사람들은 모두가 자신이 지혜자라고 자처한다. 그러나 그런 지혜는 땅에 속한 것, 곧 거듭나지 않은 자에게서 나오는 것이다(요 8:23 참조).

"땅 위의 것이요 정욕의 것이요 귀신의 것이니." 여기서 "땅 위의"으로 번역된 헬라어(ἐπίγειος)는 "땅에 속한 것"이라고 번역되어야 한다. 그리고 "정욕의 것"이라고 번역된 것(ψυχική)은 거듭나지 않은 자연인의 영혼에 속한 것을 가리킨다(고전 2:14-15, 44, 46; 유 1:19). "귀신의 것"이란 말(δαιμονιώδης)은 "요망하고 간사한 귀신의 것"이라고 개역되어야 한다. 시기와 다툼은 마귀에게 속한 것이다(요 8:44 참조).

야고보는 여기서 시기와 다툼의 근원이 이같이 하나님의 대적들임을 지적하여 그것의 위험함, 악독함, 어두움을 드러냈다. 이런 것에 속한 자들은 교회의 지도자(선생)가 될 자격이 없다.

16 **시기와 다툼이 있는 곳에는 혼란과 모든 악한 일이 있음이라.** 헬라어 원문에는 이 구절 앞부분에 이유 접속사(γάρ)가 있어서 "시기와 다툼"이 하나님에게서 온 지혜가 아니라는 것(14-15절)을 밝힌다. "하나님은 무질서의 하나님이 아니시요 오직 화평의 하나님"(고전 14:33)이시니 "혼란과 모든 악한 일"을 가져오는 "시기와 다툼"은 하나님에게서 온 지혜라고 할 수 없다.

17 **오직 위로부터 난 지혜는 첫째 성결하고 다음에 화평하고 관용하고 양순하며 긍휼**

과 선한 열매가 가득하고 편견과 거짓이 없나니. 야고보는 앞 절에서 소위 선생이라는 자들의 지혜가 시기와 분쟁이라면, 그것은 하나님의 것이 아니라고 밝혔다. 여기서는 그것과 정반대되는 진정한 지혜에 대하여 말하였다. 곧 "성결"과 "화평"이다. 여기서 "첫째"라는 말은 순서상 중요함을 표시한다.

"성결"이란 말(ἁγνή)은 '깨끗함'을 의미하며, 하나님을 가장 중요하게 여기며 섬기는 사상과 행위를 가리킨다(마 5:8; 6:22-24; 히 12:14; 요일 3:2-3). "관용, 양순, 긍휼, 선한 열매." 이것들은 "화평"을 이루는 방법이다. "관용"이란 말(ἐπιεικής)은 양보, 혹은 이해를 통하여 다른 사람의 주장을 용납하는 것을 의미한다. 이것은 화평을 유지하는 데 없어서는 안 될 요소이다. "양순"이란 말(εὐπειθής)은 "순종"을 의미하고, "긍휼"이란 말(ἔλεος)은 실제적인 도움을 베푸는 "자비심"이고, "선한 열매"는 다른 사람을 호의적으로 대하는 모든 미덕을 일컫는 말이다.

"편견과 거짓이 없나니." "편견"이 없다(ἀδιάκριτος)는 의미는 다른 사람을 까다롭게 평가하지 않으며, 의심하지도 않는 태도를 가리킨다. 사람 간에 서로 화합하려면 이같이 까다로운 태도를 버려야 한다. "거짓이 없나니"란 말(ἀνυπόκριτος)은 외식하지 않는 태도를 의미한다. 사람들 간의 화목은 외식이 없는 마음과 마음의 따뜻한 교제에서 비롯된다.

18 화평하게 하는 자들은 화평으로 심어 의의 열매를 거두느니라. 이 구절은 결론적으로 "화평"의 중요성을 말씀한다. 의로운 일을 평화로운 태도로 행하면(심으면), 의를 완성하여 마침내 상급을 받는다. 이 구절은 선한 일을 한다는 사람들이 그 일을 화평(화목)하게 하지 않는 것을 경계한다. 선한 일을 이루는 방법은 그것을 화평으로 행하는 것이다.

제 4 장

⚜ 내용분해

본 장은 앞 장에 이어, 교회 지도자들에게 주는 경계의 말씀이다.

1. 세상을 사랑하는 자들의 분쟁 원인과 그 해결(1-3절)
   1) 야욕을 채우려는 것이 그 원인임(1-2상)
   2) 기도에 의한 참된 소득이 문제 해결의 열쇠임(2-3절)

2. 세상을 사랑하는 것의 위험성(4-6절)
   1) 세상을 사랑하면 하나님과 원수가 됨(4절)
   2) 세상을 사랑하여 교만하면 하나님의 은혜를 받지 못함(5-6절)

3. 하나님의 소원대로 더 큰 은혜를 받으라고 함(7-10절)
   1) 하나님께 순종하라고 함(7상)
   2) 마귀를 대적하라고 함(7하)
   3) 하나님을 가까이하라고 함(8상)

4) 회개하라고 함 (8-10절)

4. 피차 비방하지 말라고 함(11-12절)

1) 형제를 비방하는 것은 율법을 비방하는 것과 같다고 함(11상)

2) 형제를 비방하는 것은 스스로를 하나님으로 자처하는 위험임(11-12절)

5. 하나님을 배제한 생활 방식의 오해와 착각(13-17절)

1) 사람은 자신의 미래를 모름(13-14상)

2) 사람은 안개와 같음(14하)

3) 사람의 방식은 악하고 교만함(15-17절)

해석

1-12절. 정욕과 야망으로 인한 투쟁을 경계함.

1 너희 중에 싸움이 어디로부터 다툼이 어디로부터 나느냐 너희 지체 중에서 싸우는 정욕으로부터 나는 것이 아니냐. 여기서 "정욕"으로 번역된 헬라어(ἡδονή)는 본래 쾌락을 의미하였으나, 악한 충동을 일으키는 마음을 가리키기도 한다.[74] 여기서는 이 말이 성욕이나 기타 어떤 쾌락을 의미하지 않고 "부당한 욕심의 충동"을 가리킨다. 교회 분쟁의 발단이 부당한 욕심에 있다. 즉 교권욕, 명예욕, 물욕 등이다. 사람의 마음속에서 일어나는 싸움의 원인도 그런 것들이고(벧전 2:11), 대외적인 활동에서 일어나는 분쟁의 원인도 그렇다고 생각된다. 많

74) Colin Brown, Dictionary of New Testament Theology, I, 1980, 459.

은 분쟁들의 문제점이 여기에 있다. 마음을 잘 다스리는 사회에서는 불의한 분쟁이 없다. 잠 16:32에, "자기의 마음을 다스리는 자는 성을 빼앗는 자보다 나으니라"고 한다.

2 **너희는 욕심을 내어도 얻지 못하여 살인하며 시기하여도 능히 취하지 못하므로 다투고 싸우는도다 너희가 얻지 못함은 구하지 아니하기 때문이요.** 여기 나오는 "살인"(φονεύετε)이란 말은 우리에게 의문을 품게 한다. 그 당시 교회에 살인까지 있었던 것인가? 칼빈은 말하기를, 본래 "미워하며"(φθονεῖτε)라는 말을 "살인하며"(φονεύετε)로 착각하고 잘못 기록한 것이라고 한다. 어떤 학자들은 이것을 마음의 살인, 곧 증오의 의미(요일 3:15)로 보았다. 그 당시에 신자들이 교권(지도권)을 서로 잡으려고 싸운 것이라고 생각된다(참조. 3:1, 13-16). 그 싸움은 세상을 사랑하는 심리적 충동에서 일어난 것이다(4:4).

"구하지 아니하기 때문이요." 이 말은 기도하지 않는다는 말이다. 벵겔(Bengel)은 말하기를, 이렇게 정욕이 차고 살기(殺氣)가 있고 분쟁심이 있는 자들은 기도할 능력이 없다고 하였다.

3 **구하여도 받지 못함은 정욕으로 쓰려고 잘못 구하기 때문이라.** 여기 나오는 "정욕"이란 말에 대하여는 1절에 있는 같은 말 해석을 참조하라. 신자의 기도가 성취되지 않는 이유는, 그 기도가 십자가를 지고 주님을 따르려는 마음에서 나오지 않고, 이 세상 욕심을 채우려는 것이기 때문이다.

설교 참된 것을 하나님께 구하자(1-3절)

1. 기도의 중요성

본문 2절은 "너희가 얻지 못함은 구하지 아니하기 때문이요"라고 한다. 이것은 기도의 중요성을 힘써 강조하는 말씀이다. 기도는 잡담이 아니다. 그것은 반드시 얻기 위한 노력이므로, 가장 진실하고 간절해야 한다. 우리는 기도할 때 마음을 다른 데 두는 경우가 있다. 그것은 잘못이다. 우리는 기도할 때 간구하는 내용보다도 하나님께 몸과 마음을 집중해야 한다. 그러려면 기도할 때 힘을 많이 써야 되고, 시간도 많이 들여야 한다. 많은 시간을 들이지 않고는 간절한 기도가 되지 않는다. 존 녹스(John Knox)의 사위 존 웰쉬(John Welsh of Ayr) 목사는 "그리스도의 모형"이라는 칭호를 받았는데, 하루에 7-8시간을 기도하지 않았으면 시간을 낭비했다고 말한 성도였다. 또한 맥체인(Robert Murray M'Cheyne) 목사는 하루 중 가장 좋은 시간을 기도에 사용하였다. 그는 특히 오전 6시부터 8시까지 기도하였다고 한다. 그뿐 아니라 평안한 때에 더욱 많이 기도하여 고난의 때를 위해서 은혜를 준비하였다고 한다.

우리는 하나님께 간구하는 생활을 너무 소홀히 하는 죄를 범한다. 우리가 기도하고도 무엇을 구하였는지 알지 못한 적이 얼마나 많은가? 키프리아누스(Cyprian)는 말하기를, "너는 너 자신도 듣지 않는 것을 하나님께서 들어주시기 원하는가?"라고 하였다. 기도는 참되어야 한다.

2. 기도의 성화

본문 3절에서 다시 말하기를, "구하여도 받지 못함은 정욕으로 쓰려고 잘못 구하기 때문이라"고 한다. 기도의 성화는 두 가지로 이루어진다. 하나는 그 기도하는 사람 자신의 성화이고, 다른 하나는 기도하는 내용의 성화이다.

1) 기도하는 사람의 성화

앤드류 머레이(Andrew Murray)는 말하기를, "너는 반드시 이루어질 것에 살아라. 네 상상을 따라 살지 마라. 주님의 말씀은 천천히 이루어지며, 많은 파란과 곡절을 지난다. 그러나 결국에는 승리하는 것이다."라는 의미로 말하였고, "하나님께서는 어떤 때엔 우리의 기도를 들으실 수 없다. 그 이유는, 우리 마음에서 세상을 사모하여 부르짖는 소리가 우리의 입술의 기도 소리보다 높기 때문이다."라고 하였다. 스펄전(Spurgeon)은 말하기를 "외식하는 자는 마귀가 앉을 수 있는 둥지를 남겨 둔다."라고 하였다. 그는 또 말하기를, "우리는 어떤 죄는 미워하지만 어떤 죄는 사랑하는 위선자가 되기 쉽다."라고 하였다.

우리가 기도 응답을 받으려면 우리 인격의 성화가 절실히 필요하다. 고든(C. Gordon)은 영국의 유명한 장군으로, 중국의 내란을 평정하는 공헌을 세운 인물이었다(1860년). 그는 평소에 군인으로서의 공명심이 없었고, 자기 월급의 대부분을 복음 전도 사업에 바쳤다. 전쟁 시에는 성경 말씀대로 순종하여 원수를 위해서 기도하였는데, 그것이 그의 승전 비결이 되었다고 한다. 그는 마음속에 시기심이 일어날 때 상대방을 위하여 기도하였고, 그러면 그 시기하는 마음이 없어졌다고 하였다. 크롬웰(Cromwell) 장군은 성경 진리대로의 평화과 이루어지기를 구한 청교도였다. 칼라일(Carlyle)은 말하기를, "크롬웰은 주일만 하나님을 신뢰한 것이 아니고, 언제나 어디서나 모든 일에서 주님을 믿은 사람이었다."라고 하였다.

2) 기도하는 내용의 성화

시편 66:18에 말하기를, "내가 나의 마음에 죄악을 품었더라면 주께서 듣지 아니하시리라"고 하였다. 이 말씀은 조지 뮬러가 기도응답을 받기 위하여 일생 동안 지킨 말씀이라고 한다. 하나님께서 만일 옳지 않은 기도에 응답하신다면, 그런 기도 응답 때문에 이 세상이 얼마나 더 어지러워지겠는가? 그러므로 하나님께서는 옳지 않은 기도는 결단코 응답하시지 않는다. 그렇기 때문에 많은 사람들의 많은 기도가 응답되지 않고 있다. 이것도 감사한 일이다. 기도 응답을 많이 받은 조지 뮬러는 어떤 요구가 있다고 해서 즉시 기도한 사람이 아니었다. 그는 기도하기 전에 먼저 꿇어앉아 성경을 오랫동안 묵상하고, 하나님의 뜻을 발견한 후에야 기도하기 시작했다고 한다.

4 **간음한 여인들아 세상과 벗된 것이 하나님과 원수 됨을 알지 못하느냐 그런즉 누구든지 세상과 벗이 되고자 하는 자는 스스로 하나님과 원수 되는 것이니라.** "간음하는 여인들"은, 하나님의 백성으로서 하나님께 충성하지 않고 이 세상을 추구하는 자들을 비유한다. 이것은 하나님은 신랑으로, 그의 백성은 신부로 보는 구약의 비유에 근거한 말씀이다(참조. 사 54:5; 렘 3:20; 겔 16:32; 호 9:1). 하나님께서는 신앙의 정절이 없는 백성을 향하여 분노하시는데, 마치 남편이 부정한 아내를 대하듯 하신다.

"세상과 벗된 것이 하나님과 원수 됨." 이 말씀은 앞 절에서 말한 대로 이 세상 욕심을 위한 기도가 아무 소용이 없는 원인을 밝힌다. 이 세상을 추구하는 것은 이 세상에 애착을 갖는 것이며 하나님께 진실하지 않은 행위이다. 그런 사람의 기도는 하나님의 분노를 격동시킬 뿐이다. 그런 기도는 마치 부정한 여자가 그 정인과 간통하기 위하여 자기 남편에게 무언가를 요청하는 것과 같다.

5 **너희는 하나님이 우리 속에 거하게 하신 성령이 시기하기까지 사모한다 하신 말씀을 헛된 줄로 생각하느냐.** 이 구절에 대한 해석은 두 가지이다. ① 이 구절은 앞 절의 사상을 설명하는 것으로, 세상과 친구가 된 신자가 하나님과 원수 되는 정황을 기술한 것이다. 곧 성령께서 우리 신자들을 그의 소유로 삼고 사랑하시기 때문에, 우리가 그를 버리고 세상과 벗되면 그는 우리에게 의분의 시기를 발하신다는 것이다. ② 그러나 칼빈은 이 구절과 다음 구절 상반부를 다음과 같이 번역하였다. "하나님이 우리 속에 거하게 하신 성령께서 시기하시겠는가? 도리어 더 많은 은혜를 주신다." 이 번역이 나타내는 뜻은 다음과 같다. 곧 성령께서는 당시의 교회 지도자들이 서로 시기하는 것을 원하지 않으신다. 그의 성품은 시기와는 정반대로 너그러우셔서 은혜를 베푸신다는 것이다.

5절에 인용된 문구는 어디서 인용한 것인지 모르지만, 구약성경에 나타난 교훈을 여러 곳에서 취하여 인용한 듯하다. 이와 비슷한 말씀은 창세기 6:3-7, 출애굽기 출 20:3, 5에 있다.

6 그러나 더욱 큰 은혜를 주시나니 그러므로 일렀으되 하나님이 교만한 자를 물리치시고 겸손한 자에게 은혜를 주신다 하였느니라. "더욱 큰 은혜를 주시나니." 이 문구의 의미는 다음과 같다. 곧 시기 질투하는 당시의 교회 지도자들과는 정반대로 성령께서는 너그러우시므로 우리에게 은혜 주시기를 기뻐하신다는 뜻이다.

"하나님이 교만한 자를 물리치시고 겸손한 자에게 은혜를 주신다." 이 말씀은 잠언 3:34의 인용이다. 물은 낮은 데로 흐르고 하나님의 은혜는 겸손한 사람들에게 내린다. 어떤 사람이 아우구스티누스에게 첫째, 둘째, 셋째의 덕을 물으니, 그는 "첫째도 겸손이요, 둘째도 겸손이요, 셋째도 겸손이라"고 하였다. 그것은 신자가 처음부터 끝까지 겸손해야 된다는 의미일 것이다.

7 그런즉 너희는 하나님께 복종할지어다 마귀를 대적하라 그리하면 너희를 피하리라. 이 구절부터 10절까지는 세상과 벗하는 교회 지도자들(1, 4-5절 참조)의 회개를 촉구한다. 곧 그들이 적극적으로 단행해야 함을 제시하고, 이어서 과거의 영적 타락에 대한 그들의 통회를 촉구한다.

"하나님께 복종할지어다." 여기서 "복종할지어다"란 말(ὑποτάγητε)은 겸손하게 순종하는 것을 가리킨다(Calvin). "마귀를 대적하라 그리하면 너희를 피하리라"란 말씀이 앞의 "하나님께 복종"하라는 말씀 다음에 나오는 것은 순서상 적절하다. 하나님께 순종하는 자는 하나님이 동행해 주시므로 그에게 마귀를 대적할 수 있는 능력이 주어진다.

8 하나님을 가까이하라 그리하면 너희를 가까이하시리라 죄인들아 손을 깨끗이 하라 두 마음을 품은 자들아 마음을 성결하게 하라. "하나님을 가까이하라 그리하면 너희를 가까이하시리라." 이 말씀은 신자들이 하나님의 도우심을 받는 것이 전적으로 그들이 하나님을 가까이하는 것에 있다는 의미가 아니다. 만일 그렇다

면 그것은 은혜의 법을 무시한 말씀이 된다. 이것은 신자에게 하나님을 가까이해야 할 책임을 지우는 말씀이다(그들에게 그 책임을 실행할 가능성이 없다는 것을 하나님께서 모르시지 않지만). 또한 그들이 그 책임을 실행할 수 있게 하시는 이도 오직 하나님이시다(마 12:9-13 참조).

"죄인들아 손을 깨끗이 하라 두 마음을 품은 자들아 마음을 성결하게 하라." 이것은 겉으로 드러나는 행위와 심령의 정화를 권하는 말씀이다. 하나님께서 불결하게 여기시는 것은 이중인격, 곧 한편으로는 세상을 사랑하고, 다른 한편으로는 하나님을 위한다고 하는 자이다(마 6:19-24 참조).

9-10 **슬퍼하며 애통하며 울지어다 너희 웃음을 애통으로, 너희 즐거움을 근심으로 바꿀지어다 주 앞에서 낮추라 그리하면 주께서 너희를 높이시리라.** 이 두 구절은 앞에서 말한 성결(7-8절)에 나아갈 기초를 알려 주는 것이다. 그것은 바로 통회이다. 회개는 과거에 자기가 잘못한 행위를 ① 통분히 여기면서 울며(9절), ② 그 해결책을 심히 구하여 근심하며(9절), ③ 자기를 미워하는 의미로 주님 앞에 낮아지는 것(10절)이다. 이렇게 통회하는 자를 성령님께서 위로하신다(참조. 마 5:4; 눅 6:21).

11-12 **형제들아 서로 비방하지 말라 형제를 비방하는 자나 형제를 판단하는 자는 곧 율법을 비방하고 율법을 판단하는 것이라 네가 만일 율법을 판단하면 율법의 준행자가 아니요 재판관이로다 입법자와 재판관은 오직 한 분이시니 능히 구원하기도 하시며 멸하기도 하시느니라 너는 누구이기에 이웃을 판단하느냐.** 이 구절들도 1-2절처럼 교회 안의 분쟁에 관하여 말씀한다. 당시 교회의 신자들 사이에서는(특히 지도층에서) 서로 비방하는 일이 있었다. 그러므로 야고보는 여기서 그것을 엄히 경계하였다. 곧 사람은 다른 사람을 비방할 권리가 없다는 것이다. 만일 사람이 다른 사람을 비방한다면 그것은 율법과 입법자의 권한을 침범하는 것이다. 그것이야말로 율법과 그것의 입법자이신 하나님의 심판권을 멸시하고, 자신이 그 권리를 스스로 취하는 무서운 죄이다.

"형제를 판단하는 자는 곧 율법을 비방하고 율법을 판단하는 것이라." "형제를 판단하는" 것이 왜 "율법을 비방"하는 것과 같다고 하는가? 그 이유에 대하여 ① 크로샤이데는 말하기를, "형제를 판단하는 자는 율법 전체가 가르치는 사랑을 위반하는 것이며, 그것은 곧 율법이 좋지 못하다는 의미의 행위이다. 그러므로 그것은 율법을 비방하는 행위이다."라고 하였다.[75] ② 칼빈은 말하기를, "비방자가 비방할 때에는 율법대로 남의 행위를 판단하지(그것도 함부로 못함) 않는다. 그의 악한 마음과 편견을 폭발시키며 남을 훼방할 뿐이다. 그러므로 그것은 율법을 무시하고 자기의 악한 판단으로 율법을 대신하는 셈이다. 그것은 자기의 판단을 율법 위에 놓는 무서운 죄이다. 그것은 곧 율법을 비방하는 것과 같다."라고 하였다.[76] ③ 그러나 이보다 적합한 해석은 다음과 같다. 형제를 판단하는 것은 율법이 금하는 것이므로(레 19:16-18), 누구든지 그것을 어기고 형제를 판단하는 것은 율법까지 잘못된 것으로 여기는 무서운 행동이 된다는 것이다.

13-17절. 하나님을 사랑하지 않고 세상을 사랑하여 자기 힘을 믿고 덤비는 지도자들의 교만을 공격함.

13 들으라 너희 중에 말하기를 오늘이나 내일이나 우리가 어떤 도시에 가서 거기서 일 년을 머물며 장사하여 이익을 보리라 하는 자들아. 여기서는 인간의 교만이 어떠한지를 설명한다. 인간은 다만 그날그날의 책임에 충성하고, 내일 일은 하나님께 의뢰해야 된다(마 6:34). 만일 그가 하나님을 의뢰하지 않고 자기의 지혜와 힘으로 자기의 장래 일을 좌우할 것처럼 덤빈다면 그것은 교만이다(잠 27:1; 눅 12:16-21).

---

75) Kommentaar op Het Nieuwe Testament, XII, 1927, 486.

76) Calvin's Commentaries, Harmony of The Gospels, III, James and Jude, 1978, 301.

14 내일 일을 너희가 알지 못하는도다 너희 생명이 무엇이냐 너희는 잠깐 보이다가 없어지는 안개니라. 여기서 "잠깐 보이다가 없어지는 안개"란 것은 인생의 무상함을 가리키는 비유이다. 이 사실을 기억하는 자마다 겸손하게 되고, 하나님만 신뢰할 수 있다고 생각할 것이다. 변덕스럽고 허무한 인간 세계는 우리의 눈앞에서 "하나님만 믿으라"는 무언의 설교를 그치지 않는다.

15 너희가 도리어 말하기를 주의 뜻이면 우리가 살기도 하고 이것이나 저것을 하리라 할 것이거늘. 여기서 말하는 "주의 뜻"은 하나님께서 계시하신 그분의 의지보다는 미래에 대한 그의 섭리를 의미한다. 그러므로 이 구절대로 믿는 자는, ① 자기의 미래를 하나님의 손에 맡기고 염려하지 않으며, ② 하나님의 주권 아래에서 기쁨이든 슬픔이든 기꺼이 순종하기를 기뻐한다.

성경에 "하나님의 뜻"이라고 명시된 말씀들은 다음과 같다. ① 예수 그리스도를 믿는 것이 하나님의 뜻이다. "내 아버지의 뜻은 아들을 보고 믿는 자마다 영생을 얻는 이것이니"(요 6:40). ② 거룩하게 사는 것이 하나님의 뜻이다. "하나님의 뜻은 이것이니 너희의 거룩함이라"(살전 4:3). ③ 기뻐하고 기도하고 감사하는 것이 하나님의 뜻이다. "항상 기뻐하라 쉬지 말고 기도하라 범사에 감사하라 이것이 그리스도 예수 안에서 너희를 향하신 하나님의 뜻이니라"(살전 5:16-18).

16 이제도 너희가 허탄한 자랑을 하니 그러한 자랑은 다 악한 것이라. 곧 앞의 13절 말씀과 같이 행하는 자는 믿을 수 없는 자신의 능력을 믿고 덤비게 되는데, 그것은 교만하게 공허한 것을 믿는 태도이다. 또한 그것은 믿을 만한 하나님 대신에 아무것도 아닌 자기를 의지하는 것으로, 곧 자기를 우상으로 만드는 교만한 죄악이다.

17 그러므로 사람이 선을 행할 줄 알고도 행하지 아니하면 죄니라. 이 말씀은 앞의 모든 교훈에 대한 결론이다. 앞의 모든 말씀은 신자가 지혜롭게 선을 행할 수 있는 방법을 알려 준 것이다. 따라서 이제 그것을 알게 된 자로서 그것을 실

행하지 않으면 죄를 범하는 것이라는 말씀이다(눅 12:47-48 참조).

설교 생활의 프로그램(13-17절)

주후 60년에 로마의 우상 도시였던 폼페이의 베수비오(Vesuvius) 화산이 터져서 그 도시가 전멸하였다. 그 후에 그 폐허된 곳을 파 보니 사람들은 천태만상의 화석이 되어 있었다. 그중 하나는 식사 중에 숟가락을 입에 물고 있는 사람의 화석이었다. 그들은 그 순간에 화산이 터질 것을 대비하지 못하였던 것이다. 야고보는 여기서 그와 같은 인생을 염두에 두고 두 가지 삶의 프로그램을 말씀했다.

1. 잘못된 삶의 프로그램(13-14절)

우리는 잘못된 프로그램을 배척함으로써 바르게 생활해 나갈 수 있다. 이 본문은 잘못된 프로그램을 가진 자들의 과오를 두 가지로 지적한다.

1) 그들은 잘못된 시간관념을 가졌다. 본문 13절에 "오늘이나 내일이나 우리가 어떤 도시에 가서"라는 말은, 그들이 시간의 주인공이 자기들 자신인 것처럼 외람되이 말하는 것이다. 시간의 주인공은 오직 하나님이시고 사람이 아니다. 시편 31:15에, "나의 앞날이 주의 손에 있사오니"라고 하였고, 잠언 27:1에는, "너는 내일 일을 자랑하지 말라"고 한다. 사람은 내일 일을 모른다(약 4:14). 무신론자 기번(Gibbon)은 15년을 내다보고 생활 대책을 세웠다. 하지만 그는 그 대책을 세운 뒤 두 달 후에 죽었다.

2) 그들의 섭리관이 잘못되었다. 그들은 장사하여 이익을 본다고 장담하였으나 그것 또한 잘못이다. 그들은 주님을 인정하지 않고 자기들 스스로가 일을 잘되게 할 수 있을 것처럼 장담한다. 사람이 장래의 성공을 장담하는 것은 자기가 하나님 노릇하는 죄를 범하는 것이다. 야고보는 이것을 문제시

하여 책망한 것이다(16절).

2. 참된 생활의 프로그램(15절)

"주의 뜻이면 우리가 살기도 하고 이것이나 저것을 하리라"고 하는 것이 참된 프로그램이다. 우리는 여기서 "살기도 하고"란 말에 주목해야 한다. 우리는 무엇을 할 때에만 주님을 의뢰할 것이 아니라 우리의 삶 전반에 걸쳐 그리해야 한다.

"주의 뜻이면"이란 말은 ① 주님께 맡긴다는 의미이다. 이같이 하는 자의 마음에는 평안이 임한다. 시 37:5에는 우리의 길을 여호와께 맡기고 그만 의지하면 여호와께서 이루신다고 한다. ② 주님께 순종한다는 의미의 말이다. 곧 일이 이렇게 되든지 저렇게 되든지 감사하는 마음 자세이다. 이미 주님으로 만족한 자는 다른 일의 성패 때문에 신앙이 변하지 않는다. 그는 일이 어떻게 되든 주님으로 만족한다. 욥은 말하기를, "내가 모태에서 알몸으로 나왔사온즉 또한 알몸이 그리로 돌아가올지라 주신 이도 여호와시요 거두신 이도 여호와시오니 여호와의 이름이 찬송을 받으실지니이다"(욥 1:21)라고 하였고, "우리가 하나님께 복을 받았은즉 화도 받지 아니하겠느냐"(욥 2:10)라고 하였다.

이와 같은 신앙 결단은 어떤 때에는 행하기 어렵다. 그러나 다른 신자들의 권면을 받기 원하는 사람은 그들의 협력으로 그런 결단도 할 수 있다. 나아만은 그 종들의 권면에 순종하여 한센병을 고침받았다(왕하 5:1-14. 히 3:13 참조).

제 5 장

⚜ 내용분해

1. 부자들이 장차 당하게 될 비극과 그 원인이 되는 죄악들(1-6절)
   1) 그들이 장차 고생을 당하리라고 함(1절)
   2) 그들이 가난한 자들을 구제하지 않고 재산을 썩게 하였음(2-3절)
   3) 고용인들에게 삯을 주지 않았음(4절)
   4) 사치하고 쾌락을 즐겼음(5절)
   5) 의인을 정죄하고 또 죽이기도 하였음(6절)

2. 압제 아래 있는 자들을 위로함(7-11절)
   1) 그리스도의 재림을 소망으로 알고 참을 것(7-9절)
   2) 과거의 성도들(선지자들과 욥)을 본받아 고난을 참을 것(10-11절)

3. 맹세하지 말라고 함(12절)
   1) 하늘이나 땅으로 맹세하지 말 것(12상)
   2) 사실대로 말할 것(12하)

4. 병자를 위해 기도하라고 함(13-18절)

1) 기쁠 때와 괴로울 때의 처신(13절)

2) 장로들이 모여서 기도할 것(14-15절)

3) 죄를 서로 고백하며 기도할 것(16절)

4) 기도의 사람 엘리야를 본받을 것(17-18절)

5. 진리를 떠난 자를 바르게 인도하는 것의 중요성(19-20절)

⚘ 해석

1-6절. 부자들의 죄를 책망함.

1 들으라 부한 자들아 너희에게 임할 고생으로 말미암아 울고 통곡하라. 이 말씀으로 시작한 경고는 불의한 부자들의 회개를 권면한다고 볼 수 있다. 그와 동시에, 이 경고는 가난한 신자들이 부자들을 부러워할 필요가 없음을 깨닫게도 한다. "울고 통곡하라"란 말씀은, 그들이 현재 누리는 부요가 행복인 것 같으나 사실은 미래의 큰 불행을 잉태하고 있다는 것을 알게 한다. 인간은 그의 미래가 불행다하면 현재의 행복을 반갑지 않게 여겨 통곡할 줄 알아야 한다.

2-3 너희 재물은 썩었고 너희 옷은 좀먹었으며 너희 금과 은은 녹이 슬었으니 이 녹이 너희에게 증거가 되며 불 같이 너희 살을 먹으리라 너희가 말세에 재물을 쌓았도다. 이 구절들은 그때의 부자들이, ① 재물을 구제나 기타 선한 사업에 쓰지 않고, 극단적으로 재물의 노예가 되어 그것을 쌓아 두기만 한다는 의미이고, ② 그 쌓아 둔 재물은 조만간 어떤 방식으로든지 소모되므로 의지할 수 없다는 의미이고, ③ 불의하게 쌓아 둔 재물은 마침내 그것을 소유한 자에게 화가 된다는 것이다.

"너희 금과 은은 녹이 슬었으니." 여기서 "녹이 슬었"다는 말은 그들의 재물이 갇히어서 사용되지 못하고 있으므로 녹이 슨 것 같다는 것이다(마 6:19-20 참조). 이런 재물을 가리켜 유휴재산(이용되지 못하는 재산)이라고 한다. "이 녹이 너희에게 증거가 되며 불 같이 너희 살을 먹으리라." 불의한 부자가 재물을 선한 일에 사용하지 않고 쌓아 두어 녹이 슬게 한 것이 그의 죄를 증거하고, 그 죄 때문에 그는 지옥불에 던져진다는 의미이다. "너희가 말세에 재물을 쌓았도다." 말세는 사람이 구원받기 위하여 전심전력해야 할 위태한 시기이다. 그때가 위태한 이유는, 죄악이 성하여 사면으로 타락의 길만 열려 있기 때문이다. 그러므로 그와 같이 위태한 시기에는, 사람들이 위기를 느끼고 긴장하며 구원을 얻는 데 총력을 기울여야 한다. 그런데 야고보 당시의 부자들은 이런 때에 부자 되기에만 힘쓰며 깊이 타락하였으므로, 그들에게 남은 것은 멸망뿐이었다. "말세"는 예수님의 초림 때부터 전개되는 시대이다(히 1:2).

4 보라 너희 밭에서 추수한 품꾼에게 주지 아니한 삯이 소리 지르며 그 추수한 자의 우는 소리가 만군의 주의 귀에 들렸느니라. 그 부자들은 불의하게도 사람들에게 노동 임금을 주지 않고 강제로 잘라먹었는데, 그 삯이 하나님께 호소한 것처럼 그 내용을 하나님께서 아신다. 그러므로 그들은 언제라도 그 일로 인하여 화를 받게 된다.

"추수한 자의 우는 소리가 만군의 주의 귀에 들렸느니라." 불의한 부자들에게 억울함을 당한 품꾼의 울음소리가 하나님께 상달되었으므로, 그 부자들은 화를 받게 된다. "만군의 주"란 성호(κυρίου σαβαώθ; יְהוָה צְבָאוֹת)는 전능하신 주님을 가리킨다. 이 칭호는 특히 불의를 심판하시는 데 완전하신 하나님을 생각하게 한다.

5 너희가 땅에서 사치하고 방종하여 살륙의 날에 너희 마음을 살찌게 하였도다. 여기서 "사치"라는 말은 정욕주의와 이기주의로 지나치게 호화롭게 생활하는 것

을 가리킨다. "방종하여"란 말(ἐσπαταλήσατε)은 '쾌락을 즐기는 생활' 혹은 '방탕한 생활'을 의미한다. "살륙의 날에 너희 마음을 살찌게 하였도다." 이것은 풍자적으로 나온 말이다. 곧 잡아먹기 위하여 가축을 잘 먹여 살찌우듯이, 당시의 불의한 부자들이 심판날에 대한 두려움 없이 마음을 기름지게 했다는(교만해졌다는) 말씀이다. 마음이 극히 교만하면 천벌을 받는 법이다. "살찌게 하였도다"란 말(ἐθρέψατε)은 기름지게 하였다는 의미이다(시 17:10 참조).

6 너희는 의인을 정죄하고 죽였으나 그는 너희에게 대항하지 아니하였느니라. 아무런 저항력도 없고 또 대적할 의사조차 없는 자를 해한 자는 남을 살해한 죄 위에 잔인함의 죄까지 겸하여 범한 것이다.

7-9절. 주님의 강림을 소망하며 억울함을 참으라고 함. 앞(1-6절)에서는 불의한 부자들을 책망하고, 여기서는 억울함을 당하고 곤고한 처지에 있는 신자들을 위로하며 권면한다.

7-8 그러므로 형제들아 주께서 강림하시기까지 길이 참으라 보라 농부가 땅에서 나는 귀한 열매를 바라고 길이 참아 이른 비와 늦은 비를 기다리나니 너희도 길이 참고 마음을 굳건하게 하라 주의 강림이 가까우니라. "농부"가 바라는 "귀한 열매"는 신자가 주님의 재림 때 받는 완성된 구원을 비유한다. "이른 비"는 뿌린 씨앗에서 싹이 나온 직후에 내리는 비이고, "늦은 비"는 곡식이 익어가는 무렵에 필요한 단비이다. 농부는 농사를 지을 때 조급히 덤비지 않고 오래 참으며 추수 때를 기다린다. 그와 같이 신자들도 주님이 오시기까지 닥쳐오는 모든 일들을 잘 참으며 감당해야 한다. 그 모든 일들은 기쁠 때나 슬플 때나 그들의 신앙을 돕는 단비와 같다.

9 형제들아 서로 원망하지 말라 그리하여야 심판을 면하리라 보라 심판주가 문 밖에 서 계시니라. "서로 원망하지 말라." 인간은 곤고한 때에 남을 원망하는 버릇

이 있다. 원망은 신자가 그릇된 길로 빠지게 하는 도화선이 될 위험성이 있다. "문 밖에 서 계시니라"란 말씀은 임박하였다는 의미이다. 앞의 8절 끝부분을 참조하라. 주님의 강림이 임박해 온다는 것은 사도들의 공통적인 예고이다. 그것은 1,000년을 하루같이 보시는 하나님의 대언자들의 처지에서 한 말씀이다.

10-11절. 옛 성도들(선지자들과 욥)을 본받아 고난을 참으라고 함.

10 형제들아 주의 이름으로 말한 선지자들을 고난과 오래 참음의 본으로 삼으라. 이 말씀에 대한 칼빈의 해석을 요약하면 다음과 같다. 곧 고난받는 욥에게 그의 친구는, "옛날 성도들 중에 너와 같이 고생한 자가 있는가?"라는 의미로 말하며, 그를 낙심시키려고 하였다. 그것은 사탄의 음성이다. 성령님은 고난받는 신자들을 위로하며 격려하시기 위해, 과거에 고난받은 선지자들을 본받으라고 하신다.[77)]

"주의 이름으로 말한 선지자들"이라면 하나님과 친밀한 자들이고 권능도 받은 자들이었다. 그럼에도 불구하고 그들이 도리어 고난받은 사실은 후대의 신자들에게 큰 위안을 준다. 인간 중에는 선지자들이 가장 행복한 자들이지만 그들도 고난을 당하였다. 그러나 그것을 잘 참은 결과 그들은 하나님의 은총을 더 많이 받았다. 그러므로 신자들은 고난 중에 그들을 표본으로 삼아 배워야 한다.

11 보라 인내하는 자를 우리가 복되다 하나니 너희가 욥의 인내를 들었고 주께서 주신 결말을 보았거니와 주는 가장 자비하시고 긍휼히 여기시는 이시니라. 하나님께서 욥이 한동안 고난을 받도록 허락하셨으나, 그 후에는 다시 그를 축복하셨다(욥 42:10-17). 이같이 자비하신 주님을 아는 우리 신자들은 모든 일에 오래 참을

---

77) Calvin's Commentaries; The Epistles of James and Jude, 1978, 310-311.

줄 알아야 한다. 고난도 우리에게 유익하므로 하나님께서는 신자들에게서 그것을 즉시 없애 주시지 않는다.

12 내 형제들아 무엇보다도 맹세하지 말지니 하늘로나 땅으로나 아무 다른 것으로도 맹세하지 말고 오직 너희가 그렇다고 생각하는 것은 그렇다 하고 아니라고 생각하는 것은 아니라 하여 정죄 받음을 면하라. "하늘로나 땅으로나 아무 다른 것으로도 맹세하지 말고." 이 말씀에 대하여는 필자의 마태복음 주석 5:33-37 해석을 참조하라. 쉽게 맹세하는 것은 신실하신 하나님을 빙자하여 거짓말하는 것과 같다. 다시 말하면 그것은 신실하지 않은 내용으로 다른 사람들의 신임을 얻으려는 기만이다.

13절. 신자의 고락간 처신.

13 너희 중에 고난 당하는 자가 있느냐 그는 기도할 것이요 즐거워하는 자가 있느냐 그는 찬송할지니라. 이 구절은 고난당할 때와 기뻐할 때 신자가 처신해야 하는 방법을 가르친다. 우리는 고난의 때에 우울해하며 절망하기 쉽다. 그러나 그와 같이 비관적인 것들이 틈타지 않도록 기도로 그것들을 물리쳐야 한다. 이것은 역사적으로 모든 성도들이 경험한 것이다.

"즐거워하는 자가 있느냐 그는 찬송할지니라." 우리가 고난을 당할 때 하나님께 기도하는 것은 비교적 쉽다. 그러나 기쁘고 즐거울 때에는 마음이 방종해지면서 하나님께 감사와 찬송을 드리기 어렵다. 어려운 일 때문에 간절히 기도하던 신자도 그 기도의 응답을 받은 뒤에는 긴장을 풀고 하나님께 감사하지 않는 경우가 많다. 이것이 인간의 악한 근성이다.

14-18절. 병자를 위한 기도.

14 너희 중에 병든 자가 있느냐 그는 교회의 장로들을 청할 것이요 그들은 주의 이름으로 기름을 바르며 그를 위하여 기도할지니라. "장로들"은 교회의 대표자이므로 병

자를 위한 그들의 기도는 합심 기도인 점에서 중요하다(마 18:19-20). "주의 이름으로 기름을 바르며." "기름"은 고대에 약으로 쓰였다(눅 10:34). 알포드(Alford)는 말하기를, "여기서 '기름을 바르며'란 말이 그 앞에 있는 '주의 이름으로'란 말과 관련된 것을 볼 때, '기름을 바르는' 것은 일종의 종교 의식인 듯하다"고 하였다. 그러나 이 해석은 합당치 않다.

"위하여 기도할지니라." 여기서 "위하여"란 말(ἐπ' αὐτόν)은 '그의 위에'(ὁερ ηιμ)란 의미이다. 이것은 그 병자를 하나님의 능력이 내리는 장소처럼 생각한 표현이다.

15 믿음의 기도는 병든 자를 구원하리니 주께서 그를 일으키시리라 혹시 죄를 범하였을지라도 사하심을 받으리라. 야고보는 능력 있는 기도의 기본적 요소가 신앙이라고 야고보서 앞부분에서 이미 말하였고(1:6-8), 여기서도 그것을 다시 강조한다. 그렇다면 이 "믿음"은 어떤 믿음인가? ① 주님께서 그 병자를 반드시 일으키신다는 확신인가? ② 주님께서 그 병자를 낫게 하실지 그러지 않으실지 사람은 알지 못하므로, 그저 주님께 맡기는 믿음인가? 복음서에 나타난 대로 주님께서 병자들을 고치신 사건들을 보면, 앞의 첫 번째에 해당하는 신앙이 많고, 두 번째에 해당하는 것도 간혹 있다(마 8:1-4).

"혹시 죄를 범하였을지라도 사하심을 받으리라." 궁극적으로 말하면 모든 질병은 본래 인류의 조상 아담의 범죄 때문에 생겼다. 그러나 어떤 질병은 그 병자의 특수한 범죄의 결과라고 할 수 있다(마 9:2; 요 5:14). 여기서는 후자의 경우를 가리킨다(참조. 신 28:22, 27; 고전 11:30).

16 그러므로 너희 죄를 서로 고백하며 병이 낫기를 위하여 서로 기도하라 의인의 간구는 역사하는 힘이 큼이니라. "죄를 서로 고백하며"란 것은 기도할 사람들, 곧 장로들과 병자, 또는 그와 관련된 자들이 그리해야 할 것을 가리킨다. "의인"이란 것은 전혀 죄를 범하지 않은 사람을 가리키는 것이 아니라, 많은 죄를 지었을지라도 진심으로 하나님 앞에 자복하고 회개한 자를 말한다. 그렇게 생각되

는 이유는, 여기서 "의인"이란 말이 그 앞에 있는 말 "죄를 서로 고백하며"의 결과로 나타났기 때문이다(눅 18:9-14 참조).

17 **엘리야는 우리와 성정이 같은 사람이로되 그가 비가 오지 않기를 간절히 기도한즉 삼 년 육 개월 동안 땅에 비가 오지 아니하고.** 우리는 기도 응답을 받은 사람들에 대하여 오해를 가지기 쉽다. 그들을 평범하지 않은 신앙적 영웅으로 생각하기 쉽다. 그러나 야고보의 이 말씀은 그런 오해를 금한다. "엘리야는 우리와 성정이 같은 사람"이라고 하지 않는가? 우리와 "성정이 같다"는 말(ὁμοιοπαθής)은 우리와 똑같이 고통을 느낄 줄 알고, 욕망과 정욕의 충동도 받으며, 범죄도 한다는 뜻이다. 어떤 신학자들의 잘못된 통찰과 같이 그는 초인(superman)도 아니며 강철 선지자도 아니다. 그가 갈멜산에서 바알 선지자 450명을 이스라엘 민중의 손에 맡겨 죽이게 한 것도(왕상 18:22, 40) 그를 사용하신 하나님의 능력에 의한 것이다. 그 사건 직후에 그는 이세벨을 두려워하여 도망하였다. 그가 겁을 먹고 도망가던 중 로뎀나무 아래에서 하나님께 기도하면서 자기의 생명을 취하여 가시라고 하였다(왕상 19:1-4). 그는 그와 같이 기도 중에도 자기의 나약함을 드러냈다.

"비가 오지 않기를 간절히 기도한즉." 엘리야가 언제 이런 기도를 하였는가? 열왕기상 17:1에 의하면, 그는 "내가 섬기는 이스라엘의 하나님"이라고 하였다. 여기서 "섬긴다"는 말의 히브리 원어(עָמַד)는 '섰다'는 뜻으로, 이것은 하나님 앞에 기도하며 섰다는 뜻이다.

18 **다시 기도하니 하늘이 비를 주고 땅이 열매를 맺었느니라.** 열왕기상 18:41-45을 참조하라.

설교 고난당하는 자가 할 일(13-18절)

본문에 의하면 고난당하는 자는 기도해야 되며, 그 기도는 두 가지 요소를 갖추어야 한다.

1. 신앙으로 기도할 것(15절)

우리는 성경이 말씀한 대로 살아 계신 하나님에 대한 믿음이 없이는 기도할 수 없다. 우리는 하나님께 오직 믿음으로만 나아갈 수 있다. 이런 중요한 일에 믿음을 강조하는 것은 합리적이다. 실제로 우리는 일반적인 현실 생활에서도 믿음으로 하는 일이 많다. 아브라함 카이퍼(A. Kuyper)는 말하기를, "내가 다른 사람들과 교제할 때도 열 가지 중 아홉 가지는 신념이다. 나는 내 어머니의 말을 믿기 때문에 내가 내 아버지의 아들이라는 것을 믿는다. 우리가 음식을 먹을 때에도 그것을 과학적으로 검사한 뒤에 먹는 것은 아니다."라고 하였다.[78] 그렇다면 하나님을 믿는 믿음에 이르는 방법은 무엇인가? 그것은 하나님의 말씀이다(롬 10:17). 그리고 하나님의 말씀은 성경이다. 성경은 하나님의 살아 계심에 대하여 많이 말씀하고 있다. 우리는 성경 말씀을 그대로 받아 믿어야 한다. 이 책의 말씀이 어떤 때에는 지식이 짧은 우리에게 잘 납득되지 않지만, 결국에는 그것의 참됨이 드러난다.

다니엘서 5장을 보면, 바벨론의 마지막 왕이 벨사살인데, 고대의 역사가 헤로도토스(Herodotus)는 나보니두스가 마지막 왕이라고 하였다. 얼핏 보면 다니엘서 기록에 문제가 있는 것 같다. 그러나 지금으로부터 수십 년 전에 나타난 바벨론 고대 자료에 의하여, 벨사살은 그의 아버지 나보니두스와 함께 다스렸던 섭정왕이었음이 밝혀졌다. 이같이 성경 말씀은 보통 책과 다르게 영원한 진리이다. 우리는 성경 말씀대로 굳게 신앙생활을 해야 한다.

헨리 스탠리가 리빙스턴을 찾으러 아프리카로 갔다가 병이 들었는데, 그 때 가지고 갔던 많은 책들을 다 버렸지만, 성경책만은 끝까지 가지고 있었다

78) A. Kuyper, Sacred Theology, 145-146.

고 한다. 그것은 그가 성경 말씀을 사랑하며 굳게 믿은 행위이다.

조지 뮬러(George Müller)는 1838년 7월 22일에 고아원 경영 문제로 큰 어려움 당했다. 그러나 그는 그때를 오히려 신앙을 연단할 수 있는 적합한 때로 보았다. 그는 말하기를, "난관이 오는 것은 우리의 신앙을 연단하려는 것이며, 기도 응답이 더욱 멋지게 이루어지려는 것이다."라고 하였고, 또 말하기를, "기도는 시작한 것만으로 된 것이 아니고, 옳게 하는 것만으로 된 것도 아니고, 얼마 동안 계속하는 것만으로 된 것도 아니고, 하나님이 응답하실 것을 믿고 응답을 받기까지 기도해야 한다."라고 하였다. 그는 1844년 1월에 다섯 사람을 회심시키기 위해서 기도하기 시작하여 매일 기도했는데, 18개월 만에 한 사람이 회개하고, 5년 만에 또 한 사람, 6년 만에 또 한 사람이 회개하였다. 그가 그 기도를 52년 동안 계속하였지만, 두 사람은 끝까지 회개하지 않았는데 그가 별세한 뒤에 회개하였다고 한다. 뮬러는 신앙생활의 지침을 구하는 사람에게 다음과 같은 몇 가지를 가르쳤다. 곧 "① 당신의 손가락으로 당신의 신앙의 근거가 되는 성경구절을 짚어라. ② '너는 그런 믿음을 못 가진다'는 사탄의 말에 속지 마라. ③ 성경을 묵상하고 기도를 계속하라. ④ 착한 양심과 바른 마음을 찾으라. ⑤ 환난을 당할 때 두려워하거나 움츠리지 마라. 그때는 시련의 때이고, 신앙은 시련으로 연단된다. ⑥ 신앙을 굳게 하려면 하나님이 일하시게 하라"고 하였다.

2. 회개하며 기도할 것(16절)

회개는 어떻게 하는 것인가? 그것은 고린도후서 7:11의, "하나님의 뜻대로 하게 된 이 근심이 너희로 얼마나 간절하게 하며 얼마나 변증하게 하며 얼마나 분하게 하며 얼마나 두렵게 하며 얼마나 사모하게 하며 얼마나 열심 있게 하며 얼마나 벌하게 하였는가"란 말씀대로 해야 한다. 우리가 범한 죄가 개인에게 상처를 준 것이면 그 개인에게 사과하고, 교회에 상처를 준 것이면 교회 앞에서 사과해야 한다. 회개하는 사람이 이렇게 죄를 고백하는 목적은, 하나님 앞에서 회개를 더욱 힘 있게 하고, 사람 앞에 덕을 세우려는 것이다(웨스트민스터 신앙고백 제5장). 교회가 범죄함으로 고난이 오는 때가 많다. 그러므로 환난을 당할 때 우리는 회개해야 한다. 중세의 교황 클레멘스 6세 전후로 교황과 교직자들이 첩을 두고, 교직을 매매하며, 높은 권력에는 금은으로 가격을 매겼다. 이같이 교회가 부패한 까닭에 1348-1349년에 온 유럽에 흑사병이 퍼져, 시에나에서 8만 명이 죽고, 베네치아에서 10만 명, 볼로냐에서 그 인구의 3/5, 피렌체에서 3/5가 죽었고, 마르세유에서는 한 달 동안 죽은 사람이 5만 7천명이었고, 영국에서는 전 인구의 절반(250만)이 죽어서 농사를 지을 사람조차 없었다고 한다.

이스라엘 백성이 포로 된 것도 역시 그런 이유였다. 예레미야애가 2:14에 "네 선지자들이 네게 대하여 헛되고 어리석은 묵시를 보았으므로 네 죄악을 드러내어서 네가 사로잡힌 것을 돌이키지 못하였도다 그들이 거짓 경고와 미혹하게 할 것만 보았도다"라고 한다. 우리는 진실하게 회개해야 한다. 그래야 기도 응답을 받는다. 토레이(Torrey)는 어떤 두 가지를 위하여 밤중에 기도한 일이 있었다. 그러나 응답이 없었다. 후에 그는 자기의 죄를 깊이 뉘우치고 자복한 다음 마음에 평안을 얻고 잠이 들었다. 그다음 날 아침에 일어나니 그가 하나님께 구한 대로 이루어졌다고 한다. 시편 66:18에, "내가 나의 마음에 죄악을 품었더라면 주께서 듣지 아니하시리라"고 하였다. 죄 때문에 환난이 왔는데도 죄를 회개하지 않는다면 어떻게 환난이 물러가겠는가?

설교 엘리야의 기도(17-18절)

1. 인간의 성정을 극복한 기도

"성정"으로 번역된 헬라어는 "파토스"(πάθος)인데, 이것은 사욕이나 고난의 영향을 받는 성질(subject to suffering)을 가리킨다. 이것은 하나님 앞에서 통하지 않는 장애물이다. 이것은 우선 기도하기 싫어하는 성질로 움직인다. 그러나 엘리야는 이런 연약함을 극복하였다. 그가 그것을 이긴 비결이 무엇이었는가? 그것은 기도였다. 왕상 17:1에 “내가 섬기는 이스라엘의 하나님”이란 말이 이 사실을 알려 준다. 여기서 “섬긴다”고 번역된 히브리 원어(לְפָנָיו עָמַדְתִּי)는 그의 면전에 섰다는 뜻이다. 이것은 하나님 앞에서 계속 기도하는 것을 가리킨다. 우리는 기도로만 하나님의 힘을 받아 우리의 연약함을 이길 수 있다. 엘리야가 천성적으로 강한 힘이 있어서 기도한 것이 아니라, 자기의 연약함 때문에 하나님의 도우심이 필요하다고 느껴서 기도하게 된 것이다. 본 라드(Von Rad)는 엘리야를 가리켜 초인(superman)이라고 하였고, 바르트(K. Barth)는 그를 무쇠 같은 선지자(iron prophet)라고 잘못 알았다. 그리스도인이 이교도와 한자리에서 기도할 수 있는가? 있을 수 있다. 그러나 그럴 때 기도하는 사람은 반드시 승리해야 한다. 엘리야는 그런 경우의 기도에서 승리하였다(왕상 18장).

2. 간절한 기도

간절하다는 것은 열심과 갈급함이 공존하는 것이다. 이것은 미지근한 것과 반대이다. 미지근한 것은 진실함과 반대되는 것이고, 하나님께서 토하시는 것이다(계 3:16). 또한 의와 생명을 갈급히 사모하는 것도 하나님께서 원하신다(시 42:1). 간절히 기도하는 사람은 기도에 최선을 다하려고 힘쓴다. 최선의 기도는 ① 기도하기 좋은 환경과 장소를 찾는 것이다. 엘리야는 갈멜산 꼭대기로 올라가서 하나님께 간절히 부르짖었다(왕상 18:42). ② 자기 몸을 특별히 단속하는 것이다. 엘리야는 땅에 꿇어 엎드려 그 얼굴을 무릎 사이에 넣고 간절히 기도하였다. 그때 그가 사환을 시켜서 기도가 응답되고 있는지를 일곱 번이나 확인한 것은 의심 때문이 아니라 기도 응답의 확실성을 밝히기 위해서였다(왕상 18:42-44). 그런데 기도를 할 때 이와 가티 노력해야 된다는 것을 반대하는 신학자들이 많다. 예를 들면 기도를 철학화하는 자이다. 칼 바르트는 말하기를, "항상 기도해야 된다는 것은 기도를 양적으로 많이 해서 쌓아 놓는 것을 의미하지도 않고, 혹은 질적으로 흠이 없게 만드는 것을 의미하지도 않는다. 그것은 기도의 방향을 계속 단단히 붙잡는 것이다."라고 하였다. 이것은 기도의 참된 의미를 모르는 말이다.

19-20절. 미혹하여 진리를 떠난 자를 바른길로 인도함.

19-20 내 형제들아 너희 중에 미혹되어 진리를 떠난 자를 누가 돌아서게 하면 너희가 알 것은 죄인을 미혹된 길에서 돌아서게 하는 자가 그의 영혼을 사망에서 구원할 것이며 허다한 죄를 덮을 것임이라. 이것은 진리에서 떠났던 자가 돌아서기만 하면, 그의 영혼이 사망에서 구원되고 그의 많은 죄가 사해진다는 의미이다. 이 말씀은 죄인을 바른길로 인도하는 수고의 귀중함을 지적하여, ① 인도자가 그 일에 더욱 기쁨과 열심을 가지게 하고, ② 회심한 자로 하여금 과거에 그가 진리를 떠났던 위험과 현재의 회복으로 인한 행복을 깨닫게 한다.

신약주석
베드로전서

베드로전서 주석

목차

본문주석

설교

서론

I. 본서의 명칭

본서가 야고보서, 베드로전후서, 유다서, 요한1, 2, 3서와 함께 "공동 서신"(Catholic Epistles)이라고 불리게 된 것은 라오디게아 공의회에서 사용한 명칭이다. 그것은 당시 교회가 이 서신들을 정경으로 받아들였다는 의미인 듯하다. 그러나 레온티우스(Leontius)란 학자는 이것이 한 교회를 지정하여 보낸 글이 아니라, 모든 교회를 상대로 하여 보낸 글이기 때문에 그렇게 불린 명칭이라고 한다. 이 두 견해 가운데서 어느 것이 옳은지는 확정하기 어렵다.

II. 저작자와 정경 문제

베드로전서 1:1에 본서가 사도 베드로의 저술이라고 하였는데, 이것은 베드로전서가 정경이란 말과 거의 같은 것이다. 그러므로 여기서 두 가지를 함께 논증하고자 한다. 먼저 베드로전서가 베드로의 저술이라는 역사적 증거는 다음과 같다.

1. 폴리카르포스(Polycarp)는 주후 155년에 순교하였는데, 그가 베드로전서를 베드로의 저작이라고 말한 적은 없지만, 베드로전서를 많이 인용한 것만은 사실이다. 예컨대 베드로전서 1:13-21, 2:11, 17, 2:21-24, 3:9, 4:7 등이다.

2. 이레나이우스(Irenaeus)는 주후 130년에 출생했는데, 베드로전서를 베드로의 저작이라고 말하면서, 1:8, 2:16을 인용하였다(Adv. Haer., Ⅲ, 3. 3; Ⅳ, 19, 2; Ⅳ, 28; Harvey's edition).

3. 알렉산드리아의 클레멘스(Clement of Alexandria)는 주후 213년경에 별세한 사람인데, 그 역시 베드로전서의 저작자를 베드로라고 말하고 베드로전서의 여러 구절을 인용했다. 1:6-9; 2:1-3, 11; 4:1-14 등이다(Expositor's Greek Testament, V, p.35).

4. 테르툴리아누스(Tertullian)는 주후 150년, 혹은 160년경에 출생한 사람인데, 베드로전서를 베드로의 저술로 인정하고 인용하였다.

5. 바나바 서신(The Epistle of Barnabas)에 베드로전서를 정경으로 인정하고 그 사상을 인용한 것이 적지 않고,

6. 로마의 클레멘스(Clement of Rome)는 주후 93-96년쯤에 저술한 그의 저서에서 베드로전서의 정경적 권위를 인정하였고(1 Clem., Ⅶ, 2, 4; XXX, 1-2; LIX, 2).

7. 헤르마스(Hermas, AD 110-140년경에 저술한 "목자서"), 파피아스(Papias, AD 2세기), 순교자 유스티누스(Justin Martyr, AD 163-165년에 순교하였음), 사르디스의 멜리토(Melito of Sardis, AD 169년경에 저술한 "변증론"), 바실리데스(Basilides, AD 120-125년경에 저술한 "복음서 주석") 등이 각각 베드로전서를 정경으로 인정하고 그 사상을 인용하였다.

한편 베드로전서의 내용을 보아도 이것이 베드로의 저술임을 분명히 알 수 있다. 우선 베드로전서의 문체가 사도행전에 나온 베드로의 설교 문체와 같다는 것에 주목할 만하다. 또한 다음에 열거되는 두 책의 서로 같은 사상들을 비교해 볼 수 있다. 사도행전 10:34, 베드로전서 1:17은 하나님은 사람을 외모로 보시지 않는다는 것이고, 사도행전 4:10-11, 베드로전서 2:7-8에는 그리스도를 가리켜 건축자가 버린 모퉁이돌이라는 사상이 나오고, 사도행전 3:6, 16, 4:10, 베드로전서 4:14, 16에는 그리스도의 이름을 높이고, 사도행전 3:18, 24, 베드로전서 1:10-12에는 그리스도 사건이 예언의 성취임을 증거한다. 그뿐 아니라 베드로전서에는 베드로 자신의 경험이 반영된 말들이 나온다. "연단"에 관한 말(벧전 1:7)은 눅 22:31-32의 말씀을 반영하고, 신자들을 가리켜 "양"이라고 한 것(벧전 2:25; 5:2-3)은 그가 받은 주님의 부탁(요 21:15)을 연상시키고, 신자들을 "돌"과 같다(벧전 2:5)고 비유한 것은 그 자신이 받은 그리스도의 말씀(요 1:42)을 연상시킨다.

어떤 학자는, 베드로가 베드로전서처럼 유창한 헬라어로 된 글을 쓸 수 없었을 거라고 하지만 그것은 문제될 것이 없다. 라더마허(Radermacher)는 베드로전서에 나타난 문장들이 그리 세련된 것이 아니라고 한다. 설령 그 문장들이 뛰어난다 해도 그것은 그의 동역자인 실라의 영향이라고 할 수 있다(벧전 5:12).

Ⅲ. 내용분해

1. 머리말 혹은 문안(1:1-2)

2. 장래 구원의 견고성과 그 영화(1:3-12)

3. 실제적 행위에 대한 모든 교훈(1:13-5:12)

   1) 세 가지 권면(1:13-25)

   2) 영적 생활의 장성을 권면함(2:1-10)

   3) 신자의 일반 생활 원리(2:11-25)

   4) 신자의 도덕 생활(3:1-12)

   5) 의를 위한 수난(3:13-22)

   6) 고난과 경건의 관계(4:1-11)

   7) 그리스도를 위한 수난과 그 영광(4:12-19)

   8) 교회 장로들에 대한 교훈(5:1-4)

   9) 은혜 받는 비결 세 가지(5:5-12)

4. 결론적 인사(5:13-14)

참고문헌

1. Barth, K. Kirchliche Dogmatik.

2. Bigg, C. The International Critical Commentary, Epistles of St. Peter and Jude.

3. Bunyan, J. Pilgrim's Progress.

4. Greijdanus, S. Kommentaar op Het Nieuwe Testament, XⅢ.

5. Knight, W. B. Three Thousand Illustrations for Christian Service.

6. Luther's Works, Catholic Epistles.

7. Moody, D. L. Notes from My Bible.

8. Vos, G. Self Disclosure of Jesus.

9. Young's Concordance.

제 1 장

⚜ 내용분해

1. 문안(1-2절)

2. 내세 구원의 견고함과 영화로움에 대하여(3-12절)
   1) 그리스도 사건으로 말미암은 견고한 구원(3-5절)
   2) 시련에 의하여 연단된 믿음으로 받는 구원(6-9절)
   3) 선지자들의 예언대로 성취된 구원(10-12상)
   4) 사도들이 성령의 감동으로 전한 구원(12하)

3. 구원받은 자들은 진리대로 바로 살아야 됨(13-25절)
   1) 그리스도의 재림을 기대하며 소망하라고 함(13절)
   2) 거룩해지라고 함(14-21절)
   3) 서로 사랑하라고 함(22-25절)

⚜ 해석

1-2절. 문안.

1 예수 그리스도의 사도 베드로는 본도, 갈라디아, 갑바도기아, 아시아와 비두니아에 흩어진 나그네. "사도"란 말(ἀπόστολος)은 '보냄을 받은 자'란 의미이다. 이것은 예수 그리스도의 권위를 배경으로 하고 세상에 파견된(마 10:16) 복음 전도의 성직이다. 베드로가 이 직명을 여기 내세우는 이유는, 베드로전서가 하나의 개인적인 서신이 아니라, 그리스도의 말씀을 대언하는 권위 있는 서신임을 밝히려는 까닭이다. "본도, 갈라디아, 갑바도기아, 아시아와 비두니아" 등은 소아시아의 땅 이름들이다.

"흩어진 나그네"(παρεπιδήμοις διασπορᾶς)는 천국을 본향으로 바라보고 이 세상에서는 주님을 위하여 삶의 안정을 얻지 못하는 그리스도 신자들을 총칭한다. 헬라어 원문에는 "흩어진 나그네"란 말 앞에 "택하심을 입은"(ἐκλεκτοῖς)이란 말이 포함되어 있기 때문에(개역개정 성경에는 2절에 있음), 이 문구는 유대인 그리스도 신자들만 가리킨 것이 아니고, 영적 나그네, 곧 일반적인 그리스도 신자들을 의미한 것이 확실하다(참조. 1:4, 18; 2:11; 4:3-4).

2 곧 하나님 아버지의 미리 아심을 따라 성령이 거룩하게 하심으로 순종함과 예수 그리스도의 피 뿌림을 얻기 위하여 택하심을 받은 자들에게 편지하노니 은혜와 평강이 너희에게 더욱 많을지어다. 이 구절의 의미를 분해하면, ① 구원받을 자들의 선택은 하나님의 미리 아심에 근거하였다. 이 "미리 아심"은 미리 시찰한 지식을 의미하지 않고 그의 오묘한 지혜를 가리킨다. 이 지혜는 장차 이 세상에 태어날 사람들의 선행을 미리 내다보심이 아니고, 그들의 선악 여부를 막론하고 선택하시는 지혜를 말한다(롬 9:11, 20-23 참조). ② 그 선택에 의한 구원사역이 성령님의 성화사역으로 말미암아 이루어진다. 따라서 구원사역은 어떤 강제수단을 필요로 하지 않는다. ③ 그 선택에 의한 구원사역의 결과는 택하심을

받은 자들이 그리스도를 믿고 따르며, 그리스도의 속죄에 참여하는 것이다. 그러므로 이 구절에는 삼위일체 하나님의 구원사역이 명시되어 있으니, 곧 아버지 하나님의 구원 계획, 성령님의 구원사역, 성자 예수님의 속죄(피뿌림)이다.

"성령이 거룩하게 하심"이란 말씀(ἐν ἁγιασμῷ πνεύματος)의 구체적 의미는 그다음 구절들이 밝혀 준다. 곧 "순종함"(사람이 성령님의 역사로 말미암아 중생하여 그리스도를 믿음)과 "그리스도의 피 뿌림을 얻음"(사람이 그리스도의 피로 말미암아 칭의를 얻고, 정결해지는 것[요일 1:7-8])이다.

"은혜와 평강이 너희에게 더욱 많을지어다." 신자들이 영적으로 자라지 못하면 타락하기 쉽다. 그들에게 은혜가 더욱 많아져야 하고, 평강도 그렇게 되어야 한다. 사도 베드로의 이와 같은 축복은 진리에 부합한다. "평강"은 여기서 심령의 평안을 가리키며, 그리스도를 믿는 은혜의 열매이다. 신앙과 평강은 분리되지 않는다(참조. 빌 4:7; 벧후 1:2).

3-12절. 구원의 견고성과 그 영화.

3 우리 주 예수 그리스도의 아버지 하나님을 찬송하리로다 그의 많으신 긍휼대로 예수 그리스도를 죽은 자 가운데서 부활하게 하심으로 말미암아 우리를 거듭나게 하사 산 소망이 있게 하시며. "찬송하리로다." 이 말은 헬라어로 "율로게토스"(Εὐλογητός)로, 하나님의 복되신 성품에 대한 찬사이다.

"우리 주 예수 그리스도의 아버지." 하나님은 본질적으로 오직 그리스도의 "아버지"이시다(요 1:18). 그가 인생의 아버지가 되심은 인생들이 예수 그리스도의 보혈로 속죄받아 "양자"가 되었기 때문이다(롬 8:15). "예수 그리스도를 죽은 자 가운데서 부활하게 하심으로 말미암아 우리를 거듭나게 하사." 예수님께서 부활 승천하신 뒤에 성령님이 오셔서 모든 사람을 거듭나게 하셨다. 예수님의 부활은, 곧 인생들의 대표자께서 그들에게 생명의 문을 여신 것이다. 그분이 십자가에 못 박히신 것은 그들의 죄를 치워 버리신 것이고, 그분이 죽으신 것은 그들의 죽음을 처분하여 없애 버리신 것이고, 그분이 부활하신 것은 그들의 생명의 원천이 되신 것이다. 예수님의 부활로 인하여 인류는 참된 생명에 이른다(그들이 예수를 믿기만 하면).

4-5 썩지 않고 더럽지 않고 쇠하지 아니하는 유업을 잇게 하시나니 곧 너희를 위하여 하늘에 간직하신 것이라 너희는 말세에 나타내기로 예비하신 구원을 얻기 위하여 믿음으로 말미암아 하나님의 능력으로 보호하심을 받았느니라. 이 구절들은 앞 절의 "산 소망"이 어떠한지를 밝혔다. 곧 ① 그 소망의 복은 아무런 변동 없이 "썩지 않고 더럽지 않고 쇠하지 아니하는" 하늘에 간직된 것이고, ② 그 소망의 복을 받을 자들은 위태한 땅 위에 있으면서도, 하나님의 능력의 보호를 받아 실패하지 않게 된다. 그 소망은 이처럼 하늘에서나 땅에서나 견고하고 안전하다. 이 견고함은 사람의 힘으로 되는 것이 아니고 하나님의 경영과 보호로 말미암는 것이며, 그야말로 사람의 아무런 공로 없이 실현되는 "산 소망"이다. 신자는 그 소망이 그와 같이 든든하다는 것을 알 때 그 믿음이 든든해지고, 그 믿음이 든든할 때 능력 있게 역사하시는 성령님이 계시는 성전이 된다.

6-9절. 이 구절들은 앞에서 언급한 영화로운 구원에 참여할 신자들의 믿음에 대하여 말씀한다. ① 시험을 당할 때 기쁨으로 견디어 연단받는 믿음(6-7절). ② 예수님을 보지 못하고도 사랑하는 믿음(8-9절).

6 그러므로 너희가 이제 여러 가지 시험으로 말미암아 잠깐 근심하게 되지 않을 수 없으나 오히려 크게 기뻐하는도다. 이 구절의 헬라어 원문(ἐν ᾧ ἀγαλλιᾶσθε, ὀλίγον ἄρτι εἰ δέον λυπηθέντες ἐν ποικίλοις πειρασμοῖς)은 "지금 잠시 필요에 따라 여러 가지 시험으로 근심하게 될지라도 그것(구원)으로 크게 기뻐하도다"라고 개역되어야 한다. 베드로가 의미한 바는, 신자도 하나님의 뜻 안에서 곤란에 빠져 일시적으로 마음의 근심과 괴로움을 받을 때가 있으나, 그가 받을 구원

때문에 크게 기뻐할 수 있다는 것이다. 크레다너스는 여기서 "잠깐 근심하게"(εἰ δέον ἐστίν)란 어구에 대하여 다음과 같이 말하였다. 곧 "고난은 신자들에게 우연히, 혹은 넘치게 임하는 것이 아니고, 그들의 정화와 유익을 위하여 하나님께서 설계하신 것이다."라고 하였다.[79] 여기서 "잠깐"이란 것은 신자에게 근심이 잠시 있다가 지나가는 것을 염두에 두고 한 말이다. 환난으로 인한 그리스도 신자의 근심과 괴로움은 언제까지나 계속되지 않는다. 혹시 그 환난이 오래 머물더라도 신자는 근심에서 떠나 희열을 가져야 하며 또한 가지게 된다. 신자가 과도히 근심하면 하나님을 원망하는 시험에 빠지기 쉽다. 늘 기뻐해야 신앙을 지킬 수 있으며 활기 있게 된다.

"크게 기뻐하는도다"란 말의 헬라어(ἀγαλλιᾶσθε)는 중심에 희열이 넘쳐서 말과 행동에 폭발하는 기쁨을 가리킨다(Greijdanus). 아우구스티누스는 이 말씀을 명령법으로 보고 "크게 기뻐하라"(gaudet)라고 번역하였다.

7 너희 믿음의 확실함은 불로 연단하여도 없어질 금보다 더 귀하여 예수 그리스도께서 나타나실 때에 칭찬과 영광과 존귀를 얻게 할 것이니라. 이 구절은 고난 중에 기뻐할(6절) 이유를 보여 준다. 고난 중에도 기뻐하면서 견디어야 할 이유는 무엇인가? ① 신자가 고난으로 시험을 당해야 스스로를 돌아보고 깨닫게 되어 믿음을 배우게 되며, ② 그럴 때 그의 믿음이 연단되어 흔들리지 않으며, ③ 그의 신앙 인격에 들어 있던 약점들이 떨어져 나가며, ④ 시련을 잘 통과한 신앙이라야 장차 그리스도 앞에서 "잘하였도다 착하고 충성된 종아"(마 25:21)라는 칭찬을 받고, 또 "영광과 존귀"(내세의 상급)를 받게 되기 때문이다. 연단을 받아 굳어진 금도 결국에는 닳아 없어지지만 고난으로 연단을 받은 신앙은 영원히 빛나며 천국의 보배가 된다. 그러므로 신자들은 평안한 상태로

---

79) Lijden is niet toevallig, ook niet overbodig. Godsraad heeft het voor hen vastgesteld tot reiniging en nut.- Kommentaar op Het Nieuwe Testament, XIII, 1929, 45.

잘 믿다가 죽겠다는 생각을 갖지 말아야 한다. 아브라함이 갈대아 우르에 평안히 살면서 주님을 믿었는가? 그렇지 않다. 그는 그곳을 떠났다(창 12:1-4).

설교 환난 중에 나는 보배(6-8절)

본문 6절의 "그러므로"란 말(ἐν ᾧ)은 그 앞 절의 믿음으로 말미암아 하나님의 능력으로 보호하심을 입는다는 사실을 가리킨다. 이는 신자들의 기쁨이 그 사실에 있다는 것이다. "근심하게 되지 않을 수 없으나"란 문구에서 "않을 수 없으나"란 말(δέον)은 '필요하다', 혹은 '합당하다'란 뜻을 가진다. 그러므로 이 본문에서는 환난 중에 신자들이 근심하는 것은 당연하다는 의미를 가진다.

1. 믿음의 연단이 생김(7절)

로마서 5:3-4에 말하기를, "환난은 인내를, 인내는 연단을, 연단은 소망을" 이룬다고 한다. 소망이 있는 믿음은 얼마나 귀한가! 그런데 이 연단은 "근심"과 "기쁨"이 동반되어 이루어진다. 곧 "잠깐 근심하게 되지 않을 수 없었으나 오히려 크게 기뻐하는도다"란 말씀이다. 이것은 환난 중에 있는 신자의 체험으로, 근심하다가 하나님의 위로를 받아 기뻐하는 것이다. 근심에서 기쁨, 기쁨에서 근심, 또다시 근심에서 기쁨으로 바뀐다. 이와 같은 환난을 통해 ① 외식이란 불순물이 떨어져 나간다. 외식은 평안한 때에 생기는 것이다. ② 진실성이 굳어진다. 이때에 신자가 진실하게 하나님을 찾은 결과로 살아 계신 하나님의 위로를 체험하게 된다. 그는 이때에 진실만을 베푸시는 하나님을 확신한다. ③ 겸손의 덕이 이루어진다. 이때에 신자는 그가 당하는 고통 때문에 겸손해진다. 교만은 배부르고 평안한 자의 마음에 생긴다. ④ 살아 계신 하나님의 역사를 체험한다. 하나님은 환난 중에 부르짖는 자를 돌보신다(시 50:15 참조).

2. 예수님을 보지 못하나 믿고 사랑함(8절)

사람이 보이는 세계만 아는 것은 불행하다. 보이는 것에는 소망이 없다. 로마서 8:24에 말하기를, "보이는 소망이 소망이 아니니 보는 것을 누가 바라리요"라고 한다. 고린도후서 4:18에는 말하기를, "우리가 주목하는 것은 보이는 것이 아니요 보이지 않는 것이니 보이는 것은 잠깐이요 보이지 않는 것은 영원함이라"고 한다. 우리가 보이지 않는 예수님을 믿는다는 것은 귀하다. 이 믿음은 특별히 환난 중에 자라난다. 환난 때에는 신자가 이 세상에 소망을 가지지 않고 보이지 않는 하나님만 바라보게 된다. 하나님은 이처럼 단순(순결)한 신앙인에게 나타나신다(마 5:8; 6:22-24).

8 예수를 너희가 보지 못하였으나 사랑하는도다 이제도 보지 못하나 믿고 말할 수 없는 영광스러운 즐거움으로 기뻐하니. 이 말은 그들(이 편지를 받을 신자들)이 베드로처럼 땅 위에 계셨던 예수님을 만나 보지는 못했으나, 신앙으로 그를 사랑하며 그를 즐거워한다는 의미이다(요 10:29 참조). 버틀러(Butler)는 말하기를, "보이는 것은 그림자요 보이지 않는 것은 실체"라고 하였다. 그러므로 우리는 예수님께서 우리의 감각으로 느껴지시기를 구할 것이 아니라 오히려 그가 보이지 않으시는 사실을 만족하게 여기고 그를 사랑해야 한다. 역대의 무수한 순교자들이 예수님을 직접 보지 못하고도 그를 사랑하여 생명까지 바치지 않았는가!

"이제도 보지 못하나 믿고." 여기서 "이제"란 말(ἄρτι)은 예수님의 재림 이후의 내세와 대조시킨 현세를 가리킨다고 한다(Greijdanus). 그러나 그보다는 베드로전서의 독자들의 입장에서 과거가 아닌 현재를 가리킨다. "보지 못하나"란 어구(μὴ ὁρῶντες)는 현재사로서 계속 보지 못함을 의미한다. 그리스도 신자들이 이 세상에서 예수님을 믿을 때 그를 눈으로 직접 보는 것을 사모하지 않아야 한다. 주님은 보지 못하고 믿는 것이 복이 있다고 말씀하셨다(요 20:29).

"말할 수 없는 영광스러운 즐거움"이란 것은 성령님의 감화로 오는 기쁨이다. 그것을 "말할 수 없는" 기쁨이라고 한 이유는, 그것이 특히 고난 중에도 기뻐하게 하는 역설적인 것이어서, 자연법으로는 설명하기 어렵기 때문이다. 또한 그것을 "영광스러운" 즐거움이라고 한 이유는, 그것이 영광스러운 내세의 기쁨 가운데 하나이기 때문이다.

9 믿음의 결국 곧 영혼의 구원을 받음이라. 이 문구는 예수님을 보지 못하고도 믿고 사랑하게 되는 한 가지 이유를 보여 준다. 예수님을 믿음으로 우리의 영혼이 구원받을 것을 생각하면 그를 위하여 아낄 것이 무엇이겠는가! 예수님께서 말씀하시기를, "사람이 무엇을 주고 자기 목숨과 바꾸겠느냐"(막 8:37)라고 하셨으며, "몸은 죽여도 영혼은 능히 죽이지 못하는 자들을 두려워하지 말고"(마 10:28)라고 하셨으니, 이 말씀으로도 영혼이 얼마나 귀한지 알 수 있다.

설교 그리스도 신자의 기쁨 1(6-9절)

우리의 신앙생활에서 "기쁨"은 귀하다. 이 기쁨은 물론 세속적인 기쁨이 아니고 영적인 기쁨이다. 세속적인 기쁨은 신앙에 해롭다. 영적인 기쁨, 곧 하나님 나라의 기쁨(롬 14:17)이 없는 신자는 원망과 의심 또는 타락으로 기울어지기 쉽다. 그러면 영적 기쁨은 어떻게 생기며 또 어떻게 자라나는가?

1. 시험을 이김으로 얻는 기쁨(6-7절)

신약성경에서 "시험"(πειρασμός)이란 것은 신자들의 신앙을 흔들어 보는 환난을 가리킨다. 그것은 일반적으로 고통을 주는 질병, 재앙, 핍박, 기타 고통스러운 것(심지어 가정에서 종종 일어나는 걱정스러운 일)들이다. 베드로전서의 수신자인 신자들은 핍박을 받던 처지에 있었다(3:13-16; 4:4; 5:9). 그들은 그 핍박 중에 근심한 적도 있으나 잘 참았다. 그 결과 그들에게 하늘의 기쁨이 찾아왔다(1:6 참조). 신자들이 시험을 이기기만 하면 하늘에서 놀라운 기쁨이 찾아오는 법이다. 그뿐 아니라 그들은 장래의 유익을 내다보고 미리부터 시험을 기쁘게 여겨야 한다. 시험은 그들이 신앙의 연단을 받게 하여 그리스도의 재림 때에 하나님의 상급을 받게 해 준다(7절). 이것은 매우 중요하다. 신자는 현재보다 미래, 현세보다 내세를 더 중요하게 여기기 때문이다.

2. 예수님을 사랑함으로 얻는 기쁨(8-9절)

"사랑"이란 것은 그것을 소유한 사람에게 기쁨을 준다. 우리가 사랑하는 대상이 중보자이시고 보이지 않는 예수 그리스도이시기 때문이다. 예수님의 인간적인 면을 생각해 보자. 그는 우리에게 믿음직한 사람인가? 그는 천하에 가장 진실하신 분, 가장 착하신 분, 가장 겸손하신 분, 가장 능력 있으신 분, 원수도 사랑하시는 분, 죽었다가 다시 살아나신 분, 하나님 아버지의 우편에 계신 분, "나"에게 성령을 주신 분, 장차 오셔서 심판하실 분이다. 더욱이 그는 지금 우리에게 보이지 않는다. 믿음은 그 대상의 보이지 않는 면을 더 중요하게 생각한다. 그렇게 믿는 것이 믿음다운 믿음이다(요 20:29). 예수님이 보이지 않아도 우리는 그를 사랑하기 때문에 그를 믿는다. 이런 의미에서는 사랑이 믿음보다 앞선다. 곧 "예수를 너희가 보지 못하였으나 사랑하는도다 이제도 보지 못하나 믿고 말할 수 없는 영광스러운 즐거움으로 기뻐하니"(벧전 1:8)란 말씀에서 이런 순서를 말할 수 있다.

설교 그리스도 신자의 기쁨 2(6-9절)

1. 연단이 귀한 줄 아는 기쁨(6-7절)

우리의 신앙은 연단을 받아서 일시적이지 않고 영원히 변함이 없어야 한다. 우리가 평안할 때에는 그리스도를 믿는다고 말하기 쉽지만, 그런 때에는 하나님의 보호를 맛보기 어렵다. 그러나 믿음을 방해하는 난관이 있을 때에는 우리가 하나님의 보호를 맛보며 믿음도 단단해진다. 야고보서 1:2-3에 말하기를, "내 형제들아 너희가 여러 가지 시험을 당하거든 온전히 기쁘게 여기라 이는 너희 믿음의 시련이 인내를 만들어 내는 줄 너희가 앎이라"고 한다.

스코틀랜드 던디(Dundee)의 한 신자는 척추 환자로서 40년 동안 집 안에서 누워 지냈다. 그러나 그는 병석에 있으면서 믿음이 더욱 자라나, 그의 방이 천국과 같은 분위기였다고 한다. 그는 마귀의 시험을 잘 이겼다. 마귀는 그에게 말하기를, "네가 예수를 믿어서 이렇게 되었구나. 이것이 복이냐?"라고 하였다. 그러나 그는 마귀에게 말하기를, "갈보리에 가서 예수님의 십자가를 보라. 그가 나를 위하여 대신 죽어 주셨다. 그가 나를 사랑하신 것이 분명하다"고 대답하였다. 이 말은 무디 선생이 전도 여행을 위해 영국으로 갔다가 그 성도를 만나서 들은 것이다.

2. 예수님으로 인한 기쁨(8절)

예수님으로 인해 기뻐할 때에는 그가 땅에 계실 때 행하신 일뿐 아니라, 그가 승천하신 후에 이루시는 구원사역도 생각해야 한다.

1) 그의 인격을 기뻐하자. 성경에 말하기를, 그는 "죄를 알지도 못하신 이"(고후 5:21)라고 하였으므로, 믿을 만한 분이 그분밖에 없다. 그러므로 복음서를 읽으며 그를 기뻐하자. 그는 온유하시고 겸손하셔서(마 11:28-30) 죄

인 된 우리를 찾아오셨다(마 9:12).

2) 그의 말씀을 기뻐하자. 고전 13:6은 진리와 함께 기뻐하라고 한다.

3) 그의 몸 된 교회를 기뻐하자. 두세 사람이 진실하게 그의 이름으로 모이면 그가 함께해 주시겠다고 약속하셨다. 사람들이 외형적으로는 그의 이름으로 모이는 것처럼 보이나 실상은 그렇지 않은 모임이 너무 많다. 반면에 신자들이 주님을 위하여 고난을 당하면서 합심하여 모이는 것은 진정으로 주님의 이름으로 모이는 모임이다. 주님이 그들과 함께 계시고, 그들 가운데 영적 기쁨이 임한다.

4) 그의 일을 사랑함으로 기뻐하자. 그의 일은 영혼을 구원하는 일이다. 예수님께서 말씀하시기를, "내게는 너희가 알지 못하는 먹을 양식"이 있다고 하시고, 또 "나의 양식은 나를 보내신 이의 뜻(영혼구원)을 행하며 그의 일을 온전히 이루는 이것이니라"고 하셨다(요 4:32, 34).

10-12절. 이 구절들은 앞의 4-5절에서 말한 지극히 영화로운 구원을 둘러싸고 일어난 기이한 사건들을 말씀한다. 베드로전서의 저자가 이렇게 말하는 목적은, 그런 구원에 참여하는 자들이 그 행복을 자각하게 하기 위함이다.

첫째, 이 구원에 대하여 이미 옛날 선지자들이 성령님의 감화로 예감하고 고찰하며 관망하였다. 이것은 ① 이 구원이 우연한 것이 아니고 하나님의 영원한 계획에 근거한다는 뜻이며, ② 이 구원의 실현은 위대한 선지자들도 겪지 못한 것인데, 신약 시대의 사람들이 보게 되었으니 참으로 복되다는 뜻이다(마 13:16-17).

둘째, 이 구원에 대하여 신약의 전도자들이 성령님을 힘입어 증거하였다(벧전 1:12). 이것은 이 구원사역이 예언의 성취로서 하나님의 신실하심을 드러내어 우리의 신앙을 일으킨다는 것이다.

셋째, 이 구원사역에 대하여 천사들도 살펴보기를 원한다. 이것은 이 구원의 설계가 오묘하여 하늘나라의 천사들도 다 알 수 없다는 뜻이다.

10 이 구원에 대하여는 너희에게 임할 은혜를 예언하던 선지자들이 연구하고 부지런히 살펴서. 신약 시대에 완전히 계시될 구원에 대해 선지자들은 관심을 갖고 깊이 연구하였다.[80] "수백 년 전에 하나님께서 선지자들을 통하여 은혜로운 구원을 약속하실 때 그의 마음속에 신약 시대의 우리들을 생각하셨다. 이 사실을 깨닫는 우리가 어떻게 그리스도를 믿지 않을 수 있겠는가!"(R. Johnston).

11 자기 속에 계신 그리스도의 영이 그 받으실 고난과 후에 받으실 영광을 미리 증언하여 누구를 또는 어떠한 때를 지시하시는지 상고하니라. "그리스도의 영"은 성령님을 일컫는다. 그가 오실 그리스도에 대하여 예언하셨기 때문에 그리스도와 관련된 명칭을 가진다(Greijdanus). 구약 시대의 선지자들은 메시아가 어떤 분이신지에 대하여(그의 받으실 고난과 영광에 대하여) 하나님의 계시를 받았다(시 22편; 69편; 사 53장). 그러나 그가 어느 시대에 오실지에 대하여는 그들에게 알려지지 않았다. 그것은 마치 신약 시대의 신자들이 그리스도께서 재림하시는 날을 모르는 것과 같다. 예수님은 "때와 시기는 아버지께서 자기의 권한에 두셨으니 너희가 알 바 아니요"(행 1:7)라고 말씀하셨다(마 24:36 참조). 구약 시대의 선지자들이 예수님의 초림 시일을 몰랐으나, 마침내 그는 오셨다. 그와 같이 우리가 주님의 재림 시일을 모를지라도 그는 반드시 다시 오신다.

이 구절 말씀으로 볼 때, 우리는 성경이 영감되었다는 사실을 다시 한번 깨닫는다. 선지자들이 그들이 받은 계시에 대하여 연구하고 상고한 행동을 보면, 그 계시가 자기들 자신에게도 이상한 것이었음이 확실하다. 그것은 그들 자신의 생각이 아니었다. 크레다너스는 말하기를, "이 구절은 성경의 영감

---

80) 참조, 사 6:11; 렘 32:16-44; 단 7:15; 8:13; 마 13:17; 눅 10:24; 요 8:56.

에 대하여 특별한 내용을 알려 준다. 이것은 성경이 축자 영감으로 이루어진 사실을 알려 준다"고 하였다.[81] 크레다너스는 크노프(R. Knopf)의 해석도 첨부하였다. 크노프에 의하면, ① 성경의 영감은 엄격한 초자연적 사건으로 이해된다(streng supernatural gefasst wird). ② 선지자들이 받은 말씀을 이해하지 못한 채 기록하도록, 또는 기록되도록 하였다.[82] ③ 선지자들에게 그것은 순전한 객관적 사실이면서 외부로부터 주어진 생소한 말씀이었다.[83] ④ 따라서 그것은 그들의 탐구의 대상이었다.[84](a. w. s. 54 f).

12 이 섬긴 바가 자기를 위한 것이 아니요 너희를 위한 것임이 계시로 알게 되었으니 이것은 하늘로부터 보내신 성령을 힘입어 복음을 전하는 자들로 이제 너희에게 알린 것이요 천사들도 살펴 보기를 원하는 것이니라. 이 구절의 요지는 이렇다. 곧 ① 선지자들은 오실 그리스도를 멀리서 바라보는 상황에서도 뜨거운 사랑으로 그 계시를 연구하였다. 그렇다면 신약 시대에 그리스도께서 오신 사실을 아는 신자들은 얼마나 더욱 그를 사모해야 되겠는가? 그뿐 아니라 ② 그들의 사역 목적은 자기 자신을 위함이 아니고 신약 시대의 신자들에게 그리스도의 계시를 미리 전하려는 것이었다. 이처럼 다른 사람들을 위한 계시를 예언하는 사역에 그들은 정성을 다하였다. 그렇다면 신약 시대의 신자들은 그 예언이 가리키는 계시의 직접적인 대상이며(롬 15:4), 또 그 예언대로 이루어진 것을 받은 자들이니 얼마나 더욱 긴장하며 몸과 마음을 그리스도께 집중해야 하겠는가?

"이 섬긴 바"란 말은 선지자들의 모든 예언 사역을 가리킨다.

"천사들도 살펴보기를 원하는 것이니라." 여기서 "살펴보기"라는 말

---

81) Greijdanus, Kommentaar op Het Nieuwe Testament, XII, 1929, 56.

82) Niederschreiben oder schreiben lassen ohne ein Verständnis zu haben.

83) Die Worde stehen dann objektiv, als ein fremdes Diktat vor den Augen der Propheten.

84) für sie ein Gegenstand des Staunnes und der forschenden Betrachtung.

(παρακύπτω)은 더 자세히 살피려고 몸을 구부리는 것이라고 한다.[85] 이 말씀은 천사들이 성도들의 구원을 얼마나 열정적으로 사모하는지 알려 준다.

13-25절. 이 구절들은 세 가지 권면을 포함한다.

첫째, 깨어 기도하며 내세의 은혜를 기다리라고 함(13절). 둘째, 순종하는 하나님의 자녀로서 거룩하라고 함(14-21절). 그 이유는, ① 그들은 공의로우신 사랑하는 하나님의 판단을 받게 될 것이며(17상), ② 그들은 본향이 아닌 위태한 이 세상을 잠깐 다녀가는 나그네이기 때문이며(17하), ③ 그들이 그리스도의 보혈로 말미암아 귀중한 구속을 받았기 때문이다(18-21절). 셋째, 믿는 형제들을 거짓 없이 또는 열심히 사랑하라고 함(22-25절).

13 **그러므로 너희 마음의 허리를 동이고 근신하여 예수 그리스도께서 나타나실 때에 너희에게 가져다 주실 은혜를 온전히 바랄지어다.** "마음의 허리를 동"인다 함은 일종의 비유이다. 옛날 유대의 여행자가 그 긴 옷이 발에 거치지 않도록 띠로 동인 것같이, 내세를 본향으로 바라보고 이 세상을 여행자처럼 살아가는 신자는 방심하지 않아야 한다. "근신하여"란 말(νήφοντες)은 세속에 물들지 않고 신앙의 지조를 지키는 것을 의미한다. 본래 이 말은 술 취하지 않고 깨어 있는 것을 의미하며(살전 5:5-8), 신약에서 특히 주님의 재림을 대망하는 신자의 태도를 설명할 때 사용된다.

"그리스도께서 나타나실 때에 너희에게 가져다 주실 은혜"란 것은 주님의 재림과 함께 임할 모든 축복을 가리킨다. 여기서 "가져올"이란 말(φερομένην)은 현재 피동사이다. 이것은 ① 현재사이므로, 그 "은혜"(내세의 기업)가 장래의 것이지만 이미 현재에 이루어지고 있다는 암시를 주고, ② 피동사이므로, 그 "은혜"가 신자의 힘으로 이루어지는 것이 아니고 순전히 하

85) Pape, Griech-Deutsch Handwörterbuch, II.

나님의 힘으로 되며, 따라서 그것은 견고하고, 또한 실수 없이 반드시 온다는 것을 암시한다.

14 너희가 순종하는 자식처럼 전에 알지 못할 때에 따르던 너희 사욕을 본받지 말고. "순종하는 자식"이란 말은 하나님의 복음을 믿고 순종함으로(1:2, 22) 그의 자녀가 된 것을 말한다(요 1:12). 여기서 "처럼"(ὡς)이란 말은 그들의 자녀 된 자격을 가정하는 것이 아니고, 실질적 신분을 가리키는 말이므로 "로서"라고 개역되어야 옳다. 그들은 하나님의 자녀이므로, 그런 자격으로 하나님의 형상을 닮아야 한다. 그들은 모든 정욕을 버리고 하나님처럼 성결하게 되기를 힘써야 한다.

"사욕을 본받지 말고." 여기서 "사욕"이란 것은 "정욕"이라고 번역하는 것이 합당하다. 테오도르 찬(Theodor Zahn)에 의하면, "본받는다"는 말(συσχηματιζόμενοι)은 현시대에 유행하는 관념과 풍습에 순응하는 생활 방식을 의미한다.[86] 그렇다면 여기서 "본받지 말고"란 말은 순응, 혹은 동화되지 말라는 의미로 번역하는 것이 옳다.

15 오직 너희를 부르신 거룩한 이처럼 너희도 모든 행실에 거룩한 자가 되라. "너희를 부르신 거룩한 이처럼"이란 문구는, 신자들의 도덕적 표준도 하나님 자신이시며, 또한 그가 친히 그들을 부르심에 합당하게 하여 주신다는 것을 내포한다. 그들의 도덕적 표준은 이 세상의 어떤 성자가 아니다. 누구든지 인간을 표준으로 삼으면 인간처럼 실수한다. 하나님만이 완전히 거룩하시므로, 그가 신자들의 표준이시다. 그뿐 아니라 그의 부르심은 어두움에서 나와 빛에서 살게 하시는 부르심이며(벧전 2:9), 영원한 영광에 참여하게 하는 부르심이다(5:10). 신자는 이 빛과 영광에 합당하게 거룩해져야 한다. "모든 행실에 거

---

86) suschmati,zesai ene Lebenshaltung zu verstehen, durch welche der Mensch sich den in dem gegenwartigen Weltlauf vorherschenden den Anschauugen und Sitten anpasst.-D. Brief d. Paul. a. d. Römer, 1910, 538.

룩한 자가 되라." 베드로의 이 권면은 초기 교회의 경건이 얼마나 강력하였는지를 생각하게 한다. 궁켈(Gunkel)도 말하기를, "원시 기독교와 당시 이교 세계의 도덕생활상은 그 차이가 매우 컸다. … 여기서 저자(베드로)는 그 당시 신자들에게 하나님의 성결에 해당하는 완전한 성결을 요구한다."라고 하였다.[87]

16 기록되었으되 내가 거룩하니 너희도 거룩할지어다 하셨느니라(참조. 레 11:44; 19:2; 20:7). 이것은 하나님의 성결을 본보기로 생각하여 한 말씀이고, 사람이 하나님 수준까지 성결할 수 있다는 것은 아니다. 신자는 성결에 있어서 하나님을 기준으로 늘 장성해야 한다.

17 외모로 보시지 않고 각 사람의 행위대로 심판하시는 이를 너희가 아버지라 부른즉 너희가 나그네로 있을 때를 두려움으로 지내라. 이것은 앞 절 말씀이 이어진 것으로, 성결해지기 위한 삶의 방법이다. 신자들은 이 세상에서 하나님 앞에서 범죄하는 것을 두려워해야 한다. 그 이유는,

1) 신자들의 "행위대로"심판하시는 하나님을 "아버지"라고 부르는 까닭이다. 지극히 공의로우신 하나님께서 우리를 아들로 사랑하시므로, 그가 우리의 죄를 징계하시지 않을 리 없다. 하나님께서는 택하신 자녀들을 아주 멸하시지 않으나, 그들이 범죄하면 바른길로 인도하시기 위하여 징벌을 내리신다. 그분은 지극히 공의로우시므로 우리의 잘못을 못 본 체하실 수 없고, 또 그분은 우리를 자녀로 사랑하시므로 우리의 죄를 더욱 징벌하신다. 히브리서 12:7에 말하기를, "하나님이 아들과 같이 너희를 대우하시나니 어찌 아버지가 징계하지 않는 아들이 있으리요"라고 하였다.

2) 신자들은 이 세상에서 사는 동안 본향에서 사는 것처럼 안심할 수 없

---

87) Der Unterschied des altchrstlichen Lebensideals und des gewonlichen Treibens der heidenischen Masse stausserordentlich gross...und nun verlangt der Verfasser gar ene vollige Heiligkeit, die der He iligkeit Gottes entspricht.-Die Schriften der Neue Testa- ment, III, 260.

고, 어디서든지 그들이 믿는 복음과 배치되는 것들을 만나게 되기 때문이다. 그들은 이 세상과 타협하거나 이 세상에 순응하지 않도록 조심해야 한다. 이 세상은 신자들에게 타국이므로, 자신들은 그곳에 오래 머물지 못할 나그네임을 인식하고, 거기에 순응하는 쉬운 길로 행하는 것을 두려워해야 한다.

3) 신자들을 죄에서 구속하신 대가가 너무도 귀한 까닭이다. 우리는 그와 같이 귀한 대가 지불로 얻은 보배로운 구원을 가벼이 여길 수 없고, 참으로 소중히 여겨야 한다. 누가 귀한 보석을 함부로 간수하겠는가? 그 구속하신 대가의 귀중함에 대하여는 그다음 구절들이 설명한다.

18 너희가 알거니와 너희 조상이 물려 준 헛된 행실에서 대속함을 받은 것은 은이나 금 같이 없어질 것으로 된 것이 아니요. 이 말씀 역시 문맥상 앞 절 말씀의 연속이다. 즉 "두려움으로 지내라"(앞 절 끝)고 한 가르침을 뒷받침한다. 왜 두려움으로 지내면서 거룩하게 행해야 되는가? 그 이유는, 신자들이 받은 구속이 너무 귀한 그리스도의 핏 값으로 이루어졌기 때문(18-19절)이다. 그뿐 아니라 일이 그렇게 되도록 하신 이가 지극히 높으신 하나님이시기 때문이다(20-21절). 그리스도의 피는 온 천하보다 무한히 귀하고 하나님 자신도 그러하시다. 이같이 절대적으로 안전하고 또 절대적으로 완전한 구속을 믿는 자(받아들이는 자)는 두려움으로 행할 때에(17절 끝) 은혜를 받아서 그 인격이 성화되어 갈 것이다.

"헛된." 헛되다는 것은 무엇인가? 구원에 유익을 주지 않는 악한 행위들을 가리킨다. 베드로는 여기서 구속을 논하면서 원칙대로 사람들의 영원한 생명의 구속을 말하지 않고 왜 행실(ἀναστροφῆς)의 구속을 말하는가? 말씀의 방향이 이렇게 된 이유는, 앞 절에서 행실의 성화를 촉구해 왔기 때문이다. 앞 절 끝에 있는 "두려움으로 지내라"는 문구에서 "지내라"는 말(ἀναστράφητε) 역시 행하라는 뜻이다.

"대속함"이란 말(λύτρωσις)은 종으로 팔려 간 사람을 그 주인에게 값을 치르고 해방시켜 주는 것이다.[88] 우리가 죄에서 해방된 것은 그리스도께서 그의 보혈을 값으로 지불하신 조건 아래에서 성립되었다.

19 오직 흠 없고 점 없는 어린 양 같은 그리스도의 보배로운 피로 된 것이니라. "흠 없고 점 없는"것은 하나님께 속죄제물로 드리는 양의 자격이며, 그것은 예수님의 죄 없으심을 나타내는 것이다. 우리의 죗값을 치르는 것은 죄 있는 자의 생명(피)으로 할 수 없다. 죄인이 어떻게 다른 사람들의 죗값을 담당할 수 있겠는가? 죄인은 자신의 죗값으로 받아야 할 자신의 멸망도 피하지 못한다. 우리를 죄에서 구속하실 이는 죄가 없으신 그리스도 예수님뿐이시다. 그러므로 그리스도께서 속죄하신 그의 보혈은 귀하다.

20 그는 창세 전부터 미리 알린 바 되신 이나 이 말세에 너희를 위하여 나타내신 바 되었으니. 이 구절은 계속해서 그리스도의 속죄의 핏 값이 얼마나 귀중한가에 대하여 말한다. 예수 그리스도는 "창세전"에 속죄제물로 예정되셨고, "말세에" 그렇게 "나타내신 바" 되셨다. 다시 말하면, 그 나타나심은 돌연적, 또는 우연적인 것이 아니고 영원 전부터 하나님이 예정하시고 실행해 오신 사실이므로, 우리에게 깊은 신뢰를 가져다준다. 그리스도의 죽으심이 이같이 오랫동안 깊은 구속 설계로 이루어진 것을 아는 우리는 요동함 없이 그리스도를 믿게 된다.

21 너희는 그를 죽은 자 가운데서 살리시고 영광을 주신 하나님을 그리스도로 말미암아 믿는 자니 너희 믿음과 소망이 하나님께 있게 하셨느니라. 그리스도의 부활은 자연법으로 된 것이 아니고 하나님의 능력으로 된 것이다. 이런 하나님을 믿는 자는 소망을 하나님께 둔다(고후 1:8-9 참조). 그리고 사람이 이런 하나님을 믿게 되는 것도 자기의 지혜로 할 수 없고 오직 그리스도의 능력으로만 이루어진다. 그러므로 믿음은 "하나님의 선물"이라고 하였다(엡 2:8). 믿음은 "하나

---

88) Theodore Zahn, De Befreinung einer in Haft befindlichen Person oder Sache gegen Zahlung eines Lösegeldes, Römerbrief, 178.

님의 선물"이라고 인정하는 그 마음이 믿음의 시작이다(고전 12:3 참조).

"그를 죽은 자 가운데서 살리시고 영광을 주"셨다 함은, 하나님께서 그리스도를 죽은 자 가운데서 부활시켜 승천하게 하신 것을 의미한다. 그는 승천하셔서 하나님 우편에 앉으시고 우리에게 성령을 부어 주셨다(행 2:33). 그 결과로 우리가 하나님을 믿게 되었으니 우리의 믿음은 그리스도로 말미암아 온 것이다.

"믿음과 소망이 하나님께 있게 하셨느니라." 여기서 말하는 "소망"은 '영생의 소망'이며(벧전 1:21; 3:15), 이 소망은 하나님께서 이루셨고 또 그가 이루신다. 이런 의미에서 그것이 하나님께 있다고 한다. 이 소망이 하나님의 능력으로 이루어졌다는 사상은 1: 3-5에도 있다.

22-25절. 믿는 형제들을 거짓 없이, 또는 뜨겁게 사랑하라는 권면. 베드로는 신자들이 믿는 형제들을 사랑함에 있어서, 거짓이 없이 뜨겁게 사랑할 수 있는 가능성을 그들의 영적 생명 구조에서 찾아냈다. 첫째, 그들의 영혼이 중생하여 순결하여진 것은(22절) 사랑을 거짓 없이 할 수 있는 가능성이요, 둘째, 그들을 중생시킨 생명 있는 복음의 말씀이 그들에게 내재하는 것도 뜨겁게 사랑할 수 있는 가능성이다.

22 너희가 진리를 순종함으로 너희 영혼을 깨끗하게 하여 거짓이 없이 형제를 사랑하기에 이르렀으니 마음으로 뜨겁게 서로 사랑하라. 여기서 "영혼을 깨끗하게" 한다 함은 전혀 죄가 없는 것을 의미하지 않는다. 테오도르 찬(Theodor Zahn)은 말하기를, "이것은 간악한 흉계가 없고, 불순한 음모가 없는 순전하고 진실한 마음을 가리킨다."라고 하였다.[89] "뜨겁게"란 말(ἐκτενῶς)은 오랫동안 유지해

---

89) Die Abwesenheit von arglistigen Hintergedanken und unlauteren Nebenabsichten die Aufrichtigkeit und schlichte Geradheit der Gesinnung.-Das Ev. d. Matth., 189.

나가는 사랑의 성질을 의미한다. 그들의 사랑이 이처럼 오래 지속될 수 있는 가능성은 그들에게 내주한 복음의 말씀이 썩지 않고 영원히 존재하는 생명이 있다는 사실에도 의거한다. 그것은 그다음 23-25절 말씀이 가르친다.

23 너희가 거듭난 것은 썩어질 씨로 된 것이 아니요 썩지 아니할 씨로 된 것이니 살아 있고 항상 있는 하나님의 말씀으로 되었느니라. "씨"(σπορά)란 말은 하나님의 말씀을 가지고 역사하시는 성령님의 은혜로운 역사를 가리킨다(Robert Johnston). 그것이 우리에게 성결의 시작을 가져오므로, "씨"라고 한 것이다. 그러므로 중생한 사람의 영혼도 성결에 있어서 완전해진 것은 아니다. 중생한 사람의 영혼도 어디까지나 불완전한 인간이고, 다만 성령의 능력으로 말미암아 영생할 자로 새로워져 가는 것뿐이다.

"살아 있고 항상 있는 하나님의 말씀." 앞에서는 "씨"라고 한 것이 여기서는 "말씀"이라고 불린다. 그 이유는, 성화를 시작하는(씨와 같이) 성령의 역사가 하나님의 말씀을 도구로 사용하여 일하시기 때문이다. 그것이 "살아 있"다 함은, ① 하나님이 영생하시는 것만큼, 그의 말씀도 영원히 존재한다는 의미이다(마 24:35 참조). ② 하나님의 말씀은 성령의 역사로 말미암아 인간에게 생명을 준다. 이처럼 그 역사가 생동력을 지녔다는 의미에서 그것이 살았다고 하는 것이다.

24-25 그러므로 모든 육체는 풀과 같고 그 모든 영광은 풀의 꽃과 같으니 풀은 마르고 꽃은 떨어지되 오직 주의 말씀은 세세토록 있도다 하였으니 너희에게 전한 복음이 곧 이 말씀이니라. 여기 포함된 인용 구절은 사 40:6-8에서 나온 것이다. 이 말씀은 인간을 "풀"에 비유하여 인간의 덧없음과 약함과 그 육신의 생명도 길지 못함을 지적한다. 거기에 더하여 그의 영광도 믿을 수 없는 것을 탄식하여 "꽃"과 같다고 한다. 그러나 환자가 있는 곳에 의사도 있는 것처럼, 그와 같이 볼 것 없는 인생을 치료하는 하나님의 영원하신 말씀도 있다고 한다. 베드로전서의 저자는 이렇게 말하여 인생으로 하여금 하나님의 말씀으로 돌아오게

한다. 인생은 "영원을 사모하는 마음"을 가졌는데(전 3:11), 그것 또한 하나님이 주신 것이다. 이제 사람에게 있는 이 마음의 소원을 하나님의 말씀이 채워 준다.

제 2 장

⚘ 내용분해

본 장은 1:13부터 시작된 신자의 책임에 대한 말씀이 이어진다. 1:18-21은 구속에 대한 교리이지만, 그것도 신자가 성화되어야 하는 이유로 기록된 것이다.

1. 갓난아이같이 신령한 젖을 사모하라고 함(1-3절)
2. 신령한 성전이 되는 동시에 제사장의 봉사를 하라고 함(4-10절)
3. 하나님의 영광을 위하여 경건하게 행하라고 함(11-12절)
4. 정부와 기타 위에 있는 자들에게 복종하라고 함(13-17절)
5. 의를 위하여 고난을 받으라고 함(18-25절)

⚘ 해석

1-3절. 갓난아이같이 신령한 젖을 사모하라고 함.

1 그러므로 모든 악독과 모든 기만과 외식과 시기와 모든 비방하는 말을 버리고. "악독"(κακίαν)은 남을 해하려는 독한 마음이고, "기만"(δόλον)은 남을 해하려는 속임수이다. "외식"(ὑποκρίσεις)은 겉으로 선하게 보이는 말을 하지만, 정작 그 말에 해당하는 내용은 행하지 않는 것이고, "시기"(φθόνους)는 "투기"라고 개역하는 것이 적합한데, 이것은 노골적으로 남이 잘되는 것을 방해하는 행동을 의미한다. "비방하는 말"(καταλαλιάς)은 다른 사람을 악하게 평하고 욕하는 말이다.[90)]

이 모든 죄악들은 중생한 새사람의 아이 같은(2절) 특성, 곧 간사하지 않고 순진한 성격과 대조된다. 이런 죄악들은 이 세상에서 오랫동안 죄를 쌓아온 옛사람에게 속한 것이므로 천국의 갓난아이인 그리스도 신자들은 그것들을 버려야 한다.

2 갓난 아기들 같이 순전하고 신령한 젖을 사모하라 이는 그로 말미암아 너희로 구원에 이르도록 자라게 하려 함이라. 여기서 "순전하고 신령한 젖"이란 말(τὸ λογικὸν ἄδολον γάλα)을 직역하면, '간사함이 없는 말씀(혹은 도리)의 젖'이란 의미이다. "간사함이 없다" 함은 하나님의 말씀에 다른 것이 섞이지 않았다는 의미이고, "신령한 젖"은 하나님의 말씀을 젖에 비유한 말이다. 베드로가 여기서 "신령한 젖"이란 말을 사용한 것은 이 글을 받을 자들의 영적 생활을 유아기처럼 어리게 생각해서가 아니다. 베드로는 여기서 바울과 다른 관점에서 이 말을 사용하면서(참조. 고전 3:1; 히 5:12), 그리스도 신자가 언제든지 악에 대하여는 순진하여 악을 범하지 않고 아이같이 되기를 원한다(참조. 롬 16:19; 고전 14:20). 이처럼 그가 그리스도 신자들을 갓난아이로 보고 그들을 위한 영의 양식인 하나님의 말씀을 "젖"으로 비유한 것은 자연스러운 어법이다.

"신령한 젖"(λογικὸν γάλα)이란 문구에서 "신령"(λογικόν)이란 단어에 대

---

90) Greijdanus, Kommentaar op Het Nieuwe Testament, XIII, 1929, 85-86.

하여 라이첸슈타인(R. Reitzenstein)은 말하기를, 이것이 헬라의 신비종교(Mystery religions)에서 사용한 '신화'(사람이 신이 됨)의 의미를 가진다고 하였다. 그러나 그것은 성경의 용어를 신비종교의 의미로 억측한 것뿐이다. 성경에는 인간을 신화하는 사상이 전혀 없다. 크레다너스(Greijdanus)는 이 구절을 해석하면서 라이첸슈타인의 그 같은 견해를 반대하였다.[91)]

설교 구원에 이르도록 자라게 하는 신령한 젖(1-2절)

1. 영적 생활에 성장이 필요함

에베소서 4:13에, "그리스도의 장성한 분량이 충만한 데까지" 성장하라고 하였고, 에베소서 4:15에는, "범사에 그에게까지 자랄지라"고 하였다. 우리는 그리스도와 함께 후사가 될 자들이므로, 우리의 표준은 그리스도에게까지 성장하는 것이다(우리의 성결 정도가 실제로 그의 수준에 미친다는 의미는 아니다). 누구든지 신앙이 성장하는 것을 싫어하는 자는 그리스도와 함께 살기를 싫어하는 자이다. 우리가 그리스도에게까지 자라나는 것은 우리 힘으로 되는 것이 아니고, 그리스도로 말미암는 것이다. 곧 우리 속에 그리스도께서 내재하시는 분량이 커 갈수록 그리스도의 분량에 가까워지는 것이다. 그러므로 이 성장은 주님을 높이고 나 자신을 낮추는 것에서 시작된다. 우리가 우리 자신을 낮추는 것이 진리와 사실 앞에서 정직한 태도 아니겠는가? 우리에게 참으로 좋은 것이 있다면 그것은 그리스도께서 우리 안에 내재하신 덕분이 아니겠는가? 자기를 높이는 행동은 모두 다 거짓된 것이며 물거품과 같은 것이다. 우리는 거짓된 사랑보다 진리의 채찍을 사랑할 줄 알아야 한다. 우리가 낮아지면 그리스도는 자동적으로 높아진다. 그 이유는, 자기를

---

91) Kommentaar op Het Nieuwe Testament, XIII, 1929, 87-88.

낮추는 자는 그리스도의 보혈밖에는 자기에게 소망이 없다는 것을 알기 때문이다.

2. 영적 생활의 성장에는 하나님의 말씀이 양식처럼 요구됨

인간은 생존 경쟁이 심한 이 세상에서 처세술, 혹은 생활 대책이란 것을 가진다. 누구든지 그 처세 방법으로 악독, 궤휼, 외식, 시기, 비방 등을 취하는 것은 죄악이다. 그렇게 하는 것은 결국 생활 대책이 아니고 멸망 대책인 것이다. 사도 베드로는 여기서 그런 생활 대책을 버리고 갓난아이들같이 순전하고 신령한 젖을 사모하라고 한다. 신자는 하나님의 말씀으로 거듭났기 때문에 그것만이 그의 양식이 된다.

하나님의 말씀이 우리가 장성하게 하는 양식이 되는 이유는 무엇인가? 그것은 하나님의 말씀이 생명의 역사를 하기 때문이다. 스펄전(Spurgeon)은 하나님의 말씀이 살아있음을 증명하여 말하기를, "우리가 그 말씀에 순종할수록 그 말씀도 응답하는 듯이 열린다."라고 하였다. 아우구스티누스는 로마서 13:13-14의 말씀으로 은혜를 받았고, 루터는 로마서 1:17의 말씀으로 은혜를 받았다. 교회 역사가인 도비뉴(D'aubigne)는 에베소서 3:20-21의 말씀으로, 스펄전은 이사야 45:22의 말씀으로, 무디는 로마서 10:17의 말씀으로 각각 다시 사는 은혜를 받았다. 이 밖에도 숨은 성도들의 성경 체험은 너무 많아서 이루 다 말할 수 없다.

3 너희가 주의 인자하심을 맛보았으면 그리하라.

이것은 시편 34:8의 인용인데, 그들이 신령한 젖을 사모하게 될 이유를 보여 준다. 한번 어머니의 가슴에서 젖을 빨아본 아기는 다시 그 젖을 사모하게 된다. 여기서 말한 "주의 인자하심"은 그리스도 안에서 느낄 수 있는 삶의 맛을 가리킨다. 영혼의 안식처는 그리스도밖에 없다(Calvin). 이 문구 해석에 있어서 크레다너스는 여기서 "주의 인자"는 완전히 계시된 복음을 가리킨다고 하였다.[92] 이 두 가지 해석은 별로 다르지 않다.

설교 주님의 인자하심을 체험하려면(1-3절)

1. 인간을 상대로 하는 투쟁을 버려라(1절)

바울은 말하기를, "우리의 씨름은 혈과 육을 상대하는 것이 아니요 … 하늘에 있는 악의 영들을 상대함이라"(엡 6:12)고 하였다. 그러므로 우리는 남을 해하려고 악독, 시기, 속임수(궤휼, 외식)와 악한 선전(비방)을 일삼지 말아야 한다. 지금 교계의 난제는 공중에 권세 잡은 자, 곧 마귀의 역사인데, 앞에서 말한 방법으로는 이러한 것들을 물리칠 수 없다. 마귀가 악한 선전을 무서워하는가? 아니다. 우리가 사람을 상대로 싸우면 ① 주님의 백성이 손해를 보고, ② 우리 마음에 미움이 자라나 우리의 영적 생명이 쇠퇴한다.

2. 신령한 젖을 사모하자(2절)

하나님의 말씀을 가리켜 "젖"(음식)이라고 한 것은, 우리 인격의 중심인 영혼이 그 말씀을 지켜야 살기 때문이다. 육신은 물질적인 양식으로 살지만, 하나님의 형상인 영혼은 하나님의 말씀으로 살게 된다. 하나님의 말씀을 사모하는 구체적 행위는 몇 가지가 있는데, ① 성경을 상고함(행 17:11). ② 성경을 깨닫기 위해 기도함(시 119:125, 130). ③ 성경 말씀을 지키려고 애쓰고 힘씀(약 1:25)이다.

하나님의 말씀을 사모하는 목적은 그것을 먹는 것이다. 말씀을 먹는다는 것은 그것을 맛있게 받는 것을 가리킨다. 성경 말씀을 암송하는 것도 좋지

92) Evangelie in Zijne Volheid en heerlijkheid, 1:25; 2:8; 3:1; 약 1:21.

만, 그보다는 성경을 바로 깨달을 때 그 맛을 더 알게 되므로 그것이 영적 양식이 된다. 성경 말씀을 달게 먹는 자는 변증론을 배우지 않고도(불신자들에게 우리의 신앙 변증이 필요하기는 하지만) 하나님을 안다. 성경 말씀의 맛이 곧 하나님의 맛이다. 스펄전은 말하기를, "나는 책을 먹는 벌레다."라고 하였는데, 이것은 그가 성경의 뜻을 깨달아 그 말씀을 달게 받게 됨을 의미한 말이다. 그러므로 설교자는 무엇보다도 그 자신이 성경 말씀을 달게 먹으면서 하나님의 양떼에게 성경을 잘 먹여야 한다.

하나님의 말씀을 먹는 자가 받는 복은 무엇인가? 하나님과의 교통이 이루어져 ① 심령이 평안해지고(시 116:7), ② 믿음과 덕이 장성하고(벧전 2:2), ③ 하나님의 보호와 구원을 받게 된다(벧전 2:3).

설교 어린아이같이 되어라(1-3절)

사람들은 흔히 어린아이를 업신여긴다. 그들은 어린아이들을 선생으로 여기지 않는다. 그러나 천국에서는 어린아이가 선생이다.

1. 하나님의 능력을 세우는 어린아이같이 되자

시편 8:2에 말하기를, "어린 아이들과 젖먹이들의 입으로 권능을 세우심이여"라고 하였다. "권능을 세우신다"는 말은 하나님의 권능을 증거하며 찬송하는 것을 의미한다. 곧 그들은 강퍅하지 않으며 솔직하여 좋은 것을 좋게 느낀다. 또한 그들은 자연물들을 기뻐하며 즐김에 있어서 장성한 사람들보다 예민하다. 그들은 그만큼 하나님의 능력으로 나타내신 만물의 목적(사람들로 하여금 하나님을 찬송하게 하는 목적)을 세워 준다. 그들은 하나님의 능력에 대한 감수성이 민감하기 때문에 그 시절은 "주의 교양과 훈계로 양육"(엡 6:4)받기에 적당하다. 과거에 믿음이 군세었던 성도들은 대체로 이 시절에 회개하고 종교 교육을 바르게 받은 이들이었다. 근대의 리처드 백스터 목사는 여섯 살 때 회개하고 믿었고, 주석가 매튜 헨리는 열한 살 때, 아이작 와츠는 아홉 살 때, 조나단 에드워즈는 일곱 살 때에 각각 회개하고 그리스도를 믿었다고 한다. 이처럼 어린아이 시절은 하나님의 말씀을 잘 받고 또한 많은 신앙의 열매를 맺을 수 있는 계기가 된다. 우리 장성한 사람들의 결점은 감수성이 부족하고 마음이 강팍한 것이다. 장성한 사람은 하나님의 말씀을 많이 들었기 때문에 그것에 대하여 민감하지 못하다. 하나님의 말씀은 옛것이지만 여전히 새것임을 알아야 한다. 그 이유는, 그 말씀의 내용이 무한한 생명력을 지녔기 때문이다. 하나님의 말씀은 한 구절을 가지고 수천 년 동안 설교하여도 끝이 나지 않는다. 그러므로 우리는 하나님의 말씀에 대하여 어린아이들처럼 예민한 감수성을 가지고 받아들여야 한다.

2. 독사의 구멍에서 장난하는 아이처럼 될 것을 생각하고 행하자

이사야 11:6-8에 보면, "그 때에 이리가 어린 양과 함께 살며 표범이 어린 염소와 함께 누우며 송아지와 어린 사자와 살진 짐승이 함께 있어 어린 아이에게 끌리며 암소와 곰이 함께 먹으며 그것들의 새끼가 함께 엎드리며 사자가 소처럼 풀을 먹을 것이며 젖 먹는 아이가 독사의 구멍에서 장난하며 젖 뗀 어린 아이가 독사의 굴에 손을 넣을 것이라"고 하셨다. 이 말씀을 보면, 영원한 안식 세계에서는 만물이 아이들에게 순종하고 있다. 이 아이들은 하나님을 믿고 순종하는 하나님의 자녀들을 비유하기도 한다. 최후의 영광 세계에 들어간 자들은 아이와 같다. 그것을 보아도 아이같이 믿고 순종하는 덕은 결국 이기는 자의 덕이다(요일 5:4 참조). 그러므로 우리는 하나님 앞에서 믿고 순종하는 덕이 영원토록 가치 있는 것임을 알아야 한다. 따라서 우리는 이 성품(믿고 순종하는 성품)이 우리 안에 자라나게 하도록 힘을 다해야 한다.

1) 진정한 아이의 성질(믿고 순종하는 성질)을 가지면, 그것이 약한 것 같

으나 강함. 사도 바울은 말하기를, "내가 약한 그 때에 강함이라"(고후 12:10) 고 하였다. 중세의 성자 클레르보의 베르나르두스(Bernard)는 아이 같은 성품의 소유자였다. 그러므로 그의 설교에는 힘이 있어서 "듣는 자들이 정신을 잃은 것처럼 녹아버렸다."라고 전해지고 있다.

2) 진정한 아이의 성품은 최후의 영광 세계에서 복락을 누림. 그 아이들이 독사의 구멍에서 장난하는 이유는, 아버지께서 그 세계의 모든 해로운 것을 제거하셨기 때문이다. 이 아이들(하나님의 자녀들)은 앞날을 위하여 걱정할 것도 없이 안식을 누린다. 곧 최후의 영광 세계에서 하나님의 자녀들은 기쁘게 영원토록 영광의 기업을 누릴 뿐이다. 예수님께서 말씀하시기를, "온유한 자는 복이 있나니 그들이 땅을 기업으로 받을 것임이요"(마 5:5)라고 하셨다.

4-10절. 신령한 성전이 되는 동시에 제사장의 봉사를 하라고 함.

4 사람에게는 버린 바가 되었으나 하나님께는 택하심을 입은 보배로운 산 돌이신 예수께 나아가. 이것은 예수님께서 십자가에 못 박혀 죽으셨다가 다시 살아나신 사실을 염두에 두고 한 말씀이다. 사람이 버렸어도 버려지지 않는 하늘의 보험을 가지신 "산 돌"이신 예수님만이 영원한 천국(참된 교회)의 기반이시다. 그러므로 택하심을 받은 모든 신자들은 그에게로 나아갈 때 하나님의 말씀을 중심으로 모인다. "산 돌"에 대하여 크레다너스는 말하기를, "그는 그 자신이 살았고, 그 자신이 생명이시고, 또 생명을 주신다. 또한 그가 견고하심으로 다른 사람을 견고하게 하시고, 그에게 부딪치는 자를 부서뜨리신다."라고 하였다.[93)]

5 너희도 산 돌 같이 신령한 집으로 세워지고 예수 그리스도로 말미암아 하나님이 기쁘

---

93) Greijdanus, Kommentaar op Het Nieuwe Testament, XIII, 1929, 91.

게 받으실 신령한 제사를 드릴 거룩한 제사장이 될지니라. 앞의 구절들은 개인 신자의 영적 생명이 성장해야 할 것을 가리키고, 이 구절부터 10절까지는 신자의 단체생활(교회 생활)의 건전한 성장을 권장한다.

그들의 개인 생활에는 "갓난아이같이" 신령한 젖을 사모하는 것이 필요하였다. 신자는 연령이 높아 갈수록 더욱 하나님의 말씀을 갈망하는 것이 강하여 조금 더 갓난아이처럼 되어 가는 것이 요구된다. 그러나 다른 한편으로는 그들의 단체적 성장이 수반되어야 한다. 신앙생활에 있어서 독선주의는 성경적이지 않을 뿐 아니라 위태하다. 그 이유는, 나 개인의 신앙생활도 나 한 사람의 힘으로만 해 나갈 수 없고 무수한 다른 사람들(그리스도의 몸에 속한 다른 지체들)의 협력을 필요로 하기 때문이다.

신자는 이런 단체(즉 "집"으로 비유된 단체)의 성장을 얻기 위하여 표면적으로 다른 사람들을 찾아 나아간다. 그러나 그 목적은 인간들에게 나아가는 것이 아니라 모든 사람들과 함께 "산 돌"이신 예수께 나아가는 것이다. 교회가 세워지는 터는 그리스도여야 하고, 방향도 그리스도여야 하고, 그 하는 모든 일도 그리스도로 말미암고, 그리스도를 중심으로 해야 한다.

"너희도 산 돌같이"란 것은 그리스도를 믿는 자들이 성령으로 말미암아 중생하여 그리스도를 닮아 가는 사실(요 14:19)을 염두에 두고 한 말씀이다.

"신령한 집"은 신자들의 단체, 곧 "교회"를 가리키는데, 그것은 ① "신령한"(πνευματικός, "성령적")이라고 하였으니, 전적으로 성령의 역사를 의존한다는 뜻이다. 그 구성원들은 성령님으로 말미암아 봉사하는 단체(신령한 자들)가 되어야 하고, ② "집"이라고 하였으므로, 그 구성원들이 성령님의 내적 교통으로 가족적인 참사랑의 교제(빌 2:1-2)가 있는 단체생활을 해야 한다(참조. 마 10:6; 딤전 3:4-5; 딛 1:11). 크레다너스는 말하기를, "이것은 신자들이 함께 하나님께서 계실 영적 처소를 만드는 것이다. 거기에 그가 계셔서 그의 영광을 나타내시며, 영적 교제의 즐거움을 주신다"고 하였다.

"세워지고"(οἰκοδομεῖσθε)라는 말은 일반 신자들이 어떻게 처신해야 할지를 보여 주는 것으로, 그들의 피동적인 위치를 의미한다. 피동적 위치란 것은 무엇인가? 이것은 그들이 하나님의 말씀에 순종하는 태도를 말한다. 하나님의 말씀은 완전하기 때문에 우리는 그 말씀을 그대로 따르기만 하면 목적을 이룬다. 나는 사해에서 헤엄쳐 본 일이 있다. 그 물에서 내가 내 몸을 움직일 때에는 몸이 뜨지 않았다. 그러나 내가 가만히 있었더니 내 몸이 잘 뜨는 것을 체험하였다. 루터는 말하기를, "순종은 기적보다 낫다"고 하였다.

"신령한 제사"는 로마서 12:1의 말씀과 같이 우리의 몸을 하나님께 드리는 것이다. 그것은 인위적으로 되는 것이 아니라 ① 그리스도께서 속죄해 주신 은혜와 중보해 주시는 은혜를 받아야 할 수 있고, ② 성령님의 역사(중생, 신앙, 성화의 역사)를 받아야만("신령한" 사람이 되어야) 할 수 있다. "제사장"이란 말(ἱεράτευμα)은 "제사장 단체"라고 번역하는 것이 옳다(Hort). 베드로는 이 편지에서 그리스도 신자들(교역자와 일반 신자들)이 다 함께 제사장이라는 사실을 가르쳐 준다(벧전 2:9). 그의 견지에서 그들은 함께 이루어진 하나의 건축물과 같고, 함께 구성된 하나의 제사장 단체인 것이다. 이 일체성이 그리스도 중심, 하나님의 말씀 중심으로 하는 그리스도 교회의 근본 요소이다. 이것은 하나님께서 그렇게 지으신 것이다.

설교 구원에 이르도록 자라나는 교회(1-5절)

1. 계속 버리는 것이 있어야 자라남(1절)

신자는 죄를 깨닫고 그것을 버리는 회개의 열매를 맺어야 영적으로 자라난다. 본문 1절이 우리에게 가르치는 대로 "악독", "기만", "외식", "시기", "비방하는 말", 이 다섯 가지 죄는 모두 이웃을 해하는 악이다. 이 모든 죄악 중 "악독"이 그 근본이다. "악독"이란 것은 다른 사람을 대적하려는 악한 마음으로, 아무에게도 마음을 열지 않는 것이다. 그리고 자기가 괜찮은 사람인 것처럼 자기를 보호하려고 거짓으로 처세하며, 외식하며, 투기하며, 비방한다. 이와 같은 죄악이 범하는 사람들은 갓난아이 같지 않고 오랫동안 닳아지고 굳어진 자기 방어의 굳은 성벽으로 둘러싸여 있다. 그들은 영적으로 전진도 없고 성장도 없다.

2. 하나님의 말씀을 먹어야 자라남(2절)

본문 2절에 하나님의 말씀을 "순전하고 신령한 젖"이라고 하였고, 그 젖을 "사모하라"고 하였다. 여기서 "사모한다"는 말은 '간절히 원한다'는 뜻이다. 하나님의 말씀이 왜 "젖"으로 비유되었을까? 그 이유는, ① 우리가 성령의 감동으로 그 말씀을 읽고 깨달으면 그 말씀이 우리 영혼의 양식이 되기 때문이다. ② 우리가 그 말씀을 바로 먹어야만 우리의 영혼이 구원에 이르도록 자라나기 때문이다.

3. 신령한 집으로 세워져야 함(4-5상)

"신령한 집"으로 세워진다는 것은 성령께서 신자들 속에 거하셔서 신자들 자신이 하나님을 모신 성전이 되었다는 뜻이다. 신약 시대에는 예배 처소로 사용되는 건물, 즉 예배당이 성전이 아니다. 성경은 우리에게 명령하기를, "오직 너희를 부르신 거룩한 이처럼 너희도 모든 행실에 거룩한 자가 되라"(벧전 1:15)고 한다(참조. 고전 3:16-17; 6:19-20).

4. 신자마다 제사장의 책임을 다해야 됨(5하)

성경은 모든 참된 신자들을 가리켜 "제사장"이라고 말한다(2:9). 제사장은 하나님께 제물을 드리는 자인데, 신약 시대에는 신자 자신이 제물이다. 하나님은 그의 "자비하심"으로 신자들을 그리스도 안에서 제물로 받으시기를 기뻐하신다(롬 12:1). 하나님의 이 사랑을 받아들이는 것이 우리의 믿음이고, 이 믿음으로 행하는 것이 우리의 영적 예배이다. 그러므로 신자들의 참된 믿음이 그들의 헌금이나 모든 봉사 행위보다 앞서야 한다. 하나님께 제물이 된 신자들은 자기의 생명이 주님께 바쳐졌는지 확인해야 한다. 교역자나 교인이나 모든 신자는 다 제사장이므로, 그들 모두 하나님을 기쁘시게 할 지식(성경 지식)을 가져야 된다(말 2:7-9 참조). 또한 신자들은 모두 다 훈련을 받아 그리스도의 증인이 되어야 한다.

설교 산 돌(4-5절)

1. 그리스도께서 산 돌이심(4절)

여기 "돌"이란 말이 나오는 이유는 무엇인가? 그것은 베드로가 여기서 교회(부르심을 받은 공동체)를 건물(성전)로 비유하면서, 그 기초를 든든한 돌로 생각하기 때문이다. 교회의 터는 그리스도이시므로, 그 터는 요동하지 않는다. 그리고 이 돌은 "산 돌"(다시 사신 예수)이다.

이제 우리는 예수님의 부활이 어떠한 성격을 지니는지 생각해 보자. 예수님의 부활은 그 어떤 변증도 필요하지 않는 자명한 사실이다. 이는 태양의 밝음을 증명할 필요가 없는 것과 같다. 우리가 지구를 지렛대로 움직일 수 없다는 것도 자명한 사실이다. 그리스도의 부활이 그러하다. 본문에 "사람에게는 버린 바가 되었으나 하나님께는 택하심을 입"었다는 것은, 사람들의 죄악을 이기고 나타난 의라는 말과 같다.

그의 부활은 의의 원천이다. 그것은, ① 의의 진실성을 지녔다. 그것은 우연히 일어난 일이 아니고 성경적인 진리이다(고전 15:3-4). ② 의의 영원성을 지녔다. 그것은 일시적인 현상이 아니고 하나님의 영원한 의지적 결정이다(벧전 1:20-21).

그렇다면 이 부활은 어떤 성질을 가졌는가? 그것은 영원한 생명인 동시에 의이다. 생명과 의의 결정체로 되어 있는 것이 예수님의 부활이다. 본문에 "사람에게는 버린 바가 되었으나 하나님께는 택하심을 입은 보배로운 산 돌"이라고 한 것은, 인간의 죄는 그를 죽였으나 의로우신 하나님은 그를 살리셨다는 것이다(행 3:14-15; 4:10). 하나님은 다윗의 입을 통하여 "주의 거룩한 자를 멸망시키지 않으실 것"(시 16:10)이라고 예언하신 대로 이루셨다. 그러므로 그리스도의 부활은 의의 승리이며, 의 자체이다. 우리는 성경에서 다음과 같은 말씀을 본다. 요 16:10에는 예수님의 부활을 가리켜 "의"라고 하였고, 롬 4:25에는 "예수는… 우리를 의롭다 하시기 위하여 살아나셨느니라"라고 하였고, 롬 8:10에는 "영은 의로 말미암아 살아 있는 것이니라"라고 하였다(벧전 1:3 참조). 이러한 말씀과 같이 예수님의 부활은 죄악과 정반대되는 의이므로, 우리는 그 신빙성에 대하여 변론할 필요조차 없다.

2. 우리도 "산 돌"이 됨(5상)

우리가 어떻게 하면 "산 돌"이 되는가? 그것은 본문이 잘 보여 준다. 즉 "산 돌이신 예수께 나아"가면 된다. 그렇다면 예수님께 나아간다는 것은 무슨 뜻인가? 그것은 우리가 예수님을 믿는 것을 가리킨다(요 6:35).

그러나 주의할 것이 있다. 우리가 예수님께 나아갈 때에는 자기를 좋게 꾸며서 나아가려고 하면 안 된다. 곧 ① 회개한 후에 그에게 나아가려고 하지 말 것. 회개도 예수님의 인도하심을 따라 해야 하므로 그저 그에게로 나아가야 온전하게 이루어진다. ② 마음을 조금 부드럽게 한 뒤에 그에게 나아가려고 생각하지 말 것. 마음을 부드럽게 하실 수 있는 이도 예수 그리스도뿐이시다. ③ 예수님에 대한 지식을 쌓은 후에 그에게 나아가려고 하지 말 것. 참된 지식도 오직 예수 그리스도께서 주신다.

"너희도 산 돌같이 신령한 집으로 세워지고"란 말씀을 자세히 살펴보

자. 신자가 살았다는 것은 무엇인가? 그것은 스킬더(K. Schilder)의 말과 같이, "하나님과 평화롭게 교제하는 삶"을 말한다.[94] 그러므로 산 자는 다른 신자들과 함께 영적 성전, 곧 참된 교회가 된다. "신령한 제사"는 무엇인가? 여기서 "제사"라고 번역된 헬라어(θυσία)는 "제물"이라고 개역해야 한다. 칼빈을 비롯한 모든 주석가들이 이 단어를 그렇게 번역하였고, 영어 번역(Authorized Version: sacrifice)도 그렇게 되어 있다. 그러면, "신령한 제사"란 것은 무엇을 의미하는가? "신령한"(πνευματικός)이란 말은 신약에서 "성령"과 관련되어, '성령으로 말미암은', 혹은 '성령의 영향력을 받은', 혹은 '성령적'이라는 의미를 가진다. 이 세 가지 표현은 거의 동일한 말이다. 구약 시대의 "제사"는 짐승을 죽여서 바치는 것이었다. 신약 시대에도 제사란 말에 "죽임"의 의미가 포함되어 있으며, 그것은 성령으로 말미암아 신자의 육(부패성)이 죽는 것을 가리킨다. 그것이 여기서 말하는 "신령한 제사"이다. 영적으로 자기를 죽이는 제사가 바로 삶의 제사이며, 하나님께 바치는 제사이다. 그것이 산 제물을 성립시킨다(롬 12:1). 어느 날 조지 뮬러에게 어떤 사람이 찾아와서 봉사의 비결을 물었다. 그는 대답하기를, "나는 과거의 어느 날 이미 죽었다. 조지 뮬러에 대하여 죽었고, 세상 사람들의 칭찬이나 책망에 대하여 죽었다."라고 하였다. 우리도 경건을 위해 많은 시간을 사용하면 이렇게 될 수 있다. 거룩해지기 위해서 시간을 쓰라(Take time to be holy).

6-10절. 여기서는 앞에 있는 4-5절에서 언급한 사실을 예언적 진리가 성취된 것이라고 한다. 신자들은 자신이 이와 같은 구원사적 행복에 참여했음을 확신해야 한다. 첫째, 그들이 신뢰하는 그리스도께서 "산 돌"이신 사실(4절)이 곧 예언이 성취된 것이니(사 28:16) 얼마나 믿을 만한가! 둘째, 그 믿음

---

94) Leven is: bestaan in Vrede en in harmonie met God als Vader.

을 가질 수 있는 사람들은 얼마나 복된가! 그들이야말로 예언(미리 기록)된 것같이, 부끄러움을 당하지 아니할 사람들(사 49:23-믿은 대로 구원을 받아 실망하지 않을 사람들)이다. 다시 말하면, 그들이 신자가 된 것은 이미 하나님께서 예정하시고 예언하신 대로 성취된 결과이다. 그러므로 그들의 행복은 말할 수 없이 크다. 이 신앙에 참여하지 못할 자로 유기된 자들이 있음에도 불구하고(벧전 2:7-8), 그들만은 거기에 참여한다. 그들은 자신들이 "택하신 족속", "왕 같은 제사장", "거룩한 나라", "그의 소유가 된 백성"(9절)이 된 사실을 찬송하지 않을 수 없다.

6 성경에 기록되었으되 보라 내가 택한 보배로운 모퉁잇돌을 시온에 두노니 그를 믿는 자는 부끄러움을 당하지 아니하리라 하였으니. 이 구절은 이사야 28:16를 인용한 것이다. 여기서 "모퉁이"란 말의 헬라어(ἀκρογωνιαῖος)는 히브리 원어 "로쉬 피나"(ראשׁ פִּנָּה)의 번역이다. 그런데 이것은 건축물에 있는 어느 돌을 가리키는 것인가? 크레다너스가 소개한 대로 [95]학자들의 해석은 다음과 같이 나뉜다. ① 그랜트(W. M. Grant)는 이것을 집의 현관이나 기초의 중요한 곳에 외관미나 혹은 견고하게 하기 위하여 설치되는 돌이라고 한다. ② 예레미아스(J. Jeremias)는 말하기를, 이것은 초석도 아니고 모퉁이 돌도 아니고 현관 돌일 것이라고 하였다.[96] ③ 칼빈은 이것을 가옥의 두 벽을 연결하는 모퉁이에 설치되는 돌로 생각하였다. 예수 그리스도는 이 요긴한 돌과 같으셔서 유대인과 이방인을 연합시켜 교회를 세우신 것이다(엡 2:11-22 참조).

요세푸스(Josephus)는 성전의 "모퉁이 돌"에 대하여 다음과 같이 말하였다. "그 돌의 길이는 20야드요, 그 넓이는 10야드요, 그 두께는 5야드이다."[97]

---

95) Kommentaar op Het Nieuwe Testamet, XIII, 1929, 95-96.

96) ἀκρογωνιαῖος bezeichnet nie den Grundstein oder...Eckenstein, wahrscheinlich aber den über dem Portal befindlichen Schlussstein des Baus.

97) καὶ τὸ μὲν μῆκος ἑκαστῆς πηγῶν ἦν εἴκοσι δέκα τε εὖρος καὶ λίθος πέντε -de Bello Judaico, VI, 13.

"그를 믿는 자"(ὁ πιστεύων ἐπ' αὐτῷ)는 '그 위에서 신뢰하는 자'라는 의미이다. 이는 마치 건축물이 그 힘을 받는 모퉁이 돌에 의지하고 서 있는 것처럼, 진정한 교회의 구성원은 오직 그리스도 위에서 그분을 의지하며 서는 것이다. "부끄러움을 당하지 아니하리라"란 것은 그가 신뢰한 대로 목적을 이루고 실망하게 되지 않는다는 의미이다.

7-8 그러므로 믿는 너희에게는 보배이나 믿지 아니하는 자에게는 건축자들이 버린 그 돌이 모퉁이의 머릿돌이 되고 또한 부딪치는 돌과 걸려 넘어지게 하는 바위가 되었다 하였느니라 그들이 말씀을 순종하지 아니하므로 넘어지나니 이는 그들을 이렇게 정하신 것이라. "믿는 너희에게는 보배이나." 6절 앞부분에서 말한 것과 같이, 그리스도께서는 믿는 자들에게 참으로 "보배"가 되셔서 구원을 주신다는 말씀이다.

"믿지 아니하는 자에게는… 부딪치는 돌과 걸려 넘어지게 하는 바위가 되었다 하였느니라"(참조. 시 118:22; 사 8:14). 이 구절의 요점은 ① 그리스도를 믿지 않는 자들은 마침내 그들의 어리석음이 드러나는 때가 있다는 것이다. 그들은 진리를 아는 것처럼 교만하게 예수님을 저버린다. 그러나 그들이 버린 예수님은 참으로 그리스도요 구주로 드러났고, 또 드러날 것이다. 그것은 마치 건축자들이 어떤 돌을 쓸데없는 줄 알고 버렸으나, 그 돌이 집 모퉁이의 요긴한 돌이 된 것과 같다. ② 그리스도를 믿지 않는 자들은 그들의 발이 돌에 부딪혀 넘어지는 것처럼 그들의 불신앙 때문에 하나님의 형벌을 받을 때가 있다는 것이다(Robert Johnston)(참조. 잠 4:19; 렘 13:16; 마 21:42-44; 눅 20:17-18).

9 그러나 너희는 택하신 족속이요 왕 같은 제사장들이요 거룩한 나라요 그의 소유가 된 백성이니 이는 너희를 어두운 데서 불러 내어 그의 기이한 빛에 들어가게 하신 이의 아름다운 덕을 선포하게 하려 하심이라. "족속"이란 말(γένος)은 출생 계통이 같은 사람들을 가리키는 명사이다. 여기서는 이것이 영적으로 같은 계통에서 출생한 자들, 곧 같은 영적 가족을 말한다.

"왕 같은 제사장들"이란 말(βασίλειον ἱεράτευμα)은 '왕의 제사장들'이란 뜻이다. 이것은 그들이 그리스도로 말미암아 하나님을 섬기고, 또 그리스도와 연합하여 그리스도의 왕의 영광에 참여하는 것(왕 노릇 함)을 가리킨다. 성경에 "왕 노릇 함"(롬 5:17)으로 번역된 헬라어(βασιλεύω)는 "다스림"이라고도 번역된다(영어로는 reign). 즉 다스림이나 왕 노릇 함은 결국 같은 의미이다. 그렇다면 신자에게 속한 왕권의 의미는 무엇인가?

1) 인류가 타락하기 전으로 돌아가서 생각해 보면, 본래 인류에게 주신(창 1:28; 2:15) 다스리는 권세는 하나님을 위하여 만물 앞에서도 부끄럽지 않은 인격(신앙, 경건, 순결의 소유자)으로 만물을 정복하고 성도들을 위해 봉사하는 것이다(마 20:25-28). 이것은 "세상의 상속자"(κληρονόμος κόσμου)가 되는 복이다. 또한 이것은 인간이 범죄하기 전의 인류의 본연이며 본질에 속한다. 하나님께서는 인류가 그 일을 할 수 있도록 우리 조상 아담을 지으셨는데, 그가 범죄한 후 인류는 이 다스리는 복을 상실하였다(창 3:17).

2) 신약적인 구원론에서 신자의 왕권은 내세에 모든 신자가 그리스도 안에서 마귀와 죄와 사망을 이기고(고전 6:2-3) 성화된 인격으로 하나님과 사람들을 섬긴다는 것이다(마 23:9-12). 이것은 만유의 상속자이신(히 1:2) 예수 그리스도께서 죽으셨다가 다시 사신 승리로 인류에게 되찾아 주신 것이다. 칼빈은 말하기를, "그리스도께서는 우리가 잃어버렸던 상속권을 회복해 주시기 위하여 사람의 성품을 입으셨고, 또한 상속권을 취하셨다"고 하였다.[98] 그러므로 우리 신자들이 "상속자"가 된다는 것은 "그리스도와 함께 한 상속자"(롬 8:17)가 되는 것이다(고전 3:21-23 참조).

루터는 다음과 같이 중요한 해석으로 보충하였다. "그리스도 신자들을 '왕'이라고 하는 것은 그들이 금 면류관을 썼다거나, 영토와 백성을 가졌다

98) Philip E. Hughes, Commentary on The Epistle to The Hebrews, 1977, 39.

는 의미가 아니라, 그들이 만물과 죽음과 죄와 지옥을 이긴다는 의미이다. 누구든지 그리스도를 믿으면 그리스도께서 지금 왕이신 것처럼 그도 장차 그리스도 안에서 왕이다."[99]

결론적으로 말해서, 신자가 내세에 왕 노릇 한다는 것은 어디까지나 구원의 본질을 말하는 것이고, 상급처럼 더 가지는 것을 의미하지 않는다. 사람들은 다스린다는 말을 들을 때 인류에 봉사하는 것(눅 22: 25-26)을 생각하지 않고, 높은 지위에서 자기 뜻대로 휘두르는 세속적 영광을 생각한다. 그러나 구원받은 신자가 왕 된 무리와 그 밑의 백성 된 무리가 있을 것이라고 추측하는 것은 성경적이지 않다. 내세에 신자들이 왕 노릇 한다는 것은 그들이 그리스도 안에 함께 속한 자로서 그리스도 안에서("그리스도와 더불어"-계 20:4) 실현되는 것이다. 그리스도 밖에서(그리스도와 연합되지 않고) 구원받는 법은 없다(롬 6:3-5; 8:1 참조).

"거룩한 나라." 이것은 하나님을 왕으로 섬기는 영적 왕국이라는 말이다. 이 말씀은 신자가 각기 개인의 자격으로 최고의 복에 이르는 것이 아니라, 국가와 같은 단체의 구성원으로서만 그리할 수 있다는 것을 암시한다. "그의 소유가 된 백성." 여기서 "소유"란 말(περιποίησιν)은 '소득', 혹은 '획득'한 것을 의미한다. 하나님께서 이 소득을 위하여 독생자를 희생하시기까지 하셨으니 참으로 이것은 그에게 보배로운 소유이다(출 19:5; 말 3:17).

"이는 너희를 어두운 데서 불러내어 그의 기이한 빛에 들어가게 하신 이의 아름다운 덕을 선포하게 하려 하심이라." 이것은 상반절에서 말씀한 것과 같이 신자들이 축복을 받은 목적에 대한 진술이다. 요컨대 그들은 하나님을 찬송하기 위하여 그런 축복을 받았다. 그들은 어두운 데서 부르심을 받아 빛 가운데로 들어왔으니 이제는 하나님을 찬송할 만한 밝은 심령을 갖는다.

---

99) Luther's Works, Vol. 30, The Catholic Epistles, 1967, 63-64.

"빛"이란 것은 영적 축복과 내세의 축복을 받은 상태를 비유한다(행 26:18; 골 1:12-13).

10 너희가 전에는 백성이 아니더니 이제는 하나님의 백성이요 전에는 긍휼을 얻지 못하였더니 이제는 긍휼을 얻은 자니라. 이 구절은 이방 신자들이 현재 받은 구원의 축복과 그 전에 불행하였던 형편을 대조한다. 이처럼 인상 깊은 대조는 그들로 하여금 하나님께 더욱 감사하게 한다. 우리가 현재 소유하고 있는 영적 축복을 인식하지 못할 때에는, 지난날 믿음이 없었을 때의 어리석음과 불행을 회상하여 현재의 형편과 대조하는 것이 좋다. 이 구절은 베드로가 호세아 2:23을 염두에 둔 것이다(롬 9:25 참조).

11-12절. 하나님의 영광을 위하여 경건하게 행하라고 함.

11 사랑하는 자들아 거류민과 나그네 같은 너희를 권하노니. "거류민과 나그네 같은 너희." ① 그리스도 신자들의 영원한 집은 하늘에 있고 땅에 있지 않으며(빌 3:20), ② 그들의 생활 방식은 이 세상의 것과 본질적으로 다르고(요 15:19), ③ 또 이 세상 사람들에게 박해를 받으며(딤후 3:12), ④ 그들에게 이 세상은 잠깐이어서 하룻밤 머무는 것처럼 짧다(참조. 대상 29:15; 시 39:12; 히 11:13).

영혼을 거슬러 싸우는 육체의 정욕을 제어하라. 여기서 "육체"란 말(σαρκικός)은 몸을 가리키지 않고 인간의 '죄악성'(혹은 부패성)을 의미하는데, 그것은 곧 영혼 자체의 죄악성이기도 하다. 그것이 신의 인격 안에서 거듭난 생명을 거슬러 끊임없이 전쟁이 일어난다. 그 전쟁은 무섭다. 그 이유는, ① 그것이 매우 모략적이고 조직적이고 장기적이기 때문이며, ② 크레다너스의 말과 같이, 그 전쟁의 공격 목표가 사람의 둘도 없는 귀한 영혼을 멸망시키려는 것이

기 때문이다.[100]

12 너희가 이방인 중에서 행실을 선하게 가져 너희를 악행한다고 비방하는 자들로 하여금 너희 선한 일을 보고 오시는 날에 하나님께 영광을 돌리게 하려 함이라. "너희가 이방인 중에서 행실을 선하게 가져." 이것은 앞 절 말씀의 결과이다. 그들이 정욕을 제어해야(11절) 행실을 선하게 할 수 있다. "너희 선한 일을 보고." 여기 나오는 "보고"란 말(ἐποπτεύοντες)에 대해 마이어(Meyer)는 사람이 친히 자기의 눈으로 힘 있게 목도하는 것을 의미하는 말이라고 하였다. 불신자들이 신자의 선행을 몰라보고 공연히 비방만 하는 때가 있다. 그러나 오래 참으시는 주님께서 조만간 그 기막힌 사정을 명백하게 판단해 주시는 그의 섭리적 역사가 나타난다. 그때에는 그 불신자들도 전에 몰랐던 신자의 선행을 비로소 깨닫고(힘 있게 보고) 후회하며, 하나님을 아는 자리로 나아간다.

"보고 오시는 날"(ἐν ἡμέρᾳ ἐπισκοπῆς)이란 말을 직역하면, "검사하시는 날"이라고 할 것이다. 이것은 세상이 끝날 때의 심판이 아니고, 악인을 회개시키시기 위해 하나님께서 특별히 간섭하시는 시기를 가리킨다.

13-17절. 국민으로서 이행할 책임.

13 인간의 모든 제도를 주를 위하여 순종하되 혹은 위에 있는 왕이나. "제도"란 말(κτίσει)은 하나님으로부터 나온 제도를 의미한다(Meyer). 땅 위에 있는 정치 제도는 하나님으로부터 나온 것이다(롬 13:1). 그러므로 거기에 순응하는 것은 주님의 뜻을 위하는 것이다. "순종하되." 칼빈은 말하기를, 이것은 어떤 정부를 막론하고 거기에 순복하라는 의미와 비슷하다고 하였다. 그는 또 말하기를 비록 부패한 정권이라도 무정부보다는 좋다고 하였다. 찰스 빅(Charles Bigg)이란 학자는 "인간의 모든 제도"란 문구의 "인간"이란 말(ἀνθρωπίνῃ)을

---

100) Greijdanus, Kommentaar op Het NieuweTestament, XIII, 1929, 104.

'인간적'(human)이라는 의미로 본다. 그는 여기서 정부에 대한 베드로의 견해와 바울의 견해가 서로 반대된다고 말하였다. 곧 "바울은 정부의 권위가 하나님으로부터 온 것이라고 하였으나(롬 13:1), 베드로는 정권이 사람으로 말미암았다고 한다."라고 하였다.[101] 그러나 크레다너스에 의하면 여기 나오는 "인간"이란 말은 정부 제도의 유래보다 그 목적과 관계된 것이다. 즉 정부의 제도는 인간의 생활을 위한다는 것이다. 또한 그다음에 나오는 사상을 보면, 정권의 유래가 하나님께 달렸다는 것이 밝혀진다고 한다.[102]

14 혹은 그가 악행하는 자를 징벌하고 선행하는 자를 포상하기 위하여 보낸 총독에게 하라. 여기서 "총독"으로 번역된 헬라어(ἡγεμόσιν)는 "집권자들"이라고 개역되어야 한다. 그들은 왕의 지휘대로 백성을 다스리는 모든 관원이다. 베드로는 이런 관원들도 하나님의 사자의 권위를 가진다고 한다. 그 권위가 성립되는 것은 그들의 인격이 훌륭해서가 아니다. 그것은 국가의 질서를 세우기 위한(권선징악을 위한) 하나님의 의지로 제정된 직위이다. 그러므로 그들의 정치가 혹시 명민하지 못하여도 치리자로서의 직위는 존경을 받아야 한다. 직위의 권위는 하나님으로부터 나온 것이다(롬 13:1).

15 곧 선행으로 어리석은 사람들의 무식한 말을 막으시는 것이라. 이 문구의 헬라어를 알기 쉽게 개역한다면 다음과 같다. "이렇게 너희의 선행으로 어리석은 사람들의 무식(무식한 말)을 막는 것이 하나님의 뜻이기 때문이다." 그리스도 신자들이 국가 제도에 순종하는 선행은 하나님을 모르고 또 비방하는 자들의 입을 막는다. 다시 말하면, 하나님을 공경하는 신자들을 구박하는 무리들로 하여금 할 말이 없도록 만든다.

16 너희는 자유가 있으나 그 자유로 악을 가리는 데 쓰지 말고 오직 하나님의 종과 같

---

101) International Critical Commentary, XXXIX, 1975, 139-140.

102) 같은 책, XIII, 1929, 108.

이 하라. "자유"한다 함은 그리스도 신자가 그리스도께서 구속해 주신 은혜로 말미암아 죄의 속박과 저주에서 해방되어 그리스도를 영원히 섬기게 된 것을 가리킨다. 그가 이처럼 영원히 그리스도께 속하였으므로, 얼핏 보면 그는 이제 그리스도 밖의 그 어떤 것의 지배도 받지 아니할 듯하다. 그러나 그가 죄에서 해방된 것은 방종하기 위한 것이 아니고 의에 속하기 위한 것이다(롬 6:18; 갈 5:13). 곧 그는 땅 위에서 모든 옳은 법규와 제도들까지도 선히 지키는 하나님의 종이 되어 의의 빛을 발해야 한다.

"악을 가린"다 함(ἐπικάλυμμα ἔχοντες τῆς κακίας)은 악을 눈감아 주는 것을 가리킨다.

17 뭇 사람을 공경하며 형제를 사랑하며 하나님을 두려워하며 왕을 존대하라. "뭇 사람을 공경하며." 이것은 앞에 있는 13절 이하의 말씀을 받은 결론이다. 즉 모든 참된 제도와 지위는 하나님이 정하신 것이므로(13-16절), 신자는 사람들이 지니고 있는 그 지위대로 그들을 귀히 여겨야 된다(Greijdanus). 여기에는 귀천이 없다. 사람들의 눈에는 낮아 보이는 지위도 하나님이 내신 것이므로, 신자들은 그 지위와 관련된 자를 귀히 여겨야 한다. 영적으로 나의 형제인 사람들은 그런 관계로 대우하고, 나를 다스리는 관계의 사람에게는 그런 관계로 대우하여야 한다. 그렇게 하는 것이 하나님이 허락하신 제도를 존귀하게 여기는 견지에서 모든 사람을 대하는 신본주의 도덕이다. 그러므로 이 도덕의 정신대로 행하는 사람은 "형제를 사랑하며 하나님을 두려워하며 왕을 공경"한다. 이것이 하나님의 종(일반 신자)의 면밀한 순종 생활이다. 그는 인간의 칭찬이나 상을 바라지 않고 하나님의 인정으로만 만족하므로, 여러 가지 괴로운 환경 가운데서도 평안을 잃지 않는다.

18-25절. 의를 위하여 고난을 받으라고 함.

베드로는 종들에게 까다로운 주인에게도 순종하도록 그들을 권고하면서 그러한 순종의 두 가지 동기를 말해 준다. 첫째, 그렇게 하는 것이 하나님 앞에 아름답고(19-20절), 둘째, 그리스도의 억울한 수난을 본받는 것이다(21-25절).

18 사환들아 범사에 두려워함으로 주인들에게 순종하되 선하고 관용하는 자들에게만 아니라 또한 까다로운 자들에게도 그리하라. 이 구절은 나의 바울 서신 주석에 있는 에베소서 6:5-9의 해석을 참조하라. 여기서"까다롭다"는 말(σκολιοῖς)은 '구부러졌다', '패역하다', '공평하지 않다'는 뜻을 가진다. 종이 아무리 잘해 주어도 까다로운 주인은 종에게 위로를 주지 않고 계속 그를 괴롭힌다. 따라서 그런 주인 앞에서 일하는 종은 핍박을 받고 늘 슬퍼하는 처지에 놓인다.

19 부당하게 고난을 받아도 하나님을 생각함으로 슬픔을 참으면 이는 아름다우나. "하나님을 생각함으로." 이 말(διὰ συνείδησιν θεοῦ)은 "하나님을 향한 양심 때문에"라고 번역하는 것이 옳다. 이 구절의 의미는 다음과 같다. 곧 종이 까다로운 주인의 학대를 받을지라도 사람을 위해서가 아니고 하나님을 위하여(하나님께 그의 양심을 지키기 위한) 책임을 다하면 그 행동은 하나님 보시기에 아름답다는 것이다. "아름다움"이란 말(χάρις)은 본래 '은혜'라는 의미이며, 여기서는 하나님께서 기쁘게 받으신다는 뜻을 가진다. 크레다너스는 말하기를, "이것은 그 선행을 하나님께서 기쁘게 받으셔서, 은혜로 갚아 주신다는 것을 염두에 둔 말씀이다"라고 하였다(같은 책 p.113).

20 죄가 있어 매를 맞고 참으면 무슨 칭찬이 있으리요 그러나 선을 행함으로 고난을 받고 참으면 이는 하나님 앞에 아름다우니라. "하나님 앞에 아름답다" 함은 그가 보시기에 가치 있다는 의미이다. 우리가 고생을 피할 수 없다면 하나님 나라에 값있게 남아 있을 고생을 해야 한다.

21 이를 위하여 너희가 부르심을 받았으니 그리스도도 너희를 위하여 고난을 받으사 너희에게 본을 끼쳐 그 자취를 따라오게 하려 하셨느니라. "이를 위하여"란 말은 앞에 있는 20절 말씀이 보여 준 "선을 행함으로 고난을 받고 참음"을 위한다는 뜻

이다. 신자가 하나님의 부르심을 받은 목적은 구원을 받는 것이라고도 할 수 있다(롬 8:30; 빌 3:12-14). 그러나 우리는 여기서 "부르심을 받은 일에 합당하게 행하"라는 말씀(엡 4:1)도 다시 기억해야 한다. 우리는 하나님께 영광을 돌리기 위하여 지음받았고, 또한 그 목적으로 구원도 받았다(엡 1:12, 14). 그런데 우리가 하나님을 영화롭게 하려면 예수 그리스도를 본받아야 한다. 특별히 우리는 그의 고난을 본받아야 한다.

22 그는 죄를 범하지 아니하시고 그 입에 거짓도 없으시며. 이 구절은 그리스도의 완전무결하신 인격을 가리킨다. "그 입에 거짓도 없으시며"란 말씀 한마디로 우리는 그가 완전하신 사실을 알 수 있다. 야고보는 말하기를, "말에 실수가 없는 자라면 곧 온전한 사람이라"(약 3:2)고 하였다. 그리스도께서는 이렇게 완전하셨지만, 억울한 고난을 받으시고 참으셨다. 그렇다면 본래 죄가 많은 우리는 설령 무고하게 핍박을 당한다 해도 억울하게 여기지 말고 도리어 그것을 영광으로 알아야 된다(행 5:41; 벧전 4:14-16).

23 욕을 당하시되 맞대어 욕하지 아니하시고 고난을 당하시되 위협하지 아니하시고 오직 공의로 심판하시는 이에게 부탁하시며. 이 구절 이하의 묘사는 베드로가 친히 예수님의 행적을 목도하고 한 말씀이다. "위협하지 아니하시고." 마태복음 26:64에 예수님께서 장차 구름을 타고 오시리라고 하신 그 말씀도 위협이 아니라 경고이며, 악인들의 회개를 권고하신 사랑이다.

"공의로 심판하시는 이에게 부탁하시며." 이것은 예수님께서 그를 학대한 자들에 대한 하나님의 용서를 청하시면서, 의로우신 하나님의 선하신 처분에 맡기셨을 뿐, 자신이 직접 복수하시지 않았다는 의미이다(눅 23:34. 마 5:44 참조).

24 친히 나무에 달려 그 몸으로 우리 죄를 담당하셨으니 이는 우리로 죄에 대하여 죽고 의에 대하여 살게 하려 하심이라 그가 채찍에 맞음으로 너희는 나음을 얻었나니. 이 구절은 예수님의 죽으심이 갖는 세 가지 의미를 말한다. 곧 그의 죽으심은 ① 우리의

죗값을 지불하신 것이고, ② 우리의 거듭남, 곧 죄악된 삶을 떠나 의의 삶으로 나아가게 하시는 것이고, ③ 우리를 구원하여 완전하게("나음을 얻었"음) 하시는 것이다. 베드로는 이 부분에서 이사야서 53장을 염두에 두었다.

25 너희가 전에는 양과 같이 길을 잃었더니 이제는 너희 영혼의 목자와 감독 되신 이에게 돌아왔느니라. 양은 길을 잘 잃는다. 그 짐승은 목자 없이 살 수 없다. 그와 같이 어두워진 인간은 그리스도 없이는 살 수 없다(사 53:6). 그리스도는 길 잃은 양과 같이 위험한 자리에 있던 우리를 구원하셨다. 그러므로 이제 그의 목양과 감시를 받는 우리 양떼(평신도들과 교역자들)는 핍박과 고난 중에도 걱정할 필요가 없다(겔 34:23). 그리스도께서 우리의 영혼을 맡으셨으니, 우리가 육체에 해를 당한들 무슨 염려가 있겠는가!(벧전 4:19)

제 3 장

내용분해

1. 아내의 도덕(1-6절)
   1) 남편에게 순종할 것(1-4절)
   2) 옛날 거룩한 부녀들의 모본(5-6절)

2. 남편 된 자의 할 일(7절)
   1) 지식을 따라서 아내와 동거할 것(7상)
   2) 아내를 귀히 여길 것(7하)

3. 교회에서 신자들이 지켜야 할 도덕(8-12절)
   1) 연합을 힘쓸 것(8절)
   2) 복수하지 말고 축복할 것(9-12절)

4. 신자가 의를 위한 고난에서 승리하는 비결(13-22절)
   1) 마음속에 그리스도를 주님으로 모심(13-15상)

2) 고난을 받을 만한 선한 양심을 가짐(15하-16절)

3) 그리스도의 고난을 모범으로 생각함(17-22절)

⚜ 해석

1-7절. 부부의 도덕.

1 아내들아 이와 같이 자기 남편에게 순종하라 이는 혹 말씀을 순종하지 않는 자라도 말로 말미암지 않고 그 아내의 행실로 말미암아 구원을 받게 하려 함이니. 여기서 "이와 같이"란 말은 '종이 상전에게 순종하는 것같이'(2:18)란 의미이다. "자기 남편"이란 말은 여기서 불신 남편을 가리키는 것이 분명하다. 불신 남편에게 순종하는 것은 쉬운 일이 아니지만 그렇게 하는 것이 아내 된 자가 하나님을 섬기는 덕행이고 책임이다(창 3:16 참조). 불신 남편이 그 아내의 믿음과 덕을 보고 복음의 진실성을 깨달아 회심할 수 있다. 그것은 행위로 하나님의 복음을 전하는 것이다. 우리의 복음 증거가 우리의 선한 삶과 병행하지 않으면 아무 힘을 발휘하지 못한다. 간혹 행위가 부족한 전도자의 말을 듣고도 복음을 믿게 된 사람들이 있기는 하다. 그것은 복음 전도의 열매를 맺게 하시는 이는 사람이 아니고 하나님의 말씀과 성령님이시기 때문이다.

2 너희의 두려워하며 정결한 행실을 봄이라. 여기서 "두려워"한다는 것은, 그리스도를 믿는 그녀가 하나님을 경외하고, 거기서 비롯된 경외를 그녀의 남편에게도 적용하는 것이다. 또한 "정결"도 그녀가 하나님 앞에서 지키는 성결한 도덕 및 거기서 나오는 깨끗한 정조를 함께 일컫는다. 부녀자의 도덕성에서 남편을 경외하고 정조를 지키는 것은 생명같이 중요한 일이다. 이 점에서 아우구스티누스의 어머니 모니카는 좋은 모범이다. 그는 순종하는 덕으로 불신 남편을 회개시켰고, 그 아들 아우구스티누스도 회개시켰다(〈참회록〉 제

9권 제9장).

3 너희의 단장은 머리를 꾸미고 금을 차고 아름다운 옷을 입는 외모로 하지 말고. 여인들이 외적 아름다움을 취하는 것이 언제나 잘못은 아니다. 그러나 "금을 차"는 심리, 즉 사치하는 심리로 하는 것은 허영심이므로 좋지 않다. 사치는 왜 죄가 되는가? ① 이것이 안목의 정욕을 따르기 때문이며(요일 2:17), ② 영혼보다 몸을 더 중요시하여 지나치게 위하기 때문이다.

이 구절은 여자의 적당한 의복 단장을 금하는 것이 아니라 사치를 금하는 것뿐이며, 특히 외적인 아름다움보다 심령의 아름다움을 중요하게 여겨야 함을 가르친다.

4 오직 마음에 숨은 사람을 온유하고 안정한 심령의 썩지 아니할 것으로 하라 이는 하나님 앞에 값진 것이니라. "마음에 숨은 사람." 알포드(Alford)는 이것이 중생한 자아를 가리킨다고 하였다. "온유하고 안정한 심령." "온유"(πραέος)는 유연하게 인내하는 온화한 성품이다. 이것은 누구에게나 필요하지만, 가정을 섬기는 부인들에게는 잠시도 멀리할 수 없는 덕이다. 이것이 없는 부인은 여자의 자격을 가지지 못한다. "안정"이란 말(ἡσυχίου)은 앞에서 언급한 "온유"의 덕에서 나는 것으로, 떠드는 것을 좋아하지 않고 평온을 사랑하는 미덕이다. 말을 많이 하며 떠들기를 좋아하는 사람들 때문에 가정에는 불화, 교회에는 문란함이 생긴다.

5 전에 하나님께 소망을 두었던 거룩한 부녀들도 이와 같이 자기 남편에게 순종함으로 자기를 단장하였나니. 헬라어 원문에는 이 구절 초두에 "왜냐하면"이란 이유 접속사(γάρ)가 있다. 그러므로 이 구절은 1-4절의 이유를 설명하는 문장이다. 여기서 "거룩한 부녀들"이란 말은 헬라어에서 관사와 붙어 있으므로, "그 거룩한 부녀들"이라고 직역하는 것이 옳다. 따라서 그것은 성경에 기록되어 있는 거룩한 부녀들을 가리킨다(Greijdanus).

"자기 남편에게 순종함으로 자기를 단장하였나니." 그들이 자기 남편에게 순종하는 것이 곧 자기를 온유하고 안정한 심령으로 단장하는 것이라는 의미이다(딤전 3:4 참조). 사무엘의 어머니 한나도 그들 중의 한 사람이었을 것이다.

6 사라가 아브라함을 주라 칭하여 순종한 것 같이 너희는 선을 행하고 아무 두려운 일에도 놀라지 아니하면 그의 딸이 된 것이니라(창 18:12 참조). 여기서 "칭하여"(καλοῦσα)란 말은 현재분사이므로, 잠시 동안만 그렇게 한 것이 아니라 계속 그렇게 불렀다는 의미를 가진다. 남편을 이렇게 존대하며 경외(노예적인 공포는 아님)하는 것이 성경에서 가르친 부녀의 도덕이다. "선을 행하고." 이 말은 앞에 있는 4절 말씀대로 행하는 것이다(Greijdanus).

"아무 두려운 일에도 놀라지 아니함." 이 문구에 대하여 칼빈은 다음과 같이 해석하였다. 곧 여성은 어떤 어려움을 당할 때 쉽게 놀란다. 그것이 그의 결점이다. 그가 신앙 문제로 불신 가족들에게 핍박을 받을 때에도 두려워하며 놀라기 쉽다. 그럴 때 그가 주님만 신뢰하고 믿음으로 안정적인 태도를 지켜 나가면, 사라의 딸(사라의 신앙 계보에 속하는 여자)이 된다.

7 남편들아 이와 같이 지식을 따라 너희 아내와 동거하고 그를 더 연약한 그릇이요 또 생명의 은혜를 함께 이어받을 자로 알아 귀히 여기라 이는 너희 기도가 막히지 아니하게 하려 함이라. "지식을 따라 너희 아내와 동거하고." 여기서 "지식"이란 것은 본문에 나와 있는 대로 두 가지로 분석된다.

1) 남자들은 여자의 신체 구조와 기질이 남자보다 연약하다는 것을 알아야 한다. 그럼에도 불구하고 어떤 남자들은 자기 아내에게 ① 여성에게 적합하지 않은, 혹은 지나친 노동을 시키며, ② 함께 살아가면서 남성이 해야 하는 솔선적 이해와 포용을 기대하며, ③ 여성의 의사는 무시하고 모든 일에 자기의 의사만 만족시키려고 한다. 그런 가정은 불화하기 쉽다.

2) 여성의 인권이 남성의 인권과 같다는 것을 알아야 한다. "생명의 은혜를 함께 이어받을 자로 알아 귀히 여기라"란 말씀이 그 뜻이다. 하나님께 유

업을 받은 자들은 그의 똑같은 자녀이다.

"너희 기도가 막히지 아니하게 하려 함이라." 누구든지 지식을 따라 그 아내와 동거하지 않으면, 그 부부는 화목하지 못하여 함께 기도할 수 없게 될 것이다. 칼빈은 말하기를 "우리의 마음이 평화롭지 못하면 진정한 기도를 할 수 없다. 다툼이 있는 곳에서는 기도가 이루어지지 못한다."라고 하였다. 그러므로 우리는 먼저 화목하고 그 후에 서로 모여 기도해야 한다.

8-12절. 일반 신자들끼리 행해야 할 도덕.

8 마지막으로 말하노니 너희가 다 마음을 같이하여 동정하며 형제를 사랑하며 불쌍히 여기며 겸손하며. "마음을 같이하여"란 것은 동일한 신앙을 가지라는 의미이다. 이것은 교회의 단합을 이루는 초석이요 열쇠이다. 그 이유는, 신앙이 서로 다른 사람들이 함께 생활하면 반드시 마찰이 생기기 때문이다. 그러므로 한 교회 안에서는 그 회중(특히 인도자들)이 동일한 교리 체계에 속하는 것이 중요하다. 그렇게 되어야 그 교회의 공동생활이 진정한 사랑과 단합을 이루며 장성하고 발전한다. "동정하며"(συμπαθεῖς)란 말은 동고동락하는 감정적 교류와 나눔을 의미한다. "형제를 사랑하며"(φιλάδελφοι)라는 말은 그리스도 신자들이 동일한 거듭남으로 형제가 되었으므로, 영적 친화력으로 서로 우애하는 것을 의미한다. 이것은 앞에 있는 동정보다 조금 더 발전한 애정이다. "동정"은 그리스도 신자가 책임을 느끼는 행동이지만, "형제를 사랑"하는 것은 신자들 간에 감정적인 교류가 이루어져서 친근해지는 교제이다.

"불쌍히 여기며 겸손하며." 이 두 가지는 사랑이 나아가는 길에 놓인 장애물을 치워버리는 데 사용되는 능력이다. 사랑이 진행되다가도, ① 때로는 상대의 결함으로 인하여 더 나아가지 못하고 교착 상태에 빠진다. 그러나 그 순간 상대의 부족함을 보고 도리어 불쌍히 여길 때 그 사랑은 계속 진행된다. ② 그뿐 아니라 믿는 형제들 안에 교만이 있을 때에도 사랑은 진행되지 못한다. 그러나 그때에도 그들이 회개하고 겸손해지기만 하면 그 사랑은 다시 진행된다. 그러므로 "불쌍히 여김"과 "겸손함"은 사랑하는 삶에 고장이 생겼을 때 필요한 치료제이다.

9 악을 악으로, 욕을 욕으로 갚지 말고 도리어 복을 빌라. 이는 원수를 사랑하라는 의미의 말씀으로, 사랑의 기본정신이다. 이것이 없으면 사랑은 출발도 못한다. 그 이유는, 사랑은 보상 행위(나를 사랑한 자에게 고마워하며 사랑을 행함)가 아니기 때문이다. 다시 말하면 사랑은 나와 상관이 없는 사람, 나의 원수, 오늘은 나의 친구이지만 내일은 나의 원수가 될 가능성이 있는 사람까지 사랑하는 것이다. 원수를 사랑하려 하지 않는 사람은 아직 사랑의 문을 열지도 못한 사람이다. 원수를 사랑하는 마음이 사랑을 만들고, 사랑을 유지하고, 사랑을 보관해 준다. 그러므로 베드로는 사랑의 교훈에서 이것을 강조하기 위하여 끝에 부언하며 길게 설명한다.

이를 위하여 너희가 부르심을 받았으니 이는 복을 이어받게 하려 하심이라. 신자들은 대적하는 자를 축복하기 위하여 부르심을 받았다. 자신을 대적하는 사람을 축복하는 것은 어려운 일이지만, 그렇게 행함으로써 내세에서 영원히 복을 받게 된다는 것이다(눅 6:35 참조). "복을 이어받"는다는 말은, 복을 영원한 소유로 받는다는 것이다.

10-12절. 여기서는 앞 절 상반부의 이유 또 한 가지를 구약의 말씀에 근거하여 가르친다. 신자는 왜 악을 악으로 갚지 말고 덕으로 갚아야 할까? 그 이유는, 시 34:12-16에서 말씀한 바와 같이, 누구든지 악을 선으로 갚으면 그를 하나님이 알아주시고 축복하시기 때문이다.

10 그러므로 생명을 사랑하고 좋은 날 보기를 원하는 자는 혀를 금하여 악한 말을 그치며 그 입술로 거짓을 말하지 말고. 여기서 "그러므로"라고 번역된 말(γάρ)은 "왜냐하면"이라고 개역해야 한다. "생명을 사랑"한다 함은, 불행과 고통에서 떠나

희열과 평안의 삶을 얻기를 사모하는 것을 의미한다. 이 말은 그다음에 나오는 "좋은 날 보기를 원하는"이란 어구와 같은 내용을 가진 것이다.

"좋은 날"이란 말에 대하여 크레다너스는 말하기를 "이것은 박해, 곤고, 역경에서 떠나 참된 희락과 거룩한 평화로 충만한 시기를 가리킨다."라고 하였다.[103] 이같이 귀한 시기를 현세, 혹은 내세에서 만나기 원하는 사람은 언행으로 남을 해롭게 하지 않고 도리어 좋게 대하여야 한다. "악한 말을 그치며 그 입술로 거짓을 말하지 말고." 이것은 같은 내용을 반복한 어구로, 남을 해롭게 하는 간사한 말("거짓"은 간사의 의미)을 입에 담지 말라는 의미이다.

11 악에서 떠나 선을 행하고 화평을 구하며 그것을 따르라. 여기서 말하는 선행은 화목을 위한 노력을 말한다. "화평을 구하며 그것을 따르라." 여기서 "따르라"는 말(διωξάτω)은 따라잡으라는 뜻으로, 화목을 위해 적극적으로 노력하라는 표현이다. 신자는 화목을 적당히 구하지 말고 그것을 붙잡을 때까지 따라다니며 찾아야 한다.

화평을 좇는 중요한 방법은, ① 신자로서 언제나 하나님을 기쁘시게 하려고 노력하는 것이다. 잠언 16:7에 말하기를, "사람의 행위가 여호와를 기쁘시게 하면 그 사람의 원수라도 그로 더불어 화목하게 하시느니라"고 한다. ② 자신을 대적하는 자가 잘되도록 기도하는 것이다(마 5:44). 루터는 이런 때 다음과 같이 기도해야 된다고 말한다. "사랑하는 아버지여… 주께서 나를 주의 진노에서 구원하신 것같이 그(원수)를 용서하소서."

12 주의 눈은 의인을 향하시고 그의 귀는 의인의 간구에 기울이시되 주의 얼굴은 악행하는 자들을 대하시느니라 하였느니라. 하나님께서는 다른 사람에게 끝까지 선을 베푸는 사람을 축복하시고, 회개하지 않는 악인에게는 진노의 얼굴을 보이신다.

---

103) Kommentaar op Het Nieuwe Testament, XIII, 1929, 131.

"주의 얼굴은 악행하는 자들을 대하시느니라." 볼렌베르크(G. Wohlenberg)라는 주석가에 의하면, 이 문구의 뜻은 "행악자들과 그들의 소행이 전지하신 주님 앞에서 가려지지 않는다"는 것이라고 한다.[104)]

13-22절. 의를 위하여 고난을 받는 것에 대한 교훈. 베드로는 이 점에 관하여, 첫째, 의를 위하여 고난받는 방법을 말하고(13-16절), 둘째, 그 고난을 감수하게 하는 위안의 말씀을 준다(17-22절).

13 또 너희가 열심으로 선을 행하면 누가 너희를 해하리요. "누가 너희를 해하리요." 이는 "열심히 선을 행하"는 사람들을 핍박하는 사람들이 없다는 의미가 아니라, 그들에게 근본적으로 해(영혼의 멸망)를 끼칠 자가 없다는 말씀이다. 핍박하는 사람이 성도들을 박해할 수는 있으나, 그들에게 영원한 피해를 주지는 못한다.

14 그러나 의를 위하여 고난을 받으면 복 있는 자니 그들이 두려워하는 것을 두려워하지 말며 근심하지 말고. 여기서 "그들이 두려워하는 것을 두려워하지 말며"란 것은 사 8:12-13에서 유래된 것이다. "그들이 두려워하는 것"이라고 한 것은 "그들의 두려움"(저희의 두려운 모습)이라고 개역하는 것이 좋다. 이것은 그들을 핍박하는 사람들이 공포의 대상임을 의미한 듯하다. 핍박하는 자가 아무리 무섭게 해도 신자가 무서워할 필요는 없다. 그 이유는, 신자는 하나님만을 두려워하기 때문이다. 하나님 외에 다른 것을 두려워하지 말라는 의미에서, 성경에 "두려워하지 말라"란 말씀이 대략 365차례 기록되었다고 말하는 학자도 있다. 우리가 태생적으로 비록 겁약할지라도 주님의 도우심으로 행할 수 있기 때문에 성경은 이렇게 자주 말씀한다. 역사적인 사건들이 이 진리의 말씀을 확증한다. 교회 역사에는 겁약한 신자들이 이 말씀대로 순종하여 주

104) Greijdanus, Kommentaar op Het Nieuwe Testament, XIII, 1929, 132.

님을 위한 고난을 선하게 감당한 경우가 많다. 그러므로 주님을 위한 영광스러운 고난을 공연히 두려워할 필요가 없다. 그것도 우리와 같은 인간들이 그리스도 안에서 감당할 수 있는 일들 중 하나이다.

15 너희 마음에 그리스도를 주로 삼아 거룩하게 하고 너희 속에 있는 소망에 관한 이유를 묻는 자에게는 대답할 것을 항상 준비하되 온유와 두려움으로 하고. 이 말씀은 사 8:12-14을 계속 인용한 것으로, 누구보다도 그리스도를 두려워하며(엡 5:21), 모든 것이 그의 손 안에 있음을 알아(그를 주님으로 알아), 그를 영화롭게 하라는 것이다.

"너희 속에 있는 소망에 관한 이유를 묻는 자에게는 대답할 것을 항상 준비하되 온유와 두려움으로 하고." 루터는 보름스(Worms)회의석상에서 원수들의 심문에 답변했을 때의 경험을 회고하면서 우리에게 교훈을 남겨 주었다. 곧 "너희는 답변할 때에 교만한 마음으로 하지 말고, 나무를 꺾어 버릴 듯한 오만과 횡포로도 하지 말고, 오직 하나님의 심판대 앞에 선 것처럼 두려움으로 겸손히 자신을 낮추라. 또한 그때에 자기 힘을 의뢰하지 말고 그리스도의 말씀과 약속을 신뢰하라"고 하였다.[105]

16 선한 양심을 가지라 이는 그리스도 안에 있는 너희의 선행을 욕하는 자들로 그 비방하는 일에 부끄러움을 당하게 하려 함이라. 여기서 "선한 양심을 가지라"는 것은, 첫째, 그 심문을 당할 때 구차하게 육신의 고난을 면하려고 그리스도의 진리를 숨기거나 왜곡하거나, 혹은 그를 위하여 지켜야 할 정절을 버리지 말라는 의미이다. 둘째, 이 말씀은 심문 받는 신자로서 핍박당하는 순간뿐 아니라 그의 일상생활이 그리스도를 위하여 진실했어야 함을 가르친다. 입으로만 주님께 충성하지 않고 그리스도 안에서 언행이 일치하는 신자는 핍박 중에도 마침내 승리하게 되고 핍박하는 자들이 오히려 부끄러움을 당한다. 그러나

105) Luther's Works, 1967, Vol. 30, 108.

이 해석은 다음과 같은 사실을 무시하지 않는다. 즉 믿음으로 살지 못한 약한 신자라도 그가 심문을 받는 시점에서 참으로 회개하고 진실하게(양심적으로) 담대히 그리스도를 고백할 수 있고, 그 효과도 무시되지 않는다. 진정으로 회개하는 사람의 과거의 잘못은 주님으로 말미암아 사라진다(요일 1:9. 눅 23:40-43 참조).

17 선을 행함으로 고난 받는 것이 하나님의 뜻일진대 악을 행함으로 고난 받는 것보다 나으니라. 헬라어 원문에는 이 구절 앞부분에 "왜냐하면"이라는 이유 접속사(γάρ)가 있다. 그러므로 이 구절은 앞 절 말씀의 이유를 보여 준다. 즉 사람이 신앙 양심을 지키기 위해 고난을 당할(16절) 수 있다는 것이다. 그것은 신앙 양심을 위한 고난이 유익하기 때문이다. 이 구절은 고난을 당하는 사람이 받게 될 위안을 보여 준다. 곧 그와 같이 의를 위하여 고난당하는 것이 하나님의 뜻임을 깨달은 사람은 그 고난의 보람을 느낀다는 것이다.

"선을 행함으로 고난받는 것이 하나님의 뜻일진대." 이 말은 그가 고난을 받는 것이 맹목적인 우연으로 일어난 일이 아니라, 하나님의 선하신 섭리에 의한 것이라는 말씀이다. 볼렌버키(G. Wohlenberg)에 의하면, "나으니라"(κρεῖττον)란 말은 도덕적 우월성을 말하는 것이 아니라 일반적으로 더 유익하고 더 열매가 많다는 뜻이다.[106)]

설교 의를 위해 고난을 당함에 대하여(13-17절)

1. 진리를 지키는 것과 핍박을 받는 것

진리를 지키는 일에는 언제나 핍박이 따라온다. 타협주의자, 곧 진리를

106) nicht sittlich besser, sondern erspriesslicher, gewinbringender.-Greijdanus, Kommentaar op Het Nieuwe Testament, XIII, 1929, 138.

지키지 않는 자에게는 핍박이 오지 않는다. 그러나 타협은 사망으로 빠지게 하는 위험물이다. 교회에 대한 핍박은 콘스탄티누스(Constantine) 대제 때 잠시 멈추는 듯했으나, 그 후에 하나님의 말씀대로 바로 믿으려 한 사람들, 예컨대 종교 개혁 사상을 가진 자들이 다시 큰 핍박을 받았다. 이와 같은 핍박은 교회사에 계속 이어졌다. 우리가 이 세상에서 예수님의 말씀을 지키는 동안에는 핍박을 받지 않을 수 없다. 딤후 3:12에 "무릇 그리스도 예수 안에서 경건하게 살고자 하는 자는 박해를 받으리라"고 하였다. 기독교는 진리를 지키는 한 늘 핍박을 받는다.

1) 그리스도와 사도들과 그 밖의 초기 교회의 신자들. 그리스도는 못 박혀 죽으셨고, 사도들은 일생을 핍박 속에서 지냈다(행 12:2, 7-11; 16:19-40; 18:14-16; 26:31). 주후 64년 7월 18일부터 로마에 큰 화재가 났는데, 네로(Nero) 황제가 이를 그리스도인들의 소행이라고 거짓 소문을 퍼뜨려 그리스도인들을 잡아 죽였다. 네로는 자신의 정원에서 그들을 죽였는데, 짐승의 가죽에 넣어서 개들이 달려들어 물어뜯게 하거나, 십자가에 못 박아 죽이거나, 사람을 등화로 만들어 불태워 죽이면서 많은 사람들의 구경거리로 만들었다.

2) 그 후 2-3세기 동안, 약 200년간 로마 제국에서 오랜 핍박이 있었다. 특히 데키우스(Decius) 황제 때에는 극악한 박해가 있어서 로마의 신상에 절하도록 하였고, 이를 거부한 많은 신실한 그리스도인들이 순교하였다. 이때에 로마, 예루살렘, 안디옥의 감독들도 순교하였다. 311년에 콘스탄티누스 대제가 종교 자유령을 내리기 전까지 이러한 핍박이 계속되었다.

3) 중세에 이르러 얼마 동안 큰 핍박이 줄어들었으나, 종교개혁 사상이 움트면서 각처에서 핍박이 일어났다. 영국에서는 매리 여왕(Queen Mary)이 신교도 277명을 불태워 죽였고, 많은 개혁 신학자들을 제네바로 축출하였다. 그리고 프랑스에서는 3만 명의 신자가 학살되었다. 네덜란드에서는 알바

공이 5년 동안에 신교도 18,600명을 사형시켰다. 네덜란드에서 순교한 성도의 수가 최초 3세기 끝에 로마 제국에서 죽은 순교자들의 수보다 많다고 말하는 사람도 있다. 그러나 네덜란드에서 순교한 광경은 역사 속에서 찬란하게 빛났다. 화형을 당하는 이들은 불꽃 가운데로 들어가면서도 찬송가를 불렀고, 부녀들은 생매장을 당하여 흙이 얼굴에 뿌려질 때에도 주님을 찬송하였다고 한다.

2. 하나님은 핍박의 독한 손으로 오히려 교회를 유익케 하셨다

이 핍박 시대에 영지주의(Gnostic) 이단과 아리우스 이단이 자취를 감추었으나 참된 교회는 신앙의 연단을 받아 더욱 빛났다. 니케아 공의회에는 핍박 중에 매 맞은 상처를 가진 자들이 참석하였고, 드디어 정통 교리를 확립시켰다. 핍박 시대를 통하여 고난을 받은 사람들이 그리스도의 말씀이 진리임을 체험하게 되었고, 또 고통 중에서 하나님이 함께하시는 체험을 얻게 된 것이다. 이같이 핍박은 기독교 역사를 부요케 한다. 그렇게 되는 원인은 핍박을 받는 자들 자신에게 있는 것이 아니고, 그 핍박을 받을 때 나타나는 하나님의 은혜로운 역사하심에 있다. 우리가 항상 주의해야 될 것은, 교회가 핍박을 받을 때 핍박을 당하는 신자들이 스스로를 과대평가하지 않아야 된다는 것이다. 그 고난으로 말미암아 생긴 모든 좋은 일들은 어디까지나 하나님께서 홀로 하신 일이다. 그러므로 우리는 하나님만 높여야 한다. 만일 고난당한 신자들의 놀라운 업적을 보고 그들을 지나치게 높인다면, 그것은 하나님을 보지 않고 사람을 보는 과오이다.

베드로전서 4:14에 말하기를, "너희가 그리스도의 이름으로 치욕을 당하면 복 있는 자로다 영광의 영 곧 하나님의 영이 너희 위에 계심이라"고하였다.

18 그리스도께서도 단번에 죄를 위하여 죽으사 의인으로서 불의한 자를 대신하셨으니 이는 우리를 하나님 앞으로 인도하려 하심이라 육체로는 죽임을 당하시고 영으로는 살리심을 받으셨으니. 헬라어 원문에는 이 구절 앞부분에 "왜냐하면"이란 이유 접속사(ὅτι)가 나온다. 이 구절 이하도 고난받는 신자가 받을 위안의 길 한 가지를 제시하였다. 그것은 그가 그리스도의 고난을 황송하게 여기며 모범으로 생각하는 것이다.

"그리스도께서도 단번에 죄를 위하여 죽으사." 이 문구에서 "께서도"(καί)란 말이 중요하다. 우리처럼 평범한 사람들만 의를 위하여 고난을 받는 것이 아니라 하나님의 아들이신 예수 그리스도께서도 그리하셨다.

"단번"(ἅπαξ)이란 말은, 그리스도께서 한 번 죽으신 사실이 모든 사람의 모든 죄를 속하기에 언제나 유효한 사실을 가리킨다(히 9:25-28 참조).

"육체로는 죽임을 당하시고 영으로는 살리심을 받으셨으니." 여기서 "육체"(σάρξ)는 '인간성'을 의미하고, "영"(πνεῦμα)은 '성령님'을 의미한다. 그러면 이 문구의 의미는, 예수님께서 인간으로는 죽임을 당하시고, 그 안에 계시는 성령님의 능력으로 말미암아 부활하셨다는 것이다(롬 8:11). 크레다너스는 여기 나오는 "영"이란 말이 예수님의 신성을 의미한다고 하였다.[107] 그러나 이 해석은 로마서 8:11과 부합하지 않는다.

19 그가 또한 영으로 가서 옥에 있는 영들에게 선포하시니라. 이 말씀(ἐν ᾧ καὶ τοῖς ἐν φυλακῇ πνεύμασιν πορευθεὶς ἐκήρυξεν)을 바로 번역하면, "그가 영으로 또한 옥에 있는 그 영들에게 가서 전파하셨느니라"인데, 이것은 옛날부터 줄곧 난해구로 알려졌다. 이 문구에 대한 크레다너스의 진술을 요약하면 다음과 같다(같은 책, pp.141-145).

1) 로마 교회에서는 이 문구를 가지고, 예수님께서 십자가에 못 박혀 죽

---

107) Ibid., 140:"πνεῦμα ziet hier op's Heeren hooger wezen zijne Goddelijke natuur".

으신 후 지옥에 가셨었다는 그릇된 교리의 근거를 삼는다. 브레데(W. Wrede)는 말하기를, 이 구절은 그리스도께서 "지옥에 가셨었다"는 교리의 구절이라고 하였다. 그러나 로마 교회의 신학자라고 하여 다 그렇게 가르치는 것은 아니다. 예를 들면 부흐베르거(Prof. M. Buchberger)은 말하기를, 예수님께서 "지옥에 가셨었다"는 교리는 베드로전서의 이 구절 뜻이 분명하지 않으므로 매우 의문스럽다고 하였다.[108)]

2) 루터 교회에서도 이 구절에서 "예수님께서 지옥에 가셨었다"는 교리를 주장한다. 예컨대 부데우스(J. F. Buddeus)의 말이 그것을 대표한다.[109)] 즉 예수님이 그의 신성으로 지옥에 가셔서 지옥에 있는 자들을 전도하셨다는 것이다.

3) 그러나 개혁교회의 해석은 이 구절에서 그런 이상한 교리를 말하지 않는다. 첫째, 칼빈은 이 본문에서, "지옥에 가셨었다"는 교리를 발견하지 못했다고 역설하였다. 그는 말하기를, "이 본문에 예수님의 영혼이 가셨다는 말씀이 없고, '영으로' 가셨다는 말씀뿐이므로, 그것은 그가 그의 성령으로 전파하셨다는 의미를 가질 뿐이다."라고 하였다. 또한 그는 "옥"(φυλακῇ)이란 말을 해석하여 말하기를, 이것은 구약 시대의 성도들이 그리스도께서 구속사역을 완성하실 것을 기대하며 소망하는 곳을 가리킨다고 하였다.[110)] 그렇다면 이 구절의 의미는, 그리스도께서 부활하셔서 성령님을 통하여 구약 시대의 성도들에게 그 구속사역의 완성을 통보하셨다는 것이다.

그러나 이 구절의 "옥"을 그와 같이 보는 칼빈의 견해는 문맥상 그다음 구

---

108) All ein bei der dunkelheit der Petrus worte ist ihre Beweiskraftsehr fraglich.

109) ἐν ᾧ ιν θυο(spiritu) hoe est, virtuten divinae naturae, quo vivificatus est, etiam poreuqei.j abiit seu revera in locum damnatorum se contulit, atque illis evkh,ruxen, praedicavit.- Institutiones Theologiae Dogmaticae, II, 1083.

110) Calvin's Commentaries, Hebrews and I & II Peter, 1976, 292-295.

절과 부합하지 않는다. 그다음 구절에는 "옥"에 있는 영들은 성도들이 아니고 악도들("복종하지 아니하던 자들") 이라고 하였다. 둘째, 바빙크는 이 구절에 대하여 귀중한 해석을 남겼는데, 그것은 다음과 같다. "그리스도께서 다시 사셔서 하늘에 올라가신 것은 옥에 있는 영들에게 선포하신 사건이다. 그의 부활과 승천이야말로 옥중의 영들을 향한 그의 부요함, 능력, 승리의 선포이다."라고 하였다.[111]

크레다너스는 바빙크의 이 견해를 옳게 보면서 몇 가지 주장으로 그를 변호하였다. 그 내용은 다음과 같다. 첫째, "가서… 선포하시니라"라는 말씀을 문법적으로 볼 때 "가는" 행동이 곧 "전파"라는 것이니, 그것은 예수님께서 주님이요 그리스도이신 사실을 선포하는 의의를 가진 사건이므로, 곧 그의 부활 승천이다(행 2:36). 둘째, "선포하시니라"라는 헬라어의 의미는 복음 전도를 가리키지 않는다. 베드로가 베드로전서에서 복음 선포를 의미할 때는 이 말이 아닌 다른 말(εὐαγγελίζειν)을 사용했다(벧전 1:12, 25; 4:6). 이 "선포"는 예수님께서 부활 승천하심으로 주 되심과 그리스도 되심을 알리는 승리의 선포이다. 그렇다면 문제는 예수님의 부활 승천이 왜 하필 노아 시대에 죽어서 지옥에 간 그 영들에게만 선포되었는가 하는 것이다. 이것은 다음과 같이 추론할 수 있다. 곧 베드로후서 3:6을 보면, 죄로 인하여 온 세계가 멸망한 것은 노아의 때밖에 없었으므로, 그 시대는 그 이후 시대(홍수 이후부터 예수님의 재림 때까지)와 구분될 정도로 멸망한 세계였다(벧후 3:7). 그러므로 생명 세계의 머리로 부활하신 그리스도의 승리의 위엄이 멸망 세계를 진동하지 않을 수 없다. 그다음 구절(벧전 3:20-21) 역시 홍수로 멸망한 세계와 그리스도로 말미암아 구원받은 세계를 대조하여 말씀한다.

---

111) Zijn heengaan naar den hemel als opgestane Heer, Hd. 2:36, was een κήρυγμα tot de geesten in de gevangenis gepredigt...Het opstaan en ten hemel varen was self het rijke, machtige triumpantelijke κήρυγμα van Christus tot de geesten in de gevangenis-Geref. Dog., III, 1967, 547.

4) 아우구스티누스와 기타 정통 학자들의 해석은 다음과 같다. 곧 그리스도께서 옥에 있는 영들에게 가셔서 선포하셨다는 말씀은, 그가 옛날 노아 시대에 성령으로 말미암아 노아를 통하여 그 당시의 사람들에게 전도하신 것을 의미한다. 그때의 사람들은 노아의 전도를 받아들이지 않다가 결국 멸망하였다. 그들이 베드로 시대에는 지옥에 있었으므로, 베드로는 그들을 가리켜 "옥에 있는 영들"이라고 했다. 물론 이 해석에도 난제가 있다. 그것은 "그가… 가서… 선포하시니라"란 말씀이 그의 부활 이후에 된 일을 가리키는 것처럼 그가 죽었다가 다시 사셨다는 말씀(18절) 다음에 나온다. 이것으로 보아 아우구스티누스의 해석은 문맥상 자연스럽지 않아 보인다. 그러나 이 해석은 오랫동안 신뢰를 얻고 있다. 다만 우리는 앞에서 언급한 바빙크의 해석이나 아우구스티누스의 해석을 택하는 것이 무난하다.

20 그들은 전에 노아의 날 방주를 준비할 동안 하나님이 오래 참고 기다리실 때에 복종하지 아니하던 자들이라 방주에서 물로 말미암아 구원을 얻은 자가 몇 명뿐이니 겨우 여덟 명이라. 이 구절은 앞 절에서 말씀한 "옥에 있는 영들"이 누구인지 밝혀 준다. "복종하지 아니하던 자들." 노아 시대의 사람들이 노아가 전하는(벧후 2:5) 하나님의 말씀 앞에서 회개하지 않은 사실은 그들이 홍수로 말미암아 "다 멸망"하였다는 말씀(눅 17:27)과 "이로 말미암아 세상을 정죄하"였다는 말씀(히 11:7)이 증거한다(창 7:1, 21-24 참조).

21 물은 예수 그리스도께서 부활하심으로 말미암아 이제 너희를 구원하는 표니 곧 세례라 이는 육체의 더러운 것을 제하여 버림이 아니요 하나님을 향한 선한 양심의 간구니라. 이 구절은 노아 시대의 홍수가 부활하신 예수님의 이름으로 받는 세례의 예표라고 한다. 홍수가 있을 당시 죄인들은 물속에서 죽고, 의인들(노아의 가족)은 물위에 올라서 살았다. 세례에서도 예수님의 부활로 인하여 옛사람(아담에게 속한 육적 자아)은 죽고, 새사람(선한 양심, 곧 거듭난 생명)은 하나님을 향하여 살아나는 의미가 있다(롬 6:3, 10-11).

"육체의 더러운 것을 제하여 버림이 아니요." 곧 그리스도 사건을 믿지 않는 유대인의 의식주의에서 생각하는 것처럼, 세례의 의미는 다만 외부적으로 몸이 더럽혀진 것을 제거하는 것이 아니다. 세례는 그것을 받는 자가 그리스도 사건을 공적으로 확신하게 한다. 그 사건을 확실히 믿는 자의 양심은 하나님을 찾아간다.

"하나님을 향한 선한 양심의 간구니라." 하나님의 말씀은 우리의 양심을 겨냥하는 것이고, 우리의 과학적 지능을 개발하기 위한 것이 아니다. 그 모든 말씀은 "너는 왜 믿지 않는가?" "너는 왜 사랑하지 않는가?"라는 책망이다. 이 책망을 듣고 깨어난 사람의 양심은 하나님을 찾아간다. 성령의 세례는 하나님의 말씀으로 이런 결과를 발생시킨다.

22 그는 하늘에 오르사 하나님 우편에 계시니 천사들과 권세들과 능력들이 그에게 복종하느니라. 여기서 "권세들과 능력들"은 천사들을 가리키는 명칭이다.

제 4 장

내용분해

1. 그리스도의 고난과 신자들의 처지(1-11절)
   1) 그들이 죄에 대하여 죽은 처지(1-3절)
   2) 그들이 받는 비방과 최후의 신원(4-6절)
   3) 종말적 신앙생활(7-11절)

2. 그리스도를 위해 고난받는 자가 받을 복(12-19절)
   1) 그리스도의 재림 때에 받는 기쁨(12-13절)
   2) 현재에도 성령이 함께해 주시는 기쁨(14절)
   3) 이 고난은 가치관에서 선택될 만함(15-18절)
   4) 결론: 고난받는 자의 영혼은 하나님 안에서 안전이 보장됨(19절)

해석

1-6절. 세상과 타협하지 말고 고난을 각오할 것.

1 그리스도께서 이미 육체의 고난을 받으셨으니 너희도 같은 마음으로 갑옷을 삼으라 이는 육체의 고난을 받은 자는 죄를 그쳤음이니. 이 구절부터 6절까지는 남은 삶을 세상 죄와 타협하지 말고, 그로 인한 세상의 박해를 받으라는 교훈이다.

"육체의 고난"은 그리스도께서 그의 인성으로 고난을 받으시고 죽으신 것을 가리킨다. "받으셨으니"란 헬라어(παθόντος)의 과거 시상은 우리가 주목할 점이다. 즉 하나님의 아들 그리스도께서 우리를 구속하시기 위해 죽으신 놀라운 사건은 한낱 이상이 아니고 이미 이루어진 역사적 사건이라는 것이다.

"너희도 같은 마음으로 갑옷을 삼으라." 곧 주님 예수께서 세상(죄)과 타협하지 않으시고 고난을 받으셨으니, 신자들도 죄와 타협하지 말고 마음을 갑옷처럼 든든히 하여 세상과 싸우는 고난을 당하라는 말씀이다. "갑옷"은 견고하여 대적으로부터 해를 받지 않게 한다. 그와 같이 죄를 대적하는 정신이 있어야(히 12:4) 영혼이 해를 당하지 않는다.

"이는 육체의 고난을 받은 자는 죄를 그쳤음이니." 곧 예수님께서 십자가에 못 박혀 죽으심으로 우리의 죗값을 지불하셨으며, 우리를 죄의 종 되었던 자리에서 해방시키셨다. "그쳤음이니"란 말(πέπαυται)은 현재완료사로, 그리스도께서 속죄하여 주신 결과가 영원히 지속됨을 가리킨다. 그리스도께서 이처럼 우리 신자들의 구원을 완성하셨으므로, 신자들이 받는 고난("마음으로 갑옷을 삼음")도 승리를 가져온다. 이것이야말로 부전승이다(요 16:33 참조).

2 그 후로는 다시 사람의 정욕을 따르지 않고 하나님의 뜻을 따라 육체의 남은 때를 살게 하려 함이라. 이 구절은 우리가 예수님의 속죄하심을 믿은 후부터 하나님의

뜻을 순종하며 거룩하게 살아야 할 것을 염두에 두고 한 말씀이다. 다시 말하면 예수님께서 우리를 위하여 죽으신 목적은 우리로 하여금 이 세상 욕심을 버리고 남은 생을 하나님의 뜻대로 살게 하시려는 것이다(롬 6:1, 23).

3 너희가 음란과 정욕과 술취함과 방탕과 향락과 무법한 우상 숭배를 하여 이방인의 뜻을 따라 행한 것은 지나간 때로 족하도다. 헬라어 원문에는 이 구절 앞부분에 "왜냐하면"이란 이유 접속사(γάρ)가 있다. "음란과 정욕"은 성적으로 불결한 모든 죄악을 의미하고, "술취함과 방탕과 향락"은 서로 동반되는 죄악들이다. 이것들은 하나님보다 쾌락을 더 사랑하는 무서운 죄악이다(딤후 3:4). "무법한 우상숭배"란 말은 합법적 우상숭배도 있다고 암시하는 것이 아니다. 이것은 모든 우상숭배의 공통적인 불법성(하나님의 말씀을 거역함)을 지적하는 것뿐이다. 이 여섯 가지 죄악에 대한 헬라어들은 모두 복수 명사이다. 그것은 그들에게 그런 범죄의 종류와 횟수가 많았다는 사실을 가리킨다.

"지나간 때로 족하도다"란 말씀은 그들의 과거의 죄악이 정당하였다는 의미가 아니고, 그들의 과거의 죄악이 적지 않았다는 사실을 회상시켜, 뼈에 사무치도록 원통한 회개와 새 생활의 필요를 느끼게 하는 부드러운 위협이다.

4 이러므로 너희가 그들과 함께 그런 극한 방탕에 달음질하지 아니하는 것을 그들이 이상히 여겨 비방하나. 헬라어 원문에는 이 구절 앞부분에 "이러므로"란 말이 없다. 이 구절의 뜻은 다음과 같다. 곧 그들이 믿지 않을 때에는 죄악된 생활을 해 왔으므로, 이제는 그렇게 하지 않는 것을 보는 불신 친구들이 이상히 여겨 그를 비방한다는 것이다. 신자가 회개하고 죄를 버리면, 전에 그와 함께 범죄하던 불신 동료들이 그를 향해 비방과 핍박을 쏟아낸다.

5 그들이 산 자와 죽은 자를 심판하기로 예비하신 이에게 사실대로 고하리라. 곧 핍박하는 자들은 성도들을 해롭게 한 죗값으로 장차 심판 때에 정죄를 받는다는 것이다. "사실대로 고하리라"는 말(ἀποδώσουσιν λόγον)은 '보고한다'는 뜻

이다. 끝까지 회개하지 않고 성도들을 박해하던 자들도 심판 때에는 자기들의 죄를 숨길 수 없기 때문에 자진하여 자기들의 죄를 그리스도 앞에 고백하게 된다. 이렇게 악인들도 어찌할 수 없는 때가 오고야 만다. 그러므로 성도들은 현재 자신들을 박해하는 자들을 승리자로 생각하지 않아야 한다.

"산 자와 죽은 자를 심판"이란 말씀은 그리스도께서 영광으로 오실 때에는 누구든지 심판을 받는다는 것이다. 곧 장래에 있을 심판 때에는 이미 죽은 자들이나 그때까지 살아있는 자들이 다 함께 심판을 받는다.

6 이를 위하여 죽은 자들에게도 복음이 전파되었으니. 곧 마지막 날에 있을 심판을 위하여 지금(베드로가 이 말씀을 쓰던 때) 죽은 사람들에게도 그들이 살았을 때에 이미 복음이 전파되었다는 말씀이다.

이는 육체로는 사람으로 심판을 받으나 영으로는 하나님을 따라 살게 하려 함이라. 곧 그들이 그 가지고 있는 썩을 몸과 연약성은 죽지만(심판을 받지만), 거듭난 생명인 영은 영생한다는 말씀이다. 성경에는 신자들의 몸이 죽은 뒤에도 영으로느 산다는 말씀이 많이 있다. 이 삶은 물론 복된 영생을 가리킨다. 롬 8:10에 말하기를, "또 그리스도께서 너희 안에 계시면 몸은 죄로 말미암아 죽은 것이나 영은 의로 말미암아 살아 있는 것이니라"고 한다(참조. 고후 5:8; 계 14:13).

7-11절. 심판 날이 가까우므로 신자들은 기도와 사랑, 봉사에 적극 노력해야 됨.

7 만물의 마지막이 가까이 왔으니 그러므로 너희는 정신을 차리고 근신하여 기도하라. 이 구절부터 11절은 여생을 기도와 사랑과 봉사로 지내라는 권면이다. "마지막이 가까이 왔으니." 이 말은 말세의 끝이 임박했음을 의미한다. 말세는 예수님의 초림 때부터를 의미하는데(행 2:17; 히 1:1), 그 마지막 날이 언제인지는 천사도 모르고, 인자도 모른다고 하셨다(마 24:36). 그러므로 말세를 살고

있는 사도들은 그 종점이 임박했음을 느낀 것이다. 조국을 멀리 떠났던 사람이 귀국하면서 해외의 여러 나라를 지루하게 통과하고 본국의 국경 안으로 들어설 때의 감상은 이미 그 고향에 접근한 것과 같을 것이다. 그러나 그가 고향에 도착하려면 아직도 상당한 시간이 필요하다. 이처럼 이 세상의 말세에 들어선 우리 신자들은 만물의 마지막이 가까워진 느낌을 가져야 한다. 그러나 그것이 반드시 짧은 시일 안에 온다고 단언하면 안 된다.

"정신을 차리고 근신하여 기도하라." "정신을 차리고"란 말(σωφρονήσατε)은 사색할 때 잡념을 용납하지 않는 것이고, "근신"이란 말(νήψατε)은 삶과 행위에서 이 세상 것들에 기울어지지 않는 것을 의미한다. 이 두 어구는 서로 관련이 있다. 우리가 이 세상에서 무엇이든지 하나님의 지혜와 진리에 맞추어 건전하게 생각하지 않으면 세상으로 기울어져 그것을 취하기 쉽다. 그렇게 되면 우리는 기도의 능력을 잃는다. 구체적으로 말하면, 앞의 말씀(정신을 차리고 근신함)은 다음과 같은 예로 설명할 수 있다.

1) 시험에 빠지지 않은 정신 상태. 예수님께서 말씀하시기를, "시험에 들지 않게 깨어 기도하라"(마 26:41)고 하셨다. 여기서 주님이 의미하신 "시험"은 공포심에 사로잡히는 것이다. 위험한 때에는 하나님을 기억하는 것이 올바른 깨달음이다. 하나님은 진리이고 공포는 하나님 앞에서 허세이다.

2) 쾌락주의에 빠지지 않는 정신 상태. 예수님께서 깨우쳐 주시기를, "인자 앞에 서도록 항상 기도하며 깨어 있으라"(눅 21:36)고 하셨다. 여기서는 쾌락주의로 마음이 우둔해지지 않도록(눅 21:34)깨어서 기도하라고 하신 것이다. 쾌락주의자는 마음이 마비되어 하나님을 느끼지 못한다.

8 무엇보다도 뜨겁게 서로 사랑할지니 사랑은 허다한 죄를 덮느니라. "무엇보다도"란 말(πρὸ πάντων)은 모든 것들 중에서 가장 요긴한 것을 가리킨다. "뜨겁게 서로 사랑할지니." "뜨겁게"란 말(ἐκτενῆ)은 열정뿐 아니라 끈기도 의미한다. "사랑은 허다한 죄를 덮느니라." 이것은 잠 10:12의 인용인데, 사랑이 있는

자는 다른 사람들의 죄를 발견하려고도 하지 않고, 그들에게 나타난 과실도 용서하고 잊어버린다. 그러므로 사랑이 있는 곳에는 사람이 잘못해도 문제가 되지 않을 수 있다. 그러나 사랑이 없는 곳에서는 잘하여도 불평이 있을 뿐이다. 그러므로 우리가 물질로 서로 돕는 것보다 용서로 돕는 것이 더 큰 사랑이다.

9-11절. 이 구절들은 신자들끼리 서로 봉사하는 것에 대한 원칙을 보여 준다. ① 물질로 남을 돕는 자는 그 물질의 주인이 자기가 아닌 하나님이심을 알아야 되며, 또 자신은 그것을 하나님의 선하신 뜻에 따라 사용해야 할 청지기임을 알아야 한다. 그러면 원망 없이 너그러운 마음으로 그 일을 할 수 있다(9-10절). ② 하나님의 말씀을 가르치는 자는 그 말씀이 자기의 것인 양 오해하여 보수를 탐하거나, 가르쳐 주는 것을 아까워하지 말아야 한다(11절). ③ 봉사(남을 돕는 여러 가지 일들)하는 자 역시 그 봉사의 출처가 하나님이심을 알고, 불평 없이 겸손하게, 유쾌하게, 열정적으로 해야 된다(11절).

9 서로 대접하기를 원망 없이 하고. 이것은 앞에 있는 8절에 부탁한 사랑의 구체적 실행과 관련된 일이다. "서로 대접하"라 함은 사랑이 한편에서만 실행될 때에는 그 사랑이 약해지기 쉽기 때문이다. 그러므로 "서로 대접"하라고 한다. 누구든지 남의 사랑을 받기만 하는 것은 공평하지 않다. "원망 없이 하고." 인간은 다른 사람을 도와주면서도 원망하기 쉽다. 하나님의 자녀들은 남에게 무언가를 줄 때 후히 주고 기쁘게 주어야 한다(롬 12:8). 그렇게 하는 것이 하나님 아버지의 성품이기도 하다(약 1:5 참조).

10 각각 은사를 받은 대로 하나님의 여러 가지 은혜를 맡은 선한 청지기 같이 서로 봉사하라. 이것은 특별히 영적 재능이나 은혜를 가지고 교회에서 봉사하는 것에 대하여 가르친다. "선한 청지기같이 서로 봉사하라." "청지기"(οἰκονόμοι)는 자신의 뜻에 따라 일하는 사람이 아니고, 주인이 맡긴 것으로 주인의 뜻에

부합하게 일하는 사람이다. 영적인 은혜로 봉사하는 교역자들은 교회에 그 은혜를 나누어 줄 때 권력을 행사하려 하지 말고, 오직 주님의 것을 거저 받아 거저 주는 마음으로 주어야 한다. 주지 못하면 도리어 자기 자신에게 화가 임할 것을 두려워하는 마음으로 나누어 주어야 된다(고전 9:16 참조).

11 만일 누가 말하려면 하나님의 말씀을 하는 것 같이 하고 누가 봉사하려면 하나님이 공급하시는 힘으로 하는 것 같이 하라 이는 범사에 예수 그리스도로 말미암아 하나님이 영광을 받으시게 하려 함이니 그에게 영광과 권능이 세세에 무궁하도록 있느니라 아멘. 여기서는 앞 절의 사상을 좀 더 구체적으로 말씀한다. 곧 교역자가 가르치려면, "하나님의 말씀"을 그대로 전달하는 자세를 가지고 경외와 겸손으로 충성해야 한다. 자기 자신의 사상을 전하는 자는 경외심이 없는 동시에 교만하게 되어 충성도 없을 것이다.

"누가 봉사하려면 하나님이 공급하시는 힘으로 하는 것같이 하라." "봉사"는 것은 교인들을 위한 모든 수고를 말한다. 여기 나오는 "같이"란 말(ὡς)은 모방의 의미가 아니다. 이것은 하나님의 힘을 받아 일하는 자의 자격을 가지라는 뜻이다.

12-19절. 그리스도를 위한 고난에 참여하는 자는 도리어 하나님께 감사하고, 또 영혼은 신실하신 조물주께 부탁할 것. 여기서 베드로는 우리가 그리스도를 위하여 고난을 받을 때 하나님께 감사할 이유 몇 가지를 보여 준다. 그것은 ① 그 고난으로 인하여 장차 내세의 영광에 참여하여 기뻐할 수 있기 때문이며(13절), ② 그 고난을 받을 때 하나님의 성령이 돌아보시기 때문이며(14절), ③ 이 세상에서 의를 위하여 고난을 받는 것은 내세에 불의한 자들이 당하는 무서운 심판에서 제외되는 증표가 되기 때문이다(15-18절).

12 사랑하는 자들아 너희를 연단하려고 오는 불 시험을 이상한 일 당하는 것 같이 이상히 여기지 말고. "불 시험"이란 것은 신앙을 연단시키고, 또한 하나님의 영광을

드러내기 위하여 그리스도 신자들이 당할 핍박을 가리킨다. 신앙의 연단은 금속을 연단하는 것처럼 불순물, 곧 그 안에 내제된 죄악을 뽑아버리는 것이다. 이러한 의미에서 "불 시험"(환난, 핍박)은 하나님의 집(교회)의 심판이다(17절).

"이상한 일 당하는 것같이 이상히 여기지 말고"란 문구의 "이상히 여김"(ξενίζομαι)은 '손님같이 여김'을 의미한다. 이것은 생소한 느낌을 가리킨다. 신자는 환난을 당할 때 그것을 생소하게 여기지 말아야 한다. 이 세상에서 핍박받는 것은 성도에게 주어진 당연한 몫이니(행 14:22; 딤후 3:12), 그는 그것을 자기의 음식이요 자기의 옷이요 자기의 가장 사랑하는 친구처럼 간주해야 한다.

13 오히려 너희가 그리스도의 고난에 참여하는 것으로 즐거워하라. "그리스도의 고난"은 '그리스도를 위한 고난'을 의미한다. 여기 나오는 "고난"이란 말의 헬라어(παθήμασιν)는 복수(고난들)이다. 이것은 그리스도를 위한 고난이 여러 모양인 것을 보여 준다. "참여하는 것"(κοινωνεῖτε). 이것을 보면, 그리스도를 위하여 고난을 당하는 신자는 자기 혼자만 그것을 당하는 것이 아니라고 생각하게 된다. 그런 생각으로 그는 자신이 위대한 수난자들의 반열에 들어 있다는 기쁨도 느낀다(행 5:41 참조).

이는 그의 영광을 나타내실 때에 너희로 즐거워하고 기뻐하게 하려 함이라. 이것은 그들이 그리스도의 고난에 참여하는 것을 즐거워해야 할 이유이다. 그들은 주님을 위한 고난에 참여하였기에, 주님이 그것을 알아주시고, 그들은 내세에 주님의 영광에 참여하게 될 것이다. 그러므로 그들은 "그리스도의 고난에 참여하는 것으로 즐거워"해야 된다(참조. 마 5:10-12; 행 5:41; 딤후 2:11-14).

14 너희가 그리스도의 이름으로 치욕을 당하면 복 있는 자로다 영광의 영 곧 하나님의 영이 너희 위에 계심이라. 이 구절도 그리스도를 위해 고난받는 것을 기뻐할 이유를 보여 준다. "영광의 영 곧 하나님의 영이 너희 위에 계심이라." 이 말씀의

의미는 그들이 의를 위하여(그리스도를 위하여) 고난을 받을 때 성령께서 그들과 함께하여 주신다는 것이다. 예수님은 "세상이 너희를 미워하면 너희보다 먼저 나를 미워한 줄을 알라"(요 15:18)고 말씀하셨다. 이것은 고난받는 성도들을 주님께서 특별히 가까이하신다는 말씀이다.

15 너희 중에 누구든지 살인이나 도둑질이나 악행이나 남의 일을 간섭하는 자로 고난을 받지 말려니와. 그리스도 신자는 오직 그리스도를 위하여 사는 것이므로, 모든 일에 주님을 위해야 한다. 그는 그리스도께 영광이 되지 않을 일에는(비록 육신의 일이라 하더라도) 가담하지 않아야 한다. 또한 고난을 피할 수 없다면 그리스도를 위하여만 고난을 당하기로 각오해야 한다.

16 만일 그리스도인으로 고난을 받으면 부끄러워하지 말고 도리어 그 이름으로 하나님께 영광을 돌리라. 여기서 "그리스도인"(χριστιανός)은 '그리스도를 따르는 자'라는 의미의 라틴어식 명칭으로, 이방인들이 그리스도 신자들을 멸시하면서 사용한 말이다(행 11:26; 26:28). 유대인이 그리스도 신자를 멸시하는 명칭은 이와 다른 "나사렛 이단"이었다(행 24:5).

"그 이름으로 하나님께 영광을 돌리라." "그 이름으로"란 말(ἐν τῷ ὀνόματι τούτῳ)은 "이 이름으로"라고 해야 한다. 이는 곧 천대받는 "그리스도인"이란 이름을 가리킨다. 인간은 이 이름을 천하게 보지만, 하나님께서는 이 이름을 귀하게 보신다. 그 이유는, 이 이름은 그리스도를 위하여 천대받는 자의 별명이기 때문이다. 그러므로 이 이름을 받는 자는 하나님을 영화롭게 하는 자이다.

17 하나님의 집에서 심판을 시작할 때가 되었나니 만일 우리에게 먼저 하면 하나님의 복음을 순종하지 아니하는 자들의 그 마지막은 어떠하며. 이 구절도 그리스도를 위하여 고난받는 자가 기뻐할 이유를 보여 준다. 헬라어 원문에는 이 구절 앞부분에 "호티"(ὅτι, "왜냐하면")란 말이 있어서 앞 절의 이유를 보여 준다. 그렇다면 이 구절이 말씀하는 것처럼 그리스도를 위하여 고난받는 자가 기뻐해야

할 이유는 무엇인가? 그것은 ① 그들의 고난이 그들에 대한 심판을 대신하기 때문이다. 이같이 그들에게는 이 세상에서 신앙을 연단하는 호의적 심판이 있을 뿐, 훗날 받게 될 무서운 심판이 없다. 이것을 생각할 때, 그들은 고난 중에도 기뻐할 수 있다. ② 그와 달리 악인에게는 장차 임할 진노의 심판이 있다. 그들의 장래는 영원한 흑암이다. 그러므로 성도들은 이 사실을 생각할 때 그들이 현재에 받는 심한 고난도 감사할 수 있다.

"하나님의 집에서 심판을 시작할 때가 되었나니." 이것은 신자들이 이 세상에서 그리스도를 따르다가 받는 핍박과 환난을 하나의 심판으로 보는 말씀이다. 신자가 그리스도를 위하여 받는 고난이 왜 심판의 의미를 가지는가? 그 이유는, 그것으로 인하여 ① "하나님의 집", 곧 교회가 성화되고 거짓 신자들이 드러나 분별되기 때문이고, ② 또한 참된 신자도 그 전에 알지 못하던 죄를 깨닫고 다시 정화되기 때문이다.

"시작할 때가 되었나니." 이는 앞으로 교회에 더 많은 환난과 핍박이 있을 것을 예고하는 말씀이다. 이렇게 예고함으로써 그들로 하여금 ① 그 고난이 하나님께서 허락하신 불가피한 것임을 알게 하고, ② 그들의 고난은 이제 시작에 불과하므로, 문제시하지 말고 앞으로 있을 더 많은 고난을 각오하게 한다.

"만일 우리에게 먼저 하면 하나님의 복음을 순종하지 아니하는 자들의 그 마지막은 어떠하며." 이 말씀의 요점은 "먼저"란 말과 "마지막"이란 말에 달려 있다. 곧 성도들은 "먼저" 심판을 받는 것이므로 이 세상에서 모든 고난을 받지만 내세에 들어갈 때엔 아무 심판도 받지 않는다. 그러나 악인들은 지금 제멋대로 방종하며 안일하게 지내지만, "마지막" 진노의 심판, 곧 정죄의 심판을 받게 된다. 그것은 영원한 불행이다.

18 또 의인이 겨우 구원을 받으면 경건하지 아니한 자와 죄인은 어디에 서리요. 이것은 신자들로 하여금 그들이 이 세상에서 받는 고난을 통해 악인들이 장래에

받을 고난을 상상하게 한다. 이러한 상상은 고난받는 신자들이 현재에 받는 고난을 가볍게 여기고 도리어 감사하게 한다. "의인"은 신자를 가리키고, "경건하지 아니한 자와 죄인"은 끝까지 회개하지 않을 불신자들을 가리킨다.

여기 나오는 "겨우"(μόλις)란 말은 신자들이 구원의 길로 가는 데 많은 고난이 있음을 가리킨다. 이 말씀은 ① 구원이 보장되지 않는다는 의미가 아니고, ② 구원의 길에 기쁨이 없다는 것도 아니다. 그 길이 험하지만 거기에 그리스도께서 주시는 기쁨과 평강이 풍성하다(참조. 요 16:22; 빌 4:4).

19 **그러므로 하나님의 뜻대로 고난을 받는 자들은 또한 선을 행하는 가운데에 그 영혼을 미쁘신 창조주께 의탁할지어다.** 이것은 신자들이 이 세상에서 환난을 당하고 있는 상황을 염두에 둔 말씀이다. 즉 "하나님의 집" 심판에 대한 결론적 진술이다. 여기서 "하나님의 뜻대로 고난을 받는"다는 것은 그 고난이 ① 하나님의 도덕적인 뜻에 부합한 의를 위한 것이고, ② 하나님의 섭리적 통치에 의하여 고난을 당하게 된 것임을 가리킨다.

"선을 행하는 가운데에 그 영혼을 미쁘신 창조주께 의탁할지어다." 이것은 주님의 뜻대로 고난받는 자가 취해야 할 태도를 보여 준다. 곧 자기 영혼의 구원 문제를 창조주이신 하나님의 손에 맡기고, 낙심하지 말며, 그가 당하는 모든 일에 힘써 선을 행하라는 것이다.

제 5 장

⚘ 내용분해

1. 장로들의 직무실행의 원리(1-4절)
   1) 장로의 할 일과 그 장래(1절)
   2) 사역의 태도(2-4절)

2. 교우들의 교회적 생활 훈련(5-6절)
   1) 순종(5절)
   2) 겸손(6절)

3. 신자의 개인적 경건 훈련(7-11절)
   1) 염려를 주님께 맡김(7절)
   2) 깨어서 믿음으로 마귀를 대적함(8-9절)
   3) 은혜로우신 하나님을 바라봄(10절)
   4) 송영(11절)

4. 결론(12-14절)

1) 은혜에 굳게 서라고 함(12절)

2) 문안에 관한 말씀(13-14절)

⚜ 해석

1-4절. 장로 직무의 실행 방법.

1 너희 중 장로들에게 권하노니 나는 함께 장로 된 자요 그리스도의 고난의 증인이요 나타날 영광에 참여할 자니라. 여기서 "장로"(πρεσβύτερος)란 말은 치리 장로와 교훈 장로 모두를 가리킨다(딤전 5:17). "나는 함께 장로 된 자요." 사도 베드로가 이 말을 앞에 내세우면서 권면의 말씀을 시작하는 목적은 무엇인가? 그것은 모든 장로들에게 자신과 동류의식을 일으켜서 그의 권면에 그들이 동감하게 하려는 것이다.

"그리스도의 고난의 증인." 곧 베드로는 그리스도께서 우리의 죗값으로 고난받으신 사실을 친히 보고 증거한다는 말씀이다(요 15:27 참조). 또한 여기에는 그가 그리스도의 고난에 동참한다는 의미도 있다. "나타날 영광에 참여할 자." 그는 그리스도의 고난에 동참하였으므로, 내세의 영광에도 참여할 수 있다(딤후 2:11-13 참조).

2 너희 중에 있는 하나님의 양 무리를 치되 억지로 하지 말고 하나님의 뜻을 따라 자원함으로 하며 더러운 이득을 위하여 하지 말고 기꺼이 하며. 여기서 "하나님의 양무리"란 것은 하나님께서 택하신 백성인 '교회'를 의미한다(참조. 시 78:52; 사 40:11; 렘 13:17; 눅 12:32; 요 10:16; 행 20:28-29). "억지로 하지 말고." 벵겔(Bengel)은 말하기를, 자기 권한과 능력이 미치기만 하면 다른 직업을 취하려는 목사는 이 권면을 받아야 한다고 하였다. "억지로" 하는 성직자는 그

직무 이행에 소명감이 없으므로, 하나님의 도우심을 받지 못하고 성과를 내지 못한다.

"하나님의 뜻을 따라 자원함으로 하며." 이것은 앞에서 말한 "억지로"란 말씀과 대조되면서 자원하는 것을 강조한다. 여기서 말하는 "자원"은 하나님의 뜻에 따라 순종, 희생, 죽음까지도 환영하는 "자원"이다. 성직자의 소명감이 단순히 인간적 기질 정도의 "자원"일 경우, 교회는 소위 호사가들과 영웅주의자들의 손아귀에 들어가기 쉽다. 그러므로 "하나님의 뜻을 따라"란 말씀이 여기에 부가되었다. "하나님의 뜻을 따라"란 문구(κατὰ θεόν)는 "하나님을 따라"라고 개역되어야 한다. 이것은 '하나님의 행동과 합치하게'(overeenkomstig Gods eigen doen en voorbeeld) 함을 의미한다(Greijdanus). 누구든지 이렇게 목회하려면 ① 성경 말씀에 대한 지식이 풍부해야 되고, ② 십자가를 지면서까지 하나님과 동행하는 경건을 소유해야 한다.

"더러운 이득을 위하여 하지 말고 기꺼이 하며." 교역자가 어떤 탐심을 품고도(더러운 이득을 위하여) 열심히("즐거운 뜻으로") 일을 할 수 있다. 그러므로 "더러운 이득을 위하여 하지 말고"라고 경계한다. 이기적인 동기 없이 즐겁게 사역하려면 하늘나라의 영적인 기쁨이 공급되어야 한다. 이것은 주님을 위하여 전적으로 헌신한 자가 체험하는 것이다.

3 맡은 자들에게 주장하는 자세를 하지 말고. "주장하는 자세"란 말(κατακυριεύω)은 교권으로 누르는 행정을 가리키며, 여기서 이것을 금하고 있다. 교권주의가 교회에 해로운 이유는 무엇인가? 교권주의자들은 신자들을 하나님의 말씀으로 인도하지 않고 자기들이 집권하는 데 유리하도록 유인한다. 이것은 중앙 집권주의이다. 이것은 참된 교역이 아니다. 진정한 교회에서는 어떤 사람들이 일방적으로 집권하지 않고 하나님의 말씀 안에서 모든 장로가 동등하다. 이렇게 교직이 동등하게 유지되는 것이 성경적인 교회의 교

리이다. 성경적인 교회의 교리에 의하면, 교직 활동은 언제나 하나님의 말씀대로 수종드는 것이다. 그리고 치리회(노회, 총회)도 지교회들을 돕는 것뿐, 지교회보다 높은 계급이 아니다. 치리회나 교역자도 하나님의 말씀에 근거한 사역에 한해서만 신자들의 순종을 요구할 수 있다. 바빙크는 다음과 같이 말한다. "그리스도의 교회 안에 있는 모든 교직은 수종드는 일(διακονία), 또는 사역하는 일(ministerium)뿐이다. 따라서 그것 자체로는 입법이나 심판이나 권세를 행할 수 없고, 다만 하나님의 말씀을 따라서 봉사할 뿐이다."[112]

양 무리의 본이 되라. 곧 신자들을 직권으로 눌러 지배하지 말고, 친히 신앙생활의 본을 보여 그들을 감화시켜서 인도하라는 말씀이다. 이것은 직권 대신에 하나님을 경배하고 섬기는 태도로 행하는 영적 권위를 위주로 사역하라는 의미와 같다.

설교 장로 성직의 실행 방법(1-3절)

베드로는 여기서 장로의 사역 방법을 말하면서 먼저 자신의 신분을 소개한다.

"함께 장로 된 자"(συμπρεσβύτερος). 이것은 '동등 장로'란 뜻이다. 보통 사람은 장로 이상이 될 수 없고, 오직 목자장(예수 그리스도)이 계실 뿐이다(벧전 5:4; 히 13:20). 여기서 장로교의 "장로직의 동등"(parity of elders)이란 교리가 나온다. 베드로는 자신을 다른 장로들보다 높이지 않았다.

"고난의 증인." 여기서 "증인"이란 말(μάρτυς)은 법정 증인과 같은 내용을 가진 것이므로, ① 사실에 대한 직접적인 체험이 있고, ② 책임 있게 증언

---

112) Alle ambt in de gemeente van Christus is een diakoni,a ministerium, zonder wetgevende, rechtsprekende en uitvoerende macht in zichzelf, maar alleen kunnende bedienen, wat in het woord van Christus vervat en opgesloten ligt.-Bavinck, Gereformeerde Dogmatiek, IV, 1967, 389.

을 담당하는 직책을 갖는 것이다. 베드로는 특히 고난에 대하여 많이 말하였는데, 그리스도의 속죄의 고난을 말하였고(벧전 2:24), 그리스도께서 고난을 받으심으로 우리에게 "본을 끼쳐" 주셨다고 하면서(벧전 2:21), 우리도 "같은 마음으로 갑옷을 삼"고(벧전 4:1) 죄에 맞서 싸워야 된다고 하였다. 우리의 고난이 우리를 구원하는 공로는 못 되지만, 그것이 우리의 성화에 유익하고(벧전 1: 6-9), 또한 우리가 고난을 받음으로써 하나님의 상급을 받게 된다(벧전 1:7; 2:20. 히 12:2 참조).

"나타날 영광에 참여할 자." 이것은 베드로가 예수님의 재림을 기대하고 소망하는 신앙이다. 고난받는 삶은 주님의 재림을 믿는 신앙으로 힘을 얻는다. 바울은 "현재의 고난은 장차 우리에게 나타날 영광과 비교할 수 없도다"(롬 8:18)라고 고백한다. 칼빈은 이 말씀을 암송하면서 별세하였다.

1. "하나님의 양 무리"를 위해 봉사할 것(2절)

교직자는 교회의 신자들을 "내 양"이라고 생각하지 말아야 한다. 그가 그들을 "내 양"이라고 할 때에는 그들을 자신의 소유물로 삼는 악한 생각을 갖게 되고, "하나님의 양"으로 알 때에는 그들을 하나님의 소유로 높이며, 소중히 여기며, 그들을 위해 봉사하게 된다(행 20:28 참조). 교직자가 하는 일은 주관하거나 영광 받는 일이 아니라, 사역(ministry)이다(고전 4:1 참조).

2. "억지로" 하지 말 것(2절)

교직을 실행할 때 누구든지 하나님이나 사람의 판단이 무서워서, 또는 지위나 명예를 잃을까 봐 두려워서 행하는 것은 금물이다. 목회하는 자가 한 달란트 받은 자처럼 하나님을 까다로운 주인같이 여기고 무엇이나 소극적으로 행할 때에는 그의 사역에 아무런 발전이 없다. 이런 자는 기쁨이 없이 일한다. 그는 게으른 품꾼과 같아서 그 "부리는 사람에게 마치 이에 식초 같고 눈에 연기 같"다(잠 10:26).

3. "하나님의 뜻을 따라 자원함으로" 할 것(2절)

교직자는 하나님을 본받아서 사명감으로 그 직책을 실행해야 한다. 하나님은 죄인을 구원하시는 일에 적극적이시다. 그는 죄인이 구원받는 것을 기뻐하신다(눅 15:7 참조).

4. "더러운 이득"을 도모하지 말 것(2절)

여기서 "더러운 이득"이란 것은 물질적 욕구 때문에 목회하는 것을 염두에 두고 한 말이다(참조. 겔 34:1-6; 빌 2:21; 딤전 6:5).

5. "맡은 자들에게 주장하는 자세"를 하지 말 것(3절)

"맡은 자"란 헬라어(κλῆρος)는 주님의 기업을 가리킨다. 이는 '주님의 소유'라는 뜻이다. 주님의 소유를 맡은 청지기는 주님을 본받아(마 20:28) 섬기는 자가 되어야 한다.

6. "양 무리의 본"이 될 것(3절)

이것은 ① 영적 모범을 가리킨다. 곧 "말과 행실과 사랑과 믿음과 정절에 있어서 믿는 자에게 본이 되어"(딤전 4:12) 앞서 가는 것이다. ② 사회생활의 모범도 가리킨다. 디모데전서 3:7에 말하기를 "외인에게서도 선한 증거를 얻은 자라야 할지니"라고 한다.

설교 직분을 맡은 자의 행동 자세(3절)

1. 주장하는 자세를 하지 말 것

여기서 말하는 "주장하는 자세"란 말의 헬라어(κατακυριεύοντες)는 '권세를 사용하는 자세', 혹은 '억지로 주장하는 자세'를 의미한다. 사도행전에 보면, 스게와의 일곱 아들이 바울이 전하는 예수의 이름으로 귀신을 쫓으려 했을 때 악귀 들린 자가 그들 중 두 사람에게 뛰어올라 억제하여 이기니 저희가 상하여 벗은 몸으로 그 집에서 도망하였다고 한다(행 19:14-16). 여기서 "억제한다"는 말(κατακυριεύω) 역시 앞의 헬라어와 같은 말이다. 신학 사전에[113] 의하면, 이 말은 좋지 않은 왕이 자기의 유익만을 목표로 하여 백성의 유익은 무시하면서 주장하는 것을 의미한다. 주님의 교회의 직분을 받은 자는 이런 권력을 사용하면 안 된다. 예수님은 이같이 주장하는 자세를 금하시며 말씀하시기를, "이방인의 임금들은 그들을 주관하며 그 집권자들은 은인이라 칭함을 받으나 너희는 그렇지 않을지니 너희 중에 큰 자는 젊은 자와 같고 다스리는 자는 섬기는 자와 같을지니라"(눅 22:25-26)고 하셨다.

교회의 일을 억지로 주장하는 자가 있다면 그는 다음과 같은 죄를 범하는 것이다. 본문의 "맡은 자"란 헬라어(κλῆρος)는 '기업'이란 뜻으로, 하나님의 기업, 곧 교회를 가리킨다. 여기서 교회란 말 대신에 이 말이 사용된 것은 억지로 교회의 일을 주장하는 것이 죄임을 잘 나타내려는 것이다. 곧 하나님의 소유를 사람이 자신의 것처럼 함부로 주장하는 것은 하나님을 침해하는 도적 행위라는 것이다. 성경은 말하기를, "우리 주 예수 그리스도의 이름으로 너희를 명하노니 게으르게 행하고 우리에게서 받은 전통대로 행하지 아니하는 모든 형제에게서 떠나라"(살후 3:6)고 한다. 그럼에도 불구하고 그런 형제에게 좋게만 대하는 것은, ① 그런 사람의 죄에 동참하는 것이고, ② 벙어리 개와 같은 자가 되는 것이고(사 56:10), ③ 직언하는 자와 동고동락하지 않는 자가 되기 쉽고, ④ 의인이 악인에게 굴복하는 결과가 되어, 이는 "우물이 흐

---

113) The New International Dictionary of New Testament Theology, II, ed. by Colin Brown, 1971, 519.

려짐과 샘이 더러워짐과 같다"(잠 25:26).

2. 양 무리의 본이 될 것

교인들을 "양 무리"(ποίμνιον)로 비유한 것은 그들이 양과 같이 쉽게 잘못된 길로 들어서기 때문이다(사 53:6). 그렇다면 직분을 받은 자가 양 무리의 모범이 되는 방법은 무엇인가?

1) 그 자신이 성령의 감동으로 살아야 한다. 누구든지 다른 사람에게 하나님의 영감을 전하려면 하나님의 말씀과 기도를 통하여 감동받는 생활을 유지해야 한다.

2) 인격의 신뢰도가 높아야 한다. 이것은 좋은 이름을 가지는 데서 이루어진다. 그 이름이 사람들을 끌어온다. 전 7:1에 "좋은 이름이 좋은 기름보다 낫고"라는 말씀이 있다. 여기서 말하는 "좋은 이름"은 믿음과 덕에 대한 명망이 높은 것이다. 이 명망은 허영이 아니고 실상이다. 믿음과 덕의 실상이 있으면 그 향기가 퍼지게 마련이다. 실상이 없는 좋은 이름은 조만간 썩은 냄새가 나는 것으로 드러난다.

4 그리하면 목자장이 나타나실 때에 시들지 아니하는 영광의 관을 얻으리라. 여기서 "목자장"은 예수 그리스도를 의미한다(히 13:20 참조). "시들지 아니하는 영광의 관." 이것은 전쟁에서 승리한 결과로 받는 것이다. 신자의 한평생을 전투로 비유한다면(엡 6:11-17), 그 최후의 신앙 승리는 "영광의 면류관"을 받는 것과 같다고 할 수 있다. "시들지 아니"한다는 것은 소멸되거나 변질됨 없이 영원히 가치 있는 것을 비유한다.

5-6절. 겸손하라는 권면.

5 젊은 자들아 이와 같이 장로들에게 순종하고 다 서로 겸손으로 허리를 동이라. "겸

손으로 허리를 동이라"는 것은 그리스도께서 제자들의 발을 씻으실 때 수건으로 허리를 동이신 일(요 13:1-11)을 염두에 두고 한 말씀이다. 곧 이 문구는 겸손하게 남을 섬기는 자리에 있어야 될 것을 가르친다.

하나님은 교만한 자를 대적하시되 겸손한 자들에게는 은혜를 주시느니라(참조. 잠 3:34; 약 4:6). 여기 나오는 "대적하시되"란 말과 "주시느니라"란 말은 둘 다 현재동사이다. 크레다너스는 이 현재사가 행동의 습관을 의미하는 사실에 근거하여 "교만한 자를 대적하심과 겸손한 자들에게 은혜를 주심"은 하나님의 예사로운 행위라는 의미로 해석하였다. 이 진리는 세상 어디서나 그대로 성취되고 있다.

6 그러므로 하나님의 능하신 손 아래에서 겸손하라 때가 되면 너희를 높이시리라. "하나님의 능하신 손"이란 말씀은 앞의 말씀과 같이, 교만한 자(그들이 아무리 강해도)를 떨어뜨리시고, 겸손한 자들(그들이 아무리 무력해도)을 높이시는 '하나님의 권능'을 의미한다. 누구든지 스스로 높아지려고 덤빌 필요가 없다. 높이시는 권세와 능력을 가지신 이는 하나님뿐이시다. 인간은 자기가 높아지든지 낮아지든지 상관없이, "하나님의 능하신 손 아래에서" 겸손히 순종하는 것으로 만족해야 한다.

7-11절. 여기서는 신자들이 개인적으로 힘쓸 경건 훈련을 가르침.

7 너희 염려를 다 주께 맡기라 이는 그가 너희를 돌보심이라. 여기서 "너희 염려를 다 주께 맡기라"란 것은, 앞 절의 "하나님의 능하신 손 아래에서 겸손하라"란 말씀과도 어느 정도 연결된다. 곧 신자가 하나님의 능하신 손 아래에서 겸손히 행하는 것은 모든 "염려를 다 주께 맡기"는 것이다. "염려"란 것은 인간이 자기 힘으로 할 수 없는 문제를 고민하는 것이고, 그것은 하나님의 권한에 속한 일을 자기가 맡으려는 교만이다. 그런 염려는 불신앙의 죄이고 심신에 손해를 끼친다.

여기서 "맡기라"란 말(ἐπιρίπτω)은 '던지라'는 뜻이다. 던진다는 것은 쓸데없을 뿐 아니라 해로운 것을 내버린다는 의미다. 내 힘에 겨운 어려운 일을 내가 해결해 보려고 근심하다가는 도리어 해를 받을 뿐이다. 우리가 염려를 주님께 맡기는 이유는, 그가 그 문제를 맡아서 처리하여 주시기 때문이다. 그렇다면 우리가 염려를 주님께 맡기는 방법은 어떤 것인가? 첫째, 당장 염려를 중지해 보라. 그래도 안 되면 둘째, 특별 기도에 힘쓰면 마음에 평안이 오고, 그 염려스러운 문제가 주님께 맡겨진다. 셋째, 만일 그래도 안 되면 내가 할 일만 꾸준히 하면서 계속 기도해야 한다.

"이는 그가 너희를 돌보심이라." 이 문구는 신자가 그 염려를 주님께 맡길 이유를 보여 준다. 곧 그렇게 하는 신자를 하나님께서 돌보아 주신다는 것이다.

8 근신하라 깨어라 너희 대적 마귀가 우는 사자 같이 두루 다니며 삼킬 자를 찾나니. 앞 절에서 말씀한 것처럼, 염려를 주님께 맡기는 것은 매우 잘하는 일이다. 그러나 누구든지 그 후에 방심하는 것은 위험하다. 마귀는 방심하는 자를 미혹의 좋은 대상으로 삼는다. 그러므로 신자가 그 염려를 주님께 맡긴 뒤에도 근신하며 깨어 있어야 한다. "근신"(νήψατε)은 세상에 취하지 않는 것이고, "깬다"(γρηγορήσατε) 함은 신앙으로 깨어 있는 것을 가리킨다(고전 16:13).

9 너희는 믿음을 굳건하게 하여 그를 대적하라 이는 세상에 있는 너희 형제들도 동일한 고난을 당하는 줄을 앎이라(약 4:7 참조). 우리가 주 안에서 마귀를 이길 수 있다는 믿음이 강해야만 그에게 힘 있게 대항할 수도 있고 또 마침내 이긴다(엡 6:10-17 참조). 하나님께서는 우리에게 불가능한 일을 명령하지 않으신다.

"너희 형제들도 동일한 고난을 당하는 줄을 앎이라." 여기서 마귀를 "대적하라"는 말씀에 이어 고난 문제가 나오는 이유가 무엇인가? 혹 베드로전서의 수신자들이 그 당시에 받았던 고난이 마귀로 말미암았다는 의미인가? 그런 것이 아니라 그들이 환난을 당하는 것을 기회로 하여 마귀가 시험할 수 있기 때문이라고 생각된다. 마귀는 신자 개인이 교회에 공동체 의식을 갖지 않도록 유혹한다. 그 유혹에 빠진 자는 자기 혼자만 그런 환난(믿음을 인한 핍박)을 당하는 것처럼 착각하고 원망하기 쉽다. 그러므로 베드로는 이것을 경계한다. 신자가 환난을 이길 용기를 얻는 비결은 그와 성정이 같은(동류요 형제) 다른 신자들도 핍박당하고 있음을 인식하는 것이다. 우리는 다른 사람들도 같은 환난을 당하는 것을 알 때 자신도 마땅히 당할 것을 당하는 줄 알고 위로를 얻는다.

10 모든 은혜의 하나님 곧 그리스도 안에서 너희를 부르사 자기의 영원한 영광에 들어가게 하신 이가 잠깐 고난을 당한 너희를 친히 온전하게 하시며 굳건하게 하시며 강하게 하시며 터를 견고하게 하시리라. 이 구절도 신자가 마귀로 인한 환난을 이길 수 있는 비결 또 한 가지를 보여 준다. 우리는 우리 스스로의 힘으로는 도저히 환난을 이기지 못한다. 우리가 이기게 해 주시는 분은 하나님이다.

11 권능이 세세무궁하도록 그에게 있을지어다 아멘. 이 구절은 주님의 능력이 얼마나 크신지 말씀한다. 앞 절에서 말씀한 것과 같이, 하나님께는 고난받는 성도들을 완전히 구원하실 수 있는 능력이 세세 무궁토록 있다.

12-14절. 부탁과 결론.

12 내가 신실한 형제로 아는 실루아노로 말미암아 너희에게 간단히 써서 권하고 이것이 하나님의 참된 은혜임을 증언하노니 너희는 이 은혜에 굳게 서라. "이것이 하나님의 참된 은혜임을 증언하노니." 이 말씀은 신자가 주님을 위하여 받는 고난이 은혜라는 의미이다.

13 택하심을 함께 받은 바벨론에 있는 교회가 너희에게 문안하고 내 아들 마가도 그리하느니라. 어떤 사람들은 여기서 말하는 "바벨론"이 로마를 가리킨다고 한다. 그러나 칼빈은 글자대로 바벨론을 의미한다고 하였다.

14 너희는 사랑의 입맞춤으로 서로 문안하라 그리스도 안에 있는 너희 모든 이에게 평

강이 있을지어다. 여기서 “사랑의 입맞춤”이란 것은 그 당시 교회에 집회가 있을 때 사용된 의식으로, 기도한 후에 남자들끼리 따로, 여자들끼리 서로 입맞춤으로 우애를 표한 것이다.

신약주석
베드로후서

베드로후서 주석

목차

본문주석

설교

서론

Ⅰ. 본서의 저작자

1. 외증

옛날 초기 교부들 중 이레나이우스(Irenaeus, AD 202 별세)는 본서 3:8을 인용하였고,[114] 순교자 유스티누스(Justin Martyr, 저술 시기 AD 155-160)은 본서 2:1을 인용하였고(Dial 51), 폴리카르포스(Polycarp, AD 155 순교)는 3:15을(Philipians, Ⅲ에), 아리스티데스(Aristides)는 1:11, 2:2을(Apol., XVI, A. D. 129-130)에 각각 인용하였다. 그리고 히폴리투스(Hippolytus, 3세기 초에 별세)는 3:8을 인용하였고(Refut. Omn. Haer., XXⅢ, 24), 알렉산드리아의 클레멘스(Clement of Alexandria, AD 213 별세)는 2:2의 "진리의 도"란 말씀을 인용하였다(Protrep, X, 106). 에우세비오스(Eusebius)는 본서의 정경성을 의심한 적이 있으나 후에 말하기를, "본서가 어디서나 정경으로 받아들여졌

114) The Expositor's Greek Testament, Vol. V, 1979, 88.

다"고 하였고(AD 324에 지은 H. E. iii.3. I. 4), 히에로니무스(Jerome, AD 346-420)는 본서의 문체가 베드로전서와 조금 다르다고 하면서 본서를 정경으로 받아들이는 것을 주저하였으나, 그 문체상 차이가 대필하는 자로 인한 것이었다고 하였다(Epistle to Paulinus). 칼빈은 본서를 베드로의 친필로는 보지 않고, 대서자가 옮겨 쓴 것으로 보았다. 그러나 본서는 확실히 사도 서신이며 정경이라고 하였다.[115)]

2. 내증

본서의 내용을 보면, 먼저 1:1에 "예수 그리스도의 종이며 사도인 시몬 베드로"의 저서라고 하였다. 그뿐 아니라, 본서의 저작자는 예수님과 함께 변화산에 있었던 자이고(1:17-18; 마 17:1), 거짓 스승들을 경계하고(벧후 2:1-22), 주님의 심판의 위엄을 말하고(2:4; 3:10), 모든 미덕을 말하였으므로(1:5-7), 엄연히 사도적인 교훈이다. 그러나 근대에 이르러 본서가 사도 베드로의 명의를 가진 어느 후대인의 위조 서신이라고 하는 자유주의자들이 출현하였다. 그들의 주장을 살펴보면 다음과 같다.

1) 그들(비평가들)은 말하기를, 본서 1:1에 기록된 대로 저자의 사도직 외에 시몬 베드로라고 역설한 것이 이상하다는 것이다. 곧 베드로전서에는 "사도 베드로"라고 했을 뿐인데, 본서에는 "사도인 시몬 베드로"라고 하여 "시몬"이란 말을 부가한 것으로 보아, 그 교묘하게 부가된 이름은 문서 위조자의 소행일 것이라고 한다. 자유주의자 홀츠만(Holtzmann)은 다음과 같이 말하였다. 곧 "그 저자는 이 서신이 베드로의 저작이라는 간판을 얻기 위하여 각양 거짓된 수단을 다 썼다. 즉 자기가 시몬 베드로라고 하며(1:1), 또 바울의 동역자라고 하며(3:15), 변화산의 사건을 목격한 자라고 한 것이다(1:17-

---

115) Hebrews and I & II Peter, 1963, 325.

18)."라고 하였다. 그러나 크레다너스는 바르게 답변하여 말하기를, "본서의 목적은 이단을 막기 위한 것이므로, 베드로는 자기의 사도적 권위와 예수님의 제자로서의 자격을 내세우지 않을 수 없는 입장이었다."라고 하였다.[116)]

2) 그들은 또 말하기를, 본서의 헬라어 문체와 베드로전서의 문체가 서로 다르므로, 본서는 베드로의 저작이 아니라고 한다. 그들 중 모패트(J. Moffat)는 말하기를, 본서의 문체가 베드로전서와 다른 것은 본서가 위조문서인 것을 암시한다고 하였다. 그러나 이것은 그 전에 히에로니무스(Jerome)가 이미 답변해 둔 것으로, 베드로 서신들의 대서자가 같은 사람이 아니었으므로, 두 서신의 문체가 같지 않은 것은 자연스러운 결과이다.

3) 그들은 또다시 말하기를, 본서의 구약 인용 방식이 베드로전서와 다르다고 한다. 홀츠만은 말하기를 "본서에 구약이 많이 인용되지 않았고, 다만 약간의 의역적 인용과 및 구약에 대한 일반적인 기억의 자취들이 있을 뿐이다."라고 하였다. 이 점에 대하여 크레다너스는 답변하기를 "베드로의 대서자가 교체되어 이런 차이가 생길 수도 있었겠지만, 그 서신들을 쓰던 때의 환경과 사정이 달라서 그렇게 되었을 수도 있다. 베드로전서는 편안한 마음으로 신자들을 위로하는 기록이고, 베드로후서는 날카로운 지시와 힘 있는 경고를 하는 급격한 마음으로 쓴 것이다."라고 하였다.[117)]

4) 비평가들은 또다시 다음과 같이 말한다. 곧 "본서에 바울의 서신들의 권위를 높이는 말이 있는데(3:15-16), 그것은 본서가 저작될 때에 바울 서신들이 이미 신약전서의 일부로 들어 있었다는 증거이다. 베드로 생전에 어떻게 신약전서의 결집이 이루어졌겠는가?"라고 한다. 그러나 그러한 비평은 문제될 것이 없다. 베드로가 살아있을 때 바울 서신들이 아직 신약전서의 일부

---

116) Greijdanus, Kommentaar op Het Nieuwe Testament, XIII, 1929, 207.

117) Ibid., 209.

로 편집되지 않았다 할지라도 그것은 각 교회에 보내져 일반 신자들이 읽었을 것이다. 그렇다면 베드로가 그 서신들을 염두에 두고 말하였을 수 있다.

5) 비평가들은 또다시 말하기를, "본서에 의하면, 그 저자 당시에 그리스도의 재림을 의심한 자들이 있었다. 저자가 베드로라면 그의 시대에 벌써 그런 자들이 있었겠는가?"라고 한다. 그러나 사도 시대에도 주님의 재림을 의심하는 자들이 있었다. 그들은 이단자들로서 성도들의 부활을 의심하였는데(딤후 2:18), 그것은 곧 주님의 재림을 의심한 것과 마찬가지이다.

II. 내용분해

1. 축복(1:1-2)
2. 하나님의 성품에 참여함에 대하여(1:3-4)
3. 예수 그리스도를 더욱 확실하게 앎에 대하여(1:5-11)
4. 진리 증거 연속의 중요성(1:12-15)
5. 그리스도의 영원한 나라에 대한 신자들의 확신을 촉구함(1:16-21)
6. 거짓 스승들(2:1-22)
   1) 거짓 스승들의 유래와 그 일반적인 성격(1-3상)
   2) 거짓 스승들이 받을 벌(3하-9절)
   3) 거짓 스승들의 행동(10-22절)
7. 주님의 계명을 기억할 것(3:1-2)
8. 심판 교리에 대하여 망령되이 말하는 자를 교정시킴(3:3-17)
9. 결론(3:18)

제 1 장

내용분해

1. 축복(1-2절)
2. 하나님의 성품에 참여함에 대하여(3-4절)
3. 예수 그리스도를 더욱 확실하게 앎에 대하여(5-11절)
4. 진리 증거 연속의 중요성(12-15절)
5. 그리스도의 영원한 나라에 대한 신자들의 확신을 촉구함(16-21절)

해석

1-2절. 축복.

1 **예수 그리스도의 종이며 사도인 시몬 베드로는 우리 하나님과 구주 예수 그리스도의 의를 힘입어 동일하게 보배로운 믿음을 우리와 함께 받은 자들에게 편지하노니.** 여기서 "시몬"으로 표현된 헬라어의 음역은 쉬메온(Συμεών)이며, 이는 유대식 발음이다. 그러므로 이것 역시 베드로후서의 저자가 유대 사람 베드로라는 증거이다.

"그리스도의 의를 힘입어"란 말씀은 무슨 의미인가? 이것은 그다음에 나오는 "믿음을… 받은"이란 말씀과 관련된다. 곧 하나님께서 그리스도의 의를 그들에게 주셨으므로, 그들이 믿음을 얻게 되었다는 의미이다. 칼빈은 말하기를, 인간은 자력으로 믿음에 이를 수 없다고 했다. 하나님의 "의"가 먼저 예수 그리스도의 복음에 계시되었으므로 우리는 그것을 믿고 또 받게 되었다(롬 10:17). 이 "의"는 우리를 정죄하는 의가 아니고, 우리를 정죄에서 풀어 주고 생명의 성령님을 주시는 것이다(롬 8:1).

"동일하게 보배로운 믿음." 어떤 사람들은 이것이 사도들과 일반 유대인 신자들을 비교하는 말씀이라고 한다(Th. Zahn). 그러나 이 본문은 사도행전 11:17의 말씀과 같이, 이방인에게도 유대인처럼 똑같은 믿음의 은혜를 주신다는 것이다(Greijdanus). 그러면 베드로후서는 이방인에게 보내진 것인가? 크레다너스에 의하면, 이것이 베드로전서를 받은 자들에게 보낸 두 번째 편지이므로(벧후 3:1), 소아시아 교회(주로 이방인들로 구성된 교회)에 보내진 것이다. 그뿐 아니라 저자가 바울 서신들(이방인에게 보낸 서신들)을 높이는 사실로 보아도(벧후 3:15), 이 서신을 받을 자들은 이방인들이었다.

"받은"이란 말(λαχοῦσιν)은 자기 힘으로 취득한 것이 아니라, 하나님이 주셔서 '거저 받음'을 의미한다.

2 **하나님과 우리 주 예수를 앎으로 은혜와 평강이 너희에게 더욱 많을지어다.** 여기서 "예수를 안다" 함은 단순한 지식적 인식이 아니고, 하나님과의 영적 교제 및 복음에 대한 체험적 지식을 가리킨다. 그런 지식은 우리로 하여금 하나님의 "은혜"(하나님의 호의)와 영적 "평강"을 누리게 한다.

3-4절. 하나님의 성품에 참여함에 대하여.

3 **그의 신기한 능력으로 생명과 경건에 속한 모든 것을 우리에게 주셨으니 이는 자기의 영광과 덕으로써 우리를 부르신 이를 앎으로 말미암음이라.** "신기한 능력"이란 말의 헬

라어(θείας δυνάμεως)를 직역하면 "신적인 능력"이다.

"생명과 경건에 속한 모든 것"은 영생의 생명, 곧 영적 생명과 모든 은혜를 가리킨다. 영적 생명은 경건을 그 열매로 나타낸다. 그러므로 둘은 서로 인과 관계를 가진다. 그리고 둘 다 우리를 부르신 분(하나님)을 아는 지식을 통해서만 임한다. 또한 이 지식은 하나님의 영광과 덕(계시)으로 말미암는다.

4 이로써 그 보배롭고 지극히 큰 약속을 우리에게 주사 이 약속으로 말미암아 너희가 정욕 때문에 세상에서 썩어질 것을 피하여 신성한 성품에 참여하는 자가 되게 하려 하셨느니라. 이 구절은 하나님께서 우리를 부르신(앞 절 하반절) 방법과 목적을 설명하였다.

1) 부르신 방법. 이것은 두 가지 요소로 구성되었다. 첫째 요소는 하나님의 영광과 덕이다(이 구절 앞부분에 있는 "이로써"란 말은 '영광과 덕으로 말미암아'란 의미이다). "영광과 덕"은 우리를 세상에서 불러내시기 위해 나타내신 계시와 사랑을 말한다. 그가 계시 없이는 자기를 우리에게 알리실 수 없고, 사랑이 없이는 우리를 자기에게로 이끄실 수 없다. 둘째 요소는 지극히 큰 약속이다. 이 약속은 신자들이 이미 받은 성령의 인친 표이며, 장래의 완전한 구속을 보증하는 것이다(엡 1:13-14). 이 약속은 현재에도 그 내용대로 실현되어 가는 중이다.

2) 부르신 목적. 이것은 우리로 하여금 이 세상의 욕심을 피하고 하나님의 성품에 참여하게 하시려는 것이다. 곧 우리에게 하나님의 형상을 회복하시려는 것이다. 이 문구에서 "성품"이란 헬라어(φύσις)는 본질이란 말(οὐσία)과 다르다. 하나님의 성품은 그의 본질에서 표현되는 것으로, 그의 거룩하심을 가리킨다. 그것은 세속적이고 죄악된 이 세상과 반대된다(E. Kühl). 신자들이 "신의 성품에 참여"한다 함은, 그들의 거듭남과 성화를 통하여 하나님의 형상대로 회복되는 것을 가리킨다.

5-11절. 예수 그리스도를 더욱 확실하게 앎에 대하여.

5 그러므로 너희가 더욱 힘써 너희 믿음에 덕을, 덕에 지식을, "그러므로"라고 한 것은 3-4절 말씀과 같이, 하나님께서 우리 안에 생명을 주시고 경건이 자라게 하시기 위하여 모든 은혜를 주신 사실을 가리키는 것이다. "더욱 힘써"란 말(σπουδὴν πᾶσαν παρεισενέγκαντες)은 "너희 모든 정성과 노력을 다하여"라고 번역된다. 곧 앞의 두 구절 말씀과 같이 하나님이 주신 은혜에 너희 정성과 노력을 다하여서 그다음에 진술된 여덟 가지 덕을 이루라는 말씀이다. 하나님께서 우리에게 은혜를 주셨지만, 우리가 방심하면 그 받은 은혜의 성과를 충분히 발휘하지 못한다. 그러므로 우리는 거기에 우리의 모든 성의와 노력을 기울여 순종해야 한다.

"믿음에 덕을." "믿음"은 보이지 않는 하나님을 그리스도의 증거를 따라 영접하는 것이다. 하나님을 눈으로 본 후에 믿겠다는 것은 무리한 생각이고, 우상숭배의 근성이다. 우상을 섬기는 사람들은 이른바 신의 형상을 만들어 놓고 섬긴다. 그러나 예수님은 그와 반대로 말씀하시기를, "보지 못하고 믿는 자들은 복되도다"(요 20:29)라고 하셨다. 이 문구에 대하여 두 가지 생각할 것이 있다. 그것은 ① "믿음"은 모든 덕(이웃을 유익하게 하는 행실)의 근원이다. 믿음이 없으면 우리와 하나님과의 연락이 끊긴 것과 같다. 그러므로 그것이 없는 사람에게서는 신본주의의 모든 덕이 생길 수 없다. ② "덕"은 믿음을 도와주기도 한다. "덕"이란 말(ἀρετή)은 선한 행실을 가리킨다. 우리가 덕을 행하면 그만큼 우리의 믿음이 생기를 얻는다. 그러나 우리가 덕행에 힘쓰지 않으면 우리의 믿음이 쇠약해진다.

"덕에 지식을." 여기서 "지식"은 진리(하나님 말씀)에 대한 지식을 가리킨다. 덕을 실행할 힘이 아무리 강해도 그것이 진리로 다듬어지지 과오를 범하게 된다. 그뿐 아니라 우리가 진리에 무식하면, 진정한 도덕을 실행할 동기와 의욕을 얻지 못한다. 그러므로 "지식"이란 것은 모든 도덕적 활동의 인도자이다.

6 지식에 절제를, 절제에 인내를, 인내에 경건을, "지식에 절제." 인간이 하나님에 대하여 무제한으로 알 수는 없다. 우리는 그가 계시하여 주신 것만 알 수 있다. 그러므로 공연한 호기심으로 하나님에 대하여 무제한으로 알아보려는 것은 옳지 않을뿐더러, 도리어 믿음을 약하게 만든다.

"절제에 인내를." 곧 절제하는 생활을 하려면 인내가 필요하기 때문에 여기서 그것을 강조한다. 우리는 인내 없이 절제할 수 없다. "인내에 경건을." 우리가 하나님을 경외하며 기뻐하는 것(경건) 없이는 "인내"할 수 없다. 우리가 하나님을 두려워하며 또 그를 사랑하기에, 그의 말씀대로 모든 어려움을 참아 나가는 것이다.

7 경건에 형제 우애를, 형제 우애에 사랑을 더하라. "경건에 형제 우애를." "경건"이란 것은 사람을 사랑하는 일과 밀접한 관계를 가진다(요일 4:20). 즉 신자가 경건해야 사람을 사랑할 수 있게 되고, 그와 같이 형제들을 사랑함으로써 그의 경건이 힘을 얻으며, 또한 강화된다(약 1:27 참조). 다시 말해 경건은 도덕을 낳고, 그 낳은 도덕으로 말미암아 경건 자체가 강화된다.

"형제 우애에 사랑을." 여기서 "사랑"으로 번역된 헬라어 아가페(ἀγάπη)는 의미적으로 "형제 우애"(φιλαδελφία, "필라델피아")와 다르다. "형제 우애"란 것은 자연적으로, 혹은 영적 친화력으로 이끌린 사랑이고, 아가페는 진리에 의한 지식적이고 규범적인 사랑이다. 원수를 사랑하는 것도 이와 같은 아가페 사랑이다. 참사랑(ἀγάπη)은 조건적이지 않고 단순한 자아 희생이므로 원수를 사랑하는 정신을 그 본질로 한다. 따라서 원수를 사랑하는 정신이 없는 자는 아직 사랑의 문도 못 연 것이나 다름없다. ① 앞에서 언급한 형제 우애, 곧 "필라델피아"(φιλαδελφία)는 쉽게 식는다. 그러므로 거기에 아가페라는 보호막이 둘러싸지 않으면 안 된다. ② 그뿐 아니라 필라델피아는 편향된 사랑으로 기울어지기 쉽다. 그러므로 그렇게 되지 않으려면 아가페의 작용이 필요하다. 아가페의 동기는 사람이 다 하나님의 형상으로 지음받았다는 것에서 생기기 때문이다(약 3:9 참조). 그러므로 진정한 신자는 이웃(다른 사람) 사랑하기를 나 자신을 사랑하는 것과 같이 사랑한다(마 22:39 참조). 그는 다른 사람을 사랑하는 것을 자기 자신을 사랑하는 것과 마찬가지로 평가하기도 한다. 따라서 그는 다른 사람을 사랑하는 데 성의를 다하고, 뜨겁고, 또한 희생적이다.

8 **이런 것이 너희에게 있어 흡족한즉 너희로 우리 주 예수 그리스도를 알기에 게으르지 않고 열매 없는 자가 되지 않게 하려니와.** 앞에서 말한 모든 덕을 갖춘 자는 그 덕행을 통하여 선한 열매를 얻는다. 그것은 곧 그리스도를 체험적으로 아는 지식이다.

"이런 것"이란 말은 앞에서 언급한 여덟 가지를 가리킨다. "게으르지 않고 열매 없는 자가 되지 않게." 게으름은 열매 없는 자의 특성이다. 우리가 앞에서 언급한 모든 것을 행하여 게으르지 않으면, 그리스도를 체험적으로 아는 깊은 지식(ἐπίγνωσιν)을 열매로 얻는다. 여기 안다는 말(ἐπίγνωσιν)은 철저한 지식, 곧 확신과 같은 지식을 가리킨다. 이것을 보면, 우리는 그리스도에 대한 관념적 지식으로 만족하지 말고, 그를 체험적으로 아는 데까지 들어가야 될 것이다.

9 **이런 것이 없는 자는 맹인이라 멀리 보지 못하고 그의 옛 죄가 깨끗하게 된 것을 잊었느니라.** 여기에는 두 가지 불행이 기록되어 있다. 곧 ① 앞에서 말한 모든 덕행이 없는 자는 그리스도를 아는 지식에 어두운 자가 된다(앞 절 해석 참조). "멀리 보지 못하고." 그런 자는 하늘나라의 소망을 바라보지 못하고 땅에 속한 것만 보며, 내세의 영광을 보지 못하고 현세의 것만 볼 줄 안다. ② 앞에서 말한 모든 덕행을 체험하지 못한 자는 옛 죄를 그대로 행하는 것이며, 그러한 습관은 예수님의 속죄 사업을 기억하지 못하는 것에서 비롯된다. 그런 신자는 거울로 자기 자신을 보고 가서 그 모양이 어떠한지를 곧 잊어버리는 자(약 1:23-24)와 같은 사람이다.

10 그러므로 형제들아 더욱 힘써 너희 부르심과 택하심을 굳게 하라 너희가 이것을 행한즉 언제든지 실족하지 아니하리라. "부르심과 택하심을 굳게 하라"란 것은 신자가 자기 힘으로 부르심과 선택을 좌우할 수 있다는 뜻인가? 그런 것이 아니다. 이 말씀의 의미는 다음과 같이 해석된다. ① 이 문구는 신자들이 그 택하심을 받은 증거를 확고하게 보여야 한다는 뜻이다(참조. 빌 1:27-28; 살전 1:4-6). 그들이 택하심을 받은 증거는 믿음으로 바르게 살아가는 그들의 실생활이다. ② 그들이 택하심을 받은 목적이 그들의 성화로 성취된다는 뜻이다.

이것(하나님의 부르심과 택하심을 굳게 하는 것)은 형식상 그들의 노력으로 나타나지만 실질적으로는 하나님의 영적 역사로 성취된다(빌 2:12-13).

"너희가 이것을 행한즉 언제든지 실족하지 아니하리라." 여기서 "이것"으로 번역된 헬라어(ταῦτα)는 "이것들"이라고 개역되어야 한다. 그러면 "이것들"의 내용은 무엇인가? 그 내용은 베드로후서 1:5-7과 10절 상반절에 있는 지시 사항들을 가리킨다.

11 이같이 하면 우리 주 곧 구주 예수 그리스도의 영원한 나라에 들어감을 넉넉히 너희에게 주시리라. 헬라어 원문에는 이 구절 앞부분에 "왜냐하면"이란 이유 접속사(γάρ)가 있다. 그러므로 이 구절은 앞 절 끝부분에 "실족하지 아니"할 이유를 말해 준다. "그리스도의 영원한 나라"는 그리스도께서 계신 영광의 내세를 가리킨다(눅 16:9, 22; 행 7:55-56).

"들어감을 넉넉히 너희에게 주시리라." 여기서 "들어감"이란 말(εἴσοδος)은 '들어가는 길'이란 뜻이다. 그 길이 풍족한(넉넉한) 은혜와 함께 준비되어 있으리라는 말씀이다. 즉 의로운 생활로 하나님의 선택을 견고케 하는 자들은 일생동안 참된 신앙을 체험하고 천국의 길을 밝히 알기 때문에 실족하지 않는다.

12-15절. 진리 증거 연속의 중요성.

12 그러므로 너희가 이것을 알고 이미 있는 진리에 서 있으나 내가 항상 너희에게 생각나게 하려 하노라. "그러므로"(διό). 베드로는 이 편지를 받은 독자들에게 지금까지 "생명과 경건에 속한 모든 것"(3절)과 내세의 소망(11절)을 말해 주었다. 따라서 그는 그가 전한 이 진리를 그들에게 기억하라고 독촉한다. 이 독촉은 이 편지를 쓰는 그의 이유이기도 하다.

"너희가 이것을 알고 이미 있는 진리에 서 있으나." 여기서 "이것"이라고 번역된 말은 '이것들'(τούτων)이란 뜻인데, 앞에서 설명한 중요한 진리들을 가리킨다. 그리고 "이미 있는 진리에 서 있다"는 것은 그들이 이미 그들에게 전달된 복음을 지키고 있다는 의미이다.

"내가 항상 너희에게 생각나게 하려 하노라." 여기서 "생각하게" 한다는 말(ὑπομιμνῄσκειν)은 '기억하게 한다'는 뜻이다. 부패한 인간의 성향은 악은 잘 기억하면서 진리는 잘 잊어버린다. 그러므로 "선 줄로 생각하는 자는 넘어질까 조심"(고전 10:12)해야 한다. 교회의 인도자들은 때를 따라 결실한 교우들에게도 같은 진리를 재확인시켜야 한다.

13 내가 이 장막에 있을 동안에 너희를 일깨워 생각나게 함이 옳은 줄로 여기노니. "장막"이란 말(σκηνώματι)은 몸을 비유하는 것으로, 인간을 나그네와 같이 보는 베드로의 인생관에 잘 부합하는 표현이다(Charles Bigg)(참조. 벧전 1:1; 2:11). 독일의 학자 크노프(R.Knopf)는 인생의 몸을 장막과 같이 보는 관념이 히브리 족장들에게서 유래된 것이 아니고 헬라 사상이라고 하였다. 그러나 이 학설은 잘못된 주장이다(참조. 창 47:8-9; 고후 5:1-2, 4). 몸은 영혼이 거주하는 장막이라고 한 것은 베드로의 사상이다(Luther).

"일깨워 생각나게 함." 별세할 날이 가까워짐을 생각하면서 교우들에게 이 복음 진리를 기억하게 하여 그들의 영혼을 각성시키는 것은 일종의 유언과 같이 중요하다(Calvin).

14 이는 우리 주 예수 그리스도께서 내게 지시하신 것 같이 나도 나의 장막을 벗어날 것

이 임박한 줄을 앎이라. 사도 베드로는 그의 별세 시기가 멀지 않았으므로 더욱 복음 사역에 힘쓴다는 것이다. "그리스도께서 내게 지시하신 것"은 요 21:18에 기록된 대로 예수님께서 베드로가 순교할 것에 대하여 말씀하신 것을 가리킨다.

"나의 장막을 벗어날 것이 임박한 줄을 앎." 여기서 벗어난다는 말(ἀπόθεσις)은 옷과 관련하여 해석될 수 있다. 베드로가 사람의 몸을 영혼의 의복으로도 비유한 것이 이 문구에 일부 암시되어 있다. 벗는다는 것은 파괴된다는 사상과 구분되어야 한다. 이것은 후일에 다시 입게 될 것을 생각하게 한다. 곧 부활 소망에 대한 비유이다. 고후 5:1의 무너진다는 말(καταλυθῇ)도 몸의 사망에 대하여 사용되었다. 그러나 그것은 몸 자체의 멸절을 가리킨 것이 아니고 인간 존재와 이 땅에서의 삶의 연관성이 끊어진다는 의미이다.[118)]

15 내가 힘써 너희로 하여금 내가 떠난 후에라도 어느 때나 이런 것을 생각나게 하려 하노라. 이 구절은 베드로후서를 쓴 또 하나의 이유를 말씀한다. 곧 그가 별세한 뒤에라도 신자들이 그의 교훈을 기억하게 하려는 것이다.

16-21절. 그리스도의 영원한 나라에 대한 신자들의 확신을 촉구함.

16 우리 주 예수 그리스도의 능력과 강림하심을 너희에게 알게 한 것이 교묘히 만든 이야기를 따른 것이 아니요 우리는 그의 크신 위엄을 친히 본 자라. "교묘히 만든 이야기"란 말(σεσοφισμένοις μύθοις)은 '지혜롭게 꾸민 신화'라는 말이다. 즉 사람들이 어떤 교훈을 세우기 위하여 신들에 대하여 지혜 있게 꾸며낸 이야기를 가리킨다. 주님의 재림은 사람에게서 난 것이 아니고 하나님의 말씀이다. "크신 위엄"이란 것은 주님의 종말적 강림에 나타날 위엄인데, 변화산 위에서 보이신 것이 그 예표된 모형이었다. 베드로는 그것을 보고 세상 종말에 나타내실

---

118) Greijdanus, Kommentaar op Het Nieuwe Testament, XIII, 1929, 264.

주님의 영광을 확신하게 되었다.

17-18 **지극히 큰 영광 중에서 이러한 소리가 그에게 나기를 이는 내 사랑하는 아들이요 내 기뻐하는 자라 하실 때에 그가 하나님 아버지께 존귀와 영광을 받으셨느니라 이 소리는 우리가 그와 함께 거룩한 산에 있을 때에 하늘로부터 난 것을 들은 것이라.** 이 두 구절은 예수님이 변화산 위에서 나타내신 영광을 가리킨다(참조. 마 17:5; 막 9:7; 눅 9:35). 그때 예수님의 변화는 재림 때에 영광 받으실 모습을 모형으로 보여 주신 것이다. 그러므로 베드로는 재림을 소망하는 진술에(16절) 변화산에서 보았던 광경을 소개한다. 여기서 우리가 한 가지 더 알 수 있는 것은, 베드로후서가 확실히 변화산을 체험한 사람(베드로)의 저술인 동시에 후대 사람이 기록한 것이 아니라는 사실이다.[119)]

19 **또 우리에게는 더 확실한 예언이 있어 어두운 데를 비추는 등불과 같으니 날이 새어 샛별이 너희 마음에 떠오르기까지 너희가 이것을 주의하는 것이 옳으니라.** "우리에게 더 확실한 예언." 곧 변화산에서 그리스도에 대하여 증거하신 하나님의 말씀(음성으로 직접 들은 말씀)보다 구약의 예언이 더 확실하다는 말씀이다. 다시 말해 베드로의 변화산 경험은 유대인들이 대체로 모르지만, 구약의 예언은 누구나 다 믿고 있으며, 그것이 그들에게 더 확실하다는 예언이다(Calvin).

"어두운 데"란 말은 죄악과 슬픔이 많은 이 세상과 인생들을 가리킨다. 그리스도의 오심(재림의 영광을 필연적 결과로 가져올 초림)에 대한 구약의 예언들은 이 어두운 세상에서 이미 성취되어 빛난다.

여기 나오는 "날"이란 말(ἡμέρα)에 대하여는 여러 가지 해석이 있다. 크레다너스가 소개한 대로 ① 크노프(R. Knopf)는 말하기를, 이것은 '그리스도의 종말적 강림'(Διε ἡμέρα ist der Tag der parousie)을 가리킨다 하였고(a. w., s.

---

119) Greijdanus, Zoodat deze uitdrukking ook geenzins apostolische herkomst van dezen brief onmogelijk maakt, en zijne latere dateering zou eischen.-Kommentaar op Het Nieuwe Testament, XIII, 1929, 276.

282), ② 칼빈은 이것이 하늘나라, 곧 '죽은 후에 들어갈 세계'를 의미한다고 하고, ③ 크레다너스 자신은 이것은 다만 어두움과 반대되는 낮의 빛을 의미하는 것으로, '복음의 광명'을 비유한다고 하였다.

크레다너스가 이러한 견해를 가지는 이유는, 이것이 주님의 종말적 강림, 곧 재림을 가리키는 "날"이라면 반드시 관사 "그"(ἡ)가 있어야 하는데, 여기에는 그러한 관사가 없기 때문이다. 우리 또한 이 견해를 취할 만하다. 그것은 내세의 서광으로 현세에 이미 임한 복음의 광명을 가리킨다.[120] 따라서 이 말씀의 뜻은 다음과 같다. 곧 신자들이 구약의 예언을 주의하여 상고하면, 그 예언들이 그리스도의 복음사역으로 성취되어 감을 깨닫게 되고, 그 결과 복음의 광명이 그들의 마음에 떠오르게 된다는 것이다(그리스도의 복음사역이 예언의 성취임을 깨닫고 믿기 때문에).

"샛별"(φωσφόρος)은 신약의 다른 부분에는 없는 말인데, 여기서는 '빛을 가져오는 자'란 의미이다. 이 말을 보아도 역시 이 구절은 그 당시의 신자들로 하여금 내세의 서광인 복음의 혜택을 깊이 이해하며 믿기를 소망하는 말씀이다. 복음사역에 대한 깊은 이해는 그것(복음사역)의 필연적 결과인 주님의 종말적 강림, 곧 재림을 이해하는 데까지 이른다.

20 먼저 알 것은 성경의 모든 예언은 사사로이 풀 것이 아니니. 이 문구에 대한 해석은 두 가지이다. ① 예언은 개인 신자들에게 해석할 권한이 없고, 특별한 지위를 가진 교직자만이 할 수 있다는 의미이다. 이 해석은 로마교회에서 취한 것인데, 성경이 누구에게나 공개된 것이라고 믿는 개신교의 우리에게는 납득되지 않는다. ② 각 사람이 예언을 자기의 뜻대로 억지로 해석하지 말고, 성령님의 조명과 인도하심을 받아서 해석해야 된다(Calvin).[121]

---

120) Ibid., 279.

121) Calvin's Comment aries, Hebrews I & II Peter, 1976, 343.

21 예언은 언제든지 사람의 뜻으로 낸 것이 아니요 오직 성령의 감동하심을 받은 사람들이 하나님께 받아 말한 것임이라. 헬라어 원문에는 이 구절 앞부분에 "왜냐하면"이라는 말(γάρ)이 있다. 그러므로 이 구절은 앞 절 말씀의 이유를 보여 준다. 예언이 인간의 자의로 해석되면 안 되는 이유는, "예언은… 성령의 감동하심"으로 성립되었기 때문이다. 여기서 "감동하심을 받은"이란 말(φερόμενοι)은 현재분사로, '운반되는'이란 뜻이다. 이것은 선지자들이 예언하는 동안에 계속 성령님께 이끌림(감동되어 있음)을 가리킨다.

설교 성경(20-21절)

슐라이어마허(Schleiermacher)는 말하기를, 성경이 신자들의 신앙생활에 참고는 될지언정 신앙의 근원은 아니라고 하였다. 그가 이렇게 말하는 이유는 초대 교회 신자들의 신앙이 신약성경이 나오기 전에 있었기 때문이라고 한다. 그러나 이것은 잘못된 주장이다. 초대 교회 신자들도 신약성경과 같은 내용이 있는 사도들의 구전적 말씀을 듣고 그리스도 신앙을 얻은 것이었다. 그리스도 신앙은 구전으로 전해진 하나님의 말씀, 혹은 문서로 전해진 하나님의 말씀에 의하여 생기는 것이다. 그러므로 우리 후대 교회의 신자들은 성경 말씀(문서로 전달된 말씀)을 들음으로써 신앙을 얻게 된다. 교회에는 때때로 성경 지식의 필요성을 부정하는 사람들이 나타난다. 그들은 체험에 치중하여 그렇게 판단한다. 그러나 건전한 체험을 가지려면, 건전한 진리 지식이 있어야 한다. 따라서 우리는 무엇보다 먼저 성경에 대하여 옳게 배우고 깨닫는 데 힘써야 한다. 우리가 성경을 배우는 목적은 먼저 자기 자신이 진리에 대한 확신을 얻기 위해서이다. 전도자를 전도자 되게 하는 것은 진리에 대한 확신이다. 신앙생활을 하다 보면 별로 노력하지 않고도 잠시 동안 믿어지는 때가 있다. 그러나 성경 연구에 힘써야만 믿음에 확신을 얻을 뿐 아니라 그것(확신)을 지속할 수 있다. 그렇다면 성경은 무엇이기에 우리 안에서 신앙을 일으키고 또 신앙이 계속되게 하는가? 그 이유는 성경이 성령의 감동으로 기록된 하나님의 말씀이기 때문이다.

1. 구약의 예언자들이 입으로 전한 예언은 하나님의 말씀이다

그들은 그 예언을 자기들이 말하고 싶어서 한 것이 아니라 하나님께서 시키셨기 때문에 말했다(렘 20:7; 겔 3:1; 암 3:8). 그러면서도 그들은 정상적인 의식을 가지고 있었고, 정신적인 혼란을 겪지 않았다.[122)]

2. 구약성경에 기록된 말씀도 하나님의 말씀이다

왜냐하면 하나님께서 구약 예언자들을 통해 그 예언들을 기록하셨기 때문이다.[123)] 하나님께서 그의 말씀을 책에 기록하게 하신 목적은, 장소적으로나 시간적으로 먼 곳에까지 같은 말씀을 전하시기 위해서이다. 이 점에 있어서 문서로 전한 말씀은 구전으로 전하는 것보다 더욱 효과적이다. 그러므로 하나님의 말씀이 기록된 것은 하나님의 말씀 전달에 절대적으로 필요한 것이었다.

---

122) 사 16:13-14; 렘 3:6; 13:3; 26:1; 27:1; 28:1; 33:1; 34:1; 35:1; 36:1; 49:34; 겔 3:16; 8:1; 12:8; 학 1:1; 슥 1:1.

123) 출 17:14; 24:3-4; 34:27; 민 33:2; 신 4:2, 12, 32; 31:19; 사 8:1; 30:8; 렘 25:13; 30:1; 36:2, 24, 27-32; 겔 24:1; 단 12:4; 학 2:2.

제 2 장

⚜ 내용분해

1. 거짓 선지자는 옛날부터 계속 있어 왔다고 함(1상)
2. 거짓 선지자의 유래와 그의 일반적인 성격(1하-3상)
3. 거짓 선지자들이 받을 벌이 확실함(3하-9절)
4. 베드로의 서신을 받을 교회에 있는 거짓 선지자들의 행동(10-22절)

⚜ 해석

1 그러나 백성 가운데 또한 거짓 선지자들이 일어났었나니 이와 같이 너희 중에도 거짓 선생들이 있으리라 그들은 멸망하게 할 이단을 가만히 끌어들여 자기들을 사신 주를 부인하고 임박한 멸망을 스스로 취하는 자들이라. "백성 가운데 또한 거짓 선지자들이 일어났었나니." "백성 가운데"란 문구(ἐν τῷ λαῷ)에서 '백성'은 일반적인 사람들보다는 구약에 자주 등장하는 이스라엘 선민을 가리킨다. 볼렌베르크(G. Wohlenberg)는 이 말에 근거하여 베드로후서의 독자들을 유대인 그리스도 신자들이라고 하였다. 그러나 이방인 신자들도 예수를 진실히 믿는 한, 하나

님의 백성이라고 하는 것이 신약의 교훈이다(갈 6:16; 엡 2:11-18).

이 구절 말씀은 고대 이스라엘 백성 중에 거짓 선지자들이 있었던 사실을 말하여, 그와 같은 거짓 선지자들이 생겨나는 역사적 현상을 지적한다. 따라서 신자들은 그런 일이 으레 있을 줄 알고, 동심하지도 말고 따르지도 말아야 한다(참조. 렘 6:13; 겔 8:9). 여기서 "있으리라"란 미래사(ἔσονται)가 쓰인 이유는 무엇인가? 칼빈은 이것이 교회에 늘 거짓 교사가 있다는 것을 말하는 의미의 미래사라고 하였다.

"이단"이란 말(αἱρέσεις)은 본래 자의적 선택을 의미하는 것으로, 후에는 이것이 작당함을 의미한다. 여기서 "멸망하게 할 이단"이라고 한 말씀은 이단이란 것이 얼마나 두려운지를 지적하여 그것에 대한 신자들의 주의 깊은 방어를 은근히 역설한다. "가만히 끌어들여"란 말씀 역시 이단에 대하여 신자들이 완벽하게 방어해야 할 것을 암시한다. 그것은 교회에 은밀히 들어오는 것이므로, 면밀한 주의가 없으면 신자들 자신도 알지 못하는 사이에 물들기 쉽다.

"자기들을 사신 주를 부인하고." 곧 예수님께서 그 보혈을 흘리시어 죄에서 구속하신 것을 부인하고, 다시 죄를 가까이하는 생활을 가리킨다. 언제든지 이단은 배교자들이 제조하는 악한 사상이다. "임박한 멸망을 스스로 취하는 자들." 이 말씀은 배교자의 죄가 심히 크므로, 그 받을 벌이 즉시 임할 것처럼 무섭게 느껴지는 것을 표현한 것이다(히 10:29, 31 참조).

2 여럿이 그들의 호색하는 것을 따르리니 이로 말미암아 진리의 도가 비방을 받을 것이요. "여럿이"란 말로 번역된 헬라어(πολλοί)는 "많은 사람들"이라고 개역되어야 한다. "호색"(ἀσέλγεια)은 고전 헬라어에서는 남을 업신여기고 잘난 척하는 것을 의미하나, 후대에는 '호색'을 의미하게 되었다(Lightfoot). 이단과 호색은 서로 동반된다. 그 이유는, ① 성령님이 그 공동체에 계시지 않고 남녀가 문란하게 교제하기 때문이며, ② 진리의 규범을 떠나 정욕의 행위를 숨기

려고 모든 간사한 교훈을 세우기 때문이다.

"진리의 도가 비방을 받을 것이요." 불신자들은 참된 신자와 거짓 신자를 분별할 줄도 모르지만, 분별하려고 하지도 않는다. 그들은 신자 한 사람이 범죄한 것으로 교회 전체를 비방한다. 옛날부터 교회는 그와 같이 애매한 모욕과 비방을 받아 왔다. 그러나 교회는 여전히 하늘 높이 닻을 박고(히 6:19), 땅 위의 풍랑 가운데서도 견디어 섰다. 그것은 성령님과 진리의 역사로 말미암으며, 또 하나님의 공의로우신 섭리적 심판으로 말미암는다. 교회는 이 세상 사람들 중에서 단 한 사람의 변호도 받지 못할지라도 계속 묵묵히 땅 위에서 승리하고 있다(딤후 2:19 참조).

3 그들이 탐심으로써 지어낸 말을 가지고 너희로 이득을 삼으니. "탐심"(πλεονεξία)은 무엇을 가질수록 더 가지려는 불같은 심리를 가리킨다. 배교한 거짓 교사들 역시 탐심을 부리는 자들이다. 저희는 그것에 이끌려 신자를 이용하려 한다.

"지어낸 말을 가지고." 즉 거짓 선지자들은 자기들의 육체적인 목표를 달성하기 위하여 교묘하게 교훈을 만든다는 뜻이다. 그것은 양의 옷을 입은 이리와 같은 자들이다(마 7:15). "너희로 이득을 삼"는다는 말씀(ὑμᾶς ἐμπορεύσονται)은 신자들을 상품처럼 취급하여 매수한다는 뜻이다. 이같이 그들은 공익을 위하지 않고 육체적인 사리사욕만을 위해 덤빈다.

그들의 심판은 옛적부터 지체하지 아니하며 그들의 멸망은 잠들지 아니하느니라. "옛적부터 지체하지 아니하며." 즉 옛적부터 거짓 교사들은 멸망의 심판을 받아 왔다는 것이다. 따라서 그들은 그러한 심판을 면하지 못한다.

"잠들지 아니하느니라." 이것은 ① 멸망이 제때를 정확히 지켜서 찾아오려고 대비하고 있다는 것이며, ② 그것이 해당되는 자를 찾을 때에도 정확하다는 비유적 표현이다.

어떤 경우엔 악인들이 제때를 만나서 악행을 계속한다. 그럴 때 진실한 성도들의 마음은 견딜 수 없을 만큼 괴롭다. 그러나 참신자들은 하나님의 말씀을 생각하면서 참고 견디며 기다릴 수 있다. 여호와는 졸지도 아니하시며 주무시지도 아니하신다(시 121:1-8 참조).

4 하나님이 범죄한 천사들을 용서하지 아니하시고 지옥에 던져 어두운 구덩이에 두어 심판 때까지 지키게 하셨으며. 이 구절부터 9절까지는 거짓 교사들이 받게 될 벌을 피할 수 없다는 말씀이다. "범죄한 천사." 우리는 그들이 범죄한 경위를 잘 알 수 없다. 칼빈은 이 말씀에 대하여 주석하기를, "이 점은 자세히 알기 어려우므로 이지적인 사색을 주의해야 한다. … 하나님께서는 우리에게 필요한 지식을 알려 주셨다. 그것은 다음과 같은 사실이다. 곧 마귀가 처음에 창조될 때에는 하나님을 순종하고 섬기기 위한 존재였다. 그러나 그들(마귀와 그 졸개 귀신들)은 스스로 범죄하고 타락하였다. 그들의 범죄는 우연적인 사고로 생긴 것이다(accidentalemesse). 하나님이 지으신 그들의 본성에서 비롯된 것이 아니다(non a natura ut Deo attribui queat)."라고 하였다.

이 구절에서 "지옥"으로 번역된 헬라어 "타르타로사스"(ταρταρώσας)는 신약의 다른 곳에는 없는 말이다. 데여는 이 말이 지하의 슬프고 어두운 곳(subterranean region doleful and dark)을 의미한다고 말한다.[124] 우리는 이런 말을 비유적 표현으로 생각하지 않을 수 없다. 이것은 영적 존재인 마귀와 귀신들을 가두어 두는 곳이므로, 글자 그대로 물질적인 지하 세계는 아닐 것이다. 영은 물질로 제재할 수 없다. 이것은 본문에서 어둡고 소망 없이 내버려진 곳을 비유한다. 성경은 "지옥"을 "게엔나"(γέεννα)라고 하였는데(마 5:22), 게엔나는 히브리어 "게히놈"(גֵּיא הִנֹּם, 수 15:8; 렘 19:2)의 헬라어 음역이다. 게히놈은 예루살렘 성문(토기장이 문) 가까이에 있는 골짜기 이름이다. 이곳에서 유다 왕 아하스와 므낫세가 암몬 자손의 가증한 몰록 우상(왕상

---

124) J. H. Thayer, Greek-English Lexicon of The New Testament, 1962, 615.

11:7)을 섬겼는데(대하 28:3; 33:6) 후에 유다 왕 요시야가 그곳을 모두 파괴하였다(왕하 23:10). 따라서 그곳은 황폐한 곳이 되었고 그 후로는 예루살렘 도시의 쓰레기 하치장이 되어 버렸다. 그뿐만 아니라 영구히 극단적 오염의 상징이 되었다(I. S. B., 1980, p.1184)(참조. 사 30:33; 렘 19:6).

그러면 본문의 말씀대로 범죄한 천사들(마귀의 무리)이 현재 갇힌 곳은 어디인가? 그곳은 하나님이 계신 곳에 비할 수 없이 어두운 이 세상이다. 필자의 주석 유 1:6; 계 11:9의 해석을 참조하라.

5 옛 세상을 용서하지 아니하시고 오직 의를 전파하는 노아와 그 일곱 식구를 보존하시고 경건하지 아니한 자들의 세상에 홍수를 내리셨으며. "옛 세상"이란 말은 하나님이 지으시고 좋게 보셨던 세계(창 2:2-3)를 가리킨다. 그런 좋은 세상도 하나님은 인류의 죄를 벌하시기 위하여 홍수로 멸하셨다. 하나님은 이처럼 죄를 미워하신다. "의를 전파하는 노아." "의"는 하나님이 제정하신 대로 믿음으로 말미암는 의를 말하는 것이다(히 11:7하). 인간 스스로의 의가 아니다. 다른 말로 그것은 하나님의 은혜를 힘입어 성립된 것이다(창 6:8-9 참조). 여기서 "노아와 그 일곱 식구"라고 번역된 헬라어(ὄγδοον Νῶε)는 "여덟째 되는 노아"라고 번역된다. 그 뜻은 홍수에서 구원받은 자 일곱 식구를 셈한 후 노아는 여덟째란 것이다. 어떤 학설에 의하면, 이것은 노아가 아담의 8대손이란 뜻이라고 한다(유 1:14 참조). 그러나 첫 번째 해석이 옳다(Greijdanus).

"경건하지 아니한 자들의 세상." 이것은 그 당시 온 세상이 불경건한 자들로 가득했던 것을 가리킨다.

6 소돔과 고모라 성을 멸망하기로 정하여 재가 되게 하사 후세에 경건하지 아니할 자들에게 본을 삼으셨으며. 소돔과 고모라도 죄가 극심하여 멸망을 받아 재가 되었는데, 배교자들이 어떻게 벌을 면할 수 있겠는가! 소돔과 고모라 땅은 매우 비옥했기 때문에(창 13:10하) 그곳의 주민들은 먹을 것이 많았다. 따라서 그들은 게을렀고 방탕하였다(창 13:13 참조). 결국 하나님께서 그 도시들을 완

전히 멸망시키셨다.

“본을 삼으셨으며.” 곧 죄악이 극성하면 매우 비참하게 망한다는 진리의 실제적인 본보기라는 의미이다. 이 말씀과 같이 소돔과 고모라는 성경에서 죄인들에 대한 멸망의 경고로 사용되었다.[125)]

7-8 무법한 자들의 음란한 행실로 말미암아 고통 당하는 의로운 롯을 건지셨으니 (이는 이 의인이 그들 중에 거하여 날마다 저 불법한 행실을 보고 들음으로 그 의로운 심령이 상함이라). 하나님께서 그토록 무서운 벌을 내리실 때에도 의인은 구원해 주신다(창 19:15-17). 이것은 이 말씀을 읽는 자들로 하여금 큰 환난 가운데서도 낙심하지 말고 더욱 회개하며 성결하게 살기만 하면 소망이 있음을 알게 한다.

그렇다면 소돔과 고모라에서 구원받은 롯은 어떻게 의로운 생활을 하였는가? 그는 “무법한 자의 음란한 행실 때문에 고통하는” 자였다(창 19:5-7). 사람은 다른 사람들의 불의와 음란에 물들기 쉽고, 또 표면적으로는 그러한 일을 따르지 않으면서도 중심으로는 그것에 끌리거나, 충동을 받기 쉽다. 그러나 롯은 다른 사람들의 죄악을 보면서 심령에 고통을 받았다. 그것은 그가 그 사회의 죄악에 미혹되지 않았을 뿐 아니라 다른 사람들의 범죄를 걱정한 높은 성결이다(창 19:7 참조).

9 주께서 경건한 자는 시험에서 건지실 줄 아시고 불의한 자는 형벌 아래에 두어 심판 날까지 지키시며. “주께서 경건한 자는 시험에서 건지실 줄 아시고.” 곧 하나님께서 노아를 홍수에서 구원하신 것과 소돔과 고모라가 멸망할 때 롯을 구출하신 일을 염두에 두고 한 말씀이다.

“불의한 자는 형벌 아래에 두어.” 곧 노아 시대에 벌을 받은 악인들과 소돔과 고모라에서 벌을 받은 악인들을 가리킨다. 그들은 음부에 갇혀 있다가 훗날 영원한 심판을 받는다(벧전 3:20 참조).

---

125) 참조, 신 29:22-23; 시 107:34; 사 13:19; 렘 49:18; 50:40; 암 4:11; 습 2:9.

10 특별히 육체를 따라 더러운 정욕 가운데서 행하며 주관하는 이를 멸시하는 자들에게는 형벌할 줄 아시느니라 이들은 당돌하고 자긍하며 떨지 않고 영광 있는 자들을 비방하거니와. "특별히… 형벌하실 줄 아시느니라." 여기서 "특별히"란 말(μάλιστα)이 헬라어 원문에서는 이 구절 앞부분에 나온다. 이것은 이 구절에 기록된 죄악들이 더욱 형벌의 대상이 된다는 강조체이다. "아신다"는 말(οἶδεν)은 헬라어 원문에서는 앞 절(9절) 앞부분에 나오는데, 이 구절의 내용까지 연결된다. 따라서 "아신다"는 말씀은 다음과 같이 해설된다. 즉 의인이 역경 중에 오랫동안 탄식하는데도(8절 참조) 심판이 내리지 않아 하나님이 모르시는 것처럼 생각될 수 있다. 그러나 그가 모르시는 것이 아니다. 그는 모든 것을 아신다. 단지 그의 때를 기다리시는 것뿐이다.

이 구절에 진술된 죄악상은 베드로 당시에 이 서신을 받을 교회에 있던 거짓 교사들에 관하여 말씀한다. "더러운 정욕"이란 것은 앞에 있는 2절에서 언급한 "호색"과 같은 것을 가리킨 말씀이다. 2절의 "호색"에 대한 해석을 참조하라.

"주관하는 이를 멸시하는 자들." 이것은 하나님이나 천사들이나 그 밖의 모든 주권자들을 멸시하는 자들을 가리킨다.

"영광 있는 자를 비방하거니와." "영광 있는 자"는 누구를 가리키는가? 어떤 학설에 의하면, 일반 신자들을 가리킨다고 한다(H.Grosh). 그러나 이것은 하나님과 그리스도와 하나님의 영화로운 일을 맡은 천사들과 진실한 신자들을 가리킨다(Greijdanus).

11 더 큰 힘과 능력을 가진 천사들도 주 앞에서 그들을 거슬러 비방하는 고발을 하지 아니하느니라. 이 구절은 거짓 교사들이 천사를 비방한 일이 주제넘은 행위임을 다시 밝힌다. "더 큰 힘과 능력을 가진 천사들"이란 것은 미가엘과 그 사자들을 가리키는데, 그들은 마귀와 그의 사자들보다도 강하다(계 12:7 이하). 그러나 미가엘은 자기보다 낮은 약한 천사, 곧 마귀라도 친히 책망하지 않고, 그

를 책망하고 벌할 권한을 하나님께 돌린다(유 1:9). 이것은 그가 마귀를 존중하여 그리한 것이 아니라 모든 심판권을 가지신 하나님의 권위를 조금도 범하지 아니하려고 그리한 것이다. 천사장 미가엘도 그리하였는데 거짓 교사들이 무엇이기에 높은 천사들을 비방할 수 있겠는가.

12 **그러나 이 사람들은 본래 잡혀 죽기 위하여 난 이성 없는 짐승 같아서 그 알지 못하는 것을 비방하고 그들의 멸망 가운데서 멸망을 당하며.** 거짓 선지자들을 "짐승"에 비유한 것은 계시록에도 있다(계 13:11-13). 그들은 사람으로서 마땅히 사모해야 할 영적 사리에 대하여는 진정한 지각이 없고, 또한 하늘나라의 영광인 천사들을 무시하는 점에 있어서는 이성 없는 짐승과 같다. 베드로는 그들의 피할 수 없는 멸망을 역설하기 위하여 그들을 "잡혀 죽기 위하여 난 이성 없는 짐승 같"다고 하였다. 거짓 교사의 죄는 이토록 무겁다. 교회의 선생 된 자로서 이 말씀을 읽으며 두려워하지 않는다면 그 사람 역시 그와 같이 "짐승 같"은 자리로 떨어지고 있는 것은 아닐까?

13 **불의의 값으로 불의를 당하며 낮에 즐기고 노는 것을 기쁘게 여기는 자들이니 점과 흠이라 너희와 함께 연회할 때에 그들의 속임수로 즐기고 놀며.** "불의의 값으로 불의를 당하며"란 것은 그들이 다른 사람들에게 불의하게 행하였으므로 그들 자신도 다른 사람들에게 속임을 당한다는 말씀이다(딤후 3:13 참조). 그들의 불의한 행동은 13-14절에 진술된다. 곧 "낮에 즐기고 노는 것을 기쁘게 여기는 자." 낮에는 부지런히 일해야 함에도 불구하고 그들이 방탕한 쾌락을 일삼는 것은 하나님 앞에 불의한 행동이다(사 5:11).

"점과 흠이라." 곧 그들이 교회에 오점이 된다는 말씀이며, 그 이유는 다음 문구가 보여 준다.

"너희와 함께 연회할 때에 그들의 속임수로 즐기고 놀며." 이 문구에 대하여는 두 가지 해석이 있다. ① 그들은 간사하여 일반 연회석에서 자신들이 높은 자인 것처럼 자랑한다는 의미인 듯하다. ② 여기 나오는 "간사"란 말

(ἀπάταις)을 몇몇 사본의 기록대로 "애연"(고대 교회에서 가지던 거룩한 연회)이란 말(ἀγάπαις)로 읽는 학자들이 있다. 그것은 바티칸 사본이 지지한다. 그렇다면 이 어구의 의미는 거짓 교사들이 기탄없이 성도들의 애연에 참여한다는 말씀이다(유 1:12).

14 음심이 가득한 눈을 가지고 범죄하기를 그치지 아니하고 굳세지 못한 영혼들을 유혹하며 탐욕에 연단된 마음을 가진 자들이니 저주의 자식이라. "음심이 가득한 눈을 가지고." 곧 항상 호색한다는 의미이다. 루터의 말을 인용하면, 그들이 이렇게 되는 것은 필연적 결과이다. 앞 절에 나온 말씀과 같이 그들은 연회를 즐겨서 잘 먹고 또 게으르니 방탕해질 수밖에 없다는 것이다.

"굳세지 못한 영혼들." 곧 하나님의 진리와 경건에 확실히 서지 못하였고, 거기에 마음을 바치지 못하여 마음(영혼)속에서 자기를 다스리지 못하는 자들을 가리킨다(Greijdanus). "탐욕에 연단된 마음." 그들의 탐심은 도무지 제어되지 못하고 그대로 배양되었기 때문에 이제는 그것이 본성처럼 되고 말았다(시 109:18-20 참조).

15-16 그들이 바른 길을 떠나 미혹되어 브올의 아들 발람의 길을 따르는도다 그는 불의의 삯을 사랑하다가 자기의 불법으로 말미암아 책망을 받되 말하지 못하는 나귀가 사람의 소리로 말하여 이 선지자의 미친 행동을 저지하였느니라. 발람은 삯을 받고 고대 이스라엘 백성을 거슬러 예언하려 했던 타락한 거짓 선지자였다. 이 타락한 거짓 선지자의 무지한 정도가 어떠하였는지에 대하여는 그가 탔던 나귀가 말을 하게 된 사건이 알려 준다. 즉 그는 나귀보다 무지해진 것이었다. 거짓 교사와 탐심은 분리될 수 없는 관계이고, 탐심은 그를 짐승보다도 더욱 무지하게 만든다(참조. 민 22장-24장; 계 2:14).

17 이 사람들은 물 없는 샘이요 광풍에 밀려 가는 안개니 그들을 위하여 캄캄한 어둠이 예비되어 있나니. "물 없는 샘", "광풍에 밀려가는 안개" 이 둘은 인생이 기대하는 물을 주지 못하고 외형과 이름으로만 그것을 약속할 뿐이다. 거짓 교사들

도 대중에게 진리와 축복을 전해 주겠다고 약속하지만 실제로 주지는 못하는 자들이다.

"캄캄한 어둠이 예비되어 있나니." "캄캄한 어둠"은 영원한 멸망을 비유한다. 끝까지 굳어진 이단자들은 어둠과 같이 절망 상태에 떨어진다. 마태복음 25:30은 말하기를, "이 무익한 종을 바깥 어두운 데로 내쫓으라 거기서 슬피 울며 이를 갈리라"고 한다(마 8:12 참조).

18 그들이 허탄한 자랑의 말을 토하며 그릇되게 행하는 사람들에게서 겨우 피한 자들을 음란으로써 육체의 정욕 중에서 유혹하는도다. "허탄한 자랑의 말을 토하며." 곧 스스로 높은 교사인 것처럼 지혜 있는 체하는 것을 의미한다. "그릇되게 행하는 사람들에게서 겨우 피한 자들." 곧 복음을 모르는 사람들 가운데서 복음을 믿어 구원받아 나온 자들(이방 신자)을 가리킨다. 이들을 이 거짓 교사들이 음란한 데로 유인해 갔다. 다시 말하면 그들이 그리스도 신자들을 타락시킨다.

19 그들에게 자유를 준다 하여도 자신들은 멸망의 종들이니 누구든지 진 자는 이긴 자의 종이 됨이라. 이 거짓 교사들은 그리스도의 복음으로 말미암아 신자가 율법에서 해방된다는 교리를 오해한 자들이다. 그들은 이 해방을 무법주의로 오해하여 기탄없이 모든 불결한 생활을 하였고, 또 그렇게 다른 사람들을 가르쳤다. 그것은 진정한 자유가 아니고 다시 부패의 노예가 되는 것이다. "멸망"이란 말(φθορᾶς)을 직역하면 "부패"이다. 자기 자신이 죄의 종이 된 상태에서 다른 사람에게 자유의 길을 주겠다고 약속하는 것은 모순이다. "진 자는 이긴 자의 종." 죄악이 그 거짓 교사들을 정복하고 다스리는 한, 그들은 죄악의 종이다.

20-22절. 이 구절들은 거짓 교사들로 말미암아 타락하게 된 자들의 안타까운 상황을 진술한다.

20 만일 그들이 우리 주 되신 구주 예수 그리스도를 앎으로 세상의 더러움을 피한 후에 다시 그 중에 얽매이고 지면 그 나중 형편이 처음보다 더 심하리니. "그 나중 형편이 처음보다 더 심하리니." 거짓 교사들로 인하여 배교한 자의 범죄 상황이 본래 그리스도를 믿지 않던 때보다 더 심하다는 말씀이다(눅 11:24-26 참조).

21 의의 도를 안 후에 받은 거룩한 명령을 저버리는 것보다 알지 못하는 것이 도리어 그들에게 나으니라. "의의 도"란 말(ἡ ὁδὸς τῆς δικαιοσύνης)은 "그 의의 그 길"이란 말이다. 여기서 "그"자가 두 번 나온 것은 그리스도께서 주신 구원의 길이 하늘 아래 둘도 없는 참된 구원의 길이라는 뜻이다. 인간은 처음부터 의를 잃어서 멸망하였다. 사람이 사람 됨은 의가 있는 까닭인데, 아담과 하와는 의를 잃었다. 그러나 복음에 의하면, 인류가 잃었던 의를 회복하고도 남게 하여 주는 의가 나타났는데, 그것은 바로 그리스도의 의이다. 로마서 5:19에 말하기를 "한 사람이 순종하지 아니함으로 많은 사람이 죄인 된 것 같이 한 사람이 순종하심으로 많은 사람이 의인이 되리라"고 하였다. 그렇다면 그리스도가 우리의 길이 되신다는 것은 무슨 뜻인가? 우리가 그에게로 가서 그를 우리의 길로 삼는 것인가? 아니다. 그가 인류에게로 오셔서 하나님께로 가는 길이 되어 주셨다.

"거룩한 명령"은 신자로서 행해야 할 하나님의 계명을 가리킨다. "저버리는 것보다 알지 못하는 것이 도리어 그들에게 나으니라." 헬라어 원문에는 이 구절 앞부분에 이유 접속사(γάρ)가 있어서 앞 절의 이유를 보여 준다. 왜 배교자의 범죄 상황(벧후 2:20)이 믿지 않을 때보다 더욱 심한가? 그 이유는, 그가 배교 후에는 회개하지 못하고 죄의 길로 직행하기 때문이다. 배교자는 회개할 소망이 없으나(히 6:4-6; 10:26-31), 아직 복음을 알지 못하는 자에게는 회개할 소망이 있다.

22 참된 속담에 이르기를 개가 그 토하였던 것에 돌아가고 돼지가 씻었다가 더러운 구덩이에 도로 누웠다 하는 말이 그들에게 응하였도다. "참된 속담"이란 것은 배교자들

의 상황을 바르게 묘사하는 속담을 의미한다. "개가 그 토하였던 것에 돌아가고." 이것은 잠언 26:11의 인용이다. 이 문구가 가리키는 것은 배교자가 본래 믿지 않던 때에 하던 어두운 행위로 돌아간다는 뜻이다. "돼지가 씻었다가 더러운 구덩이에 도로 누웠다"는 것은 어디서 인용된 속담인지 알 수 없지만, 그 의미는 그 앞말과 같다.

설교 은혜를 저버리는 위험(20-22절)

개는 먹이에 정신을 빼앗기므로 그의 위장에 배신하고, 돼지는 불결한 것을 가리지 않으므로 자신을 씻어준 사람에게 배신한다. 성경은 개와 돼지의 불결함으로 인간의 배신에 대한 불감증을 비유한다. 예수님은 이러한 사실을 밝혀 말씀하시기를, "거룩한 것을 개에게 주지 말며 너희 진주를 돼지 앞에 던지지 말라 그들이 그것을 발로 밟고 돌이켜 너희를 찢어 상하게 할까 염려하라"(마 7:6)고 하셨다. 이 말씀은 은인을 물어 찢는 짐승 같은 행위가 사람들에게도 있다는 것이다.

베드로후서 2장은 배교자(또는 이단자)의 참상을 진술한다. 그것은 하나님의 은혜를 저버린 데서 생긴 것이다. 누구에게나 은혜를 저버릴 위험성은 있으므로 우리는 이 말씀을 명심해야 한다. 그렇다면 은혜를 저버린 자의 상태는 어떠한가?

1. 죄에 결박당함(20절)

신자가 은혜를 저버리면 죄를 피할 힘까지 잃어버리고 완전히 죄의 포로가 된다. 본문의 "그 중에 얽매이고"란 말씀이 그 뜻이다. 그가 적극적으로 예수님을 따르지 않는다면 그것은 예수님을 "저버리는 것"에 가깝다. 그는 점점 죄에 빠져 들어가다가 마침내 아주 얽매이고 만다. 이렇게 되는 것은 마귀의 계략에 넘어간 결과이다. 다시 말하면, 신자가 적극적으로 예수님을 따르지 않으면 마귀의 심한 간섭을 받게 된다. 예수님께서 말씀하시기를, 사람에게서 나갔던 귀신이 되돌아올 때에는 더 강한 귀신 일곱을 데리고 온다고 하셨다(눅 11:24-26). 그리고 예수님은 이에 대한 대비책을 가르쳐 주셨다. 곧 "나와 함께 하지 아니하는 자는 나를 반대하는 자요"(눅 11:23 상반)라고 하신 말씀이다. 우리는 이 말씀을 명심해야 한다. 믿는다고 하면서 예수님을 적극적으로 따르는 노력을 하지 않는 자는 마귀의 밥이 될 위험성을 지니고 있는 것이다. 한 달란트 받았던 자에 대한 비유가 이 사실을 확실하게 보여 준다(마 25:28-30).

2. 더 큰 벌을 받음(21절)

본문에 "의의 도를 안 후에 받은 거룩한 명령을 저버리는 것보다 알지 못하는 것이 도리어 그들에게 나으니라"고 하였는데, 이 말씀은 "안다"는 것을 중점적으로 다룬다. 우리는 거룩한 것("거룩한 명령")을 받은 후에 그것을 임의로 버릴 수 없다. 거룩한 것은 두려운 것이다. 그것을 알고 그대로 지키지 않으면 그것은 예수님을 다시 십자가에 못 박는 것처럼 위험한 일이다. 히브리서 6:5-6에 "하나님의 선한 말씀과 내세의 능력을 맛보고도 타락한 자들은 다시 새롭게 하여 회개하게 할 수 없나니 이는 그들이 하나님의 아들을 다시 십자가에 못 박아 드러내 놓고 욕되게 함이라"고 하였다. 성경은 다시 이러한 자의 종말에 관하여 비유로 경고한다. 즉 "땅이 그 위에 자주 내리는 비를 흡수하여 밭 가는 자들이 쓰기에 합당한 채소를 내면 하나님께 복을 받고 만일 가시와 엉겅퀴를 내면 버림을 당하고 저주함에 가까워 그 마지막은 불사름이 되리라"(히 6:7-8)고 한다. 예수님은 말씀하시기를, "주인의 뜻을 알고도 준비하지 아니하고 그 뜻대로 행하지 아니한 종은 많이 맞을 것이요"(눅 12:47)라고 하셨다.

설교 은혜 받은 자들이 명심할 것(21-22절)

하나님께서는 신자들에게 말씀 듣는 것을 신중히 해야 된다고 많이 말씀하신다(고후 6:1; 히 2:1-4).

1. 알고도 행하지 못하는 것이 큰 죄임을 명심할 것

진리를 알고 저버리는 것이 모르는 것보다 더 큰 죄이다. 그 이유는, 주님은 많이 받은 자에게 많이 찾으시기 때문이며(눅 12:48), 살아 계신 하나님께서 말씀하신 것은 헛되이 돌아가지 않고(사 55:11), 결국 그 말씀대로 심판하시기 때문이다(요 12:48). 이사야 40:8에, "우리 하나님의 말씀은 영원히 서리라"고 하였다.

2. 개처럼 토하였던 것에 돌아가지 않도록 명심할 것

사람이 자기를 통솔하지 못하면 악한 습관으로 되돌아간다. 개는 깨끗한 것이 무엇이고 더러운 것이 무엇인지 모르기 때문에 토하였던 것을 다시 찾아간다. 그러나 거듭난 사람은 무엇이 부정한 것인지 분별할 줄 알기 때문에 더러운 것을 다시 찾아가지 않는다. 그러나 그에게도 부패한 성질의 잔재가 있으므로 미혹을 받아 과거의 죄악으로 되돌아갈 위험성이 있다. 성경은 미혹을 이기는 여러 가지 말씀을 주신다.

① 시험에 빠지지 않기 위하여 기도할 것(마 26:41), ② 하나님의 말씀으로 이길 것(엡 6:17). 하나님의 말씀으로 이기지 못할 죄가 없다. 하나님의 말씀으로도 못하겠다는 생각 자체가 미혹이다. 설교자가 자신의 체험에 비추어 보고 어떤 성경 장절로는 설교할 수 없다고 생각할 때가 있다. 그것이 미혹이다. 어느 때이든 은혜가 임하면 그 장절을 가지고도 설교할 수 있다.

설교 의의 길에서 떠나지 않도록 힘쓰자(21-22절)

우리는 모처럼 들어선 의의 길에서 계속 살아야 한다. 그러나 이것은 우리의 힘으로 할 수 없고 하나님의 은혜로만 된다. 그렇다면 어떻게 은혜를 받는가?

1. 주님을 사모함으로 은혜를 받음

하나님은 사모하는 자에게 은혜를 주신다. 사모하지 않는 자에게는 하나님의 말씀이 들어가지 않는다. 에티오피아의 재무장관은 병거를 타고 가면서도 이사야서를 읽었다(행 8:28). 그것은 하나님의 은혜를 사모하는 모습이다. 하나님께서는 그에게 빌립을 보내셨다.

2. 시험과 고난을 지혜롭게 처리함으로 은혜를 받음.

우리는 시험과 고난 때문에 낙심하기도 한다. 그러나 아무리 어려운 시험도 깊이 생각하면 감당할 수 있다(고전 10:13 참조). 영국의 순교자 브래드포드(Bradford)는 평생 류머티즘으로 고생하였는데, 그가 옥에 갇힐 때마다 류머티즘 증상이 없어지곤 하였다고 한다. 이같이 그에게 낙심을 줄 만한 시험거리도 하나님의 은혜로 쉽게 물러갔다.

제 3 장

내용분해

1. 베드로가 두 서신을 쓴 목적(1-2절)
2. 선지자와 사도들의 경고 내용(3-4절)
3. 조롱하는 자들에 대한 베드로의 변증(5-10절)
4. 재림하시는 주님 앞에서 평강을 얻도록 영적 평강을 준비할 것(11-18절)

해석

1-2절. 두 서신을 쓴 목적.

1 사랑하는 자들아 내가 이제 이 둘째 편지를 너희에게 쓰노니 이 두 편지로 너희의 진실한 마음을 일깨워 생각나게 하여. 여기서 "진실한 마음"으로 번역된 헬라어(εἰλικρινῆ διάνοιαν)의 직역은 "순결한 마음"을 의미한다. 이는 세상 욕심에 물들지 않고 맑고 밝은 경건한 마음이다(필자의 주석 참조. 고전 5:8; 고후 1:12; 2:17; 빌 1:10에 대한 해석). 신자가 이런 마음을 계속 보존하려면 주님의 말씀

(베드로의 서신은 하나님 말씀의 대언이다)을 상고하며 순종해야 한다.

2 **곧 거룩한 선지자들이 예언한 말씀과 주 되신 구주께서 너희의 사도들로 말미암아 명하신 것을 기억하게 하려 하노라.** "선지자"와 "사도들"의 말씀은, 주님의 재림과 심판에 관한 그의 교훈과 경고를 대언한 것이다. 이 중대한 교훈을 명심하려면, 먼저 앞 절 말씀과 같이 순결한 마음을 가져야 한다. 잡념이 많은 마음으로 내세에 관한 말씀을 상고하는 것은, 먼지로 흐려진 망원경으로 멀리 있는 별들을 살펴보려는 것과 같다.

3-4절. 선지자와 사도들의 경고 내용.

3 **먼저 이것을 알지니 말세에 조롱하는 자들이 와서 자기의 정욕을 따라 행하며 조롱하여.** "정욕을 따라" 생활하는 잡념의 소유자들은 진리를 깨닫지 못하고 "조롱"할 뿐이다. 아편 중독자들은 아편을 사들이기 위하여 가옥을 비롯한 모든 소유물을 팔아 버린다고 한다. 그들은 아편 외에는 아무것도 모를 정도로 지식적으로 변질된 것이다. 그와 같이 세상과 정욕에 이끌리는 자들은 내세에 대한 하나님의 말씀을 무시한다.

4 **이르되 주께서 강림하신다는 약속이 어디 있느냐.** 이것은 배교자들이 조롱하는 말이다. 주님의 재림에 대한 하나님의 말씀은 우리의 구원 완성을 위한 유일한 소망이다. 사탄은 간교하여 교회의 가장 귀중한 것을 공격한다.

조상들이 잔 후로부터 만물이 처음 창조될 때와 같이 그냥 있다 하니. "조상들"은 주님이 다시 오신다는 약속을 받은 이스라엘의 족장들을 가리킨다. 그들이 주님의 재림에 대한 직접 예언이나 약속을 받은 것은 아니었다. 그러나 그들이 받은 메시아 약속은 궁극적으로 그의 재림까지 포함하는 것이다. 주님의 오심에 대한 구약의 약속이나 예언은 그의 초림과 재림을 한데 묶어서 단회적 강림을 말씀한다. 그런데 여기서 조롱하는 자들이 의미하는 바는 하나님의 약속을 받은 그들은 약속의 성취를 보지 못하고 죽었으며, 그 후에도 주님의 재림과 심판은 역사적으로 오지 않았다는 것이다.

"만물이 처음 창조될 때와 같이 그냥 있다 하니." 곧 옛날부터 지금까지 만물은 아무 변동이 없으며 심판에 의한 새 일은 일어나지 않는다는 것이다. 다시 말해 옛날 사람들이 경험한 것을 현대인들도 경험할 뿐이고 새것은 없다는 말이다. 이것은 이 세상의 모든 것이 여전히 유지되고 있으므로 앞으로도 심판으로 인하여 변동될 것이 없다는 그릇된 주장이다.

5-10절. 조롱하는 자들에 대한 베드로의 변증.

1) 하나님이 주관하시는 우주의 역사로 답변함(5-7절)

2) 하나님의 시간관념으로 답변함(8절)

3) 하나님의 긍휼의 원칙으로 답변함(9절)

4) 아무런 변동이 없을 듯하고 계속 그대로 갈 듯한 우주가 갑자기 심판을 받는다고 답변함(10절)

5 이는 하늘이 옛적부터 있는 것과 땅이 물에서 나와 물로 성립된 것도 하나님의 말씀으로 된 것을 그들이 일부러 잊으려 함이로다. "하늘이 옛적부터 있는 것." 곧 하늘에 대하여는 심판하시겠다는 하나님의 말씀이 없었으므로, 그것은 오늘까지 변동이 없다는 뜻이다. "땅이 물에서 나와 물로 성립된 것도 하나님의 말씀으로 된 것" 곧 땅은 영원히 홀로 존재하는 것이 아니고, 하나님의 말씀으로 성립되었다는 사실을 지적하여, 그것의 지배자가 하나님의 말씀임을 역설한다. 범신론, 곧 우주 영원설은 우주의 지배자를 생각하지 않고, 그것이 영원히 스스로 존재한다는 그릇된 이론이다. 그것은 앞에서 조롱하는 자들의 사상인데, 베드로는 이 점에 대한 오류를 공격한다.

"땅이 물에서 나와 물로 성립된 것"이라 함은 창세기 1:2-10을 생각한 말씀으로, 땅이 처음에는 물 가운데 있다가 하나님의 말씀으로 물을 통과한 사실을 의미한다(창 1:9). "물로 성립된"이란 말(δι' ὕδατος συνεστῶσα)을 직역하면 "물을 통과하여 성립된"이다.

6 이로 말미암아 그 때에 세상은 물이 넘침으로 멸망하였으되. "이로 말미암아"란 말(δι' ὧν)을 직역하면, "이들로 말미암아"이다. 그러므로 이 구절의 의미는 이들, 곧 하늘에서 쏟아지는 물과 땅 깊은 곳에서 터져 나오는 물의 넘침으로(창 7:11; 8:2), 그때 세상이 멸망하였다는 것이다. 어떤 학설에는 "이들로 말미암아"란 말이 그 앞 절에 나와 있는 물과 말씀을 가리킨다고 한다. 즉 하나님의 말씀에 따라 물이 땅에 넘쳐서(홍수) 세상이 멸망하였다는 것이다. 이것이 더욱 문맥에 맞는다고 한다(Charles Bigg). 그러나 어느 해석을 취하든 그 주요한 뜻에는 변동이 없다. 이 말씀은 노아 시대의 홍수 심판을 가리킨다. 땅과 그 가운데 있는 모든 것은 영원 자존한 것이 아니기에 이처럼 무서운 심판을 받았다. 그것은 역사적 진리인데, 어떻게 미래에는 땅이 심판받는 일이 없다고 할 수 있겠는가? 장차 다가올 일은 땅뿐 아니라 하늘도 불로 심판을 받는 것이다(7절. 히 12:26-29 참조).

7 이제 하늘과 땅은 그 동일한 말씀으로 불사르기 위하여 보호하신 바 되어 경건하지 아니한 사람들의 심판과 멸망의 날까지 보존하여 두신 것이니라. 세상이 끝나는 심판 때에는 땅뿐 아니라 하늘도 심판을 받는다. "그 동일한 말씀"이란 것은 천지를 창조하신 말씀이고, 홍수 심판을 땅에 내린 능력의 말씀을 가리킨다. 이같이 만물은 영원 자존한 것이 아니라 태초부터 하나님의 말씀의 지배와 심판 아래 있는 것이다.

8 사랑하는 자들아 주께는 하루가 천 년 같고 천 년이 하루 같다는 이 한 가지를 잊지 말라. 베드로는 "사랑하는 자들아"라고 하면서 신자들의 주의를 환기시키며 말씀한다. 여기서부터는 적극적으로 주님의 재림에 대한 신자들의 바른 이해를 촉구한다.

이 구절은 동일한 뜻을 가리키는 중언 문체이다. 이것은 주님의 시간관념과 우리의 시간관념이 완전히 다르다는 것을 설명한다. 이것은 시편 90:4의

"주의 목전에는 천 년이 지나간 어제 같으며 밤의 한 순간 같을 뿐임이니이다"란 말씀과 유사하다. 우리 신자들은 주님의 시간관념을 본받아 ① 시간의 속도를 인식하고 부지런히 주님을 섬겨야 하며, ② 주님의 재림이 늦다고 생각하지 말고 문밖에 계신 것처럼 생각하고(빌 4:5; 약 5:8-9), 그 영광을 느껴야 한다. 이것은 기다리는 데 참을성이 없는 인간적인 조급함과 정반대되는 것이고, 영적으로 여유 있는 마음으로 긴 세월도 긴장하며 잘 소화하는 은혜로운 삶이다.

크레다너스는 말하기를, "조롱하는 자들(벧후 3:3-4)의 오류는, ① 하나님의 위대하심에 대한 그들의 불찰과 ② 하나님께서 그 본질처럼 그 행사에서도 인간의 도량을 훨씬 초월하신 것에 대한 그들의 불찰이다."라고 하였다.

9 주의 약속은 어떤 이들이 더디다고 생각하는 것 같이 더딘 것이 아니라 오직 주께서는 너희를 대하여 오래 참으사 아무도 멸망하지 아니하고 다 회개하기에 이르기를 원하시느니라. 이 구절에서도 만물은 아무런 변동 없이 계속 그대로 있을 것이라고 말하며(4절) 조롱하는 자들의 그릇된 관찰을 교정한다. 만물에 대한 심판이 없는 것처럼 오랜 세월 동안 고요히 흘러가는 이유는, 하나님께서 크신 긍휼로 할 수 있는 한 많은 사람이 회개하기를 기다리시는 까닭이다.

여기서 "주의 약속"이란 말은 그의 재림에 관한 약속을 가리킨다. "더디다"는 말(βραδύτητα)은 '빠르다'와 반대되는 개념이다. 이것은 실행의 속도가 빠르지 못함을 가리키기보다 실행이 없음을 의미하는 것이다.

"아무도 멸망하지 아니하고 다 회개하기에 이르기를 원하시느니라." 이것은 하나님께서 택함받지 못한 자들도 구원하기 원하신다는 의미가 아니라 택함받은 자들에 대한 그의 소원을 가리킨다.

10 그러나 주의 날이 도둑 같이 오리니 그 날에는 하늘이 큰 소리로 떠나가고 물질이 뜨거운 불에 풀어지고 땅과 그 중에 있는 모든 일이 드러나리로다. 이 구절 상반절도 앞의 4절에서 말한 조롱하는 자들의 오류를 교정한다. 만물이 계속 그대로 지속

될 것처럼 보이지만 그렇지 않다. 그렇게 변동 없이 가다가 갑자기 큰 변동을 당하게 된다. 그것이 곧 "도둑같이"오는 그날의 성격이다. 그러므로 지금 느껴지는 대로 그날(주의 날)이 없을 것 같다고 생각하면 스스로 속는 것이다.

"하늘이 큰 소리로 떠나가고." 하늘나라에도 큰 변동이 생기는 만큼 여러 가지 소리가 날 것이다(히 12:26 참조). "물질"이란 말(στοιχεῖα)은 아우구스티누스와 마이어 등의 해석대로 '모든 별들'을 의미한 듯하다.

"땅과 그 중에 있는 모든 일이 드러나리로다." 곧 무서운 불 심판이 있을 때에 인간은 아무것도 감출 수 없으므로, 선악 간에 모든 것이 드러날 것이다. 어떤 사본(A, L)에는 "드러나리로다"란 말(εὑρεθήσεται) 대신에 "불타리라"(κατακαήσεται)라고 기록되어 있다.

11-18절. 재림하시는 주님 앞에서 평강을 얻도록 영적 평강을 준비할 것.

① 거룩하고 경건하게 그날을 사모할 것(11-15상). ② 주님의 재림에 대한 바울의 서신을 신중히 해석할 것(15하-17절). ③ 그리스도와 그를 아는 지식에 자라날 것(18절).

11 이 모든 것이 이렇게 풀어지리니 너희가 어떠한 사람이 되어야 마땅하냐 거룩한 행실과 경건함으로. "이 모든 것이 이렇게 풀어지리니"란 것은 천지가 변동되는 것을 염두에 두고 하는 말씀이다. "마땅하냐"란 말(δεῖ)은 장래의 두려운 심판 앞에서도 관심을 가져야 할 현재의 생활 태도를 묻는 것이다.

"거룩한 행실과 경건함"(ἁγίαις ἀναστροφαῖς καὶ εὐσεβείαις)은 헬라어 원문에서 둘 다 복수 명사이므로 생활의 각 방면에서 거룩하고 경건해야 할 것을 가리킨다.

12 하나님의 날이 임하기를 바라보고 간절히 사모하라 그 날에 하늘이 불에 타서 풀어지고 물질이 뜨거운 불에 녹아지려니와. "하나님의 날"은 예수님이 재림하시는 날을 가리킨다. "바라보고"란 말은 재림 소망을 가지고 유유히 모든 고난과 시

험을 견디는 것이고, "간절히 사모함"(σπεύδοντας)은 서두른다(hasten)는 의미이다. 곧 긴장하여 주님의 재림을 맞이할 준비로 초조하게 일하는 태도이다. 이런 태도가 필요한 이유는, 모든 방종과 나태에 빠지지 않기 위함이다(눅 21:34 참조). "하늘이 불에 타서 풀어지고 물질이 뜨거운 불에 녹아지려니와." 앞에서 설명한 베드로후서 3:10 해석을 참조하라.

13 **우리는 그의 약속대로 의가 있는 곳인 새 하늘과 새 땅을 바라보도다.** 여기서 "의"란 것은 하나님의 무궁한 의이다. 성도들은 그리스도로 말미암아 하나님의 의를 힘입어 완전히 의롭고 해와 같이 빛날 것이다(마 13:43). "있는"이란 말(κατοικεῖ)은 계속 거주하는 것을 가리킨다. "새 하늘과 새 땅"은 질적으로 달라진 것으로, 거기는 죄가 전혀 없다. 이때에 구원받은 사람이 사는 곳은 어디일까? 루터는 말하기를, "이 본문은 그들이 땅에서 살게 될 거라는 인상을 준다"고 하였다.[126]

14 **그러므로 사랑하는 자들아 너희가 이것을 바라보나니 주 앞에서 점도 없고 흠도 없이 평강 가운데서 나타나기를 힘쓰라.** 베드로는 앞 절 말씀에서 신자의 소망이 어떠한지를 지적하였다. 따라서 그는 여기서 그 소망에 합당한 생활을 구체적으로 지시한다. 우리의 소망은 참된 것이므로, 그것은 우리의 현재의 삶에 영향을 준다. 새 하늘과 새 땅을 바라보는 자는 현세에 새 삶을 산다(Calvin). 그는 주님께서 재림하실 때 아무런 결점도 없이, 또는 평강 가운데서 주님을 영접할 수 있는 자가 되기를 힘써야 한다. "평강 가운데서 나타나기를"은 신자가 현세에서부터 하나님의 말씀을 의지하여 살며 안식하여 영혼의 평강을 누리는 것이다. 죄악된 생활을 하는 자들은 현세에서도 늘 마음이 불안하다.

15-16 **또 우리 주의 오래 참으심이 구원이 될 줄로 여기라 우리가 사랑하는 형제 바울**

126) Luther's Works, Vol. 30, The Catholic Epistles, 1967, 198. 참조, 사 65:17; 66:22.

도 그 받은 지혜대로 너희에게 이같이 썼고 또 그 모든 편지에도 이런 일에 관하여 말하였으되 그 중에 알기 어려운 것이 더러 있으니 무식한 자들과 굳세지 못한 자들이 다른 성경과 같이 그것도 억지로 풀다가 스스로 멸망에 이르느니라. 여기서 "이같이 썼고"란 말씀은 무엇이며, "모든 편지에도 이런 일에 관하여 말하였으되"라는 말은 무슨 뜻인가? 이 둘은 각기 다른 저서를 가리키는 것인가? 찬(Zahn)과 볼렌베르크(Wohlenberg)는 말하기를 "너희에게 이같이 썼고"란 문구는 주님의 재림에 관하여 유대인 신자를 대상으로 한 저서(분실되었다고 함)를 가리킨다고 하였다. 그러나 크레다너스(Greijdanus)는 이 문구를 그 앞말인 "주의 오래 참으심이 구원이 될 줄로 여기라"와 연관 지었다. 이것은 바울도 종말관 교훈에 관하여 그런 말("주의 오래 참으심이 구원이 될 줄로 여기라")을 하였다는 의미라는 것이다.

"무식한 자들과 굳세지 못한 자들"(οἱ ἀμαθεῖς καὶ ἀστήρικτοι). 이 두 가지 명칭은 헬라어에서 하나의 관사에 연결되어 있으므로, 한 종류의 사람들을 가리킨다. 곧 성경에 무식하기 때문에 진리에 확실히 서지 못한 자들을 가리킨다. "다른 성경"이란 말은 구약성경을 의미한다(Greijdanus).

17 그러므로 사랑하는 자들아 너희가 이것을 미리 알았은즉 무법한 자들의 미혹에 이끌려 너희가 굳센 데서 떨어질까 삼가라. 이 구절은 신자들에게 거짓 교사의 미혹에 넘어가지 않아야 될 것을 말해 준다.

18 오직 우리 주 곧 구주 예수 그리스도의 은혜와 그를 아는 지식에서 자라 가라 영광이 이제와 영원한 날까지 그에게 있을지어다. 여기서는 신자들의 영적 성장을 권면한다. 그 방법은 은혜와 그리스도를 아는 지식이다. 영적 성장이 없는 자는 병들었거나 죽은 것이다. 신자들의 영적 성장 목표는 그리스도의 충만한 분량이다(엡 4:13).

설교 은혜와 지식에서 자라가자(18절)

본문에 "예수 그리스도의 은혜와 그를 아는 지식에서 자라가라"고 하였는데, 여기서 "에서"로 번역된 헬라어(ἐν)는 "에"라고 하는 것이 더욱 정확하다.

1. 그리스도의 은혜(성화), 곧 단계적 은혜에 장성하자.

여기서 "은혜"는 무엇을 의미하는가? 하나님의 구원 계획의 전 작업이 은혜이지만 여기서는 성화의 은혜를 가리킨다. 그리스도께서 우리의 성결이시다. 고린도전서 1:30은 말하기를, "예수는 거룩함이라"고 하였다. 우리가 그리스도를 모시는 것이 성화이다. 우리는 믿음으로 그리스도를 모신다. 엡 3:17은 말하기를 "믿음으로 말미암아 그리스도께서 너희 마음에 계시게 하시옵고"라고 한다. 믿음이 성결이다. 그리고 믿음은 전적으로 하나님의 은혜로 이루어진다.

스킬더(Schilder)는 말하기를, 하나님이 우리에게 믿음을 주신다는 것은 우리를 침상에서 깨우는 것처럼 신앙을 일으키시는 것이 아니고 우리에게 신앙을 창조해 주시는 것이라고 하였다. 이런 의미로 그는 말하기를, "수사학적인 설교가 아닌, 그의 창조 능력(Schepperskracht)이 우리의 신앙을 만드신다"고 하였다.[127] 우리가 이렇게 되려면 전심전력으로 주님을 찾으며 사모해야 한다. 시편 42:1에서 시인은 목마른 사슴이 시냇물을 갈망함같이 주를 사모한다고 하였다. 요한계시록 22:17에는 "원하는 자는 값없이 생명수를 받으라"고 하였다. 그럼에도 불구하고 얼마나 많은 교역자들이 세상 욕심(성공하려는 야망)을 가지고 청년 시절과 장년 시절을 헛되게 보내는가?

127) Heidelbergische Catechismus, II, 1949, 449.

2. 지식에 장성하자

이것은 성경 본문이 말하는 것같이 주님을 아는 지식의 성장을 가리킨다. 이것은 그리스도에 대한 지식이 아니라 그와 교제하는 지식이다. 이것은 주님을 제3자로 아는 것이 아니고 진정한 의미에서 그를 만나는 것(encounter)이다.

1) 성경의 말씀으로 만나 보자. 우리는 성경의 표현들로 성경 속으로 들어가서 영적인 음성을 들으며 영적인 음성을 만나야 한다. 이것이 파내는 것(exegesis)이다. 들여놓는 것(eisegesis)은 인간이 자기의 재료를 가지고 성경에 첨부하는 해석이니, 이는 곧 재해석파의 작업이다. 재해석파 학자들은 성경을 성경으로 해석하지 않는다. 그들은 성경을 그들의 관념(예컨대 실존주의 철학)으로 해석한다. 그러나 성경은 실존주의와 전혀 관계가 없다. 그들의 해석은 성경에 다른 것을 넣는 작업이다.

2) 행함으로 만나 보자. 예수님께서 요한복음 14:21에 말씀하시기를, "나의 계명을 지키는 자라야 나를 사랑하는 자니 나를 사랑하는 자는 내 아버지께 사랑을 받을 것이요 나도 그를 사랑하여 그에게 나를 나타내리라"고 하셨다.

3) 주님을 위하여 고난받음으로 자라나자. 시편 119:71에 말하기를 "고난당한 것이 내게 유익이라 이로 말미암아 내가 주의 율례들을 배우게 되었나이다"라고 한다. 베드로전서 4:14에는 말하기를 "너희가 그리스도의 이름으로 치욕을 당하면 복 있는 자로다 영광의 영 곧 하나님의 영이 너희 위에 계심이라"고 한다.

신약주석
요한일서

요한일서 주석

목차

본문주석

설교

특별참고

서론

Ⅰ. 저작자

본서의 저자는 요한복음의 저자와 동일한 사람이다. 그 이유는, 본서의 사상과 문체가 요한복음과 똑같기 때문이다. 웨스트코트(Westcott)는 말하기를, "두 책의 관계를 알려면, 두 책의 머리말(요 1:1-18; 요일 1:1-4)을 대조해 보면 된다. 두 책에 동일한 마음과 동일한 사상이 나타나 있다. 두 책의 연관성은 외형적인 것이 아니라 본질적인 것이다."라고 하였다.

Ⅱ. 본서의 정경 문제

1. 외증

중요한 고대인의 증거는 다음과 같다.

1) 2세기의 파피아스(Papias)는 본서를 정경으로 인정하고 인용하였는

데, 그 사실이 에우세비오스(Eusebius)가 저술한 교회사(Historia Ecclesiastica, Ⅲ, 39)에 기록되었고,

2) 2세기의 폴리카르포스(Polycarp)도 본서를 정경으로 받아 인용하였고(ad. Phil. C.7), 이레나이우스도 그렇게 하였다(ad. Haer. Ⅲ, 16, 8).

3) 2세기 말에 아프리카의 교부 테르툴리아누스도 본서를 정경으로 인정하였고(참조. Eusebius, Historia Ecclesiastica, Ⅲ, 25, 2), 알렉산드리아의 클레멘스(Clement of Alexandria)도 본서를 정경으로 받아들여 5:16-17을 인용하였다(Stromata, Ⅱ, 15).

4) 가장 오랜 성경인 시리아어 역본, 라틴어 역본 성경이 본서를 포함했다.

2. 내증

내증으로 볼 때, 본서의 저자는 주님을 친히 보고 그의 말씀을 직접 들었으며(1:1-3; 4:14), 권위 있게 말한 사도이다(4:6).

Ⅲ. 내용분해

1. 진정한 생명의 말씀 계시와 전도(1:1-4)
2. 하나님은 빛이시므로 우리는 빛 가운데 행해야 됨(1:5-7)
3. 완전주의는 진리가 아님(1:8-10)
4. 그리스도는 우리의 대언자요, 또 화목제물이심(2:1-2)
5. 하나님을 아는 증거는 사랑의 계명을 지키는 것임(2:3-11)
6. 하나님을 아는 자들은 세상을 사랑하지 말고, 적그리스도를 경계할 것(2:12-18)

7. 하나님의 자녀들은 성결해지도록 힘써야 됨(2:19-3:9)

8. 신자들은 같이 믿는 형제들을 사랑해야 됨(3:10-24)

9. 적그리스도의 영을 분별할 것(4:1-6)

10. 서로 사랑하라고 함(4:7-21)

11. 신앙과 사랑과 및 계명의 삼각관계(5:1-5)

12. 그리스도에 대한 증거(5:6-12)

13. 기도에 대하여(5:13-17)

14. 하나님에게서 난 자들은 죄에 거하지 아니함(5:18-19)

15. 예수님은 참으로 하나님이시니, 신자들은 그를 알고 그 안에 있고, 그를 섬김(5:20-21)

참고문헌

1. Bavinck, H. Gereformeerde Dogmatiek, Ⅲ.

2. Berkhof, L. Systematic Theology.

3. Brooke, A. E. International Critical Commentary, Johannine Epistles.

4. Bunyan, J. Pilgrim's Progress.

5. Calvin's Commentary on The Catholic Epistles.

6. Greijdanus, S. Kommentaar op Het Nieuwe Testament, XⅢ.

7. Hodge, A. A. Outline of Theology.

8. Knight, W. B. Three Thousand Illustrations for Christian Service.

9. Larger Catechism.

10. Luther's Works Catholic Epistles.

11. Marshall, H. The New Testament Commentary, The Epistles of John.

12. Meyer's Commentary on The Catholic Epistles.

13. Moody, D. L. Notes from My Bible.

14. Vos, G. Self Disclosure of Jesus.

15. Warfield, B. B. Perfectionism.

16. Westcott, B. F. The Epistles of St. John.

17. Westminster Confession of Faith.

제 1 장

내용분해

1. 생명의 말씀의 신빙성(사도들이 보고 듣고 접촉하였음, 1-2절)
2. 증거의 목적(영적 연합, 3-4절)
3. 증거의 주장(빛 되신 하나님과 우리의 반응 문제, 5-10절)

해석

1 **태초부터 있는 생명의 말씀에 관하여는 우리가 들은 바요 눈으로 본 바요 자세히 보고 우리의 손으로 만진 바라.** 여기서 "생명의 말씀"이란 말(τοῦ λόγου τῆς ζωῆς)은 '그 말씀, 곧 그 생명'이란 뜻을 가질 수도 있다. 이것은 생명(혹은 영생) 자체의 놀라운 표현이신 그리스도를 가리킨다. 바움가르텐(O. Baumgarten)은 말하기를, "생명의 말씀이란 것은 하나님의 본질이 나타나신 것이며, 그 내용은 생명, 영생, 지각에 넘치는 충만한 생명이다."라고 하였다.

그가 "태초부터 있"다 함은 그가 존재하게 된 시작이 있었다는 말씀인가? 그는 영원 전부터 계셨던 분이 아닌가? 이에 대한 답변은 다음과 같다. 곧 이 말씀은 그의 존재의 시작을 의미하는 것이 아니고, 피조물과의 관계에서 그의 계시가 시작 된 것을 가리킨다.

"들은"이란 말(ἀκηκόαμεν)은 과거에 들은 것이 현재까지 남아 있다는 의미의 현재 완료형이다. 사도 요한은 예수님께서 땅 위에 계실 때 그의 말씀을 친히 육신의 귀로 들었고, 또 요한1서를 저작할 때에도 그 말씀이 기억에 남아 있다고 한다.

"눈으로 본 바"(ἑωράκαμεν)란 말은 영적으로 보았다는 의미가 아니고 육신의 눈으로 목도하였다는 것이다. 이것은 사도의 자격을 가리킨다. 사도는 주님을 육신의 눈으로 본 자들이다(참조. 행 1:21-22; 고전 9:1).

"자세히 보고"(ἐθεασάμεθα)는 경이감으로 주시하는 것을 말한다. 이는 그리스도께서 부활하신 것을 보았다는 말씀일 것이다.

"손으로 만진"이란 말(ἐψηλάφησαν)에 대하여는 두 가지 견해가 있다. ① 소경이 어루만져 깨달음을 가리키는 뜻이라고 함. 그렇다면 이것은 유한한 인생인 요한이 그리스도의 전체를 이해할 수는 없지만 어느 정도는 그를 이해하였다는 의미일 것이다. ② 요한이 예수 그리스도의 부활하신 몸을 만짐으로써 그를 알게 된 것을 의미함. 이 두 번째 해석이 단순히 그리스도의 부활을 사실적으로 설명한다는 점에서 안심하고 받을 만하다.

이러한 해석을 미루어 볼 때, 사도의 자격에는 독특한 점이 있다는 것을 알 수 있다. 그것은 땅에 계시던 예수님에 대한 그들의 직접적인 만남이었다(요 15:27; 행 1:21-22). 예수님을 육신의 눈으로 보지 못하고 믿는 믿음도 구원받는 복된 것이다(요 20:29). 그러나 복음이 증거될 때 사도들이 이 한 가지(예수님을 직접 육신의 감각기관으로 만남)를 더 갖춤으로써 교회의 기초가 이루어졌다(엡 2:20. 고전 9:1 참조). 사도들이 땅 위에 사셨던 예수님을 만난 역사적 사실이 인류 역사적으로 참된 구원사역의 출발이었다. 기독교의 복음 전도는 그리스도 사건에 근거하여 그 사건을 전파하는 것이고 인간의 자율적인 깨달음을 전승하는 것이 아니다.

그러므로 우리가 구원을 받는 길은 순전히 그리스도의 사건(그의 죽으셨다가 다시 사신 사건)을 받아들이고 믿는 것이다(고전 2:2 참조). 우리의 추상적 깨달음이나 자율적인 수양, 또는 훈련 같은 것이 우리에게 구원을 줄 수 없다. 그러므로 바울은 말하기를, "우리의 싸우는 무기는… 모든 이론을 무너뜨리며 하나님 아는 것을 대적하여 높아진 것을 다 무너뜨리고 모든 생각을 사로잡아 그리스도에게 복종하게 하니"(고후 10:4-5)라고 하였다.

2 **이 생명이 나타내신 바 된지라 이 영원한 생명을 우리가 보았고 증언하여 너희에게 전하노니 이는 아버지와 함께 계시다가 우리에게 나타내신 바 된 이시니라.** 이 구절은 앞 절의 말씀을 해설하면서 조금 다른 형식으로 거듭 말씀한 것이다. 곧 사도가 생명의 말씀이신 그리스도를 직접 보고 그의 말씀을 직접 듣게 된 것은 본래 하나님 아버지와 함께 계시던 그분이(그리스도께서) 계시되셨기 때문이다. 여기서도 사도는 그를 친히 보았다고 거듭 말한다. 요한1서에는 이러한 반복이 많다. 그것은 그의 확신과 강조를 표시하는 간곡한 어투이다.

3 **우리가 보고 들은 바를 너희에게도 전함은 너희로 우리와 사귐이 있게 하려 함이니 우리의 사귐은 아버지와 그의 아들 예수 그리스도와 더불어 누림이라.** "너희에게도 전함." 이 편지를 받는 자들은 예수님을 육신으로 보지 못하였지만 그들도 마찬가지로 구원의 복을 받는다는 것을 암시한다. "전한다"는 말의 헬라어(ἀπαγγέλλομεν)는 '광고한다'는 뜻을 가진다. 이것은 천국 문을 열어 놓고 "들어오라"고 선포하는 것이다(Calvin). 그러므로 우리가 설교자에게 기대해야 하는 것은 진실뿐이다. 성경 말씀대로 진실하게 살면서 그리스도를 전하는 자는 성령의 감화하심으로 진실하게 말하고(고후 4:13), 인간의 지혜를 따르는 말로 그럴듯하게 꾸미지 않는다(고전 2:1).

여기서 "사귐"이란 말의 헬라어(κοινωνία)는 단순히 교제하는 것보다는 함께 유산을 받아서 누리는 것을 가리킨다.[128] 이 유산은 영생을 의미하는데, 그것은 곧 예수 그리스도께 나타나 있는 하나님 아버지의 선물이다.

"너희로 우리와 사귐이 있게 하려 함." 사도가 복음을 증거하는 목적은 그들이 직접 보고 받은 큰 구원에 일반 신자들도 동참시키려는 것이다. 이 구원에 동참하는 길은 사도들의 증거를 받고 믿는 것이다. 현대의 신자들도 사도들이 증거했던 내용인 성경을 믿어야만 구원에 동참할 수 있다. 우리 신자들은 사도들의 증거를 믿음으로(사도들과 사귀어서) 구원(우리가 하나님과 예수 그리스도와 더불어 사귐)에 이른다. 그러므로 사도들은 교회 설립의 초석이 되는 사역을 한 분들이다(엡 2:20; 계 21:14).

4 우리가 이것을 씀은 우리의 기쁨이 충만하게 하려 함이라. 이 말씀은 앞의 1-3절 말씀을 염두에 둔 것이다(Greijdanus).

"우리의 기쁨이 충만하게 하려 함이라." 이 말씀은 앞 절 말씀과 같이, 그들이 믿음으로 사도들과 함께 영생의 유산을 얻게 되면 사도들도 크게 기뻐하고 그들(일반 신자들)도 크게 기뻐할 것이라는 뜻이다.

5-7절. 하나님은 빛이시므로 그를 믿는 자들은 빛 가운데 행해야 한다.

5 우리가 그에게서 듣고 너희에게 전하는 소식은 이것이니 곧 하나님은 빛이시라 그에게는 어둠이 조금도 없으시다는 것이니라. "우리가 그에게서 듣고." 곧 하나님이 어떤 분이신지에 대하여 사도들이 그리스도께 들었다는 말씀이다. "전하는"이란 말(ἀναγγέλλομεν)은 어떤 소식을 그 목표한 인물들에게 전달하는 것이다. 사도들은 이 소식을 전달하는 사자이고, 신자들은 그 소식이 전달되어야 할 목표 인물들이다.

"하나님은 빛이시라." 하나님을 "빛"으로 비유한 것은 의미심장하다. 성

---

128) Greijdanus, Kommentaar op Het Nieuwe Testament XIII, 1929, 393.

경에 의하면, 하나님께서 만물 중에 빛을 가장 먼저 창조하셨다(창 1:3). 이 사실은 만물 중에서 빛이 근본이란 것을 의미한다. 성경을 모르는 과학자들은 그들 나름대로의 연구 결과를 발표한다. 곧 빛의 속도는 1초 동안에 지구를 일곱 바퀴 반이나 돌 수 있다고 하며, 빛이 없다면 어떠한 존재도 성립될 수 없을 것이라고 한다. 그러나 우리는 과학자들의 주장보다도 성경 말씀에 근거하여 만물의 물리적 근본이 빛이라는 것을 부인할 수 없다. 빛은 하나님의 계시를 비유하는 데 가장 적합한 면을 갖추고 있다. 빛은 밝혀 줌(진리, 요 11:9), 깨끗하게 함(성결, 요 3:19-21; 엡 5:9-14), 살려 줌(사랑, 요일 2:9-11) 등의 속성을 지닌다. 그와 달리 어두움은 비진리와 죄악과 사망으로 비유된다.

6 만일 우리가 하나님과 사귐이 있다 하고 어둠에 행하면 거짓말을 하고 진리를 행하지 아니함이거니와. 이 구절과 다음 절은 반율법주의의 오류를 교정한다. "하나님과 사귐(예수를 믿음)이 있다"고 하면서 선을 행하지 않는 것은 반율법주의이다.

"어둠에 행하면"이란 문구에서 "행하면"(περιπατῶμεν)이란 말은 현재사이므로 상습적으로 행하는 것을 의미한다(헬라어 문법대로). 그리스도 신자도 어둠에 행하는 실수를 할 수 있다. 그러나 상습적으로 기탄없이 그런 행실을 일삼지는 않는다.

7 그가 빛 가운데 계신 것 같이 우리도 빛 가운데 행하면 우리가 서로 사귐이 있고. "우리도 빛 가운데 행하면"이란 것은, 우리 인생들이 하나님처럼 완전히 성결할 수 있다는 말씀이 아니다. 우리가 하나님과 같은 수준으로 성결할 수는 없다. 그러므로 이 구절에서 말하기를, 하나님은 "빛 가운데 계시다"(αὐτός ἐστιν ἐν τῷ φωτί)고 하였다. 이 말씀은 하나님께는 빛이 그의 본성임을 의미한다. 그러나 여기서 사람은 빛 가운데 "행한다"(περιπατῶμεν)고 하였다. 이것은 자기의 본성이 아닌 성결의 규범을 따른다는 의미이다. 성결의 정도에 있어서 하나님과 사람은 천양지차로 다르다.

"우리가 서로 사귐이 있고." 곧 우리의 성결한 행실로 신자들끼리 영적 연합을 이룬다는 것이다. 그 배후에 이미 하나님과 우리와의 사귐이 있음을 알 수 있다. 성결한 행실은 우리가 하나님과 사귄(예수를 믿은) 결과이고 증거이다.

그 아들 예수의 피가 우리를 모든 죄에서 깨끗하게 하실 것이요. 이 말씀을 보면, 앞에 나온 사귐(κοινωνία)이 그리스도의 피에 의한 화해(영생)의 결과임을 알 수 있다. 우리의 인격이 그리스도의 피로 정화되기까지의 과정을 알기 위하여 5-7절 말씀을 분석하면 다음과 같다. ① 사도적 복음의 전달(5절), ② 그 복음을 믿고 순종함에 있어서 진실해야 됨(6절), ③ 그 진실 여부는 빛과 같은 행실이 증명함(7상), ④ 진실하게 믿고 순종한 자가 예수님의 피로 정화됨(7하)이다.

"예수의 피"가 신자들을 깨끗하게 하시는 이유는 그의 속죄의 죽음이 그들의 죗값을 담당하셨기 때문이다. 요한1서의 저자인 요한은 여기서 왜 "죽음"이란 말이 아닌 "피"란 말을 선택했을까? 이것은 계시의 연속성 때문인 것으로 생각된다. 구약 시대 제사 의식에서는 살아있는 가축의 "피"가 그 제물의 핵심이었을 만큼 "피"는 희생된 생명을 가리켰기 때문이다(레 17:11, 14). 그러므로 요한은 이러한 사상의 연속으로 "피"를 역설한 것이다(참조. 요 6:53-56; 계 1:5; 5:9; 12:11).

"깨끗하게 하실 것이요"란 말씀(καθαρίζει)은 "깨끗하게 하시느니라"라는 현재사로 번역되어야 한다. 이것은 죄 사함과 성화를 의미하는데, ① 신자가 거듭나서 그리스도를 믿기 시작할 때 이미써 그를 의롭다 칭하여 주시는 것이고, ② 그 후에도 그가 불행하게 범하는 죄를 그의 회개에 따라 사하여 주시는 것이다. 그러므로 성화는 신자가 주님을 믿은 후에 계속된다.

8-10절. 여기서는 완전주의의 옳지 않음을 지적한다.

8 만일 우리가 죄가 없다고 말하면 스스로 속이고 또 진리가 우리 속에 있지 아니할 것이요. "만일 우리가 죄가 없다고 말하면." 이 말씀(ἁμαρτίαν οὐκ ἔχομεν)은 신자가 아무 죄도 범하지 않는다는 의미이다. "스스로 속이고." 곧 자기 자신도 잘못인 줄 모르고 잘못 생각하는 것이다. "진리가 우리 속에 있지 아니할 것이요." 곧 완전주의를 주장하는 것은 진리를 이해하지 못한 것이라는 의미이다.

9 만일 우리가 우리 죄를 자백하면 그는 미쁘시고 의로우사 우리 죄를 사하시며 우리를 모든 불의에서 깨끗하게 하실 것이요. 우리가 아무 죄를 범하지 않을 수는 없지만, 혹 죄를 범했을 때에는 그것을 즉시 처분해야 한다.

"자백"한다(ὁμολογῶμεν)는 것은 회개하는 마음으로 하나님 앞에 죄를 고백하는 것이다. 이 고백은 진실해야 되는데(시 51:6), 고백에 앞서 상한 심령이 필요하다(시 51:17). 하나님 앞에 고백하면서 동시에 사람 앞에서 고백해야 할 죄도 있다. 그런 죄는 다른 사람에게 해를 끼친 경우이다. 죄 용서는 하나님께만 받는다.

"그는 미쁘시고 의로우사." 하나님은 죄를 사하시기로 약속하신 말씀을 신실하게 지키신다(사 1:18; 렘 31:31-34; 미 7:18-20; 히 10:23). 그렇게 하심으로써 그의 의로우심을 나타내신다(롬 3:25-26 참조).

"우리를 모든 불의에서 깨끗하게 하실 것이요." 곧 그 죄의 형벌에서 놓아주시고 성령님으로 말미암아 그 죄에서 떠나게 해 주시는 것을 가리킨다. 신자가 어떤 죄에서 떠나게 하시는 하나님의 역사에는 점진적으로 되어 가는 것도 있다.

설교 죄를 자백함에 대하여(9절)

죄를 자백한다는 것은 무엇을 의미하는가? 그것은 사람이 입술로만 자기의 잘못을 고백하는 것이 아니라, 자기의 죄를 비통히 여기며 영혼 깊은 데서

부터 하나님 앞에 자복하는 것이다.

1. 하나님 앞에 영적 부채감을 깊이 느끼고 용서를 비는 것임(마 18:23-35)

다윗은 하나님께 기도하기를, “내 죄악을 지워 주소서”라고 하였다(시 51:1). 여기서 “지운”다 함은 차용증서의 내용을 지운다는 의미이다. 이같이 다윗은 그의 신앙생활을 구체적으로 행하였다. 그의 영적 계산은 이처럼 현세와 내세에 걸쳐 실제적이다. 그것은 관념적이지 않고 공허하지 않다.

2. 하나님 앞에서 자기를 누추한 것으로 봄(욥 25:6)

인간이 죄악을 가까이하게 되는 이유는, 그것의 추악성을 모르고 도리어 그것을 좋게 보기 때문이다. 누가 더러운 하수도 물을 마시려 하고, 그 물로 목욕을 하려 하겠는가? 그것이 추한 것을 모를 때에만 그렇게 할 것이다. 성령을 받지 못하면 자기 죄악의 추악함을 보지 못한다. 자기를 더러운 존재로 생각하고 추악하게 보는 것은 회개하는 자가 죄를 바라보는 통찰이다. 그러므로 베일리(Baillie)는 말하기를, “나는 전갈이 쏘는 것을 견딜 수 있고, 불붙는 들판에 누워서 살 수도 있다. 또한 끝없는 허공에 이리 던져지고 저리 던져져도 견딜 수 있다. 그러나 나는 부끄럽게는 살 수 없다.”라고 하였다.

3. 자기 죄악 때문에 쉬지 않는 고통을 느낌(시 51:3)

우리가 우리의 죄악을 안다는 것은 관념적 지식만이 아니다. 관념적 지식은 잠깐 있다가 사라지는 것이다. 사람들이 자기의 죄악을 지식적으로만 알기 때문에 그 지식이 그의 인격을 움직이지 못한다. 그러나 진정한 회개자는 죄를 볼 때마다 고통을 느낀다. 그는 그 문제를 해결하기 전에는 마음에 평화를 가지지 못한다.

4. 자기의 범죄가 하나님의 법에 저촉된 것을 앎(요일 3:4)

사람들은 범죄하고 사람 앞에서 부끄러워하지만, 하나님 앞에서는 부끄러워하거나 두려워하지 않는다. 그러나 사람에게 잘못한 것도 실상은 하나님 앞에서 잘못한 것이라고 생각해야 한다. 인간의 참된 회개도 하나님을 두려워하는 것에서 성립된다. 사람이 잘못한 것을 정죄하고 심판하실 분은 연약한 사람이 아니고 하나님이시다. 영원한 형벌을 내리실 수 있는 분이 하나님이심을 아는 사람들에게서 회개가 시작되며 또한 열매를 맺는다.

5. 자기가 판단받는 것을 당연하게 여김(욥 9: 2)

그는 자기가 하나님 앞에서 죄인으로 판단받을 때, 그렇게 하시는 하나님을 옳게 여긴다. 인간은 잘못하고도 그 잘못을 지적해주며 꾸짖는 사람을 나무란다. 그것은 아직 죄 편에 서 있는 심리이다. 그러나 죄를 적대시하고 버리려는 자는 그에게 유죄를 선고한 자를 도리어 고맙게 여기고 옳게 본다. 나를 칭찬하는 자만 좋아하고, 나를 경계하며 정죄하는 자를 싫어하는 마음은 공의의 적이다. 공의를 부르짖으면서 자신만은 공의의 심판대 위에 올려놓지 않고, 다른 사람들만 판단하는 자는 공의롭지 못할 뿐 아니라 잔인한 자이다. 천국에 들어갈 자에게는 먼저 자기가 받을 당연한 유산이 지옥이라는 것을 아는 정의감이 있다.

6. 자기 죄의 뿌리를 심각하게 봄(시 51:5)

뉴턴(Newton)은 사과가 떨어지는 것을 보고 사과를 떨어지게 한 만유인력까지 관찰할 정도로 깊이 몰입했다. 인류에 유익을 준 모든 발견자나 발명가는 진리의 외형적 현상만 본 자들이 아니었다. 신앙생활도 그러하다. 그것은 표면적 생활에 만족하지 않고 내부로 더듬어 들어간다. 곧 보이는 것으로 만족하지 않고 보이지 않는 것을 사모하여 들어간다. 다윗은 회개하면서 자기의 죄를 단편적으로만 보지 않고, 그것의 내면까지 더듬어 들어가서 그의 무의식 시절, 곧 모태 속에 있던 때까지 회개하였다. 무의식 시절에도 죄악이 엄연히 존재한 것은 사실이다. 그 이유는, 아담과 하와 때부터 유전되어 오는 인간성 자체가 부패하였기 때문이다. 인간의 부패성 그것이 죄악의 근원이다. 그러므로 신자가 말과 행실에 실수가 없었다고 하여 안심해서는 안 된다. 잠언 28:13에 "자기의 죄를 숨기는 자는 형통하지 못하나 죄를 자복하고 버리는 자는 불쌍히 여김을 받으리라"고 말씀했다.

10 만일 우리가 범죄하지 아니하였다 하면 하나님을 거짓말하는 이로 만드는 것이니 또한 그의 말씀이 우리 속에 있지 아니하니라. 이 구절은 8절 말씀에 덧붙여 설명한다. 누구든지 스스로 말하기를, 자신에게 죄가 없다고 주장한다면 그는 자기 자신을 속이는 것이라고 이미 말씀하였다(8절). 그뿐 아니라, 여기서는 그런 주장이 ① "하나님을 거짓말하는 자로 만드는" 불경한 행동이다. 하나님께서는 인간은 누구나 다 죄인이라고 하시고(롬 3:10), 또한 그들이 구원을 받게 하시려고 독생자를 세상에 보내셨다(요 3:16). ② 하나님의 말씀, 곧 복음을 속에 두지 않는 불신앙이라고 한다. 하나님의 복음은 사람에게 죄가 없어서 구원하시는 것이 아니고, 그가 이 세상을 떠날 때까지 여전히 죄가 남아 있음에도 불구하고 은혜로 그를 은혜로 구원한다.

10절 말씀대로 누가 "범죄하지 아니하였다"고 하면 그는 하나님과 싸우는 자이다. 그런 자에게 어찌 평화가 있겠는가? 참된 평화는 우리의 죄악된 성품이나 지은 죄를 부인하는 것으로 얻어지지 않는다. 솔직히 고백하고 하나님의 은혜로운 손길에 계속 치료받을 때 얻어진다.[129)]

---

129) David Smith, Expositor's Greek Testament, V, 172.

제 2 장

⚜ 내용분해

본 장은 앞 장에 이어 하나님과 신자의 사귐에 대한 말씀이다.

1. 신자가 하나님과 더불어 사귀는 것에 대한 기본적 해결(1-2절)
2. 하나님과 사귄 신자는 계명을 지켜야 됨(3-11절)
   1) 계명을 지키는 것이 그리스도 안에 있는 증거임(3-6절)
   2) 계명을 지키는 것에 대한 계시적 의미(7-11절)

3. 하나님과 사귄 자들과 세상(12-17절)
   1) 하나님과 사귄 자의 여러 가지 명칭(12-14절)
   2) 하나님과 사귄 자는 세상을 사랑하지 않아야 됨(15-17절)

4. 적그리스도의 위험(18-23절)

1) 적그리스도의 소속(18-19절)

2) 적그리스도와 그리스도인의 대조(20-23절)

5. 그리스도인은 그 받은 은혜대로 주 안에 거해야 됨(24-29절)

해석

1-2절. 그리스도는 우리의 대언자요, 속죄제물이심.

1 나의 자녀들아 내가 이것을 너희에게 씀은 너희로 죄를 범하지 않게 하려 함이라 만일 누가 죄를 범하여도 아버지 앞에서 우리에게 대언자가 있으니 곧 의로우신 예수 그리스도시라. "너희로 죄를 범하지 않게 하려." 이 말은 범죄 문제(죄를 범할 경우)의 해결책이 있다고 하여 죄를 장려하는 것이 아니다. 이는 다시 죄를 범하지 않게 하려는 것이다. 핏속에 독이 생긴 환자를 취급하는 의사가 약을 주면서 "나으면 다시 똑같은 병이 재발하도록 부주의해도 좋다"고 하지는 않을 것이다. 낭떠러지에서 떨어져 거의 죽을 정도로 상한 사람이 병원에서 치료를 받은 후 또다시 그곳에 올라가서 떨어져야겠다고 생각하는가?

"만일 누가 죄를 범하여도." 이 말씀을 보면, 요한 신학의 또 다른 면을 알 수 있다. 그는 신자라도 죄를 범할 수 있다고 생각한다. 그러나 그것은 만일의 경우가 되어야 하고, 일상적인 일이 되어서는 안 된다는 것을 이 문구가 나타내었다.

"죄를 범하여도"란 말(ἁμάρτῃ)은 부정과거 시상의 가정법으로, 계속적인 범죄가 아니고 단회적인 악행을 가리킨다. 그러므로 크레다너스는 말하기를, 이 부정과거 시상이 사용된 이유는 죄악된 행동의 특별한 경우를 표시하기

위한 것이라고 하였다.[130)]

"우리에게 대언자가 있으니." 요한은 여기에서 "우리"란 말을 사용하며 자기를 일반 교우들 가운데 포함시킨다. 이것은 자기도 그들과 같은 죄인일 뿐 특별한 인물이 아님을 나타낸다. "대언자"란 말(παράκλητον)의 뜻은 '곁으로 불려 온 자' 곧 누구를 도와주기 위하여 그의 곁으로 부름을 받아서 온 자를 의미한다. 그리스도께서 성령님을 가리켜 "다른 보혜사"(ἄλλον παράκλητον=다른 대언자)라고 하신(요 14:16) 것은 본래 그리스도 자신이 대언자이심을 암시한다. 그는 우리 신자들의 죄를 담당하시고 우리를 위하여 하나님 앞에서 변호하시는 대언자이시다(롬 8:34 참조).

2 **그는 우리 죄를 위한 화목제물이니 우리만 위할 뿐 아니요 온 세상의 죄를 위하심이라.** "그는"이란 말(αὐτός)은 "그가 친히"라고 번역할 수 있다. "화목제물"(ἱλασμός). 이것은 죗값인 동시에 우리 죄로 인한 하나님의 진노를 멈추게 하는 것이다. 그리스도는 우리의 대언자가 되실 뿐 아니라 화목제물도 되신다. 누가 우리의 죗값을 담당하지 못하면서 하나님 앞에서 우리를 변호한다면, 그것은 헛된 말이 될 수밖에 없다. 그러나 그리스도께서는 우리의 죗값을 친히 담당하시고 하나님과 우리를 화목시키는 제물이 되셨다. 그가 십자가에 죽으신 것은 이런 제물이 되시기 위함이었다.

"우리만 위할 뿐 아니요 온 세상의 죄를 위하심이라." 여기서 "우리"란 말은 그 당시 이 서신을 받은 그리스도 신자들을 가리키고, "온 세상"은 장래에 구속받을 백성을 가리킨다는 해석이 있다. 그러나 그보다는 그리스도 안에서 하나님의 백성 전체가 받을 구원의 은혜뿐 아니라, 그리스도의 죽으심이 피조물 전체에 미치는 일반적인 혜택까지 염두에 둔 말이다(Greijdanus)(참조. 사 65:17; 롬 8:20-21; 골 1:20). 이 말씀은 세상 사람 누구나 다 구원을 받는

130) Kommentaar op Het Nieuwe Testament, XIII, 1929, 414.

다는 의미를 가지지는 않는다.

3-6절. 그리스도를 믿는 증표는 계명을 지키는 것이라고 함.

3 우리가 그의 계명을 지키면. 이 구절은 신자의 행위 문제를 다루며, 앞에 있는 1:6-7에 연속하여 말한다. 신자의 옳은 행위(주님의 계명을 지킴)는 그리스도를 참되게 아는 증표이다.

"그의 계명"이란 것은 "신자들끼리 서로 사랑하라"는 그리스도의 말씀이다(요 13:34-35; 15:12). 이와 같은 종교적 윤리는 율법적인 것이 아니다. 그것은 신자와 하나님의 영적 사귐(1:7)에 기초한다.

이로써 우리가 그를 아는 줄로 알 것이요. 요한1서에는 "안다"는 말씀이 많다. 이것을 보면 요한1서는 우리 각자의 영적 상황을 재확인시키는 성경이다. 우리는 되지 못하였는데도 된 줄로 알기 쉽고, 또한 제대로 되어 있는데도 되지 못한 줄로 과소평가하기 쉽다. 그리스도를 안다는 것은 관념적 지식(이론적 지식)이 아니고 인격적인 지식이다. 두 사람 사이의 인격적인 지식은 신용 있는 행동으로 성립된다. 신자들은 예수 그리스도의 계명을 지킴으로 비로소 그의 신임을 얻게 된다. 따라서 그들은 그리스도와의 영적 교통, 곧 그의 사랑을 받는 것과 같은 생동력 있는 교제에 참여한다(요 14:21). 예수 그리스도에 관한 요한의 지식론은 어디까지나 행동주의이고 관념론이 아니다.

4 그를 아노라 하고 그의 계명을 지키지 아니하는 자는 거짓말하는 자요 진리가 그 속에 있지 아니하되. 그리스도를 아는 지식은 무력하고 공허한 이론이 아니고, 성령으로 말미암아 심령 속에 새겨진 것이다. 따라서 그것은 생명 있는 활동을 나타낸다. 누구든지 그리스도를 안다고 하면서 그의 계명을 지키지 않으면 그를 참된 신자라고 하기 어렵다.

"진리가 그 속에 있지 아니하되." 곧 어떤 사람이 그리스도의 계명을 지키지 않는다면, 그것은 그의 마음속에 복음 진리가 믿어지지 않은 증거라는 뜻이다.

5 누구든지 그의 말씀을 지키는 자는 하나님의 사랑이 참으로 그 속에서 온전하게 되었나니 이로써 우리가 그의 안에 있는 줄을 아노라. 여기서 "그의 말씀"은 예수님의 계명으로, 기존 계명의 완성, 곧 복음적 계명이다(요 13:34-35). "하나님의 사랑이 참으로 그 속에서 온전하게 되었나니." 여기서 "하나님의 사랑"이란 말은 하나님을 향한 신자들의 사랑을 가리키지 않는다. 그 이유는, 우선 "하나님의 사랑"(ἡ ἀγάπη τοῦ θεοῦ)이란 말은 문자대로 "그 하나님의 그 사랑"이라고 해야 하기 때문이다. 이것은 계명을 지키는 신자에게 베푸시는 하나님의 사랑을 의미한다(Greijdanus). 그리스도의 계명을 지키는 자에게 하나님과 그리스도께서 찾아오셔서 사랑해 주신다는 말씀은 요한복음 14:21에도 있다. 많은 학자들이 이같이 해석한다.[131] 특별히 벵겔(J. A. Bengel)의 해석은 참고할 만하다.

"그 속에서 온전하게 되었나니." "그 속에서"(ἐν τούτῳ)란 말은 "이 사람에게서"라고 번역되어야 한다. 여기서 "온전하게 되었다"(τετελείωται)는 말은 '목적을 이루었다'는 뜻이다(Greijdanus). 하나님께서는 그의 계명을 지키는 신자를 특별히 사랑하시려는 '목적'을 갖고 계시다. 예수님께서 말씀하시기를, "나의 계명을 지키는 자라야 나를 사랑하는 자니 나를 사랑하는 자는 내 아버지께 사랑을 받을 것이요 나도 그를 사랑하여 그에게 나를 나타내리라"(요 14:21)고 하셨다.

6 그의 안에 산다고 하는 자는 그가 행하시는 대로 자기도 행할지니라. 곧 우리가 그리스도 신자 된 증거는 예수님께서 우리를 사랑하신 것과 같이 우리도 다른 사람들을 사랑하는 것이다(요 13:34-35).

131) J. Willemze, E. A. Abbott, A. Plummer, A. E. Brooke, J. M. S. Baljon, H. Windisch.

7-11절. 이 구절들은 앞 절의 사상을 받아서 계명이 무엇인지를 조금 더 밝히고 그대로 지키는 자와 지키지 않는 자의 차이를 논한다.

7 사랑하는 자들아 내가 새 계명을 너희에게 쓰는 것이 아니라 너희가 처음부터 가진 옛 계명이니 이 옛 계명은 너희가 들은 바 말씀이거니와. "옛 계명"은 8절에서 다시 "새 계명"이란 명칭을 받게 되므로 모순되어 보인다. 그러나 저자 요한의 견지에서는 이 모순된 듯한 말에 요점이 있다. 사랑을 내용으로 한 하나님의 계명은 구약 시대부터 내려오는 진리라는 의미에서(레 19:18; 신 6:5) "옛 계명"이다.[132] 그리고 그것이 예수 그리스도로 완전히 실현되었다는 의미에서(요 13:34-35) "새 계명"이다. 진정한 사랑을 무시한 인본주의 도덕률은 예부터 무엇이든지 사람을 망하게 하였다. 그러나 신본주의 사랑을 중심으로 한 계명은 오늘날까지 빛난다. 그뿐 아니라 그것은 신약적인 완성으로 영원히 천국의 법이 되었다(롬 13:8).

8 다시 내가 너희에게 새 계명을 쓰노니 그에게와 너희에게도 참된 것이라. 여기서 "다시"란 말(πάλιν)은 '다른 의미에서는', 혹은 '다른 관점에서는'이란 뜻이다. 즉 종류의 차이를 말하는 것이 아니고 같은 것을 다르게 인식하는 것을 가리킨다. 즉 앞에서 언급한 "옛 계명"을 "새 계명"이라고도 할 수 있다는 것이다.[133]

"그에게와 너희에게도 참된 것이라." 곧 그리스도와 신자들에게 참되다는 뜻이다. 예수님께서 행하신 사랑(계명)을 일반 신자들도 본받아서 행해야 한다. 그 사랑은 한 사람을 위해서도 생명을 버릴 정도의 희생정신을 가진다(요 15:12-13). 칼빈은 여기 나오는 "참된"이란 말이 '진리'를 의미한다고 하였다. 다시 말하면, 사랑의 계명은 그리스도로 말미암아 완성되었으며, 현세와

---

132) Greijdanus, Kommentaar op Het Nieuwe Testament, XIII, 1929, 425-426.

133) David Smith, The Expositor's Greek Testament, V, 175.

내세에 모두 적용될 인류의 행동 원리라는 말씀이다. 그리스도께서 이것이 진리로 드러나도록 친히 행하여 완성하셨으므로, 신자들은 이것을 생명의 길로 알고 따라가야 한다.

이는 어둠이 지나가고 참빛이 벌써 비침이니라. 곧 복음의 "빛"이 새 시대를 가져왔다는 의미이다. 이같이 새 시대가 되었으니, 신자는 이 시대에 완전히 세운 사랑의 계명을 지켜야 한다. 이 계명을 지키면, 그것은 새 시대의 사람이 된 증표를 보이는 것이다. 그러나 아직까지도 사랑의 계명을 지키지 않는 자는 새 시대에 반역하는 사람이다. 그의 속에는 하나님을 아는 지식이 없다. 따라서 그는 진정으로 빛 가운데 거하지 않는 자이다.

9 빛 가운데 있다 하면서 그 형제를 미워하는 자는 지금까지 어둠에 있는 자요. "빛"이란 말에 대하여는 1:5의 같은 말 해석을 참조하라. "있다 하면서"란 말은 '있다고 말하며'(ὁ λέγων)란 뜻이다. 이것은 사람이 외식하거나 혹은 되지 못하고 된 줄로 아는 착각에서 나오는 말이다. 그러므로 신자는 계명을 지키는 데 힘쓰며 자기의 영적 상황을 점검해야 된다(1:7 해석 참조).

여기서 "형제"란 말은 그리스도 신자를 가리킨다. 신자는 우선적으로 같은 신자를 사랑해야 된다는 것이 성경적 교훈이다(갈 6:10 참조). "빛 가운데 있다"는 것은 하나님과 사귀는 것을 말한다(1:5-6). 누구든지 하나님과 사귀면, 보이는 형제를 사랑하는 열매를 맺는다(4:20).

"형제를 미워하는 자." 여기서 "미워하는"이란 말(μισῶν)은 계속적으로, 또는 상습적으로 미워하는 것을 가리킨다. 진정한 신자도 간혹 남을 미워하게 되는 경우가 있으나, 조만간 회개한다. "어둠에 있"다 함은, 하나님과 사귀지 못하는 처지(그리스도를 믿지 않는 상황)를 가리킨다.

10 그의 형제를 사랑하는 자는 빛 가운데 거하여 자기 속에 거리낌이 없으나. 이 말씀은 다른 사람들을 사랑하는 것이 원인이 되어 빛 가운데 거하게 된다는 것이 아니라 그가 다른 사람들을 사랑하는 그것이 이미 그가 빛 가운데 거하는

증거라는 것이다. "자기 속에 거리낌이 없"다 함은, 불신자가 복음으로 돌아오는 길이 그로 말미암아 막히지 않는다는 의미이다(참조. 마 13:41; 18:7; 롬 14:13). 이에 대한 다른 해석도 있는데, 이 해석이 다음 구절과 잘 연결된다. 곧 그가 진정으로 "빛"(복음 진리)을 가졌으므로 자신을 망하게 할 어둠이 그의 속에 없다는 말씀이다(요 11:9-10 참조).

11 그의 형제를 미워하는 자는 어둠에 있고 또 어둠에 행하며 갈 곳을 알지 못하나니 이는 그 어둠이 그의 눈을 멀게 하였음이라. 누구든지 "형제", 곧 동일한 주님을 믿는 자를 상습적으로 미워한다면 그것은 그가 사실상 주님을 믿지 않는 것을 증명하는 것이다. 참된 신자라면 주님을 믿는 형제에게 동류의식을 가지게 된다. 만일 어떤 사람이 그렇게 되지 않는다면 그는 실질적으로 빛 되신 예수 그리스도를 찾지 못한 자이고, 구원의 길을 알지 못하는 자이다.

"어둠이 그의 눈을 멀게 하였음이라." 그는 어둠에 속한 생활습관으로 인하여 영적인 눈이 어두워진 자이다. 그의 눈(두 눈)이 멀어졌다(과거사)는 것은 진리를 분변치 못한다는 의미이다. 나귀를 어두운 탄광 속에 가두어 두면 그 나귀의 눈이 멀게 된다고 한다. 사람의 양심도 계속 억압해 두면 그 양심이 마비된다.

설교 미움과 어두움(9-11절)

떳떳하고 정당한 미움도 있다. 그것은 마귀와 죄를 미워하는 것이다. 이 경우에는 미워하는 마음도 필요하다. 그러나 형제를 미워하는 미움은 어두움이다. 본문 말씀은 이것을 지적하는 것이다. 형제를 미워한다는 것은 무엇인가? 여기서 "형제"란 말은 혈육에 속한 형제를 의미하지 않고, 그리스도 안에서 영적으로 형제 된 자들을 가리킨다. 그러면 형제를 미워하는 것이 왜 어두움인가?

1. 형제를 미워하는 것은 그리스도를 미워하는 것이기 때문이다

어떤 사람이 나와 형제 관계가 된 것은 내가 믿는 그리스도를 그도 믿기 때문이다. 곧 그리스도가 나와 그의 공통점(형제 인연)이다. 그렇다면 형제를 미워하는 나의 마음은 그리스도를 미워하는 마음을 내포하기도 한다. 그러므로 이 미움은 어두움에 속한다. 그리스도를 믿는 우리는 그와 같이 모순된 행동을 하지 말아야 한다.

2. 형제를 미워하는 것은 나의 지체를 미워하는 것과 같기 때문이다

나는 나의 형제들과 더불어 그리스도 안의 공동 인연에 의하여 한 몸이 되었다. 인류는 공동체를 떠날 수 없고 그리스도 신자는 더더욱 그러하다(고전 12:14-16). 나의 형제들이 잘되어야 나도 잘되는 법이다. 그러므로 내가 나의 형제를 미워하는 것은 나의 지체를 해치는 것처럼 어리석은 일이다.

3. 나의 형제를 미워하는 것이 빛의 교제를 끊어버리기 때문이다

그리스도 신앙은 횡적으로 형제 사이의 영적 사귐이 있어야 종적으로 하나님과의 관계도 형통한다(요일 4:20-21. 마 25:31-46 참조). 형제를 미워하는 자는 심령이 어두워지고 따라서 심령에 평안이 없으므로, 어두움 속을 헤매는 자와 같이 된다.

12-17절. 이 구절들은 신자가 세상을 사랑하지 말아야 된다는 것을 가르친다.

12-14 자녀들아 내가 너희에게 쓰는 것은 너희 죄가 그의 이름으로 말미암아 사함을 받았음이요 아비들아 내가 너희에게 쓰는 것은 너희가 태초부터 계신 이를 알았음이요 청년들아 내가 너희에게 쓰는 것은 너희가 악한 자를 이기었음이라 아이들아 내가 너희에게 쓴 것은 너희가 아버지를 알았음이요 아비들아 내가 너희에게 쓴 것은 너희가 태초부터 계신 이를

알았음이요 청년들아 내가 너희에게 쓴 것은 너희가 강하고 하나님의 말씀이 너희 안에 거하시며 너희가 흉악한 자를 이기었음이라. 이 구절들은 신자들로 하여금 그들의 영적인 자격을 인식시켜서 그들이 행해야 할 책임을 느끼게 한다. 여기서는 그들의 영적 자격을 세 가지로 말씀하였다. ① "자녀들"(τεκνία=하나님의 자녀에 대한 일반적 명칭). 그들은 하나님께 죄 사함을 받고(12절), 하나님을 "아버지"라고 부르는 자들이다(14절). ② "아비들"(πατέρες=교회의 주요한 인물들에 대한 칭호). 그들은 "태초부터 계신 이"를 아는 자들, 곧 하나님을 아는 지식에 장성한 자들이다(13 상반-14절). ③ "청년들"(νεανίσκοι=활동력이 넘치는 연령의 신자들). 그들은 영적 전투력이 강하여 저희 속에 하나님의 말씀이 내재한다. 또한 그들은 마귀를 이긴 자들이다.

이러한 세 가지 구분은 사실상 세 종류의 사람들을 가리키지는 않는다. 첫 번째는 교회에 대한 일반적인 호칭이고, 두 번째와 세 번째는 현저한 두 종류의 사람을 가리킨 듯하다. 이처럼 사도 요한은 교회 전체를 그 편지의 대상자로 생각하였다.

또한 요한은 여기서 동일한 호소를 반복하였다. 이를 통해 우리는 영혼을 사랑하는 그의 간곡한 심정을 알 수 있다.

15 이 세상이나 세상에 있는 것들을 사랑하지 말라 누구든지 세상을 사랑하면 아버지의 사랑이 그 안에 있지 아니하니. 인간은 죄로 인하여 연약해졌으므로 세상을 거룩하게 바로 이용하지 못하고, 그것을 사랑하고 집착하며 하나님을 잊어버리기 쉽다. 그러므로 아우구스티누스는 말하기를 "하나님의 영으로 너희는 세상에 있는 좋은 것만을 분별하여라. 피조물에 집착하여 창조자를 내버리는 자에게는 화가 있도다."라고 하였다(약 4:4 참조).

"아버지의 사랑이 그 안에 있지 아니하니." 이 말씀에 대한 해석 중 세상을 사랑하는 자는 하나님을 사랑할 수 없다는 해석이 있다. 그러나 또 다른 의견도 있다. 그것은 하나님께서 그런 사람을 사랑하시지 않는다는 해석이다(Greijdanus).

16 **이는 세상에 있는 모든 것이 육신의 정욕과 안목의 정욕과 이생의 자랑이니 다 아버지께로부터 온 것이 아니요 세상으로부터 온 것이라.** 곧 "세상에 있는 모든 것" 자체는 하나님께서 지은 것이지만, 인간이 그것들과 잘못된 관계를 맺으면 그것들이 세 가지 악, 곧 "육신의 정욕", "안목의 정욕", "이생의 자랑"으로 변한다. 이 세 가지는 어느 것이든 사람으로 하여금 하나님보다 쾌락을 더 사랑하게 한다(딤후 3:4 참조).

"정욕"이란 것(육신의 정욕, 안목의 정욕)은 뜨거운 욕심인데, 그것을 품은 자들은 죄로 끌려가고(창 3:6; 약 1:15), "이생의 자랑"을 품은 자는 하나님과 내세를 비웃듯 외면하며 이 세상의 미혹에 빠진다(벧후 3:3-4).

사도 요한이 신자들에게 세상을 사랑하지 말라고 한 이유는 두 가지이다. 첫째는, 세상을 사랑하는 자는 하나님의 사랑을 받을 수 없기 때문이고(15-16절), 둘째는, 이 세상과 정욕은 다 지나가 버리기 때문이다.

17 **이 세상도, 그 정욕도 지나가되 오직 하나님의 뜻을 행하는 자는 영원히 거하느니라.** 이 구절은 앞 절에서 세상을 사랑하지 말라고 한 두 번째 이유이다. 그것은 곧 세상과 정욕은 다 지나가기 때문에 믿을 수 없다는 것이다(고전 7:29-31 참조).

"하나님의 뜻을 행하는 자." 이 점에 대한 칼빈의 해석은 다음과 같다. 곧 여기서 저자 요한은 율법을 완벽하게 지키는 것을 말하지 않고 신앙의 순종(obedience of faith)을 말한다. 비록 그 순종이 불완전하여도 하나님께서 받아주신다는 것이다.[134)]

18-23절. 하나님과 신자의 사귐에 대한 적그리스도의 위험.

18 **아이들아 지금은 마지막 때라 적그리스도가 오리라는 말을 너희가 들은 것과 같이**

---

134) Calvin's Commentaries, St. John, Part Two and I John, 1978, 255.

지금도 많은 적그리스도가 일어났으니 그러므로 우리가 마지막 때인 줄 아노라. 이 구절 이하는 신자가 "적그리스도"를 주의해야 할 것을 말씀한다. "아이들아." 이 말의 헬라어(παιδία)는 훈육을 받아야 할 미성년자를 가리킨다. 사도 요한은 그 당시 교회의 온 회중을 이 말로 불렀다. 이것은 그가 신자들을 사랑하는 마음으로 부른 호칭이기도 하다. 그는 이런 말로 자신의 연로함을 드러내기도 하였다.

"마지막 때"는 그리스도의 초림 때부터 시작된 시기이며(히 1:1), 그것의 끝은 이 세상이 끝나는 때이다. "많은 적그리스도"는 그리스도의 교훈과 권위를 폐하려는 자들을 가리킨다. 이들은 데살로니가후서 2:3에 언급된 "불법의 사람", 곧 최후의 적그리스도와는 다른 인물들이다. "불법의 사람"은 계시록 13장의 첫째 "짐승"과 동일한 자로, 말세의 끝에 나타날 자이다. 그와 다르게 여기에 언급한 적그리스도들은 일반 배교자들을 가리킨 말이다. 이 적그리스도들은, ① 진정한 교회의 권속이 아니므로 참된 교회를 배반하고 나간 자들이고(요일 2:19), ② "예수께서 그리스도이심을 부인하는 자"들이다(22절).

19 그들이 우리에게서 나갔으나 우리에게 속하지 아니하였나니 만일 우리에게 속하였더라면 우리와 함께 거하였으려니와 그들이 나간 것은 다 우리에게 속하지 아니함을 나타내려 함이니라. 이 구절은 적그리스도의 특징을 말하며, 그것은 참된 교회를 배반하고 나간 것이다.

20 너희는 거룩하신 자에게서 기름 부음을 받고 모든 것을 아느니라. 이 말씀은 적그리스도를 경계하라는 경고(18-19절)가 이 편지를 받을 신자들에게 잘 이해될 수 있다는 의미이다. 사도는 그들이 적그리스도를 식별할 만한 영적 지식을 가지고 있다고 말한다. 여기서 "거룩하신 자"란 말(τοῦ ἁγίου)은 하나님을 가리키고, "기름 부음"은 그 신자들에게 성령을 주신 것을 말한다.

"모든 것을 아느니라"란 것은 특히 하나님과 그리스도를 아는 지식을 염두에 두고 한 말씀이다. 성령은 모르시는 것이 없다. 그러므로 성령을 아는 신자의 지식은 모든 것을 아는 지식이다. 이러한 영적 지식이 신자들 모두에게 한꺼번에 임한다는 말씀이 아니고, 필요한 것은 그때그때, 또는 영원히 그 받은 성령에 의하여 알려진다는 것이다. 하나님(성부와 성자까지)을 아는 참된 지식은 오직 성령의 은혜로 말미암아 얻어지는 것이다. 고전 12:3에 말하기를, "하나님의 영으로 말하는 자는 누구든지 예수를 저주할 자라 하지 아니하고 또 성령으로 아니하고는 누구든지 예수를 주시라 할 수 없느니라"고 한다(참조. 마 16:16-17; 요 6:45).

진정한 지식은 이처럼 하나님을 아는 지식과 관련되어 있다. 아무리 발달된 과학 지식도 무신론자에게는 피상적 지식이지 참된 지식이 아니다.

21 내가 너희에게 쓰는 것은 너희가 진리를 알지 못하기 때문이 아니라 알기 때문이요 또 모든 거짓은 진리에서 나지 않기 때문이라. 이 구절은 사도 요한이 앞에서 언급한 적그리스도를 경계하라는 말씀을 쓰게 된 동기에 대하여 다시 말씀한다. 그가 이 말씀을 쓰게 된 동기는, 이 편지를 받을 사람들이 참으로 복음을 아는 성도들이기 때문이었다. 그들은 적그리스도의 교훈도 잘 분별할 수 있었다. "거짓"에 속한 자들(적그리스도의 무리)과 "진리"에 속한 자들은 서로 아무 관련이 없다. "모든 거짓은 진리에서 나지 않"았다는 말씀이 그 뜻이다.

22 거짓말하는 자가 누구냐 예수께서 그리스도이심을 부인하는 자가 아니냐 아버지와 아들을 부인하는 그가 적그리스도니. 예수님은 참으로 하나님이 보내신 메시아이시고, 이 진실을 부인하는 자는 거짓말하는 자이다. 다시 말하면, 그는 비진리를 좇는 자이다. "아버지와 아들을 부인하는 그." 그리스도는 하나님 아버지를 대신하여 이 세상에 오신 분이다. 그러므로 예수님께서 그리스도(하나님이 보내신 자)이심을 부인하는 것은, 그가 대표하시는 하나님 아버지를 부인하는 것이 된다.

오늘날 교계에도 예수님께서 그리스도이심을 부인하는 자들이 있다. 특별히 바르트 신학의 영향을 받은 교훈이 그런 과오를 범한다. 이 교훈은 인간이신 예수와 그리스도를 분리하여 생각한다. 이 교훈을 따르는 사람들은 어떻게 시간과 공간의 제한을 받으셨던 예수께서 하나님(그리스도)이실 수 있냐고 질문한다. 이것은 바르트의 사상에 근거한 말이다. 바르트는 그의 "로마서 주석"(Römerbrief, p. 6)에 말하기를, "역사 세계 안에서 예수님은 그리스도로서 문제성이고 신화이다."라고 한다.[135] 이것은 성경을 오류가 없는 하나님의 말씀으로 믿지 않는 잘못된 주장이다. 하나님은 기적에 의하여 초자연적으로 그리스도를 사람(예수)이 되게 하셨다(요 1:14).

23 아들을 부인하는 자에게는 또한 아버지가 없으되 아들을 시인하는 자에게는 아버지도 있느니라. 예수 그리스도를 부인하는 것이 왜 하나님 아버지도 부인하는 것이 되는지(22절) 여기서 그 이유를 해설한다. 그것은 아버지가 아들을 통해 나타나셨기 때문이다(요 14:7-11 상반 참조).

24-29절. 신자들은 그 받은 은혜대로 그리스도 안에 계속 머물라고 함.

24 너희는 처음부터 들은 것을 너희 안에 거하게 하라 처음부터 들은 것이 너희 안에 거하면 너희가 아들과 아버지 안에 거하리라. 여기서 "너희"(ὑμεῖς)라는 대명사는 헬라어에서 역설적으로 사용되어 신자들과 배교자들을 대조한다. 그들(배교자들)은 위태한 상황에 빠졌으나, "너희는" 그렇게 하지 말라고 역설하는 것이다. "들은 것"이란 말은 그리스도께서 영생을 주시려고 세상에 오셨다는 복음을 가리킨다(요 3:16; 요일 2:25).

25 그가 우리에게 약속하신 것은 이것이니 곧 영원한 생명이니라. 여기서 "약속하신 것"이란 말씀은 앞 절에 나온 말씀, 곧 "처음부터 들은 것"이 무엇인지 밝혀 준다. "처음부터 들은 것"은 하나님의 "약속하신" 말씀이니, 곧 믿는 자에

---

135) Jesus als der Christus ist ... nur als Problem, nur als Mythus verstanden werden.

게 영생을 주시겠다고 하신 말씀이다.

문법적으로 여기 나오는 "그가"란 말(αὐτός)은 강조체이다. 이 강조체는 약속한 자가 실패하기 쉬운 인간이 아니고 전능하신 하나님이심을 강조한다. 또한 "이것이니"란 말(αὕτη ἐστίν)도 강조체이다. 이는 이 구절에서 다루는 약속의 중대성을 나타낸다.

26 너희를 미혹하는 자들에 관하여 내가 이것을 너희에게 썼노라. 사도가 그런 글을 써 보낸 목적은 신자들로 하여금 그들(미혹하는 자들)의 미혹에 빠지지 말고, 그 "들은 것", 곧 복음을 굳게 지키도록 하려는 것이다. "미혹하는 자들"이란 말(τῶν πλανώντων)은 관사를 지녔기 때문에 일정한 인물들의 무리이고, 또한 현재분사("하는 자들")이므로 그 당시에 활동하였던 자들을 가리킨다(Greijdanus). 이들은 반율법적인 영지주의자인 케린투스(Cerinthus)와 그를 따르는 자들을 가리킨다.[136] 이 문제에 대하여는 4:3 해석을 참조하라.

여기서 "이것"이란 말(ταῦτα,"이것들")은 앞의 20-25절의 내용을 가리키면서 문법상 이 구절 앞부분에 나왔으므로, 이것 역시 강조체이다. 이 부분의 내용(특히 20절에 "기름부음 받았다"는 것)이 그다음 구절(27-28절)에 되풀이된다. 이러한 반복은 사도 요한의 문학적 특징이다. 이는 무의미한 반복이 아니고 그의 확고한 신앙과 진리를 전달하려는 간절함을 보여 준다.

27 너희는 주께 받은 바 기름 부음이 너희 안에 거하나니 아무도 너희를 가르칠 필요가 없고 오직 그의 기름 부음이 모든 것을 너희에게 가르치며 또 참되고 거짓이 없으니 너희를 가르치신 그대로 주 안에 거하라(20절 해석 참조). "너희는"이란 말(ὑμεῖς)이 앞부분에 나온 것은 문법상 강조체이다. 이것은 22절에 기술된 적그리스도들과 대조된 표현이다.

"기름 부음"이란 말(χρῖσμα)은 계시적인 용어로, 하나님께서 성령을 주신

---

136) David Smith, The Expositor's Greek Testament, V, 156-157.

것을 상징한다. 특별히 행 10:38에 있는 "예수에게 성령과 능력을 기름 붓듯(ὡς ἔχρισεν) 하셨으매"란 말씀으로 볼 때, 앞의 해석이 정당하다.

"그의 기름 부음이 모든 것을 너희에게 가르치며." 여기서 "가르치며"란 동사(διδάσκει)는 현재사로서 헬라어 문법대로 계속성을 가진 동작을 가리킨다. 그러므로 앞의 문구에서 "모든 것"(하나님과 그리스도를 아는 지식에 한하여)을 가르치신다는 것은 한 번에 다 가르친다는 의미가 아니다. 이것은 성령께서 계속하여 그때그때 필요한 것을 다 가르쳐 주신다는 의미이다.

28 자녀들아 이제 그의 안에 거하라 이는 주께서 나타내신 바 되면 그가 강림하실 때에 우리로 담대함을 얻어 그 앞에서 부끄럽지 않게 하려 함이라. "그의 안에 거하라" 함은 그리스도께 순종하여 그에게서 떠나지 말라는 것이다. 구체적으로 말하면, 이 순종은 우리에게 주신 성령에 대한 것이므로, 표면적으로는 물론이고 특별히 영적으로 참되고 신실해야 한다.

"주께서 나타내신 바 되면." 이 말씀은 "그가 강림하실 때에"란 말씀과 같다. 다만 그가 재림하실 때 심판으로 인하여 모든 일이 낱낱이 드러나게 될 것을 가리키는 말씀이다(롬 14:10-12; 고후 5:10; 히 4:12-13).

여기서 "담대함"이란 말은 감출 것 없이 적나라하게 나타내는 태도이다. 그것은 부끄러움과 두려움 없이 오직 기쁘고 담대한 마음으로 주님을 대하는 태도를 말한다. 모든 것을 드러내시는 심판 때에 신자는 이런 담대함을 가질 수 있도록 현세에서 그리스도(예수) 안에 거해야 한다.

"거한다"는 말(μένετε)은 구체적으로 그리스도 안에 거주한다는 뜻이다. 이것은 회개와 신앙을 지속하는 삶이다.

29 너희가 그가 의로우신 줄을 알면 의를 행하는 자마다 그에게서 난 줄을 알리라. 이 구절부터는 하나님의 자녀들이 성결해지도록 힘써야 될 것을 가르친다. 이 교훈은 3:9까지 계속된다.

제 3 장

내용분해

본 장은 앞 장의 29절에 이어 "그에게서 났다"는 말씀("하나님의 자녀"란 말씀)을 해설한다.

1. 신자가 하나님의 자녀 됨의 놀라움(1-3절)
   1) 하나님의 사랑으로 된 것임(1절)
   2) 주님의 재림 때에는 그와 같을 것임(2절)
   3) 재림을 기대하고 소망하며 자신을 깨끗하게 함(3절).

2. 하나님의 자녀들은 범죄하지 않음(4-10절)
   1) 죄는 불법이기 때문에(4절)
   2) 죄가 없으신 주님 안에 거하기 때문에(5-6절)
   3) 마귀에게 속하지 않았기 때문에(7-10절)

3. 하나님의 자녀와 형제애(11-18절)

1) 형제애는 기독교 윤리의 기초임(11절)

2) 마귀의 역사로 살인한 가인을 따르지 말 것(12절)

3) 형제애는 사망에서 영생으로 옮겨진 증표임(13-15절)

4) 형제애는 실제적인 희생으로 성립됨(16-18절)

4. 자기가 진리에 속한 줄 아는 자의 행복(19-24절)

1) 주님 앞에서 확신을 가지게 됨(19-20절)

2) 기도 응답을 받음(21-23절)

3) 자기가 주님 안에 있다는 사실이 성령에 의하여 알려짐(24절)

⚜ 해석

1-3절. 신자가 하나님의 자녀 됨의 놀라움.

1 보라 아버지께서 어떠한 사랑을 우리에게 베푸사 하나님의 자녀라 일컬음을 받게 하셨는가, 우리가 그러하도다 그러므로 세상이 우리를 알지 못함은 그를 알지 못함이라. 이 구절은 앞 장 29절의 말씀을 밝혀 준다. 여기 나오는 "보라"란 말(ἴδετε)은 감탄사와 같다. 독자로 하여금 구속하시는 하나님의 사랑을 주목하게 한다. 하나님께서 우리를 그의 자녀 되게 하시려고 나타내신 사랑은 우리의 죗값으로 그의 독생자를 희생시키신 것이다.

"우리가 그러하도다"(καὶ ἐσμέν). 이 말씀을 문자대로 번역하면 "또한 우리가 그러하다"이다. 곧 우리 신자들이 "하나님의 자녀"라는 이름을 가진 것("자녀라 일컬음")뿐만이 아니고, 사실상 자녀의 내용도 가진다는 뜻이다.

"세상이 우리를 알지 못함은 그를 알지 못함이라." 이 말씀의 헬라어 원문(ὁ κόσμος οὐ γινώσκει ἡμᾶς, ὅτι οὐκ ἔγνω αὐτόν)은 다음과 같이 번역되어야 그 뜻이 더 명확해진다. 곧 "세상이 그를 알지 못하였으므로 우리를 알지 못하느니라." 하나님께서 우리를 이처럼 사랑하사 우리로 하여금 세상과 다른 성격을 가진 그의 자녀가 되게 하셨다. 그러므로 하나님을 이해하지 못하는 세상이 그의 자녀들도 이해하지 못하는 것은 당연하다. 우리가 세상의 사랑을 받지 못하는 것을 원통해할 필요가 없다. 세상에서 미움을 받는 것은 도리어 하나님의 큰 사랑을 받은 증표이다(참조. 요 15:21, 23; 17:14).

2 **사랑하는 자들아 우리가 지금은 하나님의 자녀라 장래에 어떻게 될지는 아직 나타나지 아니하였으나.** 이 말씀은 현세에서 내적으로 거듭나게 하시는 성령님의 역사로 말미암아 우리가 하나님의 자녀가 되어 있다는 말씀이다. 이처럼 내적으로 하나님의 자녀가 된 우리는 현세에 소망을 두지 말고 미래에 나타날 "하나님의 자녀"의 영광을 소망해야 한다. 이 영광은 성경에 약속되어 있다(마 19:28-29; 25:34; 요 17:22, 24; 롬 8:18, 23-25; 빌 3:21).

그가 나타나시면 우리가 그와 같을 줄을 아는 것은. 이것은 그리스도의 재림을 가리킨다. "우리가 그와 같을 줄을 아는 것은"이란 문구에서, "그와 같"은 것은 무엇을 의미하는가? 이것은 성결뿐 아니라, 부활할 몸의 영광도 그리스도와 같을 것을 가리킨다(빌 3:21). 우리 신자들이 장차 그리스도처럼 될 것에 대하여 신약이 자주 말씀하는(롬 8:29; 엡 4:13; 빌 3:21; 골 3:4) 동시에, 그들이 현세에도 점점 그리스도의 형상을 닮아 간다고 말씀한다(고후 3:18). 그러므로 그리스도와 같이 되는 우리의 내세의 영광은 우리가 현세에서도 어느 정도 체험할 수 있는 것이다.

그의 참모습 그대로 볼 것이기 때문이니. 이 말씀은 우리가 그를 대면하게 될 때에 변화를 받는다는 것이다. "그의 참모습 그대로 볼 것"이라 함은 우리가 내세에서 그를 완전히 알게 된다는 의미가 아니다(Calvin). 이것은 그때에 우리가 그를 직접 보게 되므로 그를 아는 범위 안에서는 불분명하지 않다는 것이다(고전 13:12 참조).

3 주를 향하여 이 소망을 가진 자마다 그의 깨끗하심과 같이 자기를 깨끗하게 하느니라. 이것은 주님을 대면하려는 소망을 가지는 신자의 생활을 가리킨다. 그는 신랑을 맞이할 신부가 단장하는 것처럼, 항상 자기를 의와 성결로 단장한다(계 19:7-8 참조).

4-10절. 여기서는 신자가 범죄할 수 없는 이유들을 말씀한다. ① 죄는 적그리스도의 것, 곧 불법인데 그리스도 편에 있는 신자가 그것을 행할 수 없다(4절). 그뿐 아니라, ② 그리스도는 죄를 없애시려고 세상에 오셨는데 신자로서 죄를 범할 수 없다(5-6절). 그리고 ③ 신자는 그리스도께 속하였고 마귀에게 속하지 않았기 때문에 범죄할 수 없다(7-10절).

4 죄를 짓는 자마다 불법을 행하나니 죄는 불법이라. 마샬(H. Marshall)은 여기서 "죄는 불법이라"고 한 말을 해석하면서 살후 2:3, 8에서 진술된 "불법의 사람", 곧 적그리스도가 연상된다고 하며 다음과 같이 말하였다. "그리스도인으로서 범죄하는 것은 그리스도를 배반하고 마귀와 적그리스도 편에 가담하는 것이다."[137)]

5 그가 우리 죄를 없애려고 나타나신 것을 너희가 아나니 그에게는 죄가 없느니라. "죄를 없애려고"란 문구에서 "없애다"라는 말로 번역된 헬라어(ἄρῃ)는 요한복음 1:29에 나온 세상 죄를 "지고 간다"는 헬라어와 같은 것이다. 이 말은 사실상 '지고 간다'는 의미로 번역되기보다는 '치워 버린다'는 뜻으로 번역되어야 한다.

"나타나신 것"이라 함은 그리스도 사역의 역사성, 또는 구체적인 사실성을 가리킨다. 그것은 이상적이거나 관념적인 것이 아니고 매우 확실한 사건

---

137) The New International Commentary on The New Testament, The Epistles of John, 1979, 176.

이므로 성령으로 말미암아(요일 4:13) 우리의 전적 신뢰를 일으킨다.

6 **그 안에 거하는 자마다 범죄하지 아니하나니 범죄하는 자마다 그를 보지도 못하였고 그를 알지도 못하였느니라.** "그 안에 거하는 자"는 인류의 죄를 없애시려고 역사 속에 나타나신 예수 그리스도를 신뢰하며 신앙으로 살아가는 자이다. 그는 관념적 신자가 아니다. 그런 신자는 "범죄하지 아니"한다(οὐχ ἁμαρτάνει)고 한다. 이것은 참된 신자가 전혀 범죄하지 않는다는 말씀이 아니고(2:1 하반), 상습적으로 죄 가운데 살지 않는다는 의미이다.

"범죄하지 아니한다"는 말의 헬라어(οὐχ ἁμαρτάνει)는 현재동사인데, 헬라어 문법상 현재동사는 상습적 행위를 가리킨다.

"그를 보지도 못하였고 그를 알지도 못하였느니라." 여기서 그리스도를 "본다"는 말(ἑώρακεν)과 "안다"는 말(ἔγνωκεν)은 그리스도에 대한 육신의 감각을 말하는 것이 아니고, 성령으로 말미암은 영적 교제를 가리킨다. 이 표현들은 특히 요한의 특징적 사상이다. 그는 예수 그리스도에게서 이것을 받았다(참조. 요 14:19-24; 16:16, 22). 일반적으로는 그리스도의 계명을 지키는 자들이 그리스도를 영적으로 만나고, 또한 보게 된다(요 14:20-21).

7 **자녀들아 아무도 너희를 미혹하지 못하게 하라 의를 행하는 자는 그의 의로우심과 같이 의롭고.** 이 말씀부터 10절까지는 신자가 범죄할 수 없다는 또 하나의 이유를 말씀한다. "아무도 너희를 미혹하지 못하게 하라." 사도 요한 시대에 반율법주의자들의 미혹이 있었기 때문에(Westcott), 여기에 이러한 경고가 기록되어 있다.

"그의 의로우심과 같이 의롭"다는 말은 앞의 3절 내용과 유사하다. 그러므로 이 구절이 그 말씀에 대한 설명인 것은 확실하다. 신자는 그리스도처럼 완전하지 못하지만, 그리스도와 연합하게 하는 믿음과 계명을 지키려는 노력은 가지고 있다. 신자의 노력 자체가 공로는 아니지만 그것은 그의 신앙을 진실하게 하는 작업이다. 이것으로 신자는 그리스도 안에서 그의 의를 받는다. 이런 의미에서 신자는 그리스도와 같이 의롭다(참조. 롬 8:1; 고후 5:21).

8 **죄를 짓는 자는 마귀에게 속하나니 마귀는 처음부터 범죄함이라.** "마귀는 처음부터 범죄함." 마귀는 인류보다 먼저 범죄하였을 뿐 아니라, 그 범죄가 모든 인류의 범죄의 근원이다(요 8:44 참조). 범죄를 기탄없이 일삼는 자는 마귀의 영을 받은 자, 곧 마귀의 자녀이다.

하나님의 아들이 나타나신 것은 마귀의 일을 멸하려 하심이라. 여기서는 진정한 신자가 상습적으로 범죄할 수 없는 이유를 말한다. 하나님의 아들이 이 세상에 오신 목적이 마귀의 일, 곧 죄악을 멸하시기 위함인데, 그의 보혈로 구속받은 자들, 곧 하나님의 자녀들이 어떻게 기탄없이(상습적으로) 범죄할 수 있겠는가?

9 **하나님께로부터 난 자마다 죄를 짓지 아니하나니 이는 하나님의 씨가 그의 속에 거함이요 그도 범죄하지 못하는 것은 하나님께로부터 났음이라.** "죄를 짓지 아니"한다는 것은 상습적으로 범죄하지 않는다는 것이고, 절대적으로 성결하여 하나님처럼 완전하다는 뜻이 아니다. "하나님의 씨"는 그리스도 신자에게 있는 거듭난 생명(성령에게 붙들린 영적 생명)을 의미하고, 거듭난 자의 영혼 자체를 가리키지 않는다. 그것은 하나님의 말씀과 성령님의 역사로 말미암아 이루어지는 것이다(요 3:6-7; 벧전 1:23).

"그도 범죄하지 못하는 것은 하나님께로부서 났음이라." 여기 나오는 "그도"란 말은 일반 신자를 가리킨다. 이 말씀은 앞의 상반절의 뜻을 조금 더 강조한 것이다(Greijdanus).

10 **이러므로 하나님의 자녀들과 마귀의 자녀들이 드러나나니 무릇 의를 행하지 아니하는 자나 또는 그 형제를 사랑하지 아니하는 자는 하나님께 속하지 아니하니라.** "이러므로"란 말은 헬라어 원문에 없고, 그 대신 "이것으로"라는 말(ἐν τούτῳ)이 있다. 이 말은 하나님의 자녀와 마귀의 자녀를 구별하는 표식을 가리키는 지시대명사이다. 그 표식의 내용은 이 구절 하반절이 보여 준다. 곧 "의"와 "사랑"

을 행하는 것이다.

여기서 사도 요한이 말한 "의"는 무엇이며 "사랑"은 무엇인가? 그가 말하는 "의"는 일반적인 의미의 "의"가 아니고 그리스도의 속죄의 결과로 성립된 "의"이다(참조. 요 16:10; 요일 2:1; 3:7). 다시 말하면, 사람이 그리스도를 믿음으로 받은 속죄의 의(요 16:10)로 말미암아 그리스도로부터 반영된 의를 가리킨다. 또한 그가 말한 "형제 사랑"도 그리스도의 속죄적 사랑이 신자에게 역사하여 이루는 열매이다(요일 4:7-11).

"하나님께 속한 자"란 말과 "하나님의 자녀"란 말은 요한1서에서 같은 뜻을 의미한다.

* * * * *

{특별참고}

거듭난 자의 영혼이 범죄할 수 있는가?

이 문제는 소요리문답 제37문답이 잘 설명한다. 소요리문답은 장로교회의 교리로서, 역사적으로 성경적 교리로 믿어 오는 공동 고백문이다. 제37문답은 다음과 같다.

문: "신자가 죽을 때에 그리스도에게서 무슨 유익을 받는가?"

답: "신자가 죽을 때에 그 영혼이 완전히 거룩하게 되며 즉시 영광에 들어가고 그 몸은 여전히 그리스도께 연합하여 부활할 때까지 무덤에서 쉬느니라."

여기서 다루려는 것은, "신자가 죽을 때에 그 영혼이 완전히 거룩하게 되며"(The souls of believers are at their death made perfect in holiness)란 문구이다. 여기서 우리가 확실히 깨닫는 것이 있다. 곧 누가 묻기를, "거듭난 자의 영혼이 이 세상에서 범죄할 수 있는가?"라고 할 때 우리는 요리문답 제37문의 답에 근거하여, "거듭난 자의 영혼이 이 세상에서 불행하게도 범죄하는 일이 있다"고 할 것이다.

1. 명백한 성경 구절로 대답함

사람은 거듭난 후에야 하나님을 진정으로 알기도 하고 믿기도 한다. 이 점에 있어서는 구약 시대나 신약 시대나 마찬가지이다. 그 이유는, 구약 시대 사람들의 영혼이나 신약 시대 사람들의 영혼이 같기 때문이다. 다윗은 하나님을 진정으로 믿고 섬긴 귀한 인물이었다. 그러나 그는 성령의 감동으로(참조. 삼하 23:2; 행 4:25) 말하기를, "내가 주께 범죄하였사오니 나를 고치소서"(시 41:4) 라고 했으며, 또 "내 영혼아 네가 어찌하여 낙심하며"(시 42:5)라고 하였다. "낙심"은 불신앙의 죄악이다. 선지자 미가는 말하기를, "내 영혼의 죄로 말미암아 내 몸의 열매를 드릴까"(미 6:7)라고 하였다. 사도 바울은 신자들에게 권면하기를, "육과 영의 온갖 더러운 것에서 자신을 깨끗하게 하자"(고후 7:1)라고 하였는데, 여기서 "영"은 영혼과 일체된 부분으로, 아직 완전히 성결해지지 못했기 때문에 바울은 신자들의 "영"도 깨끗하게 되기를 원하였다.

2. 해석하기 어려운 성경 구절로 대답함

요한1서 3:9에 말하기를, "하나님께로부터 난 자마다 죄를 짓지 아니하나니 이는 하나님의 씨가 그의 속에 거함이요"라고 한다.

"죄를 짓지 아니한다" 함에는 세 가지 해석이 있다.

1) 여기서 "죄를 짓지 아니하나니"란 말은 헬라어 원문(ἁμαρτίαν οὐ ποιεῖ)에서 현재동사이므로 상습적으로 범죄하지 않는다는 뜻이다. 그가 상습적으로 범죄하지 않는 원인은 "하나님의 씨가 그의 속에 거"하기 때문이다. "하

나님의 씨"란 것은 하나님 말씀의 생명 있는 역사(눅 8:11; 벧전 1:23), 달리 말하면 우리를 성화시키시는 성령의 사역의 시작을 의미한다. "하나님의 씨"를 사람의 영혼 속에 주입된 하나님의 본질이라고 생각하면 안 된다. 하나님의 본질은 오직 하나님께만 있는 것이다. 그 이유는, 하나님은 오직 한 분이시고, 사람이 하나님이 되게 하시지 않기 때문이다. 사람이 피조물로서 하나님의 형상을 받았지만, 그것은 창조된 것이지 하나님의 것이 심겨진 것은 아니다. 사람이 하나님의 형상으로 지음받았다고 하여도 그것은 하나님을 아는 것과 하나님을 섬길 수 있는 경향과 관계된 것이지, 사람이 신성으로 변화된 것은 아니다.

2) 거듭난 자는 "성령으로 인치심"("기업의 보증", 엡 1:13-14)을 지니고 있으므로, 이 세상을 떠날 때에는 완전히 성결해진다. 그러므로 성경은 현재에도 그를 가리켜 "범죄하지 않는 자"라고 한다. 미래에 확실히 이루실 것을 가리켜 현재에 이미 이룬 것처럼 표현하는 방식은 구약의 선지서에서도 자주 발견된다. 비유컨대, 어린 아기가 두 발로 서지 못하고 기어 다닐 때에는 온전한 성인처럼 생활하지 못하지만, 누구든지 그 아이를 장성한 사람과 마찬가지로 귀하게 여기며 인간의 존엄성을 인정한다.

3) "하나님께로부터 난 자"('거듭난 영혼' 이란 표현과 다름)는 그리스도께서 그의 성령으로 지켜 주시는 새사람을 가리킨다(요일 5:18). 그러므로 거듭난 자는 육신에서나 영혼에서나 성령이 지켜주시는 만큼은 범죄하지 않는다.

요한1서 3:6, 5:18에서도 우리는 앞의 해석들 중 어느 하나를 취해야 한다. 로마서 8:5-10에 말하기를 "육신을 따르는 자는 육신의 일을, 영을 따르는 자는 영의 일을 생각하나니 육신의 생각은 사망이요 영의 생각은 생명과 평안이니라 육신의 생각은 하나님과 원수가 되나니 이는 하나님의 법에 굴복하지 아니할 뿐 아니라 할 수도 없음이라 육신에 있는 자들은 하나님을 기뻐시게 할 수 없느니라 만일 너희 속에 하나님의 영이 거하시면 너희가 육신에 있지 아니하고 영에 있나니 누구든지 그리스도의 영이 없으면 그리스도의 사람이 아니라 또 그리스도께서 너희 안에 계시면 몸은 죄로 말미암아 죽은 것이나 영은 의로 말미암아 살아 있는 것이니라"고 하였다. 여기 나오는 "육신"이란 말(sa,rx)은 모두 타고난 신체를 가리키는 것이 아니라, 인간의 부패성을 의미한다. 부패성, 혹은 죄성은 거듭난 자의 영혼 속에도 있다(롬 7:20). 또한 여기서 말하는 "영"은 이 부분에 있어서 거룩하고 의롭다는 의미로 사용되었고(롬 8:5-10), "하나님의 영"을 의미한다. 그 이유는, 9절에서 "영"에 대한 앞의 모든 말씀을 받아 "만일 너희 속에 하나님의 영이 거하시면 너희가 육신에 있지 아니하고 영에 있나니 누구든지 그리스도의 영이 없으면 그리스도의 사람이 아니라"고 하였다. 이 말씀을 보면, 그 앞에 나오는 "영"이라는 단어가 사람을 거듭나게 하시기 위하여 오신 하나님의 영을 의미한 것이 분명하다.

3. 칼빈주의 교리로 대답함

교리는 어느 개인의 의견이 아니라, 옛날부터 교회가 그것을 성경적인 것으로 알고 공적으로 고백하여 온 것이다.

1) 웨스트민스터 신앙고백 제13장 2절은 성화론에 대하여 말하기를, "신자의 성화가 전인격에 관계되어 있으나 모든 부분(영혼에도)에 부패가 남아 있으며, 따라서 계속해서 부조화의 전쟁, 곧 영과 육(전인격에 있는 부패한 성질)의 충돌이 일어난다."라고 하였다.

2) 대요리문답 제78문에 대한 대답도 이와 유사하다. 곧 "신자의 성화가 불완전한 이유는, 그 사람(신자)의 각 부분에(영혼에도) 있는 죄악의 잔재들… 때문이다. 그러므로 신자들도 종종 시험에 빠지며 많은 죄에 떨어지며 영적 봉사에 지장을 받으며 그들의 가장 선한 일도 하나님 보시기에 더럽다."

라고 하였고, 제149문에 대한 대답을 보면, "사람은 자기의 힘으로든지 그 받은 은혜의 힘으로든지 이 세상에서 하나님의 계명을 완전히 지키지 못한다. 그는 날마다 말과 생각과 행실로 계명을 어긴다."라고 하였다.

3) 소요리문답 제37문에 대한 대답은 다음과 같으니, 곧 "신자가 죽을 때에 영혼이 완전히 거룩케 되며"라고 하였다.

4. 칼빈주의의 대표적인 신학자들의 말로 대답함

1) 하지(A. A. Hodge)는 그의 저서 『신학개론』(Outline of Theology, 1882)에서 중생의 성질에 대하여 말하기를, "중생에 수반되는 현상은 자기가 죄인임을 깨닫는 것이다."라고 하였다.

2) 유명한 조직신학자 벌코프(Louis Berkhof)는 그의 『조직신학』(p.468)에서 말하기를, "중생은 사람의 전 성품의 완전한 변화도 아니지만, 어떤 한 부분의 완전한 변화도 아니다(그것이 비록 원리적으로는 그 인격 전체에 영향을 주지만). 재세례파와 광신주의자들은 중생으로 인하여 성품이 전적으로 변화를 받아 범죄할 가능성이 없다고 잘못 말한다."라고 하였다.

3) 3대 칼빈주의 학자 중 한 사람인 워필드(B. B. Warfild)는 그의 저서 『완전주의』(Perfectionism, p.580)에서 인격의 중생한 부분을 샘물 근원으로 비유하여 말하기를, "성경은 이 샘물 근원이 이 세상에서 단번에 완전히 변화되는 것을 약속하지 않는다."라고 하였다.

11-18절. 하나님의 자녀들의 형제애.

11 우리는 서로 사랑할지니 이는 너희가 처음부터 들은 소식이라. "서로 사랑하라"는 말씀은 예수님이 주신 계명이다(요 13:34; 15:12, 17). 여기서 "서로"란 말(ἀλλήλους)은 사소한 수식어가 아니고 그리스도께서 속죄해 주신 사랑에 근거한 중요한 말씀이다. 신자라면 누구든지 속죄의 사랑을 받은 자이므로 다

른 사람을 사랑할 근거를 가지고 있다. 그러므로 그는 사랑을 받기만 할 위치에 있지 않다. 사랑은 한편에서만 베풀 때 쇠퇴하기 쉬우나 양편이 서로 사랑하면 불붙듯이 더욱 커 간다.

"처음부터 들은 소식이라." 곧 처음 전도를 받을 때에 이미 들은 것이란 말씀이다. 신자들이 서로 사랑하는 것은 그들이 하나님의 자녀 된 증거이므로, 본질적으로 가장 중요하며 늘 있어야 하는 것이었다(고전 13:13). 그러므로 그들이 복음을 받던 그때부터 "서로 사랑하라"는 부탁의 말씀을 들었다.

12 가인 같이 하지 말라 그는 악한 자에게 속하여 그 아우를 죽였으니 어떤 이유로 죽였느냐 자기의 행위는 악하고 그의 아우의 행위는 의로움이라. 여기서는 의를 미워하는 자는 마귀에게 속한 것임을 지적한다. 내가 나 자신을 거부하는 의미로 나를 미워하는 것은 영생으로 인도하지만(요 12:25), 형제의 의로움을 미워하는 것은 마귀의 심리이다(참조. 요 8:40, 42, 44-45, 47, 49).

"악한 자에게 속하"였다 함은 마귀에게 속하여 하나님의 자녀가 아니라는 말씀이다. 가인은 아벨과 근본적으로 대립되어 있었기 때문에 아벨의 옳은 행실을 미워하였고, 결국 그를 죽이기까지 하였다(창 4:1-8 참조). "자기의 행위는 악하고 그의 아우의 행위는 의로움이라." 여기서도 사도 요한은 악과 의를 영적으로 말씀한다. 그는 신앙으로 제사 드린 아벨의 행위를 의로 간주하고 불신앙으로 제사 드린 가인의 행동을 악으로 여겼다(히 11:4 참조). 이것은 예수님의 윤리관처럼 종교적이다. 예수님도 이런 영적인 대립 때문에 한 가족 안에도 분쟁이 있을 수 있음을 말씀하셨다(눅 12:49-53).

13 형제들아 세상이 너희를 미워하여도 이상히 여기지 말라. 여기서 "이상히 여기지 말라"란 것은 신자가 세상의 미움을 받는 것은 당연하므로 그런 것을 불합리하게 생각하지 말라는 뜻이다. 신자가 세상의 미움을 받는 것은 그가 세상과 타협하지 않는다는 증거이다. 그가 세상과 타협하지 않는 것이 그의 생명줄이다. 그러므로 그는 세상이 환영하지 않는 것을 도리어 반갑게 여겨야

한다(참조. 요 15:19-21; 행 5:41).

14 우리는 형제를 사랑함으로 사망에서 옮겨 생명으로 들어간 줄을 알거니와. 이 문구의 헬라어 원문을 다음과 같이 개역할 수 있다. "우리가 사망에서 옮겨 생명으로 들어간 줄 아는 것은 우리가 형제를 사랑함을 인함이라." 여기서 "옮겨"란 말(μεταβεβήκαμεν)은 현재완료 동사이므로 이미 옮겨진 사실을 가리킨다. 참된 신자의 구원을 현세에서부터 이미 이루어진 것으로 보는 사상은 사도 요한의 특징이다(요 5:24).

사랑하지 아니하는 자는 사망에 머물러 있느니라. 이 말씀은 그리스도를 믿는 형제를 사랑하지 않는 것은 구원받지 못한 증거라는 뜻이다. 이같이 생각되는 이유는, 신자가 다른 신자(그리스도 안의 형제)를 상습적으로 미워하는 것은 그리스도를 미워하는 것과 같기 때문이다.

15 그 형제를 미워하는 자마다 살인하는 자니. "형제(그리스도의 보혈로 함께 구원받은 형제)를 미워하는" 것은 살인의 동기이므로, 사람의 중심을 보시는 하나님은 그런 미움을 "살인"과 같이 보신다. 사람을 미워하는 것은 그 사람이 없어지기를 원하는 마음이므로, 곧 정신적 살인이다. 예수님은 남을 미워하는 것이 살인이라는 의미로 말씀하시기를, "나는 너희에게 이르노니 형제에게 노하는 자마다 심판을 받게 되고 형제를 대하여 라가라 하는 자는 공회에 잡혀가게 되고 미련한 놈이라 하는 자는 지옥 불에 들어가게 되리라"(마 5:22)고 하셨다. 형제에게 "노"하는 것, "라가"(무지한 놈)라고 하는 것, "미련한 놈"이라고 하는 것은 형제를 미워하는 것이다.

살인하는 자마다 영생이 그 속에 거하지 아니하는 것을 너희가 아는 바라. "살인하는 자"란 말은 여기서 형제를 미워하는 자를 가리킨다. "형제"는 그리스도 신자를 가리키고, "미워함"(μισῶν)은 "상습적으로 미워함"을 의미한다. 어떤 사람이 그리스도 신자를 상습적으로 미워한다면, 그에게는 그리스도 신앙이 없는 것이 분명하다. 그에게 신앙이 있다면, 필연적으로 자기와 같이 그리스도의 보혈로 구원 얻은 형제를 사랑하게 될 것이고 상습적으로 미워할 리가 없다. 그러므로 상습적으로 형제를 미워하는 자는 의를 미워하는 자이고, 불신자이다. 따라서 그에게는 영생이 없다.

16 그가 우리를 위하여 목숨을 버리셨으니 우리가 이로써 사랑을 알고 우리도 형제들을 위하여 목숨을 버리는 것이 마땅하니라. 예수님께서는 하나님의 택한 백성을 위하여 생명을 버리셨다(요 10:15, 17). "버리셨"다는 말씀은 피동적으로 부득이한 고난을 받는 것뿐 아니라, 적극적으로 희생제물이 되어 자신의 생명을 버리신 것을 가리킨다. 우리는 이것을 보고 우리도 믿는 형제를 그와 같이 사랑해야 될 것을 깨닫는다. 그러나 이 말의 뜻은 우리의 형제애가 그리스도의 사랑처럼 완전할 수 있다는 것이 아니며, 속죄의 효과를 가져온다는 것도 아니다. 여기서 "마땅하니라"고 한 말씀(ὀφείλομεν)은 빚지고 있음을 가리킨다. 신자는 이같이 다른 신자들을 위해서 목숨을 버릴 만큼의 빚을 지고 있다. 어떤 면에서 이것은 작은 일을 위해 너무 큰 희생을 명령한 것처럼 보인다. 그러나 참된 신자라면, ① 한 영혼이 천하보다 귀한 줄 알기 때문에(마 6:26) 그 한 영혼을 위하여 자기를 희생해야 될 것이다. 그뿐 아니라 ② 그는 그렇게 희생하는 것이 하나님의 뜻에 합당하다고 생각하기 때문에 그렇게 함으로써 만족해야 될 것이다.

이러한 사고방식이 분명한 진리이기는 하지만 실제로 우리가 그렇게 행하지는 못한다. 그것은 많은 사람을 위한 희생만을 가치 있게 여기는 우리의 공명심 때문이다. 그것은 암암리에 이기주의가 될 수 있다. 이같이 우리가 알면서도 진리대로 행하지 않기 때문에, 결국 영적으로 손해를 당한다.

17 누가 이 세상의 재물을 가지고 형제의 궁핍함을 보고도 도와 줄 마음을 닫으면 하나님의 사랑이 어찌 그 속에 거하겠느냐. 재물을 소유한 신자로서 구제하지 않는다면 그것은 하나님의 뜻을 거역하는 것이다. "하나님의 사랑이 어찌 그 속에 거하겠느냐." 이것은 하나님께서 그를 사랑하시지 않는다는 의미이다. 우리가

하나님을 볼 수 없으나 우리가 서로 사랑하면 우리의 심령에 하나님이 계셔서 사랑하여 주신다(4:12).

잠언 14:31에 말하기를, "가난한 사람을 학대하는 자는 그를 지으신 이를 멸시하는 자요 궁핍한 사람을 불쌍히 여기는 자는 주를 공경하는 자니라"고 하였고, 잠언 19:17에는, "가난한 자를 불쌍히 여기는 것은 여호와께 꾸어 드리는 것이니 그의 선행을 그에게 갚아 주시리라"고 하였다(참조. 시 41:1; 잠 14:21; 17:5; 21:13; 22:9; 28:27).

18 자녀들아 우리가 말과 혀로만 사랑하지 말고 행함과 진실함으로 하자. "자녀"란 말은 '영적 자녀'란 뜻으로, 하나님의 말을 듣고 거듭난 자들을 가리킨다(딤전 1:2 참조). "말과 혀로만 사랑"하는 것은 공허한 사랑이고 거짓 사랑이다. 그러므로 그것은 사랑이 없는 악한 생활에 한 가지 죄(거짓말하는 죄)를 더하는 가증스러운 행위이다(참조. 고전 4:20; 약 1:22; 2:15-16; 3:2).

19-24절. 자기가 진리에 속한 줄 아는 자의 행복.

19 이로써 우리가 진리에 속한 줄을 알고 또 우리 마음을 주 앞에서 굳세게 하리니. 곧 누구든지 자기와 같이 예수 그리스도를 믿는 형제를 사랑하면, 그것으로 자신도 구원받을 참성도임을 알 수 있다는 것이다. 이것은 신자가 일반인에게 사랑을 행하는 것이 그의 성도 된 증거라는 의미가 아니라, 믿는 형제를 사랑하는 것이 그러하다는 뜻이다. 어떤 사람이 믿는 형제를 진정으로 사랑한다면, 그것은 그 형제를 하나님의 자녀라는 의미에서 사랑한 것이니, 그것은 하나님 중심의 사랑이요, 성령으로 말미암은 사랑이다(24절). 그러므로 이런 사랑을 소유한 자는 그 자신이 하나님의 자녀인 것을 분명히 알게 된다.

"진리에 속한 줄을 알고." 여기서 "진리"란 말은 그리스도로 말미암아 계시된 구원의 진리를 가리킨다(1:6, 8; 2:4, 21). "진리에 속함"은 구원에 참여한 하나님의 자녀임을 말한다.

"또 우리 마음을 주 앞에서 굳세게 하리니." 우리가 이 세상에서 영적인 형제애를 가지는 것은 우리 자신이 영적 권속임을 확실하게 증명한다. 따라서 우리는 내세의 심판대 앞에서 두려울 것 없이 평안할 것을 기대할 수 있다. 현세에서 신앙 양심에 평안을 소유한 자는 내세의 평안을 예감한다.

20-21 이는 우리 마음이 혹 우리를 책망할 일이 있어도 하나님은 우리 마음보다 크시고 모든 것을 아시기 때문이라 사랑하는 자들아 만일 우리 마음이 우리를 책망할 것이 없으면 하나님 앞에서 담대함을 얻고. 이 두 구절은 앞 절에 있는 말씀 "마음을 주 앞에서 굳세게" 한다는 것이 무엇인지 설명한다. 곧 하나님 앞에서 담대해지려면 우리 마음에 우리를 책망할 일이 없어야 된다는 것이다. 여기서 "마음"(ἡ καρδία)이란 것은 일반적인 인류의 마음을 가리키지 않고 진실한 신자들의 양심(책망하는 심리)을 가리킨다. 그러므로 이것은 거듭난 자의 양심, 곧 "착한 양심"이다(딤전 1:19; 3:9). 착한 양심은 하나님을 찾아간다(벧전 3:21).

신자가 양심에 거리끼는 것이 있으면 그것이 하나님 앞에서도 거리끼는 것이 된다. 그러나 그가 자기 양심 앞에서 담대하면 하나님 앞에서도 그러하다. 신자가 진실하게 형제를 사랑하면, 그는 자기가 하나님의 자녀인 것을 확신하고 담대해진다. 이것이 영적 형제애를 실행하는 신자가 받는 첫째 복이다.

22 무엇이든지 구하는 바를 그에게서 받나니 이는 우리가 그의 계명을 지키고 그 앞에서 기뻐하시는 것을 행함이라. 이것은 형제애를 실행하는 자의 둘째 복이니, 곧 기도 응답을 받는 것이다. 하나님은 우리의 기도에 응답하신다. 그 응답은 살아 계신 하나님께서 하시는 것이므로, 그의 뜻(계명)에 순종하는 자에게만 이루어진다.

23 그의 계명은 이것이니 곧 그 아들 예수 그리스도의 이름을 믿고 그가 우리에게 주신 계명대로 서로 사랑할 것이니라. 하나님의 계명은 단순한 규율이나 율법 조문이 아니다. 이것은 ① 살아계신 예수님을 믿으라는 것과 ② 서로 사랑하라는 그

리스도의 명령이다. 그러므로 이 계명은 폭군의 명령과 같은 것이 아니다. 하나님의 계명은 신자들의 기쁜 신뢰와 기꺼이 감내하는 순종(사랑으로 행하는 순종)을 요구하는 구주 예수님의 계명이다.

믿음과 사랑은 서로 원인과 결과의 관계를 가진다. 그리스도 신앙이 없는 곳에는 진정한 영적 형제애가 없다. 그 이유는, 그리스도를 믿는 자만이 모든 믿는 자가 형제임을 깨닫게 되기 때문이다.

24 그의 계명을 지키는 자는 주 안에 거하고 주는 그의 안에 거하시나니 우리에게 주신 성령으로 말미암아 그가 우리 안에 거하시는 줄을 우리가 아느니라. 신자가 하나님의 계명을 지키면 두 가지 복된 사실을 체험한다. ① 그가 하나님과 더불어 연합하게 되고(요 14: 21), ② 성령께서 그로 하여금 그의 안에 그리스도께서 함께 계심을 알게 하신다. 이 지식은 외형적인 이적으로 말미암는 것이 아니라, 하나님의 계명을 기꺼이 감내하며 순종할 때에 얻어지는 것이다. 순종은 이적보다 낫다(Luther).

제 4 장

⚜ 내용분해

1. 영들의 대조적 구분(1-6절)
    1) 그리스도의 성육신 문제에서 구분됨(1-3절)
    2) 교훈에 대한 사람들의 반응으로 구분됨(4-6절)

2. 영적 형제애에 대한 논리(7-21절)
    1) 하나님의 사랑을 반영하는 사랑(7-11절)
    2) 신자의 형제애로 인한 하나님의 내재와 사랑의 완성(12-18절)
    3) 결론(19-21절)

⚜ 해석

1-6절. 이 구절들은 영들을 시험하여 적그리스도의 영을 분별하라고 말씀한다.

1 사랑하는 자들아 영을 다 믿지 말고 오직 영들이 하나님께 속하였나 분별하라 많은 거짓 선지자가 세상에 나왔음이라. "사랑하는 자들아." 이 말씀의 헬라어('Αγαπητοί)는 '사랑을 입은 자들아'라는 뜻을 가진다. 그러므로 이 말씀은 하나님의 구원의 사랑을 입은 신자들을 가리킨다.

"영"(πνεύματα=영들)이란 말은 사람의 영혼을 의미하지 않고, 대언자들을 통하여 말하는 영들을 총칭한다. 참된 선지자들은 성령님의 감화를 받아서 말하고, 거짓 선지자들은 악령의 충동을 받아서 말한다. 세상에는 악령들로 말미암은 거짓 교훈과 악한 사상이 많이 유행하므로, 신자들은 그러한 것들을 항상 시험(δοκιμάζω=test)하여 모든 것을 분별해야 한다. 비판 없이 믿어버리는 것은 우리에게 해로우니, ① 그렇게 하다가 비진리를 믿게 되고, ② 비판을 거치지 않은 신념은 명확하지 못하고 또한 견실하지 못할 수 있다. 그렇다면 사도 요한이 요한1서를 집필할 당시에는 무엇이 비판의 표준이었는가? 그것은 본문이 밝혀 준다. 곧 "예수 그리스도께서 육체로 오신 것을 시인하는 영마다 하나님께 속하였다"는 말씀이다(2절). 이것은 신자의 주관적 판단이나 심리적 느낌을 기준으로 한 것이 아니고 객관적인 사실(그리스도 사건)을 기준으로 한 것이다. 캔들리시(Robert Candlish)는 다음과 같이 말한다. "성령은 그리스도를 영화롭게 하신다. 우리의 심령 속에서 일어난 그 어떠한 귀한 영적 체험도 그것이 우리 밖에 있는 그리스도와 그의 속죄사역을 대신하지 못한다. 신자로 하여금 평안과 성결을 위하여 그리스도를 바라보게 하지 않고 자기(신자) 자신을 들여다보게 하는 이는 하나님의 성령이 아니다."

2 이로써 너희가 하나님의 영을 알지니 곧 예수 그리스도께서 육체로 오신 것을 시인하는 영마다 하나님께 속한 것이요. "예수 그리스도."이것은 나사렛 사람 예수님께서 바로 그리스도 자신(하늘에서 오신 하나님의 아들)이라는 의미이다. "육체로 오신." 여기서 "육체"란 말(σαρκί)은 몸(σώματι)만을 가리키지 않고 인간성(몸과 영혼)을 의미한다. 그리고 그것(육체란 말)이 관사를 취하지 않았으므

로, 성육신에서 인간성은 부수적이고 그리스도(하늘에서 오신 초자연적인 그리스도)가 주체이심을 알려 준다(Greijdanus).

"시인한다"(ὁμολογεῖ) 함은 '공적으로 고백한다'는 의미를 가진다. 예수님께서 인성을 입으신 것은 인류를 구원하시기 위한 하나님의 영원한 계획에 따른 것이다. 그러한 사실을 믿고 공적으로 고백하는 자는 하나님의 영에 속하고, 그것을 믿지 않고 반대하는 자는 적그리스도요 악령의 교훈을 따르는 자이다.

3 예수를 시인하지 아니하는 영마다 하나님께 속한 것이 아니니 이것이 곧 적그리스도의 영이니라 오리라 한 말을 너희가 들었거니와 지금 벌써 세상에 있느니라. 크레다너스가 인용한 대로[138] 2세기의 교부 이레나이우스(Irenaeus)는 케린투스(Cerinthus) 이단을 반박하였다. 그 이단 교리는 다음과 같다. 예수께서 "세례를 받으신 직후에 그의 위에 그리스도께서 비둘기 형상으로 임하였다. 그 후에 그는 알려지지 않았던 '아버지'를 전파하였고 또 능력을 행하였다. 그리고 그가 십자가에 못 박히기 전에 그리스도는 예수에게서 떠나갔다. 예수는 십자가에서 고난을 당하여 죽었다가 다시 살아났다. 그러나 그리스도 자신은 고난을 받지 않았다. 그 이유는 그가 영이기 때문이다."[139]

본문 3절의 말씀은 케린투스의 그릇된 교훈, 즉 예수님 자신이 그리스도가 아니라는 주장을 염두에 두었다고 할 수 있다. 4세기의 에우세비오스에 의하면, 케린투스는 사도 요한과 같은 시대 사람으로 소아시아에 있었다고 한다(Eusebius, H. E., Ⅳ, p. 146). 도널드 거스리(Donald Guthrie)는 케린투스 이단이 요한1서의 공격 대상이었을 것이라고 말하면서 폴리카르포스(Polycarp)의 이야기를 소개한다. 즉 사도 요한이 에베소에 있을 때, 그가 목

138) Ibid., 364.

139) Irenaeus, adv. Haer, III, 11, 1; Hippolytus, Refutatio omnium Haeresium, VII, 33:2; Epiphanius, Pana rion cata haeresioon, XXVIII, 1.

욕탕에서 케린투스를 만나게 되자 하나님의 심판이 임할까 두려워서 즉시 그곳을 피했다는 것이다.[140] 이런 거짓 스승들이 "오리라 한 말"은 예수님께서 이미 말씀해 두신 것이다(마 7:15; 24:5, 24).

4 자녀들아 너희는 하나님께 속하였고 또 그들을 이기었나니 이는 너희 안에 계신 이가 세상에 있는 자보다 크심이라. "너희는 하나님께 속하였고 또 그들을 이기었나니." 사도 요한은 독자들의 신앙 수준을 성숙한 것으로 인정하였다. 2:12-14 말씀을 보면, 그는 각계각층 신자들의 신앙에 대하여 안심한다. 이 구절에서 그는 그들을 격려하는 의미로 그들 배후에 능력의 원천이 있음을 상기시킨다. 그들이 눈에 보이는 승리보다 그 배후의 영적 권세를 기억할 때에 용기와 기쁨과 인내의 힘을 얻을 것이다. 그러므로 요한은 여기서 "너희는 하나님께 속하였고"란 말로 시작하였다. 신자가 하나님께 속한 것이 얼마나 큰 힘인가! 그뿐 아니라 요한은 그들의 승리가 성령님으로 말미암았음을 재확인시킨다.

"너희 안에 계신 이가 세상에 있는 자보다 크심이라." 신자들이 적그리스도의 유혹을 이기게 되는 것은 그들 스스로의 힘 때문이 아니다. 그것은 "세상에 있는 자"(마귀)보다 강하신 성령님의 힘에 의한 것이다. 여기서 "너희 안에 계신 이"(ὁ ἐν ὑμῖν)란 말과 "세상에 있는 자"(ὁ ἐν τῷ κόσμῳ)란 말이 대조적으로 표현되어 있다. 성령님은 한 개인의 심령 속에 계시기 때문에 은근하고 매우 연약해 보이는 반면, 마귀는 이 세상의 모든 권력으로 나타나 맹렬히 활동하기 때문에 강해 보인다. 그러나 실제로는 약해 보이는 성령님이 강해 보이는 마귀보다 무한히 강하시다.

5-6절. 여기서는 적그리스도의 영들의 또 한 가지 성격을 진술한다. 그것

---

140) New Testament Introduction, 1970, 871.

은 그들의 말에 대한 이 세상의 반응이다. 그들의 말은 이 세상에 속한 자들이 듣기 좋아한다. 반면에 진리에 속한 자들의 말은 하나님을 아는 자들이 듣기 좋아한다.

5 그들은 세상에 속한 고로 세상에 속한 말을 하매 세상이 그들의 말을 듣느니라. 그들이 "세상에 속"하였다 함은, 그들이 이 세상 임금(마귀, 요 12:31; 엡 2:2)의 지배를 받고 있음을 가리킨다. 그들은 택함을 받지 못한 자들이고 하나님의 진노 아래 있다. 그들이 하는 말은 그들처럼 이 세상에 속한 자들만 따라간다.

6 우리는 하나님께 속하였으니 하나님을 아는 자는 우리의 말을 듣고 하나님께 속하지 아니한 자는 우리의 말을 듣지 아니하나니 진리의 영과 미혹의 영을 이로써 아느니라. 이 구절은 앞 절 말씀에 이어서 대조적인 사실을 들어 말씀한다. 고린도전서 2:12 말씀이 사도 요한의 말씀과 같은 맥락으로 표현되어 있다. 거기서 말하기를, "우리가 세상의 영을 받지 아니하고 오직 하나님으로부터 온 영을 받았으니 이는 우리로 하여금 하나님께서 우리에게 은혜로 주신 것들을 알게 하려 하심이라"고 한다(고전 2:12-14 참조).

7-21절. 이 부분에서는 "서로 사랑하라"는 예수님의 계명을 다시 설명한다.

7 사랑하는 자들아 우리가 서로 사랑하자 사랑은 하나님께 속한 것이니 사랑하는 자마다 하나님으로부터 나서 하나님을 알고. 이 구절은 하나님께 속한 자, 곧 하나님의 자녀 된 자의 특징이 "사랑"을 소유하는 것이라고 지적한다. 즉 그가 사랑을 소유한 것은 그가 하나님의 자녀 된 증표일 뿐, 그로 하여금 하나님의 자녀가 되게 하는 근거가 되지는 않는다.

"사랑하는 자들."(참조. 2:7; 3:2, 21; 4:1). 이 말의 뜻은 '하나님의 사랑을 받은 자들', 곧 하나님의 구원의 사랑을 받은 자들이라는 것이다. "서로 사랑하자"란 말씀은 사랑을 불 일 듯 일게 하는 하나님의 방법이다. 한쪽에서만 실행하는 사랑은 머지않아 쇠퇴한다. 그러나 서로 경쟁하듯이 일어나는 사랑은 오래 계속되고 커진다.

"사랑은 하나님께 속한 것이니." 곧 사랑은 하나님의 성품이고 또한 그가 참사랑을 보여 주셨다는 의미이기도 하다(9절 참조). 여기서 말한 "사랑"은 신자가 행해야 할 사랑이며, 그 사랑의 대상은 하나님과 하나님의 것(하나님의 백성)이다. 이것이 진정한 사랑이다. 그런 의미에서 "사랑"이란 말이 헬라어에서 관사(ἡ)를 가진다. 그러므로 "그 사랑", 곧 유일한 참사랑은 오직 하나님께로부터 나온다. 다시 말하면, 그것은 하나님께서 사람들에게 보여 주시고 행하게 해 주시는 사랑이다.

그러므로 이런 참사랑을 행하는 자가 있다면 그가 하나님의 자녀 된 증거를 보여 준다고 할 수 있다. 이 참사랑을 소유한 자는 하나님의 계시적 사랑(독생자를 주시는 사랑)을 성령으로 말미암아 깊이 받고 변하여 새사람이 된 것이 분명하다. 다시 말하면, 이 사랑을 행하는 자마다 하나님에게서 난 자녀이다. 그는 이같이 영적으로 하나님과 밀접한 관계를 가졌으므로 하나님을 안다.

8 사랑하지 아니하는 자는 하나님을 알지 못하나니. 사람이 하나님을 알게 되는 것은 합리적 사색에 의한 것이 아니고 먼저 그리스도를 믿고 그를 사랑하는 종교적, 윤리적 순종에 의한 것이다(요 7:17. 앞 절 해석 참조).

이는 하나님은 사랑이심이라. 이 말씀은 하나님의 주요한 성품이 사랑이라는 뜻이고, 하나님과 사랑이 같다는 의미는 아니다. 하나님은 사랑 이외에 다른 속성(성품)도 가지고 계시다. 그러나 사람과 관계된 그의 속성들 중에서 "사랑"은 그의 강령이고, 근본이다.

9 하나님의 사랑이 우리에게 이렇게 나타난 바 되었으니 하나님이 자기의 독생자를 세상에 보내심은 그로 말미암아 우리를 살리려 하심이라. 이 구절은 앞 절에 이어 하나님의 사랑이 어떠한지를 말씀해 준다.

"하나님의 사랑이 우리에게 이렇게 나타난 바 되었으니." 하나님이 우리를 사랑하시는 증거는 자연계에도 많이 있다. 그가 이 세상을 창조하신 것, 그가 사람으로 하여금 땅의 만물을 다스리게 하신 것, 그가 사람으로 하여금 살아서 모든 필요한 것을 받게 하신 것, 그가 우리에게 이성을 주셔서 모든 것을 깨닫게 하시는 것 등이 모두 다 그의 사랑이다(Calvin). 그러나 사도 요한은 이때에 그런 것들을 생각하지 않고 하나님께서 모든 복의 근원이 되시는 독생자를 주신 사실에 대하여 말한다.

"독생자"(τὸν μονογενῆ)는 오직 하나밖에 없는 아들이며, 하나님에게서 출생하여 하나님의 성품을 가지신 이로서, 하나님께서 가장 사랑하시는 대상이다(Greijdanus). 하나님께서 그 지극히 사랑하시는 독생자를 죄 많고 가증스러운 세상에 보내신 것은 말로 다 할 수 없는 희생이다. 따라서 이런 큰 희생의 효과도 말할 수 없이 클 것이라고 생각된다. 참으로 이 희생의 효과가 무한히 크기 때문에, 누구든지 믿는 자마다 그로 말미암아 영생을 얻는다.

10 사랑은 여기 있으니 우리가 하나님을 사랑한 것이 아니요 하나님이 우리를 사랑하사 우리 죄를 속하기 위하여 화목제물로 그 아들을 보내셨음이라. 이 구절도 앞 절에 이어서 하나님이 나타내신 사랑이 어떠한 것인지 밝힌다. 이 구절 말씀은 하나님의 사랑에 대하여 두 가지 성격을 지적한다. 곧 ① 솔선적 사랑이다(상반절). 우리가 하나님을 사랑한 것이 아니고 그가 우리를 사랑하셨다. ② 희생적 사랑이다(하반절). 그는 그의 아들로 화목제물을 삼아 인간과 화목해지는 길을 여셨다.

"하나님이 우리를 사랑하사." 여기서 "하나님이"라고 번역된 헬라어(αὐτός)는 문자적으로 "그 자신이"라고 개역되어야 한다. 그런데 이 대명사가 없어도 문법적으로 지장은 없다. 그럼에도 불구하고 이 말이 여기에 사용된 목적은, 독자들의 주의를 하나님께로 집중시키려는 것이다. 이런 것은 문법상 강조체이다.

여기 나오는 "사랑하사"란 말(ἠγάπησεν)도 과거사이고, "보내셨다"는 말(ἀπέστειλεν)도 그렇다. 이런 과거사들은 하나님의 일정하고 확실한 역사적 행위를 보여 준다. 하나님의 구원사역은 막연한 이념이나 상상이 아니고 역사적 사실이다.

11 사랑하는 자들아 하나님이 이같이 우리를 사랑하셨은즉 우리도 서로 사랑하는 것이 마땅하도다. 사도 요한은 앞에 있는 구절(9-10절)에서 하나님의 사랑이 어떠한 것인지 밝히고, 여기서는 신자들도 그 사랑을 본받으라고 하면서 앞의 7절 말씀에 이어서 말한다. 신자는 하나님의 사랑에서 진정한 사랑을 배우며, 또한 그것을 행할 힘도 받는다.

이 세상 사람들의 사랑은 모두 다 조건적이고, 일종의 상술에 불과하다. 그러나 하나님의 사랑은 무조건적으로 인간에게 속죄의 은혜를 베푸신다. 이런 무조건적 사랑은 오직 하나님께만 있는 것이다. 성령으로 거듭난 신자들은 하늘의 하나님에 비하여 땅과 같이 낮은 피조물이지만 그와 같은 종류의 사랑을 행할 수도 있다.

"우리도 서로 사랑하는 것이 마땅하도다." 여기서 "마땅하다"는 말(ovfei,lomen)은 책임지는 것을 의미한다. 신자는 하나님께 그와 같이 큰 사랑을 받았으므로, 다른 사람들(특히 신자들)을 무조건적으로 사랑할 빚을 지고 있다(롬 13:8 참조). 그는 사람들에게 보수를 기대할 필요도 없이, 그저 진정한 사랑만을 행해야 한다.

12 어느 때나 하나님을 본 사람이 없으되 만일 우리가 서로 사랑하면 하나님이 우리 안에 거하시고 그의 사랑이 우리 안에 온전히 이루어지느니라. 우리가 눈으로는 하나님을 볼 수 없으나, 영적으로는 그와 더불어 교제할 수 있다(13절). 영적 교제는 육안으로 보는 것보다 더욱 귀하다. 그 이유는, 영적 교제는 내면적이어서 우리에게 더욱 친근하고 또 관계 깊은 것이기 때문이다.

"하나님이 우리 안에 거하시고." 이것은 그의 내재적인 영적 교제를 가리킨다.

"그의 사랑이 우리 안에 온전히 이루어지느니라." 여기서 "그의 사랑"이란 말(ἡ ἀγάπη αὐτοῦ)은 ① 신자의 사랑(사람을 사랑하는 신자의 사랑)을 의미한다는 해석이 있고(Albert Barnes, Robert S. Candlish), ② 하나님께서 "우리", 곧 신자를 사랑하시는 그 사랑을 의미한다는 해석이 있다(A. E. Brooke, Greijdanus). 이 두 번째 해석이 정당하므로 첫 번째 해석은 성립될 수 없다.

"우리 안에 온전히 이루어지느니라." 이것은 그의 구원사역이 목적을 달성한다는 뜻이다. "온전히 이룬다"는 말의 헬라어(τετελειωμένη)는 '목적이 성취된다'는 뜻이다. 그것(하나님의 사랑이 온전히 이룬 것)은 17절에서 구체적으로 밝혀졌는데, 곧 우리가 "심판 날에 담대함(구원의 확신)을 가지게" 된다는 말씀이다.

13 그의 성령을 우리에게 주시므로 우리가 그 안에 거하고 그가 우리 안에 거하시는 줄을 아느니라. 이 말씀은 형제애를 가진 신자의 내면에 하나님이 함께 계신 사실(12절)이 성령으로 말미암아 확실히 그 자신에게 알려진다는 것이다. 그것이 알려지지 않는다면, 그런 행복을 소유한 자가 즐거움을 모를 것이다. 행복을 소유하고, 또 그 행복을 인식하는 자는 행복한 자이다.

14-16 아버지가 아들을 세상의 구주로 보내신 것을 우리가 보았고 또 증언하노니 누구든지 예수를 하나님의 아들이라 시인하면 하나님이 그의 안에 거하시고 그도 하나님 안에 거하느니라 하나님이 우리를 사랑하시는 사랑을 우리가 알고 믿었노니 하나님은 사랑이시라 사랑 안에 거하는 자는 하나님 안에 거하고 하나님도 그의 안에 거하시느니라. 이 부분은 앞 절로 가서 하나님의 사랑이 "우리 안에 온전히 이루는"(12하) 데까지 이르는 과정을 회고한다. ① 사도들의 복음전도(14절), ② 그 전도를 받아서 예수님을 하나님의 아들로 고백함(15상), ③ 하나님과 신자의 연합(15하), ④ 하나님의 사랑을 믿고 그 사랑 안에 거하는 실생활(16절)이다.

16절의 "사랑 안에 거하는 자"란 말은 '형제애를 실행하는 자'란 말과 같다. 이런 자를 통해 하나님의 사랑이 온전히 이루어진다(17상).

17-18절. 이 두 구절은 신자의 형제애가 가져올 하나님의 사랑의 완성(12하)이 무엇인지 말해 준다. 곧 신자가 형제애를 가지면 심판날에 담대해진다는 것이다.

17 이로써 사랑이 우리에게 온전히 이루어진 것은 우리로 심판 날에 담대함을 가지게 하려 함이니 주께서 그러하심과 같이 우리도 이 세상에서 그러하니라. 여기서 "이로써"란 말은 하반절의 "우리로 심판날에 담대함을 가지게 하려 함"이란 말씀을 가리킨다. 형제애를 가진 신자는 장차 있을 심판날에 대하여 담대한 마음을 가지게 된다. 그것이 그의 형제애가 가져오는 최종적인 성숙한("온전히 이룬") 열매이다. 노아 홍수 때에 방주(하나님의 사랑의 표현) 안에 들어간 자들이 홍수 심판의 깊은 물을 두려워하지 않은 것과 같다.

여기 나오는 "사랑"이란 말은 헬라어에서 관사(ἡ)를 가지므로 "그 사랑"이라고 번역되어야 한다. "그 사랑"은 진정한 사랑, 곧 하나님의 속죄하시는 사랑(그가 신자를 사랑하시는 사랑)이다. 앞에 있는 12절 하반절의 같은 말 해석을 참조하라.

"주께서 그러하심과 같이 우리도 이 세상에서 그러하니라." 헬라어 원문에는 이 말씀 앞부분에 "왜냐하면"(ὅτι)이란 이유 접속사가 있다. 그러므로 이 문구는 앞 절의 이유를 보여 주는 것이다. 신자의 사랑이 성숙하면 심판날에 대하여 담대한 마음을 가지게 된다. 그 이유는, 그가 원칙적으로 그리스도와 같은 사랑을 가졌기 때문이다. 삶의 원칙이 그리스도와 같은 자가 심판주로 오시는 그분 앞에서 소망 없는 공포심을 가질 이유가 없을 것이다. 구체적으로 말하면, 예수님께서 이 세상에 계실 때에 하나님 아버지의 사랑과 함께하셔서 두려움이 없으셨던 것처럼(요 8:29; 16:32), 우리 신자들도 부족하기는 하지만 그러하다는 뜻이다. 마지막 날의 심판주이신(요 5:27; 행 10:42;

17:31) 예수님을 닮은 신자들은 그날에 두려움을 갖지 않을 것이다.

18 사랑 안에 두려움이 없고 온전한 사랑이 두려움을 내쫓나니 두려움에는 형벌이 있음이라 두려워하는 자는 사랑 안에서 온전히 이루지 못하였느니라. 이 구절은 앞 절 말씀을 해설한 것뿐이다. 여기서 사도 요한은 사랑과 두려움을 대조하여, 사랑이 있는 곳에 두려움이 없고, 두려움이 있는 곳에 사랑이 없다고 말한다. 여기서 말한 "사랑"은 하나님과 동거하는 생활을 의미한다(16절). 하나님과 동거하는 사람은 하나님 앞에서 형벌을 받을 것에 대한 공포를 느끼지 않는다.

19-21절. 이 구절들은 사랑의 동기를 보여 주면서 결론을 짓는다.

19 우리가 사랑함은 그가 먼저 우리를 사랑하셨음이라. 우리가 하나님과 그의 자녀를 사랑하게 되는 이유는, 하나님께서 무조건적으로 솔선하시어 우리를 사랑하셨기 때문이다. 그가 사랑으로 독생자를 희생시켜 우리를 구원하셨고, 성령으로 말미암아 우리가 그 사랑을 행하게 해 주신다.

20 누구든지 하나님을 사랑하노라 하고 그 형제를 미워하면 이는 거짓말하는 자니 보는 바 그 형제를 사랑하지 아니하는 자는 보지 못하는 바 하나님을 사랑할 수 없느니라. 이 구절은 인간이 하나님을 사랑하는 구체적 증거를 보여 준다. 하나님을 진정으로 사랑하는지 여부는 신자가 그 형제(그리스도 신자들)를 사랑하는 것으로 나타난다. 하나님께서는 우리의 형제애를 자기(하나님)에 대한 사랑의 증거로 간주하신다(마 25:40 참조).

21 우리가 이 계명을 주께 받았나니 하나님을 사랑하는 자는 또한 그 형제를 사랑할지니라. "이 계명을 주께 받았나니."(참조. 마 22:37-40; 요 13:34-35; 15:12). "그 형제를 사랑할지니라." 형제애는 하나님을 사랑하는 사랑에서 자라나는 열매이다. 곧 형제(하나님의 자녀들)를 사랑하는 자는 그들을 사랑하라는 하나님의 말씀 때문에 사랑하고, 성령님께서 힘을 주셔서 그들을 사랑하게 하시기 때문에 사랑한다.

제 5 장

⚜ 내용분해

1. 신앙의 승리(1-5절)
   1) 하나님께로부터 난 자는 필연적으로 형제를 사랑함(1절)
   2) 그 사랑은 계명을 지키는 것으로 표현됨(2-3절)
   3) 그에게 계명을 지킬 힘이 있음(4-5절)

2. 복음에 대한 하나님의 증거(6-12절)
   1) 삼중 증거의 위대성(6-9절)
   2) 그 증거에 대한 사람들의 태도 문제(10절)
   3) 그 증거의 내용(11-12절)

3. 우리가 확신할 만한 사항들(13-21절)
   1) 그리스도를 믿는 자에게 영생이 있는 사실(13절)
   2) 하나님의 뜻대로 한 기도는 반드시 응답되는 사실(14-17절)
   3) 거듭난 자가 상습적으로는 범죄하지 않는 사실(18절)

4) 참된 신자는 하나님의 것이라는 사실(19절)

5) 그리스도께서 성육신하여 참하나님을 알려 주신 사실(20-21절)

⚜ 해석

1-5절. 신앙의 승리.

1 예수께서 그리스도이심을 믿는 자마다 하나님께로부터 난 자니 또한 낳으신 이를 사랑하는 자마다 그에게서 난 자를 사랑하느니라. 여기서는 거듭난 자들이 어떤 사람들인지 말해 준다.

1) 그들은 예수님(나사렛 사람)을 그리스도(하나님이 약속하셨던 메시아)라고 믿는다. 이것은 일찍이 예수님이 말씀하신 대로이다(요 6:45. 참조, 롬 8:9; 고전 12:3). 넓은 바다를 항해하는 배가 작은 지남침을 따라서 목적지로 간다. 그와 같이 우리는 영생의 씨앗이라고 할 수 있는 중생에 의하여 예수님을 그리스도로 믿게 되었다. 거듭나게 하시는 성령의 역사가 "씨"처럼 작아 보이지만(요일 3:9), 그 거듭난 자가 우주보다 크신 하나님의 아들을 알게 해 준다.

2) 그들은 하나님("낳으신 이"=거듭나게 하신 이)을 사랑하고 또한 다른 신자들(거듭난 자들)을 사랑한다. 하나님을 사랑하는 사랑과 형제를 사랑하는 사랑은 하나이다(참조. 약 2:15-26; 요일 4:20).

2 우리가 하나님을 사랑하고 그의 계명들을 지킬 때에 이로써 우리가 하나님의 자녀를 사랑하는 줄을 아느니라. 하나님을 사랑한다는 말과 그의 계명을 지킨다는 말씀은 서로 같은 것이다(요 14:21). 그리고 이 계명들을 지키는 데서 영적 형제애가 생겨난다(요 13:34; 15:12). 그러므로 이 세 가지(하나님을 사랑함, 계명을 지킴, 하나님의 자녀를 사랑함)는 하나이다. 이 점에 있어서 우리가 주목하는 것은, 신자가 하나님을 사랑한다는 것은 신비로운 영적 교제만이 아니라, 사랑

으로 계명들(문자로 기록된 것들)을 지키는 구체적 생활이라는 것이다. 불건전한 신비주의자들은 하나님과의 영적 교제에만 주력하고 율법을 지키는 것은 중요하게 여기지 않는 경향이 있다. 우리는 여기서 "계명들"이란 말(τὰς ἐντολάς)이 복수로 되어 있는 것에 주목해야 한다. 그것은 계명의 조문들을 생각하게 한다(롬 13:8-10 참조).

3 **하나님을 사랑하는 것은 이것이니 우리가 그의 계명들을 지키는 것이라 그의 계명들은 무거운 것이 아니로다.** "하나님을 사랑하는 것"은 우리의 삶에서 구체적으로 이루어져야 한다. 그것은 그의 계명들을 지킴으로써 실현된다. 그 이유는, 보이지 않는 하나님과 우리의 관계가 그 밖의 다른 것으로는 성립될 수 없기 때문이다. 따라서 신자가 하나님의 계명들을 지킬 때 명심할 것은, ① 계명은 보이지 않는 하나님의 명령이므로 그를 믿고 순종하는 태도로 지킬 것이며, ② 계명 지키는 것을 사랑에 속한 일로 알고, 희생적으로 또한 기쁨으로 지켜야 할 것이다.

"그의 계명들은 무거운 것이 아니로다." 이 말씀에 대해서 마태복음 11:28-30을 참조하라. 하나님의 계명이 왜 하나님의 자녀에게 무겁지 않은가? 그 이유는 다음 구절이 밝힌다. 곧 하나님의 자녀에게는 세상을 이기는 신앙이 있기 때문이다.

4 **무릇 하나님께로부터 난 자마다 세상을 이기느니라 세상을 이기는 승리는 이것이니 우리의 믿음이니라.** 여기서 "무릇"으로 번역된 헬라어(ὅτι)는 "그 이유는"이라고 개역되어야 한다.

"우리의 믿음"은 세상을 이기신 예수 그리스도의 승리를 우리의 것으로 삼는 생활이다(요 16:33). 그것은 우리가 부전승으로 승리(계명 완수)한 것과 같다. 그뿐 아니라 그리스도의 승리를 진정으로 믿는 자는 자신도 그 믿음으로 말미암는 하나님의 능력으로 날마다 세상을 이기는 방향으로 장성한다. "세상"이란 것은 하나님을 배반하며 대적하는 죄와 세속주의를 의미한다.

5 예수께서 하나님의 아들이심을 믿는 자가 아니면 세상을 이기는 자가 누구냐. 여기서 "믿는 자"는 예수님이 하나님께서 보내신 구주이심을 믿는 사람을 말한다(앞 절 해석 참조).

6-12절. 그리스도에 대한 하나님의 증거.

6 이는 물과 피로 임하신 이시니 곧 예수 그리스도시라 물로만 아니요 물과 피로 임하셨고. "이는"이란 말은 앞 절에 나온 "하나님의 아들"을 가리킨다. 여기서 "물과 피"는 요한복음 19:34에 기록된 것인데, 주님의 옆구리를 창으로 찌른 자리에서 나온 "물"과 "피"이다. 예수님의 옆구리에서 나온 물과 피는 그가 확실하게 죽으셨음을 증거한다. 그의 죽음은 우리 신자들의 죗값을 담당한 것이므로 그것의 확실성은 매우 중요하다. 필자의 주석, 요한복음 19:34-35에 대한 해석을 참조하라. 어떤 학설에는, 여기 나오는 "물"이 예수님께서 받으신 세례이고, "피"는 그가 십자가에서 죽으신 것을 의미한다고 한다. 그렇다면 이 말씀은 케린투스 이단(Cerinthian Heresy)을 반대하는 것이다. 곧 케린투스는 예수님과 그리스도를 분리하여 말하기를, "그리스도께서는 예수님이 세례를 받으실 때 그에게 오셨다가 그가 십자가에 못 박히시기 직전에 떠났다."라고 하였다(4:3에 대한 해석 참조). 그러나 여기서 사도 요한은 말하기를, 그리스도(하나님의 아들)께서 예수님과 같은 분으로 오셔서 세례뿐 아니라 십자가의 고난도 받으셨다고 한다.

증언하는 이는 성령이시니. 성령께서는 우리로 하여금 물과 피로 임하신 그리스도의 속죄를 믿게 하시려고 오순절에 강림하신 때부터 그리스도를 증거하고 계신다(요 15:26 참조).

성령은 진리니라. 성령님의 증거는 예수 그리스도에 대한 하나님의 말씀을 계시하시고, 또한 우리가 그것을 깨닫게 해 주신다. 그러므로 성령님은 진리의 신이라고 불린다(요 16:13-14).

7-8 증언하는 이가 셋이니 성령과 물과 피라 또한 이 셋은 합하여 하나이니라. 이 구절은 사본에 따라 차이가 있으나 여기에 기록된 내용이 가장 신뢰받는 사본들의 것이다(ℵ. A. B. K. P). 여기서는 앞의 6절 말씀을 종합하여 말씀한다. 곧 인류를 속죄하여 주신 이를 우리의 구주라고 증거하는 것이 "셋"이고, 이 "셋"은 다 함께 예수 그리스도의 속죄자 자격을 증거한다는 의미에서 하나이다. 어떤 사본에는 이 구절의 내용이 다음과 같다. 곧 "하늘에 증거자 셋이 있으니 아버지와 말씀과 성령이신데 이들은 합하여 하나이고, 땅에도 증거자 셋이 있으니 성령과 물과 피인데 그 셋이 합하여 하나이니라"고 한다. 여기서 첫 문구(우리 본문에는 없는 것), 곧 "하늘의 증거자 셋"이란 부가 문구는 라틴 교회의 후대 삽입구로 간주되므로 학자들이 배척하는 것이다. 이 문구가 ① 헬라어 사본들 중에는 늦게 된 두 사본(162, 34)에 있을 뿐 다른 중요 사본들에는 없고, ② 헬라 교부 문헌에도 없고, ③ 고대 번역문에도 없다.

그러나 칼빈은 이 문구를 신임하였고, 바빙크는 확실한 판단을 내리지 못하였다.[141)]

우리가 앞에서 언급한 문구를 받아야 된다는 것은 아니지만 거기에 담겨 있는 내용은 다음과 같이 해석될 수 있다. "아버지와 말씀과 성령"의 증거는 어떤 것인가? "아버지"의 증거는 성경에 많이 있으니, 사 7:14; 9:6; 마 3:17; 17:5; 요 5:37, 39; 12:28을 참조하라. "말씀"의 증거는 성경 자체의 증거이고, "성령"의 증거는 그의 능력과 감화와 기타 모든 신령한 활동으로 나타난다(마 3:16; 12:28; 눅 1:35, 41; 2:27; 요 6:63; 행 2:1-4).

그러나 앞의 부가문구대로 가르치는 일은 삼가야 한다. 그 이유는, 이 문구가 사본상 매우 약하게 지지를 받고 있기 때문이다.

9 만일 우리가 사람들의 증언을 받을진대 하나님의 증거는 더욱 크도다 하나님의 증거

141) Bavinck, Gereformeerde Dogmatiek, III, 1968, 272.

는 이것이니 그의 아들에 대하여 증언하신 것이니라. 인간은 세상일에 대하여 인간들의 증거를 받아 판단을 내린다. 여기서 사도 요한은 강이유 논법(a fortiori)으로 우리의 그리스도 신앙이 당연하다고 결론짓는다. 그리스도에 대한 증거는 인간적인 것이 아니고 하나님의 것이다. 특히 대표적인 하나님의 증거로 마태복음 3:17, 17:5, 요한복음 8:18을 들 수 있다. 그렇지만 성경 말씀 전체가 그리스도에 대한 하나님의 증거라고 할 수 있다. 그 이유는, 성경 말씀은 모두 다 그리스도를 중심으로 하는 하나님의 말씀이기 때문이다. 그리스도에 대한 하나님의 증거는 예수님도 친히 말씀하신 바 있다(요 5:36-39). 여기서 사도 요한은 전에 예수님의 말씀을 들었던 대로 말씀하였을 것이다.

우리는 하나님의 증거를 절대적으로 믿는다. ① 하나님은 본질상 참되신 분이므로(롬 3:4) 그분에 대한 우리의 마음 자세는 언제나 신뢰와 신앙이어야 한다. ② 그의 진실성은 원천적이고 절대적이므로 인간들의 증거를 요구할 필요가 없다. 언제든지 그리스도(하나님의 아들, 즉 하나님)와 자기에 대하여 그가 친히 증거하신다. 이는 하나님이 하나님 자신을 증거하시는 것이며, 이런 증거를 그의 "자증"이라고 한다(요 8:13-18 참조). 태양 빛의 밝음은 그것의 자증으로 충분할 뿐, 촛불을 켜서 그것을 점검할 필요가 없다.

10 하나님의 아들을 믿는 자는 자기 안에 증거가 있고 하나님을 믿지 아니하는 자는 하나님을 거짓말하는 자로 만드나니 이는 하나님께서 그 아들에 대하여 증언하신 증거를 믿지 아니하였음이라. "하나님의 아들을 믿는 자는 자기 안에 증거가 있고." "믿는 자"는 그 속에 성령님이 내재하시므로 그리스도에 대하여 마음속 깊이 증거를 받는다.

"하나님을 믿지 아니하는 자는 하나님을 거짓말하는 자로 만드나니." 하나님은 예수님을 그리스도(구약에 약속된 메시아)라고 항상 증거하셨는데, 그 증거야말로 그가 범죄한 인간에게 주신 모든 말씀의 초점이다. 그럼에도 불구하고 그것을 믿지 않는 것은 모든 죄악 중 가장 큰 죄악이다(요 16:9). 그리스도에 대한 하나님의 증거는 성경 말씀이니, 요한복음 5:30-47을 참조하라.

11-12절. 예수님에 대한 하나님의 증거. 이 두 구절은 요한복음의 사상을 명료하게 나타낸다(요 3:16, 36; 5:26; 11:25; 14:6).

11 또 증거는 이것이니 하나님이 우리에게 영생을 주신 것과 이 생명이 그의 아들 안에 있는 그것이니라. "하나님이 우리에게 영생을 주신 것." "영생"은 하나님이 거저 주신 선물이다(참조. 요 3:36; 5:24). 그러므로 이같이 은혜로운 영생을 전하는 복음을 믿지 않는 것은 말로 다 할 수 없는 큰 은혜를 배신하는 행위이다(10절 참조).

"이 생명이 그의 아들 안에 있는 그것이니라."(참조. 요 5:26; 11:25; 14:6). 이 말씀에는 영생의 길이 하나님의 아들 예수 그리스도밖에 없다는 뜻도 포함되었다. 그 이유는, 다음 구절에 "하나님의 아들이 없는 자에게는 생명이 없느니라"란 말씀이 있기 때문이다.

12 아들이 있는 자에게는 생명이 있고 하나님의 아들이 없는 자에게는 생명이 없느니라. 여기서 "아들이 있는 자"란 말은 '하나님의 아들을 소유한 자'를 의미한다. "생명이 있고"로 번역된 헬라어(ἔχει τὴν ζωήν)는 현재사이므로, 현세에서부터 영생을 소유하는 것을 가리킨다. "아들이 없는 자에게는 생명이 없느니라." 곧 예수 그리스도밖에는 다른 구주가 없고(요 14:6; 행 4:12), 아무런 영생의 길도 없다는 뜻이다. 그러므로 우리는 그리스도를 믿는 일에 전심전력해야 한다. 오직 하나밖에 없는 이 영생 길을 놓치면 영원히 멸망할 수밖에 없다(요 3:18 참조).

13-21절. 우리가 확신할 만한 사항들.

13 내가 하나님의 아들의 이름을 믿는 너희에게 이것을 쓰는 것은 너희로 하여금 너희에게 영생이 있음을 알게 하려 함이라. "너희에게 영생이 있음을 알게 하려 함이라."

여기서 "영생이 있다"는 말(ζωὴν ἔχετε αἰώνιον)은 현재에 그들이 영생을 소유하고 있다는 의미이다. 믿는 자가 현세에 이미 영생을 소유하고 있다는 것은 요한 신학이 강조하는 것이다(참조. 요 3:36; 5:24). 사도 요한은 신자들이 이 사실을 알게 하려고 요한1서를 기록하였다. 신자에게는 현재에 이미 영생을 받았다는 확신이 중요하다. 그 확신이 있어야 ① 그가 이 세상을 사랑하지 않게 되고, ② 그가 그리스도를 위하여 희생하게 되고, ③ 그가 늘 기쁨을 소유하게 된다.

14-17절. 기도에 대한 교훈. ① 우리는 담대히 기도할 수 있다. 그 이유는 첫째, 하나님께서 그의 뜻에 합한 것은 무엇이나 구하는 대로 들어주시기 때문이며(14절), 둘째, 그런 간구는 우리가 이미 이루어진 줄로 알기 때문이다(15절). ② 사망에 이르는 죄를 위해 용서를 간구하지 말아야 한다(16-17절). 사망에 이르는 죄는 성령님을 훼방하는 죄, 혹은 배교죄를 의미한다.

14 그를 향하여 우리가 가진 바 담대함이 이것이니 그의 뜻대로 무엇을 구하면 들으심이라. "우리가 가진 바 담대한 것." 여기서 "담대한 것"이라고 번역된 헬라어(παρρησία)는 하나님 앞에서 ① 염려나 걱정과는 정반대로 신뢰와 평안이 있는 심리(빌 4:6)이고, ② 폐쇄와 어색과는 정반대로 개방과 자유를 가지는 것이다(참조. 엡 3:12; 히 4:16). 그러므로 이 말이 "담대함"이라고 번역될 수 있다. 이것은 기도의 결과로 얻어진 소위 "성공" 때문에 담대해진 것이 아니고, 신자가 하나님의 사랑을 느낀 담대함이며, 심판날에도 담대해질 담대함이다(2:28; 4:17).

"그의 뜻대로 무엇을 구하면 들으심이라." 하나님의 뜻대로 구한다는 것은 무엇인가? 그것은 다음과 같은 것이다. ① 그 구하는 것이 주님이 계시하신 말씀에 합당하며 의로운 것이어야 하는 동시에, ② 기도하는 자가 하나님의 계명을 지키는 삶을 살아야 할 것을 가리킨다(3:22). 하나님께서 우리의 불의한 기도를 이루어 주신다면, 이 세상은 우리의 불의한 성공 때문에 더욱 악하여지고 어지러워질 것이다. 하나님은 불의한 소원이 담긴 기도를 이루어 주시지 않는다. 기도의 용사 조지 뮬러(George Müller)는 기도를 시작하기 전에 먼저 성경을 오랫동안 묵상하여, 그 간구하는 내용에 대한 하나님의 뜻을 찾아보았다고 한다.

15 우리가 무엇이든지 구하는 바를 들으시는 줄을 안즉 우리가 그에게 구한 그것을 얻은 줄을 또한 아느니라. "무엇이든지 구하는 바를 들으시는 줄을 안즉." 이것은 하나님께서 우리가 구한 것이 옳든 그렇지 않든 이루어 주신다는 뜻이 아니다. 옳지 않은 기도가 성취되지 않는다는 것은 앞 절이 이미 말씀하였다. 그러므로 여기서 "무엇이든지"란 말은 옳은 기도는 모두 다 이루어진다는 사실을 역설하는 것뿐이다.

"그에게 구한 그것을 얻은 줄을 또한 아느니라." 그가 현재 드리는 옳은 기도가 이미 이루어진 것처럼 확신할 수 있다는 것이다.

16 누구든지 형제가 사망에 이르지 아니하는 죄 범하는 것을 보거든 구하라 그리하면 사망에 이르지 아니하는 범죄자들을 위하여 그에게 생명을 주시리라 사망에 이르는 죄가 있으니 이에 관하여 나는 구하라 하지 않노라. 이 구절은 우리가 범죄자를 위하여 기도할 때에 하나님께서 들어 주시고, 그 범죄자의 죄를 용서하시고 구원해 주신다는 것이다(약 5:15, 19-20).

"사망에 이르는 죄"는 구약에서는 하나님을 훼방하는 죄를 가리키고(민 15:30-31), 신약에서는 성령을 훼방하는 죄, 혹은 배교죄(마 12:31; 히 6:4-6; 10:26-31)를 가리킨다. 이 몇 가지 죄는 다 하나님을 배반하는 악행인 점에 있어서 유사하다. 여기서 사도 요한이 의미한 것은 요한1서 2:19에서 이미 말씀한 것과 같이 배교죄를 가리킨다(Greijdanus). 사도 요한은 여기서 배교자들을 위해서는 기도할 필요가 없다고 하면서 그런 죄에까지 이르지 않은 자를 위해 기도하라고 한다.

"그에게 생명을 주시리라." 곧 기도자가 범죄자들을 위하여 기도할 때에 그들(범죄자들)이 생명의 은혜를 받는다는 의미이다.

17 모든 불의가 죄로되 사망에 이르지 아니하는 죄도 있도다(16절 해석 참조).

18-19절. 하나님의 자녀는 죄에 거하지 아니함.

18 **하나님께로부터 난 자는 다 범죄하지 아니하는 줄을 우리가 아노라.** 여기서 "하나님께로부터 난 자"는 거듭난 자를 가리킨다(참조. 3:9; 5:1, 4). 이 문구는 하나님의 자녀들은 전혀 범죄하는 일이 없다는 의미가 아니고, 상습 적으로 기탄없이 범죄하는 행동은 하지 않는다는 의미이다.

하나님께로부터 나신 자가 그를 지키시매. "나신 자"는 예수 그리스도를 말한다. "그를 지키시매." 그리스도께서 그 신자들을 지키시는 것에 대하여는 성경의 다른 구절들도 말씀한다(눅 22:31-32; 요 6:39; 10:28; 17:11-12; 롬 8:37).

악한 자가 그를 만지지도 못하느니라. "악한 자"는 마귀를 가리킨다. "그를 만지지도 못"하는 것은 그리스도께서 그를 지켜 주시는 한 그렇다는 뜻이다.

19 **또 아는 것은 우리는 하나님께 속하고 온 세상은 악한 자 안에 처한 것이며.** 이 말씀은 앞 절에 이어서 신자가 상습적으로 범죄하지 못하게 되는 이유를 밝힌다. 신자는 하나님의 권능에 의하여 영적으로 거듭났을 뿐 아니라, 그에게 속하여 있다. 그러므로 그는 기탄없는 범죄 생활을 할 수 없다. "하나님께 속하"였다는 말은 거듭난 신자의 삶이 하나님의 통치를 받고 있음을 의미한다(Greijdanus).

20-21절. 이 구절들은 신자의 확신 두 가지를 말한다. 곧 ① 신자는 그리스도로 말미암아 하나님을 안다는 것과, ② 신자가 하나님이신 예수 그리스도 안에 거한다는 것이다. 이렇게 하나님의 아들로 말미암아 하나님을 알고,

하나님의 아들과 연합한(그 안에 있음) 신자는 참하나님이 아닌 우상을 멀리하게 되고 또한 멀리해야 한다(21절 참조).

20 또 아는 것은 하나님의 아들이 이르러 우리에게 지각을 주사 우리로 참된 자를 알게 하신 것과 또한 우리가 참된 자 곧 그의 아들 예수 그리스도 안에 있는 것이니 그는 참 하나님이시요 영생이시라. 이 말씀은 영지주의자들(Gnostics)이 주장한 그리스도의 가인성설(假人性說)을 반대하는 것이다. 그들의 잘못된 주장대로 그리스도(하나님의 아들)는 나사렛 예수에게 일시 오셔서 교제하신 것이 아니고 자기 인격에 인성을 받으시고 탄생하셨다(요 1:14). 그분이 바로 예수님이시다. 이런 의미에서 이 구절에 "참"이란 말(ἀληθινός)이 세 번 나온다. 예수님 자신이 곧 참그리스도이시다.

"또 아는 것." 이것은 다음과 같은 사실을 확신한다는 뜻이다. 곧 신자는 "참하나님"을 확신하며, 자신이 그리스도 안에 거하는 사실을 확신한다는 것이다. 신자가 그런 행복을 소유한 자라는 것을 아는 것(확신함)도 행복이다. 행복을 소유하고도 그 가치를 모르면 그 행복에 대한 즐거움을 누리지 못하고, 또한 그것을 잃어버릴 위험도 있다.

"하나님의 아들이 이르러." 이것은 그리스도께서 인간으로 성육신하셔서 계시되신 사실을 가리킨다. 그러나 이것은 그가 승천하신 뒤에 진리의 성령이 오셔서 신자들의 지각을 열어 주시는 사실도 포함하여 말씀한 것이다(Calvin)(참조. 요 14:18, 21, 23; 16:22; 엡 2:17).

"우리에게 지각을 주사 우리로 참된 자를 알게 하신 것." 예수 그리스도께서 우리에게 참된 지혜와 지식이 되신다는 것은 성경에 자주 언급된다(고전 1:30; 고후 4:6; 골 2:9). 인간은 타고난 지식으로 하나님을 알지 못한다. 그 이유는, 조상 때부터 범죄하여 어두워졌으며, 영생을 주는 지식, 곧 하나님을 아는 참지식을 전적으로 잃었기 때문이다. 그들이 그렇게 어두워져서 하나님에 대하여는 죽은 시체와 같이 지각이 없기 때문에 성경 말씀은 그들을 가리켜 죽은 자들이라고 한다(엡 2:1). 그러나 예수 그리스도께서 이 세상에 오신 뒤에는 성령의 은혜로 그를 믿는 자마다 하나님을 진정으로 아는 자가 된다.

"우리가 참된 자 곧 그의 아들 예수 그리스도 안에 있는 것." 이 말씀은 신자가 믿음으로 그리스도와 연합한 행복에 이른 사실을 가리킨다. 예수 그리스도 안에 있는 자는 정죄함이 없을 뿐 아니라(롬 8:1), 그와 함께 영생의 부활도 받는다(롬 6:4).

"그는 참 하나님이시요 영생이시라." 여기서 "참된 자"라는 말, 또는 "참 하나님"이란 말에 있어서 "참"이란 형용사(ἀληθινός)는 부분과 대조되는 완전, 거짓과 대조되는 진정, 모형(혹은 그림자)과 대조되는 본체를 가리킨다. 여기서는 본체로서의 진정한 하나님, 또는 그리스도를 가리킨다.[142)]

이 구절에 아버지 하나님과 그리스도의 정체, 혹은 본체를 의미하는 "참"(ἀληθινός)이란 형용사가 세 번 사용되었다. 이런 반복은 그리스도로 말미암아 계시되신 하나님께서 바로 하나님의 본체라는 것과, 그리스도 자신이 "참"(본체란 의미의 "참")하나님이신 사실을 강조하는 것이다. 그리스도께서 "참 하나님이시요 영생이시라"란 말씀은 "그리스도만이 생명의 구주"라는 뜻을 보여 준다. 참하나님이 아니면 인간에게 참되고 영원한 생명을 줄 수 없다. 그리스도를 영생이라고 한 것은 그리스도 자신이 영생의 근원이시고 공급자이시기 때문이다. 그러므로 사도 요한은 그리스도를 소유한 자가 곧 영생의 소유자라고 말하였다(요 5:26; 요일 5:11-12).

21 자녀들아 너희 자신을 지켜 우상에게서 멀리하라. 사도 요한은 앞 절에서 예수 그리스도가 "참 하나님이시요 영생이시라"고 하였다. 그것은 그리스도만 참된 하나님의 계시이시고 영생의 실이시라는 의미이다. 그렇다면 누구는지

---

142) Greijdanus: den warachtige, den Wezenlijke.

그를 믿어 그로 말미암을 때 영생을 얻게 된다는 것을 알아야 한다. 그 밖의 다른 이를 믿거나 구주로 생각하는 것은 우상 숭배이다.

이방 세계에 보내는 이 서신에는 이와 같은 권면이 적절하다. 만일 누구든지 그리스도께 생명을 의탁할 정도로 그를 신뢰하지 않거나, 그에게서만 영생을 받을 수 있다는 사실을 의심한다면, 그것은 일종의 우상숭배 죄이다. 그 이유는, 그리스도는 참하나님이시고 영생이시기 때문이다(요 14:5-11 참조).

신약주석
요한이서

요한이서 주석

목차

본문주석

설교

서론

Ⅰ. 저작자

요한이서의 저자는 사도 요한이다. 그것은 외증(역사적 증거)으로 볼 때 그러하고, 내증(본문의 증거)으로도 확증된다.

1. 외증

폴리카르포스(Polycarp, AD 155에 순교함)는 빌립보 교회에 보낸 그의 편지에 요한1서 4:2-3 과 요한2서 1:7을 인용하였다(ad Philp., VⅡ.1). 파피아스(Papias)는 사도 요한의 제자였는데, 그의 단편 문서에서 예수님을 "진리 자체"(auvth. h` avlh,qeia)라고 하였다. 그것은 사도 요한의 사상(요 14:6)이다. 파피아스의 이 단편 문서는 에우세비오스(Eusebius)의 저서(H. E., Ⅲ, 39, 3)에 전해져 온다. 이레나이우스(Ireanaeus, AD 130 출생)는 요한을 가리켜 예수님의 제자라고 하면서 본서를 그의 저술이라고 하였다(adv. Haer. Ⅰ. 163).

2. 내증

본서에는 사도 요한이 저술한 요한서의 내용과 일치한 구절들이 많다. 요한2서 1:9 내용이 요한1서 2:23과 유사하고, 요한2서 1:5-7의 내용은 요한1서 2:7; 3:11과 유사하고, 요한2서 1:7의 내용은 요한1서 2:22; 4:2과 유사하다. 그리고 요한2서와 요한3서도 내용상 서로 유사한데, 구체적으로 다음과 같다. 요한2서 1:1과 요한3서 1:1, 요한2서 1:4과 요한3서 1:3-4, 요한2서 1:10과 요한3서 1:8, 요한2서 1:12과 요한3서 1:13-14. 이것을 보면 요한3서도 사도 요한의 저술인 것이 증명된다.

두 책(요한2서와 요한3서)에 다 "장로"(ὁ πρεσβύτερος)라는 칭호가 있는 것을 보면, 본서의 저작자가 사도 요한이 아니고 다른 인물인 것처럼 생각된다. 그러나 사도 베드로도 자신을 가리켜 "장로"라고 하였으므로(벧전 5:1), 이 칭호는 문제가 되지 않는다. 다만 요한2서, 요한3서에서 그 저자를 "장로"라고만 기록한 것을 보면, 그가 당시 교계에 잘 알려진 특별한 인물이었다고 생각된다. 그는 당시 교계에서 중요한 존재인 사도 요한이고, 장로였을 것이다.[143)]

Ⅱ. 이 편지들을 받을 자

본서 앞부분의 "택하심을 입은 부녀와 그의 자녀들에게"(1절)란 말씀은 무슨 뜻인가 ? 살몬드(S. D. F. Salmond)는 말하기를, 이것이 어떤 개인에게 보낸 서신이라고 한다. 그러나 크레다너스(Greijdanus)는 이것은 상징적 표현이며, 그리스도 교회를 가리킨다고 한다. 그렇게 주장하는 이유는 성경에 교회

---

143) Kommentaar op Het Nieuwe Testament, XIII, 1929, 547.

를 부녀로 비유한 기록이 많다는 것이다.[144)]

본서의 내용은 개인에게 보낸 것이 아니라 단체에 보내진 공적인 문서의 권위를 보여 준다. 5절의 "서로 사랑하자"란 말씀, 또는 "너희"란 복수가 단체를 상대로 하는 것이라는 근거이다(8, 12). 특별히 본서에 들어 있는 교훈이 개인보다는 교회가 지켜야 할 성질의 것이다. "너희는 스스로 삼가 우리가 일한 것을 잃지 말"라(8절)고 부탁한 말씀은, 사도가 그 교회를 세우고 또 가르친 대로 그들이 지켜야 할 것을 강조한 것이다. 이같이 교회를 지키는 것은 어느 개인이 아닌 교회의 책임이다. 그뿐 아니라 "누구든지 이 교훈을 가지지 않고 너희에게 나아가거든 그를 집에 들이지도 말고 인사도 하지 말라"(10절)고 하였다. 이 말씀은 어떤 지도자가 가르치려고 교회에 찾아온 것을 가리킨다(Greijdanus).

---

144) 참조, 사 50:1; 마 9:15; 요 3:29. 같은 책, 550.

제 1 장

⚜ 내용분해

1. 머리말(1-3절)
   1) 같은 진리의 인연으로 사랑을 받는 교회(1-2절)
   2) 같은 진리의 인연으로 하나님께로부터 은혜, 긍휼, 평강이 임함(3절)

2. 서로 사랑하라는 권면(4-6절)
   1) 계명대로 행하는 자들은 성도들의 기쁨의 대상임(4절)
   2) 사랑은 곧 계명을 지키는 것이며 변치 않는 옛것임(5-6절)

3. 미혹하는 자를 막으라고 함(7-11절)
   1) 미혹의 내용(7절)
   2) 사도들이 전한 복음을 지키라고 함(8절)
   3) 그리스도의 교훈 안에 거하지 않는 자의 불행(9절)
   4) 미혹하는 지도자에게 친절을 베풀지 말라고 함(10-11절)

4. 결론(12-13절)

해석

1-3절. 머리말.

1 장로인 나는 택하심을 받은 부녀와 그의 자녀들에게 편지하노니. "장로"란 말(πρεσβύτερος)은 '교회의 직분'을 의미하기도 하고(행11:30; 14:23; 15:2; 딤전 5:17), 노인을 가리키기도 한다(행 2:17; 딤전 5:1). 여기서는 첫 번째 의미, 곧 교회의 직분을 가리킨다.

여기서 "택하심을 받은 부녀"라고 번역된 헬라어는 "에클렉테 퀴리아"(ἐκλεκτῇ κυρίᾳ)이다. 테오도르 찬은 이 말이 "택하심을 받은 퀴리아"(즉 택하심을 받은 퀴리아라는 한 여자)라고 번역될 수 있다고 한다.[145)] 또 어떤 학자들은 "퀴리아"(κυρίᾳ)란 말이 고유명사가 아니라 단지 "부녀"를 의미할 뿐이라고 하면서 이 문구가 어느 개인 여성도를 가리킨다고 한다. 그러나 요한2서의 내용으로 볼 때, 이 문구는 한 교회를 비유한다(Greijdanus)(참조. 요 3:28-29; 고후 11:2; 계 19:7-8). "그의 자녀"는 그 교회의 모든 신자들이다.

내가 참으로 사랑하는 자요 나뿐 아니라 진리를 아는 모든 자도 그리하는 것은. "진리"는 복음을 가리키며, 그것은 신자들끼리의 사랑을 작동시킨다. 동일한 복음을 믿는 두 마음은 서로 친화력을 가지고 서로 단합한다.

2 우리 안에 거하여 영원히 우리와 함께 할 진리로 말미암음이로다. 여기서 "진리"란 것은 그리스도 안에 이루어진 하나님의 계시, 곧 복음이므로 그것을 받는 자들은 살아 계신 그리스도를 영접하는 것과 같다. 그리스도께서 땅에

---

145) Th. Zahn, Eil.i. d. N. Test^3. II, s.593. 8.

계실 때에도 이런 의미의 말씀을 주셨다(요 8:31-36 참조). 이 복음은 영원한 복음이어서(계 14:6). 택하심을 받은 자의 심령에 한번 들어오면 영원토록 그와 같이 한다. 그 이유는, 하나님께서 그 택하신 자를 영원히 버리지 않으시기 때문이다. 이 복음을 믿는 자는 그 동일한 복음을 믿는 다른 사람을 귀하게 여기고 사랑하게 된다. 이것은 ① 혈통적 인연에 끌린 사랑이 아니라 영적 인연에 끌린 것이기 때문이고, ② 더욱이 그에게(신자에게) 내재하시는 성령께서 그의 심령 속에 하나 되게 하시는 역사를 지속하시기 때문이다(엡 4:3).

3 은혜와 긍휼과 평강이 하나님 아버지와 아버지의 아들 예수 그리스도께로부터 진리와 사랑 가운데서 우리와 함께 있으리라. 여기서 "아버지의 아들 예수 그리스도"란 문구는 "예수"라는 사람이 바로 '하나님의 아들'이시고 또 '그리스도'이신 사실을 강조한다. 헬라어 원문에는 "아들"이란 말 위에 "그"라는 관사(τοῦ)가 있어서 유일한 아들이심을 드러내기도 한다. 이 문구는 예수님의 신성을 밝히 표현하는데, 이는 그 당시에 있었던 이단(하나님이 인간의 성품을 취하실 수 없다는 영지주의 이단)을 의식하고 경계하는 도전이기도 하다(7절 참조).

"은혜"는 신자의 죄를 용서하시고 구원하시는 하나님의 무조건적 호의이고, "긍휼"은 하나님께서 인간을 불쌍히 여기시는 심정이고, "평강"은 앞에 언급한 "은혜"와 "긍휼"에 의하여 성립된 하나님과 인간의 화목한 관계의 평안을 가리킨다.

"진리와 사랑"은 요한2서의 두 가지 근본 요소이며, 최고의 지식(복음)과 그 지식의 행동적 표현(사랑)을 말한다(A. T. Brooke, Greijdanus). 앞에서 언급한 복(은혜, 긍휼, 평강)은 이 두 가지를 겸비한 삶(복음 진리를 믿고 하나님과 그의 자녀를 사랑하는 생활) 속에 있다.

4-6절. 서로 사랑하라는 권면.

4 너의 자녀들 중에 우리가 아버지께 받은 계명대로 진리를 행하는 자를 내가 보니 심

히 기쁘도다. 여기서 "너의 자녀"(τέκνων σου)란 문구는 교회의 일반 신자들을 의미하고, 어느 개인의 혈통적 자녀를 가리키지 않는다. 이것은 사도 요한의 어투이다(요일 2:12 참조). 이것을 보아도 요한2서가 개인을 상대한 것이 아니고 교회에 보낸 공적 서신임을 알 수 있다.

"아버지께 받은 계명." 예수를 믿으라는 하나님의 명령을 받아 순종했으므로, 거기에 따라 서로 사랑하라는 새 계명의 요구도 받았다(요일 2:7-8).

"내가 보니 심히 기쁘도다"(ἐχάρην λίαν ὅτι εὕρηκα). 이 말씀은 "내가 알게 되어 심히 기뻐하였다"라고 개역되어야 한다. 헬라어대로 이것은 과거의 역사를 말하는 것이다. 곧 사도는 신자들이 하나님께서 명하신 대로 이루어진 진리의 복음을 믿고, 또 그대로 행함을 보며 심히 기뻐하였다는 것이다. 이 사건이 생긴 것은 그들에게 사도 요한이 방문한 것에 의한 것이 아니고 다른 사람들이 전한 소식에 의한 것이다(요삼 1:3 참조). 전도자의 최대의 기쁨은 그에게서 복음을 받은 자들이 신앙생활을 잘하는 것을 볼 때에 생겨난다. 바울의 기쁨도 그런 것이었다(빌 2:16-17).

5 부녀여, 내가 이제 네게 구하노니 서로 사랑하자 이는 새 계명 같이 네게 쓰는 것이 아니요 처음부터 우리가 가진 것이라. "부녀"란 말에 대하여는 1절에 있는 같은 말 해석을 참조하라. 이 말이 여기서 개인을 가리키지 않고 '교회'를 의미한 증거가 이 구절에도 나와 있다. 그것은 이 구절의 주제가 "계명"이라는 사실이다. 요한은 그의 첫 서신에서도 이 주제를 가지고 교회를 상대로 논한 적이 있다(요일 2:7-8; 3:11; 4:7).

"처음부터 우리가 가진 것이라." 믿는 형제들이 "서로 사랑"하는 것은 영원히 변하지 않을 진리이다. 그러므로 그들이 믿기 시작할 때부터 그것에 대한 계명을 받은 대로 지금도 지켜야 된다(요일 2:7-8 참조). 사랑은 불변의 진리이므로 그것을 지키는 자는 실패하지 않는다. 원수를 사랑하는 것도 마찬가지이다(고전 13:8-13 참조). 현재 캐나다의 토론토 대학교의 철학 교수인 유재신 박사가 일찍이 18세 때 공산당에 의해 사형 언도를 받고 형장으로 끌려가던 중에 그를 감시하던 군인이 어떤 상처 때문에 쓰러졌다. 그때에 그는 그 군인을 업고 6km를 걸어서 병원으로 갔다. 그러자 그 군인은 사랑이란 것이 무엇인지 처음 배웠다고 하면서 그를 놓아주었다고 한다. 그 후 그는 남한으로 넘어와서 미국으로 건너가 목사와 대학교수가 되었다(그의 간증에 의함. 1985. 8. 4).

6 또 사랑은 이것이니 우리가 그 계명을 따라 행하는 것이요. 우리가 하나님을 사랑하고 또 믿는 형제들을 사랑하는 것은 하나님께서 주신 계명들을 지키는 행위이다. 여기 나온 "그 계명"(τὰς ἐντολάς)이란 것은 "그 계명들"이라고 개역하는 것이 옳다. 그것은 계명을 각각의 조항으로 본 말이다.

계명은 이것이니 너희가 처음부터 들은 바와 같이 그 가운데서 행하라 하심이라. 여기서 "계명"이란 말(ἡ ἐντολή)은 단수 명사로, 모든 계명의 정신을 하나로 말하는 것이다. 그것은 바로 사랑이다. 이 "사랑"에 대하여는 그들이 복음을 처음 받을 때부터 행하라는 부탁을 받았다.

7-11절. 이단을 막으라고 함.

7 미혹하는 자가 세상에 많이 나왔나니 이는 예수 그리스도께서 육체로 오심을 부인하는 자라 이런 자가 미혹하는 자요 적그리스도니(요일 4:3 해석 참조). 이 구절은 그리스도(하나님의 아들)의 인성을 부인하는 영지주의(Gnosticism) 이단을 경계한다.

"육체로 오심." 이 문구의 헬라어(ἐρχόμενον ἐν σαρκί)인 "임한다"는 말은 현재분사(ἐρχόμενον)이다. 그리스도의 초림 사건이 왜 사도 요한의 입장에서 현재 사건으로 표현되었을까? 그에게는 그것이 과거사인데 말이다. 바이스(B. Weiss)의 이론은, 그리스도의 성육신은 시간의 영향을 받지 않는 지식이라고 한다. 그러나 크레다너스는 이 현재분사가 육신으로 오신 그리스도의 초림뿐 아니라, 육신으로 다시 오실 그의 재림까지 포함하여 말한다고 한다. 즉 그리스도의 성육신(요 1:14; 요일 2:22; 4:2)을 부인하는 자는 결국 그의 재림도 부인하게 된다는 것이다. 좀 더 자세히 설명하면, 영지주의 이단은 신자의 몸에만 죄가 있고 속사람에는 죄가 없다고 하며, 속사람이 몸을 떠날 때 몸은 땅에서 멸망한다고 한다(II Clem. IX). 그러므로 그리스도께서 초림 때에 성육신하실 필요가 없고 재림 때에도 그렇다는 것이다.[146]

8 너희는 스스로 삼가 우리가 일한 것을 잃지 말고 오직 온전한 상을 받으라. "너희는 스스로 삼가"란 것은 "너희 자신(ἑαυτούς)을 삼가라"는 뜻이다. 이것은 복음을 전한 사도들의 수고가 헛되지 않도록 이단을 멀리해야 된다는 것이다. 그렇게 하면, 그 복음이 약속한 모든 상급을 받을 것이다.

9 지나쳐 그리스도의 교훈 안에 거하지 아니하는 자는 다 하나님을 모시지 못하되 교훈 안에 거하는 그 사람은 아버지와 아들을 모시느니라. "지나쳐"란 말(προάγων)은 지도자로 앞서가는 것을 의미하는데, 여기서는 자칭 지도자들을 염두에 둔 것이다. 그들은 그리스도의 교훈보다 자기들이 더 앞선 것처럼 생각한 자들이다. 그들은 그리스도의 성육신을 부인하는 영지주의의 거짓 스승들이었다. "그리스도의 교훈"이란 말씀은 그리스도께서 친히 가르치시고 또 그 사도들을 통하여 계시하신 구원의 진리를 말한다. "하나님을 모시지 못"한다 함은, 영적으로 하나님과 사귀어 동거하는 생활을 하지 못하는 것을 가리킨다(요일 2:23).

"교훈 안에 거하는 그 사람은." 여기서 "교훈 안에"란 말(ἐν τῇ διδαχῇ)을 직역하면 "그 교훈 안에"이다. 이것은 앞에 나온"그리스도의 교훈"을 가리킨다. "아버지와 아들을 모시느니라." 그리스도의 계명(혹은 교훈)을 지키는 자가 그리스도를 모시고, 그리스도를 모시는 자가 아버지 하나님도 모신다는

---

146) Greijdanus, Kommentaar op Het Nieuwe Testament, XIII, 1929., 568-569.

것은 사도 요한이 늘 강조하는 사상이다(참조. 요일 2:23-24; 4:8-12). 그러므로 그리스도의 계명을 지키는 것은 중요하다.

10 **누구든지 이 교훈을 가지지 않고 너희에게 나아가거든 그를 집에 들이지도 말고 인사도 하지 말라.** "이 교훈"이란 말씀은 그리스도께서 육체로 이 세상에 오신 것을 가리킨다(7절 해석 참조). 빈디쉬(Windish)는 이 점에 대하여, 요한이 형제 사랑은 알았으나 원수 사랑은 알지 못하였다고 말하였다.147) 그러나 그것은 이 구절의 참 뜻을 모른 그릇된 해석이다.

크레다너스에 의하면 이 구절의 뜻은, ① 개인의 원수를 냉대하라고 지시하는 것이 아니라, 그리스도와 하나님의 아들을 부인하는 하나님의 원수와 타협하지 말 것을 훈시하는 것이며, ② 이단자라도 그들의 요구에 응하여 개인적으로 도움을 주는 정도는 용납하지만, 그를 스승으로 받아들이는 의미의 인사는 일체 금지하는 것이다.148)

여기서 "집"이란 말(οἰκία)은 교회의 모임 장소를 가리킨다(고전 16:19 참조).

11 **그에게 인사하는 자는 그 악한 일에 참여하는 자임이라.** 거짓 교사를 교회에 들이는 의미에서 "인사하는" 것은 그의 그릇된 교훈과 타협하는 것을 의미한다. 그러므로 그것은 그의 악에 참여하는 것이 된다.

설교 이단자에 대한 그리스도 신자의 태도(9-11절)

1. 이단과 이단자의 구분

이단 문제는 간단하게 밝히기 어렵다. 확실히 성경과 위반되는 교리를 주

---

147) Johannes kennt eben nur die Bruder1iebe, nicht die Feindes1iebe. -a. w. s. 135.

148) Ibid., 573.

장하는 신자가 있다면, 그 주장은 이단이다. 그 이단설이 성경적 구원교리 체계에 큰 타격을 주는 것이면, 그것을 주장하는 사람도 이단자라고 할 수 있다. 그러나 그 주장이 지엽적인 문제여서 구원교리 체계에 어떤 악영향을 주지 않을 경우에는 이단이 아니다. 예를 들면, "아디아포라"(ἀδιάφορα, 성경에 명령이나 금령이 분명하지 않은 문제들로, 신자가 자기 양심대로 행할 수 있는 것들)와 같은 것이다.

본문 9절에 "지나쳐"로 번역된 헬라어는 "프로아곤"(προάγων)인데, 이것은 "앞서 가는 자"로 자처하면서 전통을 무시하는 자이다. "그리스도의 교훈 안에 거하지 않는 자"는 확실히 이단자이다. 사도 요한이 염두에 둔 사람은 "예수 그리스도께서 육체로 임하심을 부인하는 자"이다. 이것은 예수님의 인성을 부인하는 자이고, 결과적으로 진정한 속죄를 부인하는 자이다.

2. 이단자 처우 문제

성경의 구원교리 체계를 위반하는 이단자는 교회의 지도자로 받아들일 수 없다. 이런 처사는 윤리 문제가 아니고 종교적 금기에 속한다. 이단자를 교회에 영접하는 것은 그 이단을 받아들인다는 의미가 아니겠는가? 그러므로 그를 받아들이는 것은, ① 그리스도께서 피로 사신 교회를 마귀에게 내어주는 것과 다름이 없으며, ② 하나님보다 사람을 기쁘게 하는 불경건이다.

본문을 보면, 사도 요한은 이단자를 교회에 영접하지 말라고 엄격하게 말씀한다. 그러나 이것은 이단자에 대하여 대인관계의 윤리도 지키지 말라는 것이 아니다. 우리는 출애굽기 23:4-5에 명한 윤리를 지켜야 한다. 거기서 말하기를, "네가 만일 네 원수의 길 잃은 소나 나귀를 보거든 반드시 그 사람에게로 돌릴지며 네가 만일 너를 미워하는 자의 나귀가 짐을 싣고 엎드러짐을 보거든 그것을 버려두지 말고 그것을 도와 그 짐을 부릴지니라"고 하였다. 그리스도 신자는 신앙의 대적에게도 사랑의 윤리를 지켜야 한다. 초대 교회의 스데반 집사는 그의 신앙을 반대하며 돌을 들어 자기를 치는 자들을 도리어 불쌍히 여겼다. "그들이 돌로 스데반을 치니 스데반이 부르짖어 이르되 주 예수여 내 영혼을 받으시옵소서 하고 무릎을 꿇고 크게 불러 이르되 주여 이 죄를 그들에게 돌리지 마옵소서 이 말을 하고 자니라"(행 7:59-60).

12-13절. 결론적 인사.

12 내가 너희에게 쓸 것이 많으나 종이와 먹으로 쓰기를 원하지 아니하고 오히려 너희에게 가서 대면하여 말하려 하니 이는 너희 기쁨을 충만하게 하려 함이라. 사도가 그들을 방문하려는 동기는, 이 구절 끝에 말씀한 것과 같이 그들의 "기쁨을 충만케 하려"는 것이다. 신자들에게는 영적 기쁨이 중요하다. 그 이유는, 그것 때문에 그들과 하나님과의 관계도 순조로워지기 때문이다. 이런 기쁨은 진리의 사도가 친히 와서 그들을 가르칠 때에 임한다.

13 택하심을 받은 네 자매의 자녀들이 네게 문안하느니라. 이것은 요한이 요한2서를 쓰면서 머물던 그 지방 교회의 신자들에게 문안을 전하는 말이다.

신약주석

요한삼서

요한삼서 주석
목차

본문주석

설교

제 1 장

내용분해

1. 머리말: 저자와 가이오의 관계(1절)
2. 가이오에 대한 칭찬과 격려(2-8절)
3. 디오드레베에 대한 요한의 경계(9-10절)
4. 데메드리오를 칭찬함(11-12절)
5. 결론(13-15절)

해석

1-4절. 머리말.

1 장로인 나는 사랑하는 가이오 곧 내가 참으로 사랑하는 자에게 편지하노라. 여기 나오는 "가이오"는 마게도냐의 가이오(행 19:29)인가? 더베의 가이오(행 20:4) 인가? 고린도의 가이오(롬 16:23; 고전 1:14)인가? 어떤 학설에 의하면, 이 사람은 요한이 버가모 교회에 세운 감독이라고 한다(Const., Ap.Ⅶ. 46).

2 사랑하는 자여 네 영혼이 잘됨 같이 네가 범사에 잘되고 강건하기를 내가 간구하노라. "영혼이 잘됨 같이"란 말은 가이오의 영혼과 주님의 관계가 잘 정비되어 있음을 가리킨다. 그것은 그가 받은 영원한 생명의 중심에 주님이 계신 것이다. 사도는 이와 같은(καθώς) 원리(주님 중심)로 가이오의 다른 모든 일도 잘되기를 기도한다.

"범사에 잘되고 강건하기를 내가 간구하노라." 잘된다는 말의 헬라어(εὐοδοῦσθαι)는 좋은 길이 열리는 것을 가리킨다. 이것은 외형적인 평탄함이나 번영과 같은 세상일의 형통을 가리키지 않는다. 신자의 외적인 모든 일(육신에 관한 일들)도 주님을 중심으로 하여 진행되는 것이 잘되는 것이다. 때로는 그 잘되는 것이 재앙을 당하는 일일 수도 있다. 욥은 말하기를, "주신 이도 여호와시요 거두신 이도 여호와시오니 여호와의 이름이 찬송을 받으실지니이다"(욥 1:21)라고 하지 않았는가! 현대에 일부 전도자들이 기복 사상을 가지고 이 구절의 "범사에 잘되고"란 말씀을 많이 강조한다. 그들은 이 말씀이 우선 물질적인 복, 또는 이 세상에서의 형통을 의미한다고 생각하여 신자들이 부자가 되고, 권세를 잡고, 장수하는 것 등을 강조한다. 그러나 예수님은 물질적 부요를 반드시 신자가 구해야 할 복이라고 가르치시지 않았다. 그는 말씀하시기를, "사람의 생명이 그 소유의 넉넉한 데 있지 아니하니라"(눅 12:15)고 하시면서 도리어 영적인 부요를 강조하셨다(눅 12:21 참조).

3 형제들이 와서 네게 있는 진리를 증언하되 네가 진리 안에서 행한다 하니 내가 심히 기뻐하노라. 이 구절은 앞 절에 있는 사도의 기도의 이유를 보여 준다. "네게 있는 진리를 증언하되." 곧 형제들이 사도 요한에게 와서 가이오의 생활의 진상에 대하여 말하였는데, 그가 진리대로 행한다고 하였다(6절). "진리 안에서 행한다"는 말은 복음을 받은 자가 그 복음이 명령한 대로 사랑을 행하는 것을 가리킨다(요이 1:4-5 해석 참조).

4 내가 내 자녀들이 진리 안에서 행한다 함을 듣는 것보다 더 기쁜 일이 없도다. 전도

자는 그의 전도를 받은 자들이 신앙적으로 성장하며 진리대로 행할 때 기쁨을 얻는다. 그 이유는, ① 그들의 영적 성장이 그가 수고한 것에 대한 보답이기 때문이며, ② 또한 내세에서 그들이 그의 면류관이고 상급이기 때문이다 (고후 1:14; 빌 4:1).

설교 사랑하는 자여!(1-4)

1. 영혼이 잘됨

사도 요한은 여기서 영혼 중심으로 말한다. 영혼이 잘된다(εὐοδοῦται)는 말은 무슨 뜻인가? 우리는 이 말씀의 뜻을 하나님의 판단에서 찾아야 한다. 영혼이 잘되기 위하여 육신은 멸망하는 일도 있다. 고전 5:5에 말하기를, "이런 자를 사탄에게 내주었으니 이는 육신은 멸하고 영은 주 예수의 날에 구원을 받게 하려 함이라"고 한다. 예수님도 말씀하시기를, "몸은 죽여도 영혼은 능히 죽이지 못하는 자들을 두려워하지 말고 오직 몸과 영혼을 능히 지옥에 멸하실 수 있는 이를 두려워하라"(마 10:28)고 하셨다. 영혼이 잘되는 비결은 죄를 떠나는 것이다. 다윗은 말하기를, "여호와여 내게 은혜를 베푸소서 내가 주께 범죄하였사오니 나를 고치소서"(시 41:4)라고 하였다.

2. 범사에 잘되는 방법

1) 신앙 인격의 건전한 발전

"네 영혼이 잘됨같이 네가 범사에 잘되고"란 말씀에서 "같이"란 말은 헬라어로 "카토스"(καθώς)인데, 이것은 '따라서'(in as much as, to the degree that)란 뜻이다. 우리는 영혼을 기준으로 잘되어야 한다. 그 이유는, 영혼이 인격의 주인공이기 때문이다. 여기서 "잘되고"란 말은 '길이 잘 열림'을 의미하는데, 이 길은 반드시 평탄한 길만을 의미하지는 않는다. 사도 바울은 로

마에 가기를 원하였고, "좋은 길"얻기를 구하였다(롬 1:10). 그때 바울이 사용한 "좋은 길"이란 말과 요한이 이 본문에 사용한 "잘됨"이란 말은 헬라어로 같은 단어이다. 바울이 그 기도의 응답으로 마침내 로마로 가게 되었지만 그 길은 지중해에서 파선할 정도의 풍랑을 만나는(행 27:9-28:6) 심히 위태한 길이었다. 이처럼 어떤 때에는 "좋은 길"이 역경일 수도 있다. 그것은 "좋은 길"이란 것에 대한 하나님의 판단이 사람의 판단과 다르기 때문이다. 루터는 말하기를, 하나님은 사람과 정반대로 일하신다고 하였다(God works by contraries). 영국의 매리 여왕 때에 많은 신자들이 신앙을 지키려다가 옥에 갇혔다. 그 후에 엘리자베스 여왕 때에는 그들이 석방되었다. 어느 길이 좋은 길이었는가? 그들 중에는 석방 후 집으로 돌아가서 타락한 자도 있다고 한다. 그렇다면 석방되어 출옥한 것이 그들에게는 좋은 길이 아니다.

"네가 범사에 잘되고"란 말씀에서 "범사에"(περὶ πάντων)라고 한 것으로 보아 이 말씀이 육신의 잘됨을 가리킨 것이 아님이 확실하다. 이것은 "가이오"란 사람의 인격이 모든 면에서 온전하기를 원한다는 것이다. 인격의 온전함은, 곧 신앙생활의 건전함(참조. 딛 1:13; 2:2)과 교리 주장의 건전함(딤후 1:13)이다. 이것은 가이오처럼 "진리 안에서 행하는"(3-4절) 것이다. 육신이 약해짐으로써 그 인격이 건전해질 수도 있다. 비유컨대, 과일나무의 가지가 왕성해지고 위로 퍼지기만 한다면 그것은 제대로 자라는 것이 아니다. 그 나무의 가지를 쳐서 자리를 잘 잡아 주어야 한다. 그와 마찬가지로 몸이 건강하다고 인격이 건전한 것은 아니다. 사람이 건강하기만 하면 영혼이 잘될 수 없는 경우도 있다. 오히려 육신이 건강하지 못하여 영혼이 잘될 수도 있다. 베사는 죽을병에 걸려서 로마서를 헬라어로 암송할 만큼 하나님의 말씀을 사랑하게 되었다. 성 프란치스코도 죽을 뻔한 병 때문에 하나님께 헌신하였다. 칼빈은 너무 많은 질병으로 고생하였으므로 "걸어 다니는 병원"이라고 불렸다.

2) 모든 일이 합력하여 유익하게 됨으로

하나님은 천지 만물을 창조하신 대주재이시므로, 그의 목적과 행사는 작은 인생들의 목적과 행사와 다른 것이 많다. 이사야 55:8-9에 말하기를, "이는 내 생각이 너희의 생각과 다르며 내 길은 너희의 길과 다름이니라 여호와의 말씀이니라 이는 하늘이 땅보다 높음 같이 내 길은 너희의 길보다 높으며 내 생각은 너희의 생각보다 높음이니라"고 하였다. 그러므로 하나님께서 하시는 일은 어떤 때에는 우리 작은 인생들이 깨닫기 어려운 면이 있다. 하나님께서 사람을 유익하게 하시려고 재앙과 환난을 보내시는 일이 있음을 우리는 잘 안다. 어떤 때에는 하나님께서 하시는 일을 알기 어렵지만 우리는 그것이 하나님의 일인 줄 알고 하나님을 위하여 감사해야 한다. 나 자신의 이해관계와 상관없이 하나님의 일이라면 감사히 여겨야 한다. 욥은 자기의 재산과 자녀들을 다 잃었을 때에도 땅에 엎드려 하나님께 경배하고 말하기를, "내가 모태에서 알몸으로 나왔사온즉 또한 알몸이 그리로 돌아가올지라 주신 이도 여호와시요 거두신 이도 여호와시오니 여호와의 이름이 찬송을 받으실지니이다"(욥 1:21)라고 하였다. 이처럼 욥은 자기가 손해를 당한 때에도 그것이 하나님의 다스리심인 것을 알고 찬송하였다. 우리는 하나님의 일하심으로 어떤 손해를 당할지라도 그것이 하나님을 위한 것이라면 감사하고 찬송해야 한다. 그뿐 아니라, 하나님께서 하시는 모든 일은 우리 성도들이 이해할 수 있든지 없든지 결국 우리에게 복이 되는 것이다. 감사절을 처음 제정하고 발표한 워싱턴 대통령의 선포문은 "나는 11월 6일을 미국 백성이 하나님께 감사하는 절기로 선포한다. 하나님은 과거의 은혜와 현재의 은혜와 장래의 은혜를 만들어 주시는 영광의 하나님이다."라고 하였다. 워싱턴은 성경 말씀대로 하나님께 감사할 때에 과거와 현재의 은혜뿐만 아니라 미래의 은혜까지 감사하였다. 하나님은 미래에 성도들에게 더욱 큰 은혜를 주신다. 그의 은혜는 영원하시다. 그러므로 시편 136편에 "여호와께 감사하라 그는 선하시며 그 인자하심이 영원함이로다"란 말씀이 26회나 나왔다.

3) 다른 사람들의 일이 잘됨으로

예수님께서 말씀하시기를, "네 이웃을 네 몸과 같이 사랑하라" 하셨다. 그 정신은 남이 잘되기를 원하는 것이다. 남이 잘되는 것은 공동체에서 결국 나 자신이 잘되는 것과 같다. 나를 둘러싼 이웃사람들이 흉악하여 불행한 자들이라면 나는 그 가운데서 얼마나 고통을 당하겠는가? 그러나 그들이 하나님의 은혜를 받아 잘될 때에 내가 기뻐한다면 그만큼 내가 기뻐할 이유가 많아진다. 작고 좁은 자아 속에 갇혀 살면 언제나 불만과 고통이 있을 수밖에 없다. 그러나 다른 모든 사람들을 나 자신같이 생각하여 그들을 사랑할 때에는 그만큼 나의 삶의 무대가 넓어지고 사람들의 사정을 아는 식견이 높아져서, 기쁘고 유쾌하고 감사한 생활을 계속하게 된다. 다른 사람들을 나 자신과 같이 생각하는 생활은 그만큼 위대하고, 고상하고, 깊고, 넓고, 밝고, 행복하고, 능력 있는 것이다.

5-12절. 순회 전도자들에 대한 가이오의 선행을 칭찬하고 그를 격려함.

5 사랑하는 자여 네가 무엇이든지 형제 곧 나그네 된 자들에게 행하는 것은 신실한 일이니. "신실한 일이니"란 말(πιστὸν ποιεῖς)은 "신실하게 한다"라고 개역할 수 있다. 곧 가이오는 물질로 순회 전도자들을 돕는 일에 착실하다는 말씀이다.

6 그들이 교회 앞에서 너의 사랑을 증언하였느니라. "너의 사랑을 증언하였느니라." 그리스도 신자들은 물질로 다른 사람들을 도와야 한다. 그러나 그 돕는 것이 사랑의 동기에서 비롯된 것이 아니면 하나님을 기쁘시게 하지 못한다. 사랑으로 행하지 않는 경우는, ① 마지못하여 하는 경우, ② 명예를 위하여 하는 경우, ③ 자기 개인의 어떤 이득을 위하여 하는 경우 등이다.

가이오는 순회 전도자들을 물질로 돕고, 사랑으로 접대한 것이 분명하다.

그의 사랑을 받은 순회 전도자들이 교회 앞에서 그를 칭찬하였다.

네가 하나님께 합당하게 그들을 전송하면 좋으리로다. 그들은 하나님의 사역자들이므로, 그들을 귀히 여겨 물질로 대접하여 전송하는 것이 옳다는 말씀이다.

7 이는 그들이 주의 이름을 위하여 나가서 이방인에게 아무 것도 받지 아니함이라. 앞에서 언급한 전도자들은 생활비를 받지 않고 이방에서 복음을 전하고 있었다. 그러므로 그들의 생활비를 도와주는 성도들이 있어야 한다.

8 그러므로 우리가 이같은 자들을 영접하는 것이 마땅하니 이는 우리로 진리를 위하여 함께 일하는 자가 되게 하려 함이라. 물질로 전도자를 돕는 자들("우리")은 그 전도자의 복음사역에 동참하는 것이 된다. "함께 일하는 자"란 말(συνεργοί)은 "동역자들"이라고 하는 것이 바른 번역이다. 바울도 물질로 전도자를 돕는 것이 전도에 동참하는 귀한 일이라고 말하였다(빌 1:7; 4:14, 18).

9 내가 두어 자를 교회에 썼으나 그들 중에 으뜸되기를 좋아하는 디오드레베가 우리를 맞아들이지 아니하니. "두어 자를 교회에 썼"다 함은, 사도가 어떤 전도여행자들을 잘 접대하라는 의미로 그들에게 소개장을 써 주었다는 의미이다. "으뜸되기를 좋아하는 디오드레베." 곧 교회의 지도자들 가운데 "머리가 되고자 하는 사람 디오드레베"란 말이다. 높아지려는 야망이 있는 자는 언제나 다른 사람을 위하여 봉사하려는 마음이 없다. 그래서 디오드레베란 사람도 사도의 소개장을 가지고 간 전도자를 접대하지 않았다.

"우리를 맞아들이지 아니하니"란 말은 사도의 소개장을 가지고 간 전도자들을 접대하지 않은 것을 의미한다.

10 그러므로 내가 가면 그 행한 일을 잊지 아니하리라 그가 악한 말로 우리를 비방하고도 오히려 부족하여 형제들을 맞아들이지도 아니하고 맞아들이고자 하는 자를 금하여 교회에서 내쫓는도다. "비방"하는 것은 비열한 야심가(으뜸이 되고자 하는 자)의 상습적인 행동이다. 그는 그것으로도 만족하지 못하고("오히려 부족하여"), 사도의 소개장을 가지고 간 전도자들을 자기 자신도 접대하지 않을뿐더러, 다른

사람들도 그런 전도자들을 대접하지 못하도록 금하였다.

11 사랑하는 자여 악한 것을 본받지 말고 선한 것을 본받으라 선을 행하는 자는 하나님께 속하고 악을 행하는 자는 하나님을 뵈옵지 못하였느니라. 이 말씀은 선을 행하는 것이 하나님께 속하는 방법이라기보다, 하나님께 속한 결과라는 의미를 가진다. 하나님 중심의 삶은 필연적으로 선한 행실을 낳는다. 신본주의 선악관은 사도 요한의 신학 사상인 동시에 바울의 사상이다.

"하나님을 뵈옵지 못하였느니라." 곧 '영적으로 하나님을 본 적이 없다'는 의미이다. 이것은 영적으로 하나님을 확실히 알게 된 체험이 없다는 것이다.

12 데메드리오는 뭇 사람에게도, 진리에게서도 증거를 받았으매 우리도 증언하노니 너는 우리의 증언이 참된 줄을 아느니라. "데메드리오"라는 사람이 여기서 모범 인물로 천거된다. 그는, ① 공적으로 사람들에게 선한 자라는 증거를 받고, 과하거나 치우침 없이 원만한 덕망을 가진 인물이며, ② 복음 진리의 판단 아래서도 선한 자로 합격하였으니, 꾸밈없이 진실하게 선행에 힘쓴 인물이고, ③ 사도들("우리")이 인정하는 선한 자이니, 가장 믿을 만한 모범 성도이다.

13-15절. 결론적 인사.

13 내가 네게 쓸 것이 많으나 먹과 붓으로 쓰기를 원하지 아니하고. 신실한 성도는 자기의 신앙과 질적으로 같은 신앙의 소유자를 중심으로 즐거워한다(시 16:3). 그러므로 그들은 서로 만나 대면하기를 늘 원한다.

14-15 속히 보기를 바라노니 또한 우리가 대면하여 말하리라 평강이 네게 있을지어다 여러 친구가 네게 문안하느니라 너는 친구들의 이름을 들어 문안하라. "평강"은 영적 평강을 말하는 것으로, 신자에게 늘 필요하다. 신자에게 그것이 없으면, 그는 환난과 질고가 많은 이 세상을 이길 수 없다. 영적 평강은 믿고 회개하는 진실한 신자에게 내리는 하나님의 선물이다.

"여러 친구가 네게 문안하느니라." 사도들은 성도들 사이의 문안을 귀하게 여겼다. 하늘나라 일에 관심이 깊은 신자일수록 땅 위의 인사를 무시하지 않는다. 신자의 삶은 초자연적인 관계뿐 아니라, 자연 관계도 충실해야 한다.

신약주석
유다서

서론

Ⅰ. 저작자

본서에 밝혀진 대로 저자를 "유다"라고 하였는데, 그는 어느 유다일까? 저자의 증거에 의하면, 자기는 "야고보의 동생"이라고 하였다(1절). 여기에 대하여 몇 가지 의견이 있다.

1. 알패오의 아들 유다라는 견해. 칼빈은 야고보서를 저술한 야고보는 알패오의 아들이며, 본서를 저술한 유다는 그의 동생이라고 말하였다.

2. 가룟 유다가 아닌 유다라는 견해. 크로샤이데는 본서의 저자를 주님의 제자 중 가룟 유다가 아닌 다른 유다라고 한다(요 14:22 참조). 누가복음 6:16에는 그가 "야고보의 아들 유다"로 사도의 명부에 기입되었다. 마태는 그를 "다대오"라는 이름으로 기록하였는데(마 10:3), 사실상 "유다"를 의미한

다.[149]

3. 예수님의 동생 유다라는 견해. 그는 예수님이 이 땅에 살아 계실 때에 예수님을 구주로 믿지 않았다(마 12:46-50; 요 7:5). 그러나 예수님의 부활 승천 이후에는 믿는 자가 되었다(행 1:14). 이 학설을 근거로 생각할 만한 것이 있다. 그것은 본서의 저자가 자기를 가리켜 "야고보의 형제"라고 한 사실이다. 예수님의 동생으로 생각되는 "야고보"는 당시 예루살렘 교계에서 기둥 같이 사역하였다. 그러므로 별로 알려지지 않은 본서의 저자가 널리 알려진 자기 형제를 내세울 만하였다.[150]

고대로부터 본서를 사도적 권위가 있는 서신으로 믿어 왔으므로, 우리도 그렇게 믿는다.

Ⅱ. 정경 문제

1. 에우세비오스(Eusebius, 4세기)의 말에 의하면, 과거에는 어떤 사람들이 본서의 정경성을 의심하였으나, 많은 교회들이 본서를 정경으로 받았다고 한다.

2. 알렉산드리아의 디디모스(Didymus of Alexandria, AD 398년)는 본서가 정경임을 적극 변호하였다(Migne XXXIX, 1811-1818).

149) Grosheide, Commentaar op Het Nieuwe Testament, Matteus, 258.

150) Donald Guthrie, New Testament Introduc- tion, 1970, 906-907.

3. 알렉산드리아의 클레멘스(Clement of Alexandria, AD 213년에 죽음)는 본서를 유다의 저술로 여기면서, 5-6절과 8-16절을 인용하였다(Paed., Ⅲ. 8. 44; Strom., Ⅲ. 2. 11).

4. 무라토리 정경목록(Muratorian Canon, AD 200년경)에도 본서가 가입되었다.

5. 폴리카르포스(Polycarp, AD 155년경 순교)는 본서 2, 3, 20, 21, 23절의 내용과 비슷한 어구들을 사용하였다.

참고문헌

1. Bigg, C. The International Critical Commentary, Epistles of St. Peter and Jude.

2. Calvin's Commentaries, James and Jude.

3. Greijdanus, S. Kommentaar op Het Nieuwe Testament, XIII.

4. Luther's Works, Catholic Epistles.

5. Moody, D. L. Notes from My Bible.

제 1 장

⚜ 내용분해

1. 머리말(1-2절)

   1) 저자의 지위와 독자들의 영적 위치(1절)

   2) 축복: 긍휼, 평강, 사랑을 기원함(2절)

2. 저술의 동기(3-4절)

   1) 본래 구원의 공통성에 대하여 서신을 보내려 하였다고 함(3절)

   2) 교회에 침투해 오는 이단을 막기 위하여 다른 제목으로 서술하게 되었다고 함(4절)

3. 하나님께서 거짓 교사들을 확실히 벌하신다는 의미에서 과거의 실례들을 말함(5-7절)

   1) 범죄한 이스라엘의 경우(5절)

   2) 범죄한 천사들의 경우(6절)

   3) 소돔과 고모라의 경우(7절)

4. 그때의 거짓 교사들(8-19절)

1) 그들의 죄상(8-18절)

2) 그들에 대한 예언들(14-19절)

5. 신자들을 권면함(20-23절)

1) 자기 자신을 위하여 할 일(20-21절)

2) 다른 사람들을 구원하기 위하여 할 일(22-23절)

6. 찬송(24-25절)

해석

1-2절. 머리말.

**1 예수 그리스도의 종이요 야고보의 형제인 유다는 부르심을 받은 자 곧 하나님 아버지
안에서 사랑을 얻고 예수 그리스도를 위하여 지키심을 받은 자들에게 편지하노라.** “부르심을 받은 자.” 곧 영원 전에 하나님의 택하심에 의하여, 복음 전도로 부르심을 입어 그리스도를 믿게 된 자를 가리킨다. “하나님 아버지 안에서 사랑.” 이것은 그들이 받은 사랑의 심오함을 나타낸다. 그 사랑은 피상적인 것이 아니고 내면적인 것으로, 곧 하나님을 아버지로 모시게 된 사랑이다.

“예수 그리스도를 위하여 지키심을 받은 자.” “예수 그리스도를 위하여”란 말(’Ιησοῦ χριστῷ)은 ‘예수 그리스도에게로’라는 뜻이다. 그들이 예수 그리스도로 말미암아 구원을 얻어 그의 것이 되었으므로(막 10:45; 요 17:6; 고전 3:23; 6:19-20; 갈 3:13), 그들은 그에게 속해야 한다. 그들이 그렇게 “지키심을 받”은 목적은 내세의 큰 구원의 축복을 받기 위함이다(벧전 1:4). 그들이 현세

에서 그런 신령한 은혜를 받은 것도 행복인데, 앞으로 더 큰 내세의 축복을 받게 되었으니 얼마나 행복한가!

2 **긍휼과 평강과 사랑이 너희에게 더욱 많을지어다.** "긍휼"은 하나님께서 우리의 연약함을 보시고 불쌍히 여기시는 것이고, "평강"은 우리가 하나님과 화목하게 된 영적 평안이고, "사랑"은 하나님께서 그와 화목한 우리를 계속 도와주시는 것이다. 이 세 가지 은혜가 더 많아지는 것은 은혜 위에 은혜를 받는 행복이다.

3-4절. 유다서를 저술한 동기는 교회에 침입한 거짓 교사의 무리를 묵과할 수 없기 때문이었다.

3 **사랑하는 자들아 우리가 일반으로 받은 구원에 관하여 내가 너희에게 편지하려는 생각이 간절하던 차에 성도에게 단번에 주신 믿음의 도를 위하여 힘써 싸우라는 편지로 너희를 권하여야 할 필요를 느꼈노니.** 유다는 이 편지를 받을 신자들에게 일찍부터 "구원"이란 문제로 글을 써 보내려고 하였다. 그러던 차에 거짓 교사들이 교회에 침입하여, 이제 주제를 바꾸어 이단 방지를 위하여 이 편지를 쓴다고 말한다.

"일반으로 받은 구원." 여기서 "일반으로"라고 번역된 헬라어(κοινῆς)는 "공통적으로"라고 개역되어야 한다. 그리스도로 말미암는 구원이, ① 유대인에게나 이방인에게나 똑같이 제공된다는 것이며, ② 신자이면 누구든지 참여할 수 있는 구원이라는 뜻이기도 하다. 그리스도 신자들은 각기 다른 사정을 가지고 있다. 그러나 구원은 그들의 서로 다른 사정에 아무런 방해를 받지 않고 고르게 임한다. 누구나 예수님을 구주로 믿기만 하면 이 구원을 얻을 것이다. 여기서 "단번"이란 말(a[pax)은 영원한 효과를 가지는 '단회적 행동'을 의미한다. 기독교의 복음은 그리스도로 말미암아 단 한 번의 계시로 나타나 영원히 유효하다. 이같이 귀한 복음을 위하여 신자는 일생 동안 생명을 걸고 선한 싸움을 싸워야 한다.

4 이는 가만히 들어온 사람 몇이 있음이라 그들은 옛적부터 이 판결을 받기로 미리 기록된 자니 경건하지 아니하여 우리 하나님의 은혜를 도리어 방탕한 것으로 바꾸고 홀로 하나이신 주재 곧 우리 주 예수 그리스도를 부인하는 자니라. 이 구절은 이 편지를 받을 교회에 거짓 교사들이 잠입한 위험에 대하여 말씀한다. ① 그들은 교회에 은밀히 들어왔고, ② 옛적에 예언자들이 이미 그들에 관하여 예언하였고, ③ 그들의 행동이 불경건하여 예수 그리스도를 부인한다.

"그들은 옛적부터 이 판결을 받기로 미리 기록된 자." 이 말씀에 대한 해석은 대략 두 가지이다.

1) 교회에 은밀히 들어온 자들의 범죄 행위 자체가 그들에 대한 심판(판결)이며, 그렇게 될 것이 옛적부터 예고되었다는 것이다. 범죄 자체가 심판이라는 사상은 예수님의 말씀에도 나와 있다(요 9:39).

2) 가만히 들어온 자들이 받을 심판은 그들이 받을 최후의 벌을 의미한다. 그것이 옛적부터 미리 기록되었다는 것은 구약의 사건들(유 1:6-7)에서 알 수 있다. 예수님의 말씀(마 7:15-23)이 여기에 반영되었다는 의견도 있다.

"은혜를 도리어 방탕한 것으로 바꾸고." 곧 믿음으로 구원을 얻는다는 복음을 구실로, 선을 행하지 않고 방탕한 생활에 빠지는 반율법주의를 의미한다.

"그리스도를 부인하는 자." 앞에 언급된 "가만히 들어온 사람"들은 반율법주의 사상을 가지고 있었다. 그들은 죄를 기탄없이 범한다. 그것은 죄를 없애기 위하여 오신 예수 그리스도의 뜻을 무시하고 부인하는 행동이다.

5-7절. 여기서는 범죄자들을 벌하신 전례들을 말하여, 유다서를 읽는 자들이 거짓 교사들의 유혹을 받지 않도록 경고한다. ① 출애굽한 이스라엘의 전례. 애굽에서 구출되어 은혜를 받았던 자들도 후에 범죄한 때에는 공의로

우신 하나님의 벌을 받았다(5절). 그러므로 하나님의 은혜를 받은 자도 방종하면 안 된다. ② 범죄한 천사의 전례. 천사라도 범죄했을 때에는 하나님께서 용서하시지 않았다(6절). 그러므로 하나님을 가까이하던 신자도 진리에서 떠나면 위험하다. ③ 소돔과 고모라의 전례. 소돔과 고모라에 살던 백성이 범죄했을 때에 하나님께서 그들을 벌하셨다(7절). 개인이 범죄한 것도 하나님 앞에서 용서될 수 없다.

5 너희가 본래 모든 사실을 알고 있으나 내가 너희로 다시 생각나게 하고자 하노라 주께서 백성을 애굽에서 구원하여 내시고 후에 믿지 아니하는 자들을 멸하셨으며. "너희가 본래 모든 사실을 알고 있으나." 이것은 신자들이 모르는 것이 없는 자라는 의미가 아니라, 그들이 구원 문제에 관한 계시의 말씀을 다 알았다는 것이다. 복음을 바르게 믿는 자는 구원의 진리를 다 아는 사람이라고 간주되어야 한다. 그 이유는, ① 그들이 구원에 관한 진리의 요점을 분명하게 알기 때문이며, ② 그들은 구원사역의 역사적 사실들도 알기 때문이다. 이러한 신자들에게는 그 알았던 진리와 사실을 다시 상기시킴으로써, 그들의 영적 각성을 일으킨다.

"주께서 백성을… 멸하셨으며." 이것은 주님께서 영원 전에 택하신 그의 백성이라도 멸망시키시는 일이 있다는 의미까지는 아니다. 이스라엘 백성을 하나님께서 선택하신 백성이라고 할 수 있으나, 그 선택은 외형적인 신정국가의 설립을 위한 것뿐이었고, 반드시 영원한 천국에 들어가기 위한 것이었다고는 할 수 없다. 성경은 말하기를, "이스라엘에게서 난 그들이 다 이스라엘이 아니요"(롬 9:6)라고 한다. 여기서 우리가 알아야 할 것은 하나님께서 많은 복을 주신 민족도 그들이 범죄하면 형벌을 내리신다는 사실이다.

6 또 자기 지위를 지키지 아니하고 자기 처소를 떠난 천사들을 큰 날의 심판까지 영원한 결박으로 흑암에 가두셨으며. 어떤 학설에는, 이 말씀이 창세기 6:2에 기록된 "하나님의 아들들이 사람의 딸들"과 결혼한 사건을 가리킨다고 한다. 그러

나 여기에 언급된 "하나님의 아들들"은 천사들을 의미하지 않고 "경건한 계통의 자손들"을 의미한 것이다. 만일 "하나님의 아들"이란 말을 "천사"로 해석한다면 성경적이지 않다. 그 이유는, 예수님의 말씀에 천사들은 혼인하는 일이 없다고 하셨기 때문이다(마 22:30).

"흑암에 가두셨으며." 천사들은 하늘나라에서 하나님의 영광의 빛을 누리던 자들이었는데, 그들이 범죄하여 거기서 축출을 당하였다. 그들이 아직 지옥에까지 떨어지지는 않았지만, 하늘나라, 곧 영광의 세계가 아닌 이 세상에 머물고 있으니(엡 6:12; 계 12:9), 이 세상은 하늘나라에 비하면 흑암이다. 칼빈은 말하기를, "우리는 타락한 천사들이 갇힌 장소를 이 모양 저 모양으로 상상할 필요가 없다. '흑암에 가두셨다' 함은 하늘나라에서 쫓겨난 그들의 처지가 비참하다는 것을 가리킨다."라고 하였다(벧후 2:6 참조).

7 소돔과 고모라와 그 이웃 도시들도 그들과 같은 행동으로 음란하며 다른 육체를 따라 가다가 영원한 불의 형벌을 받음으로 거울이 되었느니라. 여기서 "그들"이란 말(τούτοις)은 '이들'이라는 뜻을 가지며, 유다서의 저자인 유다 시대의 거짓 교사들을 가리킨다. "다른 육체를 따라 가다가." 이것은 성생활을 순리적으로 하지 않는 동성연애 같은 악행을 가리킨다(창 19:5 참조).

8-19절. 거짓 교사들의 열여덟 가지 죄악. 거짓된 예언의 꿈을 꿈(8상). 색욕을 좇음(8중). 권위를 무시함(8하-10중). 짐승과 같이 본능으로 행함(10하). 가인의 길로 행함(11상). 발람의 길로 행함(11중). 고라의 패역을 따름(11하). 성찬을 먹고 즐기는 기회로 악용함(12상). 이기주의자들임(12중). 이름만 스승이고 은혜로운 열매는 없음(12하). 기탄없이 죄악의 길로 달려감(13상). 하나님의 진리의 광명에서 멀리 떠남(13하). 원망하는 자임(16상). 정욕대로 행하는 자임(16중). 자긍하는 자임(16하). 아첨하는 자임(16하). 당을 짓는 자임(19상). 성령을 받지 못한 자임(19하).

8 **그러한데 꿈꾸는 이 사람들도 그와 같이 육체를 더럽히며 권위를 업신여기며 영광을 비방하는도다.** "꿈꾸는 이 사람들"이란 것은 거짓 교사들을 가리키는데, 그들의 교훈이 하늘로부터 온 것처럼, 또한 자칭 참된 계시의 꿈을 얻는 것처럼 말한다. 그들은 허망한 꿈을 진정한 계시로 알고 선전하기도 한다. 이것은 그들이 진정한 선지자들이나 사도들의 반열에 선 것처럼 자처하는 사악한 행동이다. 이런 행동은 권위를 침범하는 죄악이라고도 할 수 있다.

"육체를 더럽히며"란 것은 추악하게 음행하는 것을 가리킨다. "영광을 비방하는도다." 즉 거짓 교사가 반율법주의에 빠져서 인류 사회에 있는 옳은 제도와 권위, 예컨대 도덕이나 율법이나 신앙의 규범처럼 선하고 아름다운 영광을 직접 비방한다는 것이다. 이런 행동은 간접적으로 그리스도의 영광(4절 끝)과 천사들의 영광을 훼손하였다는 의미이기도 하다. 반율법주의자들은 언제나 이런 결과를 도출한다. 그들은 제멋대로 행하기 때문에 그것을 제재하는 권위를 무시한다.

9 **천사장 미가엘이 모세의 시체에 관하여 마귀와 다투어 변론할 때에 감히 비방하는 판결을 내리지 못하고 다만 말하되 주께서 너를 꾸짖으시기를 원하노라 하였거늘.** 이 구절은 앞에서 언급한 권위를 무시하는 죄가 얼마나 큰지 설명한다. 천사장 "미가엘"도 마귀를 판결하는 권세를 사용하지 않고 하나님께 맡겨드렸는데, 이 거짓 교사들은 무엇이기에 모든 합당한 권위를 무시하는 것인가?

알렉산드리아의 클레멘스는 이 구절의 사상이 위경 〈모세 승천기〉(Assumptio Mosis)에서 유래되었다고 한다. 그러나 크레다너스는 말하기를, 이점에서 두 책이 서로 유사하지만 유다가 그 위경의 문구를 따른 것이 아니고, 독립적으로 성령의 인도하심에 의하여 기존의 유대인 전통에서 그 이야기를 취하였을 것이라고 하였다. 칼빈도 그와 같이 생각하였다.

"천사장 미가엘."(참조. 단 10:13, 21; 12:1; 계 12:7). "모세의 시체에 관하여 마귀와 다투어 변론할 때에." "모세의 시체"는 하나님께서 감추셨으므로 사람들이 모르게 되었다(신 34:6). 하나님께서 그렇게 하신 목적은, 사람들이 모세의 무덤을 미신적으로 숭배할 것을 방지하시려 한 것이다. 모세와 같은 위인의 무덤은 그런 미신의 대상이 되기 쉽다. 천사장 미가엘이 모세의 시체를 감추려 할 때에, 이 내막을 아는 마귀가 그렇게 하지 못하도록 방해하였던 모양이다. 그때에 천사장 미가엘은 그 방해자 마귀에게 "주께서 너를 꾸짖으시기를 원하노라" "고 말하였다. 스가랴 3:2을 보면, 마귀를 꾸짖는 것은 하나님의 일로 나타난다. 마귀를 제어할 권세와 능력이 하나님께만 있으므로, 누구든지 마귀를 제어하려면 그를 직접 꾸짖기보다 하나님께 의뢰하는 것이 합당하다. 만일 누가 마귀를 자신의 힘으로 제어하려고 하면, 그것은 하나님에 대한 월권과 불신앙에 가까운 것이다.

10 이 사람들은 무엇이든지 그 알지 못하는 것을 비방하는도다. 거짓 교사들은 성령을 받지 못했기 때문에(19절), 영적인 사실들을 이해하지 못하였다. 그러므로 그들은 이런 일들에 대하여는 깨닫지도 못하고 도리어 비방한다.

또 그들은 이성 없는 짐승 같이 본능으로 아는 그것으로 멸망하느니라. 그들은 짐승처럼 본능을 따라 육신만 기르다가 그 영혼이 멸망한다.

11 화 있을진저 이 사람들이여, 가인의 길에 행하였으며 삯을 위하여 발람의 어그러진 길로 몰려 갔으며 고라의 패역을 따라 멸망을 받았도다. "가인의 길"은 시기하고 미워하며 살인하는 행위를 가리키고, "발람의 어그러진 길"은 탐심으로 인하여 하나님의 명령을 어기는 행동이고(민 22:8, 14, 22, 32-33; 31:16), "고라의 패역"은 당을 지어 지도자를 거역하는 것이다(민 16:1-4, 32-35).

12 그들은 기탄 없이 너희와 함께 먹으니 너희의 애찬에 암초요 자기 몸만 기르는 목자요 바람에 불려가는 물 없는 구름이요 죽고 또 죽어 뿌리까지 뽑힌 열매 없는 가을 나무요. 여기서 "암초"란 말(σπιλάδες)은 바닷속에 있는 암초를 의미한다. "애찬"은 신자들이 사랑으로 하나 되어 거룩히 가지는 성찬인데(고전 11:20-22), 거기에 무례히 참여한 거짓 교사들은 배를 깨뜨리는 암초와 같이 위험한 존재이다. 그

들은 그와 같이 은밀하게 교회를 해할 기회만 엿보았다. 어떤 학설에는, 여기 나오는 "암초"가 '오점들'이라는 의미라고 하나, 메이어(J. Mayer)는 그 의견에 반대하였다.[151)]

"자기 몸만 기르는 목자"란 말(ἑαυτοὺς ποιμαίνοντες)은 '자기 자신들을 기르는 사람들'이란 의미이다. 그러므로 이것은 이기주의자들을 의미한다(겔 34:8).

"바람에 불려 가는 물 없는 구름." 거짓 교사들은 경거망동하므로, 바람에 날라 가듯 쇠하고 망할 것이다. 그뿐 아니라, 그들은 다른 사람들에게 무언가를 줄 것처럼 약속은 많이 하고 은혜를 끼치지는 못하므로, 공연히 농민에게 기대만 일으키고 비를 주지 못하는 "물 없는 구름"과 같다.

"죽고 또 죽어 뿌리까지 뽑힌 열매 없는 가을 나무요." "가을 나무"는 잎이 마르고 열매도 맺지 못하는 것인데, 그 뿌리가 뽑히기까지 하였으니 더욱 말라죽는다. 그야말로 두 번 죽은 셈이다. 거짓교사들은 영적으로 죽은 자로서, 그리스도를 믿는다고 하면서 배교한 것은 두 번 죽은 것과 같다.

13 자기 수치의 거품을 뿜는 바다의 거친 물결이요 영원히 예비된 캄캄한 흑암으로 돌아갈 유리하는 별들이라. "수치의 거품을 뿜는 바다의 거친 물결." 이것은 거짓 교사들이 기탄없이 노골적으로 죄악을 일삼는 행동을 가리킨다. 그들은 여러 가지 죄악을 부끄러움 없이 내뿜으면서 분주하게 돌아다니며 안정하지 못한다(사 57:20).

"유리하는 별들." 이 말은 궤도를 이탈하여 유리하는 별들이란 뜻이다. 그런 별들은 빛을 잃고 캄캄해질 것이고, 영원한 흑암에 유리하게 된다. 거짓 교사들은 진리의 궤도를 떠난 것이므로, 영원히 진리의 광명을 등지고 흑암과 사망의 길로 떨어질 것이다.

---

151) The Expositor's Greek Testament vol. V. 1979, 267.

14 아담의 칠대 손 에녹이 이 사람들에 대하여도 예언하여 이르되 보라 주께서 그 수만의 거룩한 자와 함께 임하셨나니. 여기서 "사람들에 대하여도"란 말(τούτοις)은 "이 사람들에게"라고 번역해야 옳다. 그다음에 기록된(특히 15절) 에녹의 예언 대상은 이 사람들(거짓 스승들)까지도 포함한다는 말씀이다.

"보라 주께서 그 수만의 거룩한 자와 함께 임하셨나니"란 말씀과 다음 절의 사상은 위경의 에녹서(1:9)에서 인용된 것이라는 학자들이 있다. 그러나 칼빈은 말하기를, 이것은 유대인들 가운데 구전으로 내려온 에녹의 예언을 유다가 성령의 감동으로 취한 것이라고 하였다.

"임하셨나니"(ἦλθεν)란 과거사는 미래에 일어날 일의 확연성을 나타내는 것으로, 과거의 사건을 의미하지 않는다.

15 이는 뭇 사람을 심판하사 모든 경건하지 않은 자가 경건하지 않게 행한 모든 경건하지 않은 일과 또 경건하지 않은 죄인들이 주를 거슬러 한 모든 완악한 말로 말미암아 그들을 정죄하려 하심이라 하였느니라. 이 구절에 "경건치 않음"에 대한 말씀이 네 번 나온다. 이런 반복은 주님께서 강림하실 때에 가장 무섭게 정죄받을 것이 불경건죄라는 사실을 역설하는 것이다. 에녹이 예언한 대로, 주님이 이 세상을 심판하실 때에는 불경건한 행동뿐 아니라 불경건한 말("주를 거슬러 한 모든 완악한 말")도 정죄하신다. 말은 때때로 행동보다 더욱 중대한 영향을 미친다. 그러므로 그것이 악하면, 심판 때에 정죄의 대상이 될 것이다(마 12:36). "경건하지 않은 일"은 하나님을 모욕하여 노엽게 하는 행동을 의미하고, "완악한 말"은 하나님의 위엄과 권위를 무시하는 것이며, 사랑과 경외함 없이 말하는 것을 가리킨다(Greijdanus).

16 이 사람들은 원망하는 자며 불만을 토하는 자며 그 정욕대로 행하는 자라 그 입으로 자랑하는 말을 하며 이익을 위하여 아첨하느니라. 거짓 교사들은 정욕대로 행하는 자이므로, 언제나 하나님과 사람을 원망하며 불평을 일으킨다. 그 이유는, 사람의 정욕(특히 색욕)과 물욕 등은 채우면 채울수록 불만이 더욱 많아지기

때문이다.

또한 그들은 자기보다 낮아 보이는 자 앞에서는 교만하게 행하고, 자기를 도와줄 만한 자와 자기보다 세력이 있어 보이는 자 앞에서는 겸손한 척 아첨한다. 그러나 의인들은 공평하여 누구에게나 겸손하다. 그 이유는 그들의 겸손은 실질적이고, 외형적인 조건에 의하여 조작되는 것이 아니기 때문이다.

17-18 사랑하는 자들아 너희는 우리 주 예수 그리스도의 사도들이 미리 한 말을 기억하라 그들이 너희에게 말하기를 마지막 때에 자기의 경건하지 않은 정욕대로 행하며 조롱하는 자들이 있으리라 하였나니. 이 구절들은 베드로의 예언을 염두에 두고 한 말씀인 듯하다. 특히 18절 말씀이 벧후 3:3의 내용과 일치한 것을 보아 그렇게 생각된다. 유다는 베드로후서를 읽어본 듯하다.

19 이 사람들은 분열을 일으키는 자며 육에 속한 자며 성령이 없는 자니라. "분열을 일으키는 자"(ἀποδιορίζοντες)는 분열(分裂), 혹은 분리하는 자들이란 말이다. 거짓 교사들은, ① 하나님에게서 분리되고, ② 교회의 진정한 생명이 있는 교제에서도 분리되면서 외형적인 교제는 단절하지 않고 쓴 뿌리 노릇을 한다.

"육에 속한 자며 성령이 없는 자." 곧 그들은 부패한 인간성 그대로이고, 성령님을 받지 못하였다. 따라서 그들은 기탄없이 죄를 범할 소질만 가진 자들이다.

20-23절. 신자들을 권면함.

20 사랑하는 자들아 너희는 너희의 지극히 거룩한 믿음 위에 자신을 세우며 성령으로 기도하며. 신앙은 성도의 인격이 세워지는 터전이다. 우리는 인격을 세우는 과정의 모든 단계에서 하나님을 의지해야 한다. 이런 중요한 믿음이 사람에게서 비롯된 것이라면 견고하지 못할 것이다. 그러나 그것은 하늘로부터 주어진 것, 곧 지극히 거룩한 것이므로 견고하고 탁월하다.

"성령으로 기도하며." 기도의 진수는 성령님의 감화 속에서 실행되는 것이다. 그러므로 기도하는 자는 이같이 정결하고 아름다운 자리에서 기도하게 되기까지 힘써야 한다(엡 6:18 참조).

21 하나님의 사랑 안에서 자신을 지키며 영생에 이르도록 우리 주 예수 그리스도의 긍휼을 기다리라. 하나님의 사랑이 우리를 감싸고 있는 동안에는 아무것도 우리의 영적인 생명을 해하지 못한다(시 125:1-2 참조). 그러므로 지혜로운 성도는 하나님 안에 거하는 것에 힘쓴다. 그 안에 거하는 비결은 하나님의 말씀을 순종하는 것이다(요 14:23 참조).

"우리 주 예수 그리스도의 긍휼을 기다리라." 이것은 믿음 위에 자기를 세우는 자의 목표이다. 신자가 마지막 날에 나타날 구원을 기다리면서 자기의 힘이나 공로를 믿는다면, 그것은 진리를 거스르는 것이고 교만이다. 우리는 예수 그리스도의 긍휼로만 종말적 구원을 받을 줄 믿고 그것을 소망해야 한다.

앞의 20-21절은 우리에게 영적 생활의 방법을 보여 준다. 곧 ① 이 생활의 기초는 신앙이고, ② 이 생활의 노력은 기도이며, ③ 이 생활의 수호자는 하나님의 사랑이고, ④ 이 생활의 목표는 예수 그리스도의 긍휼로 말미암아 완성될 내세의 구원이다.

22 어떤 의심하는 자들을 긍휼히 여기라. 이 구절과 다음 절에는 거짓 교사들의 미혹에 빠져 흔들리는 자들을 구조하는 방법이 기록되어 있다. 우리는 신앙에 의심을 품은 자들을 가증하게 보기 쉽다. 그러나 우리가 진정한 영적 안목으로 보면, 그런 사람들은 영혼이 병든 자이므로 도리어 불쌍히 여겨 도와주어야 한다.

23 또 어떤 자를 불에서 끌어내어 구원하라(참조. 암 4:11; 슥 3:2). 여기에 복음으로 사람들을 구원하는 또 한 가지 방법을 제시하였는데, 이것은 매우 급격한 방법이다. 어떤 자들은 불붙는 집에 태연히 앉아 있는 것처럼 영적으로 태만하다. 그런 자들은 급격한 방법으로 대하지 않으면 깨지 못한다.

또 어떤 자를 그 육체로 더럽힌 옷까지도 미워하되 두려움으로 긍휼히 여기라. 여기서 "어떤 자"라고 번역된 헬라어(οὓς δέ)는 "그런데 이런 자들은"이라고 개역되어야 한다. 이것은 이 구절 앞부분에 기록된 자들(불에서 끌어낼 자들)에 대한 말씀이 이어진 것이다. 즉 교역자는 그러한 사람들이 지은 죄에 전염될 것을 극히 두려워하며, 그 죄악과 접촉했던 가장 피상적인 무엇이라도 꺼리는 태도를 취해야 한다. "그 육체(부패성)로 더럽힌 옷까지도 미워하되"란 말씀이 그 뜻이다. 그러나 이 점에 있어서 우리가 기억해야 할 것은, 그렇게 조심하면서도 긍휼히 여기는 마음은 있어야 된다는 것이다.

24-25절. 찬송.

24-25 능히 너희를 보호하사 거침이 없게 하시고 너희로 그 영광 앞에 흠이 없이 기쁨으로 서게 하실 이 곧 우리 구주 홀로 하나이신 하나님께 우리 주 예수 그리스도로 말미암아 영광과 위엄과 권력과 권세가 영원 전부터 이제와 영원토록 있을지어다 아멘. 여기서 "보호하사 거침이 없게" 하신다는 것은, 육신을 보호하기보다 영혼을 보호하여 믿음에서 떨어져 나가지 않게 하시는 것을 가리킨다. "흠이 없이… 서게" 하신다는 말씀이 이 뜻을 지지한다. 그리스도 신자들도 이 땅에서 환난과 질고를 당하며, 난관에 빠지기도 하며, 또 죽기도 한다. 그러나 이런 모든 풍파 가운데서도 그 영혼은 하나님의 보호를 힘입어 끝까지("그 영광 앞에", 곧 재림하시는 주님 앞에) 거룩해지는 것이다.

이 두 구절은 유다서의 결론이며, 우리를 끝까지 구원하실 수 있는 유일하신 하나님께 대한 송영이다. 이 송영은 특별히 하나님을 구원자로 찬송한다. 그가 우리에게 그리스도를 보내심으로 우리를 구원하셨다. 그러므로 구원에 대한 우리의 감사도 그리스도의 중보사역을 거칠 수밖에 없다. 그러한 이유 때문에 "예수 그리스도로 말미암아"라는 문구가 여기 나오게 되었다.

"영광"(δόξα)은 그의 성결과 위대하심을 반영하는 것이다. 이것은 특별히 그의 백성을 구원하시기 위한 그의 계시적 간섭을 가리킨다. “위엄”(μεγαλωσύνη)은 그의 크고 놀라우신 역사를 의미하고, “권력”(κράτος)은 모든 승리의 힘이고, “권세”(ἐξουσία)는 권위를 의미한다. 이 네 가지는 하나님께만 속하는 것이다(계 5:12).